Markt und Modernisierung

Deutsch-bulgarische Wirtschaftsbeziehungen 1918–1944 in ihren konzeptionellen Grundlagen

SÜDOSTEUROPÄISCHE ARBEITEN

Für das

SÜDOST-INSTITUT MÜNCHEN

herausgegeben von

EDGAR HÖSCH

und

KONRAD CLEWING

2007

R. OLDENBOURG VERLAG MÜNCHEN

SÜDOSTEUROPÄISCHE ARBEITEN

128

Markus Wien

Markt und Modernisierung

Deutsch-bulgarische Wirtschaftsbeziehungen 1918–1944 in ihren konzeptionellen Grundlagen

2007

R. OLDENBOURG VERLAG MÜNCHEN

Gedruckt mit Unterstützung des Europäischen Hochschulinstitutes (Florenz)

Bibliografische Information der Deutschen Nationalbibliothek
Die Deutsche Nationalbibliothek verzeichnet diese Publikation in der Deutschen Nationalbibliografie; detaillierte bibliografische Daten sind im Internet über <http://dnb.d-nb.de> abrufbar.

ISBN: 978-3-486-58044-0

Satz: Kraus PrePrint, Landsberg am Lech
Druck und Bindung: AZ Druck und Datentechnik GmbH, Kempten

Inhaltsverzeichnis

Vorwort

Wahl, Eingrenzung und Strukturierung des Themas können wohl generell als Hauptschwierigkeiten eines geschichtswissenschaftlichen Forschungsunternehmens angesehen werden. So verhielt es sich auch mit der vorliegenden Arbeit, die im April 2005 in ihrer Fassung als Dissertation zur Erlangung des Doktorgrades am Europäischen Hochschulinstitut Florenz verteidigt wurde. Als Schlüsselmoment, das half, die recht weite Thematik der deutsch-bulgarischen Wirtschaftsbeziehungen 1918–1944 zu verengen und damit für eine Doktorarbeit handhabbar zu machen, erwies sich die Entscheidung, die Blickrichtung umzukehren und vorwiegend eine bulgarische Perspektive einzunehmen – „to turn the mirror around", wie es Alan Milward, der Betreuer meines Projektes, in einer unserer Besprechungen formulierte. Hierdurch wurde es möglich, die bulgarischen Interessen und Motive innerhalb des wirtschaftlichen Beziehungsgeflechtes mit Deutschland in den Mittelpunkt zu rücken und damit die Fragestellung zu konkretisieren. Zugleich eröffnete ich mir auf diese Weise die Möglichkeit, den eigenständigen wissenschaftlichen Beitrag zu leisten, der gemeinhin von Dissertationen verlangt wird. Denn die bisherige einschlägige Forschung hatte sich vorwiegend auf deutsche wirtschaftliche Südosteuropa-Konzeptionen fokussiert.

„Markt" und „Modernisierung" erwiesen sich im Verlauf der Projektarbeit als die am besten passenden Schlagwörter, unter denen die bulgarischen Interessen zusammengefasst werden konnten und die somit die enge Anbindung des Landes an Deutschland während der 30er Jahre verstehen halfen. Sie sind als Leitmotive in allen einschlägigen Quellen zu finden, die ich während meiner Forschungsarbeit eingesehen habe. Dass ich mir dabei ein umfassendes Bild machen konnte, habe ich einer Reihe von Institutionen und Personen zu verdanken, die mir Zugang zu den Dokumenten verschafften. Zu Dank verpflichtet bin ich dabei dem Siemens-Archiv München, dem Bundesarchiv in Berlin, dem Politischen Archiv des Auswärtigen Amtes sowie dem im Februar 2003 verstorbenen Dr. Petăr Aladžov, der mir Einsicht in seine Privatakten aus den 40er Jahren gewährte, und seinem Sohn, Peter Aladjov. Durch sie war es mir möglich, die deutschen Konzepte zur wirtschaftlichen Zusammenarbeit den bulgarischen Interessen gegenüberzustellen und so herauszuarbeiten, inwieweit beide Seiten komplementäre Vorstellungen hatten. Zugang zu bulgarischen bzw. in Bulgarien lagernden Dokumenten gewährten mir dankenswerterweise das Zentrale Staatsarchiv Sofia, wo ich in erster Linie Akten deutscher in Bulgarien tätiger Firmen konsultieren konnte, und die Nationalbibliothek „Kyrill und Method", in der ich einen großen Teil der veröffentlichten Quellen und der Sekundärliteratur studieren durfte.

Zu Dank verpflichtet bin ich auch den Institutionen, die mein Projekt mit finanziellen Mitteln und der Bereitstellung der nötigen Infrastruktur gefördert haben. An erster Stelle zu nennen ist hier das Europäische Hochschulinstitut, das mir nicht nur ein vierjähriges Forschungsstipendium gewährte und den Doktorgrad verlieh, sondern mir auch die sehr nützliche Teilnahme an einer Reihe von Konferenzen am Institut selbst, aber auch an anderen Orten ermöglichte. In der Anfangsphase wurde das Projekt vom Bayerischen Forschungsverbund Ost-/Südosteuropa gefördert. Stets hilfsbereit war das Südost-Institut München mit seiner Bibliothek unter der Leitung von Dr. Gerhard Seewann und der Assistenz meiner Freunde Edvin Pezo und Tillmann Tegeler, die mich bei Recherchen und bibliografischen Arbeiten unterstützten. Dankbar bin ich dem Institut und seinen leitenden Wissenschaftlern, Prof. Dr. Edgar Hösch, Dr. Konrad Clewing und Dr. Karl Nehring, auch für die Aufnahme der vorliegenden Schrift in die renommierte Reihe der „Südosteuropäischen Arbeiten". Außerdem möchte ich den folgenden Einrichtungen danken, durch die ich wertvolle Kontakte knüpfen und an anregenden Diskussionen teilnehmen konnte: der Südosteuropa-Gesellschaft, der Deutsch-Bulgarischen Vereinigung in Bayern sowie der Historiker-Vereinigung „Collegium Germania" in Sofia unter der Leitung von Frau Prof. Dr. Cvetana Todorova. Auch bedanke ich mich bei den Firmen Schenker und Siemens für ihre Unterstützung.

Besonderen Dank schulde ich folgenden Mentoren und Kollegen für ihren fachlichen Rat: An erster Stelle sind hier zu nennen mein Betreuer am Europäischen Hochschulinstitut, Prof. Dr. Alan S. Milward, sowie mein „Magistervater", Prof. Dr. Edgar Hösch. Ebenso danke ich den Mitgliedern der Jury, vor der ich meine Arbeit verteidigte: Prof. Dr. Peter Bartl, Prof. Dr. Peter Becker und Prof. Dr. Georgi Markov. Wertvolle Unterstützung und Anregung erhielt ich außerdem von meinen Freunden und Kollegen Nikolaj Poppetrov und Vladimir Zlatarski.

Kaum zu bewältigen gewesen wäre das Projekt ohne die dauerhafte praktische und moralische Unterstützung, die ich von meiner Familie erhalten habe. Besonders herzlich bedanke ich mich bei meiner Frau Sabina Wien, die mich nicht nur auf meinem Weg begleitete und ermutigte, sondern mir auch beim Sortieren und Erschließen der Quellen half. Ihr ist dieses Buch gewidmet. Auch danke ich meinen Eltern Ilse und Hans-Eugen Wien, meinem Vater eigens für das mühevolle Korrekturlesen.

Als technischer Hinweis sei hinzugefügt, dass bulgarische Namen nach den gültigen wissenschaftlichen Regeln in die lateinische Schrift transliteriert worden sind. Zitate aus bulgarischen Quellen oder aus bulgarischer Sekundärliteratur sind in vom Verfasser selbst angefertigter deutscher Übersetzung wiedergegeben.

München, zur Jahreswende 2006/2007 Markus Wien

1 Einführung

Wohl kaum ein Schriftsteller der ersten Hälfte des 20. Jahrhunderts hat das Landleben in Bulgarien zu seiner Zeit, mit seinen Sorgen, Nöten, aber auch mit seinen Freuden sowie den hervorstechenden Charakteristika atmosphärisch dichter verarbeitet als Elin Pelin in seinen Erzählungen. Einer seiner frühen, kurz nach der Jahrhundertwende erschienenen Texte, die Erzählung „Na brazdata" (In der Furche), handelt vom Bauern Bone Krajneneca, der nach einem verregneten Sonntag, nachdem am nächsten Morgen der Himmel aufgeklart und eine warme Herbstsonne zu scheinen begonnen hat – ein Tag „wie geschaffen zum Pflügen" –, den alten Bullen Belčo und die schwächliche Kuh Sivuška vor seinen Holzpflug spannt und sich mit den beiden aufmacht zu einem seiner abgelegenen Felder. Zunächst scheint alles wie gewünscht zu verlaufen, das Gespann zieht ein paar regelmäßige Furchen und die Laune des Bauern hellt sich zusehends auf. Bald jedoch stellen sich bei Sivuška erste Anzeichen der Erschöpfung ein und Bone ist gezwungen, Belčo, der eine doppelt so große Schrittlänge hat wie die Kuh, ein wenig zu bremsen. Dennoch vermag sich Sivuška nur noch unter Aufbietung aller Kräfte und mit hängender Zunge fortzubewegen. Schließlich entscheidet Bone sich, eine Pause einzulegen und die vollkommen erschöpfte Sivuška durch gutes Zureden zum Weitermachen zu bewegen. Noch einmal rafft sich das Tier auf, bricht daraufhin aber zusammen und bleibt schwer atmend und mit geschlossenen Augen liegen. Alles weitere Zureden des Bauern, das verzweifelte Versprechen, Sivuška nie wieder vor einen Pflug zu spannen, dass dieses Feld das letzte für sie gewesen sein werde, hilft nichts. Bone redet zu dem Tier wie zu einem Menschen, verspricht ihm einen geruhsamen Lebensabend, droht am Ende gar mit den im Walde lauernden Bären, die kämen, wenn sie liegen bliebe und versucht sie mit einem Stück Brot zu stärken. Seine Verzweiflung ist umso größer, da weit und breit niemand zu sehen ist, der helfen könnte. Am Ende beugt er sich resignierend über sie, bekreuzigt sich und bricht in Tränen aus. Sivuška reißt noch einmal stöhnend die Augen weit auf und stirbt.[1]

Diese Erzählung Elin Pelins bietet abgesehen von ihrem literarischen Wert einen Einblick in die Bedingungen, unter denen im Bulgarien der ersten Hälfte des 20. Jahrhunderts Landwirtschaft betrieben wurde. Trotz der literarischen Verdichtung und der Symbolhaftigkeit der Handlung vermittelt die Erzählung durchaus einen realistischen Eindruck

1 Elin PELIN, Na brazdata, in: DERS., Săčinenija. Bd. 1: Razkazi 1901–1906. Sofia 1972, 135-138.

von der Beschwerlichkeit bulgarischer bäuerlicher Existenz zur damaligen Zeit und ihrer Abhängigkeit von schwer kontrollierbaren natürlichen Einflüssen.[2] Die Hilflosigkeit des Bone Krajneneca und seine Verzweiflung machen jedoch zugleich deutlich, dass es in Bulgarien während der ersten Hälfte des Jahrhunderts durchaus ein verbreitetes Bewusstsein der Unzulänglichkeiten der Landwirtschaft gab. Anders formuliert, es besteht Grund zu der Annahme, dass es in Bulgarien konkrete Interessen und einen konkreten Bedarf zur Steigerung der Effizienz im Agrarsektor gab. Dieses Interesse ergab sich indes nicht allein aus der Mühsal der bäuerlichen Arbeit und einem damit verbundenen eventuellen Bedürfnis, diese zu erleichtern. Die Dringlichkeit und der Sinn der Forderung nach einer Effizienzsteigerung in der Landwirtschaft waren, so die hier angestellte Vermutung, unter anderem in dem Umstand begründet, dass sich Bulgarien ab der Nationalstaatsgründung im Jahre 1878 gezwungen sah, in wirtschaftliche Beziehungen zu den industrialisierten Staaten West- und Mitteleuropas zu treten.

Im Rahmen dieses wirtschaftlichen Austausches bestand das, was Bulgarien aufgrund der Struktur seiner Volkswirtschaft anbieten konnte, fast ausschließlich in den Produkten seiner Landwirtschaft. Zur erfolgreichen Gestaltung dieser Beziehungen war es daher notwendig, die Arbeitsweise des Agrarsektors so zu gestalten, dass er durch eine möglichst hohe Produktivität und eine an den industrialisierten westlichen Märkten orientierte Struktur des Produktspektrums ein hohes Exportvolumen erzielen konnte. Beim Blick auf die Geschichte der bulgarischen Landwirtschaft vor 1944 fällt allerdings auf, dass ernsthafte Anstrengungen in diese Richtung erst ab den 20er Jahren unternommen wurden. Zuvor, d. h. vor den Balkankriegen und dem Ersten Weltkrieg, hatten staatliche Maßnahmen in erster Linie in Industrialisierungsversuchen bestanden. In dem Glauben, dass es das Ziel bulgarischer Wirtschaftspolitik sein müsse, dem Land ökonomische Strukturen ähnlich wie in Westeuropa zu verleihen, um in den Austausch mit ihm als gleichberechtigter Partner eintreten zu können, versuchte man, die Entstehung von Industrien durch fiskalische Anreize und staatliche Initiative anzuregen.

Dieser Ansatz wurde zwar auch nach 1918 nicht aufgegeben, man bezog nun aber die Landwirtschaft in die Umgestaltungskonzepte mit ein. Als Grund dafür kann die sich nach dem Krieg verschärfende finanzielle Lage Bulgariens vermutet werden, die das Land ultimativ zwang, Wege zur Intensivierung des Außenhandels zu finden.

Aus diesen hypothetisch formulierten Überlegungen ergibt sich, dass es notwendig ist, die wirtschaftliche Entwicklung Bulgariens vor 1944 im Zusammenhang mit den Außenwirtschaftsbeziehungen des Landes zu betrachten – und umgekehrt, d. h. die bulgarischen außenwirtschaftlichen Beziehungen sind vor dem Hintergrund der sozioökonomischen Entwicklung zu sehen. Hierbei scheinen zwei Aspekte eine Rolle zu spielen: Zum einen ein mögliches subjektives Bewusstsein von „Rückständigkeit" in Bulgarien gegenüber den Industrieländern, zum anderen – aber damit verbunden – das konkrete Interesse an einer

2 Nicht zufällig wird Elin Pelins Werk von der slawischen Literaturwissenschaft der Stilrichtung des „bulgarischen Realismus" zugeordnet.

Erwirtschaftung von Devisen durch einen erfolgreichen Außenhandel oder zumindest der Erwerb von Technologie und Expertise – „Know-how“ – zu einer langfristigen Steigerung der Produktivität.

Dieser Zusammenhang von Außenwirtschaft und Entwicklung soll in der vorliegenden Arbeit den Ausgangspunkt für die Betrachtung der deutsch-bulgarischen Wirtschaftsbeziehungen zwischen 1918 und 1944 bilden. Das heißt, es soll untersucht werden, inwieweit er als Triebfeder für die im Laufe der Jahre immer enger werdende Ausgestaltung dieser Beziehungen betrachtet werden kann.[3] Aus diesem Grund soll vermieden werden, die deutsch-bulgarischen Wirtschaftsbeziehungen zu sehr aus der rückschauenden Perspektive von Ergebnissen und Bilanzen zu sehen, wie sie sich am Ende des Zweiten Weltkriegs darstellten. Vielmehr sollen die den Beziehungen zugrunde liegenden Motive und Konzepte betrachtet werden.

Hieraus ergeben sich Methode und Gliederung der vorliegenden Arbeit. Die Methode besteht im Ganzen gesehen in einer schrittweisen Annäherung an die Konzepte und Programme, die während der 30er Jahre von den führenden deutschen Akteuren zur Gestaltung der deutsch-bulgarischen Wirtschaftsbeziehungen entwickelt wurden. Durch diese Herangehensweise soll verdeutlicht werden, inwieweit aufgrund der sozioökonomischen Modernisierungsproblematik in Bulgarien eine enge wirtschaftliche Bindung an Deutschland attraktiv erscheinen konnte, d.h. in welchem Maße deutsche und bulgarische Modernisierungsvorstellungen miteinander korrespondierten. Dementsprechend wird auf dem Weg dieser Annäherung, wenn nicht ausschließlich, so doch vorwiegend eine bulgarische Perspektive eingenommen. Das heißt, dass zunächst die Entwicklung der bulgarischen Wirtschaft im Hinblick auf Ausgangsbedingungen und Modernisierungsbestrebungen betrachtet werden soll. Diesem ersten Schritt folgt eine Analyse der in bulgarischen ökonomischen Fachzeitschriften von den 20er bis in die 40er Jahre hinein geführten Debatten zur Produktivitätssteigerung in der bulgarischen Landwirtschaft, zur Umstrukturierung der Volkswirtschaft in ihrer Gesamtheit und den damit verbundenen sozialen Begleiterscheinungen. Diese Debatten sollen daraufhin analysiert werden, inwieweit in ihnen ein außenwirtschaftlicher Bezug hergestellt wurde und welche Rolle der Blick auf Deutschland dabei spielte.

Dem Bild von der bulgarischen Interessenlage zwischen 1918 und 1944, das sich aus diesen Betrachtungen ergibt, sollen die organisatorischen und ideologischen Konzepte, die die Grundlagen für deutsches wirtschaftliches Engagement in Bulgarien und Südosteuropa bildeten, gegenübergestellt werden. Die Analyse der Aktivitäten, die in diesem Zusammenhang von deutscher Seite unternommen wurden, soll verdeutlichen, wie diese mit den bulgarischen Interessen und Gegebenheiten korrespondierten und von ihnen beeinflusst wurden. Schließlich wird die vorliegende Arbeit noch auf die handelspolitischen Entwick-

[3] Die Bedeutung dieses Zusammenhanges haben beispielsweise Berend und Ránki hervorgehoben: Ivan T. Berend / György Ránki, The European Periphery and Industrialization 1780–1914. Budapest 1982, 63.

lungen eingehen, die das deutsche Engagement in Bulgarien begleiteten. Auf diese Weise soll sie eventuelle Diskrepanzen zwischen den langfristig angelegten deutschen Maßnahmen in Bulgarien und den durch aktuelle Erfordernisse – vor allem kriegswirtschaftlicher Art – bestimmten Geschehnissen auf der handelspolitischen Ebene aufzeigen. Der Sinn dieser Betrachtung liegt weniger darin, den Verlauf des deutsch-bulgarischen Handels im Detail nachzuvollziehen, sondern vielmehr zu überprüfen, ob beide Ebenen miteinander harmonierten und welchen Erkenntniswert ihre getrennte Betrachtung hat.

Durch diese Herangehensweise soll die Arbeit nicht nur einen Beitrag zur Modernisierungsproblematik in Bulgarien und ihren außenwirtschaftlichen Dimensionen, sondern auch zur Diskussion um eine ausbeuterische wirtschaftliche Expansionspolitik Deutschlands in Südosteuropa während der 30er und 40er Jahre leisten. Besonders ihre Charakterisierung als „ausbeuterisch" soll dabei hinterfragt werden, indem untersucht wird, inwieweit die deutschen Konzepte den Interessen südosteuropäischer Länder, in diesem Falle Bulgariens, entgegenkamen. Auf diese Weise ermöglicht sie eine Annäherung an die Frage, warum Staaten wie Bulgarien im Laufe der 30er Jahre ihr wirtschaftliches Schicksal so eng mit Deutschland verbanden. Nach Ansicht des Verfassers kommt man der Antwort eher nahe, wenn man zwischen der konzeptionellen Perspektive und den Resultaten kurzfristiger handelspolitischer Entwicklungen unterscheidet. Dieser Unterschied ist, so die Ansicht des Verfassers, in der bisherigen Forschung nicht ausreichend gewürdigt worden. Vor allem der Aspekt der Interessenlange der südosteuropäischen Länder kam bisher zu kurz. Vielmehr erscheinen diese Staaten in der Forschung zumeist als passive Opfer einer deutschen Großraumstrategie, die sich die Region als wirtschaftliches „Hinterland" zur Erlangung einer autarken Position sichern wollte. Als Akteure, die ihre eigenen Interessen verfolgten, werden Länder wie Bulgarien in diesem Kontext kaum gewürdigt.[4]

In der vorliegenden Arbeit ist hingegen die Interessenlage Bulgariens im Verhältnis zu deutschen Konzepten der Hauptaspekt. Um ihn soll die bisherige wissenschaftliche Debatte ergänzt werden. Dabei wird eine Vielzahl anderer Problemfelder berührt werden, die umfassend abzuhandeln den Rahmen dieser Dissertation sprengen würde. Zudem ist die dazu erschienene Literatur bereits unüberschaubar. Dies trifft bereits für den ganzen Komplex der deutsch-bulgarischen Beziehungen zu. Zu ihrer Erforschung kann die vorliegende Arbeit nur den genannten Teilaspekt liefern. Es ist außerdem nicht ihr Ziel, neue Berechnungen und Statistiken zum deutsch-bulgarischen Handel oder zu deutschen Investitionen in Bulgarien zu liefern. Ebensowenig sollen die relevanten Entscheidungsprozesse auf politischer Ebene im Einzelnen nachgezeichnet werden. Derartiges ist speziell von der bulgarischen Forschung ausgiebig geleistet worden. Vielmehr geht es um die grundlegenden Konzepte und Strategien.

4 Für den jugoslawischen und rumänischen Kontext vgl. z. B.: William GRENZEBACH, Germany's Informal Empire in East-Central Europe. German Economic Policy Toward Yugoslavia and Rumania, 1933–1939. Stuttgart 1988, 209. Tendenziell gilt das Gesagte auch für Hans-Jürgen SCHRÖDER, Deutsche Südosteuropapolitik 1929–1936. Zur Kontinuität deutscher Außenpolitik in der Weltwirtschaftskrise, *Geschichte und Gesellschaft* 2 (1976), 5-32, hier: 9.

Hervorzuheben sind in der bisherigen Forschung die mit detaillierten Statistiken versehenen Arbeiten von Ljuben Berov[5] und David Koen[6] sowie das vierbändige Sammelwerk „Bălgaro-germanski otnošenija i vrăski" (Bulgarisch-deutsche Beziehungen und Verbindungen), herausgegeben von der Bulgarischen Akademie der Wissenschaften während der 70er und 80er Jahre.[7] Auf kultureller, aber auch auf wirtschaftlicher und politischer Ebene hat sich zudem Georgi Markov intensiv mit den Beziehungen beider Länder auseinandergesetzt.[8] Verdienste um die Erforschung der deutsch-bulgarischen Wirtschaftsbeziehungen, insbesondere vor dem Ersten Weltkrieg, hat sich außerdem Cvetana Todorova erworben.[9] Erwähnenswert scheint für die Jahre nach 1989 zudem die im Jahre 2001 erschienene Dissertation von Martin Ivanov zur Entwicklung der bulgarischen Auslandsschulden während der Weltwirtschaftskrise.[10] Mit den deutsch-bulgarischen Wirtschaftsbeziehungen im engeren Sinne befasst sie sich freilich nicht. Eine monografische Gesamtdarstellung dieser Be-

[5] So z. B. Ljuben Berov, Kăm văprosa za vănšnotărgovskata orientacija na bălgarskija fašizăm (1929–1944), o. O. 1954 (Trudove na Visš ikonomičeski institut „Karl Marks", 1), 121-222. Ders., Vănšnata tărgovija meždu Bălgarija i Germanija meždu dvete svetovni vojni (1919–1939 g.), in: Bălgaro-germanski otnošenija i vrăski [in der Folge: BGOV]. Bd. 1. Hg. Bălgarska akademija na naukite. Institut za istorija. Sofia 1972, 295-322. Ders., The withdrawing of western capitals from Bulgaria on the eve of the Second World War, *Studia Balcanica* 4 (1971), 225-256. Ders., Bulgaria's Economic Development through the Ages. Sofia 1980. Ders., Le capital financier occidental et les pays balkaniques dans les anneés vingt, *Etudes balkaniques* 2 (1965), Nr. 2, 139-169. Ders., Germanskijat kapital v Bălgarija prez godinite na Vtorata svetovna vojna, in: BGOV, Bd. 2. Sofia 1979, 243-303.

[6] Hier stellvertretend: David Koen, Ograbvaneto i razorjavaneto na bălgarskoto stopanstvo ot germanskite imperialisti prez Vtorata svetovna vojna. Sofia 1966. Ders., Voennovremennata ikonomika na Bălgarija (1939–1944). Sofia 2002. Ders., Bălgarskata industrija i imperialističeska Germanija prez Vtorata svetovna vojna, in: BGOV, Bd. 1. Sofia 1972, 497-545.

[7] BGOV.

[8] Vgl. beispielsweise Georgi Markov, Bălgaro-germanskite otnošenija 1931–1939. Sofia 1984. Außerdem: ders., Bălgaro-germanski diplomatičeski otnošenija (1919–1944), in: BGOV, Bd. 3. Sofia 1981, 222-244. Ders., Bălgarija i balkanskata politika na Tretija rajch (oktomvri 1936–april 1937), *Istoričeski pregled* 3 (1977), 39-50. Ders., Bălgarija i Tretijat rajch prez „mirnata revizija" (mart 1938–fevruari 1939), in: Problemi na političeskata istorija na Bălgarija (1878–1944). Sofia 1979 (Izvestija na Instituta za istorija, 24), 167-202. Speziell zu den Kulturbeziehungen: Ders., Die Kulturpropaganda des Dritten Reiches in Bulgarien (1934–1939), *Etudes historiques* 9 (1979), 225-245.

[9] Hier stellvertretend: Cvetana Todorova, Diplomatičeska istorija na vănšnite zaemi na Bălgarija 1878–1912. Sofia 1971. Dies., Industrialisierung und Strukturveränderungen in Bulgarien vor dem Ersten Weltkrieg aus wirtschaftsgeschichtlicher Sicht, *Collegium Germania* 2 (1997), 187-215. Dies., Aspekte der industriellen Entwicklung Bulgariens vom Ende des 19. Jhs. bis zum Ersten Balkankrieg, *Etudes historiques* 5 (1970), 423-424. Cvetana Todorova / Elena Statelova, Kăm načalnata istorija na Germansko-bălgarskoto družestvo (1916–1918), in: BGOV, Bd. 2. Sofia 1979, 159-207. Cvetana Todorova, Interesite na germanskija finansov kapital v Bălgarija prez 90-te godini na XIX v., in: BGOV, Bd. 2, Sofia 1979, 49-66.

[10] Martin Ivanov, Političeskite igri s vănšnija dălg. Bălgarski sjuženi na stopanski krizi i văzchod 1929–1934. Sofia 2001.

ziehungen fehlt im Übrigen noch. Zwar schließt auch Rumen Daskalovs jüngst erschienenes zweibändiges Werk „Bălgarskoto obštestvo" (Die bulgarische Gesellschaft) diese Lücke nicht, durch seinen an Hans-Ulrich Wehler angelehnten gesellschaftsgeschichtlichen Ansatz bietet es jedoch wichtige Anhaltspunkte zur historischen Kontextualisierung des hier behandelten Themas im bulgarischen Rahmen. Besonders die Abschnitte zur Problematik der bulgarischen Außenhandelspolitik sind in diesem Zusammenhang von Bedeutung, d. h. sie erleichtern die Einordnung der in Bulgarien getroffenen Entscheidungen zur engeren wirtschaftlichen Anbindung an Deutschland in das Spannungsfeld von Protektionismus und Exportinteressen.[11]

Im Gegensatz zur bulgarischen hat sich westliche und deutsche Forschung weniger mit Teilaspekten der deutsch-bulgarischen Beziehungen befasst als vielmehr mit Themen, innerhalb derer diese Beziehungen einen Teilaspekt darstellen oder von denen bestimmte Teilaspekte relevant für die vorliegende Arbeit sind. Zu diesem Komplex zählen etwa Publikationen zur deutschen Südosteuropa-Politik einschließlich „Mitteleuropa"-Konzepten, generell zur deutschen Außenpolitik vor und nach 1933, zur wirtschaftlichen Entwicklung Deutschlands, zur Außenwirtschaftspolitik sowie zu Wirtschaftssystem und Wirtschaftspolitik unter dem Nationalsozialismus, einschließlich der speziellen Probleme der Rüstungs- und Kriegswirtschaft.[12] Hinzu kommen Untersuchungen zur wirtschaftlichen Entwicklung Ostmittel- und Südosteuropas nach dem Ersten Weltkrieg unter den Bedingungen des Versailler Systems.[13] Relevant für die vorliegende Arbeit sind außerdem Analysen zu den Wirtschaftsbeziehungen Deutschlands mit anderen ostmittel- und südosteuropäischen Ländern

11 Rumen DASKALOV, Bălgarskoto obštestvo. 2 Bde. Sofia 2005.

12 So z. B.: Jürgen ELVERT, Mitteleuropa! Deutsche Pläne zur europäischen Neuordnung. Stuttgart 1999. Alan MILWARD, The Reichsmark Bloc and the International Economy, in: Der „Führerstaat": Mythos und Realität. Studien zur Struktur und Politik des Dritten Reiches. Hgg. Gerhard HIRSCHFELD / Ludwig KETTENACKER. Stuttgart 1981 (Veröffentlichungen des Deutschen Historischen Institutes London, 8), 377-413. Bernd-Jürgen WENDT, Südosteuropa in der nationalsozialistischen Großraumwirtschaft. Eine Antwort auf Alan S. Milward, in: a. a. O., 414-427. Hans-Erich VOLKMANN, Außenhandel und Aufrüstung in Deutschland 1933 bis 1939, in: Wirtschaft und Rüstung am Vorabend des Zweiten Weltkriegs. Hgg. Friedrich FORSTMEIER / Hans-Erich VOLKMANN. Düsseldorf 1975, 81-131. Klaus THÖRNER, „Der ganze Südosten ist unser Hinterland". Deutsche Südosteuropapläne von 1840 bis 1945. Oldenburg 2000. Dirk STEGMANN, Mitteleuropa 1925–1934. Zum Problem der Kontinuität deutscher Außenpolitik von Stresemann bis Hitler, in: Industrielle Gesellschaft und politisches System. Beiträge zur politischen Sozialgeschichte. Festschrift für Fritz Fischer zum 70. Geburtstag. Hgg. Dirk STEGMANN u. a. Bonn 1978, 203-221. Hans-Peter HÖPFNER, Deutsche Südosteuropapolitik in der Weimarer Republik. Frankfurt a. M. 1983.

13 Vgl. John R. LAMPE / Marvin R. JACKSON, Balkan Economic History 1550–1950: From Imperial Borderlands to Developing Nations. Bloomington 1982. DIESS.: The Evidence of Industrial Growth in Southeastern Europe before the Second World War, *East European Quarterly* 16 (1983), Nr. 4, 385-415. Alice TEICHOVA, Kleinstaaten im Spannungsfeld der Großmächte. Wirtschaft und Politik in Mittel- und Südosteuropa in der Zwischenkriegszeit. München 1988.

in der betreffenden Epoche.[14] Die Perspektive und Interessenlage der südosteuropäischen Länder wird hier jedoch, wie erwähnt, zumeist nicht ausreichend gewürdigt.[15] Dass auch in der neuesten westlichen Forschung die deutsche Perspektive dominiert, zeigt etwa Götz Alys Monografie „Hitlers Volksstaat", in der es im Wesentlichen um die Problematik des Dritten Reiches als eines Wohlfahrtsstaates und die Sicherung eines hohen allgemeinen Lebensstandards auch unter den Bedingungen der Kriegswirtschaft geht. Im hier behandelten Zusammenhang interessant ist das Buch dennoch, da es schwerpunktmäßig auf die Rolle eingeht, die die Wirtschaftskraft der im Zweiten Weltkrieg besetzten Länder, aber auch Verbündeter wie Bulgarien bei der Versorgung des nationalsozialistischen „Volksstaates" spielte. Die Ergebnisse von Alys Arbeit stellen einen wichtigen Hintergrund speziell für die hier vorgenommene Betrachtung der deutsch-bulgarischen Wirtschaftsbeziehungen während der zweiten Kriegshälfte dar.[16]

Was die theoretischen und terminologischen Grundlagen betrifft, so kann die vorliegende Arbeit nicht auf den Gebrauch der durchaus problematischen Begriffe „Rückständigkeit" und „Modernisierung" verzichten. Besonders der letztere Terminus scheint im Zusammenhang mit den Überlegungen, die sowohl in Bulgarien als auch in Deutschland angestellt wurden, um die Produktivität der bulgarischen Landwirtschaft zu steigern, am passendsten zu sein. Dabei liegt seiner Anwendung weder in der vorliegenden Arbeit noch in den meisten verwendeten Quellen ein teleologisches Geschichtsverständnis zugrunde. Vielmehr ging es sowohl in den bulgarischen als auch in den deutschen Konzepten um die mehr oder weniger genaue Formulierung von wirtschaftlichen Zielvorstellungen, denen näherzukommen als „Modernisierung" betrachtet wurde. Hierbei handelte es sich beispielsweise um Wirtschaftswachstum, Produktivitätssteigerung und eine Anhebung der Massenkaufkraft. Der Einfachheit halber und nur in Bezug auf diese Ziele verwendet die vorliegen-

14 Zum Beispiel: Michael RIEMENSCHNEIDER, Die deutsche Wirtschaftspolitik gegenüber Ungarn 1933–1944. Ein Beitrag zur Interdependenz von Wirtschaft und Politik unter dem Nationalsozialismus. Frankfurt a. M., Bern, New York 1987 (Europäische Hochschulschriften. Reihe III. Geschichte und ihre Hilfswissenschaften, 316). Hartmut TONCH, Wirtschaft und Politik auf dem Balkan: Untersuchungen zu den deutsch-rumänischen Beziehungen in der Weimarer Republik unter besonderer Berücksichtigung der Weltwirtschaftskrise. Frankfurt a. M., Bern, New York 1984. Holm SUNDHAUSSEN, Wirtschaftsgeschichte Kroatiens im nationalsozialistischen Großraum 1941–1945. Das Scheitern einer Ausbeutungsstrategie. Stuttgart 1983. Zudem: DERS., Südosteuropa in der nationalsozialistischen Kriegswirtschaft am Beispiel des „Unabhängigen Staates Kroatien", *Südost-Forschungen* 32 (1973), 233-266.

15 Beide Perspektiven eingenommen haben die ungarischen Autoren Berend und Ránki. Mit dem Verhältnis Ungarns zu NS-Deutschland und der Möglichkeit für Ungarn, innerhalb des deutschen Einflussbereiches eigene, auch wirtschaftliche, Interessen zu verfolgen, hat sich Ránki gesondert beschäftigt: György RÁNKI, „Unwilling Satellite" or „Last Satellite" – Some Problems of Hungarian-German Relations, in: Studies on Central and Eastern Europe in the Twentieth Century. Hgg. Ivan T. BEREND / György RÁNKI. Aldershot / Burlington 2002, IV / 261-288, hier: 263-266. Zur Frage der ungarischen Agrarexporte: 266.

16 Götz ALY, Hitlers Volksstaat. Raub, Rassenkrieg und nationaler Sozialismus im Dritten Reich. Frankfurt a. M. 2005, 258-263.

de Arbeit den Begriff „Modernisierung" in analoger Weise. Sie teilt damit keineswegs den etwa von Maria Todorova kritisierten „Progressionismus"[17] vieler westlicher Sichtweisen zur Geschichte der Balkanländer. Ebensowenig will sie sich auf eine Diskussion der teilweise bis ins Mittelalter zurückreichenden historischen Wurzeln osteuropäischer „Rückständigkeit" oder der „Divergenz der Entwicklungswege" einlassen bzw. berufen, wie sie etwa bei Sundhaussen, Kaser oder Chirot zu finden ist.[18] Der letztgenannte Autor hat allerdings die Rückständigkeitsproblematik aus einer Perspektive beleuchtet, die auch für diese Dissertation interessant erscheint: Es handelt sich dabei um die Frage, inwieweit im Falle direkter Beziehungen zwischen zwei Gesellschaften die eine Seite als „fortgeschritten", die andere als „rückständig" bezeichnet werden kann. Auch wenn die Entwicklungswege beider Seiten ihre eigene historische Berechtigung hätten, so Chirot, so werde das Problem der Rückständigkeit spätestens dann virulent, wenn es um die militärische Leistungskraft gehe. Dies sei, so der Autor weiter, der eigentliche Faktor gewesen, durch den z. B. das Osmanische Reich ab dem 17. / 18. Jahrhundert im seinem Verhältnis zu Westeuropa unter Druck geraten sei.[19] Zwar bedeutet dies keineswegs, dass die militärische Leistungsfähigkeit eines Staates ein Maß für seine allgemeine Fortgeschrittenheit oder Rückständigkeit ist; als Modell verdeutlicht es aber, dass das Eintreten einer Gesellschaft bzw. eines Staates in Beziehungen zu anderen Staaten auf bestimmten Gebieten einen erheblichen Handlungsdruck auf dieses Gemeinwesen erzeugen und es zugleich zwingen kann, sich im betreffenden Bereich an der anderen Seite zu orientieren. In ähnlicher Weise, so die eingangs erwähnte Grundannahme der vorliegenden Arbeit, trat Bulgarien nach der Erlangung der nationalen Selbständigkeit im Jahre 1878 in wirtschaftliche Beziehungen zu Mittel- und Westeuropa ein und sah sich ab diesem Zeitpunkt gezwungen, sich an den dortigen Industrienationen in Bezug auf die Produktivität und die Effizienz seiner Wirtschaft zu orientieren. Das Moment der militärischen Leistungsfähigkeit war nur ein Teilaspekt dieser Problematik. Diese mag man angesichts des bisher Gesagten als die „Modernisierungsproblematik" Bulgariens oder auch als die Problematik der Positionierung Bulgariens im weltwirtschaftlichen Kontext bezeichnen.

[17] Maria Todorova, Die Erfindung des Balkan. Europas bequemes Vorurteil. Darmstadt 1999, 186.

[18] Vgl. Holm Sundhaussen, Der Wandel der osteuropäischen Agrarverfassung während der Frühen Neuzeit. Ein Beitrag zur Divergenz der Entwicklungswege von Ost- und Westeuropa, *Südost-Forschungen* 49 (1990), 15-56. Karl Kaser, Südosteuropäische Geschichte und Geschichtswissenschaft. Eine Einführung. Wien 1990 und [2]2002. Einen Überblick über modernisierungstheoretische Debatten hat Sundhaussen gegeben: Holm Sundhaussen, Neue Literatur zu Problemen der Industrialisierung und der nachholenden Entwicklung in den Ländern der europäischen Peripherie, *Südost-Forschungen* 43 (1984), 287-303. Zu Chirot vgl. folgende Anmerkung.

[19] Vgl. Daniel Chirot, Causes and Consequences of Backwardness, in: The Origins of Backwardness in Eastern Europe. Economics and Politics from the Middle Ages Until the Early Twentieth Century. Hg. ders. Berkeley, Los Angeles, London 1989, 1-15. Mit der Frage der „Rückständigkeit" durch Peripherisierung hat sich auch Lampe auseinandergesetzt: John R. Lampe, Imperial Borderlands or Capitalist Periphery? Redefining Balkan Backwardness, 1520–1914, in: Origins of Backwardness, 177-209, hier: 195-199.

Sie war, so scheint es, die wichtigste Triebfeder für die Entwicklung der deutsch-bulgarischen Wirtschaftsbeziehungen zwischen 1918 und 1944.

In einem weiteren Rahmen gesehen geht es also um die Frage, welchen Ausdruck der Zusammenhang zwischen den deutsch-bulgarischen Wirtschaftsbeziehungen und der sozioökonomischen Modernisierung Bulgariens in den konzeptionellen Grundlagen gefunden hat. Stellt man diese Problematik in den Gesamtkontext von Rückständigkeit und ökonomischer Entwicklung, so bietet es sich an, die Fragestellung der vorliegenden Arbeit im Sinne Gerschenkrons zu betrachten und zu analysieren, inwieweit die den deutsch-bulgarischen Wirtschaftsbeziehungen zugrunde liegenden Konzepte eine Substitution der in Bulgarien fehlenden Modernisierungsvoraussetzungen vorsahen.[20]

[20] Vgl. Alexander GERSCHENKRON, Some Aspects of Industrialisation in Bulgaria 1878–1939, in: DERS., Economic Backwardness in Historical Perspective. New York 1965, 233-298, hier: 233ff.

2 Die bulgarische Volkswirtschaft vor 1944: Charakter und innere Entwicklungen

2.1 Startbedingungen beim Eintritt in das internationale Wirtschaftssystem

Für die Zeit vor 1878 kann von einer nationalen bulgarischen Volkswirtschaft nicht gesprochen werden. Zwar war seit dem ersten Drittel des 19. Jahrhunderts in der christlich-slavischen Bevölkerung der zum Osmanischen Reich gehörenden südöstlichen Balkanhalbinsel ein bulgarisches „Nationalbewusstsein“[1] im Entstehen begriffen, und dieses verdankte sein Anwachsen und seine Ausbreitung über die folgenden Jahrzehnte hinweg nicht zuletzt der zunehmenden wirtschaftlichen Potenz bürgertumsähnlicher[2], sich als Bulgaren identifizierender Kreise, die vorwiegend in den Städten ansässig und durch Handel, als Heimarbeit betriebenes Handwerk oder durch Güterproduktion in protoindustriellen Betrieben, d. h. Manufakturen hauptsächlich auf dem Textilsektor wohlhabend geworden waren.[3] Dieses bulgarische „Bürgertum“ besaß die ökonomischen Voraussetzungen dafür, die Weiterverbreitung der nationalen Idee voranzutreiben, indem es etwa Bildungseinrichtungen wie Schulen und Lesesäle schuf und unterstützte.[4] Im Ganzen gesehen blieben die bulgarischen Untertanen des Sultans aber bis 1878 voll in das wirtschaftliche und gesellschaftliche System des Reiches integriert, was besonders für das Bürgertum eine wichtige Quelle der Prosperität darstellte, fanden dessen Händler und Produzenten doch in ihm, d. h. in seinem Staatsapparat und seinen Gebieten ausgedehnte Absatzmärkte. Als Beispiel für diesen Sachverhalt seien hier die Textil- und Bekleidungszentren Gabrovo und Karlovo genannt, die ihren Aufstieg nach 1830 einer rasanten Zunahme der Nachfrage nach

1 Vgl. hierzu u. a. die bisher einzige deutschsprachige Gesamtdarstellung der bulgarischen Geschichte: Hans-Joachim Härtel / Roland Schönfeld, Bulgarien. Vom Mittelalter bis zur Gegenwart. München, Regensburg 1998. Außerdem: Richard J. Crampton, A Concise History of Bulgaria. Cambridge 1997.

2 Nicht zu vergleichen mit dem westlichen industriell tätigen Bürgertum zur gleichen Zeit. Eher mit frühneuzeitlichem (v. a. aufgrund Produktionsmethoden, d. h. Manufakturwesen). Vgl. hierzu ausführlich Ulf Brunnbauer, Abgebrochene Entwicklung? Die Rhodopen als regionale Fallstudie für die wirtschaftlichen Folgen des Zerfalls des Osmanischen Reiches, *Südost-Forschungen* 59 / 60 (2000 / 2001), 324-350.

3 John R. Lampe, The Bulgarian Economy in the Twentieth Century. London, Sydney 1986, 21ff.

4 A. a. O., 19.

Stoffen, Schuhen und Eisenwaren verdankten.[5] Ausgelöst worden war dieser Boom unter anderem durch die osmanische Streitkräftereform von 1826, durch die ein stehendes Heer geschaffen worden war, das im Rahmen des „Işleme"-Systems entsprechend versorgt werden musste.[6] Eine rechtliche Grundlage und einen weiteren Anstoß erhielt der Aufschwung durch das Reformdekret von 1839, das es bulgarischen Händlern ermöglichte, im ganzen osmanischen Reich frei ihrer Tätigkeit nachzugehen.[7] Die von dieser Intensivierung des Handels profitierenden Manufakturbetreiber und Handwerker waren ursprünglich aus dem Bauerntum als Saisonarbeiter hervorgegangen, die anfänglich nur vorübergehend die Güter ihrer türkischen Herren, die „Çiftliks", verlassen hatten, um sich in höher gelegenen, von den Osmanen weniger kontrollierten Regionen als Handwerker zu verdingen. Die vielversprechende Entwicklung ihres Gewerbes während der 1830er Jahre erlaubte es ihnen dann, dort zu bleiben und sich vollständig der manuellen Güterproduktion und dem Handel zu widmen.[8]

Abgesehen von diesen Keimzellen eines marktorientierten und monetären Wirtschaftssystems lebte ein Großteil der Bulgaren bis über die Mitte des 19. Jahrhunderts hinaus unter den feudalen Bedingungen des Çiftlik-Systems, also unter türkischer Gutsherrlichkeit.[9] Dieser hatten sie regelmäßig einen Großteil, zumeist die Hälfte, ihrer landwirtschaftlichen Erträge abzuliefern. In Erscheinung trat die Herrschaft in der Regel in Gestalt osmanischer Offiziere, die allerdings nicht das Recht hatten, ihre Güter zu vererben und daher bestrebt sein mussten, während der Zeit ihrer Verfügungsgewalt möglichst große Profite aus ihnen herauszupressen. Außerdem hatten sich die bulgarischen Bauern mit den „Čorbadžii", vom Staat beauftragten Steuereintreibern, die meist selbst bulgarischer Herkunft waren, auseinanderzusetzen.[10]

Diese ungünstigen Faktoren, dabei vor allem die Landarmut der christlichen Bevölkerung, trugen dazu bei, eine Herausbildung prosperierender landwirtschaftlicher Betriebe weitgehend zu verhindern und in einer Art Rückkoppelungsverhältnis die Abwanderung der Bulgaren in höher gelegene Landstriche noch zu verstärken. Dort verdingten sich die christlichen Landbewohner in erster Linie als wandernde Hirten, Maurer und Weber.[11]

Eine Änderung dieser Zustände konnte allein eine Änderung der wirtschaftlichen Eigentumsverhältnisse bewirken, die es dem bulgarischen Bauerntum ermöglichen sollte, in eigener Verantwortung Landwirtschaft zu betreiben, freilich ohne dass dadurch Erfolg und Profit bereits garantiert worden wären. Immerhin aber stimulierte das 1858 von der Pforte

5 Zu Gabrovo vgl.: Mladen Radkov, Gabrovo v bălgarsko-germanskite ikonomičeski otnošenija, in: BGOV, Bd. 2. Sofia 1979, 99-120.

6 Lampe, Bulgarian Economy, 22.

7 Ebd.

8 A. a. O., 21f.

9 A. a. O., 19-23.

10 A. a. O., 21.

11 Ebd. Vgl. dazu ausführlicher Brunnbauer, 330. Außerdem: Fikret Adanir, Tradition and Rural Change in Southeastern Europe During Ottoman Rule, in: Chirot, 131-176.

erlassene neue Landbesitzrecht, das der christlichen Bevölkerung des Reiches erstmals das Recht auf Grundbesitz gewährte, zusammen mit der 1842 erfolgten Freigabe des Weizenhandels mit Westeuropa den bulgarischen Getreideexport derart, dass dieser sich in den 1860er Jahren verdoppelte, wobei ein Großteil nach Großbritannien ging. Zur gleichen Zeit verkauften immer mehr türkische Eigentümer, durch eine Reihe von Missernten verunsichert, ihren Boden in den bulgarischen Gebieten und verließen diese, sodass slavische Einwohner zunehmend in die Rolle von Grundbesitzern gerieten, also Markterfahrungen sammelten und vom Exportboom jener Jahre profitierten. Nicht zufällig wurde Varna damals zum umsatzstärksten Hafen des Osmanischen Reiches auf dem Balkan. Gleichwohl waren auch zu dieser Zeit noch circa 30 Prozent der Bevölkerung türkisch-muslimischer Herkunft, und all diese Entwicklungen spielten sich im Rahmen osmanischer Gesetzgebung ab, wie ihr Erfolg auch noch weitestgehend von den Bedingungen auf dem großen osmanischen Markt abhängig war.[12]

Eine Betrachtung der Startbedingungen, denen sich die bulgarische Volkswirtschaft bei ihrer Geburt im Jahre 1878 gegenübersah, muss berücksichtigen, dass sich bereits vor diesem Schicksalsjahr Ansätze ökonomischer Strukturen in den bulgarischen Gebieten herausgebildet hatten, die der dortigen christlichen Bevölkerung eine selbständigere und stärker profitorientierte Teilnahme am osmanischen Wirtschaftsleben erlaubten, dass diese Fortschritte und die dadurch erzielten Erfolge aber in erster Linie auf den administrativen Maßnahmen und den Marktbedingungen des Osmanischen Reiches fußten, auf Voraussetzungen also, die nun, 1878, wegfielen.[13] Von Bedeutung ist außerdem, dass sich in den letzten Jahrzehnten der osmanischen Herrschaft eine beginnende Differenzierung der sozioökonomischen Strukturen der bulgarischen Bevölkerung zeigte: Neben der Landwirtschaft gewannen die Sektoren Handel, Handwerk und Manufakturwesen in einem an osmanischen Verhältnissen gemessen rasanten Aufschwung zunehmend an Gewicht. Ansatzweiser brachten sie protoindustrielle Produktionsmethoden hervor, die denen des frühneuzeitlichen Westeuropa nicht unähnlich waren. In erster Linie handelte es sich hierbei um Textilherstellung.[14] Ursache hierfür war die Nachfrage sowohl des osmanischen Marktes als auch die steigende Nachfrage des sich industrialisierenden Mittel- und Westeuropa.[15]

Zieht man in der Rückschau eine Bilanz des Wachstums der neuen nationalen bulgarischen Volkswirtschaft nach 1878 und ihrer strukturellen Entwicklung vor dem ersten Balkankrieg, so fällt auf, dass das Wachstum zwar im gesamteuropäischen Vergleichsmaßstab respektable Werte aufzuweisen hatte, dass strukturell gesehen aber die Landwirtschaft weiterhin der weitaus wichtigste Wirtschaftszweig war und blieb. Dies relativiert die Bedeutung des Wachstums, das sich vorwiegend im industriellen Sektor zeigte, einem Bereich, der beispielsweise im Jahre 1911 nur 26 Leva pro Kopf an Güterausstoß erzeugte, im Vergleich

12 Lampe, Bulgarian Economy, 22f.
13 Vgl. Brunnbauer, 343-349.
14 A. a. O., 330.
15 Nach Brunnbauer, 330, kamen die entscheidenden Impulse für diese Transformation vom osmanischen Staat.

zu 139 Leva, die die Landwirtschaft hervorbrachte – ein Verhältnis also von weniger als 1:5. Gewachsen war dieser Wert zwischen 1904 und 1911 aber immerhin um 13 Prozent im Gegensatz zu 2,3 Prozent (1894–1904) bzw. 0,5 Prozent (1909–1912) auf dem Agrarsektor.[16] Auch im Außenhandel blieb die Dominanz des Agrarsektors annähernd konstant: Bulgariens Export beruhte im Jahre 1911 zu 70 Prozent auf der Getreideausfuhr – in den ersten Jahren nach der 1885 erfolgten Angliederung Ostrumeliens hatte dieser Wert bei 72 Prozent gelegen.[17] Unverändert konzentrierte sich der bulgarische Handel also auf die Getreideausfuhr und war damit in hohem Maße abhängig von den jährlichen Ernten und den Weltmarktpreisen, die nun nach dem Wegfall des Osmanischen Reiches als Markt und der Ausrichtung auf Mittel- und Westeuropa v. a. durch die billige Konkurrenz aus Übersee, d. h. besonders aus den USA, Kanada und Argentinien gedrückt wurden.[18] Zwar erlebte der bulgarische Export zwischen 1886 und 1910 ein absolutes Wachstum von knapp 100 Prozent, gemessen am Geldwert der ausgeführten Güter; verrechnet man dies jedoch mit dem Bevölkerungswachstum von 2,8 auf 4,3 Millionen zwischen 1880 und 1910 und mit der Preisentwicklung, so ergibt sich ein annähernd gleichbleibender Pro-Kopf-Wert, der zwischen 28,4 und 31,6 Leva pro Jahr schwankte. Außer Acht gelassen wird hier allerdings der Ausnahmezeitraum von 1901 bis 1905, als ein Wert von 40,3 Leva erzielt wurde, der vor dem allgemeinen Hintergrund eines 25-prozentigen Exportüberschusses zu sehen ist, den das Land aber vorher oder nachher nie mehr erreichte.[19] Im Gegenteil war ansonsten ein Handelsdefizit von sechs bis 22 Prozent zu verzeichnen, und in der Gesamtbilanz der Jahre 1895–1910 fiel die Ausfuhrmenge an Winterweizen, der zwei Drittel der gesamten Getreideproduktion ausmachte, sogar um 25 Prozent.[20] Diese Schwankungen sind v. a. auf schlechte Ernten um die Jahrhundertwende und in den Jahren 1907 und 1908 zurückzuführen, die die Landwirte dazu zwangen, einen großen Anteil ihrer Produktion für den Eigenverbrauch zu verwenden. Angesichts des Gesagten und angesichts dessen, dass der exportfähige Überschuss auch des wichtigsten Artikels, des Winterweizens, nie 30 Prozent der Gesamtproduktion überstieg, wird deutlich, dass die bulgarische Landwirtschaft in erster Linie für den Eigenbedarf der Produzenten arbeitete, also eine Subsistenzwirtschaft darstellte, und dass zudem ihre Produktivität stagnierte, was auch insgesamt für das Pro-Kopf-Handelsvolumen zutraf.[21]

16 Lampe / Jackson, Balkan Economic History, 162f.

17 Lampe, Bulgarian Economy, 25.

18 Zur Konkurrenz aus Übersee vgl.: Gerschenkron; Teichova. Außerdem: Leo Pasvolsky, Bulgaria's Economic Position. With Special Reference to the Reparations Problem and the Work of the League of Nations. Washington 1930, 182-187. Hugh Seton-Watson, Eastern Europe between the Wars. 1918–1941. Cambridge 1945.

19 Lampe / Jackson, Balkan Economic History, 165. Lampe, Bulgarian Economy 25f.

20 Lampe / Jackson, a. a. O., 165.

21 Lampe, a. a. O., 25-27. Zur Stagnation und zum Subsistenzcharakter der bulgarischen Wirtschaft während des ersten Jahrzehnts des 20. Jahrhunderts vgl.: Rumen Avramov, Stopanskijat XX. vek na Bălgarija. Sofia 2001, 54 u. 58-61.

Seit der Trennung vom Osmanischen Reich trat die bulgarische Volkswirtschaft, besonders was ihre Außenwirtschaftsbeziehungen, aber auch die industrielle Entwicklung betraf, gewissermaßen „auf der Stelle". Nachdem vor 1878 ein struktureller Differenzierungsprozess eingesetzt hatte, hatte die Landwirtschaft zwar das Potential, ein „engine of growth" (Lampe) zu werden, der auch die anderen Sektoren mit anschieben würde; dieser Motor sprang jedoch nicht richtig an, wodurch auch die nicht-agrarischen Wirtschaftszweige in ihrer Entwicklung gebremst wurden. Die Ursachen für diese anhaltenden Schwierigkeiten müssen in der wirtschaftlichen Lage Bulgariens zum Zeitpunkt der „Befreiung" und in den damals erfolgten grundlegenden Weichenstellungen, besonders im Bereich der Agrarverfassung, gesucht werden.[22]

Letztere war ein schwerwiegendes Hemmnis für ein reales Wachstum der bulgarischen landwirtschaftlichen Produktion, das notwendig gewesen wäre, um Kapital zu erwirtschaften, das wiederum in moderne Landmaschinen und in die Industrialisierung des Landes, mithin also in eine umfassende Modernisierung der Volkswirtschaft hätte investiert werden können. Ursächlich für diesen Zusammenhang und charakteristisch für die bulgarische Landwirtschaft war die starke Zersplitterung des Grundbesitzes. Sie war dadurch zustande gekommen, dass nach der Gründung des bulgarischen Nationalstaates 1878 das Land der geflüchteten türkischen Großgrundbesitzer unter den Bauern verteilt worden war. In den folgenden Jahrzehnten versuchte die Politik des Landes dieser Parzellierung allerdings nicht etwa entgegenzuwirken, sondern verstärkte sie sogar, indem sie u. a. durch das Erbgesetz von 1890 die Erbteilung von Landbesitz verfügte, d. h. die gleichmäßige Aufteilung unter den Söhnen des Eigentümers, also die Auflösung der bisherigen Großfamilienwirtschaften (Zadruga).[23] Es entstanden auf diese Weise Besitzverhältnisse, die mit den in Jahrhunderten osmanischer Herrschaft gewachsenen Strukturen kaum mehr etwas verband, wobei Bulgarien in dieser Hinsicht zusammen mit Serbien in Südosteuropa eine Sonderstellung einnahm. In den meisten anderen Ländern dieser Region hatten sich zum Teil noch aus vorosmanischer Zeit stammende Verhältnisse erhalten; dort, d. h. zum Beispiel in Ungarn, Rumänien (d. h. Moldau und Walachei) oder Bosnien-Herzegowina, spielte der Großgrundbesitz noch eine weit größere Rolle als in Bulgarien. So nahmen etwa in Ungarn Betriebe mit über 100 Hektar ca. die Hälfte der gesamten landwirtschaftlichen Nutzfläche ein.[24] In Bulgarien hingegen führte die fortschreitende Zersplitterung bzw. „Verpulverisierung" (Gross) der landwirtschaftlichen Einheiten dazu, dass im Jahre 1926 57 Prozent von ihnen eine Fläche von unter 5 Hektar umfassten.[25] Vor dem Ersten Weltkrieg gehörten über drei

22 Vgl. hierzu Holm Sundhaussen, Die verpaßte Agrarrevolution. Aspekte der Entwicklungsblockade in den Balkanländern vor 1945, in: Industrialisierung und gesellschaftlicher Wandel in Südosteuropa. Hg. Roland Schönfeld. München 1989 (Südosteuropa-Studien, 42), 45-60, 48f.

23 Hermann Gross, Elemente der Agrarstruktur und Tendenzen der Agrarpolitik in Südosteuropa. München, Darmstadt 1970 (Von der Agrar- zur Industriegesellschaft. Sozialer Wandel auf dem Lande in Südosteuropa, 7 / III), III / 7. Vgl. außerdem Brunnbauer und Adanir.

24 Gross a. a. O., III / 2.

25 Ebd.

Viertel des bebauten Landes zu Kleinbetrieben von unter 20 Hektar, die oft sogar verstreut lagen, was ihre rationelle Nutzung zusätzlich erschwerte.[26]

Diese Umstände stellten keinen fruchtbaren Boden für Modernisierungsimpulse dar. Da die landwirtschaftlichen Betriebe sehr klein waren, waren sie kaum in der Lage, mehr zu produzieren, als für den Eigenbedarf der Bauern nötig war. Die Stagnation des Exportes verdeutlicht diesen Sachverhalt. Somit war es auch nicht möglich, Kapital zu erwirtschaften, das für eine Modernisierung der Anbaumethoden, dabei v. a. weg vom extensiven hin zu intensiverem Anbau, nötig gewesen wäre. Dies hatte zur Folge, dass weiter mit veralteten Methoden gearbeitet wurde und durch die Bevölkerungszunahme eine steigende Landnot aufkam, wobei hier auch eine durch das weitverbreitete Analphabetentum[27] und die allgemeine Bildungsmisere geförderte Beharrungsmentalität[28] im Bauerntum eine wichtige Rolle spielte. Der allgemeine Kapitalmangel, der hiermit einherging, wirkte sich auf alle gesellschaftlichen Bereiche, besonders aber auf das Wirtschaftsleben, entwicklungshemmend aus. Er verschärfte sich zusätzlich durch das Handelsdefizit, das Bulgarien praktisch von Anfang an anhäufte, da es nicht in der Lage war, den Importen westlicher hochwertiger Fertigwaren Exporte wettbewerbsfähiger Agrarprodukte in ausreichender Menge entgegenzustellen. Bulgarien hatte daher seit 1878 eine von einer ineffizient arbeitenden Landwirtschaft abhängige Nationalökonomie, was sich unter anderem auch in den Außenhandelsbilanzen offenbarte. Im Jahre 1910 lebten von der Landwirtschaft ungefähr 81 Prozent der Gesamtbevölkerung;[29] der Agrarsektor war mangels Marktfähigkeit und Modernisierung nicht in der Lage, durch die Erwirtschaftung von Überschüssen und damit von Kapital die ihm zukommende Anschubfunktion für eine Industrialisierung auszuüben.[30] Somit konnte auch keine Industrie in dem Maße entstehen, dass sie dem Dorf Arbeitskräfte entzogen und damit den Übervölkerungsdruck von ihm genommen hätte.

Wollte Bulgarien seine Volkswirtschaft aber dennoch modernisieren, so war es somit auf ausländische Kredite und Investitionen angewiesen und musste staatlicherseits die Entstehung von Industrien vorantreiben. Den westlichen Industrienationen und insbesondere Deutschland gegenüber trat das Land also als Exporteur einfacher Agrarprodukte und als finanzieller Bittsteller auf, der einerseits zwar an der Einfuhr industrieller Fertigwaren interessiert war, andererseits aber die eigene Produktion mittels protektionistischer Zölle vor der starken ausländischen Konkurrenz schützen zu müssen glaubte.

26 Lampe, Bulgarian Economy, 27.

27 Vgl. Siemens-Archiv (SA), Prov. ZA, Sig. 9343, Dokument: „I. Grundlagen der bulgarischen Volkswirtschaft".

28 Sundhaussen, Verpaßte Agrarrevolution, 56f.

29 Ebd.

30 A. a. O., 45f.

2.2 Modernisierungsbestrebungen vor dem Ersten Balkankrieg

Im Bewusstsein, dass die neue bulgarische Volkswirtschaft den Unbilden und Unwägbarkeiten der Weltwirtschaft ausgesetzt sein und dass das Land nun direkt, ohne Umweg über das Osmanische Reich, in den ökonomischen Austausch besonders mit den großen europäischen Industrienationen eintreten würde, wurden in Bulgarien unterschiedliche Konzepte darüber entwickelt, wie das junge Fürstentum aus dieser neuen Situation den größten Nutzen ziehen bzw. den geringsten Schaden davontragen könnte. In Wettstreit miteinander traten Ideen, die von einer vollständigen Übernahme westlicher Modelle bis zu radikalem Isolationismus und Protektionismus reichten. Im Wesentlichen jedoch drehte sich die wirtschaftliche Strategiedebatte, die in Bulgarien, so Lampe, intensiver geführt wurde als in anderen Balkanländern, um die Frage, ob der Weg zu ökonomischer Entwicklung und Prosperität über eine planmäßige Industrialisierung führen müsse.[31] Geschürt wurden die Diskussionen durch die Erkenntnis der stagnierenden landwirtschaftlichen Entwicklung, die sich spätestens mit den Missernten der Jahrhundertwende allgemein aufdrängte. Klar wurde, dass eine durch den Agrarsektor dominierte Volkswirtschaft auf einem zu unsicheren Fundament ruhte, zumal dieser selbst keine belebende Wirkung auf andere Sektoren ausübte. War man zunächst der Ansicht gewesen, dass dies in erster Linie ein Problem des Handels sei, das durch eine Verbesserung der Transportmöglichkeiten behoben werden könne, so zeigte sich aber nach dem Bau von 1 345 Kilometern Bahnlinie bis zum Jahre 1900 – zusätzlich zu den seit 1868 bestehenden 221 Kilometern von Ruse nach Varna – noch keine befriedigende Zunahme des Binnen- wie des Außenhandelsvolumens.[32] Was blieb, war also die Forderung nach einer strukturellen Änderung der Produktionsverhältnisse.

Das gesamte Spektrum der Meinungen, die in jenen Jahren zur Frage der Industrialisierung zu hören waren, wies eine starke Europabezogenheit auf, d. h. es wurden die Modelle moderner westeuropäischer Nationen entweder als nachahmenswert angepriesen oder verworfen. Angesichts dessen, dass die meisten der Teilnehmer an der Debatte ihre universitäre Ausbildung in West- und Mitteleuropa oder auch in Russland absolviert hatten, kann dies nicht weiter verwundern.

Für einen eigenen, originären bulgarischen Weg plädierte indes dezidiert Aleksandăr Stambolijski, der Führer des 1899 gegründeten „Bulgarischen Bauernvolksbundes" (Bălgarski zemedelski naroden săjuz – BZNS). Er lehnte sowohl sozialistische als auch kapitalistisch-liberale Gesellschaftsordnungen ab und orientierte sich, wohl auch aus einer gewissen antimodernen und antistädtischen, mithin also agrarianistischen Gesinnung heraus allein am Wohl des Bauernstandes, für den er aus dessen zahlenmäßiger Überlegenheit gegenüber den anderen Gesellschaftsschichten einen Herrschaftsanspruch im Staate ableitete.[33]

[31] Lampe, Bulgarian Economy, 38f.
[32] A. a. O., 39.
[33] Elisabeth Kotsch, Aleksandăr Stambolijski und die Modernisierung Bulgariens – Promotor oder Konktator?, *Collegium Germania* 2 (1997), 216-222, hier: 217.

Zwar lehnte er eine Industrialisierung Bulgariens nicht rundweg ab, wandte sich aber gegen die damals weitverbreitete Kartellbildung und forderte, dass der Staat eine kontrollierende und lenkende Funktion im Industriesektor ausüben solle.[34] Von der Sorge um die Landwirtschaft und die übrige einheimische Produktion konnten sich aber auch die anderen wirtschaftspolitischen Vordenker nicht völlig freimachen. Selbst überzeugte Verfechter von Industrialisierung und Freihandel, wie Ivan Gešov, Finanzminister in den 1890er Jahren und später Ministerpräsident, traten für eine staatliche, nämlich zollpolitische Protektion der bulgarischen Lebensmittelproduktion ein.[35] Gleichwohl war ihnen bewusst, dass Protektion zum Erhalt der wirtschaftlichen Lebensgrundlagen des bulgarischen Volkes allein nicht ausreichte, sondern dass ein nachhaltiger Strukturwandel notwendig war. Was den Agrarsektor betraf, so tat sich hier v. a. Andrej Ljapčev, 1908–1910 Handels- und Landwirtschaftsminister und 1926–1931 Ministerpräsident, durch sein massives Eintreten für landwirtschaftliche Kooperationsunternehmen und den verstärkten Anbau von Industriepflanzen wie auch eine allgemeine Erweiterung des Produktspektrums hervor.[36] Bezüglich der Industrialisierung selbst bestand zwar grundsätzlich ein Konsens, in den auch die marxistisch ausgerichteten Sozialisten unter Dimităr Blagoev mit einstimmten – freilich in Erwartung einer proletarischen Revolution –, Meinungsverschiedenheiten gab es aber darüber, inwieweit dieser Prozess durch ausländische Investitionen gefördert werden sollte. Dass solche überhaupt nötig waren, war allerdings kaum umstritten.[37]

Angesichts der somit, wenn auch in unterschiedlichem Ausmaß, gewollten Beschränkung ausländischen Einflusses war man der Meinung, dass Modernisierungsimpulse für die bulgarische Volkswirtschaft, wie sie nach diesen Debatten für notwendig erachtet wurden, angesichts der stagnierenden Entwicklung des privaten Sektors vorwiegend vom Staat auszugehen hätten. Außer der Schaffung staatlicher Betriebe und der Funktion des Staates als Auftraggeber der nationalen Wirtschaft boten sich diesem im Wesentlichen zwei Felder zum Setzen solcher Impulse: die Außenwirtschaftsbeziehungen, und hier besonders die Zoll- bzw. Protektionspolitik, die 1905 eine erste umfassende rechtliche Regelung erfuhr,[38] sowie die Steuergesetzgebung zur Schaffung finanzieller Anreize für Industrieunternehmen.

Erste Schritte in Bezug auf die Steuergesetzgebung wurden durch Gešov unternommen, der 1894 ein entsprechendes Gesetz durch das bulgarische Parlament brachte. Es war auf eine Gültigkeit von zehn Jahren angelegt und sah für bestimmte Privatunternehmen die Befreiung von einer Reihe von Steuern und Importzöllen sowie eine Reduktion der Gütertransportpreise der staatlichen Eisenbahnen vor. Eingeschlossen waren Unternehmen der Schwerindustrie, der Textilindustrie und Zuckerraffinerien, die ein Grundkapital von mindestens 20 000 Leva, 15 Angestellte sowie Maschinen mit einer Leistung von wenigstens

[34] Ebd. und Lampe, Bulgarian Economy, 39.
[35] Lampe, a. a. O., 40.
[36] Ebd. Vgl. hierzu Kapitel 4.1.
[37] Ebd.
[38] Zu den genauen Zolltarifen siehe Lampe, a. a. O., 40.

5 Pferdestärken vorweisen konnten.[39] Vor dem Ersten Balkankrieg erfuhr das Gesetz zwei Novellierungen: 1905 wurde die Gültigkeitsdauer auf 20 Jahre ausgedehnt, wobei nun auch tabakverarbeitende Betriebe mit einbezogen wurden. Vier Jahre später wurden die betriebswirtschaftlichen Anwendungsbedingungen dahingehend geändert, dass eine Mindestangestelltenzahl von nur noch zehn erforderlich war. Diese Erleichterungen führten allerdings nach Lampe dazu, dass viele der nun durch das Gesetz begünstigten Unternehmen rein ländliche Handwerksbetriebe waren, so dass die ursprüngliche Intention Gešovs, die Entstehung größerer mechanisierter Produktionsstätten anzuregen, unterlaufen wurde.[40]

Direktes Engagement zeigte der bulgarische Staat v. a. im Bereich des Bergbaus, der überwiegend in öffentlicher Hand war und hauptsächlich in den Kohlebergwerken von Pernik betrieben wurde. Der Großteil der dort geförderten Kohle wurde freilich wiederum von staatlichen Unternehmen, d. h. in erster Linie von den Eisenbahnen verbraucht, konnte also die Mechanisierung der Privatwirtschaft nicht wesentlich vorantreiben. Vielmehr litt diese wiederholt unter Kohlemangel und war auf teurere britische Einfuhren angewiesen.[41] Immerhin aber leisteten die Eisenbahnen, deren Netz bis 1911 auf 1928 Kilometer anwuchs, nach der Jahrhundertwende nun doch einen erheblichen Beitrag zur Intensivierung des bulgarischen Binnen- und Außenhandels, der sich zwischen 1901 und 1911 insgesamt verdoppelte: Ihre Einkünfte machten 1911 über 14 Prozent der staatlichen Einnahmen aus. Damit repräsentierten sie mit dem öffentlichen Sektor einen für den Fiskus überaus einträglichen Bereich der bulgarischen Volkswirtschaft: Über ein Drittel des Staatshaushalts stammte 1911 aus den Einkünften der Eisenbahnen, der staatlichen Monopole (mit dem Tabak an der Spitze) und aus indirekten Steuern.[42]

Was aber weder mit Hilfe steuerlicher Anreize, noch mit Hilfe der Staatsunternehmen, der Landwirtschaft oder der Außenwirtschaftsbeziehungen gelang, war eine durchgreifende strukturelle Modernisierung der Volkswirtschaft. Im Wesentlichen blieben – nach dem übereinstimmenden Urteil der westlichen Historiografie –[43] in Bulgarien bis zum Ersten Balkankrieg, im Grunde genommen aber bis zum Ende des Zweiten Weltkriegs „vor“industrielle und „vor“kapitalistische Wirtschaftsformen dominant. Wie für das übrige Südosteuropa, so ist auch für Bulgarien die zumeist von der bulgarisch-marxistischen Geschichtsschreibung[44] vertretene These zu verwerfen, der Zeit des Feudalismus unter osma-

39 LAMPE, a. a. O., 41. Vgl. hierzu auch: Wassilka TANKOVA, Das System der wirtschaftlichen Verwaltung in Bulgarien zwischen den zwei Weltkriegen, *Bulgarian Historical Review* 3-4 (2000), 76-111.

40 Ebd.

41 Ebd. Dies führte dazu, dass sich Unternehmen mit einem hohen Energieverbrauch die nötige Infrastruktur teils selbst schaffen mussten. Vgl. hierzu die Firma „Granitoid“, Kapitel 5.4.

42 LAMPE, Bulgarian Economy, 41f. PASVOLSKY, 23, 26-30.

43 So übereinstimmend z. B. an den bereits zitierten Stellen bei: SUNDHAUSSEN; GERSCHENKRON; LAMPE / JACKSON.

44 So z. B. bei: Ljuben BEROV, Kăm văprosa za tempovete na kapitalističeskata industrializacija na Bălgarija, *Izvestija na Ikonomičeskija institut pri BAN* 3-4 (1954), 129-162. Außerdem: David KOEN, Stopanska istorija na Bălgarija 681–1981g. Sofia 1981.

nischer Herrschaft sei 1878 die Epoche des Kapitalismus und der industriellen Revolution (Todorova)[45] gefolgt, es habe also ein „bourgeoises" Bulgarien[46] gegeben.[47] Zwar existierten als industriell klassifizierte Betriebe – und diese erlebten in Bulgarien zwischen 1904 und 1911 ein Wachstum, das mit 13 Prozent höher lag, als zur gleichen Zeit etwa in Serbien mit 10 oder in Rumänien mit 5,3 Prozent –,[48] was jedoch fehlte, war eine industrielle Umgestaltung, eine Entwicklung also, die in den westlichen Industrienationen zu umwälzenden Verschiebungen sowohl auf dem Arbeitsmarkt als auch bei den Produktionsziffern der verschiedenen Wirtschaftssektoren geführt hatte. Ergebnis dieser Verschiebungen waren im Allgemeinen höhere Beschäftigtenzahlen in der Industrie als in Landwirtschaft und Handwerk, verbunden mit einem Ansteigen der städtischen Bevölkerung, sowie ein höherer Anteil der industriellen Güterfertigung am Bruttoinlandsprodukt. Außerdem verlagerten sich die Produktionsschwerpunkte auf Bereiche, deren Ausstoßziffern als Indikatoren für die zunehmende Mechanisierung und Technisierung der jeweiligen Volkswirtschaft dienen können: Metallverarbeitung und Chemie.

Die entsprechenden Werte für Bulgarien vor 1912, die u. a. Gerschenkron, Jackson und Lampe, aber auch bereits zeitgenössische Autoren, wie Sakăzov oder, für die Zwischen- und Nachkriegszeit, Gross zusammentrugen und interpretierten, lassen es nicht zu, für jene Zeit von einem kapitalistisch-marktwirtschaftlichen Charakter der Volkswirtschaft im Lande zu sprechen.[49] Auffälligstes Anzeichen hierfür ist die absolute zahlenmäßige Dominanz der bulgarischen Land- gegenüber der Stadtbevölkerung: Letztere blieb nach Lampe zwischen 1880 und 1914 nahezu unverändert bei lediglich 19 Prozent, wobei der Autor hiermit Ortschaften mit mindestens 2 000 Einwohnern meint.[50] Aber auch die Werte des bulgarischen Bruttosozialprodukts von 1911 sprechen eine eindeutige Sprache: 190 Millionen Leva wurden in industriellen Betrieben erwirtschaftet, wovon 112 Millionen auf Großunternehmen entfallen, 78 Millionen auf mittlere bis kleine; demgegenüber erbrachte die Landwirtschaft 931 Millionen Leva – 611 Millionen vom Ackerbau, 217 Millionen von der Vieh- und 97 Millionen von der Forstwirtschaft. Verglichen mit der Industrie ergibt dies ein Verhältnis von 5:1.[51] Und auch innerhalb des industriellen Sektors stagnierte die strukturelle Entwicklung. Ein eindeutiges Übergewicht hatten konstant die Branchen, die Agrarprodukte weiterverarbeiteten. Die Industrie war also nicht Träger technologischen Fortschritts in der

45 Cvetana Todorova, Industrialisierung und Strukturveränderungen in Bulgarien vor dem Ersten Weltkrieg aus wirtschaftsgeschichtlicher Sicht, *Collegium Germania* 2 (1997), 187-215, hier: 187.

46 Vgl. z. B.: Ljuben Berov, Položenieto na rabotničeskata klasa pri kapitalizm. Sofia 1968.

47 Sundhaussen, Verpaßte Agrarrevolution, 49.

48 Todorova, Industrialisierung und Strukturveränderungen, 187.

49 Vgl. Hermann Gross, Südosteuropa. Bau und Entwicklung der Wirtschaft. Leipzig 1937 (Leipziger Vierteljahrsschrift für Südosteuropa, Beiheft 1). Ivan Sakăzov, Bulgarische Wirtschaftsgeschichte. Berlin, Leipzig 1929 (Grundriss der slavischen Philologie und Kulturgeschichte, 5).

50 Lampe, Bulgarian Economy, 38.

51 Lampe, a. a. O., 25.

bulgarischen Volkswirtschaft und gab auch nicht die Richtung für die weitere Entwicklung vor, sondern war vielmehr ihrerseits von der Landwirtschaft abhängig.

Eine statistische Aufschlüsselung dieser Problematik hat Gerschenkron geleistet: Seinen Angaben zufolge zeichneten im Jahre 1909 Getreidemühlen mit 23,08 Prozent und Textilbetriebe mit 25,27 Prozent für knapp die Hälfte des gesamten Geldwertes der bulgarischen industriellen Produktion verantwortlich. An dritter Stelle lag mit 19,16 Prozent die übrige Lebensmittelherstellung. Über zwei Drittel der bulgarischen Industrieproduktion widmeten sich also der Weiterverarbeitung von Agrarerzeugnissen. Die potentiell innovativen Branchen Chemie (4,12 Prozent) und Metallverarbeitung (5,99 Prozent) machten zusammen nur rund ein Zehntel aus.[52] Betrachtet man außerdem die Produktivität dieser Zweige anhand des Güterausstoßes pro Industriearbeiter, so fällt auch hier ein deutlicher Rückstand gegenüber der Lebensmittelproduktion auf: Im Jahre 1909 war „der" Arbeiter in den Getreidemühlen durchschnittlich 3,7-mal produktiver als derjenige in den chemischen Betrieben und sogar 5,6-mal im Vergleich zum Metallarbeiter. Bezeichnenderweise lag diese Ziffer bei der größten Branche, der Textilindustrie, allerdings noch unter derjenigen der Metallverarbeitung.[53] Ein Widerspruch liegt hierin jedoch nicht, da es gerade an der Metallbranche lag, die Textilfabriken mit Maschinen auszustatten und so ihre Produktivität zu erhöhen. Aufgabe der chemischen Industrie wäre es gewesen, durch die Herstellung moderner Werk- und Betriebsstoffe der Textilproduktion wie auch den übrigen Industriezweigen zu mehr Effizienz zu verhelfen. Produktivitätsdefizite auf diesen beiden Gebieten, Chemie und Metallverarbeitung, wirkten sich also unmittelbar negativ auf die Entwicklung sowohl des gesamten Industrie- als auch des Agrarsektors aus.

Der Charakter der bulgarischen Volkswirtschaft vor 1912 tritt somit klar zutage. Sein hauptsächliches Merkmal war eine stark ausgeprägte Einseitigkeit zugunsten des primären, des Agrarsektors. Um ihn drehten sich die anderen Sektoren, wie Handel, Handwerk und Industrie, weil sie landwirtschaftliche Produkte weiterverarbeiteten bzw. weiterverkauften. Branchen, die sich von der Landwirtschaft hätten unabhängig machen können, entstanden nur in Ansätzen; sie blieben bis 1912 weit davon entfernt, der bulgarischen Volkswirtschaft eine neue Struktur zu verleihen. Allerdings wäre das Bild unvollständig, würde man jegliche industrielle Entwicklung im Bulgarien jener Zeit negieren. Im Gegensatz zu Gerschenkrons Ausführungen und wie bereits angedeutet, war der sekundäre Sektor zwar um ein Vielfaches kleiner als der primäre, er wies jedoch bis 1911 ein wesentlich höheres Wachstum auf. Auf diesen Sachverhalt ist von Lampe, Jackson und Cvetana Todorova nachdrücklich hingewiesen worden. Besonders die letztgenannte Autorin spricht von einer „revolutionären Beschleunigung" der industriellen Entwicklung Bulgariens v. a. nach der Jahrhundertwende. Das in den entsprechenden Unternehmen angelegte Kapital sei bis 1912 um das Achtfache

52 Gerschenkron, 207.

53 Gerschenkron, 206. Vergleichszahlen bzgl. der Nachbarstaaten u. a. bei: Michael Palairet, The Balkan Economics 1800–1914. Evolution without Development. Cambridge 1997. Ders., Land, Labour and Industrial Progress in Bulgaria and Serbia before 1914, *The Journal of European Economic History* 12 (1983), Nr. 1, 163-185.

angestiegen und habe sich bis 1913 noch einmal verdoppelt. Auch die Technisierung habe rapide Fortschritte gemacht: Gemessen an der Zahl der eingesetzten Pferdestärken sei sie zwischen 1905 und 1911 um das Dreifache gewachsen.[54] Über 80 Prozent davon seien 1911 von „modernen" Maschinen erbracht worden.[55] Auch die Produktion machte nach Todorova in diesem Zeitraum große Sprünge nach vorne: Zwischen 1905 und 1911 wuchs die Bekleidungsindustrie um das Fünffache; dasselbe galt für die Mehlerzeugung. Sogar Metallverarbeitung und Chemie erhöhten ihren Ausstoß nennenswert: Jene 1905–1911 um das Fünffache, diese zwischen 1912 und 1914 um das Doppelte.[56]

Die unbestreitbaren Symptome industriellen Wachstums und industrieller Entwicklung in Bulgarien änderten freilich nichts am bereits skizzierten agrarischen Gesamtcharakter der Volkswirtschaft. Vielmehr ziehen sie methodische Fragen nach sich: Zum einen wäre zu prüfen, was eine Korrelierung zum gleichzeitig sich vollziehenden Bevölkerungswachstum[57] und zur Zahl der in der Industrie beschäftigten Arbeitskräfte ergäbe, um deren Produktivität zu ermitteln; zum anderen müsste gefragt werden, woher das Kapital stammte, das nach 1900 verstärkt in den sekundären Sektor investiert wurde. Außerdem bietet Todorova lediglich relative Werte, die über das Gewicht der Industrie in der nationalen Gesamtwirtschaft wenig aussagen.

Die Frage nach der Herkunft des Kapitals hat die Autorin indes selbst beantwortet:[58] Zwischen 1900 und 1912 waren 25 bis 30 Prozent des gesamten in der bulgarischen Industrie angelegten Kapitals Eigentum ausländischer Investoren. Diese hatten damit einen erheblichen Anteil an der Modernisierung und Intensivierung der Produktion; ihre Betriebe gehörten nach Todorova zu den modernsten und erfolgreichsten.[59] Impulse in der bulgarischen Industrie gingen also weniger von inländischen Initiativen selbst aus, sondern mussten vielmehr westeuropäischen Einflüssen überlassen bleiben.

Die Frage, ob das Wachstum der bulgarischen Industrie allein auf eine quantitative Zunahme der Produktionskapazitäten oder auch auf höhere Effizienz zurückzuführen ist, ist schwieriger zu beantworten. Zwar fand eine signifikante Technisierung und Automatisierung der Herstellungsmethoden in der Tat statt, sie relativiert sich jedoch angesichts des Ausgangsniveaus Ende des 19. Jahrhunderts, das nur wenig über Null lag. Was die Pro-Kopf-Produktivität anbelangt, so sprechen Lampe und Jackson jedenfalls von einem gleichbleibenden Niveau zwischen 1887 und 1910.[60] Auch die absolute Anzahl in Fabriken Beschäftigter fand sich nach einigen Schwankungen 1910 wieder dort, wo sie bereits 1887

[54] Todorova, Industrialisierung und Strukturveränderungen, 191.
[55] A. a. O., 192.
[56] Ebd.
[57] Lampe, Bulgarian Economy, 55.
[58] Cvetana Todorova, Aspekte der industriellen Entwicklung Bulgariens vom Ende des 19. Jhs. bis zum Ersten Balkankrieg, *Etudes historiques* 5 (1970), 423-424, hier: 428.
[59] Ebd.
[60] Lampe / Jackson, The Evidence, 393.

gelegen hatte.[61] Misst man den Grad der Industrialisierung eines Landes am Anteil der Industriearbeiter an der Gesamtbevölkerung, so ergibt sich angesichts des bulgarischen Bevölkerungswachstums sogar eine Regression. Da aber, wie gezeigt, die industrielle Produktion zunahm, kann dies nur an einer Effizienzsteigerung moderner Fertigungsstätten bei gleichzeitiger Konzentration, d. h. Abnahme der Zahl der Betriebe zugunsten weniger größerer Fabriken, gelegen haben. Diese Tendenz sehen auch Lampe und Jackson. Sie bezeichnen sie als typisches Merkmal eines modernen Industrialisierungsprozesses.[62]

Konzediert man also einen solchen für Bulgarien, so bleibt jedoch immer noch die Frage, welche Bedeutung er für die westlichen Industrienationen hatte, die mit dem Land wirtschaftliche Beziehungen eingingen. Für sie waren sowohl die Intensität des Industrialisierungsprozesses als auch sein Tempo entscheidend, da sie daran die Entwicklungsfähigkeit und Dynamik der bulgarischen Volkswirtschaft erkennen konnten. Letztlich stellten sich aber gerade diese beiden Faktoren in Bulgarien als schwach und im Grunde genommen ungenügend für essentielle Veränderungen dar. Bei aller Modernisierung der industriellen Produktion, die v. a. nach der Jahrhundertwende durchaus erkennbar ist, blieb Bulgarien ein Agrarland – die beschriebenen Fortschritte kamen nicht über marginale Bedeutung hinaus, und das industrielle Wachstum war auch mehr ein quantitatives als ein qualitatives. Was fehlte, war eine prosperierende, moderne und Kapital erwirtschaftende Landwirtschaft, die Anschubwirkung für die übrigen Produktionssektoren hätte entfalten können. Sie jedoch bot weitgehend das Bild der Verharrung und Stagnation, wodurch sie zum Spiegel der Gesamtwirtschaft wurde. Ihr Zustand sowie der damit einhergehende chronische Kapitalmangel des Landes waren die beiden Faktoren, die die Wirtschaftsbeziehungen zum westlichen Europa wesentlich prägten. Die bulgarischen Industrien hingegen konnten die westliche Aufmerksamkeit kaum erregen. Wo sie im privaten Sektor erfolgreich waren, waren sie ohnehin meist das Ergebnis der Initiative ausländischer Unternehmer.

Demnach kann, um auf Gerschenkron zurückzukommen, nicht davon gesprochen werden, dass die bulgarische Modernisierung ein Misserfolg gewesen sei, obwohl alle Voraussetzungen vorhanden gewesen seien. Nach seinem Modell hätte entweder eine Kapitalakkumulation in den Unternehmen oder in den Banken oder entschiedene staatliche Intervention den Modernisierungsprozess auslösen müssen. Wie jedoch Berend und Ránki in Übereinstimmung mit dem oben Dargestellten betont haben, fehlten die meisten notwendigen Voraussetzungen in Bulgarien weitgehend.[63] Zwar zeichnete der Staat, wie gezeigt, für einen Großteil der bestehenden Industrien verantwortlich, sein Einfluss auf die Modernisierung der gesamten bulgarischen Volkswirtschaft blieb jedoch nur punktuell und reichte kaum über Initiativen in der Steuergesetzgebung hinaus, obwohl ihm nach Berend und Ránki in einer „rückständigen" Volkswirtschaft wie der bulgarischen eigentlich eine entscheidende Rolle zugekommen wäre.[64]

61 Ebd.
62 Ebd.
63 Berend / Ránki, 71f.
64 A. a. O., 73.

2.3 Modernisierungsbestrebungen nach dem Ersten Weltkrieg

Aus dem Ersten Weltkrieg ging Bulgarien als Verlierer moralisch, territorial und wirtschaftlich stark geschwächt hervor. Die Demoralisierung äußerte sich unter anderem darin, dass das bisherige Regime den vollständigen Bankrott seiner bis dahin verfolgten kriegerischen Politik der staatlichen Vereinigung aller ethnischen Bulgaren eingestehen musste. Zar Ferdinand dankte zugunsten seines Sohnes Boris III. ab. Zudem hatte das Land den Verlust Westthrakiens und damit den Zugang zur Ägäis an Griechenland, der Süddobrudscha, seiner Kornkammer, bereits nach dem Zweiten Balkankrieg an Rumänien sowie einiger kleinerer Gebietsstreifen im Westen an den SHS-Staat hinzunehmen. Somit potenzierten sich die wirtschaftlichen Probleme: Hatten die drei vergangenen Kriege die Volkswirtschaft ohnehin ausgesaugt, so kamen nun der Verlust ökonomisch wertvoller Gebiete, damit verbunden der Zustrom von Flüchtlingen und die durch den Friedensvertrag von Neuilly verfügten Reparationszahlungen und Handelsbeschränkungen hinzu.

Diese Hemmnisse waren es, die die Wirtschaftspolitik der Nachkriegszeit im Wesentlichen bestimmten und die diese zu überwinden trachtete. Unter den ersten drei Ministerpräsidenten ab 1919 mischte sich der Staat nun stärker als vor den Kriegen in das ökonomische Leben Bulgariens ein und versuchte, durch einen gezielten Dirigismus Struktur und Entwicklungsrichtung der Volkswirtschaft zu beeinflussen.[65] Diese Tendenz war sowohl Stambolijski als auch Aleksandăr Cankov und Andrej Ljapčev zueigen. Unterschiede zeigten sich in den Interessenschwerpunkten der jeweiligen Regierungspolitik, die sich entweder stärker auf den Agrar- oder auf den Industriesektor verlagerten.

Naturgemäß lag der Stand der Landwirte dem „Bauernführer“ Stambolijski besonders am Herzen. In diesem Zusammenhang dürfen die „Landwirte“ aber nicht mit der „Landwirtschaft“ verwechselt werden. Denn dass die Politik Stambolijskis wirklich dem Agrarsektor nutzte, darf bezweifelt werden. Vielmehr machte sie zumeist den Eindruck eines in kurzfristigen Konzepten angelegten und nur an den momentanen Bedürfnissen der ländlichen Bevölkerung orientierten Populismus. Bestes Beispiel hierfür ist die Bodenreform von 1921, die die bereits bestehende Zersplitterung des Landbesitzes noch verschärfte.[66] Zwar war diese Maßnahme teils durch die Kriegsfolgen motiviert, da es darum ging, den Flüchtlingen, die v. a. aus Thrakien und der Süddobrudscha ins Land strömten und ein gravierendes demografisches Problem darstellten, Land zur Bebauung zuzuweisen.[67] Darüber

65 Vgl. Ljuben Berov, Industrialisierungspolitik und soziale Veränderungen in Bulgarien zwischen den beiden Weltkriegen, in: Industrialisierung und gesellschaftlicher Wandel in Südosteuropa. Hg. Roland Schönfeld. München 1989 (Südosteuropa-Studien, 42), 61-92, hier: 61f.

66 Lampe, Bulgarian Economy, 56f.; Tankova, 81-83.

67 Bis 1926 kamen über 800 000 Flüchtlinge nach Bulgarien. Vgl. Joachim Petzold, Der deutsche Imperialismus und Bulgarien vom Ersten bis zum Zweiten Weltkrieg, in: BGOV. Bd. 3. Sofia 1981, 186-221, hier: 204.

hinaus war sie aber Ausdruck der egalitären Agrarideologie des BZNS und der aus ihnen resultierenden Gesetze, denen zufolge ein „Arbeitslandbesitz" nur die Größe haben durfte, die eine Bauernfamilie zu bearbeiten imstande war.[68] Diese Auffassung verkannte indes völlig die strukturellen Grundlagen der anhaltenden Krise, in der sich die bulgarische Landwirtschaft nach Kriegsende befand und auf die die Fachwelt wiederholt in ihren Verlautbarungsorganen, wie etwa der „Zeitschrift der Bulgarischen Ökonomischen Gesellschaft" (Bălgarsko ikonomičesko družesto – BID), hinwies.[69] Sie bestanden im Wesentlichen in der Parzellierung des Landbesitzes, die der Entstehung kapitalkräftiger Betriebe entgegenwirkte, welche eine Kernvoraussetzung für Modernisierung, Effizienzsteigerung und damit für die Überwindung der Krise gewesen wäre.

Diese allgemeine Krise entwickelte sich zu einem Dauerproblem im bulgarischen Wirtschaftsleben der Zwischenkriegszeit, denn sie konnte bis zum Zweiten Weltkrieg nicht überwunden werden, auch wenn sich nach der Weltwirtschaftskrise eine Besserung einstellen sollte, die mit der Orientierung des Außenhandels auf Deutschland verbunden war. Da die Landwirtschaft weiterhin der dominierende Produktionssektor blieb, bedeutete dies auch ein großes Hindernis für eine weitere industrielle Entwicklung, nachdem sich die Agrarkrise, die sich 1929-33/34 im Gefolge der Weltwirtschaftskrise noch verschärfte, immer direkt auf die von ihr in hohem Maße abhängigen Industrien auswirkte. Wie sich hieraus ergibt, waren diese ihrerseits zu schwach, krisenhafte Erscheinungen in der Landwirtschaft aufzufangen.[70]

Immerhin aber zeigte sich in der Zwischenkriegszeit, die durch eine angesichts der ideologischen Gegensätze bemerkenswerte wirtschafts- und insbesondere agrarpolitische Kontinuität gekennzeichnet ist, insofern ein Moment der Modernisierung, als nun zunehmend markt-, d. h. weltmarktorientiert produziert wurde. Zumindest gab es verstärkte Bemühungen zur Überwindung des Subsistenzprinzips. Deutlich wurde dies v. a. bei der Schwerpunktverlagerung im Agrarexport weg vom Weizen hin zum Tabak.[71] Diese war nach Lampe eine eindeutige Reaktion der marktorientierten Landwirte auf Änderungen des Konsumverhaltens in West- und Mitteleuropa, die mit einer Abnahme des Weizenbedarfs einhergingen – konkret änderten sich die Essgewohnheiten, und es wurde mehr Geld für andere Dinge als Nahrung ausgegeben; die verstärkte Marktorientierung war außerdem eine

68 Lampe, Bulgarian Economy, 56f.; Tankova, 81-83.

69 *Spisanie na Bălgarskoto ikonomičesko družestvo*. Fortan zitiert als *Spisanie na BID*. Ein Überblick über die Tätigkeit der Gesellschaft und ihre Zeitschrift findet sich bei: Cvetana Todorova, Germanskoto „Goljamo ikonomičesko prostranstvo" i Bălgarija meždu dvete svetovni vojni. Pozicijata na Bălgarskoto ikonomičesko druž́estvo, *Demokratičeski pregled* 10 (1996–97), 406-416. Hierzu ausführlich in Kapitel 4.

70 Ivanov hat allerdings darauf hingewiesen, dass sich die Auswirkungen der Weltwirtschaftskrise auf die subsistenzgeprägte bulgarische Landwirtschaft in Grenzen gehalten haben. Lediglich ihre marktorientierten Teile wurden ernsthaft in Mitleidenschaft gezogen. Ivanov, 316. Vgl. außerdem Kapitel 4 und: Hans Raupach, Strukturelle und institutionelle Auswirkungen der Weltwirtschaftskrise in Ost-Mitteleuropa, *Vierteljahrshefte für Zeitgeschichte* 24 (1976), 38-57.

71 Lampe, Bulgarian Economy, 51-56.

Reaktion auf den Rückgang der Produktionskapazitäten Bulgariens, die u. a. auf den Verlust der Süddobrudscha zurückzuführen waren, welche rund ein Viertel des gesamten Getreideüberschusses des Landes hervorgebracht hatte, und auf die verstärkt nach Europa drängende nordamerikanische Konkurrenz.[72] Zwar deutet die Reaktion der Landbevölkerung auf den ersten Blick sogar auf eine Ausdehnung der Subsistenzwirtschaft hin: Denn besonders in der zweiten Hälfte der 20er Jahre vergrößerten sich sowohl die für Getreideanbau verwendete Fläche gegenüber der Vorkriegszeit als auch der Eigenverbrauch durch die Bauern. Dies fällt umso mehr ins Gewicht, als bis Ende des Jahrzehnts die Pro-Kopf-Produktion von Getreide lediglich 89 Prozent des Niveaus von 1912 erreichte, nachdem sie unmittelbar nach dem Weltkrieg sogar bei nur rund 70 Prozent gelegen hatte.[73] Andererseits aber – und dies war das eigentlich „Moderne" an diesem Vorgang – wurde der Rückgang beim Getreideexport durch einen Anstieg der Tabakausfuhr kompensiert. Ende der 20er Jahre erreichte sein Anteil am Gesamtexportvolumen 38,5 Prozent im Vergleich zu nur 1,3 Prozent vor dem Ersten Balkankrieg.[74]

Unter diesen Voraussetzungen steigerte Bulgarien den Pro-Kopf-Wert seines Gesamtexportes bis 1930 um 47 Prozent gegenüber 1910, übertraf damit seine Nachbarländer Jugoslawien und Rumänien und erreichte mit zwei Prozent jährlich ein auch im gesamteuropäischen Maßstab überdurchschnittliches Exportwachstum.[75] Was sich jedoch nicht änderte, war die strukturelle Einseitigkeit der bulgarischen Ausfuhr, wenn sie auch nicht mehr so stark ausgeprägt war wie vor 1912. War sie damals zu 70 Prozent vom Getreide, und hier v. a. vom Weizen, abhängig gewesen, so war sie es nun immerhin noch zu 40 Prozent vom Tabak.[76] Diese dennoch durchaus erfolgreiche Anpassungsleistung der bulgarischen Landwirtschaft an den internationalen Bedarf ging mit einer engeren merkantilen Bindung des Landes besonders an die mitteleuropäischen Handelspartner einher. Deutschland, das vor dem Ersten Balkankrieg im bulgarischen Außenhandel noch hinter seinen westlichen Nachbarn zurückgestanden hatte, nahm Ende der 20er Jahre mit 25 Prozent im Export und 22 Prozent im Import den ersten Platz ein, nachdem es bereits zwischen 1915 und 1918 kriegsbedingt eine dominierende Position innegehabt hatte.[77] Hier zeigte sich eine Tendenz, die in den 30er Jahren dazu führte, dass Bulgarien handelspolitisch schließlich vollständig von Deutschland abhängig werden und den Großteil seiner für die Ausfuhr bestimmten Produktion allein an deutschen Anforderungen ausrichten sollte. Der europäische und insbesondere der deutsche Markt wuchsen also in ihrer Bedeutung für den bulgarischen Handel – freilich ohne dass dies umgekehrt ebenso gegolten hätte.

Diese verstärkte Marktorientierung des bulgarischen Agrarsektors führte allerdings nicht zwangsläufig zu einer nachhaltigen Modernisierung seiner inneren Strukturen und Anbau-

[72] Lampe, Bulgarian Economy, 52.
[73] Lampe / Jackson, Balkan Economic History, Tabellen 10.12 und 10.14.
[74] Ebd.; Lampe, Bulgarian Economy, 53.
[75] Ebd.
[76] Lampe, Bulgarian Economy, 54.
[77] Lampe / Jackson, Balkan Economic History, Tabelle 10.13.

methoden. Im Endergebnis, d.h. bis zum Ende des Zweiten Weltkriegs, blieben diese archaisch. So waren etwa noch 1934 über die Hälfte aller im Einsatz befindlichen Pflüge aus Holz,[78] hatten sich also in Form und Material seit dem Mittelalter nicht mehr verändert. Und auch die extensive Wirtschaftsweise in Verbindung mit Drei-Felder-Wirtschaft überwog zu dieser Zeit noch bei Weitem den intensiven Anbau mit Einsatz von Kunstdünger, wobei eine Trendwende für Fachleute erst ansatzweise in Sicht war.[79] Berücksichtigt werden muss außerdem, dass sich trotz der signifikanten Veränderungen der bulgarischen Agrarexportstruktur mit der Zunahme des Tabaks während der 20er Jahre die Binnenstruktur der landwirtschaftlichen Produktion weit weniger wandelte. Dominant blieb weiterhin der Weizenanbau, auch wenn dieser, wie erwähnt, nun weniger für den Export als vielmehr zunehmend für den Eigenverbrauch betrieben wurde.[80]

Obwohl also das Bild der bulgarischen Landwirtschaft bis 1944 in hohem Maße durch Subsistenzwirtschaft und hauptsächlich Weizenanbau betreibende Familienbetriebe gekennzeichnet war, dürfen die Bestrebungen, die vor allem ab der zweiten Hälfte der 20er Jahre auch in Richtung auf eine innere strukturelle Umgestaltung unternommen wurden, nicht unerwähnt bleiben. Zwar hatten sie insgesamt gesehen marginale Bedeutung, zeigten aber doch, dass die Grundproblematik der gehemmten bulgarischen Wirtschaftsentwicklung zumindest mancherorts erkannt worden war. Besonders die Fachpublizistik zeichnete während der Zwischenkriegszeit ein bemerkenswert klares, objektives und problemorientiertes Bild der Missstände im Agrarsektor.[81] Im Vordergrund stand die starke Parzellierung der landwirtschaftlichen Nutzfläche in Bulgarien, die durch die Erbgesetzgebung von 1890, vor allem aber durch das Gesetz über den Arbeitslandbesitz von 1921 sowie durch den Flüchtlingszustrom nach dem Ersten Weltkrieg zu einer bis 1944 nicht überwundenen Dauererscheinung wurde. Ebenfalls als Problem erkannt wurde die demografische Entwicklung, die Bulgarien seit 1881 eine Bevölkerungszunahme um fast das Zweieinhalbfache bis Mitte der 30er Jahre bescherte.[82] Dies führte, so etwa Nikolov im Jahre 1939, zu einer zunehmenden Übervölkerung der ländlichen Gebiete Bulgariens und damit zur Herausbildung eines Landproletariates, das ständig in der Gefahr lebte, als Arbeitskraft redundant zu werden und damit in eine soziale Notlage zu geraten. Denn die in einem, wie es scheint, anhaltenden *status nascendi* befindliche Industrie war bis 1944 nicht in der Lage, dieses Reservoir an Arbeitskräften zu absorbieren.[83] Sie war es umso weniger, als es sich dabei mehrheitlich um ungelernte bzw. anzulernende Hilfskräfte handelte, die, wenn sie an die Industriestandorte wanderten, den Status von Saisonarbeitern und Tagelöhnern hatten und nur sehr selten

78 Gerschenkron, 216.

79 Sundhaussen, Verpaßte Agrarrevolution, 60. Vgl. ausführlich Kapitel 4.1.

80 Zur Entwicklung der Landwirtschaft in Osteuropa insgesamt während der Zwischenkriegszeit vgl. Seton-Watson, 75-122.

81 Dazu die *Spisanie na BID* (vgl. Anm. 69).

82 D. Nikolov, Pogled vărchu socialnite otnošenija v Bălgarija, *Archiv za stopanska i socialna politika* 14 (1939), Nr. 4, 260-271, hier: 260.

83 Vgl. Raupach, 46.

länger als einige Monate an einem Arbeitsplatz verblieben.[84] Dieses wandernde Arbeitsvolk war lebendiger Ausdruck einer sozialen Schieflage in Bulgarien, die in der interessierten Öffentlichkeit bis zum Ende des Zweiten Weltkriegs ein permanentes Krisenbewusstsein hervorrief.[85] Aufgrund der Unsicherheiten der wirtschaftlichen Entwicklung vor allem zwischen den Weltkriegen erhielt diese gesellschaftliche Gruppe enge Bindungen zu ihrem ländlichen Herkunftsmilieu aufrecht. Dort schienen Grundversorgung sowie soziale Einbettung über alle Krisen hinweg gewährleistet.

Seine Ursachen hatte dieser „flüchtige" Charakter eines großen Teils[86] der erwerbstätigen bulgarischen Landbevölkerung nicht nur im Bevölkerungswachstum, sondern auch im allgemeinen Bildungsnotstand auf dem Dorf: Bis zur kommunistischen Machtübernahme 1944 waren über zwei Drittel aller dort lebenden Menschen des Lesens und Schreibens unkundig. Dieser Sachverhalt wirkte sich in vielfacher Hinsicht aus – unter anderem in der fortdauernden Primitivität der landwirtschaftlichen Arbeitsmethoden, darüber hinaus im niedrigen Niveau der Tätigkeiten, die „landflüchtigen" Arbeitskräften in der Industrie oder im Handwerk offen standen. Da hierdurch eine dauerhafte Beschäftigung außerhalb des Agrarsektors verhindert oder zumindest erheblich erschwert wurde, kam es auch nicht zur Herausbildung einer zahlenmäßig starken Industriearbeiterschaft mit eigenem Klassenbewusstsein. Soziale Not und Unsicherheit wurden auf diese Weise noch verschärft, da mangels Basis eine organisierte Interessenvertretung ebenso wie eine organisierte Regelung sozialer und Arbeitskonflikte erheblich behindert wurde. Dies galt besonders, nachdem 1923 der Bauernvolksbund BZNS durch die Ermordung Stambolijskis gleichsam enthauptet und die kommunistische Partei nach dem „Septemberaufstand" desselben Jahres verboten worden war; sie existierte fortan zerstreut im Untergrund, als vielfach gespaltene Arbeiterpartei BRP oder im Moskauer Exil weiter.[87]

Folge dieser ungeregelten sozialen Verhältnisse war unter anderem ein Sinken der Reallöhne für abhängig Beschäftigte, was, wie etwa für den Zeitraum zwischen 1915 und 1925 dokumentiert,[88] inflations- und preisbedingt auch durch einen 28-fachen Anstieg der Nominallöhne im selben Zeitraum nicht ausgeglichen werden konnte. Ohnehin lag Bulgarien im europäischen Vergleich durchgängig in der Gruppe der Länder mit dem niedrigsten Lohnniveau. Die Mehrheit der Lohnerhöhungen in dieser Zeit hatte durch betriebsintern organisierte Streiks durchgesetzt werden müssen.[89] Auch die Arbeitsbedingungen waren in

[84] Nikolov, 260.

[85] Siehe Anm. 64. Vgl. Kapitel 4.

[86] Nur bei etwa einem Viertel der erwerbstätigen Landbevölkerung handelte es sich um selbständige Bauern im betrieblichen Sinne. Vgl. dazu: Nikolov, 264f.

[87] Vgl. zur Geschichte der Bauernpartei und der bulgarischen Kommunisten: Nissan Oren, Revolution Administered. Agrarianism and Communism in Bulgaria. Baltimore, London 1973. John W. Bell, Peasants in Power. Alexander Stamboliski and the Bulgarian Agrarian National Union 1899–1923. Princeton 1977.

[88] Ivan Kepov, Tjutjunevite rabotnici, *Spisanie na BID* 24 (1925), Nr. 9-10, 392-415, hier: 403-411.

[89] Ebd.

der Zwischenkriegszeit gemessen an westeuropäischen Standards noch ungenügend. Veranschaulichen lässt sich dies beispielsweise anhand der Anzahl der Erkrankungen und der Unfälle, die auf Mängel am Arbeitsplatz zurückzuführen waren. Für die tabakverarbeitende Industrie, nach der Beschäftigtenzahl die größte Branche in Bulgarien, ist etwa überliefert, dass die Arbeiter dort im Durchschnitt nach zwei bis drei Jahren an Tuberkulose erkrankten.[90] Im Bergbau lag Bulgarien in der Unfallstatistik ebenfalls über dem europäischen Durchschnitt: Für die Kohlegrube „Pernik" in der Nähe von Sofia, der größten im ganzen Lande, ist für 1925 eine Quote von 4,4 Unfällen mit Personenschaden pro Jahr und 1000 Tonnen Förderung dokumentiert; in Österreich beispielsweise lag dieser Wert zur selben Zeit bei 1,5.[91]

Angesichts des anhand dieser Daten illustrierten Ungleichgewichts im gesellschaftlichen Gefüge Bulgariens und der durch technische, infrastrukturelle und rechtliche Unzulänglichkeiten verursachten sozialen Unsicherheiten musste es das Ziel aller wirtschafts- und sozialpolitischen Entwürfe jener Zeit sein, die entstandenen sozialen Spannungen abzubauen und sowohl Qualität als auch Quantität der Produktion auf allen Gebieten zu erhöhen. Hierzu war es notwendig, gesetzliche Grundlagen zur Regelung der sozialen und Arbeitsbeziehungen zu schaffen. Im Gegensatz zur makroökonomischen Entwicklung der industriellen Strukturen, die stets dirigistischen Eingriffen von Seiten der wirtschaftspolitischen Leitung ausgesetzt waren, hatte sich der Staat bis zum Ende des Ersten Weltkriegs an den innerbetrieblichen und sozialen Aspekten des wirtschaftlichen Lebens vergleichsweise wenig interessiert gezeigt. Bis 1905 hatte es auf diesem Gebiet keinerlei rechtliche Vorschriften gegeben. Erst in diesem Jahr wurden relativ allgemein gefasste Bestimmungen zur Beschränkung von Frauen- und Kinderarbeit verabschiedet.[92] Sie sahen eine allgemeine Altersgrenze von zehn Jahren, bei Bergarbeit von 15 Jahren vor; die Tagesarbeitszeit war gestaffelt geregelt: Bei einem Alter zwischen 10 und 12 Jahren lag sie bei maximal sechs Stunden, zwischen 12 und 15 Jahren bei 10 Stunden. Für schwangere Frauen bestand ein Arbeitsverbot je einen Monat vor und nach der Geburt, wobei während dieser Zeit die Hälfte des Lohnes weiter zu bezahlen war. Außerdem enthielt das Gesetz Bestimmungen zu Fragen von Hygiene und Sicherheit, deren Einhaltung durch staatlich bestellte Arbeitsinspektoren zu überwachen war. Ihnen war freier Zugang zu den betrieblichen Anlagen zu garantieren.[93] Überholt wurden diese Vorschriften 1917 bzw. 1919, als spezielle neue Gesetze zur zuletzt genannten Problematik bzw. zur Arbeitszeit, die nun allgemein auf acht Stunden pro Tag begrenzt wurde, in Kraft traten. Für unter 16-Jährige galt ab 1919 eine maximale Tagesarbeitszeit von sechs Stunden. Was Hygiene und Sicherheit betraf, so sahen die neuen Gesetze konkret unter anderem Regelungen zu Montage und Absicherung von

90 Kepov, 397f.

91 Ž. G. Georgiev, Kamenovăglennata promišlenost v Bălgarija prez 1925g., *Spisanie na BID* 25 (1926–27), Nr. 5-6, 259-285, hier: 282-285.

92 Il. Janulov, Pravata na truda v Bălgarija, *Spisanie na BID* 24 (1925), Nr. 1-2, 14-34, hier: 15-18.

93 Ebd.

Maschinen, Arbeitskleidung sowie eigene Pausenräume für Frauen und Kinder und allgemeine Ruhe- und Urlaubsbestimmungen vor. Außerdem war jedes Unternehmen mit mehr als zehn Mitarbeitern verpflichtet, einen eigenen Betriebsarzt zu engagieren.[94]

Zwischen 1905 und 1925 entwickelte sich Schritt für Schritt auch das gesetzliche Versicherungswesen für bulgarische Industriearbeiter. Dem Vorbild der westlichen Industrienationen folgend wurden zunächst Gesetze zur Invaliditäts- und Krankenversicherung verabschiedet, die allerdings nur für staatliche Betriebe galten. Ansonsten wurden bis 1924 lediglich branchenweise, zum Beispiel im Textilsektor, im Handwerk und im Bergbau, private Versicherungsfonds eingerichtet, die begrenzte Hilfen für in Not geratene Arbeiter zur Verfügung stellten. Ein staatliches, allgemeines Pflichtversicherungswesen gab es erst ab dem 1. Juli 1924, als ein Gesetz in Kraft trat, das entsprechende Einrichtungen für Unfälle, Krankheit, Mutterschaft, Invalidität und den Rentenfall vorsah. Ein Jahr später wurde überdies ein Gesetz erlassen, das die Arbeitslosenversicherung regelte sowie die öffentliche Arbeitsvermittlung einführte.[95]

Trotz dieser, wenn auch relativ spät eingetretenen, im Endeffekt aber doch fortschrittlich anmutenden Regelungen des Arbeitslebens in der bulgarischen Industrie entwickelten sich die sozialen Verhältnisse im Lande durchaus krisenhaft. Die Gründe hierfür waren vielfältiger Art. Zu ihnen gehörten die Unsicherheiten der allgemeinen wirtschaftlichen Entwicklung, die in Bulgarien sowohl kriegs- als auch weltkonjunkturbedingt starken Schwankungen ausgesetzt war. Hinzu kam die absolute Dominanz des Agrarsektors, dessen Wetterabhängigkeit und strukturelle Trägheit auch auf den weitgehend auf ihn angewiesenen Industriesektor durchschlug. Verschärft wurden die sozialen Spannungen außerdem dadurch, dass die Einhaltung der arbeitsrechtlichen Regelungen freilich keineswegs garantiert war. Vielmehr wurde im industriellen Sektor von Seiten der Arbeitgeber wiederholt versucht, diese zu umgehen oder gar ihre Aufhebung zu erreichen. Beschwerden darüber finden sich jedenfalls gehäuft in der Fachpublizistik und in der sowjet-marxistischen Historiografie über jene Zeit; als prominentester Autor auf diesem Gebiet darf Ljuben Berov gelten.[96] Trotz seiner ideologisch bedingten Einseitigkeit können seine Ausführungen als weitgehend glaubwürdig gelten, wofür zumindest die große Anzahl an Streiks spricht, die besonders in den 20er und frühen 30er Jahren überliefert sind.[97] Insgesamt bleibt der Eindruck einer großen Konfliktträchtigkeit der sozialen Verhältnisse im Bulgarien der Zwischenkriegszeit, die auch durch die Fortschritte auf dem Gebiet des Arbeitsrechts kaum abgemildert wurde. Nahezu unberührt von ihnen blieb ohnehin die Landwirtschaft, da in ihr, wie erwähnt, das Subsistenzprinzip vorherrschte, die Betriebe also in erster Linie familiären Charakter hatten. Dementsprechend waren die Arbeitsbeziehungen in ihnen privater Natur; Phänomene wie

[94] A. a. O., 18f.

[95] A. a. O., 23-27.

[96] Vgl. hierzu seine akribische Abhandlung: Ljuben Berov, Položenieto na rabotničeskata klasa v Bălgarija pri kapitalizm. Sofia 1968.

[97] Außer Janulov und Nikolov vgl. hierzu: C. Brăšljanov, Profesionalnoto organisirane na rabotničestvoto, *Nova Bălgarija* 1 (1935), Nr. 7, 2-4.

Lohnverhandlungen, Arbeitskampf, Streiks oder Urlaubs- und andere Fürsorgebestimmungen hatten hier keinen Platz. Vielmehr wurde das Erwerbsleben in diesem Bereich vom Lauf der Natur und dem religiösen Kalender reguliert. Außerfamiliäres soziales Konfliktpotential barg hier vor allem das Überangebot an Arbeitskräften, das das gesellschaftliche Bindeglied zu Industrie und Handwerk darstellte.[98]

Nachdem Stambolijskis Versuch einer administrativen Lösung dieser Spannungslage auf dem Weg der Errichtung einer bäuerlichen Klassenherrschaft 1923 gescheitert war, setzten die Nachfolgeregierungen unter Cankov, Ljapčev und Nikola Mušanov[99] verstärkt auf staatliche Initiativen zur Neustrukturierung des Produktspektrums der bulgarischen Volkswirtschaft und der Organisation der Produktionsprozesse. Was die Landwirtschaft betraf, so zeigten sich die Erfolge zwar nur ansatzweise, waren aber gleichwohl richtungsweisend. Besonders traf dies auf die landwirtschaftlichen Kooperationsunternehmen zu, die ab Beginn der 20er Jahre gegründet wurden und mit dem deutschen Genossenschaftswesen vergleichbar sind. Anzutreffen waren sie besonders im Bereich des Tabakanbaus, der in jenen Jahren auch insgesamt zum führenden und modernsten Zweig des Agrarsektors wurde. In Erkenntnis der Parzellierung und der damit verbundenen mangelhaften Produktivität stellten Kooperationsunternehmen eine Reaktion der Landwirte auf diese grundlegenden Strukturschwächen dar, die, im Gegensatz zur Subsistenzwirtschaft, eine Anpassung an die Erfordernisse des internationalen Marktes war, die zunehmend als Quelle des eigenen Wohlstandes begriffen wurde.[100] Neben dem Tabak gab es ab der zweiten Hälfte der 20er Jahre auch Ansätze zum Anbau von Industriepflanzen, wie etwa Raps und Baumwolle. Auch hierin zeigte sich eine erhöhte Bereitschaft der bulgarischen Landwirte zu markt- und insbesondere exportorientiertem Wirtschaften. Verstärkt wurde der Bedarf der Industrie berücksichtigt, wobei diese Tendenzen vor allem nach 1932, dem Jahr des Handelsvertrages mit Deutschland, eine zusätzliche Unterstützung erhielten. Denn nun, genauer eigentlich in erster Linie nach Errichtung des monarchisch-autoritären Regimes 1934/35, intensivierten sich die bulgarisch-deutschen Handelsbeziehungen derart, dass Bulgarien 1939 schließlich seinen Außenhandel zu mehr als zwei Dritteln mit Deutschland vollzog. Dies galt sowohl für den Import als auch für den Export.[101] Mit dieser engen merkantilen Bindung an Deutschland begab sich Bulgarien in eine große wirtschaftliche Abhängigkeit, und dies umso mehr, als dieser Handel auf dem Clearing-Wege abgewickelt wurde, also devisenfrei verlief.[102] Bul-

[98] Nikolov, 264f.

[99] Mitglied des „Naroden Blok", Regierungsbündnis ab 1931. Sein Vorgänger Aleksandär Malinov war nur wenige Wochen im Amt gewesen.

[100] Zum sozialen Erfahrungshorizont der Bauern: Sundhaussen, Verpaßte Agrarrevolution, 52-55.

[101] Vgl. hierzu: Lampe, Bulgarian Economy, 87-92. Petzold, 215.

[102] Zum Clearing vgl.: Roland Schönfeld, Zur Entstehung der deutschen „Clearingverschuldung" gegenüber Südosteuropa in der Weltwirtschaftskrise, in: Südosteuropa im Entwicklungsprozeß der Welt. Festschrift Hermann Gross zum 75. Geburtstag. Hgg. Walter Althammer/Werner Gumpel. München, Wien 1979, 99-118. Grigor Popisakov, Charakter i säšnost na kliringovite säglašenija meždu Bälgarija i Germanija prez 1940–1944 g. Sofia 1961 (Trudove na Visš ikonomičeski institut „Karl Marks", 1).

garien erwirtschaftete daraus also keine Einnahmen, die es für den Einkauf von Waren auf dem freien Weltmarkt hätte verwenden können. Vielmehr war es gezwungen, die Gegenleistung für gelieferte Güter in Form deutscher Einfuhrwaren entgegenzunehmen. Zugleich aber hatten sich seine Agrarexporte am Bedarf Deutschlands, eines hochindustrialisierten Landes, auszurichten. Dies stellte einerseits ein zusätzliches Motiv für die bulgarische Landwirtschaft zu industrie- und damit markt- und profitorientiertem Anbau verbunden mit strukturellen Veränderungen der Produktion dar; andererseits war nun auch Deutschland an möglichst großen Erträgen aus Bulgarien und damit an einer Modernisierung der dortigen Produktion interessiert. Zwar importierte es auch weiterhin, d. h. in der zweiten Hälfte der 30er und während der 40er Jahre traditionelle bulgarische Erzeugnisse, wie etwa Tabak, der nach wie vor eine führende Position einnahm, oder Eier und andere tierische Produkte wie etwa Schweinefett.[103] Hinzu kam nun aber verstärkt ein Interesse an Industriepflanzen und an den Bodenschätzen, d. h. vor allem an Erzen und Kohle.[104] Außerdem wurde die technische Modernisierung der bulgarischen Landwirtschaft durch die Lieferung von Landmaschinen und Maßnahmen auf dem Gebiet der Ausbildung unterstützt.[105] Die Konzepte und Hintergründe dieser Entwicklung sollen an eigener Stelle betrachtet werden.

Sozial- und wirtschaftspolitisch begleitet wurden diese Neuerungen durch einen staatlichen Dirigismus, der zwar – wie etwa unter Stambolijski – ein konstantes Merkmal bulgarischer Politik gewesen war, sich ab 1931 aber intensivierte und nach Errichtung der königlichen autoritären Regierungsform ab 1935 unter Ministerpräsident Georgi K'osseivanov seine radikalste Ausprägung erhielt. Hatte dessen Vor-Vorgänger Mušanov noch versucht, durch gezielte Fördermaßnahmen bzw. durch den gezielten Entzug staatlicher Förderung für als „übersättigt" geltende Branchen[106] die Volkswirtschaft und insbesondere die Industrie dem Binnenbedarf anzupassen, so war es K'osseivanovs Ziel, das wirtschaftliche Leben direkter staatlicher Kontrolle zu unterstellen und die Überwindung der sozialen Spannungen zwangsweise herbeizuführen. Hierzu gehörte auch die beschriebene Ausrichtung auf den deutschen Markt. Damit einher ging eine bewusste Anlehnung an die nationalsozialistischen und faschistischen Vorbilder deutscher bzw. italienischer Provenienz.[107] Diesem Vorbild folgend, wurden die sozialen Beziehungen in Bulgarien zunehmend institutionalisiert. Dahinter stand die Auffassung, dass die Akteure des Wirtschaftslebens nicht mehr ihren eigenen Interessen, sondern nur noch denen der Nation zu dienen hätten.[108] Mit dem Anspruch einer umfassenden Neustrukturierung der Volkswirtschaft und der Arbeits-

[103] Petzold, 203.
[104] Ebd.
[105] Roland Schönfeld, Wirtschaftliche Kooperation der deutschen Industrie in Bulgarien: Der Mitteleuropäische Wirtschaftstag (1930–1944), *Collegium Germania* 3 (2000), 59-78, hier: 65f.
[106] Berov, Industrialisierungspolitik, 67. Tankova, 98f.
[107] Upravlenie na tvorčestvo i dela. Sofia 1939 [Propaganda-Broschüre der Regierung K'osseivanov], 154-158.
[108] Ebd.

beziehungen verkündete die Regierung, ein effizientes Ineinandergreifen der verschiedenen Bereiche und Interessengruppen erreichen zu wollen, das zu Produktivitätssteigerung, Modernisierung und einem allgemeinen Anstieg des Lebensstandards führen sollte. So wurde u. a. in durchaus richtiger Erkenntnis der Strukturprobleme der Landwirtschaft eine „Kommassation", d. h. eine Konzentration des Landbesitzes bzw. Flurbereinigung, angestrebt. Die Anzahl der landwirtschaftlichen Kooperationsunternehmen sollte erhöht werden und diese Unternehmensform den Status eines allgemeinen Organisationsprinzips im Agrarsektor erhalten. Der Begriff „Kollektivierung" wurde mit Blick auf die Sowjetunion bewusst vermieden. Auf dem Gebiet der Ausbildung machte sich die Regierung den Aufbau eines allgemeinen landwirtschaftlichen Schulsystems zur Aufgabe, das vom elementaren bis zum akademischen Niveau reichen sollte. Entwürfe hierfür waren, wie viele andere Vorschläge zur strukturellen Neugestaltung der Volkswirtschaft, bereits in der Fachpublizistik der 20er und 30er Jahre geschaffen worden.[109]

In den Bereichen, die den sozialen Status der Arbeitnehmer direkt betrafen, ergaben sich die bemerkenswertesten Neuerungen. Neben Reformen im Versicherungswesen, die unter anderem die staatliche Lebensversicherung brachten, wurden nun vor allem Arbeitsverträge und das berufsständische Organisationswesen neu geregelt und staatlicher Aufsicht unterstellt. Mit dem Ziel, soziale Spannungen und Arbeitskämpfe zu unterdrücken, wurde noch 1936 ein Gesetz über kollektive Arbeitsverträge für die einzelnen Betriebe verabschiedet, die der Überwachung und Kontrolle staatlich bestellter Inspektoren unterliegen sollten. Arbeitskonflikte durften fortan nicht mehr per Arbeitskampf, sondern mussten arbiträr geregelt werden. Außerdem waren sieben Arbeitstage Jahresurlaub gesetzlich garantiert. Auch die Berufsverbände wurden neu gegliedert und erhielten neue Aufgaben zugewiesen. Diese bestanden im Wesentlichen nun nicht mehr in der Vertretung der Interessen ihrer Mitglieder, sondern darin, sie zusammenzufassen, damit staatlicher Kontrolle zu unterstellen und auf Loyalität zur Regierung einzuschwören. Insgesamt sollte die Arbeiterschaft diszipliniert und von klassenkämpferischen Ideen abgebracht werden, wobei hier auch die bereits traditionelle Arbeitsdienstpflicht eine wichtige Rolle spielte.[110]

Vorzeigbare Erfolge gelangen der bulgarischen Wirtschaftspolitik mit dem neuen Kurs besonders auf dem Gebiet des staatlichen Getreidehandelsmonopols und des Kooperativismus, obwohl die Regierung K'osseivanov nicht die Erfinderin beider Konzepte war. Bereits 1930 war unter Ministerpräsident Ljapčev die staatliche Getreidehandelsorganisation „Chranoiznos" gegründet worden, die die Aufgabe hatte, den gesamten Binnen- und Außenhandel mit bulgarischen Agrarprodukten abzuwickeln. Hierzu kaufte sie diese den Landwirten ab und verkaufte sie dann an Betriebe im Inland, wie etwa Mühlen oder Manufakturbetriebe, und im Ausland weiter. Das Erreichen einer Monopolstellung für Chranoiznos im Handel mit einheimischem Getreide ab Oktober 1931 wurde unter anderem dadurch erleichtert, dass die Organisation im Zeichen der Weltwirtschaftskrise die Produk-

[109] Siehe Anm. 46. Vgl. Kapitel 4.
[110] Upravlenie, 154.

te zu höheren als den Weltmarktpreisen abnahm und diese dann freilich unter Inkaufnahme von Verlusten exportierte. Sie erreichte dadurch allerdings eine wesentliche Stärkung des staatlichen Einflusses auf Getreideproduktion und Handel. Dieser erfuhr auf privatem Gebiet eine signifikante Einschränkung: Im Jahrzehnt zwischen 1929 und 1939 reduzierte sich die Zahl der privaten Handelsunternehmen um 15 Prozent. Hinzu kam, dass Chranoiznos ab den frühen 30er Jahren eine Aufsichtsfunktion über das bulgarische Mühlen- und Zuckerraffineriewesen übernahm und besonders den letzteren Bereich landesweit koordinierte. Nach Lampe entstand so ein staatliches Zuckerkartell.[111] In Zusammenarbeit mit der Agrarbank, die im Wesentlichen die Kredite für die landwirtschaftlichen Kooperativunternehmen, von denen die ersten noch zu Stambolijskis Zeiten gegründet worden waren, gewährte, nahm Chranoiznos auch Einfluss auf die Exportstruktur insgesamt. Indem die Agentur v. a. ab der Mitte der 30er Jahre verstärkt Seidencocons, Rosenöl, Baumwolle und Tabak aufkaufte, erfolgreiche Exportartikel also, setzte sie Anreize für eine Steigerung der am Weltmarkt bzw. am deutschen Bedarf orientierten Produktion. Da es zugleich für individuell wirtschaftende Bauern immer schwieriger wurde, bei den landwirtschaftlichen Kreditbanken Unterstützung zu finden – während der ersten Hälfte der 30er Jahre sank ihr Anteil an den gewährten Krediten von 70 auf 30 Prozent – war hier ein Motiv für sie gegeben, sich ebenfalls Kooperativunternehmen anzuschließen und sich damit zumindest indirekt unter staatliche Aufsicht zu begeben. Der Anteil der in solchen Betrieben Beschäftigten an der gesamten in der Landwirtschaft tätigen Bevölkerung stieg jedenfalls zwischen 1928 und 1939 von 25 auf rund 35 Prozent.[112]

Bemerkenswert erscheint außerdem, besonders was die zweite Hälfte der 30er Jahre betrifft, die Zunahme des Anbaus von Industriepflanzen, wie etwa Baumwolle, Sonnenblumen oder Tabak. Die hierfür verwendete Fläche stieg im Vergleich zur zweiten Hälfte der 20er Jahre um fast das Zweieinhalbfache an.[113] Zwar hielt der Ausstoß pro Hektar mit dieser Erweiterung nicht mit – nach Jackson und Lampe sank er sogar um die Hälfte, und insgesamt sank auch der Anteil der Industriepflanzen am Gesamtanbau leicht –, nach absoluten Werten gemessen, wuchs die Produktion von Industriepflanzen aber zwischen 1928 und 1939 immerhin um sieben Prozent. Die deutliche Zunahme der Anbaufläche ist zudem ein klares Indiz dafür, dass die Bauern die Wichtigkeit der Industriepflanzenkultivierung hoch einschätzten und offenbar ihre Bereitschaft zu industrie- und marktorientierter Produktion gestiegen war. Diese strukturelle Veränderung fiel im Übrigen teilweise in eine Zeit der allgemeinen Erholung der bulgarischen Landwirtschaft bei gleichzeitiger Verbreiterung des Produktspektrums. Gegenüber den späten 20er Jahren gelang bis 1938 eine Steigerung der Pro-Kopf-Produktion im Ackerbau um 22 Prozent. Lampe sieht die Gründe hierfür insbesondere in einer höheren Effizienz der landwirtschaftlichen Kleinbetriebe gegenüber den größeren und einem Rückgang des Bevölkerungswachstums. Das Gewicht des

[111] Lampe, Bulgarian Economy, 82.
[112] A. a. O., 83.
[113] A. a. O., 84f., ebenso Lampe / Jackson, Balkan Economic History, 438-441.

Kooperativwesens und staatlicher Initiativen schätzt er als eher gering ein, da ihre Vertreter auf der untersten Ebene, d. h. vor Ort in den Dörfern zu selten in Erscheinung getreten seien.[114] Stattdessen sieht Lampe die größere Effizienz kleiner Betriebe gegenüber größeren als entscheidend an, da diese im Verhältnis zu den größeren mehr menschliche Arbeitskraft, mehr Kapital, mehr Inventar und dabei auch mehr Maschinen eingesetzt hätten. Besonders das Argument einer stärkeren Mechanisierung kleiner Betriebe erscheint allerdings kaum plausibel, da gerade Höfe mit einer Fläche von unter fünf Hektar zumeist Subsistenzwirtschaften darstellen, die, wie erläutert, kaum Kapital erwirtschafteten und sich daher auch kaum mechanisieren konnten. Wenn, wonach Lampe nicht fragt, Kleinbetriebe Mitglieder von Kooperationsunternehmen waren, waren sie, streng genommen, der Kategorie der Kleinbetriebe eigentlich nicht mehr zuzurechnen. Zudem führt der Autor seine eigene Argumentation *ad absurdum*, da er schließlich die Größenunterschiede zwischen kleineren und größeren Betrieben als eher gering einstuft, seine Kategorisierung also insgesamt in Frage stellt.[115] Zu betrachten wären eher Effizienzunterschiede zwischen Kooperativ- und Individualbetrieben; denn die Erfolge der Kooperationsunternehmen wurden in der zeitgenössischen Publizistik durchaus skeptisch beurteilt.[116] Vernachlässigt wird von Lampe außerdem die Frage, wie sich die Effizienzunterschiede im Laufe der Jahre entwickelten. Denn nur, wenn sich hier signifikante Schwankungen nachweisen ließen, könnten diese als Erklärungsversuch für die Produktivitätssteigerung im Ackerbau während der 30er Jahre verwendet werden. Stattdessen erscheint es geboten, Faktoren, die sich in dieser Zeit wirklich nachweislich veränderten, in Rechnung zu stellen. Und hierzu zählen in erster Linie die Intensivierung des staatlichen Dirigismus, der Kooperativismus und die zunehmende handelspolitische Zusammenarbeit mit Deutschland. Inwieweit Deutschland als Handelspartner Bulgariens sowie als Kreditgeber und Lieferer von Technologie tatsächlich eine tragende Rolle bei Produktivitätssteigerung und Neustrukturierung spielte, bleibt anhand der bulgarischen Analysen jener Jahre, die etwa in den entsprechenden Fachzeitschriften zu finden sind, zu überprüfen. Besonders die Kommentare zu den nach Deutschland ausgeführten Industriepflanzen können Hinweise darüber geben, ob der verstärkte Anbau dieser Sorten durch den deutschen Bedarf motiviert war.

Im Ganzen gesehen hing aufgrund der engen wirtschaftlichen Anbindung Bulgariens an Deutschland seit den frühen 30er Jahren, die mit einer außenpolitischen einherging, der Gesamterfolg des wirtschafts- und gesellschaftspolitischen Kurses des autoritär-monarchischen Regimes in hohem Maße von der Gestaltung dieser bilateralen Zusammenarbeit ab. Dies lag vor allem daran, dass für das Agrarland Bulgarien der Weg zu einer Rückkehr in die Weltmärkte nach der Krise von 1929–1934 über eine Zunahme der Agrarexporte führte. Da Deutschland gegen Ende der 30er Jahre über zwei Drittel der bulgarischen Ausfuhren

114 Lampe, Bulgarian Economy, 86. Die Beweisführung hierfür stützt sich lediglich auf eine Fallstudie von Irwin T. Sanders.

115 A. a. O., 87.

116 So etwa bei: D. Conev, Dejnostta na tjutjunevite kooperacii i pričinite za technite neuspechi, *Stopanska misǎl* 1 (1931), 115-121.

abnahm, Anfang der 40er Jahre sogar rund 80 Prozent[117], war es zu dieser Zeit, so Nikova, der wichtigste Handelspartner des Balkanlandes.[118] Von seiner Aufnahmefähigkeit hingen die Exportmöglichkeiten Bulgariens entscheidend ab. Inwieweit dieser Zusammenhang allerdings die landwirtschaftlichen Neustrukturierungs- und Modernisierungstendenzen der 30er Jahre direkt in Gang brachte oder zumindest förderte, bleibt, wie bereits angedeutet, diskutabel. Lampe jedenfalls ist offenbar geneigt, die Bedeutung des Anwachsens der bulgarisch-deutschen Handelsbeziehungen für den Aufschwung der 30er Jahre zu relativieren und ihre Auswirkungen in erster Linie auf politischem und militärischem Gebiet zu suchen.[119] Eine Erklärung hierfür bleibt Lampe jedoch schuldig, zumal er im selben Zuge betont, dass Deutschland der einzige größere Abnehmer für erweiterte bulgarische Agrarexporte gewesen sei.[120] Die Bedeutung, die den bulgarisch-deutschen Handelsbeziehungen für die Entwicklung der bulgarischen Landwirtschaft von deutscher Seite beigemessen wurde, zeigt sich indes eindeutig in den Akten des „Mitteleuropäischen Wirtschaftstages" (MWT) von 1939–1941, in denen Konzepte für die weitere Zusammenarbeit entwickelt wurden. Aus ihnen geht hervor, dass die deutsche Wirtschaft ein direktes Interesse an einer Neustrukturierung und Modernisierung, mithin also einer Effizienzsteigerung im Agrarsektor Bulgariens wie auch seiner übrigen südöstlichen Partner hatte.

Veranschaulichen lässt sich dieses Interesse beispielweise anhand des „Gutachtens des Mitteleuropäischen Wirtschaftstages 1939" vom 12. August des Jahres. In ihm machen bereits die einleitenden Überschriften die Funktion und das Potential deutlich, die Südosteuropa nach Ansicht des MWT für Deutschland haben konnte: „Der Südosten soll der deutschen Mangellage abhelfen." Und: „Der bisherige Anteil des Südostens an der deutschen Versorgung lässt sich erweitern." Neben einer kurzen Darlegung der noch genauer zu betrachtenden Gründe für die deutsche handelspolitische Orientierung nach dem Südosten zeigen sich die Unterzeichnenden des Gutachtens, der MWT-Vorsitzende v. Wilmowsky und Hauptgeschäftsführer Jacob, zwar zufrieden über die Zunahme des deutschen Anteils an der südosteuropäischen Gesamtausfuhr, der „seit 1933 einen beispiellosen Aufschwung genommen" habe; der Anteil dieser Länder – d. h. Bulgariens, Rumäniens, Ungarns und Jugoslawiens – am deutschen Gesamtimport sei jedoch noch unbefriedigend. Er liege lediglich bei 8,1 Prozent.[121] Bei dieser Quote sah das MWT-Gutachten offenbar einen Grenzwert erreicht, denn es konstatierte für die Zeit ab 1938 einen Stillstand und teils auch einen Rückgang der deutschen „Wirtschaftsexpansion" auf dem Balkan. Als Gründe hierfür sah es

[117] Gospodinka Nikova, Stopanskata integracija meždu Bălgarija i Germanija prez 30-te – 40-te godini na XX. v., *Collegium Germania* 3 (2000), 160-193, hier: 167.

[118] Ebd.

[119] Lampe, Bulgarian Economy, 87. Vgl. dazu auch die Beiträge in BGOV.

[120] Ebd.

[121] PrAA [Privatarchiv Dr. Petăr Aladžov], Stopanski materiali, Bl. 22. Aladžov war in den 40er Jahren Präsident der Bulgarischen Handelsbank und Oberster Kommissar für Handelsfragen beim Ministerrat. In den 50er Jahren emigrierte er nach Westdeutschland und wurde dort Bankier. Vgl. seine Autobiographie: Petăr Aladžov, Vărchoven komisar. Edin život v služba na stopanstvoto. Sofia 2000.

die begrenzten Produktionskapazitäten, die auf technische, gesellschaftliche und finanzielle Ursachen sowie auf die allgemein geringe Erschließung der Südostländer zurückzuführen gewesen seien.[122] Ziel müsse es also sein, den „Anteil des Südostens an der deutschen Versorgung noch beträchtlich" zu steigern, und am wichtigsten sei nun „eine Steigerung der Erzeugung derjenigen Güter im Südosten, an denen ein Einfuhrinteresse Deutschlands besteht".[123]

Zwar ist es notwendig, im Folgenden die Gültigkeit der aus dem Gutachten zitierten Passagen für dieses Land konkret zu überprüfen; es lassen sich jedoch daraus bereits zweierlei Hypothesen für die weitere Analyse ableiten. Zum einen schienen die Maßnahmen der Regierung K'osseivanov seit 1935 noch zu keinen durchgreifenden Verbesserungen in der landwirtschaftlichen Produktion geführt zu haben; vielmehr entsteht besonders angesichts der erwähnten Stagnation ab 1938 der Eindruck, als sei innerhalb der bestehenden Strukturen der bulgarischen Landwirtschaft eine Produktionssteigerung erzielt worden, die aber bald an ihre Grenzen gestoßen sei. Verstärkte staatliche Kontrolle und Kooperativismus waren noch nicht weit genug fortgeschritten und für sich genommen auch noch keine Garanten für mehr und bessere Produktion, solange nicht die technischen und bildungsmäßigen Voraussetzungen in ausreichendem Maße vorhanden waren. Zum anderen aber stellt sich damit die Frage, wodurch die Produktivitätssteigerung in der bulgarischen Landwirtschaft der 30er Jahre motiviert war. Angesichts des deutschen Interesses daran, das sich, laut MWT-Gutachten, in einer regelrechten „Einfuhrkampagne" äußerte,[124] kann vermutet werden, dass die Veränderungen, die sich in den 30er Jahren in der bulgarischen Landwirtschaft vollzogen, in engem Zusammenhang mit der deutsch-bulgarischen Wirtschaftsintegration stehen und somit die Frage nach den Konzepten und den damit verbundenen Maßnahmen von deutscher Seite aufwerfen.

Insgesamt bleibt zumindest vorläufig der Eindruck, dass die vorhandenen Modernisierungstendenzen in der bulgarischen Wirtschaft durch die speziell in den 30er Jahren enger werdende Verflechtung mit Deutschland durchaus Impulse erhalten haben.[125] Zu spüren waren sie in erster Linie im Agrarsektor, da er als prinzipiell exportfähiger Bereich die Schnittstelle nach außen war. Was die Industrie betraf, so war sie noch kaum in der Lage, international wettbewerbsfähige Waren zu produzieren. Eher konnte sie von deutschen Lieferungen industrieller Fertigwaren und Maschinen profitieren. Von strukturellen Änderungen war sie zunächst noch weniger betroffen als der Agrarsektor.

Die Zeit zwischen den Weltkriegen brachte Bulgarien im Vergleich zur Vorkriegsepoche ungeachtet der weiterbestehenden Dominanz einer ineffizient arbeitenden Landwirtschaft demnach doch Versuche, bei der wirtschaftlichen Modernisierung neue Wege zu beschreiten. In der Erkenntnis, dass eine gesamtwirtschaftliche Entwicklung in strukturellen Veränderungen des Agrarsektors ihren Anfang zu nehmen hatte, setzten die bulgarischen

122 Ebd. Siehe auch PrAA, Stopanski materiali, Bl. 23-25.
123 Ebd.
124 A. a. O., Bl. 22.
125 Zur Rolle der anderen europäischen Industrieländer siehe folgendes Kapitel.

Regierungen dort besonders ab Mitte der 20er Jahre zunehmend auf Industrie- und Exportorientierung bei gleichzeitiger Neuorganisation der Produktion in Richtung auf Kooperativismus. Im Gegensatz dazu hatte die Modernisierungsstrategie vor dem Ersten Balkankrieg noch in erster Linie in auf Auslandskrediten gestützten staatlichen Direktinvestitionen zum Aufbau der Infrastruktur und zur Gründung staatlicher Industriebetriebe sowie in der Setzung fiskalischer Anreize für den privaten Sektor bestanden.[126] Nach 1918 wurde diese Politik zwar fortgesetzt, nun aber gab es zunehmend Ansätze, die Landwirtschaft mit einzubeziehen. Begleitet wurden diese Entwicklungen von arbeits- und sozialrechtlichen Fortschritten.

Es erscheint indes für die weitere Untersuchung sinnvoll, innerhalb der Zwischenkriegszeit zwischen zwei Perioden zu unterscheiden und diesbezüglich folgende Hypothese aufzustellen: Bis zum Beginn der 30er Jahre, also bis in die Jahre der Weltwirtschaftskrise hinein, zielten die bulgarischen Modernisierungsbestrebungen vor allem darauf ab, dem Land eine verbesserte Stellung auf den Weltmärkten zu verschaffen. Durch eine Ausrichtung an deren Struktur und Bedarf sollten Devisen erwirtschaftet und damit die Last der Auslandsschulden vermindert werden.[127] Als im Verlauf der Weltwirtschaftskrise die Devisenlage immer prekärer und die bulgarischen Agrarprodukte aufgrund des Verfalls der Weltmarktpreise immer weniger konkurrenzfähig wurden, verengte sich die außenwirtschaftliche Orientierung Bulgariens zusehends auf Deutschland, was schließlich in einer Bilateralisierung der Beziehungen resultierte. Folge davon war, dass die Modernisierungsbestrebungen des Landes vor allem im Blick auf den deutschen Bedarf betrieben wurden und dass nun auch deutsche Modernisierungskonzepte für Bulgarien und andere Teile Südosteuropas zur Anwendung kamen. Sie waren allerdings so langfristig angelegt, dass ihre Verwirklichung über Ansätze zu Beginn der 40er Jahre nicht hinauskam. Die im Gefolge der Wende des Zweiten Weltkriegs 1942/43 auf eine imperative Lenkung umgestellte deutsche Wirtschaftspolitik gegenüber den Südostländern verhinderte ihre weitere Umsetzung.[128]

[126] Vgl. in diesem Zusammenhang v. a. die Fallstudie zu Gabrovo: Mladen Radkov, Gabrovo v bălgarsko-germanskite ikonomičeski otnošenija, in: BGOV, Bd. 2, 99-120. Außerdem: P. Točev, Vrăski i otnošenija meždu Bălgarija i Germanija na teritorijata na dnešnija Gabrovski okrăg (1878–1944 g.), in: BGOV, Bd.2, 121-137. Zudem: Todorova, Aspekte.

[127] Vgl. ausführlich zu den Auslandsschulden: Daniel Vačkov, Problemăt za vănšnija dăržaven dălg i izpălnitelnata vlast, in: 120 godini izpălnitelna vlast v Bălgarija (Naučna konferencija, Sofija, 6-7 juli 1999 godina). Hg. Bălgarska akademija na naukite. Institut po istorija. Sofia 1999, 202-210.

[128] Hierzu ausführlich Nikova, 162.

3 Die Verflechtung der deutschen und der bulgarischen Wirtschaftsinteressen

Eine Bewertung und historische Verortung der deutsch-bulgarischen Wirtschaftsbeziehungen der Zwischenkriegszeit im Rahmen der bulgarischen Modernisierungsproblematik verlangt eine Einbeziehung des außenpolitischen Kontextes. Das heißt, es soll außer nach den wirtschaftlichen auch nach den außenpolitischen Konzepten und Motiven bzw. gegebenenfalls auch Sachzwängen gefragt werden, die die deutsche Wirtschaft dazu veranlassten, Verbindungen nach Bulgarien zu suchen, wobei auch die Bedeutung des Landes im südosteuropäischen Gesamtzusammenhang zu betrachten ist. Des Weiteren soll untersucht werden, inwieweit sich wirtschaftliche und außenpolitische Motive gegenseitig beeinflussten bzw. ergänzten. Umgekehrt sind diese Fragestellungen auch für Bulgarien zu analysieren. Dabei ist von besonderem Interesse, in welchem Maße bulgarische Modernisierungskonzepte konkret ausgearbeitet waren, wie langfristig sie angelegt waren und welche Rolle darin dem deutschen Engagement zugeschrieben wurde. Zuvor jedoch ist noch zu klären, warum sich Bulgarien während der 30er Jahre durch die Bilateralisierung in die große wirtschaftliche und damit zwangsläufig auch politische Abhängigkeit von Deutschland begeben hat, ob man sich der damit verbundenen Risiken bewusst war und welchen Nutzen man sich davon erhoffte.

3.1 Der Mitteleuropa-Gedanke in Deutschland als konzeptionelle Grundlage

Deutsches wirtschaftliches Engagement im Bulgarien der Zwischenkriegszeit kann, soll es in seinen Grundlagen verstanden werden, nicht isoliert von den außenpolitischen und wirtschaftlichen Begleitumständen betrachtet werden. Außer Zweifel steht nach dem aktuellen Stand der Forschung, dass Bulgarien für die deutsche Wirtschaft stets nur eine Teilrolle im Gesamtszenarium deutsch-südosteuropäischer Wirtschaftsbeziehungen gespielt hat und diese wiederum im Zusammenhang mit der außenpolitischen Lage Deutschlands nach dem Ersten Weltkrieg gesehen werden müssen.[1] Durch diese Perspektive erschließt sich zum

[1] Vgl. Kapitel 1, Anm. 12.

einen die Funktionalität, die diese Beziehungen für die Außenpolitik hatten, zum anderen aber auch deren Wandel im Lauf der Jahre zwischen 1918 und 1944.

Die logische Verknüpfung, dass es zunächst die Außenwirtschaftsbeziehungen waren, die bei der Erreichung außenpolitischer Ziele helfen sollten, und nicht umgekehrt, ergibt sich aus der diplomatischen Isolation, in der sich das Deutsche Reich nach dem Ersten Weltkrieg befand. Mangels machtpolitischer Möglichkeiten sollte diese mit Hilfe des Aufbaus eines „funktionsfähigen Außenhandelsnetzes"[2] überwunden werden, das zugleich eine Gegenreaktion zum Streben der Siegermächte darstellte, sowohl durch die im Versailler Vertrag festgeschriebenen Beschränkungen als auch durch die Schaffung Deutschland ausschließender Wirtschaftsbündnisse dessen Wirtschaftskraft weiter zu schwächen.[3] Außerdem ging es während der frühen 20er Jahre darum, durch möglichst intensive Handelsbeziehungen nach Ostmittel- und Südosteuropa, wohin schon vor dem Krieg gute Kontakte bestanden hatten, die unmittelbaren Auswirkungen der Krise der Nachkriegsjahre abzumildern. Erste Erfolge dieser Bestrebungen bestanden im Abschluss von Handelsverträgen bzw. Meistbegünstigungsabkommen mit der Tschechoslowakei (1920), Jugoslawien (1921) und Bulgarien (1921) sowie der britischen Anerkennung eines Junktims zwischen der Erfüllung deutscher Reparationsverpflichtungen und der Vorrangstellung deutscher Ausfuhren nach Ostmittel- und Südosteuropa.[4] Gerade im Südosten – mit Ausnahme von Rumänien, das sich bewusst enger an Frankreich anlehnte – erreichte Deutschland schon 1924 wieder die führende Stellung als Handelspartner, die es auch bereits vor dem Krieg innegehabt hatte.[5] Möglich war dies, weil, so Elvert, die Beziehungen in diese Region weit weniger politisch belastet waren und stärker wirtschaftlich ausgerichtet werden konnten, als dies zum Beispiel mit Polen der Fall war.[6]

Neben diesem unmittelbaren Nutzen, den die wiederbelebten Handelsbeziehungen mit Südosteuropa dem Reich brachten, spielten jedoch auch längerfristige Überlegungen zur künftigen Gestaltung der Wirtschaftsbeziehungen mit dieser Region eine Rolle. Ziel war es, im Südosten ein möglichst eng zusammengeschlossenes Großwirtschaftsgebiet zu schaffen, das von Deutschland abhängig sein würde und von dessen dauerhafter wirtschaftlicher Ausrichtung auf Deutschland infolgedessen ausgegangen werden könnte. Umfassen sollte diese

2 Elvert, 97.

3 Ebd. Vgl. außerdem: Herbert Matis, Wirtschaftliche Mitteleuropa-Konzeptionen in der Zwischenkriegszeit. Der Plan einer „Donauföderation", in: Mitteleuropa-Konzeptionen in der ersten Hälfte des 20. Jahrhunderts. Hgg. Richard Georg Plaschka u.a. Wien 1995, 229-255, hier: 250.

4 Elvert, 98. Dazu: Akten zur deutschen auswärtigen Politik [in der Folge: ADAP], Serie A, Bd. 3, Dok. 226.

5 Petzold, 202. Elvert, 98 u. 105.

6 Elvert, 98. Zu Polen siehe dort, 99-101. Obwohl, so der Autor, Polen anfänglich im Handel fast ausschließlich von Deutschland abhängig war, gelang es dem Land v. a. im Verlauf des Zollkriegs mit Deutschland sich durch eine Diversifikation sowohl der Empfängerländer seiner Kohleexporte als auch des Produktspektrums seiner Volkswirtschaft zu modernisieren und wirtschaftlich unabhängiger zu werden.

Konstruktion die Tschechoslowakei, Ungarn, Rumänien, Jugoslawien und Bulgarien. Eine feste Größe in diesem Konzept war auch der Anschluss Österreichs an das Deutsche Reich, wobei es sowohl Überlegungen gab, in denen dieser als Vollendung der deutschen Pläne, als auch solche, in denen er als ihr erster Schritt vorgesehen war. Diese grundsätzlichen deutschen Interessen blieben während der gesamten Dauer der Weimarer Republik und auch in der NS-Zeit im Wesentlichen eine konstante Leitlinie der Außen- und Wirtschaftspolitik aller Reichsregierungen. Unterschiede gab es allerdings in den Auffassungen bezüglich der Methoden, mit denen diese Interessen durchgesetzt werden sollten, und im Gewicht, das der Südosteuropapolitik im Gesamtzusammenhang deutscher Außenpolitik beigemessen wurde.

Der aktiven Phase zu Beginn der 20er Jahre, in der, wie erwähnt, die Handelsbeziehungen zu einer Reihe östlicher und südöstlicher Partner neu belebt wurden, folgte ab der Mitte des Jahrzehnts unter Reichsaußenminister Gustav Stresemann eine Periode der Zurückhaltung, in der die Annäherung an den Westen, insbesondere an Frankreich, im Vordergrund stand. Ihre wichtigsten Ergebnisse waren das Abkommen von Locarno 1924, der Dawes-Plan[7] und die Aufnahme Deutschlands in den Völkerbund 1926. Um diese Konsolidierung der außenpolitischen Lage des Reiches und den dadurch gewonnenen Handlungsspielraum, den man vor allem im Hinblick auf das Streben nach einer Revision der Ostgrenzen erlangt hatte, nicht zu gefährden, setzte Stresemann während der zweiten Hälfte der 20er Jahre auf Zurückhaltung in der deutschen Südosteuropapolitik, freilich ohne dabei die strategischen Zielsetzungen aus dem Auge zu verlieren.[8] Konsequenz dieser Zurückhaltung war beispielweise die strikte Neutralitätswahrung Berlins angesichts der Balkankrisen von 1926 und 1927, die aus Versuchen Italiens resultierten, Albanien unter seine Kontrolle zu bringen sowie Einfluss in Ungarn und Österreich zu gewinnen. In diesem Fall, wie auch im jugoslawisch-bulgarischen Grenzstreit von 1927, wirkte die deutsche Außenpolitik vermittelnd und verschaffte sich so zusätzlichen Kredit bei den Westmächten.[9] Gleichwohl versäumte sie es nicht, Bestrebungen entgegenzuwirken, die auf die Begründung einer ostmittel- und südosteuropäischen Wirtschaftsgemeinschaft unter Ausschluss Deutschlands hinausliefen, um dessen Einfluss auf dem Balkan zu schwächen. Sie tat dies umso mehr, wenn erkennbar wurde, dass auch Österreich in einen solchen Zusammenschluss einbezogen werden sollte, um es aus seinen Bindungen zum Deutschen Reich herauszulösen. Besonders Frankreich war an derartigen Donauföderationsplänen interessiert und betrieb seit 1920 eine entsprechende Politik.[10] In der Regel vereitelte die Reichsregierung derartige Vorhaben durch wirtschaftliche Angebote an Österreich, die es diesem erleichterten, seine Anlehnung an das Reich beizubehalten.[11] Ansonsten war sie in erster Linie daran interessiert, der Weltöffentlichkeit, d. h. dem Völkerbund, keine Anlässe für Diskussionen über

[7] Zum Dawes-Plan vgl. ELVERT, 103; STEGMANN, 204.
[8] ELVERT, 104.
[9] A. a. O., 102.
[10] A. a. O., 103. Außerdem: ADAP, Serie B, Bd. 3, Dok. 37.
[11] ELVERT, 103.

die Anschlussfrage und die deutsche Südosteuropapolitik im Allgemeinen zu bieten, weil sie befürchtete, dass am Ende solcher Debatten ein „Ost-Locarno“, also der Verzicht auf deutsche Revisionsansprüche stehen würde.[12]

Dass solche Befürchtungen nicht unberechtigt waren, zeigte sich, als die deutsche Südostpolitik Anfang der 30er Jahre, nach dem Tode Stresemanns, unter Außenminister Curtius einen aktiveren Kurs einzuschlagen versuchte, wofür sie harsche Gegenreaktionen der Garantiemächte des Versailler Systems – in diesem Fall vor allem Frankreichs und Italiens – erntete. Konkret handelte es sich um das Projekt einer deutsch-österreichischen Zollunion. Zur Sprache gebracht worden war es erstmals im Februar 1930 vom österreichischen Bundeskanzler Schober auf einem Besuch in Berlin. Da Curtius selbst bereits in diese Richtung gehende Überlegungen angestellt hatte, einigte man sich auf eine Prüfung der Realisierbarkeit einer Zollunion sowie gegebenenfalls auf eine Weiterverfolgung dieser Idee. Als das Projekt im März 1931 jedoch bekannt wurde, stieß es in den übrigen europäischen Staaten auf einmütige Ablehnung und wurde schließlich, nachdem der wirtschaftliche Druck Frankreichs eine Bankenkrise in Deutschland und Österreich mit ausgelöst hatte,[13] im September des Jahres aufgegeben. Auch der internationale Haager Gerichtshof sprach sich dagegen aus.[14] Insgesamt aber gewann die deutsche Außenwirtschaftspolitik gegenüber Südosteuropa in den frühen 30er Jahren eine neue Dynamik.[15] Ungeachtet des Rückschlages von 1931 intensivierten sich nun die Wirtschaftsbeziehungen zu dieser Region besonders auf dem Gebiet des Handels. Möglich wurde dies durch eine Bilateralisierung des Warenverkehrs mittels des sogenannten Clearinghandels, also des devisenfreien Austausches von Gütern, der im Gefolge der Weltwirtschaftskrise und dem damit einhergehenden Abzug von amerikanischem und westeuropäischem Kapital[16] aus Deutschland und seinen südöstlichen Partnerländern als einzig gangbarer Weg erschien.[17] Zwar waren die Handelsbeziehungen mit Südosteuropa auch zuvor schon von erheblicher Bedeutung für den deutschen Export gewesen – die Region als Ganzes stand in der Rangliste der deutschen Ausfuhrpartner an zweiter Stelle hinter Frankreich und Benelux –, wie auch umgekehrt Deutschland schon in den 20er Jahren der wichtigste Handelspartner für diese Länder gewesen war. Dies galt vor allem für Bulgarien und Rumänien, die 1929 29,9 bzw. 27,6 Prozent ihrer Ausfuhrwaren nach Deutschland lieferten; Ungarn und Jugoslawien folgten mit beträchtlichem Abstand: 11,7 bzw. 8,5 Prozent.[18] Bulgarien war in seinem Außenhandel also schon vor der Welt-

[12] Ebd.
[13] A. a. O., 107.
[14] Ebd.
[15] Zum deutsch-österreichischen Zollunionsplan und den deutschen Mitteleuropaplänen insgesamt vgl. Peter Krüger, Wirtschaftliche Mitteleuropapläne in Deutschland zwischen den Weltkriegen, in: Plaschka, 283-303, hier: 297f.
[16] Vgl. hierzu: Berov, The Withdrawing, 225-256.
[17] Vgl. hierzu: Dieter Petzina, Autarkiepolitik im Dritten Reich. Der nationalsozialistische Vierjahresplan. Stuttgart 1968 (Schriftenreihe der Vierteljahreshefte für Zeitgeschichte, 16), 109-114.
[18] Elvert, 105.

wirtschaftskrise stärker auf Deutschland orientiert als seine Nachbarländer. Nun jedoch, 1931/32, nahm mit dem Abschluss von Clearing-Abkommen zwischen Deutschland und den südöstlichen Ländern – so 1932 mit Bulgarien – eine Entwicklung ihren Anfang, die diese Staaten in eine zunehmende und letztlich beinahe ausschließliche wirtschaftliche Abhängigkeit vom Reich trieb, wobei diese wiederum im Falle Bulgariens am stärksten ausgeprägt war.[19]

Begleitet und unterstützt wurde diese neue Entwicklung durch unabhängig vom politischen Geschehen betriebene Initiativen auf privatwirtschaftlicher Ebene, die gleichwohl mit der Reichsregierung abgestimmt waren. Führend in diesem Zusammenhang war der „Mitteleuropäische Wirtschaftstag – Deutsche Gruppe", der 1931 unter Leitung des „Langnam-Vereins" aus den deutschen Mitgliedern des 1925 in Wien ins Leben gerufenen Mitteleuropäischen Wirtschaftstages (MWT) gebildet worden war.[20]

Die Grundidee, die hinter den Konzepten zur „Nutzbarmachung" des europäischen Südostens für deutsche außenpolitische und wirtschaftliche Interessen steckte, reicht in ihren öffentlich wirksamen Traditionen bis in die Zeit des Ersten Weltkriegs, in ihren Wurzeln sogar bis in die erste Hälfte des 19. Jahrhunderts zurück: Es handelt sich, wie auch im Namen des MWT zum Ausdruck kommt, um den Begriff von „Mitteleuropa" als integriertem „Großwirtschaftsraum", in dem die einzelnen Regionen sich durch Spezialisierung ihrer Produktion gegenseitig ergänzen sollten. Prominentester Vertreter dieser Idee vor 1918 war der Nationalliberale Friedrich Naumann, der – unter dem Eindruck der Blockade durch die Entente während des Ersten Weltkriegs – in diesem Zusammenhang vor allem den Gedanken der Autarkie in den Vordergrund stellte. Bulgarien rückte erst durch seinen Eintritt in den Ersten Weltkrieg an der Seite der Mittelmächte in das Blickfeld Naumanns, genauer eigentlich erst ein Jahr danach durch seinen Bulgarien-Besuch im Juni 1916 in einer Gruppe von zehn Reichstagsabgeordneten. Naumann fügte daraufhin seinem Mitteleuropa-Buch das Kapitel „Bulgarien und Mitteleuropa" hinzu, in dem er die historische Mission der Deutschen unter anderem darin erblickte, Bulgarien in Mitteleuropa einzubeziehen und dem russischen Einfluss zu entwenden. In der Folge entwickelte die Diskussion in Deutschland die Vorstellung einer Achse Berlin-Sofia-Ankara, also die Eröffnung eines Weges in den Vorderen Orient.[21]

[19] Zu den Gründen für die wirtschaftliche Anlehnung Bulgariens und seiner Nachbarländer an Deutschland siehe nächsten Abschnitt. Zum Clearing: SCHÖNFELD, Clearingverschuldung.

[20] Zur Geschichte des MWT vgl. u. a.: Alfred SOHN-RETHEL, Industrie und Nationalsozialismus. Aufzeichnungen aus dem „Mitteleuropäischen Wirtschaftstag". Berlin 1992. Tilo v. WILMOWSKY, Rückblickend möchte ich sagen... Oldenburg, Hamburg 1961, 187-217. SCHÖNFELD, Kooperation. THÖRNER, 411-421. Roswitha BERNDT, Wirtschaftliche Mitteleuropapläne des deutschen Imperialismus (1926–1931). Zur Rolle des Mitteleuropäischen Wirtschaftstages und der Mitteleuropa-Institute in den imperialistischen deutschen Expansionsplänen, in: Grundfragen der deutschen Außenpolitik seit 1871. Hg. Gilbert ZIEBURA. Darmstadt 1975.

[21] Friedrich NAUMANN, Mitteleuropa. Berlin 1915. Außerdem: DERS., Werke IV. Politische Schriften. Hg. Th. SCHIEDER. Köln 1974. Zudem: PETZOLD, 186-188. THÖRNER, 1-51, 340. Vgl. außerdem Edgar HÖSCH, Auf der Suche nach Gemeinsamkeit: Die deutsch-bulgarischen

Der Gehalt dessen, was man sich unter Mitteleuropa vorstellte, war in den Diskussionen der 10er und 20er Jahre indes durchaus unterschiedlich; im Wesentlichen ging es zumeist um die Frage, ob Deutschland, das man sich dann gegebenenfalls um Österreich erweitert dachte, dazugehören sollte oder nicht. Da es im Falle der Bejahung dieser Frage zweifellos eine hegemoniale Rolle in einem „mitteleuropäischen" Großwirtschaftsraum übernommen hätte, wurde „Mitteleuropa" zu einem politischen Kampfbegriff. Je nachdem, wie man zu einer deutschen Hegemonie stand, definierte man den Begriff seinen Interessen gemäß, wobei das Problem der deutschen Zugehörigkeit der wichtigste strittige Punkt war. Ansonsten handelte es sich bei Mitteleuropa gemeinhin um die seit dem 19. Jahrhundert entstandenen „Nachfolgestaaten" der Imperien der Osmanen, der Habsburger und der Romanows. „Zwischeneuropa" war ein weiterer, eher abwertend gemeinter Begriff für diese Region, der man kein eigenständiges politisches Gewicht im europäischen Konzert der Mächte beimaß.[22]

Während Frankreich nach dem Ersten Weltkrieg bestrebt war, anstelle Deutschlands selbst einen bestimmenden Einfluss vor allem in Südosteuropa auszuüben, „Mitteleuropa" also nach eigenen Vorstellungen zu gestalten, was etwa in der Kleinen Entente und im Tardieu-Plan deutlich zum Ausdruck kam und in erster Linie dazu diente, die deutsche Position zu schwächen, wurde im Reich selbst still und beharrlich zunächst an einer Wiederherstellung der alten Verbindungen aus der Zeit vor dem Ersten Weltkrieg, später an einem Ausbau dieser Beziehungen gearbeitet. Vorreiter waren während der 20er Jahre die Vertreter der Privatwirtschaft, d. h. der Schwer- und Elektroindustrie. Da sie vielfach über exzellente Kontakte zur Ministerialbürokratie, besonders unterhalb der Staatssekretärsebene, verfügten, war die Abstimmung von Zielen und Methoden zwischen Wirtschaft und Reichsregierung stets gewährleistet.[23] Zugleich wurde es auf diese Weise möglich, dass einerseits Stresemann eine Verständigungspolitik mit Frankreich betreiben und dass andererseits seit 1920 ein Handelsvertragsnetz mit den südosteuropäischen Staaten entstehen konnte, das Deutschland erneut zum wichtigsten Handelspartner dieser Länder machte. Dies war eine zentrale Voraussetzung für die sowohl von Bürokratie als auch von Unternehmerschaft getragene offensivere Außenwirtschaftspolitik gegenüber dem Donauraum ab Beginn der 30er Jahre. Während dieses Jahrzehnts eroberte sich Deutschland dann durch die Bilateralisierung eine unangefochtene Spitzenstellung im Warenverkehr mit Südosteuropa, sodass der angestrebte Großwirtschaftsraum in Ansätzen tatsächlich Wirklichkeit wurde.[24]

Beziehungen und ihre Bedeutung für die politische Kultur Bulgariens in der Zwischenkriegszeit, *Collegium Germania* 4 (2003), 108-115, hier: 110.

22 THÖRNER, 407. STEGMANN, 207, 210f. Vgl. außerdem: Joachim KÜHL [d. i. Hans HARTL], Föderationspläne im Donauraum und in Ostmitteleuropa. München 1958 (Untersuchungen zur Gegenwartskunde Südosteuropas, 2). Eine überblicksmäßige Darstellung der historischen Entwicklung des Mitteleuropa-Konzeptes ist zu finden bei: Henry Cord MEYER, Drang nach Osten: Fortunes of a Slogan Concept in German-Slavic Relations, 1849–1990. Bern 1996. Vgl. außerdem Hermann GROSS, Mitteleuropäische Handelspolitik 1890–1938 und der Donauraum, *Der Donauraum* 7 (1962), 100-114, hier: 111.

23 STEGMANN, 216.

24 NIKOVA, 171. SCHÖNFELD, Kooperation, 62-66.

Einen Spiegel dieser Entwicklung bietet die Geschichte des MWT. Stellte er anfänglich noch ein recht breit angelegtes internationales Gesprächsforum dar, in dem die Diskussion um den Mitteleuropa-Begriff offen und kontrovers geführt wurde, so wurde er in seiner neuen Form ab 1931 zum Koordinierungsinstrument rein deutscher Wirtschaftsinteressen im europäischen Südosten – zwar zivilrechtlich als Verein organisiert, aber in enger Fühlungnahme mit dem Auswärtigen Amt stehend. Diese Verzahnung drückte sich zugleich in der Entfaltung einer regen wissenschaftlich-institutionellen und publizistischen Tätigkeit aus, die den MWT argumentativ und agitatorisch unterstützte. Entsprechend der Ausrichtung des Interesses auf die südosteuropäischen Agrarstaaten[25] wurde eine Reihe von universitären und außeruniversitären Südost-Instituten gegründet, oder es wurden bestehende in ihrer Schwerpunktsetzung umorientiert.[26] Der Begriff „Mitteleuropa“ wurde nun bei der Benennung zurückhaltend gebraucht, um in den betroffenen Ländern nicht unangenehme Erinnerungen an deutsche Kriegszieldebatten des Ersten Weltkriegs zu wecken.[27] Aufgaben der Institute waren sowohl die wissenschaftliche Analyse wirtschaftlicher und politischer Strukturen und Probleme im Donauraum als auch umgekehrt dort die Verbreitung von Informationen über Deutschland, um für dieses vor allem im Sinne der Intensivierung der wirtschaftlichen Kontakte Sympathien zu erzeugen.[28] Beispiele hierfür waren etwa das bereits 1918 gegründete Breslauer Osteuropa-Institut, das Ende der 30er Jahre seinen Blick nach Südosteuropa wandte, oder das seit 1928 bestehende Leipziger Institut für Mittel- und Südosteuropäische Wirtschaftsforschung. Letzteres ging 1936 im neu gegründeten Südosteuropa-Institut der Leipziger Universität auf. Bekanntester Name in diesem Zusammenhang ist der von Herrmann Gross, der als stellvertretender Institutsleiter in den 30er Jahren eine Reihe von Monografien und Aufsätzen veröffentlichte, die außerordentlich aufschlussreich bezüglich der deutschen Vorstellungen über die wirtschaftliche Entwicklung Südosteuropas und der deutschen Rolle darin sind. Gross blieb auch nach dem Zweiten Weltkrieg als Lehrstuhlinhaber in München eine zentrale Figur der wirtschaftswissenschaftlichen deutschen Südosteuropa-Forschung.[29] Ebenfalls eine zentrale Bedeutung über den Krieg hinaus hat seit 1935 das Münchener Südost-Institut, das ursprünglich unter der Bezeichnung „Institut zur Erforschung des deutschen Volkstums im Süden und Südosten“ gegründet wurde.[30]

25 Berndt, 317.
26 Noch im Gefolge der Tätigkeit des „alten“ MWT waren Ende der 20er Jahre Mitteleuropa-Institute in Wien, Brünn, Budapest und Dresden gegründet worden. Sie hatten die Aufgabe, unter Spezialisierung auf einzelne Aspekte die Länder Mitteleuropas kulturell und wirtschaftlich zu erforschen. Vgl. Berndt, 320.
27 Thörner, 383.
28 A. a. O., 385.
29 A. a. O., 386.
30 A. a. O., 386f. Vgl. hierzu ausführlich: Gerhard Seewann, Das Südost-Institut 1930–1960, in: Südostforschung im Schatten des Dritten Reiches. Institutionen – Inhalte – Personen. Hgg. Mathias Beer / Gerhard Seewann. München 2004 (Südosteuropäische Arbeiten, 119), 49-92, hier: 49f. u. 77-79. Außerdem: <www.suedost-institut.de / hist-inst.html>, zuletzt aufgerufen im Mai 2004.

Angesichts der organisatorischen Initiativen, die unternommen wurden, um sowohl die in Deutschland vorhandenen Kenntnisse über Südosteuropa als auch die dortigen über Deutschland zu mehren, die in diesen Ländern lebenden Angehörigen der deutschen Minderheiten durch wissenschaftliche Forschung und Agitation zu stärken und die deutschen wirtschaftlichen Aktivitäten zu koordinieren und vorzubereiten, scheint nur ein Motiv für dieses Engagement denkbar: Südosteuropa als deutsches Einflussgebiet zunächst wirtschaftlicher, später auch politischer Art zu sichern. Im Zuge dieser Entwicklung sollte Deutschland nicht nur dort, sondern auch in der Welt wieder allgemein an außenpolitischem Gewicht gewinnen und seinen Großmachtstatus zurückerlangen – ähnlich dem, den es vor dem Ersten Weltkrieg gehabt hatte, oder sogar darüber hinausreichend. Wirtschaftliche und politische Aspekte griffen somit nach Art einer Rückkoppelung ineinander: Intensivierte Handelsbeziehungen halfen beim Aufbrechen der außenpolitischen Isolation nach dem Ersten Weltkrieg und verschafften dem Deutschen Reich zugleich die nötige ökonomische Unabhängigkeit für weitere außenpolitische Ambitionen, denn sobald Südosteuropa der „wirtschaftliche Ergänzungsraum für Deutschland" war, als den man es sich beim MWT vorstellte, das in verschiedenen Variationen seit dem 19. Jahrhundert diskutierte Konzept „Mitteleuropa" also verwirklicht war, konnten – so die Hoffnung – weder weltwirtschaftliche Turbulenzen noch feindselige Aktionen der anderen Groß- und insbesondere Kolonialmächte Deutschland in die Knie zwingen.

Diese Vision ist vielfach in der Literatur – insbesondere in der sowjet-marxistischen – als imperialistisch gebrandmarkt worden.[31] Deutschland habe, so heißt es, in seiner Wirtschaftspolitik nach dem Ersten Weltkrieg einen expansionistischen Kurs verfolgt, der allein auf die Ausbeutung der südosteuropäischen Agrarländer abgezielt habe. Zu einer eigenständigen kritischen Bewertung und historischen Einordnung des deutschen wirtschaftlichen Engagements in Südosteuropa und zur Überprüfung der in der sowjet-marxistischen Historiografie geäußerten Thesen kann indes die Analyse dreier Fragestellungen dienen. Die erste dreht sich um die Besonderheit dieses Engagements, d. h. sie sucht nach Gemeinsamkeiten und Unterschieden im Verhältnis zu den Außenwirtschaftsbeziehungen anderer großer Industrieländer, etwa Großbritanniens, Frankreichs oder der USA, zu den Balkan- und anderen „Entwicklungs"-Ländern. Die zweite fragt nach den Alternativen für die deutsche Volkswirtschaft, untersucht also, inwieweit angesichts von Bedrohungen wie der Devisenknappheit oder der Weltwirtschaftkrise die Offensive in Richtung Südosten überlebensnotwendig war. Die dritte Fragestellung schließlich hat die Methoden zum Inhalt, mit denen der südöstliche Großwirtschaftsraum geschaffen werden sollte; sie können wichtige Hinweise auf der Suche nach ausbeuterischen Motiven geben.

[31] Vgl. u. a. BERNDT; PETZOLD; THÖRNER, Beiträge in BGOV und vor allem die sowjet-marxistische Literatur. Sie vertritt ähnliche Thesen auch in Bezug auf den Ersten Weltkrieg. Hier stellvertretend: Karl-Heinrich MÜLLER, Die Unterwerfung Bulgariens unter den deutschen Imperialismus am Vorabend des Ersten Weltkriegs, *Jahrbuch für Geschichte der UdSSR und der volksdemokratischen Länder Europas* 4 (1960), 265-292.

Der historische Hintergrund, vor dem sich die Bilateralisierung der deutsch-südosteuropäischen Wirtschaftsbeziehungen während der 30er Jahre und insbesondere nach 1933 vollzog, scheint zunächst den Vertretern der Imperialismus- und Ausbeutungsthese recht zu geben. Denn tatsächlich hat sich der Nationalsozialismus als eine Ideologie erwiesen, die auf die Unterjochung und Ausbeutung anderer Völker in einer einzigartigen Art und Weise abzielte. Eine Gleichsetzung des Großraum- und Autarkiegedankens, wie er beim MWT entwickelt wurde, mit der nationalsozialistischen Idee vom „Lebensraum" oder wenigstens die Behauptung einer evolutionären Kontinuität zwischen beiden Konzepten greift jedoch zu kurz. Vielmehr scheint eine Verwandtschaft mit den wirtschaftlichen Abhängigkeitsverhältnissen innerhalb der Kolonialreiche der Westmächte gegeben. Darauf, dass es das Konzept der bilateralen Beziehungen, der wirtschaftlichen Abhängigkeit und der „Ergänzungswirtschaft" auch in der Außenwirtschafts- bzw. Kolonialpolitik dieser Länder – und auch bezüglich der Balkanhalbinsel – gab, haben z. B. Milward und Wendt übereinstimmend hingewiesen.[32]

Zu den Alternativen respektive der wirtschaftlichen Bedeutung Südosteuropas für das Deutsche Reich und zu den Methoden seiner ökonomischen Erschließung sind die Konzepte des MWT erhellend. Auch wenn der Verlauf des Zweiten Weltkriegs eine Entfaltung dieser Ansätze verhinderte, so scheinen diese doch zu zeigen, dass die deutsche Wirtschaft im Blick auf Südosteuropa eine nachhaltige Entwicklung und Modernisierung der dortigen Volkswirtschaften als Voraussetzung für eine gewinnbringende Zusammenarbeit für notwendig erachtete. Dass sie diese Kooperation in den Rahmen eines von Deutschland dominierten „Großwirtschaftsraumes" eingebettet wissen wollte, ändert nichts an der Möglichkeit, dass ein Erfolg der MWT-Pläne zu einem Ansteigen des allgemeinen Lebensstandards in Bulgarien und dem übrigen Südosteuropa geführt und somit das deutsche Engagement letztlich wohl eine positive Beurteilung vor Ort erfahren hätte. Die Akten des MWT vermitteln den Eindruck, dass eine solche Mehrung des Wohlstandes in Südosteuropa durchaus im Sinne der deutschen Wirtschaft war.[33]

Wie groß die Erfolgschancen tatsächlich waren, ist schwierig zu beurteilen. Es besteht allerdings Anlass zu der Vermutung, dass ein derart umfassender Entwicklungsansatz, wie ihn der MWT vertrat, die Idee von „Südosteuropa als wirtschaftlichem Ergänzungsraum für Deutschland" letztlich *ad absurdum* geführt hätte. Denn je stärker sich die Region entwickelt hätte, desto unabhängiger wäre sie wirtschaftlich womöglich geworden;[34] sie hätte somit Kräfte entfaltet, die Sprengwirkung auf das deutsch dominierte „Mitteleuropa" gehabt hätten. Auf die deutsche Bereitschaft, Südosteuropa zu modernisieren bzw. zu industrialisieren, hätte sich die Kenntnis dieser Kräfte wiederum in natürlicher Weise hemmend ausgewirkt. Denn die Beziehungen zum Donauraum als Industrieregion hätten sich in diesem Fall womöglich ähnlich entwickelt wie die zu Westeuropa und den USA; und tatsächlich

[32] Milward, 386. Wendt, 416.
[33] Vgl. Kapitel 5.1.
[34] Zu deutschen Befürchtungen diesbezüglich vgl. Kapitel 5.1.

waren, wie erwähnt, noch während der 30er Jahre Frankreich und die Benelux-Staaten als Handelspartner für Deutschland – aufgrund ihrer ähnlichen volkswirtschaftlichen Struktur – wichtiger als Südosteuropa.[35] So gesehen hätte Deutschland auch eine Intensivierung der Wirtschaftsbeziehungen zu den westlichen Industrienationen anstreben können. Dies wurde jedoch v.a. durch zwei Faktoren behindert: Zum einen war das Reich wegen der durch Reparationslasten, Weltwirtschaftskrise und starke Binneninvestitionstätigkeit infolge der Wiederaufrüstung nach 1933 bedingten Devisenknappheit an devisenfreiem Handel interessiert; dieser jedoch war mit den westlichen Ländern nicht möglich. Zum anderen wäre eine stärkere wirtschaftliche Bindung an die Westmächte nicht im deutschen außenpolitischen Interesse und auch nicht im Sinne des Mitteleuropa-Gedankens gewesen, da dieser gerade davon ausging, dass es gelte, durch einen Großwirtschaftsraum gestärkt, dem Westen als eigenständige und unabhängige Großmacht gegenüberzutreten. Insofern war die Orientierung nach Südosteuropa tatsächlich alternativlos.

Insgesamt scheint es, dass der MWT, der in den Traditionen deutscher Mitteleuropa-Konzeptionen stand, die bis in das 19. Jahrhundert zurückreichten und nach dem Ersten Weltkrieg eine neue außenpolitische Bedeutung erhielten, nach Wegen suchte, das wirtschaftliche Potential, das er in den südosteuropäischen Agrarstaaten sah, für Deutschland in einer langfristig tragfähigen Weise nutzbar zu machen. Dabei war er pragmatisch und geschäftsorientiert genug, das Prinzip des Gebens und Nehmens als Grundlage für den Erfolg zu erkennen. Nur wenn der erhoffte Profit beiderseitig war, konnte an eine Realisierung deutscher Projekte in der Region gedacht werden. Ausbeuterische Motive spielten dabei ebenso wenig eine Rolle wie reine Menschenfreundlichkeit. Der Unterschied zur nationalsozialistischen Lebensraum-Ideologie konnte jedenfalls kaum größer sein, was allerdings noch nichts zur Einstellung der Vertreter des MWT zum Nationalsozialismus bzw. zum Verhältnis zum NS-Regime aussagt. Da die Nazis den MWT bis 1944 im Wesentlichen unbehelligt ließen[36] und er ab 1931 zur zentralen Koordinationsstelle in der wirtschaftlichen Zusammenarbeit mit dem südöstlichen Europa wurde, waren die bei ihm entworfenen Pläne von nicht zu unterschätzender Bedeutung für die Modernisierungsbestrebungen dieser Länder. Bulgarien, das sich handels- und später auch außenpolitisch enger an Deutschland band als seine Nachbarn und im Verlauf des Krieges nicht unter ein deutsches Besatzungsregime geriet, scheint somit als Beispiel für die Betrachtung der Rolle des deutschen Engagements innerhalb dieser Modernisierungsbestrebungen besonders geeignet.[37]

[35] Elvert, 105.

[36] Schönfeld, Kooperation, 61f.

[37] Zur Sonderrolle Bulgariens für Deutschland vgl.: Petzold, 192-199.

3.2 Weichenstellungen. Der Mitteleuropäische Wirtschaftstag (MWT) als Agent deutscher wirtschaftlicher Südosteuropa-Politik

Beim Vergleich zwischen dem Bild, das der „Mitteleuropäische Wirtschaftstag – Deutsche Gruppe“ ab 1931 bot, und dem ursprünglichen Bild der 1925 in Wien ins Leben gerufenen „Mitteleuropäischen Wirtschaftstagung“ zeigt sich, dass der Unterschied kaum größer sein könnte.[38] Zu Beginn der 30er Jahre stellte sich die deutsche Gruppe des MWT – nach Aktenlage[39] verschwanden zu dieser Zeit die nichtdeutschen Teile des Vereins vollständig aus dem Blickfeld der deutschen Wirtschaft – als zentraler und beinahe konkurrenzloser Verband zur Durchsetzung und Wahrung deutscher wirtschaftlicher Interessen in Südosteuropa dar. Die „nach Südosteuropa gerichtete Wirtschaftspolitik lag von nun an beim MWT“.[40] Seinen internationalen bzw. „mitteleuropäischen“ Charakter hatte er praktisch vollkommen eingebüßt; daran änderten auch die Gründungen nationaler Gruppen in den südosteuropäischen Ländern im Lauf der 30er Jahre nichts mehr, denn sie vollzogen sich ausnahmslos unter deutscher Leitung.[41]

Im Gegensatz dazu war die Mitteleuropäische Wirtschaftstagung der zweiten Hälfte der 20er Jahre eine eindeutig international geprägte und entgegen ihrer Namensgebung durchaus gesamteuropäisch orientierte Vereinigung von Wirtschaftsfachleuten und Politikern. Ihre ursprünglichen Leitgedanken gründeten sich auf die Konzepte von Freihandel und Völkerbund. Dementsprechend waren in ihr zu Beginn nicht nur „eigentlich“ mitteleuropäische Länder wie die Tschechoslowakei, Österreich, Ungarn und Deutschland vertreten, sondern auch westliche Nationen wie Frankreich und Großbritannien, die als Vorkämpfer für den Freihandel galten.[42]

Demnach lässt sich die Geschichte des MWT in zwei klar voneinander abzugrenzende Abschnitte gliedern. Der erste kann als die internationale Periode des MWT bezeichnet werden, während derer der Verein in erster Linie eine Plattform zur Diskussion über die künftige wirtschaftliche Gestaltung Mitteleuropas, aber auch des gesamten Kontinents war. Die deutschen Teilnehmer spielten zu dieser Zeit eine eher zurückhaltende Rolle. Der zweite Abschnitt ist als die deutsche Periode zu kennzeichnen, da im Jahre 1931 der „MWT – Deutsche Gruppe“ eindeutig zu einem Instrument deutscher Wirtschaftsinteressen in Südosteuropa gemacht wurde. Wenn auch nach außen hin kaum sichtbar, so kann

38 Zur Geschichte des MWT vgl. Literaturangaben in Anm. 166.

39 Hier zum MWT verwendet: Akten der Deutschen Bank aus dem Bundesarchiv Berlin: BA [Bundesarchiv], R 8119F, P 6135-6144, und BA, R 43 II, 368a, BA, R 901.

40 Reinhard FROMMELT, Paneuropa oder Mitteleuropa. Einigungsbestrebungen im Kalkül deutscher Wirtschaft und Politik 1925–1933. Stuttgart 1977 (Schriftenreihe der Vierteljahrshefte für Zeitgeschichte, 34), 88.

41 BA, R 8119F, P 6136, Bl. 108-115.

42 FROMMELT, 23.

man diese Reorganisation durchaus auch als komplette Neugründung eines Interessenverbandes betrachten, so wenig hatte der neue deutsche MWT mit seinem namensgleichen Vorgänger noch gemein.

Die Initiative zur Einberufung einer Mitteleuropäischen Wirtschaftstagung ging im Jahre 1925 vom freihändlerisch gesonnenen Wiener Kaufmann Julius Meinl aus. Anlass war der zunehmende Protektionismus insbesondere der „Nachfolgestaaten" der Donaumonarchie. Unter ihm litt in erster Linie die junge Republik Österreich mit ihrem wirtschaftlichen Zentrum Wien, das durch den Zerfall der Habsburgermonarchie seiner traditionellen Verbindungen und seiner Funktion als Finanz- und Handelszentrum für Mittel- und Südosteuropa beraubt war.[43] Dementsprechend trat die im September 1925 abgehaltene Tagung für ein auf zwischenstaatliche Übereinkünfte und Präferenzzölle gestütztes größeres integriertes Wirtschaftsgebiet ein. Offen blieb allerdings, welche Ausdehnung dieses haben sollte, mithin also, was mit Mitteleuropa eigentlich gemeint war. Dieser Punkt war es jedoch, der zur zentralen Streitfrage in den um die Neuorganisation des europäischen Wirtschaftssystems kreisenden Debatten der folgenden Jahre avancieren sollte. Zuallererst ging es dabei darum, ob eine Großmacht wie Deutschland einem solchen Wirtschaftszusammenschluss angehören sollte oder nicht. Als Gegner einer deutschen Mitgliedschaft exponierte sich von Anfang an und bis in die frühen 30er Jahre hinein der ungarische Wirtschaftswissenschaftler und Staatssekretär Elemér Hantos. Er plädierte für eine Beschränkung eines solchen Präferenzzollsystems auf Polen, die Tschechoslowakei, Österreich, Ungarn, Rumänien und den SHS-Staat bzw. Jugoslawien.[44] Da außer Deutschland bezeichnenderweise auch Bulgarien nicht dabei sein sollte, vermochte das Hantossche Konzept leicht den Eindruck zu erwecken, als handele es sich dabei um ein zusätzliches Mittel zur Sicherung des Einflusses Frankreichs, der Garantiemacht der Kleinen Entente, in Mittel- und Südosteuropa.[45] Länder wie Deutschland und Bulgarien konnten somit zu dem Schluss gelangen, Initiativen wie der MWT seien gegen sie gerichtet. Im Grunde aber offenbarte die Mitteleuropäische Wirtschaftstagung lediglich den vor allem zwischen Deutschland und Frankreich bestehenden Gegensatz bezüglich ihres jeweiligen Einflusses in Mittel- und Südosteuropa. Für Deutschland ging es dabei um das Schaffen einer Machtposition in diesem Bereich des Kontinents, mit deren Hilfe die Wiedererlangung des Großmachtstatus, d. h. also die Befreiung vom Versailler Vertrag, erreicht werden sollte. Der Gegensatz zu Frankreich ergab sich daher gewissermaßen natürlich aus der französischen Rolle einer Garantiemacht des Vertragswerkes. Gleichwohl war die Orientierung des MWT zwischen den Alternativen eines deutsch dominierten Mitteleuropa oder einer Donauföderation ohne deutsche Beteiligung in den 20er Jahren noch unsicher. Aufgrunddessen und wegen der genannten, auf Frankreich bezogenen Verdachtsmomente erfuhr der MWT zu dieser Zeit noch kaum politische Förderung in Deutschland, wenngleich die Reichsregierung es für notwendig erachtete, seine Aktivitäten

43 Ebd.

44 A. a. O., 24. Vgl. hierzu auch Stegmann, 209-211. Berndt, 321-325. Thörner, 407. Stegmann, 207, 210f.

45 Frommelt, 24.

einer aufmerksamen Beobachtung durch die deutsche Botschaft in Wien zu unterziehen.[46] Dieses Bestreben Berlins, bei aller Zurückhaltung eine gewisse Kontrolle über die Vorgänge beim MWT auszuüben, mag auch als Erklärung dafür dienen, warum das Auswärtige Amt die 1926 gebildete deutsche Gruppe beim MWT mit 4000 Reichsmark jährlich unterstützte.[47] Dies erschien umso angebrachter, als mit dem ehemaligen Reichsminister und Politiker der Deutschen Demokratischen Partei (DDP) Georg Gothein ein freihändlerisch gesonnener Mann an der Spitze der deutschen Gruppe stand. Er trat vehement für eine deutsch-französische Zollunion als Voraussetzung für jede weitergehende wirtschaftliche Neuordnung Europas ein und lehnte daher regional begrenzte Zusammenschlüsse ab.[48] Damit stand er jedoch im Konflikt mit der außenpolitischen Linie des Reichsaußenministers Gustav Stresemann, die darauf abzielte, für Deutschland eine – auf Südosteuropa gestützte – Machtposition zu erreichen, in der das Reich Frankreich als eigenständige Großmacht gegenübertreten konnte.

Zu den ursprünglichen Motiven der regierungsseitigen Ablehnung des MWT gibt es indes verschiedene Interpretationen: Eher traditionell machtorientierte und damit eigentlich auch antifranzösische Erwägungen sieht Stegmann im Vordergrund, wenn er auf die revisionistische Ausrichtung der damaligen deutschen Außenpolitik verweist, für die der MWT nach Ansicht führender Kabinettsmitglieder eine Gefahr darstellte.[49] Ohne diesem Standpunkt explizit zu widersprechen, betrachtet Elvert gerade die deutsche Verständigungspolitik mit Frankreich in jenen Jahren als Hinderungsgrund für eine Unterstützung des MWT durch die Reichsregierung. Dahinter stand nach Elvert die Befürchtung, dass eine zu engagierte deutsche Mitarbeit in der Organisation als Versuch aufgefasst werden konnte, das Versailler System in Ostmittel- und Südosteuropa zu untergraben – ein Eindruck, der vermieden werden sollte.[50] Unvereinbar sind beide Interpretationen insofern, als sie von einer unterschiedlichen Sicht des Kabinetts auf den MWT ausgehen: Aus Elverts Überlegungen ergäbe sich, dass die Reichsregierung den Verein grundsätzlich als geeignetes Mittel zur Stärkung deutschen Einflusses in der Region ansah, das sie allerdings noch nicht anwenden wollte; nach Stegmann indes wurde er in Berlin offenbar als das genaue Gegenteil betrachtet.

Auf jeden Fall aber resultierte die deutsche Haltung in einem abwartenden Verhalten von Seiten der Regierung gegenüber dem MWT, an dem sich bis 1931 nichts Wesentliches änderte. Die beschriebenen konträren Auffassungen von Stegmann und Elvert lassen sich insofern miteinander in Einklang bringen, als klar ist, dass der MWT erst dann zu einem wirksamen Instrument deutscher Außenwirtschaftspolitik wurde, als er, d. h. die deutsche Gruppe, seine grundlegende Neuorganisation erfuhr.

46 Frommelt, 24f.
47 Stegmann, 210.
48 Frommelt, 24, und Stegmann, 210.
49 Stegmann, wie eben.
50 Elvert, 102.

Diese ist im Zusammenhang mit den damaligen innerdeutschen Auseinandersetzungen zu sehen, die, vereinfacht formuliert, um die Frage „Freihandel oder Großraumautarkie" kreisten, die wiederum in Verbindung mit der Problematik einer revisionistischen deutschen Außenpolitik stand. In den Debatten der 20er Jahre ergab sich eine weitgehende Deckung von Freihandelsbefürwortern bzw. Unterstützern einer europäischen Zollunion und Verständigungspolitikern mit Frankreich. Einen Gegenpunkt markierten die „Mitteleuropäer", in deren außenpolitischen Erwägungen vor allem der Gegensatz zu Frankreich im Mittelpunkt stand, der sich nach ihrer Auffassung nicht zuletzt beim Wettbewerb zwischen beiden Ländern um wirtschaftlichen und politischen Einfluss in Südosteuropa zeigte. Gemeinsam war beiden Lagern indes das große Ziel einer Revision der Versailler Friedensordnung, unter der man sich im Allgemeinen die Rückgliederung verlorener Ostgebiete, den Anschluss Österreichs sowie die Wiedererlangung des Großmachtstatus für Deutschland vorstellte. Sowohl Verständigungs- als auch Mitteleuropapolitik wurden im Grunde lediglich als Mittel zur Erreichung dieses Ziels betrachtet. Die Aufgabe nationaler Souveränität zugunsten europäischer Zusammenschlüsse wurde von keiner Seite ernsthaft in Betracht gezogen.[51]

Dass eine deutsche Dominanz in Südosteuropa das eigentliche, ungeachtet dieser Debatten vom Auswärtigen Amt verfolgte Ziel deutscher Außen- und Wirtschaftspolitik jener Zeit war, wurde trotz aller nach außen betriebenen Verständigungspolitik deutlich, wenn sich die Gefahr eines Zusammenschlusses in der Donauregion ohne deutsche Beteiligung abzeichnete – und dies umso mehr, wenn Österreich einbezogen und somit dem deutschen Einfluss entzogen werden sollte. Eine solche Entwicklung hätte alle deutschen Mitteleuropapläne zur Makulatur werden lassen. Die Tatsache, dass es stets Frankreich oder französische Verbündete waren, wie etwa die Tschechoslowakei oder die Kleine Entente, die solche Projekte vorantrieben,[52] verleiht dem in Deutschland vielfach vorhandenen Misstrauen gegenüber der Verständigungspolitik eine gewisse Rechtfertigung – zumindest, wenn man die deutsche außenpolitische Leitlinie, der französischen Vormachtstellung in Europa entgegenzuwirken, als legitim betrachtet. Deutsche Gegenmaßnahmen konzentrierten sich zu dieser Zeit, d. h. unter Außenminister Stresemann, auf Österreich, da dieses ein fester Bestandteil aller Südosteuropakonzepte war. Sie bestanden in erster Linie in erweiterten Zugeständnissen auf dem Gebiet des Handels wie auch im Vorantreiben einer zunehmenden wirtschaftlichen und finanziellen Verflechtung von Unternehmen beider Staaten.[53] Auf die gesamte südöstliche Region bezogen sollte der Eindruck einer aktiven wirtschaftlichen Expansionspolitik hingegen – wenigstens zunächst noch – vermieden werden.[54]

Die deutsche Wirtschaft vertrat gegenüber dieser Gesamtproblematik von Verständigung, europäischer Zollunion und Freihandel versus Mitteleuropapolitik und Großraumautarkie keine einheitliche Position. Dies lag daran, dass Teile der deutschen Wirtschaft, unter ihnen insbesondere die leichten Industrien, nach der Einleitung von Rationalisierungsmaßnahmen

[51] Frommelt, 28-30.
[52] A. a. O., 31.
[53] Elvert, 103.
[54] A. a. O., 32f., vgl. außerdem 103, sowie: ADAP, Serie B, Bd. 3, Dok. 37.

und nach der Stabilisierung der Währung 1924 begonnen hatten, ihre internationalen Märkte zurückzuerobern. Demzufolge waren sie an einem möglichst freien internationalen Warenverkehr interessiert. Anders lagen die Dinge bei der traditionell protektionistisch eingestellten Landwirtschaft sowie bei der Schwerindustrie, die beide weniger exportorientiert und demzufolge auf den Schutz der Binnenmärkte bedacht waren. Aus dieser Interessengemeinschaft ergab sich, wie Frommelt formuliert, ein Solidarprotektionismus zwischen beiden Gruppen. Innerhalb des industriellen Sektors, der durch den Reichsverband der Deutschen Industrie (RDI) repräsentiert wurde, zeigte sich hingegen eine uneinheitliche Haltung gegenüber freihändlerischen Ideen, wie etwa der einer europäischen Zollunion.[55] Es sei, so Frommelt weiter, zu einer „Polarisierung handelspolitischer Interessen" innerhalb der Industrie gekommen.[56]

Dementsprechend entspann sich bis in die frühen 30er Jahre hinein eine kontroverse Debatte um Deutschlands außen- und wirtschaftspolitische Orientierung. Sie verlief offen, bis die Folgen der Weltwirtschaftskrise die Errichtung einer europäischen Freihandelszone immer unwahrscheinlicher werden ließen. Dabei kann anhand der Verwendung von Schlagwörtern wie „Paneuropa", „europäische Zollunion" oder „Mitteleuropa" allerdings nicht genau zwischen Befürwortern und Gegnern einer kontinentalen oder zum Teil auch globalen Freihandelslösung unterschieden werden, denn beide Lager bedienten sich dieser Begriffe – freilich in verschiedener Zielsetzung und bisweilen auch in rein instrumenteller Absicht. Im Kern jedoch vertraten die Freihandelsbefürworter die Ansicht, dass Deutschland über Verständigung und Zusammenarbeit mit den Westmächten den Anschluss an die Weltmärkte suchen sollte, während die andere Seite meinte, das Reich müsse seine ökonomische Zukunft im industriell wenig entwickelten Osten des Kontinents erblicken und dort wirtschaftlich expansiv tätig werden. Bei letzterem Punkt blieb jedoch strittig, inwieweit eine industrielle Entwicklung dieser Länder unter deutscher Leitung erwünscht war.[57]

Vor diesem Hintergrund vollzog sich der Aufstieg der deutschen Gruppe des MWT zum führenden privatwirtschaftlich getragenen Instrument deutscher Südosteuropapolitik im Wesentlichen in drei Schritten: ihre Übernahme durch die westdeutsche Schwerindustrie, repräsentiert durch den Langnam-Verein, die Abkehr von der Verständigungspolitik im Jahre 1931 im Gefolge der Weltwirtschaftskrise und speziell der Bankenkrise im selben

55 Frommelt, 37-41.

56 A. a. O., 39.

57 A. a. O., 42-45, vgl. dort auch 73-78. Hier auch zur Rolle der USA, die nach Frommelt zwar Zollbarrieren zum Schutz ihrer Binnenwirtschaft errichteten, andererseits aber mit ihrer „Open Door Policy" als Verfechter des freien Welthandels auftraten. Versuchen der Westmächte Großbritannien und Frankreich, eine einheitliche handelspolitische europäische Position gegenüber den USA zu erreichen, die etwa anlässlich des Kellog-Paktes unternommen wurden, trat Stresemann unter Hinweis auf das für Deutschland zu den Reparationszahlungen unverzichtbare amerikanische Kapital entgegen. Frommelt meint, dass der Reichsaußenminister aber eigentlich im Sinn hatte, amerikanische Mittel zur wirtschaftlichen Durchdringung der Nachfolgestaaten einzusetzen (75).

Jahr und zuletzt durch die endgültige Ausrichtung der deutschen Außenwirtschaftspolitik auf die Autarkie nach der Machtübernahme der Nationalsozialisten.

Eine wichtige Voraussetzung für den ersten Schritt war die bereits erwähnte Verständigung zwischen Schwerindustrie und Landwirtschaft auf der Grundlage gemeinsamer binnenmarktorientierter Interessen. Koordinationsplattform dieser Interessen war der 1926 gebildete Esplanade-Kreis, dem auch Tilo Freiherr v. Wilmowsky als Vertreter der Landwirtschaft angehörte, der aber durch verwandtschaftliche Bande, nämlich als Schwager Krupps, zugleich mit der Schwerindustrie verbunden war. Er wurde 1931 Vorsitzender des neuen Mitteleuropäischen Wirtschaftstages. Zur Formulierung gemeinsamer außenwirtschaftlicher Zielsetzungen kam es im Jahre 1929 anlässlich des Abschlusses des deutsch-polnischen Handelsvertrages, der den protektionistischen Interessen der Landwirtschaft zuwiderlief. Obwohl daran die agrar-schwerindustrielle Interessengemeinschaft beinahe zerbrach, kam es durch Vermittlung des Langnam-Vereins zu einem Abkommen über einen Lastenausgleich zugunsten der Landwirtschaft. Als gemeinsame außenwirtschaftliche Ziele wurden bei dieser Gelegenheit die Sicherung des deutschen Binnenmarktes sowie dessen Erweiterung im Sinne eines größeren regionalen Wirtschaftsraumes vereinbart.[58]

Indes gelang es den Vertretern der Schwerindustrie nicht, den RDI als Mittel zur Durchsetzung dieser Interessen zu verwenden, da hier nach wie vor die exportorientierten Industrien eine wichtige Rolle spielten. Daher entstand, so Frommelt, beim Langnam-Verein der Plan, die deutsche Gruppe des MWT, die nur eine geringe Präsenz in der Öffentlichkeit hatte, für die eigenen Zwecke einzuspannen.[59] Dabei kam ihm die schwierige finanzielle Lage der Gruppe entgegen, an der auch das steigende Interesse der Reichsregierung nichts änderte, das 1930 durch den Ehrenvorsitz des Reichsaußenministers Curtius bei der Tagung des Gesamt-MWT in Breslau bekundet worden war. Ebenso wenig halfen das zunehmende Interesse des Deutschen Industrie- und Handelskammertages (DIHT) und der Beitritt großer deutscher Banken.[60] In diese Lücke stieß der Langnam-Verein, mit dem Verhandlungen Ende 1930 ein Ergebnis im Sinne eines finanziellen Engagements erbrachten. Dieses freilich war dann mit der Umbildung der deutschen Gruppe des MWT verbunden. An ihr waren allerdings letztlich auch RDI und DIHT beteiligt, wobei angenommen werden darf, dass sie lediglich eine gewisse Kontrollfunktion ausüben wollten. Die führende Rolle des Langnam-Vereins war jedenfalls unangefochten.[61] Angesichts der von ihm angebotenen jährlichen Unterstützung von 30 000 Reichsmark leistete der bisherige Vorsitzende Grothein keinen Widerstand gegen die Übernahme durch den Langnam-Verein und akzeptierte auch die von dessen Vertretern Schlenker und Hahn gewünschten personellen Veränderungen.[62] Diese

58 A. a. O., 78.

59 A. a. O., 79f. Dem Autor zufolge waren jedoch auch die exportorientierten Teile des RDI nicht für eine Annäherung an Frankreich und auch nicht für die Schaffung einer gesamteuropäischen Zollunion, um die Situation der deutschen Landwirtschaft nicht weiter zu verschlimmern.

60 A. a. O., 85.

61 Ebd. u. 87.

62 A. a. O., 86.

bestanden zuallererst in einer Teilung des Vorsitzes zwischen Gothein und Wilmowsky. Im Präsidium hatten außerdem die Repräsentanten von Schwerindustrie und Landwirtschaft die relative Mehrheit mit sechs von insgesamt zwölf Mitgliedern. Die übrigen Sitze verteilten sich auf den DIHT (drei), den RDI (ein Sitz – Carl Duisberg von der IG Farben) sowie die Exportindustrie (ein Vertreter der Firma Siemens) und Gothein.[63] Dem erweiterten Vorstand gehörte außerdem Max Hahn an, ein Mitarbeiter Schlenkers, des Vorstandsmitgliedes des Langnam-Vereins. Die offizielle Neugründung des „MWT – Deutsche Gruppe", durch die Eintragung ins Vereinsregister erfolgte am 13. Februar 1931.

Im Folgenden unternahm der Langnam-Verein weitere Schritte, um seine führende Rolle beim MWT auszubauen, denn immer noch gab es freihändlerische Tendenzen in der Gruppe, die beispielsweise von den Vertretern des DIHT gefördert wurden.[64] Dies widersprach den Interessen des Langnam-Vereins, der eigentlich beabsichtigte, den MWT zum Hauptinstrument seiner Mittel- und Südosteuropaambitionen zu machen. Zuvor hatte sich der Verein im Zusammenhang mit dem deutsch-österreichischen Zollunionsprojekt noch bei der Deutsch-Österreichischen Arbeitsgemeinschaft (DÖAG) und ihrem Zollunionsausschuss engagiert, sich nach der Neugründung des MWT von dort aber zurückgezogen und damit die DÖAG in ihrer Bedeutung erheblich geschwächt.[65] Er betrachtete den MWT als seinem Ziel eines südosteuropäischen Großwirtschaftsraumes dienlicher.

Innerhalb des MWT ging es dem von Schlenker repräsentierten Langnam-Verein vor allem darum, die Geschäftsführung unter seine Kontrolle zu bringen. Hier waren zunächst noch alte „Elemente" in Gestalt von Gothein als Vorsitzendem (mit Wilmowsky) und dem bisherigen Geschäftsführer Strencioch (mit Max Hahn) präsent. Zunächst wurde unter Umgehung der MWT-Gremien im August 1931 eine „Zentralstelle für Mitteleuropa, Büro Dr. Hahn" in Berlin gegründet. Diese Maßnahme wurde erst einen Monat später von den bis dahin uninformierten übrigen Mitgliedern, d. h. insbesondere vom RDI und dem DIHT gebilligt. Ende des Jahres gelang es Schlenker schließlich noch, Strencioch zu verdrängen und Hahn zum alleinigen Geschäftsführer des „MWT – Deutsche Gruppe" zu machen. Einzig Gothein verkörperte als Mit-Vorsitzender noch Kontinuität zum alten MWT und vertrat die Deutsche Gruppe auf Veranstaltungen des Gesamt-MWT.[66] Frommelt fasst diese Entwicklung so zusammen:

> *„Damit war es im Laufe eines Jahres gelungen, den ursprünglich auf dem Boden der Freihandelsidee entstandenen Verband massiven wirtschaftlichen Gruppeninteressen unterzuordnen, ohne dass sich nach außen hin auffällige Veränderungen ergeben hätten. Seine Aufgabe war, die ‚steigende wirtschaftliche Einkreisung Deutschlands nach außen' zu durchbrechen und das Tor nach Osten und Südosten offenzuhalten."*[67]

[63] Ebd. Vgl. außerdem zu der Zeit vor 1931: BA, R 901, 42994, Bl. 130. Nach 1931: BA, R 8119F, P 6140, Bl. 125-126.
[64] Frommelt, 87f.
[65] A. a. O., 88.
[66] So etwa in Brünn Ende 1931.
[67] A. a. O., 89.

Begünstigt wurden diese Vorgänge beim MWT durch wirtschafts- und außenpolitische Entwicklungen zur selben Zeit, die die Aktualität des vom MWT verfochtenen Großraumkonzeptes steigerten und außerdem die Parallelität von MWT-Interessen und Zielvorstellungen der Reichsregierung verdeutlichten. Sie können als der zweite große Schritt beim Aufstieg des MWT betrachtet werden.

Voraussetzung hierfür war das Scheitern aller, im Jahre 1930 noch ventilierten, europäischen und insbesondere deutsch-französischen Zollunionspläne. Zwar hatte sich die Reichsregierung noch auf Sondierungen von Premier Briand eingelassen, tat dies zu jener Zeit aber im Grunde nur noch, um, wie zumindest Frommelt meint, Frankreich keinen Vorwand zur Intervention gegen deutsche „Mitteleuropa"-Pläne zu liefern.[68] Unstrittig ist jedoch, dass man in Berlin befürchtete, eine am französischen Konzept ausgerichtete europäische Zollunion würde die Möglichkeiten zu einer Revision des Versailler Vertrages und einer deutschen wirtschaftlichen Dominanz in Mittel- und Südosteuropa erheblich verschlechtern. Diese Mitteleuropa-Ziele verfolgte man daher zunächst zwar beharrlich, ohne jedoch auf einen offenen Konfrontationskurs mit Frankreich einzuschwenken. Vielmehr versuchte die Reichsregierung, ihre Politik auf dem Boden des Völkerbundes voranzutreiben und entwickelte Pläne, die USA und Großbritannien für sich zu gewinnen, um sich gegenüber Frankreich in eine stärkere Position zu begeben, sowie auch Pläne, Frankreich später die Beteiligung an einem bereits deutsch dominierten Mitteleuropa vorzuschlagen. In der konkreten Situation des Jahres 1930/31 konkurrierten aber beide Mächte um Einfluss in Österreich, da klar war, dass dort der Schlüssel zur wirtschaftlichen Kontrolle Südosteuropas lag.[69] Frankreich versuchte, Österreich in eine Donauföderation einzubeziehen und damit von Deutschland zu lösen, Deutschland hingegen verfolgte das Projekt einer Zollunion mit der Alpenrepublik, die der Vorbereitung eines späteren Anschlusses dienen sollte.[70] Letzteres Projekt legte in seinem Scheitern den deutsch-französischen Gegensatz offen, der offenbar bis dahin durch die Stresemannsche Verständigungspolitik nur verdeckt worden war. Vielmehr zeigte sich nun die grundsätzlich revisionistische Linie der deutschen Außenpolitik, die mit ökonomischen Mitteln von vornherein verfolgt worden war. Dem entsprach auch die wohlwollende Haltung des Auswärtigen Amtes gegenüber dem neuen MWT – eine Gunst, die anderen Organisationen jener Zeit, wie etwa der Paneuropäischen Union, nicht zuteil wurde.[71]

Unterdessen sah der neue MWT zu dieser Zeit seine Hauptaufgabe offenbar darin, der regierungsseitigen deutschen Südosteuropapolitik, die sich spätestens mit dem deutsch-österreichischen Zollunionsprojekt als mit den Zielen des MWT weitgehend deckungsgleich erwiesen hatte, zuzuarbeiten. Hiermit leitete er den mit der nationalsozialistischen Machtübernahme vollendeten dritten Schritt auf seinem Weg zum Hauptkoordinator der

[68] Zur Frage der wahren Absichten Stresemanns bzw. seiner Bereitschaft, eine Zollunion mit Frankreich einzugehen, vgl. auch Frommelt, 81.

[69] A. a. O., 82f.

[70] Ebd.

[71] Frommelt, 91.

wirtschaftlichen deutschen Südostpolitik ein. Die Rolle, die der MWT in jenen Jahren zu spielen prädestiniert war, war diejenige eines Akteurs in Bereichen, in denen die Reichsregierung nicht offen tätig werden konnte oder wollte. Besonders nach dem Scheitern des Zollunionsprojekts hielt das Auswärtige Amt größere Zurückhaltung in der Mitteleuropafrage zumindest vorläufig für geboten, auch wenn es an seinen Zielen freilich festhielt. Diese gingen zudem weit über den gewünschten Anschluss Österreichs hinaus. In Erkenntnis des Wertes, den der deutsche Markt insbesondere während der Weltwirtschaftskrise für die Länder Südosteuropas haben konnte, versuchte man in Berlin zu erreichen, dass, zumindest nach außen hin, aus dieser Region selbst Vorschläge für Präferenzzollabkommen oder eine regional begrenzte Zollunion mit Deutschland kämen. In diesem Sinne wurde der MWT tätig, indem er möglichst unauffällig die Bildung von Landesgruppen in Südosteuropa betrieb.[72] Währenddessen war die Reichsregierung darauf bedacht, ihr Interesse an wirtschaftlichen Zusammenschlüssen in Europa zu bekunden, zugleich aber mit Nachdruck zu fordern, dass Deutschland in solche mit einbezogen werden müsse. Vor allem aber versuchte sie zu verhindern, dass Österreich einer derartigen Organisation ohne deutsche Beteiligung beitrat. Dementsprechend lehnte sie auch den Tardieu-Plan ab und war auch auf den Konferenzen von London und Stresa 1932 nicht an konkreten Ergebnissen interessiert.[73]

Im Gegensatz zu den 20er Jahren, während derer der MWT in Berlin noch mit großer Skepsis betrachtet worden war, hatte sich also zu Beginn der 30er Jahre, d.h. nach der Umgestaltung der deutschen Gruppe gemäß den durch den Langnam-Verein vertretenen Interessen der Schwerindustrie, ein Gleichklang zwischen den beim MWT und den bei der Regierung vorherrschenden wirtschaftlichen Südost-Konzepten ergeben. Der Verein war nun in der Lage, als relativ unauffälliger Agent der regierungsseitigen Politik in dieser Region zu fungieren. Die Machtübernahme der Nationalsozialisten im Januar 1933 brachte in dieser Hinsicht keinen wirklichen Bruch; vielmehr bestand zumindest in den 30er Jahren eine weitgehende Kontinuität zwischen den außenwirtschaftlichen Zielen der Weimarer Reichsregierungen und der nationalsozialistischen. Dementsprechend konnte auch der MWT seine Aktivitäten fortsetzen, wobei in ihm das agrarisch-schwerindustrielle Bündnis seine Dominanz noch verstärkte. Ausdruck dessen war beispielsweise der Ausschluss Georg Gotheins aus dem MWT nach der Machtergreifung. Mit ihm verschwand der letzte profilierte Vertreter der Freihandelsidee aus der Spitze des Vereins.[74]

Die nationalsozialistische Machtübernahme erleichterte indes dem MWT noch in anderer Hinsicht die Arbeit. Denn nun wurde die Außenwirtschaftspolitik auch ganz offen auf das Ziel eines autarken Großwirtschaftsraumes ausgerichtet.[75] Das zu seiner Erreichung verwendete Mittel, der Abschluss bilateraler Handelsverträge mit den südosteuropäischen

72 A.a.O., 94.
73 A.a.O., 95.
74 A.a.O., 93.
75 Zur Handelsvertragspolitik des Dritten Reiches vgl.: Dörte Doering, Deutsche Außenwirtschaftspolitik 1933–1935. Die Gleichschaltung der Außenwirtschaft in der Frühphase des nationalsozialistischen Regimes. Berlin 1969, 95-106.

Agrarstaaten, lief zwar weiterhin den Interessen der protektionistisch eingestellten Landwirtschaft zuwider, diese war jedoch, wie erwähnt, bereits Ende des vorangegangenen Jahrzehnts durch den Lastenausgleich von der Schwerindustrie für eine aktive Handelspolitik im Südosten gewonnen worden. Durch die unter Hitler betriebene Politik des „Reichsnährstandes" wurde sie noch fester in den politischen Zusammenhang der angestrebten Großraumautarkie eingebunden.[76] Von dieser Seite hatte der MWT also keine Beeinträchtigung seiner Aktivitäten zu befürchten. Die Anhänger des Freihandels waren zwar stattdessen nach wie vor in den Kreisen der exportorientierten leichten Industrien zu suchen, mussten sich nach 1933 aber mit der auf Großraumautarkie und Importförderung ausgerichteten Außenwirtschaftspolitik arrangieren, die in Hjalmar Schachts „Neuem Plan" ihren wichtigsten Ausdruck fand. Zwar wurde auch zu dieser Zeit versucht, den durch die Bilateralisierung des deutschen Außenhandels ins Stocken gekommenen Export deutscher Industriewaren in andere industrialisierte Länder wieder anzukurbeln, dies änderte jedoch nichts an der Priorität des Ziels eines deutsch geführten Großwirtschaftsraumes in Südosteuropa. Zudem konnten diese Exportausfälle durch den massiven Anstieg der unter der NS-Herrschaft vergebenen öffentlichen Aufträge und durch die im Rahmen des Neuen Planes erreichte Exportsteigerung nach Ost- und Südosteuropa soweit aufgefangen werden, dass die Außenhandelsbilanz bis 1937 wieder positiv wurde.[77] Für den MWT bedeutete dies jedenfalls, dass er seine Ambitionen in Südosteuropa ungestört und mit dem Wohlwollen der nationalsozialistischen Regierung verfolgen konnte. Zwar kann daraus nicht zwingend geschlossen werden, dass er eine nationalsozialistische Organisation war oder dass seine führenden Mitglieder Nazis waren,[78] zumindest aber darf eine weitgehende Kompatibilität zwischen seinen und den nationalsozialistischen außenwirtschaftspolitischen Zielen festgestellt werden. Auf jeden Fall wuchs in den 30er Jahren seine Bedeutung derart, dass ihm im Laufe des Jahrzehnts über 130 führende deutsche Firmen beitraten.[79]

3.3 Weichenstellungen in Bulgarien in den frühen 30er Jahren

Naturgemäß hatte Bulgarien als kleines Land keine derart kühnen Pläne wie Deutschland zur wirtschaftlichen Neuordnung einer ganzen europäischen Region, und es ist auch fraglich, ob man sich in Sofia vor Mitte der 30er Jahre der Rolle überhaupt bewusst wurde, die dem Balkanstaat in den deutschen Großraumplänen zugedacht war. Gleichwohl war

[76] Dazu ausführlich: Avraham Barkai, Das Wirtschaftssystem des Nationalsozialismus. Ideologie, Theorie, Politik 1933–1945. Frankfurt a. M. 1988, 162-165.

[77] Vgl. Charles Bettelheim, Die deutsche Wirtschaft unter dem Nationalsozialismus. München 1974, 218-222. Außerdem Barkai, 167-169.

[78] Schönfeld, Kooperation, 67.

[79] Ebd.

Bulgarien ebenso wie Deutschland nach dem Ersten Weltkrieg an einer Belebung seines Außenhandels interessiert. Grund dafür war die prekäre finanzielle Situation des Landes, die durch mehrere Faktoren verursacht war und mittels merkantiler Erwirtschaftung von Devisen gelindert werden sollte. Als akut aufgetretene Faktoren können der verlorene Erste Weltkrieg sowie die damit zusammenhängenden Reparationslasten und die bis 1926 ca. 800 000 Personen umfassenden Flüchtlingsströme aus den abgetretenen Gebieten gelten, die die wirtschaftliche und soziale Krise noch verschärften.[80] Chronisch belastend auf die sozioökonomische Entwicklung Bulgariens wie auch auf die Außenwirtschaftsbeziehungen wirkte sich zum einen die Auslandsverschuldung des Landes aus, die zwar durch die eben genannten Kriegsfolgen noch drückender wurde, aber eigentlich eine Grundkonstante der bulgarischen Wirtschaftsgeschichte seit 1878[81] war; zum anderen war, wie bereits erörtert, ebenfalls von Beginn an die Produktivität der Volkswirtschaft aufgrund strukturbedingter Mängel zu gering, um durch den Export von Überschüssen ausreichende Mengen an Devisen ins Land zu holen. Davon war Bulgarien weit entfernt; an eine Erwirtschaftung von Devisen, die in die Modernisierung der Volkswirtschaft hätten investiert werden können, war nicht zu denken. Nicht einmal eine insgesamt ausgeglichene Handelsbilanz wurde bis in die 30er Jahre je erreicht, der Saldo blieb stets passiv.[82]

Diese angespannte Finanzlage Bulgariens, die sich nach Petzold z. B. während der Jahre 1921/22 in einem Haushaltsdefizit von über 6 Milliarden Leva zeigte,[83] war ein wichtiger Anknüpfungspunkt für die Wiederaufnahme der deutsch-bulgarischen Handelsbeziehungen nach dem Ersten Weltkrieg. Unmittelbar nach Kriegsende waren sie zunächst vollständig zum Erliegen gekommen; zumeist war lediglich über schweizerische oder niederländische Zwischenhändler Warenverkehr möglich.[84] Das bulgarische Interesse an einer Wiederbelebung der Verbindungen nach Deutschland, denen man in Sofia unter dem Eindruck des unheilvollen Ergebnisses, das das Kriegsbündnis gebracht hatte, zunächst abgeneigt war,[85] erwachte jedoch bald, da sich aus dem Abbruch der traditionellen Kontakte zahlreiche Schwierigkeiten ergaben. Unter anderem hatten sich die bulgarischen Industrien und Eisenbahnen vor dem Krieg zu einem Großteil mit deutschen Maschinen ausgestattet, für die nun die Ersatzteile fehlten bzw. nur unter größten Anstrengungen zu bekommen waren.[86] Andererseits war Deutschland für Bulgarien auch als Absatzmarkt für Agrarprodukte interessant. Dies kam der deutschen Zigarettenindustrie gelegen; besonders die sächsische zeigte

[80] Zur Flüchtlingsproblematik: Petzold, 204; Pasvolsky, 90-100.

[81] Zur bulgarischen Schuldenproblematik vgl.: Cvetana Todorova, Diplomatičeska istorija. Pasvolsky, 35-47, 160-168, 242-252.

[82] Zum bulgarischen Außenhandel vgl. Pasvolsky, 182-190.

[83] Petzold, 204.

[84] A. a. O., 200.

[85] Zu den deutsch-bulgarischen Beziehungen in den ersten Nachkriegsjahren vgl.: Nikolaj Poppetrov, Bălgaro-germanskite otnošenija v sledvoennite godini (1918–1923), in: BGOV, Bd. 4, 181-225.

[86] Petzold, 200.

großes Interesse an bulgarischem Tabak.[87] Der deutsche Tabakimporteur Reemtsma und die Zigarettenmarke „Ernte 23“ haben sich in diesem Zusammenhang weit über diese Zeit hinaus einen Namen gemacht.[88]

Aufgrund dieser Interessenlage kam es zunächst auf privater, bald aber auch auf staatlicher Ebene zu Vorbereitungen für die Knüpfung offizieller Handelsbeziehungen. Aktiv wurden auf diesem Gebiet bulgarische und auf deutscher Seite in erster Linie sächsische Industrie- und Handelsvertreter. Noch 1919 erfolgte die Gründung der „Deutsch-bulgarischen Handelsvereinigung Leipzig-Sofia“; agitatorisch wirkte auch der sächsische Landesverband der schon seit 1916 bestehenden Deutsch-Bulgarischen Gesellschaft, die seit demselben Jahr ein Pendant in Sofia besaß.[89] Rechtliche Grundlagen wurden im Jahre 1921 in Form eines Meistbegünstigungsabkommens geschaffen, nachdem ein Jahr zuvor die diplomatischen Beziehungen wiederhergestellt worden waren.[90] Unter diesen Voraussetzungen entwickelte sich sogleich eine rege Handelstätigkeit, die dazu führte, dass Deutschland schon 1924 wieder der wichtigste Handelspartner für Bulgarien wurde.[91]

Neben den Traditionen, auf die diese Beziehungen zurückblicken konnten[92] und deren Weiterführung sich für Bulgarien schon allein aus praktischen und technischen Erwägungen anbot, waren es insbesondere zwei Faktoren, die die wirtschaftliche Kooperation mit Deutschland für das Balkanland interessant machten. Sie blieben bis zum Ende des Zweiten Weltkriegs wesentliche Triebfedern für die Intensivierung der deutsch-bulgarischen Wirtschaftsbeziehungen: Bei dem einen Faktor handelt es sich um die engen akademischen Bindungen der bulgarischen Eliten an Deutschland, die sich etwa darin ausdrückten, dass der „Verband bulgarischer Studenten in Berlin“ im Jahre 1923 über 800 Mitglieder zählte. Insgesamt gehörten die Bulgaren zu den größten Gruppen ausländischer Studenten in Deutschland – dies vor allem im Bereich der Ingenieur- und Wirtschaftswissenschaften.[93] Auch ein großer Teil der promovierten Bulgaren hatte in der Zwischenkriegszeit seinen Doktorhut an einer deutschen Universität erworben.[94]

Der andere Faktor war die Tatsache, dass Deutschland in der Zwischenkriegszeit nicht nur Lieferant wichtiger industrieller Fertigwaren war, sondern stets auch einen Spitzenplatz unter den Absatzmärkten für bulgarische Agrarprodukte einnahm. Es behauptete diesen, als im Laufe der 20er und 30er Jahre zu den traditionellen Waren wie Weizen, Mais und Eier auch industriell verwertbare wie Tabak, Sonnenblumen, Weintrauben und andere Indus-

87 A. a. O., 201.

88 A. a. O., 210.

89 Zur Deutsch-Bulgarischen Gesellschaft: Todorova / Statelova.

90 Poppetrov, 188f.

91 Petzold, 202.

92 Vgl. hierzu: Todorova, Interesite na germanskija finansov kapital, 49-66. Außerdem: Willibald Gutsche, Jugoistočnoevropejskata politika na germanskija imperializăm ot kraja na XIX v. do kraja na Părvata svetovna vojna, in: BGOV, Bd. 2, 67-90.

93 Petzold, 202.

94 Hösch, Gemeinsamkeiten, 111.

triepflanzen hinzukamen.[95] Auch infolge der Weltwirtschaftskrise erwies sich Deutschland als der beinahe einzige bedeutende Absatzmarkt, der Bulgarien noch zugänglich war. Als Bulgarien in jenen Jahren für seine Ausfuhrwaren auf dem Weltmarkt nur noch um bis zu 60 Prozent geringere Preise als in den 20er Jahren erzielte, gleichzeitig aber 35 Prozent seines Staatshaushaltes für den Schuldendienst verwenden musste, sah sich die Regierung 1932 gezwungen, das Land für zahlungsunfähig zu erklären.[96] Im selben Jahr kam jedoch auch ein deutsch-bulgarischer Handelsvertrag zustande, nachdem drei Jahre zuvor noch von 1914 stammende bulgarische Verbindlichkeiten bei der Disconto-Gesellschaft Berlin geregelt worden waren.[97] Die neue Vereinbarung mit Deutschland eröffnete nun Bulgarien die Möglichkeit des Handels auf dem Weg des devisenfreien Clearings – der einzige, der dem Land in seiner finanziellen Lage noch offen stand.[98] Zudem erklärte sich Deutschland bereit, bulgarische Agrarprodukte zu höheren als den Weltmarktpreisen abzunehmen.[99] Wie sehr Bulgarien auf Deutschland als Abnehmer angewiesen war, zeigte sich beim millionenschweren Kompensationsgeschäft, das 1934 zwischen einem deutschen Konsortium, dem u. a. Siemens, Knorrbremsen, die Vereinigten Stahlwerke und Krupp angehörten, und dem bulgarischen Staat abgeschlossen wurde. Man einigte sich dabei auf eine Lieferung von Eisenbahnmaterial aus Deutschland im Wert von 30 Millionen Reichsmark gegen eine bulgarische Tabaklieferung[100] im Wert von 631 Millionen Leva, verteilt auf die nächsten fünf Jahre.[101] Zustande gekommen war das Geschäft, da die vorherige Suche nach anderen Abnehmern für den bulgarischen Tabak – etwa in Polen – erfolglos geblieben war.[102]

Hier zeigt sich ein Problem, dem sich der bulgarische Ausfuhrhandel nicht erst beim Abschluss des Kompensationsgeschäftes gegenübersah, sondern schon in den 20er Jahren, und das wesentlich zur zunehmenden handelspolitischen Abhängigkeit Bulgariens von Deutschland führte: die Unfähigkeit oder der Unwille der westlichen Kolonialmächte, ihre Märkte für bulgarische Agrarerzeugnisse zu öffnen, die sie zu einem großen Teil aus ihren eigenen Schutzgebieten beziehen konnten. Obwohl etwa Frankreich und Großbritannien als Investoren stärker in Bulgarien vertreten waren als Deutschland, konnten sie keinen

95 Petzold, 203.

96 A. a. O., 206f. Vgl. außerdem: Roland Schönfeld, Die Balkanländer in der Weltwirtschaftskrise, *Vierteljahrsschrift für Sozial- und Wirtschaftsgeschichte* 62 (1975), 179-213, hier: 198-203.

97 Dazu ausführlich: Jochen Schellenberg, Zu einigen Problemen der Disconto-Gesellschaft-Anleihe vom Juli 1914 an den bulgarischen Staat, in: BGOV, Bd. 3, 177-185.

98 Daskalov, Bd. 1, 371f.

99 Zum Clearing: Popisakov und Schönfeld, Clearingverschuldung. Allerdings verkaufte Deutschland südosteuropäische Agrarprodukte teilweise zu „Dumping"-Preisen auf dem Weltmarkt weiter, um Devisen zu erwirtschaften. Vgl. Grenzebach, 215. Außerdem: Doering, 108-112.

100 Die Tabakbestände hatten sich während der Weltwirtschaftskrise angehäuft, als keine akzeptablen Preise dafür zu erzielen waren. Vgl. dazu Petzold, 206. Ausführlicher: Ljuben Berov, Goljamata kompensacionna sdelka sreštu bălgarski tjutjun prez 1934 g. i bălgarsko-germanskata tărgovija v navečerieto na Vtorata svetovna vojna, in: BGOV, Bd. 3, 318-338.

101 Ebd.

102 Berov, Kompensacionna sdelka, 325-329.

so starken wirtschaftlichen Einfluss gewinnen, da ihr Handel mit dem Balkanland weit weniger intensiv war und sie als Absatzmärkte kaum in Frage kamen.[103] Als sich Bulgarien durch den Clearinghandel in den 30er Jahren immer enger an Deutschland band, erfolgte ein schrittweiser Abzug westlichen Kapitals,[104] und am Ende des Jahrzehnts kam man z. B. im Londoner Foreign Office zu der Ansicht, dass es besser sei, dem Deutschen Reich Südosteuropa als Einflusszone zu überlassen – dies, um die Energien des Reichs zu kanalisieren wie auch in der Erwartung, es werde dort schließlich mit den gleichen Schwierigkeiten konfrontiert wie Großbritannien in seinem Empire.[105]

Tabelle 1: Bulgarische Exporte in europäische Staaten 1920–1944 (in Mio. US-Dollar)[106]

Jahr	Deutschland	Italien	Großbritannien	Frankreich
1920	4,8	7,9	1,5	2,8
1921	3,8	5,2	0,3	2,2
1922	8,3	6,1	0,4	3,6
1923	4,3	7,8	0,4	7,7
1924	10,7	6,2	0,3	7,8
1925	14,0	9,5	0,4	3,8
1926	13,3	8,3	0,5	3,9
1927	18,6	5,9	0,8	4,7
1928	21,2	8,4	1,5	4,3
1929	23,3	8,2	1,2	4,0
1930	19,8	6,3	1,6	3,9
1931	21,4	4,2	0,7	2,9
1932	10,8	5,2	1,1	1,1
1933	12,5	3,2	0,6	1,1
1934	14,9	2,8	0,6	0,6
1935	20,9	3,5	1,7	0,7
1936	24,2	1,7	5,2	1,0
1937	28,9	2,6	8,5	1,0
1938	37,4	5,2	3,3	1,0
1939	48,9	4,4	2,2	0,6
1940	49,4	7,5	1,8	1,2
1941	77,5	9,4		2,0
1942	116,0	17,8		2,1
1943	152,3	8,0		0,3
1944	118,6			0,9

[103] Thörner, 335. Die USA, Großbritannien und Frankreich nahmen nur etwa 1-2 Prozent der bulgarischen Ausfuhren ab.

[104] Hierzu ausführlich: Ljuben Berov, The Withdrawing.

[105] Zum deutsch-britischen Konkurrenzverhältnis in Südosteuropa vgl.: Bernd-Jürgen Wendt, England und der deutsche „Drang nach Südosten". Kapitalbewegungen und Warenverkehr in Südosteuropa zwischen den Weltkriegen, in: Deutschland in der Weltpolitik des 19. und 20. Jahrhunderts. Festschrift für Fritz Fischer zum 65. Geburtstag. Hgg. Immanuel Geiss / Bernd-Jürgen Wendt. Düsseldorf 1973, 482-512. Vgl. außerdem Schröder, 29, und ausführlicher: ders.: Die deutsche Südosteuropapolitik und die Reaktion der angelsächsischen Mächte 1929–1933/34, in: Internationale Beziehungen in der Weltwirtschaftskrise 1929–1933. Referate und Diskussionsbeiträge eines Augsburger Symposions 29. März – 1. April 1979. Hgg. Josef Becker / Klaus Hildebrand. München 1980, 343-360.

[106] Daten entnommen aus: Zdenek Drabek, Foreign Trade Performance and Policy, in: The Economic History of Eastern Europe 1919–1975, Bd. 1: Economic Structure and Performance Between the Two Wars. Hgg. Michael Kaser / E. A. Radice. Oxford 1985, 379-531, hier: 517.

Zwar vermittelt das Gesagte den Eindruck, als habe es für Bulgarien aufgrund der weltwirtschaftlichen Lage in der Zwischenkriegszeit keine Alternative zu einem Abhängigkeitsverhältnis mit Deutschland gegeben, an dieser Stelle soll aber noch genauer auf die entscheidenden politischen Weichenstellungen eingegangen werden, ehe dann im folgenden Kapitel ihr konzeptioneller Hintergrund betrachtet werden kann. Denn in der konkreten Situation der frühen 30er Jahre, als es für Bulgarien auch unter den Bedingungen der Weltwirtschaftskrise darum ging, den Außenhandel aufrechtzuerhalten, der während des vergangenen Jahrzehnts einen wichtigen Beitrag zur wirtschaftlichen Stabilisierung des Landes geleistet hatte,[107] traten längerfristige außenwirtschaftliche und außenpolitische Überlegungen zumindest vorübergehend in den Hintergrund. Dies ist jedenfalls der Standpunkt der jüngeren Forschung zu dieser Thematik. Im Gegensatz dazu hat die traditionelle bulgarische, d. h. vorwiegend sowjet-marxistisch beeinflusste Literatur die Auffassung vertreten, dass es in erster Linie ideologische und revanchistische Motive gewesen seien, die das „monarchofaschistische" bulgarische Regime die enge handelspolitische Bindung an Deutschland habe eingehen lassen. Die Regierung habe auf diese Weise ihr Land entgegen seinen wirtschaftlichen Interessen dem ausbeuterischen Zugriff des imperialistischen Deutschland ausgeliefert. Dieses habe zwar immer noch bessere Konditionen im Warenverkehr mit Bulgarien geboten als die Westmächte, jedoch weit schlechtere als die Sowjetunion, deren Angebote man aber aus antisozialistischen Gründen ausgeschlagen habe.[108] Diese Argumentation, deren prominentester Vertreter der bulgarische Wirtschaftshistoriker Ljuben Berov ist, übersieht freilich, dass das, was die UdSSR in jenen Jahren anbieten konnte, nicht geeignet schien, den bulgarischen Bedarf zu befriedigen. Beispielsweise gilt dies für die Tatsache, dass sie nicht in der Lage gewesen wäre, Importwaren aus Bulgarien mit Devisen zu bezahlen, an denen das Balkanland ein großes Interesse hatte. Beim Rubel handelte es sich um eine nicht konvertierbare Währung. Zudem waren die Außenhandelsinteressen der Sowjetunion zu Beginn der 30er Jahre strukturell ähnlich gelagert wie die bulgarischen, d. h. Moskau versuchte, durch den Export von Agrarprodukten Devisen zu erwirtschaften. Hierzu trat es zu Beginn der 30er Jahre überhaupt zum ersten Mal auf den Weltmärkten in Erscheinung.[109] Im Prinzip waren also die Gründe, die Bulgariens Handel mit der Sowjetunion wie auch mit den anderen südosteuropäischen Staaten einschränkten, gleich gelagert. Sie bestanden in der strukturellen Ähnlichkeit der Ein- und Ausfuhr dieser Länder.[110]

Demnach ist trotz aller ideologischen Differenzen zwischen Bulgarien und der UdSSR, die ebenso wie revisionistisch motivierte Affinitäten zu Deutschland gleichwohl eine Rolle gespielt haben mögen, in erster Linie nach den wirtschaftlichen Interessen zu fragen, die zu Beginn der 30er Jahre die Orientierung auf das Reich begünstigten. Diese Interessen, die das außenwirtschaftspolitische Handeln Bulgariens in der konkreten Situation

[107] Ivanov, 206.
[108] Berov, Orientacija, 184ff.
[109] Ivanov, 216.
[110] Eckhard Weber, Stadien der Außenhandelsverflechtung Ostmittel- und Südosteuropas. Stuttgart 1971 (Ökonomische Studien, 19), 41f. Vgl. außerdem Tabelle 1, S. 73.

der Jahre 1931/32 bestimmten, dürfen indes wiederum nicht den Blick auf längerfristig wirksame Strukturen und Bindungen im Rahmen der deutsch-bulgarischen Beziehungen verstellen, die ebenfalls die wirtschaftliche Ausrichtung auf Deutschland während der 30er Jahre förderten. Neben vielerlei kulturellen, akademischen und außenpolitischen Zusammenhängen, die hier eine Rolle spielten, waren es in signifikantem Maß grundlegende wirtschaftskonzeptionelle Überlegungen der bulgarischen Facheliten, die bis in die 20er Jahre zurückreichten und in denen Deutschland überwiegend im Mittelpunkt der Debatten stand – und dies sowohl in Bezug auf binnen- als auch auf außenwirtschaftliche Erörterungen. Die Kontinuität dieses Diskurses, der von der Mitte der 20er bis in die frühen 40er Jahre reicht, zeigt, dass eine alleinige Betrachtung der Außenwirtschaftspolitik der vom „Naroden Blok" (Volksblock) ab 1931 getragenen bulgarischen Regierung des Ministerpräsidenten Nikola Mušanov zu kurz greift, um die Zusammenhänge zu verstehen, die das Land die enge Anbindung an Deutschland haben eingehen lassen.

Dennoch soll an dieser Stelle der Blick auf die Lage der Jahre 1931/32 im Mittelpunkt stehen, um die Weichenstellungen, die den Kurs der 30er Jahre in einem wesentlichen Maße vorbestimmten, zu erhellen. Außerdem wird anhand dessen deutlich, dass die letztlich fast ausschließliche Bindung an Deutschland in Bulgarien durchaus auch als Gefahr und keineswegs als das eigentliche Ziel gesehen wurde. Besonders die Volksblock-Regierung registrierte sehr wohl, dass es spätestens seit Mitte der 20er Jahre eine stete Tendenz des bulgarischen Außenhandels zur Konzentration auf Zentraleuropa gab, auf Deutschland, Österreich, Italien, Polen, die Tschechoslowakei, Ungarn und die Schweiz.[111] Zwar hatte diese Region schon zu Beginn des 20. Jahrhunderts an der Spitze der bulgarischen Außenhandelsstatistiken gestanden, im Verlauf der 20er Jahre aber erreichte sie ein absolutes Übergewicht: Zu Beginn des Jahrzehnts stellte sie bereits die Hälfte aller bulgarischen Importe, am Ende knapp zwei Drittel. Noch deutlicher fiel die zentraleuropäische Dominanz beim bulgarischen Export aus; dort stieg sie von 54 Prozent im Jahre 1920 auf rund 70 Prozent während der Weltwirtschaftskrise.[112] Im Gegensatz dazu sank der Anteil der westeuropäischen Länder Großbritannien, Frankreich, Benelux und Spanien am bulgarischen Außenhandel während derselben Zeit kontinuierlich. Hatte er im Jahre 1911 noch rund 31 Prozent des Importes und knapp 50 Prozent des Exportes ausgemacht, so lagen die Werte 1921 bei 26 bzw. 28 Prozent und sanken während der Weltwirtschaftskrise auf 20 bzw. 26 Prozent.[113] Betrachtet man diese Entwicklung im Lichte des folgenden Jahrzehnts, der 30er Jahre, währenddessen dann allein der deutsche Anteil auf über 50 Prozent beim Im- und Export steigen und durch die Annexion bzw. Besetzung dreier der oben genannten zentraleuropäischen Länder – Österreich, Tschechoslowakei, Polen – eine weitere Zunahme erfahren sollte, so wird deutlich, wie sehr neben der aktuellen krisenhaften Lage der frühen

[111] Ivanov, 207.
[112] Ebd.
[113] Ebd. Vgl. außerdem Weber, 38-41.

30er Jahre auch die traditionelle zentraleuropäische Ausrichtung des bulgarischen Außenhandels den Hintergrund für die Weichenstellungen der Volksblock-Regierung bildeten.

Die Tatsache, dass diese Tendenz der Konzentration des bulgarischen Außenhandels auf Zentraleuropa während der Weltwirtschaftskrise besonders stark hervortrat, war für die Regierung allerdings zugleich Anlass zum Gegensteuern. Vor allem versuchte sie, den Anteil Westeuropas zu erweitern, indem sie, wie Ivanov es ausdrückt, Großbritannien und Frankreich mit Angeboten zu Getreide, Tabak und tierischen Produkten geradezu „bombardierte". Diese wandten sich jedoch zunehmend einer protektionistischen Politik zu, da sie im Rahmen ihrer Kolonialreiche selbst autarke Blöcke zu bilden bestrebt waren bzw. dem Handel mit anderen Ländern den Vorzug gaben.[114] Begleitet wurde diese Politik durch die Aufgabe des Goldstandards in Großbritannien und weiten Teilen des übrigen Europa im Jahre 1931.[115]

Außer diesen Gründen für die handelspolitische Orientierung Bulgariens auf Zentraleuropa und hier vor allem auf Deutschland sind indes auch die Umstände in die Betrachtung mit einzubeziehen, die im Jahre 1932 zum Abschluss eines Handelsvertrages und eines Clearingabkommens zwischen Bulgarien und Deutschland führten. Ein wichtiges Moment in diesem Zusammenhang waren die finanziellen Schwierigkeiten, in die das Deutsche Reich im Jahre 1931 geriet.[116] Sie führten dazu, dass Mitte des Jahres der Handel mit Reichsmark an den großen europäischen Devisenbörsen vorübergehend eingestellt wurde und auch die Bulgarische Nationalbank ihre Reichsmarkoperationen unterbrach. Der Einfluss, den diese Vorgänge auf die bulgarische Ausfuhr vor allem von Eiern und Fellen hatten – ihr Export wurde vorwiegend in die Schweiz umgelenkt –, bewirkte, dass die bulgarische Regierung die deutsch-bulgarischen Handelsbeziehungen auf eine stabilere Grundlage zu stellen bestrebt war.[117] Die Initiative ging also von Bulgarien aus, das allgemein an einer Intensivierung des Außenhandels interessiert war. Die deutsche Seite hingegen reagierte zunächst zögerlich und entsandte im Herbst 1931 zwei Delegationen nach Bulgarien, die sich einen allgemeinen Eindruck von den dortigen Verhältnissen verschaffen sollten. Ein weiteres Problem bestand im bulgarischen Wunsch, von Deutschland Präferenzzölle für die eigenen Agrarexporte zugesichert zu bekommen. In Berlin hegte man Bedenken bezüglich möglicher negativer Reaktionen des Auslands, besonders von wichtigen Handelspartnern wie den USA, Argentinien und der UdSSR, gegenüber der Gewährung von Präferenzzöllen an mittel- und südosteuropäische Länder, etwa Rumänien, Ungarn, Jugoslawien und Bulgarien.[118] Außerdem galt es noch ausstehende Zahlungen aus bereits getätigten Geschäften zu begleichen.

114 Schröder, 29f.
115 Ivanov, 207-209. Vgl. außerdem: Ian M. Drummond, The Gold Standard and the International Monetary System 1900–1939. London 1987, 41-44. Der Autor spricht von der Entstehung eines „Sterling-Blocks" in weiten Teilen der westlichen Welt, da das Pfund Sterling als einzig verlässliche Währung international akzeptiert worden sei.
116 Vgl. Kapitel 3.1.
117 Ivanov, 212.
118 A. a. O., 212f. Vgl. hierzu auch Stegmann, 219.

Hierbei handelte es sich um Devisenguthaben, die in der zweiten Hälfte des Jahres 1931 im Zuge der in beiden Ländern von den jeweiligen Nationalbanken eingeführten Devisenkontrolle eingefroren worden waren. Geregelt wurde diese Frage durch den Abschluss eines privaten Kompensationsgeschäftes zwischen dem deutschen Tabakkonzern „Reemtsma" und der Bulgarischen Nationalbank, bei dem der Aufkauf einer bulgarischen Tabakernte aus dem Jahre 1931 beschlossen wurde.[119]

Nach Ausräumung dieser Fragen konnte am 22. August 1932 das Clearingabkommen zwischen Reichsbank und Bulgarischer Nationalbank unterzeichnet werden. Es trat am 1. Dezember des Jahres in Kraft. Ursprünglich war es als umfassendes Clearing gedacht, jedoch zeigte sich bereits zu Beginn des Jahres 1933 eine bedenkliche Abnahme des Devisenzuflusses nach Bulgarien, die besonders hinsichtlich der Rohstoffbeschaffung Probleme bereitete. Das Finanzkomitee des Völkerbundes riet der BNB, den Clearinghandel einzuschränken, woraufhin der Direktor der BNB, Nikola Momčilov, im Mai 1933 bei der Reichsbank und im Reichswirtschaftsministerium vorstellig wurde und vorschlug, den bilateralen Handel zu 30 Prozent wieder auf konvertierbare Devisen umzustellen. Das Ergebnis der Verhandlungen entsprach schließlich zwar nicht diesem Vorschlag, es wurde allerdings bei der Reichsbank ein sogenanntes „Freies Konto" für die BNB eröffnet, auf das 30 Prozent aller deutschen Clearingzahlungen eingehen sollten. Dieses Guthaben sollte dann ausschließlich für den bulgarischen Einkauf von Rohstoffen in Deutschland verwendet werden.[120] In Kraft trat diese Modifizierung des Clearingabkommens Anfang 1934.

Hauptgrundlage für die Intensivierung des deutsch-bulgarischen Handels war der am 24. Juni 1932 unterzeichnete Handels- und Schiffahrtsvertrag. In ihm verpflichteten sich beide Seiten, einen freien Warenverkehr zwischen beiden Ländern zuzulassen und vereinbarten für eine Reihe von Produkten Präferenzzölle. Hiervon profitierten in erster Linie die bulgarischen Ausfuhren an Getreide (25 Prozent), Gerste (50 Prozent) und Mais (60 Prozent).[121] Auch für die orientalischen Tabake aus Bulgarien wurden Präferenzzölle vereinbart, die allerdings aufgrund eines amerikanischen Vetos nicht in Kraft treten konnten. Bulgarien konnte daher einen großen Teil seiner Ernten zunächst nicht nach Deutschland absetzen. Dies erfolgte erst im Jahre 1934 im Rahmen des erwähnten Kompensationsgeschäftes mit einem Konsortium aus deutschen, österreichischen, tschechoslowakischen und ungarischen Firmen.

Auch wenn die Zölle, die Bulgarien von der deutschen Seite garantiert bekam und die als Vorzugszölle bezeichnet wurden, nicht in allen Bereichen wirklich vorteilhaft waren (so vor allem für den Tabak[122]) wurde die Entwicklung des Außenhandels im Lande nach dem Abschluss des Handelsvertrages mit Deutschland im Allgemeinen positiv beurteilt.[123] Dies gilt sowohl für das gesamte Handelsvolumen, das sich besonders im Verlauf der zweiten Hälfte

[119] Ausführlich hierzu siehe: Ivanov, 213f.
[120] A. a. O., 214f. Vgl. außerdem Popisakov.
[121] Ausführlich vgl. Ivanov, 219.
[122] Vgl. Ivanov, 220.
[123] Ausführlich zum bulgarischen Außenhandel vgl. Ivanov, 99-206.

der 30er Jahre steigerte,[124] als auch für die Strukturen des Exports, in denen zwar der Tabak weiterhin eine unangefochtene Spitzenposition einnahm, der Anteil des Getreides weiter zurückging, sich aber vor allem eine deutliche Tendenz zur Zunahme von Obst und Gemüse bemerkbar machte, was auf eine verbesserte Ausnutzung der klimatischen Bedingungen in Bulgarien hindeutete.[125] Auch das Kompensationsgeschäft wurde von den Zeitgenossen wesentlich besser bewertet als von den sowjet-marxistischen Autoren der Nachkriegszeit. Auf diesen Umstand weist Ivanov hin, der hier in erster Linie die Einfuhrgüter hervorhebt, die Bulgarien im Rahmen dieser Abmachung aus Deutschland erhielt. Seiner Ansicht nach war der Umfang des Geschäftes enorm. Es habe nicht nur Bulgarien von knapp 26 Millionen Kilogramm ansonsten praktisch unverkäuflicher Tabake befreit, sondern auch die Einfuhr von Industriegütern in großem Maßstab gebracht. An erster Stelle sind in diesem Zusammenhang zum Beispiel die Eisenbahnmaterialien zu nennen. Hierunter fielen neben Lokomotiven vor allem rund 400 Güter-, Kühl- und Reisewaggons. Hinzu kamen 34 Zugmaschinen und Wagen für Straßenbahnen sowie über 40 Walzen und sonstige Maschinen für den Straßenbau.[126]

Tabelle 2: Zusammensetzung der bulgarischen Exporte 1922–1938 (in Prozent)[127]

Gruppe	**Produkte**	**Durchschnitt 1922–1924**	**Durchschnitt 1928/29**	**1932**	**1935**	**Durchschnitt 1937/38**
Gruppe 1	Agrarprodukte	90,8	81,8	94,6	92,8	91,7
Gruppe 2	Rohstoffe	6,8	11,3	3,0	4,8	4,4
Gruppen 1+2	Primäre Produkte	97,6	93,1	97,6	97,6	96,1
Gruppe 3	Konsumgüter außer Gruppe 1	0,3	1,3	0,7	0,7	2,1
Gruppe 4	Maschinen und Fahrzeuge	0,1	0,3	0,3	–	–
Gruppe 5	Anderes	2,0	5,3	1,4	1,7	1,8
Gruppen 3–5	Fabrikate	2,4	6,9	2,4	2,4	3,9

Auch wenn man aus heutiger Sicht und angesichts des fortdauernden schleppenden Charakters der sozioökonomischen Modernisierung den Nutzen dieses Kompensationsgeschäftes für Bulgarien eher niedrig einschätzen mag, so erscheint es beim Blick auf seine Dimensionen und die erhaltenen Waren doch verständlich, wenn es aus zeitgenössischer Perspektive begrüßt wurde. Denn, so war zumindest zu hoffen, die von dem mitteleuropäischen Firmenkonsortium erhaltenen Produkte hatten wenigstens das Potential, über den Rahmen des eigentlichen Geschäftes hinaus Impulse für eine nachhaltige Modernisierung der bulgarischen

124 Thomas M. Bohn, Bulgariens Rolle im „wirtschaftlichen" Ergänzungsraum Südosteuropa. Hintergründe für den Beitritt zum Drei-Mächte-Pakt am 1. März 1941, in: Besatzung und Bündnis. Deutsche Herrschaftsstrategien in Ost- und Südosteuropa. Hgg. Christoph Dieckmann u. a. Berlin, Göttingen 1995 (Beiträge zur nationalsozialistischen Gesundheits- und Sozialpolitik, 12), 111-138, hier: 111-113.

125 Statistische Aufschlüsselung bei Ivanov, 99-206.

126 A. a. O., 225.

127 Daten entnommen aus: Drabek, 471.

Produktion zu geben. Schwerpunktmäßig handelte es sich bei ihnen um Erzeugnisse, die der Infrastruktur des Landes zugutekamen, indem sie Verkehrswege und Transportmöglichkeiten erweiterten. Betrachtet man das Kompensationsgeschäft unter dem Blickwinkel der bulgarischen Modernisierungsbestrebungen und dem Ziel einer Intensivierung des Außenhandels, so kann man es als ergänzende Maßnahme zum Handelsvertrag bezeichnen. Denn durch den Absatz der lagernden Tabakernten wurden die bulgarischen Tabakproduzenten in die Lage versetzt, ihre Erzeugnisse wieder zu regulären Preisen zu verkaufen. Durch die Lieferung von Materialien zum Ausbau und dem Betrieb der Verkehrswege wurden die Handelsmöglichkeiten für bulgarische Agrarprodukte erweitert. Besonders die gelieferten Kühlwaggons erlaubten nun den Transport leicht verderblicher Waren, insbesondere von Obst, über längere Strecken. Insofern war das Kompensationsgeschäft eine sinnvolle begleitende Maßnahme, die dabei half, den Handelsvertrag mit Leben zu erfüllen.

Die historische Bewertung des Vertrages, des Clearingabkommens und des Kompensationsgeschäftes, mithin also der entscheidenden Weichenstellungen zur Entwicklung der deutsch-bulgarischen Wirtschaftsbeziehungen bis 1944, hängt im Wesentlichen von der eingenommenen Perspektive ab. Es fällt dabei auf, dass, wie oben erwähnt, die zeitgenössischen Bewertungen eher positiv ausfallen, die in der Rückschau zumeist aus sowjet-marxistischer Sicht nach dem Zweiten Weltkrieg vorgenommenen dagegen sehr negativ. An dieser Stelle soll indes nicht die Legitimität der einen oder anderen Perspektive diskutiert werden. Die marxistische Historiographie argumentiert allerdings, wie es scheint, sehr stark im Wissen, wohin die Bilateralisierung der deutsch-bulgarischen Wirtschaftsbeziehungen ab 1932 führte: in eine beinahe vollständige handelspolitische Abhängigkeit Bulgariens von Deutschland, die besonders während des Krieges in einem die Versorgungslage im Lande schwer belastenden aktiven Clearingsaldo Bulgariens mündete und vor allem gegen Ende des Krieges in bizarr anmutenden Erscheinungen ihren Ausdruck fand, wie etwa übermäßigen deutschen Spielwarenlieferungen zur Verringerung des Saldos.[128] Gerade bei Berov besteht der Eindruck, als sei auch seine Kritik an den deutsch-bulgarischen Abkommen der frühen 30er Jahre vom Blick auf diese späteren Entwicklungen beeinflusst worden.[129] Zwar löste die Bilateralisierung der Handelsbeziehungen durchaus auch unter den Zeitgenossen Bedenken aus, und die Kritik Berovs wie auch anderer Vertreter der sowjet-marxistischen Richtung ist auch unter Berücksichtigung ihrer ideologischen Grundausrichtung beim Blick auf die Gesamtentwicklung nicht vollständig zurückzuweisen. Dennoch bleibt an ihr zu beanstanden, dass sie nicht nur jeglichen Nutzen, den Bulgarien aus den Abkommen mit Deutschland gezogen haben könnte, abstreitet, sondern dass sie vor allem auch den Blick auf die Entwicklung der bulgarischen Interessenlage verstellt. Das heißt, es fehlt eine über ideologische Erwägungen hinausgehende Erörterung der Motive, der konzeptionellen Vorstellungen und der Erwartungen, die Bulgarien die enge wirtschaftliche Anbindung an

[128] Vgl. Kapitel 6.

[129] So etwa die Behauptung Berovs, Deutschland habe im Wesentlichen Luxusgüter ohne praktischen Wert geliefert. Vgl. Berov, Orientacija, 133-135. Vgl. außerdem Ivanov, 225.

Deutschland eingehen ließen. Ihre Betrachtung, die Gegenstand des folgenden Kapitels ist, soll dabei über den engen Zeitrahmen der frühen 30er Jahre hinausgehen und überprüfen, inwieweit die betreffende Debatte die später eingetretene Bilateralisierung der Handelsbeziehungen antizipierte, inwieweit sie von vornherein auf Deutschland fokussiert war und welche Rolle das Ziel einer Modernisierung der bulgarischen Volkswirtschaft darin spielte.

Darüber hinaus ist auch die Frage der Kontinuität der bulgarischen Außenhandelspolitik der Zwischenkriegzeit in diesem Zusammenhang von Bedeutung, d. h. die Frage nach der Einheitlichkeit der Haltungen der jeweiligen Regierungen. Für ihre genaue Rekonstruktion wäre zwar noch weitere archivalische Forschungsarbeit erforderlich, in der Sekundärliteratur finden sich jedoch Hinweise, die darauf schließen lassen, dass das Jahr 1932/33 tatsächlich eine Zäsur in der bulgarischen Außenwirtschaftspolitik der Zwischenkriegszeit darstellt und zwei in sich relativ homogene Perioden voneinander trennt. Diese Auffassung vertritt jedenfalls Rumen Daskalov, der den Hauptunterschied zwischen beiden Zeitabschnitten im Grad der vertraglichen Ausgestaltung der bulgarischen Außenhandelsbeziehungen sieht. Vor 1932, so Daskalov, sei außer mit der Türkei, die als Agrarland weit weniger interessant für Bulgarien war als die westlichen Industrienationen, kein einziger wichtiger Handelsvertrag abgeschlossen worden. Unabhängig von möglichen Motiven für diese Zurückhaltung habe sich dadurch das System des bis dahin vorherrschenden Protektionismus verstärkt, und auch der wichtigste bulgarische Wirtschaftssektor, die Landwirtschaft, sei auf diese Weise seiner Exportperspektiven weitgehend beraubt worden.[130]

Jedenfalls brachte das Jahr 1932 zwar nicht das Ende des Protektionismus, aber doch eine deutliche Wende in der Handelsvertragspolitik. Neben dem Vertrag mit Deutschland wurden in dieser Zeit auch die Handelsbeziehungen mit der Tschechoslowakei, Italien und Jugoslawien auf vertragliche Grundlagen gestellt.[131] Es wurde nun also der in der zeitgenössischen Fachliteratur bereits gereiften Erkenntnis Rechnung getragen, dass die Modernisierung der bulgarischen Volkswirtschaft mit der Einbindung Bulgariens in die internationalen Märkte zusammenhing. Bis dahin hatte ungeachtet aller seit der Vorkriegszeit bestehenden Verbindungen besonders mit Deutschland die Auffassung überwogen, dass sich die nationale Wirtschaft eher unter Abnabelung von der Weltwirtschaft, also unter dem Schutzschild des Protektionismus entwickeln würde. Ab 1932 schien sich die seit den 20er Jahren herausgebildete Linie der bulgarischen ökonomischen Fachwelt durchgesetzt zu haben, die in einer verstärkten Integration Bulgariens in internationale Handelssysteme ein nationales Interesse erblickte. Handelsverträge boten demnach einen zuverlässigeren Schutz gegen Zollschwankungen und Änderungen bei Transitbedingungen und förderten die gleichberechtigte Behandlung mit Konkurrenten auf den internationalen Märkten sowie eine Abmilderung des Agrarprotektionismus der Industrieländer.[132]

130 Daskalov, Bd. 1, 340.
131 Ebd.
132 Ebd.

Nach Daskalov war also die neue Handelsvertragspolitik Resultat der – im Folgenden noch zu betrachtenden – während des vorangegangenen Jahrzehnts geführten, aber politisch damals noch unwirksamen Debatten und wohl nicht allein einer etwaigen panikartigen Reaktion auf die Weltwirtschaftskrise. Mit dieser in Zusammenhang stand, wie es scheint, eher der Entschluss, die neuen Handelsbeziehungen weitgehend auf der Grundlage des Clearings zu gestalten, wodurch man auch deutschen Interessen entgegenkam.

Die „Weichenstellungen", die im Fokus dieses Abschnitts der vorliegenden Arbeit standen, lassen sich, so kann gefolgert werden, auch als Zäsur bzw. Neuorientierung in der bulgarischen Außenhandelspolitik betrachten. Demnach ist von einer Einheitlichkeit der Haltungen der bulgarischen Regierungen nur insoweit zu sprechen, als eine solche lediglich vor bzw. nach diesem Bruchpunkt weitgehend vorhanden war. Während die Regierungen nach dem Ersten Weltkrieg unter Stambolijski, Cankov und Ljapčev noch ganz auf Protektion der heimischen Industrien sowie deren Entwicklung durch staatliche Anreize gesetzt und sich an dauerhaften vertraglichen Grundlagen des Außenhandels vergleichsweise desinteressiert gezeigt hatten, richteten die Regierungen ab der Koalition des „Volksblocks" unter Nikola Mušanov von 1931 an ihre Politik auf die Schaffung eines Handelsvertragsnetzes aus, in dem Deutschland eine zentrale Rolle spielen sollte. Die Kontinuität dieser Politik bis 1944 war spätestens mit der Errichtung der monarchisch-autoritären Regierungsform 1934/35 und der damit einhergehenden außenpolitischen Orientierung auf Deutschland gewährleistet. Ihre bereits seit den 20er Jahren erarbeiteten konzeptionellen Grundlagen sollen im weiteren Verlauf untersucht werden.

4 Krisenstimmung – Volkswirtschaftliche Überlegungen und Konzepte in Bulgarien

Überspitzt formuliert, war die bulgarische Volkswirtschaft der Zwischenkriegszeit einem gewissen Zustand näher als die deutsche, obwohl Deutschland ihn anstrebte, Bulgarien hingegen zu überwinden trachtete: dem Zustand der Unabhängigkeit von den Weltmärkten und damit vom globalen ökonomischen Geschehen und dem merkantilen sowie möglicherweise machtpolitischen Interesse anderer, insbesondere großer, Wirtschaftsmächte – kurz: der Autarkie. Die Ironie dieses Schicksals war jedoch eher scheinbar als wirklich, denn beide Länder betrachteten ihr jeweiliges Streben als einen Weg zu mehr wirtschaftlicher und außenpolitischer Freiheit. Möglich war dies, weil für beide der Begriff „Autarkie" höchst unterschiedliche Bedeutung hatte, was wiederum an der jeweiligen Größe des Landes und seinem sozioökonomischen Entwicklungsstand lag.

Für Deutschland war mit diesem Konzept die Schaffung eines von ihm abhängigen „Großwirtschaftsraumes" verbunden, der als geschlossener, vor allem aber auch als abgeschlossener Bereich deutschen Produkten ein Hauptabsatzmarkt, der deutschen Industrie ein Hauptrohstofflieferant und der deutschen Bevölkerung Versorger mit Agrarprodukten sein sollte. Insofern sollte hier ein Pendant zu den westlichen Kolonialimperien entstehen, die ihrerseits besonders während der Weltwirtschaftskrise verstärkte autarkistische Tendenzen zeigten und Deutschland somit zusätzlich zu seinen ursprünglichen Motiven in gewissem Sinne eine weitere Legitimation für sein Autarkiestreben lieferten.[1] Zumindest in Großbritannien scheint man dies zum Teil bewusst in Kauf genommen zu haben. Jedenfalls leistete man dort keinen ernsthaften Widerstand gegen das deutsche wirtschaftliche Vordringen in Südosteuropa. Gelegentlich zeigte man sich sogar interessiert daran, wie Deutschland mit dieser Herausforderung, die man aus eigener Erfahrung als sehr groß einschätzte, fertigwerden würde.[2]

Im Gegensatz dazu war für Bulgarien die Idee von der außenwirtschaftlichen Unabhängigkeit höchst problematisch. Denn die Variante der „Autarkie", die das Land nach dem Ersten Weltkrieg und bis in die 30er Jahre hinein erlebte, konnte weniger als Un-

1 Vgl. Kapitel 3.1.

2 Vgl. hierzu Ivanov, 210-225, und Vasil A. Vasilev, Bălgaro-britanskite finansovi i tărgovski otnošenija po vreme na svetovnata ikonomičeska kriza ot 1929–1933g., in: Bălgaro-anglijski otnošenija v novo i naj-novo vreme. Sofia 1987 (Izsledvanija po bălgarska istorija, 9), 45-98. Schröder spricht in diesem Zusammenhang von einem „economic appeasement" Großbritanniens. Vgl. Schröder, Deutsche Südosteuropapolitik 1929–1936, 29.

abhängigkeit, denn vielmehr als weitgehende Isolation von den Weltmärkten empfunden werden. Sie war Resultat und zugleich Verstärker struktureller Verhältnisse in der bulgarischen Volkswirtschaft, die in den kundigen Kreisen vor Ort allgemein als belastend und entwicklungshemmend angesehen wurden. Im Kern handelte es sich um die entwicklungsbedingten Schwächen des Agrarsektors, dessen Produktion sowohl qualitativ als auch quantitativ höchst unzureichend für eine internationale Vermarktung im großen Stil war. Zumeist reichte sie lediglich zur Selbstversorgung der Bauernfamilien aus; international zu vermarktende Überschüsse wurden nur in vergleichsweise geringem Maße erzielt.[3] Teilweise „autark" war Bulgarien also lediglich im eigenen engen nationalen Rahmen, und es musste somit an der Überwindung dieser Lage interessiert sein, wenn es über den Kontakt mit den Weltmärkten eine sozioökonomische Modernisierung anstrebte.

Entgegen der vielfach geäußerten Auffassung von der hohen Krisenanfälligkeit der bulgarischen Volkswirtschaft[4] verlieh dieser Sachverhalt dem Land indes auch eine gewisse Standhaftigkeit gegenüber Krisen und eine soziale Stabilität, die hochindustrialisierte und exportabhängige Staaten, wie etwa Deutschland, nicht aufzuweisen hatten. Insofern kann die Lage Bulgariens zur Zeit der Weltwirtschaftskrise durchaus als ambivalent bezeichnet werden. Einerseits wurde die Exportwirtschaft des Landes durch den Verfall der Weltmarktpreise für Agrarprodukte, und hierbei vor allem für Getreide, besonders hart getroffen, da sie im Wesentlichen gar nichts anderes ausführte als eben landwirtschaftliche Erzeugnisse.[5] Hinzu kam, dass ausländisches Kapital seit Beginn der Krise, wenn überhaupt, dann nur in stetig abnehmendem Maße und fast ausschließlich in Form kurzfristiger, hochverzinster Kredite nach Bulgarien floss.[6] Der chronische Mangel an den finanziellen Mitteln, die zur Anpassung der Volkswirtschaft im Sinne einer Exportsteigerung und damit einer stärkeren Verflechtung mit den Weltmärkten notwendig gewesen wären, verschärfte sich dadurch zusehends. Andererseits aber war es gerade das weitgehende Fehlen solcher Verflechtungen, das große Teile der bulgarischen Bevölkerung die Auswirkungen der Weltwirtschaftskrise nur peripher wahrnehmen ließ. Zwar wird das subsistenzbasierte Wirtschaften zumeist eher als Symptom einer krisenhaften Entwicklung betrachtet, denn als Zeichen der Immunität dagegen.[7] Wenn aber die Subsistenzwirtschaft der seit Jahrhunderten bekannte Normalzustand war, dann konnte sich an den Lebensumständen der Menschen auch durch dramatische weltwirtschaftliche Verwerfungen nur wenig ändern, so dass das gewohnte Leben auch in diesen Zeiten ohne wesentliche Beeinträchtigungen weiterlief.

Dieser beinahe trivial wirkende Zusammenhang ist erst in der jüngeren bulgarischen Forschung eingehender gewürdigt worden. So hat etwa zuletzt Martin Ivanov darauf hingewiesen, dass die inneren sozioökonomischen Strukturen Bulgariens wie ein Puffer wirkten, der die schlimmsten Auswirkungen der auf das Land hereinbrechenden Krisensymptome

[3] Vgl. Kapitel 2.3.
[4] Vgl. Kapitel 2.3.
[5] Vgl. Kapitel 3.3.
[6] Vgl. dazu ausführlich Pasvolsky, 136-168 u. 241-252.
[7] Vgl. folgenden Abschnitt.

abfederte. Wirtschaftspolitische Maßnahmen, wie zum Beispiel der schon als traditionell zu bezeichnende Protektionismus, der die bulgarische Industrie weitgehend von den Weltmärkten abgeschottet habe, sowie die beinahe mikroskopisch anmutende, kleinräumige Zergliederung der Landwirtschaft hätten, so Ivanov, den Effekt eines „Absorbers" der Krise entwickelt.[8]

Infolgedessen war es auch nicht in erster Linie die weltwirtschaftliche Entwicklung ab 1929, die in Bulgarien Krisenstimmung erzeugte – sie verstärkte sie höchstens –, vielmehr legten sich die ausbleibende Steigerung der landwirtschaftlichen Produktivität sowie die daraus folgende unbefriedigende Exporttätigkeit auf das Gemüt der fachlich kompetenten und interessierten Öffentlichkeit. Dass sich die Debatte, in der diese Besorgnisse zum Ausdruck kamen, in Bulgarien nicht nur im Zusammenhang mit der Weltwirtschaftskrise entfaltete, zeigt sich beispielsweise darin, dass sie deren zeitlichen Rahmen weit überschritt. Praktisch zog sie sich, wie sich im Folgenden an den einschlägigen Fachpublikationen ablesen lässt, über die gesamte Zwischenkriegszeit und bis in den Zweiten Weltkrieg hinein hin. An ihr lässt sich außerdem nachvollziehen, warum Bulgarien während der 30er Jahre zunehmend in den deutschen wirtschaftlichen Einflussbereich geriet.

Denn es gelang, wie bereits erwähnt, der bulgarischen Volkswirtschaft bis 1944 nicht, das agrarisch geprägte Entwicklungsstadium zu verlassen und in einen freien und gewinnbringenden Güteraustausch mit den Weltmärkten einzutreten. Die strukturell bedingten Gründe dafür waren vielfältig, die dagegen ergriffenen oder zumindest vorgeschlagenen Maßnahmen ebenfalls. Dass diese kaum nachhaltigen Erfolg zeitigten, hatte seine Ursachen unter anderem in dem unüberschaubaren Geflecht informeller Netzwerke, das als die eigentliche Plattform des damaligen gesellschaftlichen Lebens in Bulgarien gelten darf und für viele Reibungsverluste bei der Umsetzung wirtschafts- und sozialpolitischer Entscheidungen verantwortlich war. Beschrieben worden sind diese von Paternalismus und Klientelismus bestimmten sozialen Mechanismen, die für die damaligen Gesellschaften des Balkans vielfach als typisch angesehen werden, beispielsweise von Autoren wie Höpken oder Ivanov.[9] Besonders letzterer betont in diesem Zusammenhang die Trägheit und Widerstände, die jeder Reformversuch zu überwinden hatte. Die große Rolle, die persönliche Beziehungen, das sogenannte „Partizanstvo", vor allem im öffentlichen Sektor spielten, führte dazu, dass Restrukturierungs- und Einsparmaßnahmen oft im Sande verliefen. Allenthalben war die Neigung zu beobachten, Freunde und Verwandte auf lukrativen Posten im Staatsdienst unterzubringen oder in anderer Weise finanziell zu versorgen. Begünstigt wurde dadurch eine Aufblähung des Staatsapparates, die den Fiskus zusätzlich belastete und effiziente Arbeitsabläufe innerhalb der Bürokratie weitgehend unmöglich machte. Zusammen mit der bereits erörterten sozioökonomischen Beharrungsmentalität in weiten Teilen der bulgarischen Landbevölkerung führte dieser Sachverhalt mit dazu, dass die Krise, die das Land

8 Ivanov, 316.

9 So etwa bei: Wolfgang Höpken, Zwischen Bürgertum und Bürokratie. ‚Bürgerliche Berufe' in Südosteuropa (19./20. Jahrhundert), in: Eliten in Südosteuropa. Hg. Holm Sundhaussen. München 1998, 69-104, und Ivanov, 98.

außen- wie wirtschaftspolitisch in seiner Aktionsfreiheit einschränkte, chronischen Charakter annahm und diesen auf die sie begleitende Modernisierungsdebatte übertrug.

Eine solche hatte es zwar auch bereits vor dem Ersten Weltkrieg gegeben,[10] nach 1918 gewann sie aber an Dringlichkeit, da Bulgarien aufgrund mittelbarer wie auch unmittelbarer Kriegsfolgen in eine prekäre finanzielle Lage geriet, die es erforderlich machte, durch eine deutliche Steigerung der Exporte Devisen zu erwirtschaften. Um zu verstehen, welche Motive und Entwicklungen die wirtschaftspolitische Führung des Landes zu Beginn der 30er Jahre dazu bewogen, Bulgarien durch eine fortschreitende Bilateralisierung des Handels mit Deutschland in eine immer größer werdende Abhängigkeit von diesem zu manövrieren, ist es notwendig, nach der Betrachtung der außen- und wirtschaftspolitischen Entwicklung die in der Fachöffentlichkeit angestellten Interpretationen der Finanz- und Wirtschaftskrise sowie die diskutierten Strategien zu ihrer Überwindung zu analysieren. Dabei ist es von entscheidender Bedeutung, welches Gewicht in diesem Zusammenhang den Außenwirtschaftsbeziehungen beigemessen wurde – dies jedoch nicht nur in Bezug auf die Gestaltung des Handels, sondern auch auf die Rolle ausländischer Partner und deren Expertise bei einer strukturellen Modernisierung der bulgarischen Volkswirtschaft. Auf diese Weise lässt sich zeigen, inwieweit Bulgarien aufgrund seiner Interessenlage in den 30er Jahren aufgeschlossen oder, je nach Sichtweise, anfällig war für deutsche Konzepte, die darauf abzielten, die Produktivität seiner Volkswirtschaft durch Modernisierungsinitiativen zu steigern, das Land zugleich aber auch für den anvisierten Großwirtschaftsraum zu vereinnahmen.

Bei aller Isolation von den internationalen Märkten spielte die Weltwirtschaftskrise in diesem Zusammenhang dann doch eine wichtige Rolle, und zwar bei der außenwirtschaftlichen Orientierung Bulgariens – unabhängig davon, inwieweit sie für die breite Landbevölkerung in Erscheinung trat. Denn allem Anschein nach führte sie zu einer allgemeinen Kanalisierung und Verengung der internationalen Handelsströme, d. h. zu einer Konzentration des Warenverkehrs zwischen ausgewählten Partnern. Für Bulgarien bedeutete dies, dass die großen und wichtigen Handelspartner wie England und Frankreich weitgehend wegfielen, da sie zwar noch in den 20er Jahren einen nennenswerten Teil der bulgarischen Exporte abgenommen hatten, sich nun aber in erster Linie auf ihre Kolonialimperien beschränkten und sich an bulgarischen Waren desinteressiert zeigten.[11]

Bulgarien war nach dem Krieg bis 1926 durch den Friedensvertrag von Neuilly strengen Handelsbeschränkungen unterworfen, die das Land bei seinem strukturell bedingt ohnehin geringen Ausfuhrpotential noch zusätzlich behinderten.[12] Der wirtschaftliche Teufelskreis, in dem es sich nach 1918 befand, liegt somit auf der Hand: Um die Finanznot zu lindern, nämlich Kapital in Form von Devisen zu erwirtschaften, musste es seinen Handel entgegen allen Hindernissen intensivieren. Hierfür war eine erhebliche Steigerung der Produktion auf allen Gebieten notwendig, die wiederum nur durch Innovationen und Kapitalzufluss in

[10] Vgl. Kapitel 2.2.
[11] Vgl. Kapitel 3.3.
[12] Pasvolsky, 60-64.

allen Sektoren des Erwerbslebens zu erreichen war. Dies konnte, so schien es, allerdings nur durch ausländisches Engagement verwirklicht werden, d. h. durch Kredite, Investitionen und Bildungs- bzw. Technologietransfer.

Die Interessenlage Bulgariens schien also klar zu sein: Es mussten ausländische Investoren gefunden werden, die nicht nur bereit waren, von den gegebenen Strukturen und Ressourcen im Lande zu profitieren, sondern auch auf die sozioökonomische Entwicklung Einfluss zu nehmen. Zwar war ausländisches Kapital in Bulgarien während der 20er Jahre durchaus präsent; vor allem kam es aus Belgien, Frankreich und Großbritannien und erst in zweiter Linie aus Deutschland. Im Verlauf der Weltwirtschaftskrise und auch danach wurde es jedoch zunehmend abgezogen.[13] Auch Kredite waren ab 1929 kaum mehr zu bekommen. Solche waren zuvor zwar stellenweise gewährt worden, wie etwa 1928 im Rahmen des großen „Stabilisationsplanes“, der allerdings nicht in die Modernisierung der Wirtschaft floss, sondern zur Versorgung der großen Flüchtlingsströme aus den abgetretenen Gebieten und zur Bedienung der Reparationslasten verwendet werden musste.[14] Angesichts seiner prekären Finanzlage nahm Bulgariens Kreditwürdigkeit im Verlauf der Weltwirtschaftskrise aber zusehends ab und zusammen mit ihr das Interesse an längerfristigen Investitionen. Da auf diesem Feld auf absehbare Zeit also kein nennenswertes ausländisches Engagement mehr zu erwarten war, musste ein Kooperationspartner gefunden werden, dessen Interessen in Bulgarien so langfristig angelegt waren, dass er an einem Technologie- und Bildungstransfer auch unter den gegebenen Bedingungen interessiert war und gleichzeitig Bedarf an bulgarischen Ausfuhrgütern hatte, d. h. also Tauschgeschäfte einzugehen bereit war. Nach Lage der Dinge konnte dies vor allem Deutschland sein, da es ebenfalls an devisenfreiem Warenverkehr interessiert war. Obwohl auf diese Weise zwar immer noch nicht das zur sozioökonomischen Modernisierung notwendige Kapital nach Bulgarien fließen würde, brachten es die strategisch weitgreifenden deutschen Pläne zur Schaffung eines „Großwirtschaftsraumes“ in Südosteuropa[15] aber mit sich, dass Deutschland ebenfalls an einer dauerhaften Modernisierung der bulgarischen Volkwirtschaft gelegen sein musste. Es ergab sich hier also die Möglichkeit, auch ohne die Erwirtschaftung nennenswerter Devisenbestände die nationale Produktivität zu erhöhen und somit konkurrenzfähig auf den Weltmärkten zu werden. Je enger die gegenseitige wirtschaftliche Abhängigkeit zwischen Deutschland und Südosteuropa war, desto größer musste auch das deutsche Interesse an Modernisierung und Produktivitätssteigerung in den Balkanländern sein. Für Bulgarien ergab sich daraus indes das Dilemma, dass es sich im Sinne seiner Modernisierung möglichst eng an Deutschland anzubinden hatte, dass dadurch aber zugleich die wirtschaftspolitische Bewegungsfreiheit, die es eigentlich anstrebte, zunehmend unerreichbar wurde – und mit ihr auch die Aussicht auf die Erwirtschaftung von Devisen, die es ihm ermöglicht hätten, seine Finanzlage zu bessern, auf dem freien Weltmarkt Handel zu treiben und somit durch die Streuung seiner

[13] Dazu ausführlich BEROV, The withdrawing. Außerdem PASVOLSKY, 241-252 u. 290-298.

[14] PASVOLSKY, 101-112. Außerdem Rumjana PĂRVANOVA, The Democratic Accord and the Stabilization Loan, *Bulgarian Historical Review* 1-2 (1998), 197-220.

[15] Vgl. Kapitel 3.1.

Handelspartner Sicherheit vor konjunkturellen Schwankungen zu gewinnen. Gleiches galt für seine Kreditwürdigkeit und seine Attraktivität als Investitionsmarkt.

Da aber aus heutiger Sicht die Bilateralisierung der bulgarischen Außenhandelsbeziehungen zu Deutschland in der ersten Hälfte der 30er Jahre aufgrund der ausweglos erscheinenden Finanzlage beinahe alternativlos anmutet, drängt sich die Frage auf, ob das Land gewissermaßen „sehenden Auges" seine ihm zugedachte Rolle im anvisierten deutschen Großwirtschaftsraum annahm. Denn es tauschte im Endergebnis seine sehr beengte, nationale Teil-Autarkie gegen eine zwar großräumigere, aber nicht minder beengende, in der es zudem nur ein Akteur zweiten Ranges war. Zu untersuchen ist also, wie die Fachwelt in Bulgarien die wirtschaftliche Entwicklung des Landes nach dem Ersten Weltkrieg interpretierte und welche Schlüsse sie daraus besonders in Bezug auf Modernisierungsbedarf und Außenwirtschaftsbeziehungen zog. Das Ausmaß, in dem die objektiven wie auch die subjektiven bulgarischen Bedürfnisse mit deutschem Bedarf und deutschen Konzepten korrespondierten, ist ein zentraler Faktor bei der Beantwortung der Frage, warum sich Bulgarien in die große, später auch außenpolitisch sich auswirkende Abhängigkeit vom Deutschen Reich begab. Die Diskussion um die Problematik der gezielten deutschen wirtschaftlichen „Durchdringung" und Ausbeutung des Balkan[16] soll hierdurch neue Akzente erhalten.

Reflexionen zur bulgarischen Modernisierungs- und Produktivitätsfrage wurden während der Zwischenkriegszeit sowohl im Inland als auch im Ausland angestellt. Neben den deutschen Überlegungen und Analysen, die Gegenstand gesonderter Betrachtung sein sollen, da sie den artikulierten bulgarischen Interessen gegenüberzustellen sind, bieten zeitgenössische Publikationen aus „neutraler" Sicht die Möglichkeit, eine distanziertere Perspektive einzunehmen und erleichtern es somit, die bulgarischen Standpunkte zu hinterfragen. Von unschätzbarem Wert ist in diesem Zusammenhang Leo Pasvolskys in Washington erschienene Monografie „Bulgaria's Economic Position" aus dem Jahre 1930. Außer einer detaillierten Lagebeurteilung der bulgarischen Wirtschaft unter Einbeziehung historischer Hintergründe, der Entwicklung vor 1912 und der Auswirkungen der Kriege sowie der auf sie folgenden Friedensregelungen unternahm es der Autor, die ökonomische Interessenlage Bulgariens mitten in der Weltwirtschaftskrise aus seiner Sicht darzustellen. Darüber hinaus gab er auch grundlegende Handlungsempfehlungen zur Überwindung der bulgarischen Notsituation ab. Für die Unbefangenheit und zugleich Fundiertheit seiner Wertungen spricht neben der vermeintlich unbeteiligten amerikanischen Perspektive – die USA waren keine Garantiemacht des Versailler Systems – der wissenschaftliche Anspruch seiner Arbeit, der sich nicht nur in seinem sprachlichen Stil, sondern auch im akribisch geführten Nachweis seines auf breiter Quellengrundlage fußenden Datenmaterials zeigt. Das von ihm verwendete statistische Material stammte in erster Linie sowohl aus Erhebungen des Völkerbundes als auch aus Veröffentlichungen der bulgarischen Regierung. Was in Pasvolskys Arbeit naturgemäß noch fehlt, ist eine Interpretation der zunehmenden Einengung der bulgarischen außenwirtschaftlichen Orientierung auf den bilateralisierten devisenfreien

[16] Vgl. Kapitel 6.

Handel mit Deutschland im Laufe der folgenden Jahre. Gleichwohl lassen sich in seiner Darstellung die Voraussetzungen, die zu dieser Entwicklung führen sollten, bereits in ihren Grundzügen erkennen.

Begleitet wurde dieses Geschehen durch die erwähnten Debatten in der bulgarischen Fachpublizistik, die die Motive und Grundlagen für die wirtschaftspolitischen Weichenstellungen der frühen 30er Jahre erkennen lassen. Neben der bereits genannten Zeitschrift der BID spielten in diesem Kontext auch die Periodika *Stopanska misăl* (Wirtschaftliches Denken) und *Stopanski problemi* eine zentrale Rolle. Besonders erstere verstand sich vor allem als Plattform für programmatische Entwürfe bezüglich einer Neustrukturierung des bulgarischen Erwerbslebens. Letztere konzentrierte sich eher auf aktuelle Fragestellungen. Die Hauptrolle im für die vorliegende Arbeit relevanten Diskurs spielte allerdings eindeutig die Zeitschrift der BID – dies nicht nur, weil sich in ihr die führenden Wirtschaftswissenschaftler Bulgariens auf akademischem Niveau äußerten und somit eine besondere Gründlichkeit der Analysen angenommen werden darf, sondern auch, weil, wie Todorova gezeigt hat, die Zeitschrift wiederholt Beiträge brachte, die sich speziell mit der deutschen Großraumwirtschaft auseinandersetzten.[17]

Insgesamt wurde die Modernisierungsdiskussion im Bulgarien der Zwischenkriegszeit in umfassender, alle Bereiche des wirtschaftlichen Lebens berührender Weise geführt. Um ihre Schwerpunkte klar herauszustellen, ist die Betrachtung folgender Themenbereiche hilfreich.

Im Zentrum aller Überlegungen stand naturgemäß die Landwirtschaft, da sie die Lebensgrundlage für mehr als zwei Drittel der gesamten bulgarischen Bevölkerung war, zugleich aber auch Ausgangspunkt der meisten volkswirtschaftlichen Probleme.[18] Wollte man diese bei der Wurzel packen, also im Endeffekt zu einer Überwindung der großen Abhängigkeit Bulgariens von schwankenden Ernteerträgen und ausländischen Krediten sowie zu einer aus sich selbst heraus profitablen Wirtschaftsweise gelangen, musste man im Agrarsektor ansetzen. Dabei konnte es allerdings nicht allein darum gehen, effizientere Produktionsmethoden einzuführen. Vielmehr mussten hierfür auch völlig neue soziale Voraussetzungen geschaffen werden. Diese hatten Bereiche wie das Bildungswesen, die medizinische Versorgung, die Infrastruktur sowie auch einen grundlegenden Mentalitätswandel im Bauerntum zu umfassen. Denn ohne eine ausreichende Motivation der Landwirte zu profitorientiertem Wirtschaften versprachen auch alle anderen Maßnahmen nur wenig Erfolg.[19]

Stark verwoben mit dem Agrarsektor war die bulgarische Industrie, da sie hauptsächlich landwirtschaftliche Erzeugnisse weiterverarbeitete. Bis 1944 verblieb sie zwar entwicklungsmäßig in einem rudimentären Stadium, zeigte aber gemessen an ihrem Niveau zu Beginn des 20. Jahrhunderts und im Vergleich zu anderen Ländern Ostmittel- und Südosteuropas ein durchaus nennenswertes Wachstum.[20] Im Hinblick auf eine bessere internationale Ver-

[17] Zur Zeitschrift der BID vgl. oben, Kapitel 2.3, Anm. 69.

[18] Vg. Kapitel 2.1.

[19] Vgl. Sundhaussen, Verpaßte Agrarrevolution.

[20] Vgl. Kapitel 2.2 und 2.3.

marktung industriell zu verwertender Produkte lenkte die Fachwelt in Bulgarien während der Zwischenkriegszeit den Blick in erster Linie auf die Kultivierung und Verarbeitung von sogenannten Industriepflanzen. Dass es jedoch auch hier nicht allein genügte, auf bereits bestehende Strukturen zu setzen und diese auszubauen, zeigten die Tabakexporte ab Mitte der 20er Jahre. Hatten diese aufgrund ihrer boomartigen Entwicklung ab 1924 scheinbar einen Ausweg aus der bulgarischen Kapitalmisere gewiesen, so folgte dem Aufstieg ein tiefer Fall in Gestalt der Weltwirtschaftskrise ab 1929, mit der ein Verfall der Weltmarktpreise auch für Tabak einherging.[21] Offenbar war es also doch notwendig, nicht nur im Bereich der traditionellen Landwirtschaft, sondern auch der Industriepflanzenkultur eine möglichst breite Streuung der Produktion anzustreben, um Preisschwankungen in bestimmten Branchen durch Stabilität bei anderen Erzeugnissen auffangen zu können. Angesichts der ausgeprägten Einseitigkeit der bulgarischen Produktion und der allgemeinen Ineffizienz der staatlichen Verwaltung stellt sich hier die zentrale Frage, inwieweit man in Bulgarien diesbezüglich auf ausländische Expertise setzte. Diese war, wie noch zu erörtern sein wird, zur Erweiterung des industriellen Produktspektrums des Landes unverzichtbar. Deutlich wurde dies zuerst und vor allem beim Bergbau, der schon früh das Interesse fremder Investoren geweckt hatte. Hier waren sowohl ausländisches Kapital als auch Technologie bei praktisch allen Projekten involviert.[22]

Zwar konnte die bulgarische Modernisierungsdebatte der Zwischenkriegszeit mit einer relativen Ruhe geführt werden, da die Subsistenzwirtschaft trotz aller Krisen einen Puffer gegen ein Aufkommen etwaiger sozialer Unruhen bot; ein zentraler Faktor in der volkswirtschaftlichen Entwicklung des Landes gab jedoch Anlass zu einer hohen Dringlichkeit in der Diskussion: die öffentlichen Finanzen. Sie waren infolge der Auswirkungen des Ersten Weltkriegs vollständig aus dem Gleichgewicht geraten[23] und mussten durch erhöhte Einnahmen konsolidiert werden. Bei diesen Auswirkungen handelte es sich in erster Linie um direkte Begleiterscheinungen des Kriegsgeschehens, wie etwa den Ausfall von Einnahmen aus dem internationalen Handel aufgrund der Blockaden und der feindseligen Beziehungen zu einem Großteil der Nachbarländer und anderer wichtiger Handelspartner. Hinzu kamen naturgemäß die durch das militärische Geschehen selbst verschlungenen Mittel, d. h. Kosten für Ausstattung und Unterhalt der Streitkräfte. Außerdem sahen sich die bulgarischen Regierungen nach 1918 mit finanziellen Belastungen konfrontiert, die von den Friedensschlüssen herrührten. Hierzu zählten vor allem die im Vertrag von Neuilly festgelegten Reparationsverpflichtungen, die in Bulgarien damals einhellig als völlig unerfüllbar betrachtet wurden[24] – und dies umso mehr, als die Siegermächte das Land zusätzlich von wichtigen Einnahmequellen abschnitten. So verboten die Gegner Bulgarien bis 1926 jegliche Abschlüsse von internationalen Handelsverträgen und verpflichteten es zugleich zu besonders

[21] Pasvolsky, 182-190.
[22] Vgl. im folgenden Kapitel 5.4.
[23] Pasvolsky, 136-168.
[24] A. a. O., 65-89.

günstigen Bedingungen bei der Lieferung von Exportartikeln.[25] Ein weiterer Bestandteil des Friedens von Neuilly, der dem Land Einnahmen entzog und zugleich Lasten auferlegte, waren die Gebietsabtretungen. Neben einigen Gebietsstreifen im Westen, die an den SHS-Staat fielen, waren es vor allem Westthrakien und die Süddobrudscha, deren Verlust sich schmerzhaft bemerkbar machte. Beide fielen nun als einträgliche Agrarregionen weg, und überdies galt es in den ersten Nachkriegsjahren, Flüchtlingsströme aus diesen Territorien aufzunehmen, die sich auf eine Größenordnung von annähernd 250 000 Menschen beliefen.[26]

Zur angespannten Finanzlage Bulgariens trugen außerdem Auslandsschulden bei, die noch aus der Zeit vor dem Ersten Weltkrieg stammten. Denn zum Aufbau und zur Erweiterung der nationalen Infrastruktur wie auch staatlicher Industrieunternehmen hatte das Land spätestens ab der Jahrhundertwende bei mittel- und westeuropäischen Banken Kredite aufgenommen, deren Rückzahlung bei Kriegsbeginn noch nicht abgeschlossen war. Daraus ergaben sich offene Verbindlichkeiten nicht nur gegenüber den Westmächten, sondern auch gegenüber dem Kriegsverbündeten Deutschland. Am bekanntesten in diesem Zusammenhang ist die 1914 abgeschlossene Vereinbarung zwischen dem bulgarischen Staat und einem internationalen Bankenkonsortium unter Führung der deutschen „Discontogesellschaft" über eine umfangreiche Kriegsanleihe.[27] In den 20er Jahren war es dann die offene Frage der Rückzahlung, die der Intensivierung der deutsch-bulgarischen Handelsbeziehungen im folgenden Jahrzehnt den Boden bereiten half, denn ihre Regelung im Jahre 1929 ermöglichte den Abschluss von Kompensationsgeschäften und beseitigte grundlegende Hindernisse, die bis dahin noch dem 1932 schließlich unterzeichneten deutsch-bulgarischen Handelsvertrag im Wege gestanden hatten.[28]

Insgesamt war die Finanzlage Bulgariens nach dem Ersten Weltkrieg also ein politischer Faktor, der den Reform- und Handlungsdruck auf die Führung des Landes außerordentlich erhöhte. Denn nun ging es nicht mehr „nur" darum, einen sozioökonomischen „Entwicklungsrückstand" gegenüber den Industrienationen aufzuholen, sondern auch, sich ein Mindestmaß an wirtschafts- und außenpolitischem Handlungsspielraum zu schaffen bzw. zu erhalten. Hieraus resultierte die im Vergleich zur Vorkriegszeit wesentlich höhere Dringlichkeit einer Konsolidierung der Staatsfinanzen auf dem Weg einer Steigerung des Exportvolumens. Zu einer vollständigen Ergründung der bulgarischen außenwirtschaftlichen Interessenlage und zum Verständnis der progressiven Anbindung des Landes an Deutschland gehört also auch eine Untersuchung der zeitgenössischen Wahrnehmung der Wirtschaftsbeziehungen zum Ausland. Von besonderem Gewicht ist dabei die Frage, wie in der damaligen Fachwelt der Bezug zum Außenhandel im Allgemeinen, zur außenwirtschaftlichen Orientierung im Besonderen und zur sozioökonomischen Modernisierungsproblematik hergestellt wurde. Allem Anschein nach besteht Anlass zu der Vermutung, dass sich

25 A. a. O., 60-64.
26 Lampe, Bulgarian Economy, 49.
27 Siehe hierzu Kapitel 3.3.
28 Wie eben.

das allgemeine Krisenbewusstsein in Bulgarien vor allem an der verzweifelten budgetären Situation entfachte und weniger an der allgemeinen sozialen Lage der breiten Bevölkerung und an ihrem Lebensstandard.

Die im Folgenden vorgenommene Überprüfung dieser Hypothese ist bedeutsam für die Beurteilung deutscher expansionistischer Wirtschaftsstrategien der 30er Jahre, also in erster Linie zur Zeit des Nationalsozialismus. Zusammen mit der Bewertung der Situation in den einzelnen bulgarischen Wirtschaftszweigen durch die zeitgenössische Fachwelt und deren Vorschlägen zur Überwindung der Krise ergibt sich auf diese Weise eine neue Perspektive für eine Charakteristik des deutschen Vorgehens in Südosteuropa und dessen Wechselwirkungen mit der dortigen Problematik von „Modernisierung und Rückständigkeit". Sollte sich hieraus der Schluss ziehen lassen, dass Deutschland in seinem zweifellos vorhandenen Herrschafts- und Hegemonialanspruch nach etwas griff, das ihm aufgrund seiner Interessenlage ohnehin entgegenstrebte, dann wären manche Thesen von einer „planmäßigen wirtschaftlichen Durchdringung und Ausbeutung"[29] des Balkans zumindest mit einer differenzierteren Argumentation als bisher zu untermauern.

4.1 Landwirtschaft

Nach Sundhaussen haben vor 1945 die „politischen Führungsschichten auf dem Balkan [...] die Bedeutung des Agrarsektors für die gesamte Entwicklung von Wirtschaft und Gesellschaft grob unterschätzt".[30] Folge davon sei gewesen, dass die Bauern wie in den Zeiten osmanischer Feudalherrschaft so auch nach der Erlangung der nationalen Unabhängigkeit benachteiligt und unterprivilegiert geblieben seien – als „misera plebs contribuens".[31]

Im Allgemeinen kann an dieser Charakterisierung des Ergebnisses südosteuropäischer Landwirtschaftspolitik zu vorsozialistischer Zeit kaum ein Zweifel bestehen. Nicht nur Sundhaussen, sondern eine Reihe anderer Autoren teilt die Einschätzung, dass der Agrarsektor in den Ländern der Balkanhalbinsel ein in seiner Entwicklung stagnierender und dazu überaus unproduktiver Wirtschaftszweig war.[32] Seine Erträge reichten in der Regel lediglich zur Selbstversorgung der Produzenten, so dass kaum Kapital durch Vermarktung von Überschüssen erwirtschaftet werden konnte; es herrschte Subsistenzwirtschaft. Entsprechend niedrig war somit der allgemeine Lebensstandard des Bauerntums sowie damit auch der Gesamtbevölkerung, innerhalb derer die Landbevölkerung mit Abstand die Mehr-

[29] Repräsentativ für die westliche Forschung insgesamt ist hierzu ungeachtet der Ausrichtung auf Kroatien vor allem Sundhaussen, Wirtschaftsgeschichte Kroatiens, 20-35 u. 43-56.

[30] Sundhaussen, Verpaßte Agrarrevolution, 60.

[31] Ebd.

[32] Hierzu gehören z. B. die bereits zitierten Autoren Lampe, Gerschenkron, Gross sowie außerdem Christian Giordano / Dobrinka Kostova, Bulgaria: Spanning a Wretched Past, Present Uncertainties and a Future in the Making, in: Bulgaria. Social and Cultural Landscape. Hg. Christian Giordano / Dobrinka Kostova. Freiburg i. Ue. 2000, 9-40.

heit stellte – in Bulgarien über drei Viertel. Insofern und aufgrund der schleppenden Entwicklung im Agrarsektor ist Sundhaussen zuzustimmen, wenn er die bedrückende soziale Lage dieser Gesellschaftsschicht betont und von einer „verpassten Agrarrevolution" spricht. Richtig ist auch, dass der Agrarsektor zumindest im bulgarischen Fall durch eine Modernisierungspolitik ins Hintertreffen geriet, die, wie vor 1912, vorwiegend im industriellen Sektor ansetzte, ohne innovative Reformen in der Landwirtschaft als Voraussetzung für eine gesamtwirtschaftliche Entwicklung ausreichend zu berücksichtigen. In der Annahme, durch selektive administrative Maßnahmen eine Industrie gewissermaßen aus sich selbst heraus entstehen lassen zu können, setzte der Staat fiskalische Anreize zur Anregung unternehmerischer Initiative und betätigte sich selbst als Investor.[33] Und auch nach dem Ersten Weltkrieg wurde diese Industrieförderungspolitik fortgesetzt. Andererseits aber wurden nun zum ersten Mal gezielte Maßnahmen ergriffen, die die Ankurbelung der Agrarexporte mittels Produktivitätssteigerung und Koordinierung des Außenhandels bezweckten.[34] Ob diese Politik jedoch Teil eines echten, ganzheitlich angelegten sozioökonomischen Modernisierungskonzeptes war oder ob es nicht vielmehr darum ging, möglichst kurzfristig Kapital zur Linderung der staatlichen Finanznot zu beschaffen, bleibt diskutabel. Jedenfalls erweckt besonders die Verlagerung der Agrarausfuhren auf den Tabak während der 20er Jahre eher den Eindruck kurzatmiger Hektik in Hoffnung auf das „schnelle Geld" als den Eindruck überlegten, strategisch motivierten Vorgehens. Zu einseitig wurden ab Mitte der 20er Jahre die Exporte vom Tabak dominiert, nachdem sie zuvor ebenso einseitig vom Weizen beherrscht worden waren, als dass sie Krisenfestigkeit und längerfristige Profitperspektiven hätten erreichen können.[35] Entsprechend folgte dann im Zuge der Weltwirtschaftskrise die große Desillusionierung, als die Weltmarktpreise einbrachen und Bulgarien auf großen Tabakvorräten sitzenblieb, die erst in den 30er Jahren im Rahmen von Kompensationsgeschäften abgestoßen werden konnten.[36]

Ob diese scheinbar oberflächliche Entwicklungspolitik der südosteuropäischen Länder, und damit auch Bulgariens, jedoch, wie Sundhaussen meint, Ausdruck eines Mangels an Willen und Geduld der Regierungen war, die Problematik der „Rückständigkeit" von ihren soziokulturellen Wurzeln her anzugehen,[37] scheint fraglich. Zumindest der Vorwurf der Ungeduld scheint wenigstens im bulgarischen Falle übertrieben zu sein, denn angesichts der budgetären Lage war wirtschaftspolitische Eile wirklich geboten.

Auch die eingangs erwähnte Feststellung Sundhaussens, der Agrarsektor sei in seiner weitreichenden sozioökonomischen Bedeutung grob unterschätzt worden, muss zumindest in Bezug auf das Bulgarien der Zwischenkriegszeit hinterfragt werden. Unabhängig davon, wie man die jeweilige Landwirtschaftspolitik bewerten mag, kann doch kaum ein Zweifel daran bestehen, dass dem Bauerntum stets eine nicht unerhebliche Aufmerksamkeit ge-

33 Vgl. Kapitel 2.2.
34 Vgl. Kapitel 2.3.
35 Lampe, Bulgarian Economy, 51-56.
36 Vgl. Kapitel 3.3.
37 Sundhaussen, Verpaßte Agrarrevolution, 57-59.

schenkt wurde. Für die Regierungszeit Stambolijskis und seines BZNS braucht dies nicht weiter betont zu werden; sein Ziel war, beinahe in Analogie zum Marxismus, eine Klassenherrschaft des Bauerntums.[38] Und auch die auf seine Ermordung folgenden Regierungen brachen nicht vollständig mit seiner Linie; sie setzten weiterhin auf die von ihm eingeführte Förderung landwirtschaftlicher Kooperativunternehmen sowie auf die allgemeine Arbeitsdienstpflicht.[39] In Gestalt des Tabakexportbooms der 20er Jahre schlug sich außerdem zumindest ansatzweise ein prinzipielles Verständnis für die gesamtwirtschaftliche Anschubfunktion eines profitabel arbeitenden Agrarsektors in der Politik nieder. Was freilich fehlte, und hier ist Sundhaussen zuzustimmen, war ein gesellschaftlicher und kultureller Reformkurs, der auf Langfristigkeit und Nachhaltigkeit hin hätte angelegt sein müssen.

Ob diesem Sachverhalt jedoch wirklich ein mangelndes Problembewusstsein zugrunde lag, soll anhand der in der zeitgenössischen Fachpublizistik geführten Diskussionen überprüft werden. Wie es scheint, gab es vielmehr eine Scheu, dem Bauerntum, das allein aufgrund seiner Masse als politischer Faktor nicht zu unterschätzen war, einschneidende Veränderungen zuzumuten, wodurch eine konsequente Reformpolitik verhindert wurde.[40] Übertriebene Rücksichtnahme auf die Beharrungskräfte einer großen gesellschaftlichen Gruppe erzeugte also gewissermaßen einen Reformstau.

Die Diskussion um eine grundlegende Modernisierung der Landwirtschaft wurde in Bulgarien während der Zwischenkriegszeit gleichwohl intensiv geführt und soll hier als Gradmesser dafür dienen, inwieweit man damals von der Dringlichkeit dieses Problems überzeugt und für ausländisches Fachwissen und ausländische Initiativen offen war.

Bald nach dem Ersten Weltkrieg, spätestens aber Ende der 20er Jahre, unter dem Eindruck der eskalierenden Weltwirtschaftskrise, geriet der Agrarsektor verstärkt in das Blickfeld der interessierten bulgarischen Öffentlichkeit. In der Fachpublizistik häuften sich Abhandlungen führender Wirtschaftswissenschaftler, die sich damit beschäftigten, wie der Zustand der Landwirtschaft verbessert bzw. wie ihre Produktivität gesteigert werden könnte. Beginnend mit dem Jahr 1927 erreichte die Diskussion zwischen 1930 und 1932 ihren Höhepunkt. Gefragt wurde, wie aus einer Einheit bebauter Fläche der größtmögliche Ertrag herausgeholt werden könne, welches das für Bulgarien beste landwirtschaftliche System sei und welche Maßnahmen zu seiner Verbesserung geboten seien. In diesem Zusammenhang wurden zum Teil auch eingehendere Überlegungen angestellt, die den konkreten Einsatz bestimmter Technologien und Methoden betrafen. Hierzu zählten zum Beispiel der Gebrauch von Kunstdüngern und Landmaschinen wie auch in Verbindung damit die Einrichtung eines flächendeckenden landwirtschaftlichen Ausbildungssystems. Begleitet wurden diese konzeptionellen Erwägungen von Analysen und Interpretationen der sozialen Grundlagen der als krisenhaft empfundenen Entwicklungen auf dem Agrarsektor. Die Zu-

[38] Tankova, 89f.

[39] Vgl. Kapitel 2.3.

[40] Markus Wien, Wirtschaftspolitische Kultur im Bulgarien der Zwischenkriegszeit. Grundtendenzen der Wirtschaftspolitik und ihre Wechselwirkungen mit unternehmerischer Tätigkeit, *Collegium Germania* 4 (2003), 86-97, hier: 96.

sammenhänge mit den weltwirtschaftlichen Entwicklungen und die Orientierung an westlichen Volkswirtschaften, die man sich im Allgemeinen zum Vorbild nahm, runden das Bild ab.[41] Dieses lässt sich demzufolge in drei Kategorien einteilen: eine ursachenorientierte, die die Grundlagen der bestehenden Zustände beleuchtete, eine strategisch-konzeptionelle, die Auswege aus der Krise suchte, und eine außenorientierte, die die internationalen Zusammenhänge in den Mittelpunkt rückte.

Zum ersten Problemfeld erschienen zwischen Mitte der 20er und Mitte der 30er Jahre einige prononcierte und ausführliche Artikel, die die Schwächen der bulgarischen Landwirtschaft eingehend charakterisierten. In erster Linie analysierten sie also die Gründe für ihre geringe Produktivität. Hervorzuheben sind in diesem Zusammenhang drei Beiträge, die zwischen 1928 und 1931 in der Zeitschrift der BID veröffentlicht worden sind. In ihrer in großer Ausführlichkeit vorgetragenen Argumentation dürfen sie weitgehend als charakteristisch für den damaligen agrarpolitischen Diskurs gelten. Es handelt sich um „Dochodnostta na bălgarskoto zemledelie" (Die Einträglichkeit der bulgarischen Landwirtschaft) von dem Wirtschaftsprofessor I. V. Dolinski[42] und um „Dnešnoto săstojanie na bălgarskoto zemledelie i meroprijatija za negovoto podobrenie" (Der heutige Zustand der bulgarischen Landwirtschaft und die Maßnahmen zu ihrer Verbesserung) von Prof. Ja. Mollov,[43] der ursprünglich im März 1930 als Vortrag vor der Gesellschaft gehalten worden war. Ein charakteristisches Bild von den Entwicklungshemmnissen zeichnete außerdem Atanas Jaranov, in seinem Aufsatz „Našata zemledelska politika" (Unsere Agrarpolitik), der ursprünglich ebenfalls in Vortragsform verfasst worden war.[44]

Jaranovs Ausgangspunkt war die schwere Vermarktbarkeit bulgarischen Getreides, das wegen des zum Teil ungünstigen Klimas[45], wegen veralteter Produktionsmethoden und struktureller Unzulänglichkeiten nur in zu geringer Menge und zu schlechter Qualität erzeugt werden konnte. Als eine Hauptursache hierfür machte er die starke Zersplitterung des bäuerlichen Landbesitzes in Bulgarien aus.[46] Sie, so Jaranov, sei der Grund für die hohe Ineffizienz der Landwirtschaft:

> *„Beim heutigen zergliederten Zustand der Felder ist eine solche* [gute] *Bearbeitung unmöglich, weil der Bauer viel Zeit damit verliert, die verschiedenen Stücke des Bodens aufzusuchen, die ihm innerhalb der Begrenzungen des Ackerlandes im eigenen Dorf gehören, zum Teil aber auch anderen Dörfern zugeordnet sind. Es gibt Fälle, in denen dieser Zeitverlust bei 60-70 Parzellen Land, die ein Landwirt bei uns häufig zu bebauen hat, bis zu einer Woche beträgt, wodurch sich auch der Nutzen eines rechtzeitig gefallenen Regens verlieren kann."*[47]

[41] Vgl. die im Folgenden analysierten Beiträge.
[42] *Spisanie na BID* 27 (1928), Nr. 4, 165-193.
[43] *Spisanie na BID* 29 (1930), Nr. 4, 181-212.
[44] Atanas Jaranov, Našata zemledelska politika, *Spisanie na BID* 30 (1931), Nr. 1, 5-26.
[45] Jaranov, 25.
[46] Jaranov, 13.
[47] Ebd.

Die Folgen dieser Reibungsverluste erachtete Jaranov als weitreichend. Seiner Meinung nach wurde dadurch in erster Linie die Anwendung fortschrittlicher Anbaumethoden ad absurdum geführt, da diese angesichts der kleinräumigen Strukturen unrentabel wären.[48] Unter Verweis auf eine nicht näher bezeichnete Ausgabe der *Deutschen Bergwerkszeitung* erläuterte er, dass eine sinnvolle Mechanisierung der Landwirtschaft proportional zur flächenmäßigen Ausdehnung der Betriebe erfolge.[49] Angesichts der bestehenden Zustände fand er sich also damit ab, dass eine Einführung von Landmaschinen in nennenswertem Ausmaß kurz- bis mittelfristig unmöglich sei. Auch die Verwendung tiefer furchender Pflüge sei nicht zu erwarten, da die Bauern in der Regel nicht über das nötige kräftigere Zugvieh verfügten.[50] Insgesamt rechnete der Autor also nicht mit einer Verbesserung der Produktionsmethoden auf absehbare Zeit.

In ähnlicher Weise erörterte Jaranov die Hindernisse, die anderen agrarpolitischen Reformversuchen seiner Meinung nach im Wege standen. Auf diese Weise beabsichtigte er, seine Zuhörer bzw. die Leserschaft zu der einzigen Strategie hinzuführen, die er für geeignet hielt, unter den gegebenen Umständen Erfolge zu zeitigen, d. h. der bulgarischen Landwirtschaft eine gesicherte Position auf den internationalen Agrarmärkten zu verschaffen: die Verlagerung der Produktion weg vom traditionellen Getreideanbau hin zu Industriepflanzen, wie etwa Tabak, und zum Obst.[51] Andere Wege zur Eroberung der Märkte waren für Jaranov entweder versperrt oder zu lang. Letzteres galt ihm zufolge besonders für die vieldiskutierte Frage der „Kommassation" (Flurbereinigung), einer Umverteilung des Landbesitzes zur Schaffung größerer und kompakterer Einheiten, also zur Überwindung der bestehenden Zersplitterung. Eine solche Flurbereinigung würde seiner Meinung nach schlicht zu viel Zeit in Anspruch nehmen:

> *„Aber die Erfahrung lehrt uns, dass eine solche Kommassation bei uns nicht so bald stattfinden kann, und daher können wir, selbst wenn die Kommassation die Lösung aller Probleme böte, nicht auf ihre Vollendung warten."*[52]

Auch die intensivere Anwendung von Kunstdüngern schien für Jaranov keine realistische Hoffnung auf höhere Erträge zu bieten, wobei er sich bewusst nicht auf die Frage einließ, ob dieses Mittel angesichts der klimatischen Verhältnisse in Bulgarien überhaupt eine signifikante Wirkung erzielen würde. Seiner Meinung nach standen dem Gebrauch von Kunstdüngern zwei Faktoren entgegen, die auf den sozioökonomischen Teufelskreis verweisen, in dem sich das Land befand: der Mangel an Kapital und Kompetenz. Jaranov wies darauf hin, dass der erfolgreiche Einsatz künstlicher Düngemittel eine genaue Kenntnis ihrer Zusammensetzung sowie der Beschaffenheit des bebauten Bodens verlange – eine „größere

[48] A. a. O., 13f.
[49] Ebd.
[50] Ebd.
[51] A. a. O., 20f.
[52] Ebd.

Intelligenz des Bauern" also, wie der Autor es formulierte.[53] Überdies würde sich unter den gegebenen Handelsvoraussetzungen der Gebrauch von Kunstdünger nicht lohnen. Denn diese führten, so Jaranov, aufgrund schlechter Transportmöglichkeiten und der allgemein schwach ausgebildeten Infrastruktur, dazu, dass seine Beschaffung auf dem Weg des Importes aus dem Ausland die Landwirte mehr gekostet hätte, als die erhoffte Produktionssteigerung hätte erbringen können.[54] Die Herstellung derartiger Düngemittel im Lande selbst zog er nicht in Betracht.

Insgesamt also plädierte Jaranov für eine Transformation der bulgarischen Landwirtschaft anstelle einer Rationalisierung.[55] Er tat dies, da er die Hindernisse, die einer Transformation seiner Meinung nach entgegenstanden, für leichter zu überwinden hielt, als die gegen eine Rationalisierung, d. h. eine Effizienzsteigerung in der Produktion, sprechenden Gründe. In diesem Zusammenhang ist es bemerkenswert, dass er sich hier offenbar auf ein klares „Entweder-Oder" zwischen Getreide und verschiedenen Obst- bzw. Gemüsesorten als Erzeugungsschwerpunkte einließ. Das Argument, dass es bei einer derart eindeutigen Verlagerung auf eine Produktgruppe in Blockadesituationen, wie Bulgarien sie während des Ersten Weltkriegs erlebt hatte, zu erheblichen Versorgungsengpässen kommen könnte, wehrte er mit der Begründung ab, solche Vorkommnisse seien doch allzu selten, und außerdem sei es schlicht die Aufgabe der nationalen Politik, jegliche handelspolitische Isolation des Landes zu vermeiden.[56] Dass er nicht ausdrücklich für ein breiteres Spektrum in der Agrarproduktion eintrat, erstaunt umso mehr, als der Artikel Jaranovs mitten in der Weltwirtschaftskrise verfasst wurde, in der Bulgarien nach dem Krieg erneut die Erfahrung machte, dass ein zu einseitiger, in diesem Fall auf den Tabak ausgerichteter, Export durch äußere Einflüsse zu verwundbar war, als dass er dem Land eine robuste Position als Agrarexporteur hätte verschaffen können.

Neben dieser außenpolitischen Problematik nannte Jaranov noch eine Reihe anderer Hindernisse für eine Transformation der bulgarischen Agrarproduktion, die vorwiegend in inneren Unzulänglichkeiten von Politik und Landwirtschaft begründet waren, die er aber ebenso für überwindbar hielt. Immerhin aber argumentierte der Autor an dieser Stelle ausführlicher und, wie es scheint, auch ernsthafter, so dass er einen klaren Eindruck davon vermittelte, wo er die wichtigsten Schwachpunkte im bulgarischen Agrarsektor sah.

Der Umstellung von Getreide auf durch das bulgarische Klima begünstigte Früchte, die sich ihm zufolge nach den Bedürfnissen der großen mittel- und westeuropäischen Märkte richten sollte, da auf diese Weise höhere Preise zu erzielen seien, wobei nur ein unwesentlich höherer Einsatz an körperlicher Arbeit erbracht werden müsse, standen nach Jaranovs Auffassung sechs Arten von Hindernissen entgegen: solche der Geschichte, des Verkehrs, des Handels, der Finanzierung, der Technik und psychologische. Die historischen Gründe hielt der Autor für bereits überwunden. Sie bestanden, wie er meinte, in einer erzwun-

53 A. a. O., 15.
54 A. a. O., 16.
55 A. a. O., 17.
56 A. a. O., 17f.

genen Spezialisierung Bulgariens auf die Brot- und Reisherstellung unter der seit 1878 abgeschüttelten osmanischen Herrschaft.[57] Schwerer wogen seiner Überzeugung nach die verkehrstechnischen Gründe, denn von ihrer Lösung hing der Erfolg seines ganzen Konzeptes ab. Das Grundmotiv für eine Umstellung der bulgarischen Agrarproduktion, wie sie Jaranov vorschwebte, war gerade eine Intensivierung des Außenhandels, die ohne adäquate Transportmöglichkeiten undenkbar war. In diesem Zusammenhang verwies er darauf, dass es ausgerechnet die fruchtbarsten Gegenden des Landes waren, die noch eines Anschlusses an das nationale Eisenbahnnetz harrten.[58] Für Jaranov hatte die Lösung dieses Problems Priorität. Die Frage des Handels ging er indes mit einem logischen Zirkelschluss an, der etwa in folgende Formel gefasst werden könnte: Zur Lösung des Problems ist es notwendig, das Problem zu lösen. Seiner Auffassung nach musste Bulgarien zur Belebung seines Außenhandels Exportware erzeugen, die auf den europäischen Märkten Absatz finden würde. Dies jedoch war der Grundgedanke seiner Überlegungen und zugleich die von ihm formulierte Zielvorstellung, auch wenn er diesen Punkt insoweit konkretisierte, als er erklärte, dass es ihm darauf ankomme, vor allem „europäischen" Sorten bei der Herstellung den Vorzug zu geben.[59] Letztlich aber scheint die Nennung dieses Punktes an dieser Stelle überflüssig, da es sich hierbei ohnehin um das Kernanliegen Jaranovs handelte.

Vergleichsweise geringe Beachtung fand bei ihm die Frage der Finanzierung des Anbaus neuer, zum Export bestimmter Kulturen. Die laufenden Kosten hierfür, d.h. für die Kultivierung von Rosen, Wein und die Ausweitung der Schafzucht, hielt er für begrenzt und damit tragbar. Zu ihrer Deckung, so Jaranov, seien langfristige Kredite notwendig, die zu gewähren er die Bulgarische Landwirtschaftsbank für verpflichtet hielt. Einen größeren finanzpolitischen Bezug stellte er nicht her: der Frage der Finanzierbarkeit einer solchen weitgreifenden Umgestaltung der nationalen Landwirtschaft maß er keine zentrale Bedeutung bei.[60]

Angesichts der ebenfalls von ihm geäußerten Forderungen nach Beseitigung technischer Schwierigkeiten kann seine finanzpolitische Zurückhaltung eigentlich nur verwundern. Denn auf diesem Gebiet verlangte er nach einem umfassenden Ausbildungsprogramm, da er bei der Landbevölkerung die zur Pflege der neu einzuführenden Kulturen notwendige Kompetenz vermisste.[61] Jenseits der Frage der Umsetzbarkeit seiner Konzeption ist indes hervorzuheben, dass er mit dieser Forderung ein Grundproblem der sozioökonomischen Entwicklung Bulgariens anschnitt – jenes von Bildung und Ausbildung. In diesem Bereich bestand dringender Handlungsbedarf unabhängig von allen gegensätzlichen Auffassungen bezüglich verschiedener Schwerpunkte in der Agrarpolitik. Jeder Reformansatz auf diesem Gebiet verlangte Umstellungen von der Landbevölkerung und demzufolge auch deren Bereitschaft, Neues zu erlernen. Voraussetzung hierfür war allerdings ein flächendeckendes

57 A.a.O., 21 u. 23.
58 Ebd.
59 A.a.O., 22.
60 A.a.O., 22 u. 24.
61 A.a.O., 23.

Netz von Schulen und Ausbildungseinrichtungen. Hiervon war Bulgarien zu Beginn der 30er Jahre freilich weit entfernt.[62] Und auch Jaranovs diesbezügliche Vorschläge zielten im Grunde allein darauf ab, neue Ausbildungseinrichtungen dazu zu benutzen, die Einführung neuer Feldfrüchte beim bulgarischen Bauerntum zu propagieren. Er warb für eine verbreitete Einrichtung von „Ausbildungsgärten", in denen den Landwirten die sachgerechte Pflege der neu anzubauenden Pflanzen demonstriert werden sollte. Im gleichen Zuge trat er für die Heranziehung eines entsprechenden Spezialistentums an den Universitäten und Landwirtschaftsschulen ein.[63] Was jedoch fehlte, war die Formulierung bildungspolitischer Ziele, deren Leitmotiv das Prinzip der Nachhaltigkeit hätte sein müssen. Ein Ansatz, der lediglich auf kurzfristige Unterweisung abzielte, um einen konkreten Reformvorschlag wie jenen zur Produktionsumstellung zu verwirklichen, griff zu kurz. Worauf es ankam, um zu erreichen, dass Bulgarien sich auf Dauer zu einem gefragten und flexiblen Agrarexporteur entwickelte, wäre die Erziehung der Bauern zu marktorientiertem und innovativem Wirtschaften gewesen. Anstelle eines rein demonstrativ arbeitenden Systems war ein breiter angelegtes Konzept notwendig, das zuallererst für die Alphabetisierung des weitgehend illiteraten Bauerntums zu sorgen gehabt hätte. Stattdessen blieben öffentlich angestellte Überlegungen wie jene von Jaranov zu oberflächlich, um zu einer substantiellen Lösung der strukturbedingten sozioökonomischen Modernisierungsproblematik beizutragen.

Insgesamt scheint Jaranovs Konzeption zur Intensivierung des bulgarischen Außenhandels zu undurchdacht und zu fragmentarisch, als dass es hätte erfolgreich sein können. Dies zeigte sich auch beim sechsten Hindernis, das es seiner Meinung nach zu überwinden galt: der psychologischen Hemmschwelle, d. h. der Angst vor Neuerungen. Sie würde, so der Autor, verschwinden, sobald die Bauern den Nutzen der neuen Kulturen erkennen würden – mit anderen Worten, sobald der Erfolg der Reform eingetreten sei.[64] Auch hier führte Jaranov wieder seine eigene Argumentation *ad absurdum*; als Strategie zur Beseitigung eines Hindernisses, das der Umsetzung seines Konzeptes entgegenstand, propagierte er in einer Art Tautologie den Erfolg des Konzeptes selbst.

Eigentlich war es aber gerade das Konzeptionelle, das seinen Überlegungen fehlte. Er versäumte es, zwischen den einzelnen Punkten, die er anmerkte, eine Verbindung herzustellen. Besonders galt dies für die psychologischen und die ausbildungsbezogenen Probleme. Letzteren schrieb er eine rein technische Unterweisungsrolle zu, ohne die „psychologischen" Einflussmöglichkeiten eines Bildungssystems zu berücksichtigen, die sich neben der Vermittlung von Elementarbildung etwa auf die Erziehung zu kreativem und eigenverantwortlichem Denken und Handeln erstrecken konnte. Nach Sundhaussen war gerade dies einer der Kernpunkte der südosteuropäischen Agrarproblematik: das Verharren des Bauerntums in traditionellen, subsistenzwirtschaftlich geprägten Denkwelten, deren Horizont das Motiv der Profitmaximierung als Arbeitsanreiz nicht einschloss.[65] Auch die Frage der Finanzierung

[62] Vgl. Kapitel 2.1.

[63] Jaranov, 24.

[64] Ebd.

[65] Sundhaussen, Verpaßte Agrarrevolution, 53.

der von Jaranov skizzierten Agrarreform stand zu isoliert in seinem Konzept. Zwar forderte er staatliche Kredite, um den Fruchtwechsel in der bulgarischen Landwirtschaft angemessen zu fördern, er erklärte aber nicht, wo das nötige Geld angesichts der hohen Staatsverschuldung herkommen sollte und warum es, so es vorhanden war, nicht in eine Bodenreform oder in die Intensivierung der bisherigen Produktion investiert werden sollte. Den Einsatz von Kunstdüngern hatte er gerade unter Hinweis auf deren hohe Anschaffungspreise abgelehnt, ihn für den Fall ausreichender Kapitalbereitstellung aber nicht ausgeschlossen, sondern sogar auf die positiven Erfahrungen verwiesen, die anderenorts damit gemacht worden seien.[66]

Gleichwohl enthält sein Aufsatz Passagen, die anschaulich machen, wo bulgarische Wirtschaftswissenschaftler der Zwischenkriegszeit Unzulänglichkeiten und Reformbedarf in der Landwirtschaft sahen und von welchen Zielvorstellungen sie sich bei ihren Äußerungen leiten ließen. Hierzu gehören bei aller Fragwürdigkeit der Schlussfolgerungen, die Jaranov jeweils zog, seine Hinweise auf die Zersplitterung des Landbesitzes, die Mängel der Infrastruktur insbesondere auf dem Gebiet des Verkehrswesens, den allgemeinen Kapitalmangel, die geringe fachliche Kompetenz der Bauern sowie allgemein das niedrige Niveau von Produktivität und Qualität der Getreideherstellung. Auch seine strategische Überlegung, durch Schwerpunktverlagerung der Produktion auf Gemüse- und Obstanbau anstelle der Getreidekulturen zu einer besseren Position auf den internationalen Märkten zu gelangen, erscheint plausibel. Sie ist zwar nicht in der von ihm geforderten Radikalität, wohl aber im Grundsatz nachvollziehbar, da eine Erweiterung des landwirtschaftlichen Produktspektrums zweifellos krisenpräventive Wirkung versprochen hätte. Außerdem kann auch die Hoffnung auf eine Steigerung des bulgarischen Exportvolumens, die Jaranov in diese Maßnahme setzte, als berechtigt angesehen werden. Denn, wie er einleuchtend argumentierte, die bulgarischen Absatzchancen würden sich vor allem dann verbessern, wenn man sich auf Agrarprodukte verlegte, die unter den gegebenen geografischen und klimatischen Bedingungen in besserer Qualität hergestellt werden konnten als in anderen Ländern. Mit amerikanischem oder australischem Getreide könne man weder quantitativ noch qualitativ international konkurrieren. Für bestimmte Erzeugnisse wie etwa Weintrauben oder orientalische Tabaksorten böten sich in Bulgarien jedoch optimale natürliche Voraussetzungen.[67] Das Land, so schloss Jaranov, müsse sich also auf das konzentrieren, was andere nicht leisten könnten:

> *„Auf jeden Fall müssen wir unsere landwirtschaftliche Produktion auf das ausrichten, was andere nicht herstellen können, oder wenn doch, dann nur in einer Qualität, die sich mit der bei uns nicht vergleichen lässt. Wir müssen das Land des aromatischen Tabaks, der aromatischen Rosen und der aromatischen Früchte werden, weil darin unsere Zukunft liegt."*[68]

66 Jaranov, 25.
67 A. a. O., 25f.
68 A. a. O., 26.

Unter den potentiellen Märkten nahm für Jaranov Deutschland eine zentrale Stellung ein. Zuletzt sei es das einzige Land gewesen, das trotz der Weltwirtschaftskrise in nennenswertem Umfang Obst auf den internationalen Märkten eingekauft habe – und dies im Wert von 12 Milliarden Leva.[69] Diesem deutschen Aufnahmepotential schrieb der Autor eine erhebliche Bedeutung für das innere gesellschaftliche Gefüge Bulgariens zu. Wenn es Bulgarien gelänge, so malte er sich aus, nur die Hälfte des deutschen Marktes mit Obst und Gemüse zu versorgen, dann wäre dies mit einer Erweiterung der hierfür verwendeten Anbauflächen um 120 000 Hektar verbunden; bezöge man die übrigen mitteleuropäischen Märkte ein, so kämen noch einmal 240 000 Hektar hinzu.[70] Jaranov versprach sich hiervon eine Re-Agrarisierung der bulgarischen Bevölkerung. Der vermehrte Arbeitsanfall auf dem Lande würde, so meinte er, zusammen mit der Aussicht auf gesteigerte Profite und intelligentere Formen des Wirtschaftens den Agrarsektor attraktiver für begabte Menschen machen, die bisher ein Leben voller Trübsal in den Städten führten. „Ich könnte sogar konkrete Fälle von Rechtsanwälten nennen, die Gemüsebauern geworden sind", beteuerte Jaranov in der Meinung, seinem Publikum damit die unvergänglichen Vorzüge des Landlebens gegenüber der städtischen Entfremdung von der Natur verdeutlicht zu haben.[71] Allerdings ließ er offen, wie er diesen Aspekt seiner Überlegungen in ein volkswirtschaftliches Gesamtkonzept integrieren wollte. Hier zeigte sich erneut der fragmentarische Charakter seiner Ausführungen, die lediglich einem eng begrenzten Ausschnitt der bulgarischen Modernisierungsproblematik gewidmet waren. In durchaus richtiger Erkenntnis der grundlegenden landwirtschaftlichen Strukturprobleme plädierte Jaranov für Reformen, die indes nur auf eine bessere Vermarktbarkeit von Agrarprodukten abzielten, um das soziale Los des Bauerntums zu verbessern und ihm darüber hinaus sogar einen Teil der intelligenten urbanen Bevölkerung wiederzuzuführen. Zwar war Jaranovs Strategie bewusst auf kurzfristig zu erzielende Erfolge angelegt, dennoch ließ er aber volkswirtschaftlichen Weitblick vermissen. Was bei ihm fehlte, waren Überlegungen zum Einsatz des nach seinem Rezept zu erwirtschaftenden Kapitals bzw. der im gleichen Zuge steigenden Kaufkraft der Landbevölkerung. Es hätte seinem Bild vom Rechtsanwalt, der Gemüsebauer wird, wohl widersprochen, wenn die Erfolge bulgarischer aromatischer Früchte auf den internationalen Märkten zum Ausbau einer inländischen weiterverarbeitenden Industrie genutzt worden wären und die wachsende Kaufkraft zu einem zunehmenden Import ausländischer Industrieerzeugnisse geführt hätte, was einer weiteren Industrialisierung und damit einer weiteren Verstädterung Vorschub geleistet hätte. Die Entwicklung der bulgarischen Märkte spielte bei Jaranov analytisch praktisch keine Rolle.[72] Jedenfalls schien er sich, zumindest soweit es aus seinen Ausführungen in der Zeitschrift der BID hervorgeht, der sozioökonomischen Dynamik, die ein profitabel wirtschaftender Agrarsektor entfalten konnte, nicht bewusst zu sein. Die Vorstellung, dass eine solcherart sich entwickelnde Landwirtschaft eine Anschubfunktion auf andere Sektoren der Volks-

69 Ebd.
70 Ebd.
71 A. a. O., 25f.
72 Lediglich eine kurze Erwähnung auf S. 26.

wirtschaft ausüben könnte, passte jedenfalls nicht mit seiner Erwartung einer sich re-agrarisierenden Gesellschaft zusammen. Viel eher harmonierte sie mit strategischen Konzepten, die zur selben Zeit, in der Jaranovs Aufsatz entstand, in Deutschland unter Federführung des Mitteleuropäischen Wirtschaftstages entworfen wurden. Von seinen Ideen unterschieden sich diese dadurch, dass sie eine industriell geprägte und damit gesamtgesellschaftlich sich auswirkende Modernisierung Südosteuropas nicht nur als unvermeidliche, sondern auch als wünschenswerte Folge einer zunächst anzustrebenden Produktivitätssteigerung im Agrarsektor betrachteten – wünschenswert vor allem deshalb, weil die dadurch erreichte Kaufkraftanhebung und der steigende Bedarf an Technologie zugleich bessere Absatzmöglichkeiten für deutsche Importwaren mit sich brachten.[73]

Ungeachtet dieser Differenzen, die im Wesentlichen darauf beruhten, dass die MWT-Konzeption weiter führte als Jaranovs Reformvorschläge, ergaben sich auch wichtige Schnittmengen zwischen beiden Ansätzen. In erster Linie bestanden diese darin, dass man die gleiche Auffassung darüber hatte, wo die Entwicklung ihren Anfang zu nehmen hatte: in einer Produktionszunahme der bulgarischen Landwirtschaft mit Hilfe von Veränderungen in der Produktpalette, die durch begleitende Maßnahmen auf den Gebieten der Ausbildung, der Infrastruktur und des Kreditwesens zu unterstützen wären. Es gab also bereits bei vergleichsweise restriktiven Reformprogrammen wie dem von Jaranov Ansatzpunkte für eine intensive Kooperation mit der deutschen Wirtschaft, zumal auch bei ihm die Bezüge zu Deutschland nicht zu übersehen sind: Neben seinen Hinweisen auf die deutsche Expertise in der Anwendung moderner Agrartechnologien, wie etwa den Kunstdüngern, war es vor allem sein von vielen Zeitgenossen geteilter Blick auf Deutschland als vorrangiger Absatzmarkt für bulgarische Erzeugnisse, der die im Zuge der Weltwirtschaftskrise sich vollziehende Kanalisierung der internationalen Handelsströme und die sie begleitende Einengung des bulgarischen Handels auf Deutschland begünstigen sollte.[74]

Bei anderen Autoren aus Jaranovs Zeit, die diese Zusammenhänge klarer herausstellten, ergaben sich folglich noch weiter reichende Ansatzpunkte für deutsches wirtschaftliches Engagement. Bereits ein Jahr vor ihm hatte der bulgarische Ökonom Professor Ja. Mollov in der gleichen Zeitschrift eine Analyse der Lage im Agrarsektor zusammen mit einem Katalog von Maßnahmen vorgestellt, die er zu deren Gesundung für notwendig hielt. Sein Aufsatz „Der heutige Zustand der bulgarischen Landwirtschaft und die Maßnahmen zu seiner Verbesserung" enthielt allerdings einen wesentlich umfassenderen, auch die gesamtwirtschaftliche Perspektive mit einbeziehenden Ansatz als Jaranov. Besonderen Wert legte er auf die Wechselwirkungen zwischen landwirtschaftlicher und industrieller Entwicklung – einen Zusammenhang, den in der Vergangenheit nur ungenügend gewürdigt zu haben er der gebildeten, am wirtschaftspolitischen Diskurs teilnehmenden Öffentlichkeit in Bulgarien

[73] Hierzu ausführlich in Kapitel 5.1.
[74] Vgl. hierzu Kapitel 3.3.

vorhielt.[75] Erst in jüngster Zeit sei anstelle der Industrie die Landwirtschaft in das Zentrum der Aufmerksamkeit gerückt.

Im Gegensatz zu Jaranov, der ausschließlich Reformmaßnahmen bevorzugte, die seiner Meinung nach kurzfristig umzusetzen seien und der besseren Vermarktung bulgarischer Agrarerzeugnisse dienen sollten, postulierte Mollov eine parallele Modernisierung sowohl im landwirtschaftlichen als auch im industriellen Sektor:

> *„Die schnelle Entwicklung der Industrie ohne die gleichzeitige Entwicklung der Landwirtschaft, der Grundlage unserer Volkswirtschaft, ist unmöglich. Eine Steigerung der landwirtschaftlichen Erträge ist eine wichtige Voraussetzung für die Entwicklung der Industrie, vor allem aufgrund des Umstandes, dass die Landbevölkerung der wichtigste Verbraucher industrieller Produkte ist, worunter auch Gerät und Landmaschinen fallen, des weiteren Kunstdünger sowie Mittel zur Bekämpfung von Krankheiten und Schädlingen, außerdem aufgrund des Umstandes, dass die Industrien* [...] *Rohstoffe benötigen, die ihnen die Landwirtschaft liefern kann und auch liefert, sowie an dritter Stelle, weil die Landwirtschaft die Städte und insbesondere die Industriearbeiter mit Lebensmitteln versorgt.“*[76]

Hatte sich Jaranov mit der geringen Produktivität und räumlichen Zersplitterung der bulgarischen Agrarbetriebe auf längere Sicht hin abgefunden und lediglich eine Transformation statt einer Intensivierung der Landwirtschaft gefordert, so setzte Mollov klar auf deren Funktion als Motor der gesamten sozioökonomischen Modernisierung. Gemeinsam war beiden Konzepten freilich die Grundidee, dass eine erfolgreichere internationale Vermarktung der Erzeugnisse Ausgangspunkt für alle weitergehenden Überlegungen sein musste. Im Gegensatz zu Jaranov war Mollov aber gänzlich anderer Auffassung bezüglich des Wesens der Landwirtschaft als solcher. Diese Ansicht erläuterte er – auch in historischer Perspektive – zu Beginn seines Artikels in aller Ausführlichkeit. Der bemerkenswerteste Dissens zu Jaranov, der praktisch für eine Spezialisierung Bulgariens auf aromatische Gemüse- und Obstkulturen eintrat, ergab sich aus der Meinung Mollovs, dass landwirtschaftliche Produktion sich durch Vielfalt auszuzeichnen habe, da nur so alle Ressourcen und die verfügbare Arbeitskraft verteilt über das Jahr profitträchtig genutzt werden könnten.[77] Dieser Aspekt der Gewinnorientierung lag Mollov offenbar besonders am Herzen. In Kenntnis der Subsistenzwirtschaft als dem vorherrschenden Prinzip im bulgarischen Agrarsektor beschwor er wiederholt in seinem Aufsatz die marktwirtschaftlichen Grundfaktoren der Ausgabenminimierung, der Rentabilität sowie der Effizienz im Arbeitskrafteinsatz.[78] Indem er im einleitenden Abschnitt seiner Ausführungen derart grundsätzliche Überlegungen anstellte, hob er in besonders nachdrücklicher Weise die von ihm postulierte Allgemeingültigkeit seiner Thesen hervor. Zu erwartenden Einwänden, die dahingehend argumentieren mochten, dass Entwicklungen in anderen Ländern auf Bulgarien nicht anwendbar seien, wollte er hier-

75 Ja. Mollov, Dnešnoto săstojanie na bălgarskoto zemledelie i meroprijatija za negovoto podobrenie, *Spisanie na BID* 29 (1930), Nr. 4, 181-212, hier: 181.

76 A. a. O., 211.

77 A. a. O., 182.

78 A. a. O., 183.

durch von vornherein die Grundlage entziehen. In diesem Zusammenhang wird auch der allgemeine Überblick über die historischen agrarischen Entwicklungsstufen der Menschheit verständlich, den Mollov ebenfalls in der Einleitung bietet. Sein Drei-Phasen-Modell, demzufolge die einfache Ausbeutung der von der Natur dargebotenen Früchte am Anfang stand, es also keine Landwirtschaft im eigentlichen Sinne, sondern nur das Sammeln gab, worauf dann die Phase der extensiven und darauf wiederum die der intensiven Landwirtschaft folgte, diente dem Autor als Rahmen, in dem das bulgarische Agrarwesen im Vergleich zu anderen Ländern, insbesondere industrialisierten, positioniert werden konnte.[79]

Sein eigenes Land befand sich demnach im Endstadium der Phase extensiver Landwirtschaft. Dies zeige sich, so Mollov, darin, dass unter den Bedingungen des gegenwärtig in Bulgarien angewandten Systems – Überwiegen von Monokulturen und Drei-Felder-Wirtschaft – eine Erhöhung der Produktivität nur durch Ausdehnung der bebauten Fläche möglich sei. Angesichts der rasanten Bevölkerungszunahme im Lande[80] und der beschränkten Möglichkeiten einer Flächenextension reiche diese Methode zur Sicherung der nationalen Ernährung aber nicht mehr aus. Nötig sei also der Übergang zur intensiven Landwirtschaft, d. h. zu Methoden, die eine Ertragssteigerung pro Flächeneinheit garantierten.[81]

Aus dieser linearen Auffassung von wirtschaftlichem Fortschritt[82] ergab sich beinahe zwangsläufig, dass Mollov zur Herstellung eines Praxis- und Erfahrungsbezuges auf Länder verwies, die auf dieser Wegstrecke bereits ein größeres Stück zurückgelegt hatten als Bulgarien und demzufolge als Vorbilder anzusehen waren. Auch er stellte dabei Deutschland in den Mittelpunkt seiner Betrachtungen. Zusätzlich wurden in diesem Zusammenhang oft, und so auch hier, Dänemark und die USA erwähnt, die jedoch in der bulgarischen Außenwirtschaftsperspektive nur eine untergeordnete Rolle spielen konnten, da sie als Märkte entweder unerreichbar oder zu klein schienen.[83] Deutschland hingegen war im Erscheinungsjahr des Mollov'schen Artikels, 1930, bereits der wichtigste Handelspartner des Landes.[84] Daher lag es nahe, sich auch für die inneren Aspekte seiner sozioökonomischen Entwicklung besonders zu interessieren und Folgerungen für Bulgarien abzuleiten.

Wie der Autor ausführte, hatte sich zwischen 1878 und 1900 in Deutschland die gesamte landwirtschaftliche Nutzfläche nicht verändert. Der Anstieg der Produktivität während dieser Zeit hatte es aber erlaubt, den Anteil der Weideflächen und Brachen soweit zurückzuführen, dass letztlich ein Viertel der gesamten Nutzfläche dem Anbau von Industriepflanzen, Rüben, Kartoffeln und Futtergetreide gewidmet werden konnte. Parallel dazu habe sich aufgrund verbesserter Technik der Hektarertrag von Weizen, Roggen, Hafer, Gerste und Mais um 61 bis 82 Prozent erhöht.[85] In Bulgarien hingegen hatte sich, den von

79 A. a. O., 184-186.
80 Vgl. Kapitel 2.1.
81 Mollov, 185.
82 Vgl. Einführung.
83 Vgl. Kapitel 3.3.
84 Wie eben.
85 Mollov, 187f.

Mollov vorgelegten Daten zufolge, der Anteil des Brachlandes im Vergleich zur bebauten Fläche seit Beginn des 20. Jahrhunderts nur noch unwesentlich verändert. Im Ganzen gleich geblieben war auch der für Getreide verwendete Flächenanteil am gesamten Ackerland: Zwischen 1904 und 1926 hatte dieser stets in der Größenordnung von zwei Dritteln gelegen, wobei es sich, nach Mollov, bei den angebauten Sorten überwiegend um recht primitive handelte.[86] Diese mindere Qualität des Getreides war indes in Mollovs Analyse symptomatisch und zugleich ursächlich für weitere Unzulänglichkeiten in der bulgarischen Landwirtschaft, die aus seiner Sicht langfristig in einen allgemeinen Niedergang münden würden. So führten etwa der unveränderte Anteil der Brache an der landwirtschaftlichen Nutzfläche sowie die ausgebliebene Produktivitätssteigerung dazu, dass nicht genügend Futter für das Weidevieh bereitstand – um 1930 konnte gerade ein Viertel des Bedarfs aus der einheimischen Produktion gedeckt werden. Folge davon sei, so Mollov, dass nur primitive Rassen mit geringer Produktivität an Fleisch, Milch und anderen tierischen Erzeugnissen gehalten werden könnten.[87] Als Ursache für diese geringe Produktivität des bulgarischen Ackerbaus, der sich auch auf die Viehwirtschaft auswirkte, sah der Autor in erster Linie die Verwendung primitivster Technik auf den Feldern, d. h. konkret von Holzpflügen, die an Zahl die eisernen immer noch weit überwogen.[88] Hinzu kam die einseitige Bebauung des Bodens, der hierdurch stetig an Fruchtbarkeit verlor. Ergebnis dieser Mängel war nach Mollovs Angaben nicht nur eine Stagnation der landwirtschaftlichen Produktivität in Bulgarien, sondern sogar deren Rückgang. Gegenüber der Periode von 1908–1912 sei der gemessene Wert der gesamten Agrarproduktion von rund 714 Millionen Goldleva auf rund 664 Millionen in der Zeit zwischen 1922 und 1926 zurückgegangen.[89] Entsprechend sei in denselben Vergleichszeiträumen die Pro-Kopf-Produktivität der nationalen Landwirtschaft um 25 Prozent gesunken, wobei hierzu auch das schnelle Bevölkerungswachstum beigetragen habe. Entscheidend sei in diesem Zusammenhang allerdings die damit verbundene Zunahme ungenutzten Potentials an Arbeitskraft.

Insgesamt, so schloss Mollov diese Bestandsaufnahme des bulgarischen Agrarsektors, befinde man sich auf einem absteigenden Ast: „All dies zeigt, dass sich unsere Landwirtschaft in einer Phase des Niedergangs befindet.“[90]

Anstatt jedoch angesichts dieser wenig ermutigenden Lage zu resignieren, kam es Mollov offenbar vielmehr darauf an, seine Analyse zum Anlass einer Präsentation umfassender Modernisierungsstrategien für die bulgarische Landwirtschaft, wie sie ihm vorschwebten, zu nehmen. Erneut verwies er auf das Beispiel anderer Länder, um die positiven Erfolgsaussichten eines allgemeinen Programms zur Produktivitätssteigerung in der Landwirtschaft zu illustrieren, und erneut stand Deutschland im Mittelpunkt. Dieses, so Mollov, habe es geschafft, innerhalb des Zeitraumes von 1879 bis 1913 seine Produktion an Kulturpflanzen

86 Ebd.
87 A. a. O., 189.
88 Vgl. oben, zu Anm. 96.
89 Mollov, 189f.
90 A. a. O., 191.

im Schnitt zu verdoppeln. Unter Aufschlüsselung der ihm zur Verfügung stehenden Daten zur Produktivität einer Flächeneinheit von einem Dekar Ausdehnung nach den Sorten Weizen, Mais und Zuckerrohr, veranschaulichte der Autor, dass Deutschland, aber auch die übrigen westeuropäischen und nordamerikanischen Länder in den Jahrzehnten vor dem Ersten Weltkrieg entscheidende Fortschritte in der Effizienzsteigerung ihrer Agrarsektoren erzielt hätten. Deutschland habe dabei im Allgemeinen ein Produktionsniveau pro Fläche erreicht, das zwei- bis dreimal höher liege als in Bulgarien.[91] In Vorwegnahme des Gegenargumentes, dass derartige Erfolge unter den in Bulgarien gegebenen natürlichen Bedingungen nicht zu erzielen seien, verwies Mollov auf Experimente mit moderner Anbautechnik, die an Landwirtschaftsversuchsstationen in Sofia und Ruse durchgeführt worden seien. Sie hätten in einem Zeitraum von sechs bzw. vier Jahren zu signifikanten Ergebnissen geführt, die mit denen in westeuropäischen Ländern zu vergleichen gewesen wären.[92]

Um aber zu einer durchgreifenden Reform der bulgarischen Landwirtschaft zu kommen, forderte Mollov eine zweigleisige Strategie, die sowohl im Bereich von Agrarpolitik und -struktur als auch auf dem Gebiet der Landwirtschaft im Sinne der Produktionsmethoden anzusetzen hatte. Auch an dieser Stelle machte der Autor deutlich, wie sehr er sich in diesem Zusammenhang an der Entwicklung der westlichen Länder orientierte. Ausgehend von einer Zusammenfassung grundlegender Charaktermerkmale der bulgarischen Landwirtschaft stellte er fest, dass das Land denselben Weg gehen müsse, den auch andere Länder gegangen seien, die dieselben Entwicklungsstufen durchlaufen hätten. Bei diesen handele es sich etwa um Dänemark, Deutschland, die Tschechoslowakei, Belgien und die Niederlande. Als Haupteigenschaften der Agrarwirtschaft in Bulgarien nannte Mollov die vielbeklagte Zersplitterung des Ackerbodens in kleinste Wirtschaftseinheiten, die überwiegende Subsistenzwirtschaft sowie den eklatanten Kapitalmangel. So umfassten nach seinen Angaben im Jahre 1926 von insgesamt 735 000 landwirtschaftlichen Betrieben über 400 000 eine Fläche von weniger als sechs Hektar. In ländlichen Gegenden würden nur ungefähr 20 Prozent der gesamten Produktion vermarktet, und selbst in einem städtisch geprägten Bezirk wie demjenigen von Sofia läge dieser Wert lediglich bei rund 35 Prozent. Hingegen habe die Landwirtschaft in den als fortschrittlich genannten Ländern ihren Selbstversorgungscharakter vollständig verloren.[93]

Durch seine beinahe gebetsmühlenartig anmutende Beschwörung des modernen westeuropäischen Vorbildes machte Mollov deutlich, dass seine konzeptionellen Überlegungen zur Modernisierung, konkret zur Produktivitätssteigerung der bulgarischen Landwirtschaft, weniger an den Besonderheiten der bulgarischen und gesamt-südosteuropäischen Entwicklung orientiert waren, sondern in einer Nachzeichnung und einem Nachvollzug eines Modernisierungsweges bestanden, der unter vollkommen anderen Voraussetzungen zurückgelegt worden war. Das lineare und fortschrittsgläubige Verständnis Mollovs von Wirtschaft

91 A. a. O., 193f.
92 A. a. O., 194f.
93 A. a. O., 197f.

und Gesellschaft zeigt sich hier erneut. Gleichwohl erschöpften sich seine programmatischen Ausführungen nicht allein in der Anpreisung von Vorbildern, denen es nachzueifern gelte. Zugleich erläuterte Mollov die Grundmotive, die das agrarische Wirtschaften in „modernen" Ländern lenkten. An erster Stelle nannte er in diesem Zusammenhang die Orientierung des landwirtschaftlichen Handelns an den Erfordernissen der Märkte. Dies, so der Autor, sei auch der Grund dafür, warum der Modernisierungsprozess nicht überall zu den gleichen Strukturen geführt habe. Unterschiede seien hier in erster Linie in Abhängigkeit von der Größe der Betriebe festzustellen. Sowohl in Dänemark als auch in Deutschland konzentrierten sich kleinere Höfe auf die Viehzucht und den Anbau von Futtergetreide, wohingegen größere eine gemessen an ihrer Fläche relativ geringe Anzahl an produktiven Tieren hielten.[94]

Ausgehend von diesem Beispiel, das Mollov anführte, um die Notwendigkeit einer an regionale und betriebliche Besonderheiten angepassten Agrarstruktur zu illustrieren, entwickelte der Autor seine Argumentation für eine sinnvolle und koordinierte Landwirtschaftspolitik. Diese müsse, so erläuterte er, unterschiedliche Ausprägungen der einzelnen Produktionszweige je nach den lokalen Gegebenheiten zulassen. Hierfür müssten ausgebildete Agronomen passende Reorganisationspläne ausarbeiten, die nach einem koordinierten Maßnahmenkatalog umzusetzen seien. Die Agrarpolitik habe hierzu die notwendigen Rahmenbedingungen zu schaffen.[95] Diese bestünden, wie Mollov grob umriss, in der Vergabe zweckgebundener Kredite, einer kompetenten und zielgerichteten Führung des Kooperativwesens und der Setzung fiskalischer Anreize auf dem Gebiet des Steuer- und Zollwesens. Auf diese Weise, also durch eine Intensivierung des Handels mit Agrarprodukten, sei eine stärkere Verflechtung zwischen Landwirtschaft und Industrie herbeizuführen, die eine zunehmende Mechanisierung und damit eine weitere Produktivitätssteigerung bewirken werde.[96]

Die Ausführlichkeit, in der Mollov im Anschluss auf die seiner Ansicht nach direkt im Bereich der Landwirtschaft zu ergreifenden Schritte einging, zeigt, worum es ihm in Wirklichkeit ging und worin er die Wurzel der gegenwärtigen Agrarkrise sah. Der Maßnahmenkatalog, den er in seinem Artikel vorstellte, bestand aus fünf Punkten. Bezeichnenderweise zielten vier von ihnen darauf ab, Kompetenz und Motivation der Bauern anzuheben. Lediglich ein Punkt hatte einen rein technischen Inhalt: In ihm ging es um anzustrebende Verbesserungen auf den Gebieten des Pflanzenschutzes und der Veterinärmedizin zur Absicherung der erhofften Erfolge. Im Übrigen forderte Mollov die Schaffung von Grundlagen und Einrichtungen für eine fundierte Ausbildung der Landwirte, eine entsprechende öffentliche Propagierung derartiger Möglichkeiten und die Bereitstellung der nötigen Hilfsmittel sowie überdies Maßnahmen zur Anregung und Organisation privater Initiativen zur Verbesserung der Landwirtschaft.[97]

94 A. a. O., 199.
95 A. a. O., 200f.
96 A. a. O., 201f.
97 A. a. O., 202.

Worauf es Mollov bei der Umsetzung ankam, war ein koordiniertes und zielstrebiges Vorgehen, das zugleich die grundlegenden Probleme unmittelbar angehen sollte. Dies bedeutete, dass permanent auf Praxisbezug und direkte Anwendbarkeit der einzuführenden Neuerungen zu achten war. So legte Mollov Wert darauf, dass sich etwa agrarwissenschaftliche Institutionen auf die Einführung effizienter Anbautechniken und profitversprechender Kulturen und Viehrassen sowie auf die betriebswirtschaftlichen Aspekte der Landwirtschaft zu konzentrieren hätten. Es sei Aufgabe dieser Institutionen, wissenschaftlich fundierte Kenntnisse auf diesen Gebieten zur Verfügung zu stellen, ohne die alle weiteren Maßnahmen sinnlos seien. Gerade in dieser Hinsicht aber beklagte Mollov schwerwiegende Missstände – zu vieles geschehe hier allein nach dem Zufallsprinzip. Stattdessen sei es nun an der Zeit, kompetente Spezialisten einzusetzen, zu einer effizienten Führung und Aufsicht zu gelangen sowie alle Anstrengungen und Mittel auf die wichtigsten Ziele zu konzentrieren.[98]

Die solcherart gewonnenen und aufbereiteten Kenntnisse galt es, Mollov zufolge, auf sachgerechte Weise im Bauerntum zu propagieren, um dessen Arbeitskraft und Interesse in die gewünschte Richtung zu lenken und es zugleich zu Eigeninitiative zu ermuntern. Hier verwies er erneut auf das westeuropäische Vorbild, dessen landwirtschaftliches Ausbildungssystem es zu übernehmen gelte. Besonders die breite Masse der Dorfbevölkerung solle man eine auf zwei Jahre angelegte Landwirtschaftsschule durchlaufen lassen; eine weiterführende Ausbildung sei auf unterem und mittlerem Niveau kontraproduktiv, da sie den Betrieben lediglich dringend benötigte Arbeitskraft entziehe. Eine solche käme nur für die kommenden akademischen Eliten der Landwirtschaft in Frage.[99] Ihnen obliege es zudem, private Initiative zur Fortentwicklung des Agrarsektors zu ergreifen, wie dies auch in den moderneren Ländern der Fall sei, in Bulgarien angesichts des „allgemein niedrigen kulturellen Niveaus" zur Zeit aber noch dem Staat überlassen bleibe.[100]

Auch auf dem Gebiet der Weiterbildung der älteren Landbevölkerung setzte Mollov auf westliche Modelle. So galt es seiner Meinung nach, die Dichte des Ausbildungsnetzes deutlich anzuheben, die zum Beispiel in Deutschland ungefähr sechsmal höher war als in Bulgarien. Außerdem sei speziell für ältere Landwirte ein mobiles Ausbildungssystem zu schaffen, das mit Hilfe von Anschauungsunterricht auf Demonstrationsfeldern und -stationen fortschrittliche Methoden unter das Volk zu bringen habe.[101]

Mollov schloss seinen Beitrag, indem er sein landwirtschaftliches Modernisierungskonzept, wie eingangs erwähnt, in einen gesamtwirtschaftlichen Zusammenhang einbettete und ihm auf diese Weise sowohl einen übergeordneten Sinn verlieh als auch sein Funktionieren erst ermöglichte. Als einen integrierten Bestandteil dieser Sinngebung betrachtete er die Platzierung bulgarischer Agrarprodukte auf den internationalen Märkten, von denen er die wichtigsten in Mittel- und Westeuropa sah, darunter den deutschen an herausgehobener

98 A. a. O., 203f.
99 A. a. O., 204f.
100 A. a. O., 208.
101 A. a. O., 206f.

Position.[102] Grundmotiv aller Überlegungen musste jedoch nach Mollov die Verbesserung der Lebensverhältnisse der allgemeinen Bevölkerung wie auch der finanziellen Situation des bulgarischen Staates sein. Hierin sah der Autor die Rechtfertigung für seine konzeptionellen Forderungen. Seiner Meinung nach war das Grundproblem der bulgarischen Wirtschaft nicht allein ein agrartechnisches, sondern vielmehr auch eines des rationalen betrieblichen Wirtschaftens und des überlegten Handelns:

> „*Und ich würde sagen, so wichtig es auch sein mag, dass der Landwirt produziert, noch wichtiger ist es, dass er auch verkauft und dies zu Bedingungen, die ihm die Erzielung von Gewinnen erlauben, welche sich wiederum stimulierend auf seine wirtschaftliche Tätigkeit auswirken. Und es ist nicht übertrieben zu sagen, dass der bulgarische Bauer in dieser Beziehung vollkommen hilflos ist.*“[103]

Die Landbevölkerung hatte nach Mollovs Beobachtung keine Ahnung von den Erfordernissen des Marktes und den Wegen des Handels. Dieser verlaufe in Bulgarien nach archaischen Prinzipien rein zufällig und ohne der Produktion eine Richtung vorzugeben. Der Händler nehme dem Bauern einfach das ab, was dieser ihm anbiete.[104] Auch zur Behebung dieser Missstände verwies Mollov wieder auf das westliche Vorbild. Demnach seien Qualitätsstandards zu schaffen, die sich nach den Erfordernissen der Märkte zu richten hätten. Wie etwa in den USA, Dänemark, Holland und Deutschland brauche man qualifiziertes Kontrollpersonal zur Überwachung der Einhaltung dieser Normen. Hierbei ging es für Mollov aber nicht allein um die Orientierung an internationalen Märkten, auch der bulgarische Bedarf war zu ermitteln und die Produktion danach auszurichten. Besonders die heimische Industrie, die auch eine wichtige Rolle bei der Versorgung der Landbevölkerung und der Modernisierung der Agrarproduktion zu spielen habe, sei dabei zu berücksichtigen. Insgesamt, so folgerte Mollov, sei eine Rationalisierung, Systematisierung und Verzahnung der Wirtschaftssektoren Landwirtschaft, Handel und Industrie anzustreben.[105]

Die beiden beispielhaft betrachteten Artikel von Jaranov und Mollov waren Teil eines breiten wirtschaftskonzeptionellen Diskurses in den führenden Fachorganen der 20er und 30er Jahre. In ihren inhaltlichen Grundstrukturen folgten die Beiträge jener Zeit der Linie Mollovs und Jaranovs. Ein immer wiederkehrender Grundgedanke in ihnen ist die Bezugnahme auf Entwicklungen und Zustände in den als fortgeschritten und modern betrachteten west- und mitteleuropäischen Staaten. Dabei ging es allerdings nicht nur um den industriell geprägten Charakter ihrer Volkswirtschaften, sondern vor allem um die höhere Produktivität ihrer Landwirtschaften. Damit waren jedoch nicht allein mengenmäßig höhere Erträge gemeint, sondern insbesondere auch die bessere Qualität wie auch der größere Variantenreichtum ihrer Produkte. Aber auch als tatsächliche und potentielle Märkte spielten die Industrieländer eine zentrale Rolle in den Überlegungen der bulgarischen Wirt-

102 A. a. O., 211.
103 A. a. O., 210.
104 Ebd.
105 A. a. O., 210-212.

schaftsfachleute. Naturgemäß stand in diesem Zusammenhang Deutschland, das bereits seit 1924 wichtigster Handelspartner Bulgariens war,[106] im Mittelpunkt. Bis etwa zur Mitte der 30er Jahre war allerdings von einer überwiegenden Anbindung an Deutschland zur Intensivierung des Außenhandels in der Fachpublizistik noch nicht die Rede. Gewünscht war eine Steigerung der Agrarexporte aber allenthalben – dieses Ziel war Konsens. Das gleiche galt für die dafür notwendige Anhebung der landwirtschaftlichen Produktivität und die Ausrichtung der Produktion an den Erfordernissen der westlichen Märkte. Hierzu gab es nach der zeitgenössischen Einschätzung keine vernünftige Alternative, so dass die Entwicklung in Bulgarien stets in vergleichender Perspektive zum „modernen" Westen betrachtet wurde.

Aus dieser Feststellung ergeben sich neue Anwendungsmöglichkeiten für den schillernden Begriff der „historischen Rückständigkeit", der unter anderem durch Gerschenkron[107] zum Gegenstand kontroverser Diskussionen geworden ist, wie auch eine neue Interpretation des Weges, den die bulgarische Außenwirtschaft seit den frühen 30er Jahren einschlug. Denn bei aller Problematik des Rückständigkeits-Konzeptes, dem die Vorstellung von einer linearen sozioökonomischen Entwicklung mit dem Ziel der Industrialisierung nach westeuropäischem Vorbild zugrunde liegt, vermittelt der bulgarische Fachdiskurs der Zwischenkriegszeit den Eindruck, dass im Land selbst das subjektive Gefühl der Rückständigkeit herrschte. Anders sind jedenfalls die vielfachen Hinweise auf Produktivitätsziffern, Anbaumethoden, Technologien, Strukturen und historische Modernisierungsschübe im westlichen Europa wie auch in Nordamerika kaum zu deuten. Auch wenn man sich in Bulgarien von den dortigen Verhältnissen weit entfernt sah und kaum realistische Hoffnungen auf ein baldiges „Aufholen" hegte, gab es, wie es scheint, dennoch kaum eine Alternative zu dieser eindeutig nach Westen orientierten Blickrichtung. Dieser Sachverhalt ergab sich indes schlicht aus dem bulgarischen Bedürfnis, den Außenhandel – und hier insbesondere den Agrarexport – mit den Industrieländern zu intensivieren. Dies war notwendig, sowohl um der allgemeinen sozioökonomischen Modernisierung als auch um der Linderung der finanziellen Notlage des Staates willen. Die Märkte der anderen ost- und südosteuropäischen Agrarstaaten wurden der strukturellen Ähnlichkeit der dortigen Volkswirtschaften wegen als wenig lohnend erachtet.[108] Standen also die industrialisierten Länder im Mittelpunkt der außenwirtschaftspolitischen Aufmerksamkeit der bulgarischen Fachöffentlichkeit, so lag es nahe, sich auch für deren volkswirtschaftliche Strukturen und technologische Expertise zu interessieren – letzteres in erster Linie, um die für eine Umsatzsteigerung im Außenhandel unverzichtbare Produktivitätssteigerung zu erzielen. Vor allem aber kam es darauf an, die Gegebenheiten und Bedürfnisse ihrer Märkte zu analysieren. Um dort Erfolgsaussichten zu haben, war es notwendig, eine Erfüllung der dort geltenden Qualitätsstandards und sonstigen Normen anzustreben.

[106] Vgl. Kapitel 3.3.
[107] Gerschenkron, siehe Einführung (Kapitel 1), Anm. 17.
[108] Vgl. Kapitel 3.3.

Vor diesem Hintergrund der Leitbildfunktion, die die industrialisierten Volkswirtschaften im Rahmen des bulgarischen Diskurses offenbar hatten, erscheint die Anwendung des Begriffes der soziökonomischen Rückständigkeit auf Bulgarien praktikabel. Präzisierend sollte allerdings hinzugefügt werden, dass es sich dabei um eine Rückständigkeit gegenüber selbstgesteckten Zielen handelte. Wie der diesbezügliche Diskurs zeigte, ging es dabei in erster Linie um das Ziel einer effizienter arbeitenden Landwirtschaft. Die allgemeine Erkenntnis einer rückläufigen Pro-Kopf-Produktion, sinkender Ausfuhrzahlen und eines zunehmenden sozialen Ungleichgewichts war es, die eine allgemeine Krisenstimmung hervorrief. Diese griff zwar besonders während der Jahre der Weltwirtschaftskrise um sich, hatte sich aber schon spätestens ab der Mitte der 20er Jahre bemerkbar gemacht und führte die Ursachen der beklagten Zustände ohnehin auf länger zurückliegende Entwicklungen zurück.

Gründete sich dieses Gefühl der „Rückständigkeit" also auf das Bewusstsein, in einer langfristig anhaltenden, wenn nicht gar chronischen Krise befindlich zu sein, so bedeutete dies nicht, dass man für eine in eine Industrialisierung mündende Entwicklung analog dem westeuropäischen Modell eingetreten wäre. Vielmehr belegt der bulgarische Wirtschaftsdiskurs der Zwischenkriegszeit die Bereitschaft breiter Fachkreise, sich mit dem überwiegend agrarischen Charakter der nationalen Volkswirtschaft zumindest auf absehbare Zeit abzufinden. Freilich herrscht der Eindruck vor, dass dem weniger die Vorstellung von einem bulgarischen „Sonderweg" zugrunde lag als eher die Einsicht in das momentan Mögliche. Klar ist indes, dass eine kurzfristig anzustrebende Produktivitätssteigerung in der Landwirtschaft die Hauptsorge des Diskurses war und den Blick auf Methoden westlicher Herkunft lenkte. Die westlichen Industrien blieben in diesem Zusammenhang allerdings weitgehend unbeachtet. Entsprechend selten finden sich im wirtschaftspolitischen Diskurs jener Zeit auch Überlegungen zu etwaigen Verknüpfungen und Interdependenzen zwischen Landwirtschaft und Industrie. Dies mag jedoch mit dem durchweg anzutreffenden großen Praxisbezug und der thematischen Konzentration auf den Agrarsektor begründet sein und weniger damit, dass solche Zusammenhänge nicht in Betracht gezogen worden wären. Das Fehlen von Hinweisen auf eine mögliche parallele Entwicklung von Landwirtschaft und Industrie spricht vielmehr dafür, dass man der Gesundung des Agrarsektors Vorrang vor Überlegungen bezüglich anderer Wirtschaftssektoren einräumte, wobei zumeist unklar blieb, ob man sie auch als Vorbedingung für eine weitere Industrialisierung betrachtete.[109] Insgesamt bleibt jedoch der Eindruck, dass unter den bulgarischen Bedingungen, wie sie in der zeitgenössischen Fachöffentlichkeit analysiert wurden, eine Industrialisierung, die über das bisherige, weitgehend vom Staat induzierte rudimentäre Maß hinausgehen würde, ohne eine vorherige substanzielle Kommerzialisierung der Landwirtschaft kaum realisierbar war.

Einigkeit bestand hinsichtlich des Bedarfs an westlicher Expertise, die in der bulgarischen Landwirtschaft zur Anwendung kommen sollte, und an Kapital, das wenigstens zu einer Initialfinanzierung der für notwendig erachteten Modernisierungsmaßnahmen zu

[109] Ausnahmen: u. a. MOLLOV.

verwenden war. Zu beschaffen war es – auch dies erkannten die meisten Autoren an – durch Kredite oder langfristige und wertbeständige Kapitalanlagen aus den Industrieländern.[110]

Innerhalb des hier skizzierten Schemas gab es naturgemäß unterschiedliche Schwerpunktsetzungen. Sie variierten von einem eher allgemein und weit gefassten Blickwinkel bis zur Konzentration auf spezielle Fragestellungen. Unterschiede zeigten sich auch hinsichtlich des programmatischen Charakters der einzelnen Äußerungen im bulgarischen Modernisierungsdiskurs. Sie reichten von zum Teil schlichten Bestandsaufnahmen bis hin zu konkreten Politikentwürfen, d.h. Empfehlungen an die Regierenden.

Programmatische Elemente enthielten auf jeden Fall die beiden bereits besprochenen Artikel Jaranovs und Mollovs. Sie hatten allerdings einen sehr umfassenden Ansatz, richteten also nicht nur Forderungen an die Landwirtschaftspolitik, sondern äußerten sich auch konkret zu agrartechnologischen Fragen. Einen dezidiert politischen Fokus konnte man hingegen in anderen Beiträgen in der Zeitschrift der BID finden. Prononciert äußerte sich zum Beispiel P. Abadžiev im Jahre 1927, also noch bevor die Weltwirtschaftskrise virulent wurde. „Unsere Landwirtschaftspolitik" hieß sein Aufsatz;[111] in ihm verlangte er den verstärkten Einsatz künstlicher Düngemittel und die Schaffung notwendiger Rahmenbedingungen durch die Politik. Zur effizienten Verwendung von Kunstdüngern sei es erforderlich, sie nach deutschem Vorbild im Lande selbst herzustellen und auf diese Weise billig zu halten.[112] Finanziert durch ausländisches Kapital seien hierzu die vorhandenen Elektrizitätswerke zur Stickstoffgewinnung aufzurüsten bzw. neue zu errichten. Das ganze sei durch Reformen im landwirtschaftlichen Ausbildungswesen zu flankieren. Auch um die Arten der Finanzierung hatte sich Abadžiev konkrete Gedanken gemacht. Er gab Hypothekenbanken den Vorzug, die in Bulgarien einzurichten seien und die nötigen Kredite gewähren sollten. Sie hätten, so der Autor, den Vorteil, ausländischen Investoren Sicherheiten in Form materieller Werte, wie etwa Immobilien oder Unternehmen, zu bieten.[113] Ein weiteres Beispiel für direkte agrarpolitische Forderungen war der ursprünglich als Vortrag gehaltene Artikel von S.G. Kašev „Die Aufgaben unserer Landwirtschaftspolitik".[114] Er gehörte zu jenen, die die Vorbildfunktion der westeuropäischen und explizit auch der deutschen Landwirtschaft am deutlichsten betonten, zugleich aber auch klarmachten, dass sie Bulgarien als ein Agrarland betrachteten, dessen Landwirtschaft Ausdruck seiner nationalen Eigenart sei:

> „*Unsere Agrarpolitik muss in ihrer Beharrlichkeit und Zielstrebigkeit der jüngsten italienischen und deutschen folgen, indem sie sich durch nichts davon abhalten lässt, gesunde Grundlagen für die Landwirtschaft zu schaffen, die* [...] *Quell unserer geistigen und materiellen Kultur ist.*"[115]

[110] So vor allem Mollov.
[111] Petăr Abadžiev, Našata zemledelska politika, *Spisanie na BID* 26 (1927), Nr. 3-4, 146-151.
[112] Ebd.
[113] Ebd.
[114] S.G. Kašev, Zadačite na našata zemledelska politika, *Spisanie na BID* 28 (1929), Nr. 3-4, 129-151.
[115] A.a.O., 151.

Die Aufgaben der bulgarischen Agrarpolitik sah Kašev in erster Linie im Anbau von Kulturen und der Anwendung von Methoden, die den jeweiligen naturgegebenen Bedingungen der verschiedenen Regionen des Landes angemessen waren. Es gelte nicht, so meinte er, generell den Schwerpunkt vom Getreide auf Industriepflanzen zu verlegen, sondern eine den geografischen Voraussetzungen angepasste rationale Landwirtschaft zu betreiben. Der Staat sei dafür verantwortlich, diese Voraussetzungen zu erforschen, die Ergebnisse der Landbevölkerung zu vermitteln und die Infrastruktur entsprechend auszubauen, was vor allem für die Eisenbahnen gelte.[116] Insgesamt also stellte Kašev zwar auch einen deutlichen West- und Deutschlandbezug in seinem programmatischen Artikel her, er konzentrierte sich aber stärker auf die Aufgaben, die die bulgarische Landwirtschaftspolitik im Inland zu erfüllen hatte. Die Rolle, die ausländisches Kapital in diesem Zusammenhang spielen konnte, trat bei ihm in den Hintergrund; eher rekurrierte er auf westliche Expertise, und hier wieder speziell auf die deutsche. Insofern reihte sich sein Beitrag wie derjenige Abadžievs trotz des unterschiedlichen Fokus in die westorientierte Grundlinie des allgemeinen bulgarischen Fachdiskurses jener Zeit mit ein.

Erörterungen, die eher agrarmethodische und -technische Fragen in den Vordergrund rückten, ergänzten die politisch-konzeptionellen Überlegungen. So setzte sich beispielsweise der Agronom T. Obreškov speziell mit der Problematik der Mechanisierung der Landwirtschaft auseinander: „Die Maschinen in unserer Landwirtschaft".[117] Auch bei ihm war es der Blick nach Westen, mit dem er sein Eintreten für eine Anhebung der Produktivität durch verstärkten Einsatz von Maschinen motivierte. Für Obreškov stand außer Zweifel, dass es das Ziel Bulgariens sein müsse, in der Landwirtschaft das Niveau Westeuropas zu erreichen:

> *„Namentlich dem bulgarischen öffentlichen Korporationswesen stehen große Anstrengungen bevor, um die bulgarische Landwirtschaft auf die Höhe zu führen, die viele westeuropäische Landwirtschaften schon lange erreicht haben."*[118]

In seiner Konzentration auf die Mechanisierung der Agrarproduktion stellte Obreškov indes eine Ausnahme im bulgarischen Fachdiskurs dar. Kreisten die meisten Konzepte zur Anhebung des Produktionsniveaus um strukturelle Fragen, wie etwa die Zergliederung des Grundbesitzes, die verkehrsmäßige Erschließung des Landes oder die Ausbildung der bäuerlichen Bevölkerung, oder um nichtmechanische Methoden zur Effizienzsteigerung, wie zum Beispiel die Verwendung von Kunstdüngern oder die Fruchtwahl entsprechend den klimatisch-geografischen Bedingungen und den Erfordernissen der Märkte, so stellte Obreškov den Einsatz von Maschinen als Mittel zur Modernisierung der Landwirtschaft in den Mittelpunkt. Dies garantiere nicht nur qualitative wie quantitative Verbesserungen, sondern vermindere auch die Kosten der Arbeit, indem es diese erleichtere und verein-

116 A. a. O., 149-151.
117 T. Obreškov, Mašinite v našeto zemledelie, *Spisanie na BID* 29 (1930), Nr. 8, 445-458.
118 A. a. O., 446.

fache.[119] Im Wesentlichen stellte sein Beitrag eine vergleichende Bestandsaufnahme des Maschineneinsatzes in Bulgarien in den Jahren 1911 und 1927 dar. Zwar hielt der Autor eine allgemeine Zunahme besonders von mechanischen Pflügen sowie Mäh- und Dreschmaschinen fest, seine Auffassung, dass es sich hierbei nur um punktuelle Verbesserungen handelte, machte er aber sowohl durch seinen Verweis auf das westeuropäische Vorbild deutlich als auch durch seine Klage über Gegenden in Bulgarien, die noch überhaupt keine Landmaschinen kannten.[120]

Ein drängendes, weil noch gänzlich ungelöstes Problem der sozioökonomischen Entwicklung Bulgariens und damit auch seiner Landwirtschaft war die Frage von Bildung und Ausbildung. Wie bereits an anderer Stelle erörtert, unterschritt die Analphabetenrate der bulgarischen Landbevölkerung bis zum Ende des Zweiten Weltkriegs nicht die Zwei-Drittel-Schwelle.[121] Dass dieser Sachverhalt ein entscheidendes Hindernis für die Einführung technisch versierter und damit ein höheres Ausbildungsniveau verlangender Produktionsmittel und -methoden war, bedarf keiner weiteren Erörterung. So gesehen hätten Fragen der allgemeinen Schulbildung ein zentrales Thema des Fachdiskurses sein müssen, wenn man an den gesellschaftlichen Grundlagen der bulgarischen Agrarkrise hätte ansetzen wollen. Umso bemerkenswerter aber ist es – auch angesichts der sonst von einem hohen Problembewusstsein zeugenden Debatte –, dass die eklatanten Missstände in der Elementarbildung praktisch keinen Eingang in die Agrardiskussion fanden. Stattdessen setzte man auf kurzfristig zu erzielende Erfolge durch direkte Unterweisung, das heißt durch Demonstration, der dann die erhoffte Imitation des Gezeigten folgen sollte.[122]

Erhellend und beispielhaft in diesem Zusammenhang ist eine kurze Bestandsaufnahme des bulgarischen landwirtschaftlichen Ausbildungswesens aus dem Jahr 1927 von D. Kalinov.[123] Der Autor erkannte in seinem Beitrag zwar die eminente Bedeutung dieses Problemfeldes an, stellte aber keinen Zusammenhang mit dem allgemeinen Bildungswesen her. Stattdessen sprach er allein von den verschiedenen Landwirtschaftsschultypen, die von den Fachhochschulen über die mittleren, praktischen und ergänzenden bis zu den Winteragrarschulen reichten.[124] Auch seine im selben Artikel geäußerte Klage über die geringe Schülerzahl an den Fachhoch- und Mittelschulen, an denen das landwirtschaftliche Führungs- und Verwaltungspersonal ausgebildet werden sollte,[125] führte ihn nicht zu der Folgerung, dass hierfür unter anderem das niedrige allgemeine Bildungsniveau verantwortlich sein konnte. Dieses wirkte sich indes nicht nur dahingehend aus, dass der breiten Masse der Landbevölkerung schlicht die notwendigen Grundkenntnisse und Fertigkeiten zum Besuch weiterführender Schulen fehlten, sondern auch dahingehend, dass das Bauerntum in traditionellen

[119] A. a. O., 445.
[120] A. a. O., 450.
[121] Vgl. Kapitel 2.1.
[122] So beispielsweise bei Jaranov und teilweise auch beim MWT, vgl. hierzu Kapitel 5.2.
[123] D. Kalinov, Zemledelskoto obrazovanie, *Spisanie na BID* 26 (1927), Nr. 5-6, 330-332.
[124] A. a. O., 330.
[125] A. a. O., 332.

gesellschaftlichen Vorstellungen verharrte, wonach die heranwachsende Landjugend ihre Arbeitskraft zur Feldarbeit einzusetzen hatte, anstatt in Bildungsanstalten zu verschwinden, die keinen erkennbaren praktischen Zweck erfüllten.[126] In weitgehender Übereinstimmung mit seinen Kollegen plädierte Kalinov indes für einen rein quantitativen Ausbau des landwirtschaftlichen Schulnetzes. Auch bei ihm findet sich hier der schon beinahe obligatorisch anmutende Hinweis auf das Vorbild Deutschland. Entfalle dort auf 3 750 Personen Landbevölkerung eine Landwirtschaftsschule, so liege die vom bulgarischen Agrarministerium angestrebte Rate bei einer Anstalt pro 5 000 Personen, was einer Gesamtzahl von ungefähr 700 bis 800 im ganzen Land entspreche. Für das Schuljahr 1927/28 würden aber voraussichtlich nur 45 bereitstehen, also nur ein geringer Bruchteil des als notwendig Erachteten.[127]

Unabhängig davon aber zeigte sich auch in Bezug auf das Ausbildungswesen, dass der Blick der bulgarischen Modernisierer überwiegend auf Deutschland gerichtet war. Zwar orientierten sie sich in erster Linie an statistisch messbaren Werten, und dies vielfach ohne deren Hintergründe zu analysieren, insgesamt bleibt jedoch der Eindruck, dass die Fachöffentlichkeit westlichen und insbesondere deutschen Anregungen und Einflüssen gegenüber aufgeschlossen war, so dass sich Ansatzpunkte und Tätigkeitsfelder für engere wirtschaftliche Kooperationen und Verflechtungen ergaben. Dies galt ebenso für Fragen der Ausbildung. Der bulgarische Bedarf auf diesem Gebiet eröffnete somit zusammen mit der verbreiteten Neigung zum Blick auf das deutsche Vorbild konkrete Möglichkeiten für die Erweiterung des deutschen wirtschaftlichen Einflusses in dem Balkanland.

Neben solchen Diskussionsbeiträgen, die speziellere Fragestellungen behandelten, war die Debatte im Allgemeinen auf das Problem der landwirtschaftlichen Produktivität im Ganzen gerichtet. Auch hier gab es Beiträge, die schwerpunktmäßig programmatischen Charakter hatten, und solche, bei denen es sich vorwiegend um Beschreibungen der momentanen Lage im Agrarsektor handelte. Im Bereich der programmatisch-konzeptionellen Überlegungen war man offensichtlich bemüht, einen hohen Praxisbezug herzustellen, konkrete Hinweise zu geben, wie die Produktivität erhöht werden könnte. Damit verzichtete man zwar auf Lösungsvorschläge zu einer dauerhaften Überwindung der Krise, versuchte aber Perspektiven für vergleichsweise schnell zu erreichende Verbesserungen anzubieten. Beispiele für derartige Beiträge, die naturgemäß eher technischen Inhalts waren, lieferten etwa Vasil Atanasov mit dem Aufsatz „Wie wir die Getreideproduktion pro Flächeneinheit erhöhen können“[128] oder der Agronom N.V. Dolinski mit „Die Einträglichkeit der bulgarischen Landwirtschaft“.[129]

[126] Sundhaussen, Verpaßte Agrarrevolution, 53. Vgl. dazu auch Gross, Elemente der Agrarstruktur, III/7-III/11.

[127] Kalinov, 330f.

[128] Vasil Atanasov, Kak da uveličim proizvodstvoto na zärneni chrani ot edinica plošt zemja, *Spisanie na BID* 31 (1932), Nr. 2, 345-358.

[129] N. V. Dolinski, Dochodnostta na bälgarskoto zemledelie, *Spisanie na BID* 27 (1928), Nr. 4, 165-193. Vgl. auch P. N. Obreškov, Käm väprosa na zemledelskata sistema v Bälgarija, *Spisa-*

Atanasov plädierte in seinem Beitrag vor allem für eine rationellere Anwendung von Düngemitteln. Dass diese bisher nicht in ausreichendem Maß zum Einsatz gekommen seien, führte er, gewissermaßen in Bestätigung Kalinovs, auf das niedrige Bildungsniveau und den geringen landwirtschaftlichen Sachverstand der bulgarischen Bauern zurück. Diese, so meinte er, könnten mit derartigen Hilfsmitteln nichts anfangen, so dass auch in den fruchtbarsten Gegenden des Landes kaum höhere Erträge erzielt würden.[130] Nicht einmal Naturdünger kämen zur Anwendung, obwohl deren Zutaten auf jedem Hof im Rahmen der normalen Viehwirtschaft und Erntetätigkeit anfielen. Der Hauptargumentationslinie seiner Zeitgenossen folgend, begnügte sich allerdings auch Atanasov nicht mit den in Bulgarien bereits gegebenen Möglichkeiten, sondern verwies auf die in Westeuropa in großem Maßstab verwendeten Kunstdünger.[131] Ausgehend davon entwickelte der Autor sein Konzept zur Einführung einer standardisierten Düngung der Felder. Indes wurde deutlich, wie sehr Bulgarien speziell in dieser Frage von ausländischem Expertenwissen und ausländischer Technologie abhängig war. Denn ohne dies explizit zu formulieren, forderte Atanasov den Einsatz von Fachleuten, staatlichen Behörden und vor allem auch staatlichen Geldern in einem Maße, wie es in Bulgarien zumindest während der Jahre der Weltwirtschaftskrise nicht vorhanden oder nur dann zu mobilisieren war, wenn man, wie es bei Atanasov den Anschein hat, im Einsatz von Kunstdüngern die Lösung aller landwirtschaftlichen Probleme sah. Das größte Hindernis, das dem entgegenstand, war das Fehlen der notwendigen Rohstoffe in Bulgarien. Bei ihnen handelte es sich vor allem um Superphosphat und Ammonphosphat. Die großen Industrienationen, unter ihnen Deutschland, importierten diese Substanzen vorwiegend aus Spanien.[132] Wofür Atanasov aber letztlich eintrat, war die Produktion von Kunstdüngern in Bulgarien selbst. Zur Herstellung der notwendigen Grundsubstanzen sollte das Land, so meinte er, eine eigene chemische Industrie aufbauen. Die Gelder hierzu sollten vom Staat aufgebracht werden. Außerdem brauche man engagierte Fachleute.[133]

An diesem Artikel von Vasil Atanasov wird, bei aller intendierten Praxisnähe und seinem Anspruch, einen gangbaren Weg zur Lösung des sich zu Beginn der 30er Jahre immer mehr verschärfenden Produktivitätsproblems aufzuzeigen, das ganze Dilemma deutlich, in dem sich die bulgarische Modernisierungsdebatte befand. Es bestand in erster Linie darin, einen geeigneten Angriffspunkt im gesamten Komplex der sozioökonomischen Entwicklung, die man in Bulgarien selbst als zurückgeblieben empfand, zu finden, um von dort aus dann die weiteren Probleme angehen zu können. Wie es scheint, fiel man unausweichlich und immer wieder auf die Notwendigkeit zurück, ausländische Hilfe in Form von Wissen, Material und Geld in Anspruch nehmen zu müssen. Dort, wo auf diesen Punkt nicht offen eingegangen

nie na BID 27 (1928–29), Nr. 1-2, 51-62. Hier werden in erster Linie die Frage der Fruchtfolge sowie die jeweiligen Vor- und Nachteile von Zwei- und Drei-Felder-Wirtschaft erörtert.

130 Atanasov, 345.

131 Ebd.

132 A. a. O., 356.

133 A. a. O., 357f.

wurde, verlor sich die Argumentation, wie bei Atanasov oder Jaranov, zumeist im Vagen. Dort, wo der Bedarf an Kapital angesprochen wurde, wurde auch zumeist eingeräumt, dass ausländische Kredite erforderlich seien.

Deutlich wurde aber bei Atanasov auch beispielhaft, wie umfassend das bulgarische Modernisierungsproblem war, und wie sehr es in seinen Grundlagen auch ein Problem der Wirtschaftsbeziehungen Bulgariens zum industrialisierten Westen Europas war. Denn die Notwendigkeit einer Modernisierung seiner Landwirtschaft ergab sich nicht allein aus gestiegenen Konsumbedürfnissen und dem Ziel eines höheren Lebensstandards für die breite Bevölkerung, sondern auch aus dem Bedarf des Staates an konvertierbaren Devisen, die aus dem internationalen Handel zu erwirtschaften waren und dem Königreich einen größeren außenpolitischen Spielraum sichern sollten. Gewiss spielten auch primär wirtschaftliche Gründe eine Rolle; denn je weiter der ökonomische Aktionsradius der bulgarischen Landwirtschaft war, desto besser war sie gegen Krisen abgesichert. Bei Atanasov wird dieser Zusammenhang dadurch verdeutlicht, dass sein Ziel, Bulgarien durch höhere Produktivität und damit durch eine Stärkung seines Exportpotentials international stärker zu verflechten, diese internationale Verflechtung in der Art eines Teufelskreises bereits zur Voraussetzung hatte. Das Land war also darauf angewiesen, Partner zu finden, die bereit waren, diesen Teufelskreis zu durchbrechen, indem sie sich nicht in einem bereits erfolgversprechenden Umfeld engagierten, sondern dieses Umfeld selbst mitgestalteten.[134]

N. V. Dolinski machte in seinem im Jahre 1928 erschienenen Aufsatz deutlich, dass dieser Zusammenhang in der Fachöffentlichkeit Bulgariens durchaus auch klar gesehen und ebenso klar angesprochen wurde. Die eigentliche Problematik erblickte er in dem zunehmenden Missverhältnis zwischen dem starken Anstieg der Bevölkerungszahl[135] und damit auch der vorhandenen Arbeitskraft einerseits und dem vorhandenen Produktionspotential der bulgarischen Landwirtschaft andererseits. Aufgrund des eklatanten Kapitalmangels könne dieses Potential nicht in proportionalem Maße zur Bevölkerung mitwachsen. Hierdurch verringere sich die Pro-Kopf-Produktivität im Agrarsektor, was auch mit dem vorhandenen Kapital zu tun habe:

> *„Dieser Prozess verstärkt sich auch dadurch, dass das Kapital in der Landwirtschaft nicht nur nicht mit der Zunahme der Arbeitskraft wächst, sondern sich auch in seinem absoluten Umfange nicht nur nicht erhält, sondern gemessen an seinem Bestand vor zwanzig Jahren sogar abnimmt.“*[136]

Die somit insgesamt schwach entwickelte bulgarische Volkswirtschaft sei nicht in der Lage, argumentierte Dolinski, die wachsende Landbevölkerung zu absorbieren; weder die Industrie noch die Städte im Allgemeinen hätten dazu die nötigen Kapazitäten. Insgesamt, so seine Folgerung, entspreche der wirtschaftliche Entwicklungsstand nicht den demografischen Veränderungen im Lande. Mit einer sonst selten anzutreffenden Direktheit sprach

[134] Vgl. in diesem Zusammenhang die Aktivitäten deutscher Unternehmen in Bulgarien, v. a. der Granitoid; dazu Kapitel 5.4.

[135] Vgl. Kapitel 2.1.

[136] Dolinski, 191.

sich Dolinski zur Überwindung des Produktivitätsproblems für eine „Kapitalisierung“ der bulgarischen Landwirtschaft aus, um der überschüssigen Arbeitskraft auf dem Lande die Mittel in die Hand zu geben, die zu ihrer rationellen Ausnutzung nötig waren.[137] Vom Staat erwartete er in dieser Hinsicht nicht viel. Mit Blick auf die bis dahin in Bulgarien betriebene Industrialisierungspolitik erläuterte er, dass es praktisch unmöglich sei, mit administrativen Maßnahmen eine Industrie aufzubauen, welche die von der Landwirtschaft freizusetzenden Arbeitskräfte beschäftigen könne. Zugleich aber räumte Dolinski ein, dass die bäuerliche Bevölkerung keine Alternative habe, als ihre Hoffnungen auf den Staat zu setzen, da ihr die gegenwärtige sozioökonomische Struktur des Landes keine Berufsfelder außerhalb des Agrarsektors biete und auch keine Möglichkeiten zur Kapitalakkumulation eröffne.[138] Somit tat sich auch bei Dolinski der bereits beschriebene Teufelskreis auf. Zur Lösung des sozialen Ungleichgewichts in Bulgarien, d. h. zum Abbau der ruralen Überbevölkerung, die mit einem Rückgang der Produktivität und steigender Armut einherging, war eine Entwicklung der städtischen Wirtschaftszweige, mithin also der Industrien, notwendig. Das dafür erforderliche Kapital sollte durch eine Kapitalisierung der Landwirtschaft geschaffen werden, wofür wiederum die Agrarerzeugung steigen musste, was mit einem Abbau der überschüssigen Arbeitskräfte verbunden gewesen wäre. Den vielversprechendsten bzw. einzig realistischen Angriffspunkt zum Aufbrechen dieses Teufelskreises sah Dolinski in der Einführung der nötigen Mittel aus dem Ausland. Offenbar war zu seiner Zeit (d. h. im Jahre 1928) dieser Gedanke in Bulgarien noch in gewissem Maße tabuisiert; diesen Eindruck vermittelt jedenfalls die vorsichtige Formulierung, mit der ihn Dolinski seiner Leserschaft nahe zu bringen versuchte. Die Mittel, so der Autor, zur Kapitalisierung der Landwirtschaft müssten von außerhalb des Agrarsektors kommen – und dies „möglicherweise sogar aus anderen Ländern“.[139] Denn weder die nationalen Industrien noch der Staat könnten diese Mittel wirklich aufbringen. Gleichsam um seine eigentlich Sorge zum Ausdruck zu bringen, die nichts anderes als das soziale Gleichgewicht und das Wohlergehen des bulgarischen Volkes zum Inhalt hatte, und um dem Verdacht zu begegnen, er betreibe einen Ausverkauf nationaler Interessen, sowie ferner, um die Dringlichkeit der von ihm geschilderten Problemlage zu verdeutlichen, fuhr Dolinski sogleich damit fort, die Produktivität der bulgarischen Landwirtschaft in eine internationale Rangliste einzuordnen. Hier sah er sein Land „auf einem der letzten Plätze unter den europäischen Staaten“.[140]

Was also bei Dolinski[141] sehr explizit, bei den meisten anderen namhaften Fachleuten Bulgariens aber auch zumindest implizit zutage trat, war die weitverbreitete Überzeugung, das Land würde eine Überwindung seiner sich in vielen Bereichen auswirkenden und durch viele einander verstärkenden Faktoren verursachten Agrarkrise aus eigener Kraft nicht errei-

137 A. a. O., 193.
138 Ebd.
139 Ebd.
140 Ebd.
141 Vgl. außerdem N.V. Dolinski, Kăm văprosa koja sistema za izpolzuvane na zemjata e naj-podchodna za Bălgarija, *Spisanie na BID* 28 (1929), Nr. 5-6, 219-231.

chen können. Letztlich war es, hierüber bestand Konsens, auf Know-how wie auf Kapital aus den westlichen Industrienationen angewiesen.

Auch die eher deskriptiv angelegten regelmäßigen Berichte der Zeitschrift der BID über die jeweilige Lage der nationalen Landwirtschaft bestätigten im Wesentlichen die Beobachtungen und Analysen, die den konzeptionellen und programmatischen Reformgedanken der meisten Autoren zugrunde lagen. Ein häufig wiederkehrendes Motiv war vor allem das Problem der ländlichen Überbevölkerung infolge des rasanten Anstiegs der Einwohnerzahl seit Beginn des 20. Jahrhunderts, der durch die Flüchtlingsströme nach dem Ersten Weltkrieg noch verstärkt worden war. Er konnte in die bestehenden Wirtschaftsstrukturen nicht integriert werden.[142] Dadurch sank im Ganzen die Pro-Kopf-Produktivität, da im Agrarsektor nicht genügend arbeitsintensiver Anbau betrieben wurde, also nicht ausreichend Arbeit vorhanden war. Folge davon war, wie zum Beispiel die 1932 erschienene Inlandsumschau von B. Jančulev beschrieb, eine zunehmende Verschlechterung der sozialen Lage der Landbevölkerung. Diese sei so ernst, so der Autor, dass der innere Friede im Lande gefährdet sei. In vielen Fällen hätten die Bauern ein Moratorium der Rückzahlung von Krediten an die Bulgarische Landwirtschaftsbank wie auch zum Teil an die eigenen Kooperationen bzw. Genossenschaften verkündet.[143] Aber auch andere bereits beschriebene Missstände tauchten regelmäßig in den Bestandsaufnahmen der Zeitschrift auf. Vor allem finanzielle Engpässe wurden wiederholt beklagt; sie ergaben sich aus der schwachen Zahlungsfähigkeit der bäuerlichen Kreditnehmer. Die Folgen wirkten sich naturgemäß negativ auf die Tätigkeit der Banken aus – darunter in erster Linie die Bulgarische Landwirtschaftsbank, die zur Fortsetzung ihrer Preis- und Prämienpolitik streckenweise ihr Grundkapital einsetzen musste.[144] In verschiedenen Varianten tauchten auch regelmäßig die strukturellen Unzulänglichkeiten der Agrarproduktion in den Inlandsumschauen auf. Zum Teil bezogen sie sich etwa auf die hohen Produktionskosten in der Tabakherstellung,[145] die kleinteilige Zergliederung der Eigentumsverhältnisse an Grund und Boden[146] oder inadäquate Wirtschaftsmethoden, unter anderem auch in der Forstwirtschaft, die durch ihren extensiven Betrieb einen Verfall erlebte.[147]

Dass im bulgarischen Agrarsektor zu Beginn der 1930er Jahre eine allgemeine Krisenstimmung herrschte, kam nicht nur in den inländischen Lagebeurteilungen und programmatischen Schriften zum Ausdruck. Auch ausländische Beobachter teilten diese Auffassung.

142 Zur Problematik der Überbevölkerung vgl. die bereits zitierten Texte von Gross und Sundhaussen, Verpaßte Agrarrevolution. Außerdem Franz Ronneberger, Südosteuropa auf dem Weg zur Industriegesellschaft. Darmstadt 1970 und Gross, Südosteuropa, 99-105 und 184-188.

143 B. Jančulev, Položenie na zemledelieto, *Spisanie na BID* 31 (1932), Nr. 7, 422-429, hier: 428f.

144 A. a. O., 425.

145 B. Jančulev, Položenie na zemledelieto, *Spisanie na BID* 36 (1937), Nr. 8, 475-480, hier: 477.

146 Zemedelskite stopanstva v Bălgarija, *Spisanie na BID* 28 (1929), Nr. 9-10, 483-486, hier: 483.

147 Jančulev 1932, 427.

Besonders eingehend beschäftigte sich Leo Pasvolsky in seiner 1930 erschienenen Monografie „Bulgaria's Economic Position"[148] mit den wirtschaftlichen Problemen des Landes und möglichen Maßnahmen zu ihrer Beseitigung. Wie seine bulgarischen Kollegen, so betrachtete auch er eine drastische Produktivitätssteigerung in der Landwirtschaft als entscheidende Grundvoraussetzung zur Besserung der gesamtwirtschaftlichen und sozialen Verhältnisse. In diesen sah er eine gewisse Analogie zur Lage unmittelbar nach der Gründung des bulgarischen Nationalstaates im Jahre 1878; damals wie 1930 sei es zuvorderst auf eine Anhebung des Produktivitätsniveaus angekommen, um sozial befriedigende Zustände zu erreichen.[149] Hiervon hänge auch die finanzielle und ökonomische Stabilität Bulgariens ab. Im Unterschied zu den letzten Jahrzehnten des 19. Jahrhunderts jedoch sei der Druck nun um ein Vielfaches höher. Dies sei durch das „abnormale" Bevölkerungswachstum sowie durch die steigenden Auslandsschulden bedingt. Zwar sei, so Pasvolsky, das Problem der instabilen Währung und der unausgeglichenen Haushalte mit Hilfe des Völkerbundes und des Reparationsabkommens von 1929 gelöst worden. Bulgarien gebe aber, so fuhr er fort, im internationalen Handel und Zahlungsverkehr immer noch mehr aus, als es einnehme.[150]

Bevor er strategische Vorschläge darüber machte, wie die Produktivität zu steigern sei, erläuterte er im Einzelnen die Hintergründe des zunehmenden Auseinanderklaffens von Angebot und Bedarf in der bulgarischen Volkswirtschaft und erklärte, warum eine Anhebung der Produktion überhaupt notwendig sei:

> *„An expansion of production is imperative for Bulgaria in order to enable her to meet pressure for increased domestic consumption. This pressure comes primarily from two important sources: the growth of population and the rise of new consumption wants."*[151]

Eine Steigerung des Produktionsniveaus war nach Pasvolsky also nicht nur notwendig, um mittels Exporten zur Bedienung von Auslandsschulden beizutragen, sondern auch um den höheren inländischen Konsumbedarf zu befriedigen. Dieser sei indes nicht nur durch die explosionsartige Bevölkerungsvermehrung zu erklären, sondern auch durch höhere Ansprüche, die eine Folge verbesserter Kommunikationsmöglichkeiten vor allem in den Städten seien. Sie vermittelten den Menschen in zunehmendem Maße Kenntnisse über Leben und Luxus in anderen Ländern.[152] An dieser Stelle kam bei Pasvolsky bereits ein zumindest impliziter Bezug zur Rückständigkeitsproblematik nach Gerschenkronschem Verständnis vor. Zwar hatte er Bulgarien auch schon an anderer Stelle in seiner Abhandlung als rückständig bezeichnet[153], hier aber erhielt dieser Begriff zum ersten Mal einen Inhalt in Form eines konkreten Maßstabes. Dieser bestand in der verbreiteten anschaulichen Vermittlung „fortgeschrittener" Lebensweisen in den Industrieländern durch Massenmedien, wie etwa das

[148] Pasvolsky.
[149] A. a. O., 265.
[150] A. a. O., 264f.
[151] A. a. O., 267.
[152] A. a. O., 269.
[153] A. a. O., 27.

Kino, das sich immer größerer Beliebtheit erfreute.[154] Auch hierdurch konnte zumindest in der städtischen Bevölkerung ein subjektives Gefühl sozioökonomischer Rückständigkeit entstehen, das mit einer Zunahme der Ansprüche an den eigenen Lebensstandard einherging. Darüber hinaus konstatierte Pasvolsky jedoch nicht nur höhere Konsumbedürfnisse als Ursache für die Notwendigkeit einer allgemeinen Produktivitätssteigerung, sondern auch einen realen Rückgang des Lebensstandards im Vergleich zur Vorkriegszeit. Nominell sei das Pro-Kopf-Einkommen zwar gleich geblieben, durch den Verfall des Goldstandards nach 1918 habe sich aber eine Verminderung der Realeinkommen ergeben.[155]

Als weiteres Hauptmotiv für eine signifikante Produktivitätssteigerung ging Pasvolsky ausführlich auch auf die bedrückende finanzielle Lage des Staates ein und machte klar, dass unter den gegebenen Bedingungen an eine Begleichung der bestehenden Verpflichtungen nicht zu denken war. Den einzigen Weg, diesem Problem zu Leibe zu rücken, sah er in einer Erweiterung der bulgarischen Exporte. Deren Volumen habe zwar seit dem Ende des Krieges einen Zuwachs erfahren und 1927 sogar einen Höchststand erreicht. Im Ganzen aber zeige die Gesamtbilanz von Außenhandel und internationalen finanziellen Transaktionen einen stetigen Anstieg der bulgarischen Auslandsschulden.[156] In sehr anschaulicher Weise rechnete Pasvolsky die Dimensionen vor, in denen sich die bulgarischen Zahlungen zu bewegen hätten, um einen Ausgleich der Bilanzen zu erreichen. Ihre unter den gegebenen Umständen astronomisch anmutenden Höhen verdeutlichten, dass es für Bulgarien unvermeidlich war, alle Anstrengungen zu einer Produktivitätssteigerung zu unternehmen, um die bisher erzielten Ansätze von Erfolg nicht zu gefährden. Ein weiterer Anstieg der Auslandsschulden, verbunden mit einem weiteren Verfall der Währung, konnte indes nichts weniger bedeuten als eine Vernichtung der ohnehin geringen Mengen akkumulierten Kapitals. Hierin lag in letzter Konsequenz die Gefahr wirtschaftlichen, technologischen und sozialen Rückschritts, das heißt einer Deindustrialisierung wie auch einer Demechanisierung. Logische Folge hiervon wäre ein weiterer Produktionsrückgang verbunden mit einer zusätzlichen Verbreitung der subsistenzbasierten Landwirtschaft gewesen.

Die Zahlen, die Pasvolsky zur Untermauerung seiner Argumentation vortrug, verdeutlichten die Dringlichkeit tiefgreifender Reformschritte in den volkswirtschaftlichen Strukturen Bulgariens: Seinen Informationen zufolge musste das Land zum Ausgleich seiner jährlichen Bilanzen zwei Milliarden Leva pro Jahr durch eine entsprechend positive Außenhandelsbilanz erwirtschaften.[157] Eine solche war allerdings dem Autor zufolge nicht durch eine Reduktion der Importe zu erreichen, da diese sich mit zuletzt 9,40 US-Dollar pro Jahr und Kopf bereits bei einem Minimalwert befänden. Luxusartikel würden seit Kriegsende so gut wie gar nicht mehr eingeführt.[158] Vorausgesetzt, die Importe blieben bei einem Niveau von ungefähr sieben Milliarden Leva pro Jahr, so sei eine wertmäßige Steigerung der Exporte

[154] A. a. O., 269.
[155] A. a. O., 267.
[156] A. a. O., 270.
[157] A. a. O., 271.
[158] Ebd.

von derzeit sechs auf neun Milliarden notwendig. In der Zwischenzeit, so schloss Pasvolsky seine Bestandsaufnahme, werde die staatliche Auslandsverschuldung weiter wachsen.[159]

Im Ganzen befand sich der Autor also in Übereinstimmung mit dem Grundtenor des bulgarischen Fachdiskurses. Wenn auch anzunehmen ist, dass er in seiner Meinungsbildung auf Argumentationsmuster zurückgriff, die er in den von ihm erwähnten Gesprächen mit seinen bulgarischen Kollegen aufgenommen hatte,[160] so besteht doch kein Anlass, an der Unabhängigkeit seines Urteils zu zweifeln. Hierfür ist das von ihm präsentierte statistische Material zu umfangreich und reichhaltig. Dass es sich bei seinem Werk um eine Gefälligkeitsarbeit handeln könnte, erscheint ebenfalls praktisch ausgeschlossen, da Pasvolsky wiederholt die inkonsistente Wirtschaftspolitik des Landes beklagte[161] und auch andere Schwerpunkte in seiner Argumentation setzte, als es beispielsweise seine Kollegen in der Zeitschrift der BID taten. Hervorzuheben ist in diesem Zusammenhang sein ausführliches Plädoyer für den Einsatz ausländischer finanzieller und fachlicher Hilfe zur Produktivitätssteigerung in der bulgarischen Landwirtschaft. Im Gegensatz zum bulgarischen Diskurs, wo derartige Ideen – auch aus Rücksichtnahme auf xenophobe Ressentiments in weiten Teilen der Bevölkerung – oft nur am Rande oder implizit geäußert wurden, schenkte Pasvolsky dieser Frage besondere Aufmerksamkeit.

An erster Stelle nannte er in diesem Kontext den Bedarf an ausländischer finanzieller Unterstützung, die vor allem in die Landwirtschaft fließen müsse. Seiner Einschätzung nach waren im Laufe der kommenden fünf bis sechs Jahre vier bis fünf Milliarden Leva nötig.[162] Noch wichtiger war ihm aber offenbar der Einsatz ausländischen Expertenwissens, das seiner Meinung nach den Fortschritt der notwendigen Reformen erheblich beschleunigen konnte.[163] Als Voraussetzung dafür sah er die Überwindung des bereits erwähnten Hemmnisses, des verbreiteten Misstrauens gegenüber Fremden:

> „*Bulgaria needs to overcome her general distrust of foreigners before she can really turn to far-reaching foreign technical assistance. Like all countries long subject to outside domination, Bulgaria is far from being free from a suspicious and more or less hostile attitude towards foreigners.*“[164]

Diese xenophobe Einstellung weiter Kreise der Bevölkerung war in der bulgarischen Fachdiskussion zwar zu erahnen. Von Pasvolsky wurde sie hingegen offen angesprochen und in einem Zitat des Direktors der „Bălgarska Banka“, N. Momčilov, veranschaulicht:

> „*Although I am certain that what I am going to say will be imputed to me as a deadly sin, I maintain, nevertheless, that in case of need we must seek the services, the knowledge, and the experience or foreign experts. We must overcome our inbred and carefully nurtured suspicion of foreigners and our unwillingness to listen to the advice of others.*“[165]

[159] A. a. O., 272.
[160] A. a. O., IX-X.
[161] A. a. O., 285-287.
[162] A. a. O., 290f.
[163] Ebd.
[164] A. a. O., 296. Hervorhebung im Original: erster Satz kursiv.
[165] A. a. O., 296f.

Was durch diese Einschätzung deutlich wird, ist nicht allein die Tatsache, dass das gesellschaftliche und wirtschaftliche Leben in Bulgarien um 1930 weitgehend von einer provinziellen Atmosphäre geprägt war, sondern auch die Brisanz und die sozial- wie wirtschaftspolitische Sprengkraft, welche die Modernisierungsdebatte potentiell entfalten konnte. Wer damals öffentlich eine Verknüpfung zwischen dem Problem von Produktivitätssteigerung durch Agrarmodernisierung und den Außenwirtschaftsbeziehungen herstellte und damit zum Ausdruck brachte, dass er die bulgarische Volkswirtschaft nicht für fähig hielt, die Krise aus eigener Kraft zu überwinden, der lief Gefahr, im weiteren Diskurs marginalisiert zu werden. Weiterhin bedeutet dies, dass die bulgarische Modernisierungsdebatte der Zwischenkriegszeit neue Elemente enthielt, die auch eine konzeptionelle Neuorientierung etwa gegenüber der Vorkriegszeit sichtbar machen.

In Bezug auf die Frage, was zu einer Produktivitätssteigerung in der bulgarischen Landwirtschaft konkret getan werden könne, betonte Pasvolsky die Notwendigkeit eines umfassenden wirtschaftlichen Entwicklungsplans. Grundsätzlich sah er in ihm eine Aufgabe der Politik, der er für die Zeit seit dem Ersten Weltkrieg zwar prinzipiell Erfolge bescheinigte, zugleich aber auch deren Unbeständigkeit und mangelnde Zielstrebigkeit beklagte.[166] Inhalt eines solchen allgemeinen Plans, so der Autor, müsse eine vollständige Reorganisation des Agrarsektors sein, auf den der Schwerpunkt aller Überlegungen zu setzen sei. Innerhalb dieses Rahmens seien alle Produktionszweige zu berücksichtigen, d. h. Getreide, Viehhaltung und Industriepflanzen.[167] Im Bewusstsein des umfassenden und damit äußerst schwierigen Charakters dieser Aufgabe unternahm Pasvolsky nicht den Versuch, einen solchen Plan selbst auszuarbeiten und vorzulegen. Vielmehr sah er seine publizistische Bestimmung darin, die Aufgabenfelder, die seiner Meinung nach in das Entwicklungsprogramm einzubeziehen waren, aufzuzeigen. Die Schwierigkeit, die in der von ihm postulierten vollständigen Umorganisierung der bulgarischen Landwirtschaft lag, wurde dadurch allerdings nicht weniger deutlich, und Pasvolsky äußerte auch massive Zweifel an der Umsetzbarkeit eines solchen Programms innerhalb einer akzeptablen Zeitspanne.[168] Dieses Argument diente ihm in seiner Argumentation dann als Rechtfertigung für die Forderung nach ausländischem Engagement bzw. dem Rückgriff auf ausländische Expertise zur beschleunigten Realisierung der jeweiligen Reformpläne.

In der Nennung der Aufgabenfelder innerhalb eines landwirtschaftlichen Reorganisationsplanes zeigte Pasvolsky, seinem Grundanliegen einer Produktivitätssteigerung entsprechend, wieder eine weitgehende Übereinstimmung mit dem innerbulgarischen Fachdiskurs. An erster Stelle nannte der Autor bezeichnenderweise die Problematik der Ausbildung. Allein hierfür bedurfte es seiner Meinung nach eines eigenen umfassenden Reformprogramms.[169] Freilich bezog auch er sich wie seine bulgarischen Kollegen in erster Linie auf die landwirtschaftliche Fachausbildung und weniger auf das drängende und im Grunde

[166] A. a. O., 273.
[167] Ebd.
[168] A. a. O., 274.
[169] A. a. O., 275.

viel grundsätzlichere Problem der Elementarbildung. Ohne eine deutliche Anhebung des Niveaus auf beiden Feldern jedoch war an Fortschritten in den anderen von Pasvolsky angesprochenen Bereichen nicht zu denken. Auch die verbreitete Fremdenangst konnte nur durch eine generelle Anhebung des Bildungsniveaus überwunden werden.

Darüber hinaus widmete sich Pasvolsky in erster Linie organisatorischen Fragen im Bereich der landwirtschaftlichen Produktion. Da er eine wesentliche Verbesserung der in Bulgarien angewandten Agrartechnik kurzfristig nicht erwartete, betrachtete er strukturelle Reformen als vorrangig. Hierzu gehörten sowohl eine Überwindung der kleinteiligen Zergliederung des Grundbesitzes zugunsten größerer, kompakterer Einheiten als auch eine Umstellung des Genossenschaftswesens. Letzteres sollte sich seiner Meinung nach vom bisherigen Prinzip der Kreditgenossenschaften abwenden und sich in Produktionsgenossenschaften umwandeln, d. h. vor allem durch die gemeinsame Nutzung von Produktionsmitteln, wie etwa Maschinen, Düngemittel oder Speicher, gekennzeichnet sein.[170] Ziel dieser Bemühungen müsse es, so fuhr Pasvolsky fort, weiterhin sein, die Vermarktung bulgarischer Agrarerzeugnisse zu verbessern. In Kenntnis des überwiegend subsistenzbestimmten Charakters der bulgarischen Landwirtschaft sah der Autor zusätzlich die Notwendigkeit einer begleitenden Reorganisation der marktbezogenen Infrastruktur. Hierzu gehörten indes nicht nur bessere Verkehrsverbindungen und Transportmöglichkeiten, sondern auch modernere Lagerungseinrichtungen für Agrarerzeugnisse. Mit diesen verbunden war auch die Einführung von Verfahren zur Reinigung, Aufbereitung und Haltbarmachung der Produkte, wodurch zugleich eine gewisse Unabhängigkeit von den wetterbedingten Schwankungen der jährlichen Ernteerträge erlangt werden konnte.[171]

Im Wesentlichen erwiesen sich die Ausführungen Pasvolskys als Bestätigung der im bulgarischen Fachdiskurs vorherrschenden Argumentation. Der amerikanische Autor verwies praktisch auf dieselben Haupttätigkeitsfelder in der bulgarischen Landwirtschaft, auf denen seiner Meinung nach der größte Reformbedarf bestand. In der allgemeinen Beurteilung der wirtschaftlichen Lage Bulgariens und des sich ergebenden Reformbedarfs kann Pasvolsky als Bestätigung der im innerbulgarischen Diskurs geäußerten Sichtweisen gewertet werden. Besonders die drei miteinander verknüpften Hauptanliegen Ausbildung, Infrastruktur und Produktivitätssteigerung im Agrarsektor bildeten sowohl bei Pasvolsky als auch bei seinen bulgarischen Kollegen einen Schwerpunkt.

Unterschiedliches Gewicht nahm indes ein Punkt ein, der für die Gestaltung der deutsch-bulgarischen Wirtschaftsbeziehungen nach 1930 von entscheidender Bedeutung werden sollte: die Frage, inwieweit man die bulgarische sozioökonomische Entwicklung als Funktion der Außenwirtschaftsbeziehungen anerkannte. Je eher man dies tat, desto eher akzeptierte oder forderte man sogar ausländisches technisches und finanzielles Engagement im Lande. Die Anerkennung dieses Zusammenhangs hing indes davon ab, welche Modernisierungsfähigkeiten man der bulgarischen Volkswirtschaft selbst zuschrieb.

[170] A. a. O., 278f.
[171] A. a. O., 279f.

Zwar wurde dieser Aspekt in der bulgarischen Modernisierungsdebatte nicht vollkommen außer Acht gelassen, eine explizite und ausführliche Würdigung erfuhr er allerdings nur stellenweise. Zumeist ergab er sich durch Verweise auf als vorbildhaft angesehene westliche Entwicklungen, durch die vage Erwähnung ausländischer Kapitalien, die zur Umsetzung von Reformkonzepten notwendig seien, durch die Forderung nach Anpassung der bulgarischen Produktion an die Erfordernisse der internationalen Märkte oder durch die schlichte Erwartung finanzieller Unterstützung vonseiten des Staates, wobei offen gelassen wurde, woher dieser die notwendigen Mittel nehmen sollte. Andererseits aber bedeutete diese Zurückhaltung nicht zwangsläufig eine Unterbewertung des Zusammenhangs zwischen Außenwirtschaftsbeziehungen und sozioökonomischer Entwicklung in Bulgarien. Vielmehr kann diese Haltung damit erklärt werden, dass entweder der Schwerpunkt der jeweiligen Erörterung schlicht auf den akuten Problemen vor Ort lag oder dass man aus Rücksicht auf die Leserschaft auf eine zu klare Forderung nach ausländischer Unterstützung verzichtete. Gerade das letztgenannte Motiv scheint plausibel, denn zum einen hätte eine zu deutlich geäußerte Hoffnung nach ausländisch gelenkter Modernisierung als Vorwurf der Inkompetenz der wirtschaftspolitischen Führung verstanden werden können und wäre möglicherweise auch allgemein als unpatriotisch gebrandmarkt worden; und zum anderen gab es in der bulgarischen Öffentlichkeit jene weitverbreitete allgemeine Skepsis gegenüber Fremden und deren Einflüssen. So gesehen lässt sich aus dem bulgarischen Modernisierungsdiskurs immer noch deutlich ablesen, dass sich zumindest die agrarpolitisch informierten Kreise um 1930 darüber im Klaren waren, dass eine nachhaltige qualitative wie quantitative Steigerung der landwirtschaftlichen Produktion ohne den Einsatz ausländischer, das heißt westlicher Finanzmittel und westlichen Fachwissens in absehbarer Zeit unmöglich war. Prinzipiell war also die wirtschaftliche Elite Bulgariens interessiert an Engagement aus den Industrieländern, zumal die soziale und budgetäre Lage des Landes ihrem Anliegen besondere Dringlichkeit verlieh. Ihr Diskurs offenbarte dabei eine überwiegende Orientierung auf Deutschland, die ihre Erklärung auch im Bildungshintergrund großer Teile der bulgarischen akademischen Eliten findet.[172] Sie bot Ansatz- und Angriffspunkte für die bereits erörterten deutschen „Mitteleuropa"- und „Großwirtschaftsraum"-Strategien, in deren Rahmen auch Bulgarien fiel.[173]

Wesentlich deutlicher als in der bulgarischen Debatte fiel wie dargelegt der Auslandsbezug bei Pasvolsky aus. Es handelte sich dabei nicht um eine Selbstverständlichkeit, sondern um ein Anliegen, das in der breiten Öffentlichkeit offenbar gegen Widerstände durchgesetzt werden musste. Die indirekte Unterstützung, die Pasvolsky den bulgarischen Fachkreisen durch sein Werben für ausländische Hilfe gewährte, verdeutlicht, dass auch er, der sich als amerikanischer Wirtschaftswissenschaftler aus einer relativ unbeteiligten Position heraus äußern konnte, das bulgarische Interesse eindeutig in einer engen Anbindung an technologisch weiter entwickelte Industrienationen erblickte. Über dieses Interesse, das deutschen

[172] Vgl. Kapitel 3.3.
[173] Vgl. Kapitel 3.1 und im Folgenden 5.1.

wirtschaftlichen Plänen in Südosteuropa entgegenkam, herrschte also sowohl in weiten Teilen der bulgarischen Fachöffentlichkeit als auch in aus distanzierter Sicht argumentierenden Kreisen Einigkeit. Unberührt davon bleibt allerdings die Annahme, dass weder Pasvolsky noch seine bulgarischen Kollegen davon ausgingen, dass der Reformbedarf in der bulgarischen Landwirtschaft im Laufe des folgenden Jahrzehnts in eine fast vollständige außenwirtschaftliche Abhängigkeit von Deutschland münden würde. Speziell Pasvolsky setzte in seinen programmatischen Überlegungen auf einen multilateralen Ansatz unter Leitung des Völkerbundes, dem er bereits Erfolge vor allem in Bezug auf Reparationsfragen bescheinigte.[174] Auch in den Konzepten bulgarischer Fachleute war eine solche deutsche Dominanz nicht vorgesehen. Zwar stand Deutschland, wie erwähnt, zumeist im Mittelpunkt auslandsbezogener Überlegungen, andere Länder, wie etwa Italien, Frankreich, die Niederlande, Skandinavien und selbst Amerika fanden jedoch ebenso Erwähnung. Neben möglichen allgemeinen Sympathien müssen also für die enge Anbindung Bulgariens an Deutschland noch andere Gründe erörtert werden.

Abgesehen davon scheint Gerschenkrons Rückständigkeits- und Modernisierungsmodell ein hilfreiches Werkzeug zur Interpretation der sozioökonomischen Lage Bulgariens um 1930 und der folgenden wirtschafts- und außenpolitischen Weichenstellungen darzustellen. Besonders seine Überlegungen bezüglich der Voraussetzungen für eine „moderne Industrialisierung" sind in diesem Zusammenhang relevant. Dies gilt auch für den in diesem Abschnitt behandelten Diskurs über Möglichkeiten einer Produktivitätssteigerung in der Landwirtschaft, da Veränderungen in diesem Wirtschaftssektor nach Gerschenkron in vielen Ländern eine Anschubfunktion zur Industrialisierung erfüllt haben. Im Gegensatz zu westlichen Industrialisierungsmodellen – wie etwa dem englischen im späten 18. Jahrhundert, wo eine sich modernisierende Landwirtschaft im Zusammenwirken mit einem funktionierenden, auf ein großes Kolonialreich abgestützten Handelssystem eine Kapitalakkumulation ermöglichte, die die Grundlage für die folgende industrielle Entwicklung darstellte – galt es in Bulgarien um 1930 zunächst noch, überhaupt die notwendigen Voraussetzungen für eine Agrarmodernisierung zu schaffen.[175] Aus bulgarischer Sicht schien dies jedenfalls der am meisten realistische Ansatz zur Überwindung der allgemeinen sozioökonomischen Stagnation zu sein. Zwar musste eine Modernisierung der Landwirtschaft nicht notwendigerweise der einzige Weg sein. Ausgehend von den realen Gegebenheiten einer rural geprägten Volkswirtschaft versprach dieses Konzept jedoch zumindest einen gewissen Erfolg auch unter Einsatz begrenzter finanzieller Mittel.[176]

Im Sinne des Gerschenkronschen Rückständigkeitsmodells und seines Konzepts der Voraussetzungen für eine Industrialisierung war es dem Bulgarien der Zwischenkriegszeit indes nicht möglich, einfach an dem Punkt anzusetzen, von dem aus die englische Industrialisierung im späten 18. Jahrhundert ihren Anfang genommen hatte. Denn selbst an

[174] Pasvolsky, 294.
[175] Gerschenkron, 14.
[176] Für Südosteuropa nimmt beispielsweise Sundhaussen eine zentrale Bedeutung der Landwirtschaft für die sozioökonomische Gesamtentwicklung an: Verpaßte Agrarrevolution, 46.

den relativ geringen Finanzmitteln, die für eine lediglich ansatzweise erfolgende Produktivitätssteigerung im subsistenzwirtschaftlich geprägten Agrarsektor erforderlich waren, und an dem dafür nötigen Know-how herrschte in Bulgarien nach dem einhelligen Urteil der wirtschaftlichen Eliten ein eklatanter Mangel. Zudem war die Lage Bulgariens mit der englischen insoweit nicht vergleichbar, als das Balkanland außenwirtschaftlich in Beziehungen mit bereits industrialisierten Staaten stand bzw. diese intensivieren wollte und dementsprechend auf industriell beeinflusste Handelsstrukturen zurückgreifen musste. Insofern war Bulgarien um 1930 dazu prädestiniert, eine sozioökonomische Entwicklung zu nehmen, die in ihren grundlegenden Zügen der eines rückständigen Staates nach der Theorie Gerschenkrons entsprach. Drei Elemente sind hier von vorrangiger Bedeutung: der Transfer von Wissen und Technologie aus „fortgeschrittenen“ Ländern, der parallel laufende Transfer von Kapital und Gütern zur Substitution einer in Bulgarien zu wenig vorhandenen Modernisierungsvoraussetzung und die Notwendigkeit sich gegenseitig bedingender Parallelentwicklungen in verschiedenen Wirtschaftszweigen. Die Wichtigkeit dieser drei Aspekte nicht nur im gesamtwirtschaftlichen Kontext, sondern auch allein für die Produktivitätssteigerung im Agrarsektor, wurde im zeitgenössischen Diskurs durchaus erkannt. Bezogen sich die beiden erstgenannten auf den bereits erörterten Bedarf an Kapital und Expertise aus dem Ausland zur Steigerung der landwirtschaftlichen Produktivität, so erhöhte der dritte Faktor diesen Bedarf noch, da er in Bezug auf Bulgarien die Notwendigkeit begleitender Entwicklungen vor allem im Hinblick auf Verkehrswege und Transportmöglichkeiten aufzeigte. Eine bloße Steigerung der Produktivität nutzte wenig, wenn sich die Überschüsse aufgrund fehlender Verkehrsverbindungen nicht vermarkten ließen.[177] Es ergab sich also ein erhöhter Bedarf an Kapital und Expertise für den Ausbau des industriellen Sektors in Bulgarien, um die technischen Voraussetzungen für eine Kommerzialisierung der Landwirtschaft zu schaffen. Neben dem Bereich der Infrastruktur, wo es vor allem galt, Elektrifizierung und Telekommunikation voranzutreiben, das Straßen- und Eisenbahnnetz zu erweitern und die entsprechenden Mengen an Rohstoffen, d. h. in erster Linie Kohle zu dessen Betrieb zu gewinnen,[178] war man auch zur Einführung effizienterer Anbaumethoden, wie etwa der Anwendung von Kunstdünger, auf industrielle Strukturen angewiesen.[179] Wurden diese gesamtwirtschaftlichen Zusammenhänge im zeitgenössischen bulgarischen Fachdiskurs auch zumeist nur angerissen, so wurden sie implizit doch ebenso anerkannt wie der Bedarf an ausländischer Unterstützung.

Die in der bulgarischen Landwirtschaft um 1930 vorherrschende Krisenstimmung und die Suche nach Auswegen stellten insgesamt ein starkes Motiv zur Intensivierung der Außenwirtschaftsbeziehungen des Landes insbesondere mit solchen Staaten dar, die bereit waren, an der sozioökonomischen Modernisierung Bulgariens mitzuwirken, indem sie die hierfür notwendigen, im Lande selbst aber fehlenden Voraussetzungen schufen. Deutsch-

[177] Gerschenkron, 10.

[178] Vgl. in diesem Zusammenhang zu den Aktivitäten deutscher Unternehmen in Bulgarien Kap. 5.5 sowie bzgl. des MWT Kap. 5.2.

[179] Vgl. in diesem Zusammenhang den erwähnten Beitrag von Mollov.

land hatte gute Chancen, diese Rolle einzunehmen, da dort entsprechende Pläne entwickelt wurden und auch Interesse vorhanden war. Die vom MWT in der Folgezeit entwickelten Konzepte sollten dann einen umfassenden Charakter haben, also die gesamtwirtschaftliche Perspektive, d. h. auch die Industrie, mit einbeziehen.[180] Es bleibt daher zu überprüfen, wie der bulgarische Fachdiskurs die Lage im nationalen Industriesektor sah und ob man auch hier ausländisches Engagement für wünschenswert hielt.

4.2 Industrie

Es kann angenommen werden, dass spätestens seit den 90er Jahren des 19. Jahrhunderts die Entwicklung von Industrien in Bulgarien politisch gewollt war. Ausdruck dieses Willens war die im Jahr 1894 beginnende gesetzliche Förderung von Unternehmen, die einen bestimmten Grenzwert bezüglich der Mitarbeiterzahl und der Mechanisierung, die in eingesetzten Pferdestärken gemessen wurde, überschritt.[181] In erster Linie bestand diese Förderung in der Setzung fiskalischer Anreize wie etwa steuerlichen Erleichterungen oder Zollnachlässen bzw. Zollbefreiungen bei der Einfuhr von Investitionsgütern, d. h. Maschinen und Baumaterial. Die Politik der Industrialisierung durch staatliche Ermutigung wurde in den folgenden Jahrzehnten kontinuierlich fortgesetzt, wobei die entsprechenden Grenzwerte je nach Lage der industriellen Entwicklung modifiziert wurden. Erneuerungen erfuhr die industriefördernde Gesetzgebung in den Jahren 1905, 1909 und 1929. Auch danach, d. h. unter den Ministerpräsidenten Ljapčev und Mušanov, wurde weiterhin eine zielgerichtete Industrialisierungspolitik betrieben, wenn auch nun unter einer neuen Schwerpunktsetzung bei den angewandten Mitteln. Neu war ab 1931 vor allem der Versuch, eine nach Produktionszweigen ausgewogene industrielle Entwicklung durch administrative Maßnahmen herbeizuführen. Das zentrale Schlagwort in diesem Zusammenhang war „Übersättigung". Es bedeutete, dass man Branchen, deren Expansions- und Entwicklungspotential man für erschöpft hielt, die staatliche Förderung entzog und gezielt „unterentwickelten" Bereichen zuführte.[182]

Die Ergebnisse dieser staatlich induzierten Industrialisierung geben ein zwiespältiges Bild ab. Zwar ist unbestritten, dass eine substantielle Restrukturierung der bulgarischen Volkswirtschaft im Sinne einer überwiegenden Beschäftigung der erwerbstätigen Bevölkerung im Industriesektor – verbunden mit einer zunehmenden Urbanisierung – bis 1944 bei Weitem verfehlt wurde und dass die Landwirtschaft sowohl bezüglich des Bruttoinlandsproduktes als auch der Beschäftigtenzahl unangefochten dominierte.[183] Andererseits aber haben sowohl sowjet-marxistisch beeinflusste Autoren, wie etwa Ljuben Berov oder Cvetana

180 Vgl. Kapitel 5.1.
181 Vgl. Kapitel 2.2.
182 Ebd. und Kapitel 2.3.
183 Wie eben.

Todorova, als auch westliche, wie John Lampe und Marvin Jackson, darauf hingewiesen, dass Bulgarien ab der Jahrhundertwende bis zum Beginn der 1940er Jahre ein im internationalen Maßstab überdurchschnittliches Wachstum der industriellen Nettoproduktion erzielte. Dieses Wachstum, so Lampe und Jackson, habe im Durchschnitt sogar die Raten von Ländern wie England oder Deutschland in der Frühphase ihrer industriellen Entwicklung übertroffen. Bei aller Vorsicht, die beide Autoren gegenüber einer ideologisch bedingten tendenziellen Überbewertung der bulgarischen Industrialisierung aus marxistischer Sicht walten lassen, stimmen sie mit ihren Kollegen, die unter den Bedingungen der kommunistischen Parteidiktatur forschten, darin überein, dass die industrielle Entwicklung Bulgariens bis zum Zweiten Weltkrieg signifikante Veränderungen in den sozioökonomischen Strukturen des Landes bewirkte.[184]

Allerdings haben Lampe und Jackson auch die Schwierigkeiten analysiert, die sich aus der Inkonsistenz des zur Verfügung stehenden Datenmaterials bei der gesamtwirtschaftlichen Gewichtung industrieller Entwicklungen im vorsozialistischen Bulgarien ergeben. Am Anfang steht dabei die Frage, welche Art wirtschaftlicher Betätigung als „industriell" zu bezeichnen ist. Nach Lampe und Jackson wurden in den statistischen Erhebungen südosteuropäischer Länder zu Beginn des 20. Jahrhunderts neben den unumstrittenen Branchen der mechanisierten metallverarbeitenden und chemischen Gewerbe beispielsweise auch Restaurants dem Industriesektor zugerechnet. Beschränkten sich solche seltsam anmutenden Zählweisen zumeist auf Einzelfälle, wie etwa den rumänischen Zensus von 1901/02, so war es indes allgemein üblich zum Beispiel Reparaturbetriebe für Eisenbahnanlagen sowie Bauunternehmen als industriell zu werten.[185] Problematisch ist auch die Zuordnung sogenannter protoindustrieller Betriebe, die speziell in den Bergregionen Bulgariens ab Mitte des 19. Jahrhunderts einen bemerkenswerten Aufschwung erlebten, indem sie manufakturiell, d. h. handwerklich in Heimarbeit oder in Betrieben, Textil-, Leder- und Eisenwaren für den osmanischen Markt herstellten.[186]

Bei ihrer Beurteilung der bulgarischen Industrialisierung haben sich Lampe und Jackson indes für die Betrachtung der mechanisierten fabrikmäßigen Produktion entschieden.[187] Bei den Parametern, die sie hierfür verwendeten, handelt es sich um die Zahl der in den Betrieben Beschäftigten, das investierte Kapital, den Grad der Mechanisierung in Pferdestärken sowie die Umsatzzahlen. Diese Werte setzten sie des Weiteren in Bezug zur gesamtwirtschaftlichen Leistung Bulgariens, um auf diese Weise eine Gewichtung der Industrie im gesamtwirtschaftlichen Rahmen zu ermöglichen.[188]

[184] Vgl. Ljuben Berov, Industrialisierungspolitik und soziale Veränderungen in Bulgarien zwischen den Weltkriegen, in: Industrialisierung und gesellschaftlicher Wandel in Südosteuropa. Hg. Roland Schönfeld. München 1989 (Südosteuropa-Studien, 42), 61-92. Außerdem Todorova, Aspekte. Lampe / Jackson, The Evidence.

[185] Lampe / Jackson, The Evidence, 387f.

[186] A. a. O., 389.

[187] Ebd.

[188] A. a. O., 391.

Für die hier interessierende Fragestellung nach konzeptionellen Ansatzmöglichkeiten für ein deutsches wirtschaftliches Engagement im Rahmen der sozioökonomischen Modernisierung Bulgariens, d. h. in diesem Fall seiner Industrialisierung, so wie sie sich aus zeitgenössischen bulgarischen Einschätzungen ergaben, scheint der Ansatz Lampes und Jacksons ebenfalls am passendsten zu sein. Dies hat zwei Hauptgründe: Zum einen befinden sich die beiden Autoren, wie sie selbst betonen, damit auf derselben Linie wie ihre marxistisch orientierten Kollegen aus Südosteuropa, wodurch ein Vergleich der erzielten Forschungsergebnisse erleichtert wird, zum anderen ist der Bereich der mechanisierten fabrikmäßigen Produktion derjenige innerhalb des Industriesektors, der für etwaige deutsche Modernisierungskonzepte am relevantesten war.

Gerade der Bezug zum deutschen Engagement und seiner Rolle im Rahmen der bulgarischen Modernisierungsbemühungen lenkt den Blick jedoch auch auf einen wichtigen Dissens zwischen der sowjet-marxistischen, d. h. hier der bulgarischen, und der westlichen Forschung. Autoren wie beispielsweise Todorova und Berov, im Grunde aber die gesamte sozialistische Historiografie in Bulgarien, sind von der ideologisch bedingten Prämisse ausgegangen, dass es in ihrem Land zwischen 1878 und 1944 eine „bürgerliche" Gesellschaft gegeben habe, die auf die „feudale" osmanische gefolgt und in der die Bourgeoisie die herrschende Klasse gewesen sei. Mit dieser Entwicklung einhergegangen sei dementsprechend eine „industrielle Revolution" in Bulgarien, die eine „Großbourgeoisie" hervorgebracht und zugleich die sozialen und wirtschaftlichen Grundlagen für die nationalsozialistische „Durchdringung" Bulgariens und ganz Südosteuropas geschaffen habe. Diese sei in der Zwischenkriegszeit vorrangig in Form von ausländischem, ab den späten 30er Jahren schließlich in erster Linie in Form von deutschem Kapital erfolgt.[189]

Im Gegensatz dazu haben Lampe und Jackson sowie, wie der Gerechtigkeit halber erwähnt werden muss, auch Berov in einem Teil seiner im Westen erschienenen Studien betont, dass der Anteil der bulgarischen Industrie an der gesamtwirtschaftlichen Leistung bis 1944 durchweg bescheiden geblieben ist, wenn er auch hohe Wachstumsraten erzielte. Zudem seien die gleichwohl erreichten Industrialisierungserfolge überwiegend aufgrund staatlicher Initiative und Förderung zustande gekommen.[190] Bulgarien blieb also bis zur Machtübernahme der Kommunisten ein Agrarland und dies, wie bereits erörtert wurde, vorwiegend unter dem Zeichen der Selbstversorgungswirtschaft. Eine „Durchdringung" seiner Volkswirtschaft mit ausländischem Kapital kann es daher schon unter diesem Gesichtspunkt nicht in größerem Ausmaß gegeben haben. Wäre es dazu gekommen, so darf angenommen werden, dass sich Bulgarien sozioökonomisch stärker verändert hätte, als dies tatsächlich der Fall gewesen ist. Auch der bereits angedeutete umfassende Modernisierungsansatz der deutschen Wirtschaft unter Leitung des Mitteleuropäischen Wirtschaftstages brachte bis 1944 noch keine durchgreifenden Resultate. Dies lag allerdings daran, dass dieser Ansatz über eine reine Investitionstätigkeit weit hinausging und vielmehr darauf

[189] Vgl. Kapitel 1, Anm. 6.
[190] Vgl. Kapitel 2.2 und 2.3.

abzielte, sich durch Aufbaumaßnahmen auf den Gebieten von Infrastruktur und Ausbildung selbst den Boden für ein gedeihliches Investitionsklima zu schaffen. Das Konzept des MWT war also zu langfristig angelegt, als dass es in der Kürze der Zeit bis 1944 sichtbare Erfolge hätte zeitigen können. Dies bedeutet indes, dass die Bedeutung deutscher Konzeptionen und deutscher Aktivitäten im Rahmen der bulgarischen Modernisierungsproblematik nicht allein unter dem Gesichtspunkt einer kapitalistischen Durchdringung und sichtbarer Industrialisierungserfolge interpretiert werden kann. Ein Ansatzpunkt ergibt sich vielmehr aus der Betrachtung der bulgarischen Interessen- und Bedarfslage ab Beginn der 1930er Jahre und der Frage, inwieweit diese auch auf dem Gebiet der industriellen Entwicklung mit deutschen Strategien und Konzeptionen korrespondierte.

Der Blick auf den wirtschaftspolitischen Diskurs im vorsozialistischen Bulgarien scheint zu bestätigen, dass es nicht die Durchdringung mit ausländischem respektive deutschem Industriekapital während der 1930er Jahre war, die Bulgarien in die starke Abhängigkeit von Deutschland trieb. Vielmehr zeigt sich hier, dass die bulgarischen Wirtschaftsfachleute eine substantielle Industrialisierung in absehbarer Zeit für unmöglich hielten. Dabei war es gerade der Mangel an Kapital im Lande, der sowohl einer industriellen Entwicklung als auch der als vorrangig betrachteten Agrarmodernisierung im Wege stand und vielfach beklagt wurde. Zu einer kapitalgestützten Durchdringung fehlten außerdem entgegen der von sowjet-marxistischer Seite vertretenen These die allgemeinen sozioökonomischen Voraussetzungen. So kann, was den gesellschaftlichen Aspekt betrifft, von der Herausbildung sozialer Schichten, die mit einer Industrialisierung verbunden wären und deren Existenz Berov beispielsweise konstatiert hat,[191] im vorsozialistischen Bulgarien nicht wirklich gesprochen werden. Besonders gilt dies für ein etwaiges Industrieproletariat. Wie etwa Gerschenkron dargelegt hat, wie aber auch bereits aus der zeitgenössischen Fachpublizistik deutlich wird, handelte es sich bei bulgarischen Industriearbeitern vorwiegend um ungelernte Wander- und Saisonarbeiter, die stets mit dem heimatlichen Haus und Hof verbunden blieben und demzufolge weder dem Agrar- noch dem Industriesektor eindeutig zuzuordnen sind.[192] War also an eine Durchdringung der bulgarischen Wirtschaft mit deutschem Kapital unter diesen Voraussetzungen kaum zu denken, so war eine Alternative hierzu die Intensivierung der Handelsbeziehungen.

Im Mittelpunkt stand in diesem Zusammenhang der Handel mit landwirtschaftlichen Produkten. Wie bereits erörtert, sollte zu dessen Belebung die Produktivität im Agrarsektor gesteigert werden, woraus auch ein Interesse an ausländischer Technologie und Know-how resultierte. Der zeitgenössische bulgarische Fachdiskurs zeigt, dass ein ähnliches Interesse auch bezüglich des inländischen Industriesektors bestand. Dieses wurde freilich durchweg im Zusammenhang mit der als dringend notwendig erachteten Agrarmodernisierung geäußert. Für eine weitergehende Industrialisierung der bulgarischen Volkswirtschaft wurde

[191] So etwa in: Berov, Položenieto. Vgl. außerdem Kapitel 2.1.
[192] Vgl. Kapitel 2.1 und 2.3.

zumeist unter dem Hinweis darauf eingetreten, dass dies als begleitender Vorgang für eine Produktivitätssteigerung in der Landwirtschaft unverzichtbar sei.

In ausführlicher Form findet sich diese Auffassung beispielsweise in einem Beitrag des bulgarischen Wirtschaftswissenschaftlers Dr. Atanas Totev, der im Jahre 1943 in der Zeitschrift der BID erschien. Sein Titel lautet: „Zusammenhänge zwischen der Entwicklung der landwirtschaftlichen und der industriellen Produktion".[193] Ausgangspunkt von Totevs Überlegungen war wie bei den meisten agrarbezogenen Äußerungen – auch solchen aus der Zeit der Weltwirtschaftskrise – die ländliche Überbevölkerung und die damit einhergehende geringe Pro-Kopf-Produktivität der Landwirtschaft. Offenbar hatte sich an diesem Problem im Laufe der 30er und frühen 40er Jahre nichts entscheidendes geändert. In einem eigenen Abschnitt innerhalb seines Beitrages erörterte Totev aus seiner Sicht die Interaktion zwischen Industrie und Landwirtschaft in einer sich entwickelnden Volkswirtschaft. Beide Sektoren müssten sich, so seine Auffassung, parallel und in gegenseitiger Ergänzung modernisieren. Nur so sei es möglich, die überschüssige Landbevölkerung einer produktiven Tätigkeit im städtisch-industriellen Milieu zuzuführen und zugleich eine Intensivierung der Agrarproduktion zu erreichen.[194]

Was Totev hiermit forderte, war nichts weniger als eine Überwindung der traditionellen bulgarischen Industrialisierungspolitik, die bis dahin die beiden Wirtschaftssektoren weitgehend getrennt voneinander behandelt hatte. Statt eine komplementäre Entwicklung anzustreben, hatte sie die Landwirtschaft in der Zwischenkriegszeit zwar stärker auf die europäischen Märkte ausgerichtet, in ihren wesentlichen Strukturen aber unangetastet gelassen, während die Industrie in erster Linie aufgrund staatlicher Anregung, d. h. finanzieller Anreize, staatlicher Förderung und öffentlicher Aufträge gewachsen war. Eine direkte gegenseitige Ergänzung von Landwirtschaft und Industrie hatte es nur in seltenen Fällen gegeben; in keinem Fall war sie Ergebnis eines ausgereiften politischen Konzepts.[195] Totev hingegen betrachtete eine Produktivitätssteigerung im Agrarsektor als unabdingbare Voraussetzung für eine weitere Industrialisierung. Besonders im momentanen Entwicklungsstadium der bulgarischen Volkswirtschaft, da die nationale Industrie noch nicht exportfähig war, war nach Totev eine Intensivierung der Landwirtschaft notwendig, um eine Freisetzung von ländlichen Arbeitskräften unter gleichzeitiger Sicherstellung ihrer Ernährung zu gewährleisten.[196]

Im Gegensatz zu seinen Kollegen, die sich zehn bis fünfzehn Jahre vor ihm zu Entwicklungsfragen geäußert hatten, wobei sie der allgemeinen politischen Linie folgend Landwirtschaft und Industrie zumeist getrennt betrachtet hatten, war Totev offenbar eher bereit, die Konsequenzen seines Modernisierungskonzeptes in seine Überlegungen mit einzubeziehen. Hatten jene, wie bereits dargelegt, noch gezögert, die Bedeutung ausländischen Engage-

[193] Atanas Totev, Otnošenija meždu razvitieto na selskoto i industrialnoto stopanstvo, *Spisanie na BID* 42 (1943), Nr. 9-10, 540-589.

[194] A. a. O., 552.

[195] Vgl. Kapitel 2.3.

[196] Totev, 552f.

ments in der bulgarischen Wirtschaft für jegliche Modernisierung als zentral anzuerkennen, wobei daraus häufig unausgereifte oder in ihrer Zielsetzung sehr bescheidene Konzepte resultierten, so kam Totev nach seiner Feststellung der Notwendigkeit einer Intensivierung der Agrarproduktion ohne große Umschweife zu seiner Forderung nach umfangreichen Importen ausländischer Technologie nach Bulgarien. Auf absehbare Zeit sei dies zur wirtschaftlichen Entwicklung des Landes unverzichtbar:

> *„Die wirtschaftliche Entwicklung eines Landes in den ersten Etappen seiner Industrialisierung erfordert die Versorgung und Unterstützung der sich entwickelnden Produktion mit Gerätschaften, die den neuesten Anforderungen der Technik entsprechen. Zu Beginn der Industrialisierung eines Landes ist dies unmöglich ohne Import aus dem Ausland. Natürlich wird sich der Bedarf an Produktionsgütern und Maschinen im Laufe der Entwicklung der Industrie im Lande und besonders mit der Entwicklung jener Zweige, die Kapitalien erwirtschaften, schrittweise verringern. Aber dennoch bleibt über eine lange Zeit hinweg der Nutzen importierter Produktionsmittel und Maschinen von zentraler Bedeutung.“*[197]

Mit einer Direktheit, wie sie um 1930 in Bulgarien offenbar noch undenkbar war, wies Totev also auf die Abhängigkeit seines Landes von ausländischer Technik und Sachkenntnis hin. Die Wechselwirkung zwischen der Modernisierung der bulgarischen Volkswirtschaft und den Außenwirtschaftsbeziehungen des Landes, insbesondere zu den Industrienationen, bildete bei ihm eine *conditio sine qua non* zu Erarbeitung jeglicher weiterführender Konzepte. Zwar verwies er nicht explizit auf Deutschland als den wichtigsten Partner auf dem Weg zur Industrialisierung Bulgariens; dies war aber im Jahre 1943 auch gar nicht mehr nötig, da zu dieser Zeit, also mitten im Zweiten Weltkrieg, Deutschland ohnehin bereits das einzige Industrieland war, mit dem Bulgarien in einem nennenswerten ökonomischen Austausch stand. Zudem erlauben einige charakteristische Formulierungen in Totevs Beitrag den Schluss, dass er nur Deutschland gemeint haben konnte. Dies wird besonders deutlich bei seiner Erörterung der Frage, wie man industrialisierte Nationen zum Export hochentwickelter Technologie in Agrarländer wie Bulgarien anregen könnte.

Als einzig gangbaren Weg betrachtete Totev in diesem Zusammenhang die Steigerung der bulgarischen Agrarexporte. Um dies zu erreichen, sah er im Prinzip zwei Möglichkeiten: Zum einen müssten sämtliche im Lande verfügbaren Kapitalien zu einer primären Modernisierung, d. h. einer Produktivitätssteigerung im Agrarsektor eingesetzt werden. Hierfür war jedoch bereits ein Technologieimport notwendig. Daraus ergab sich die zweite Möglichkeit für den Fall einer Ermangelung dieser Finanzmittel: Der Rückgriff auf den devisenfreien Handel, also das Clearing. Die Waren, die Bulgarien in diesem Rahmen ausführen könne, so Totev, seien seinem Entwicklungsstand gemäß zwangsläufig rein landwirtschaftlicher Herkunft.[198]

Der ausdrückliche Hinweis Totevs auf den Clearinghandel, der seit den frühen 30er Jahren die bulgarischen Außenwirtschaftsbeziehungen wesentlich bestimmte, machte beinahe unmissverständlich deutlich, auf welches Industrieland als Partner für Bulgarien sich

[197] A. a. O., 553.
[198] A. a. O., 554.

der Autor bezog. Zwar hatte Bulgarien nach 1930 mit einer Reihe von Ländern, wie zum Beispiel Italien, Ungarn oder Polen, Clearingabkommen geschlossen;[199] spätestens ab 1939 aber war Deutschland der bei weitem wichtigste Handelspartner Bulgariens. Auch mit ihm wurde der Warenverkehr auf dem Clearingweg abgewickelt.[200] Zwar verwies Totev auch noch auf andere Einnahmequellen, die zur Steigerung von Technologieimporten zu verwenden wären, wie etwa die Ausfuhr von Edelmetallen, sprich Gold, im Weiteren aber konzentrierte er sich ausschließlich auf Agrarexporte, da sie ihm offensichtlich als einzig realistischer Weg zur Industrialisierung eines Landes wie Bulgarien erschienen. Der Autor betrachtete also die Ausfuhr landwirtschaftlicher Erzeugnisse im Rahmen des Clearings als alternativlos. Der Unterhalt solchermaßen durch das Clearing geregelter Außenwirtschaftsbeziehungen hatte für Totev zentrale Bedeutung für die Modernisierung der bulgarischen Volkswirtschaft. Er machte sich durch diese Argumentation zu einem Verfechter der Bilateralisierung des bulgarischen Außenhandels.

In Anbetracht der außenwirtschaftlichen wie außenpolitischen Lage Bulgariens im Jahre 1943, dem Erscheinungsjahr von Totevs Aufsatz, scheint jedoch eine gewisse Skepsis gegenüber seinen recht „glatten" Ausführungen angebracht, da sie im Grunde nichts anderes waren als eine Bestätigung des bereits eingeschlagenen Kurses. Unter Berücksichtigung der monarchisch-autoritären Staatsform in Bulgarien, seines Kriegsbündnisses mit Deutschland sowie des seit über zehn Jahren praktizierten Clearinghandels zwischen beiden Ländern können sowohl politisch-opportunistische Motive als auch solche der rückblickenden Rechtfertigung des Bestehenden beim Autor nicht ausgeschlossen werden. Als Propagandaschrift zur Unterstützung der aktuellen Außenwirtschaftspolitik wie auch allgemein der Außenpolitik der bulgarischen Regierung hätte Totevs Aufsatz indes kaum getaugt. Dies wird deutlich beim Vergleich mit wirklich zu Propagandazwecken verfassten Publikationen, wie etwa die 1939 herausgegebene Broschüre „Upravlenie na tvorčestvo i dela" (Leitung in Werk und Tat) der damaligen Regierung K'osseivanov.[201] Ihr kam es im Unterschied zu Totev nicht nur auf die Plausibilität des von ihr verfolgten Kurses an, sondern vielmehr auf die Präsentation seiner bereits erreichten Erfolge. Im Gegensatz dazu handelte es sich bei Totevs Beitrag um eine rein programmatische Schrift, die mögliche oder auch bereits eingeschlagene Wege aus einer eher als bedrückend empfundenen gegenwärtigen Lage aufzeigen wollte. Dementsprechend scheute sich Totev auch nicht, auf eine Reihe von Missständen in Bulgarien hinzuweisen, die er als ursächlich für die unbefriedigende wirtschaftliche Entwicklung des Landes betrachtete. Besonders ausführlich ging er auf sie in dem Abschnitt seines Beitrages ein, in dem er die in Bulgarien anzutreffenden Vorbedingungen für eine Industrialisierung analysierte. Neues enthielten diese Betrachtungen freilich nicht. Totev benannte im Wesentlichen die Probleme, die auch bereits seinen Kollegen zehn oder mehr Jahre zuvor Sorgen bereitet hatten. Die Entwicklungshemmnisse für die Landwirtschaft,

[199] Hierzu ausführlicher Kapitel 6.
[200] Vgl. Kapitel 3.3 und 6.
[201] Upravlenie na tvorčestvo i dela. Sofia 1939.

die er in diesem Zusammenhang aufzählte, waren die ländliche Überbevölkerung und der Kapitalmangel als Haupthindernisse, die Zergliederung des Bodens sowie die geringe Pro-Kopf-Produktivität, die nach seiner Berechnung pro Jahr die Arbeitskraft von ungefähr 650 000 erwachsenen Männern ungenutzt ließ und sogar noch im Abnehmen begriffen sei. Derzeit sei sie etwa dreimal niedriger als in Westeuropa.[202] Was indes die Industrialisierung selbst betreffe, so befinde sich dieser Wirtschaftssektor in Bulgarien auf einem äußerst niedrigen Niveau, was auch hier vor allem am Kapitalmangel liege, im Übrigen aber auch am Fehlen entsprechend qualifizierten Personals. Diesbezüglich sei Bulgarien von günstigen Voraussetzungen für eine Industrialisierung weit entfernt und müsse daher um eine schrittweise Entwicklung bemüht sein.[203]

Abgesehen von dieser kritischen Betrachtung der momentanen Leistungsfähigkeit der bulgarischen Volkswirtschaft ist auch darauf hinzuweisen, dass, wie gezeigt, in der Zeitschrift der BID generell Beiträge veröffentlicht wurden, die die wirtschaftliche Lage des Landes einschließlich der staatlichen Wirtschaftspolitik durchaus mit Skepsis sahen und vielfach auch Fehlentwicklungen beklagten, deren Ursache man in einem Mangel an Kompetenz in der staatlichen Exekutive sah. Die Zeitschrift kann also weitgehend als regierungsunabhängig gelten; sie war kein Verlautbarungsorgan. Dies gilt auch für die Zeit der monarchisch-autoritären Regierung nach 1935. Auch wenn Bulgarien in dieser Zeit seinen verfassungsmäßigen Status als parlamentarische Demokratie einbüßte, so kann doch von einem faschistischen oder totalitären Regime nicht gesprochen werden. Publikationen wie die Zeitschrift der BID wurden jedenfalls nicht zensiert.[204] Insgesamt darf also angenommen werden, dass Beiträge wie der Totevs in hohem Maße als glaubwürdig angesehen werden können. Das heißt, dass in der Zeitschrift wirklich die Ansichten und Konzepte des Autors zur Frage der Industrialisierung Bulgariens wiedergegeben wurden. Ohnehin blieben damals derartige Reflexionen angesichts der Bevölkerungs- und Bildungsstruktur des Landes nur einem engen elitären Zirkel akademisch gebildeter Fachleute zugänglich. Auch unter diesem Gesichtspunkt darf angenommen werden, dass die Autoren nicht darauf bedacht sein mussten, auf die öffentliche Meinung zu sehr Rücksicht zu nehmen.

In seiner Kritik der bestehenden Verhältnisse, namentlich der geringen Produktivität der Landwirtschaft und der schwachen Entwicklung der Industrie, befand sich Totev im Wesentlichen auf einer Linie mit dem Modernisierungsdiskurs, der in Bulgarien bereits seit der Mitte der 20er Jahre anhielt und sich in seinen Grundzügen kaum verändert hatte. Wodurch sich Totevs Beitrag von der Mehrheit der übrigen indes abhob, war seine klare Herausstellung eines Zusammenhangs zwischen landwirtschaftlicher und industrieller Entwicklung.[205] Zwar überbewertete er diesen stellenweise sogar, indem er als grundlegende

[202] Totev, 564.
[203] A. a. O., 571.
[204] Vgl. hierzu Nikolaj Poppetrov, Der Übergang vom System der bürgerlichen Demokratie zum parteilosen autoritären Regime in Bulgarien nach dem 19. Mai 1934, *Jahrbücher für Geschichte Osteuropas* 36 (1988), Nr. 4, 530-551.
[205] Vgl. außerdem den im Kapitel 4.1 zitierten Mollov.

historische Gesetzmäßigkeit bezeichnete, dass der Industrialisierung eines Landes immer ein steiles Wachstum in der Agrarproduktion vorausgehen müsse,[206] im Ganzen schien dies jedoch für das Bulgarien der Zwischenkriegzeit wirklich zutreffend zu sein, da eine andere Quelle zur Erwirtschaftung von Kapitalien im Lande selbst nicht zu erkennen war. Die Notwendigkeit einer parallelen Modernisierung von Landwirtschaft und Industrie ergab sich für Totev außerdem aus der Bevölkerungsproblematik. Eine kapitalgestützte Intensivierung der Agrarproduktion, so führte er aus, würde einen Großteil der redundanten arbeitsfähigen Landbevölkerung freisetzen, so dass dieser für eine Beschäftigung in der Industrie zur Verfügung stünde. Zwar erwartete Totev nicht, dass sich Bulgarien in absehbarer Zeit in ein Industrieland verwandeln würde, er sah aber in bestimmten Bereichen gute Möglichkeiten zur Entfaltung industrieller Aktivität. Zu diesen zählte er die Weiterverarbeitung von Industriekulturen und anderen Agrarerzeugnissen sowie die Rohstoffgewinnung, d. h. in erster Linie den Bergbau.[207]

Diese von ihm postulierte Verzahnung von industrieller und landwirtschaftlicher Reform, deren Bedeutung für die gesellschaftliche Struktur Bulgariens Totev bewusst war, führte ihn zur Problematik des ausländischen Engagements in der bulgarischen Wirtschaft. Die mehrfache Betonung ihrer Bedeutung für eine Umgestaltung der bulgarischen Volkswirtschaft war ein weiteres Merkmal, das Totevs Beitrag von denen der frühen 30er Jahre, in denen dieser Zusammenhang meist eher verdeckt erwähnt wurde, unterschied. Neben dem Bedarf an ausländischem Kapital und Fachwissen setzte der Autor auch einen starken Akzent auf die ausländischen Märkte, die er in ihrer Wichtigkeit den bulgarischen Inlandsmärkten gleichsetzte. Eine gute Position bulgarischer Agrarprodukte, auch industriell weiterverarbeiteter, erachtete Totev als unverzichtbar und zugleich als wertvollen Stimulus für industrielles Wachstum in Bulgarien – und dies in doppelter Funktion: zum einen aufgrund der sich auf den westeuropäischen Märkten bietenden Profitmöglichkeiten, zum anderen aufgrund der technischen Ausrüstung, die im Gegenzug eingeführt werden könne.[208]

Der Aspekt der ausländischen Märkte für bulgarische Erzeugnisse war indes ein Element in den Ausführungen Totevs, das ihn wiederum mit der herkömmlichen Hauptrichtung des wirtschaftspolitischen Diskurses verband. Seit Mitte der 20er Jahre war die Frage der Absatzmöglichkeiten wie auch der Absatzkapazitäten der bulgarischen Wirtschaft im Ausland ein zentrales Thema und zugleich meist auch Ausgangspunkt und Grundmotivation, d. h. Leitmotiv für alle weiterführenden Überlegungen zur Erzielung eines signifikanten Wachstums und damit zur Notwendigkeit einer technologischen Erneuerung der Volkswirtschaft gewesen. Zumeist beließen es die Diskutanten jedoch bei relativ naheliegenden und ohne fundamentale Reformen zu erreichenden Schritten zur Produktivitätssteigerung in der Landwirtschaft. Autoren, die in längerfristigen Dimensionen dachten und Fragen der Industrialisierung, damit verbundene gesellschaftliche Veränderungen sowie die Rolle

206 Totev, 556.
207 A. a. O., 570.
208 A. a. O., 571.

ausländischer Unterstützung explizit in ihre Überlegungen mit einbezogen, blieben in der Minderheit bzw. äußerten wie Totev diese Ideen in der Rückschau, also vorwiegend aus einer Position, in der sie die Chancen bilateralisierter Außenwirtschaftsbeziehungen besser erkennen konnten. Hierdurch kristallisiert sich heraus, worin zu Beginn der 30er Jahre das wirtschaftliche Hauptinteresse Bulgariens bestand und welche Erklärungen sich somit für seine enge Anbindung an Deutschland im Laufe des Jahrzehntes anbieten.

Dieses Interesse bestand in erster Linie in der Gewinnung von Absatzmärkten für die bulgarischen Agrarprodukte und, soweit möglich, auch für industrielle Erzeugnisse, d. h. also in einer Ausweitung der Exporte. Alle weiterführenden Überlegungen bezogen sich auf dieses Hauptziel. Eine Industrialisierung der bulgarischen Volkswirtschaft selbst wurde hingegen prinzipiell nur als mögliche sekundäre Begleiterscheinung der Agrarmodernisierung betrachtet, da sie zunächst eine Auffangmöglichkeit für die freiwerdenden ländlichen Arbeitskräfte bot. Da sie aber zugleich eine zusätzliche Steigerung der bulgarischen Exportmöglichkeiten herbeiführen konnte, befand sie sich durchaus im Einklang mit dem Ausgangsziel der Erschließung neuer Absatzmärkte für bulgarische Produkte. Diese Industrialisierung war allerdings, wie einschränkend bemerkt werden muss, vorwiegend als weiterverarbeitende Industrie für Agrarprodukte gedacht. Die Entwicklung einer eigenen Schwerindustrie etwa wurde nicht als eine in absehbarer Zeit zu realisierende Möglichkeit betrachtet.

Gleichwohl war ein grundsätzliches Interesse an einer generellen Modernisierung der bulgarischen Volkswirtschaft gegeben. Dies ergab sich bereits aus dem Bedürfnis der Erwirtschaftung von Devisen zur Erlangung einer größeren finanziellen und ökonomischen Unabhängigkeit. Was jedoch zu Beginn der 30er Jahre zum Anschub des oben skizzierten Entwicklungskonzeptes konkret zu tun war, bestand zuallererst in der Suche nach einem Partner, der zugleich als Markt und als Unterstützung bei der angestrebten Agrarmodernisierung fungieren konnte. Inwieweit die Möglichkeit, von einem solchen Partner abhängig zu werden, von den bulgarischen wirtschaftlichen Eliten in Betracht gezogen wurde, bleibt noch zu untersuchen.

Was indes Totevs Überlegungen bezüglich der Rolle der Industrie im Rahmen der bulgarischen Modernisierungs- und Außenwirtschaftsproblematik betrifft, so sollen sie hier noch im allgemeinen Diskurs über die nationale Industrie positioniert werden. In den in der breiteren Öffentlichkeit ausgetragenen Diskussionen finden sich wiederholt Vorstellungen bzw. Einschätzungen zur gegenwärtigen und künftigen Bedeutung der Industrie für die bulgarische Volkswirtschaft.

Zwar wurde in den meisten Beiträgen nicht so deutlich wie bei Totev auf die Notwendigkeit einer aufeinander abgestimmten Entwicklung von Industrie und Landwirtschaft hingewiesen, insgesamt aber war unstrittig, dass industrielle Wirtschafts- und Produktionsmethoden in Bulgarien verstärkt zum Einsatz kommen sollten – dies aber nicht zwangsläufig, um Bulgarien in ein Industrieland nach westeuropäischem Vorbild zu verwandeln, sondern vielmehr, um der Landwirtschaft, die man nach wie vor als das soziale und ökonomische Rückgrat der Nation betrachtete, die Erzeugung von Überschüssen und deren Vermarktung zu erleichtern. Besonders die Suche nach Märkten war es in diesem Zusammenhang, die seit den 20er Jahren die bulgarische Wirtschaftspolitik im Wesentlichen bestimmte. Diese bestand zunächst in Anpassungsreaktionen auf die vermeintlichen Bedürfnisse der westlichen Märkte, unter denen der deutsche ab 1924 an der Spitze stand.[209] Angesichts des weitgehend subsistenzgeprägten Charakters der bulgarischen Volkswirtschaft waren die Inlandsmärkte in der Zwischenkriegszeit noch nicht so weit entwickelt, als dass sie selbst einen Anreiz zur Umgestaltung des zur Vermarktung bestimmten Produktspektrums dargestellt hätten. Die diesbezüglich getroffenen Maßnahmen mussten also zumindest mittelfristig an den ausländischen Märkten orientiert sein. Industriebezogene Erwägungen spielten hier eine Rolle, als zunächst, d. h. ab Beginn der 20er Jahre, der Produktionsschwerpunkt auf sogenannte Industriepflanzen verlegt wurde, wobei der Tabak dabei die führende Position einnahm.[210] Dementsprechend konzentrierte sich der Diskurs auf Industriezweige, in denen landwirtschaftliche Produkte weiterverarbeitet wurden, d. h. also auf die Tabakindustrie gefolgt von der traditionell starken Textilindustrie. Daneben fand u. a. auch die Zuckerindustrie gesonderte Beachtung.[211] In diesem Zusammenhang lässt sich zudem feststellen, dass auch die Infrastruktur und mit ihr verbundene Industriezweige ab den späten 20er Jahren verstärkt in das Blickfeld der bulgarischen Wirtschaftsfachleute gerieten. Bei letzteren Branchen handelte es sich vorwiegend um die Energiegewinnung, also Bergbau und Kraftwerke, sowie um die Elektrifizierung des Landes. Eine wichtige Rolle spielte außerdem der Ausbau des Verkehrsnetzes, wobei umstritten war, ob dem Straßen- oder dem Schienennetz der Vorrang gebührte. Einigkeit herrschte allerdings im Allgemeinen darüber, dass der Staat für den Ausbau nach einem zu erstellenden umfassenden Programm verantwortlich sei. Ausführlich äußerte sich beispielsweise der Ingenieur Jurdan Dančov im Jahre 1928 zu dieser Frage in der Zeitschrift der BID.[212] Er vertrat die These, dass der Staat die Erweiterung des Verkehrsnetzes auch dann unterstützen müsse, wenn diese zunächst nicht rentabel sei. Denn sie sei schlicht notwendig zur rationalen Nutzung der wirtschaftlichen Ressourcen und der gesamten Arbeitskraft im Lande.[213] Bei der Planung des Ausbaus war nach Dančov die Orientierung am deutschen Vorbild und an deutschen Erfahrungen am zweckmäßigsten.[214]

Ein planvolles und ebenso am westlichen und speziell am deutschen Modell orientiertes Vorgehen wurde auch bezüglich der Elektrifizierung Bulgariens gefordert. Einen umfassenden Beitrag zu diesem Thema lieferte im Jahre 1931 der Elektroingenieur Boris Radev.[215]

[209] Vgl. Kapitel 3.3.

[210] Lampe, Bulgarian Economy, 51-56.

[211] Vgl. u. a. G.N. Koluški, Kriza v našata zacharna industrija, *Spisanie na BID* 25 (1926–27), Nr. 1-3, 56-63.

[212] Ju. Dančov, Železnici ili šoseta? Neobchodimost ot obšta dăržavna programa za golemite obštestveni stroeži, *Spisanie na BID* 27 (1928), Nr. 6, 277-292.

[213] A. a. O., 290-292.

[214] Ebd.

[215] B. Radev, Problemata za elektrosnabdjavane na Bălgarija, *Spisanie na BID* 30 (1931), Nr. 4, 199-218.

Für ihn war die Frage der Stromversorgung des Landes in erster Linie gesellschaftlicher und wirtschaftlicher Natur und erst in zweiter Linie ein technisches Problem.[216] Seinen Informationen zufolge waren 1931 etwa 17,5 Prozent der bulgarischen Bevölkerung mit Elektrizität versorgt.[217] Eine weitere Ausweitung des Stromnetzes konnte sich Radev offenbar nur mit Hilfe ausländischen Engagements vorstellen. Bereits zu seiner Zeit wurde ein Großteil der elektrischen Energie von westlichen Unternehmen erzeugt. Im Mittelpunkt befand sich hier laut Radev die Firma „Granitoid", an deren Spitze bereits seit dem ersten Jahrzehnt des 20. Jahrhunderts der deutsche Ingenieur Eduard Naudascher stand. Ursprünglich hatte es sich bei ihr um eine Zementfabrik gehandelt, die zur Energiegewinnung auch Bergbau betrieb. In den 20er Jahren erweiterte sie ihr Tätigkeitsfeld um den Bereich der Stromerzeugung.[218] Ihre zentrale Bedeutung in diesen Branchen war für Radev ein wichtiger Hinweis auf die Unverzichtbarkeit ausländischen unternehmerischen Engagements zur Modernisierung der bulgarischen Wirtschaft. Zu erklären sei diese Position in erster Linie durch den Mangel an Kapital im Lande, der auch Hauptursache für den geringen Industrialisierungsgrad Bulgariens sei. Dies zeige sich, so fuhr Radev fort, unter anderem in der Verteilung des Stromverbrauches. Für das Jahr 1929 führte der Autor folgende Zahlen an: Von der gesamten Stromerzeugung seien 56 Prozent für industrielle Zwecke verbraucht worden, 26 Prozent zur Erzeugung elektrischen Lichts, 18 Prozent seien aus technischen Gründen verloren gegangen. Die 56 Prozent der Industrie entfielen nach Radev fast vollständig auf die Zementfabrik der Firma „Granitoid".[219] Dies bedeutete, dass ansonsten kein weiteres industrielles Unternehmen in Bulgarien zum Betrieb seiner Produktionsanlagen in größerem Umfang Elektrizität verwendete. Der entsprechende industrielle Stromverbrauch in den westlichen Industrieländern war nach Radev demgegenüber ungefähr zehnmal so hoch wie der für die Lichterzeugung.

Die Rolle ausländischen Engagements in der Elektrifizierung Bulgariens sah Radev allerdings nicht allein in der Bereitstellung notwendiger Kapitalien und Technologien. Darüber hinaus sollte es bei der Überwindung psychologischer Barrieren helfen, die der Verwendung der Elektrizität allenthalben entgegenstanden. Radev sah es als eine psychologische Eigenart „des Bulgaren" an, sich anfangs sehr für Ereignisse oder Unternehmungen gesellschaftlicher bzw. öffentlicher Art begeistern und Opferbereitschaft aufbringen zu können. Sobald aber die ersten Rückschläge einträten oder das Vorhaben zu einem vorläufigen Abschluss gebracht worden sei, lasse das Interesse daran schnell nach.[220] Es gehe also darum, die Bulgaren zu größerer Beharrlichkeit beim Verfolgen der eigenen wirtschaftlichen Interessen zu erziehen:

> *„Zudem sind besondere organisatorische Maßnahmen notwendig, um Motivation und Interesse der Bevölkerung an ihren Unternehmen wie auch an einer unverzichtbaren ständigen Vermeh-*

[216] A. a. O., 199.
[217] A. a. O., 200.
[218] Vgl. Kapitel 5.4.
[219] Radev, 201.
[220] A. a. O., 206.

rung des Eigenkapitals der öffentlichen Elektrizitätswerke zu erhalten. Ansonsten können diese sich für lange Zeit nicht von ihren Schulden befreien, sich zugleich nicht richtig entwickeln und noch weniger die ihnen unmittelbar oder längerfristig bevorstehenden Aufgaben erfüllen.“[221]

Neben der erforderlichen Erziehungsarbeit, die im Grunde auf nichts weniger als einen Mentalitätswandel in der Bevölkerung abzielen sollte, forderte Radev vor allem eine Verbesserung der Kreditbedingungen, d. h. konkret eine Erweiterung der Möglichkeiten, längerfristige Kredite zu niedrigeren Zinsen zu erhalten. Dies sei, so Radev, vor allem für die staatlichen Elektrizitätswerke von Bedeutung; ihnen gegenüber seien die privaten mit einem Jahreszinssatz von höchstens acht Prozent deutlich bevorzugt. Es komme also darauf an, private nationale und „sogar“ ausländische Finanzgruppen zur Gewährung von Krediten unter besseren Konditionen anzuregen, um durch eine Konzentration der staatlichen Elektrizitätswerke eine höhere Rentabilität zu erlangen.[222]

Abgesehen vom generellen und an vielen Stellen im ökonomischen Fachdiskurs festgestellten Bedarf der bulgarischen Wirtschaft an ausländischem Engagement und Kapital, den auch Radev – mit der zu Beginn der 30er Jahre gebotenen Vorsicht – ansprach, zeigte sich in seinen Ausführungen erneut ein Haupthindernis, das dem wirtschaftlichen Wachstum im Lande entgegenstand: das Problem der Akzeptanz moderner Technologien und kapitalistischen Wirtschaftens in der Bevölkerung und deren Identifikation mit staatlichen bzw. öffentlichen Einrichtungen. Verbunden war dies mit dem bereits erörterten elementaren Bildungsdefizit und den kleinräumigen, auf Selbstversorgung gegründeten sozioökonomischen Strukturen im Lande. Der Ausbau der Infrastruktur, wie er von den bulgarischen Wirtschaftseliten gefordert wurde, war zwar durchaus geeignet, diese wachstumshemmenden Strukturen zu überwinden und zur Entwicklung der inländischen wie auch zu einer intensivierten Anbindung an die internationalen Märkte beizutragen. Wie aus Radevs Artikel aber deutlich wird, betrachtete es der bulgarische Fachdiskurs zur Erreichung dieses Ziels als unverzichtbar, ein Umdenken in der Bevölkerung herbeizuführen und auf ausländische Hilfe in Form von Sachkenntnis und Kapital zu setzen.

Schrittweise schält sich also mit der Analyse des ökonomischen Fachdiskurses im vorsozialistischen Bulgarien die Komplexität der Entwicklungsproblematik des Balkanlandes heraus. Zusammengefasst bestand sie in der Schwierigkeit, in Bulgarien eine Marktwirtschaft im eigentlichen Sinne des Wortes aufzubauen. Ein Inlandsmarkt existierte nur in sehr beschränkter Form, da die Bevölkerung mehrheitlich keiner spezialisierten Erwerbstätigkeit nachging, bei der sie vom direkten Zugang zu den für die Selbstversorgung notwendigen Ressourcen getrennt gewesen wäre und somit einen Markt gebildet hätte. Hierfür fehlte es an der erforderlichen Bildung bzw. Ausbildung, an der Infrastruktur sowie an Kapital. Da die bulgarische Gesellschaft, wie beispielsweise bei Radev deutlich wurde, die nötige Dynamik zur Entwicklung eines Marktes und damit eines Wachstumspotentials vermissen ließ, musste sich die bereits in kleinen Maßstäben existierende vermarktbare Produktion in

[221] Ebd.
[222] A. a. O., 206f. Zum bulgarischen Kreditwesen vgl. Daskalov, Bd. 1, 343-354.

Bulgarien an den internationalen Märkten ausrichten. Nur so konnten die im Lande fehlenden Wachstumsfaktoren substituiert werden, d. h. durch Import aus den Industrieländern im Gegenzug zum Export bulgarischer Erzeugnisse. Hierzu kam es jedoch nicht nur darauf an, den Export durch eine Intensivierung der Landwirtschaft und der industriellen Weiterverarbeitung von Agrarprodukten zu steigern, sondern auch darauf, sich Absatzmärkte zu sichern und zugleich das eigene Land – und dies lag allein in der Verantwortung der bulgarischen Politik – für die Einfuhr ausländischer Produkte und Kapitalien zu öffnen.

Letzteres war besonders im Hinblick auf die technische Modernisierung der bulgarischen Wirtschaft ein zwiespältiges Problem. Dementsprechend wurde es in Fachkreisen auch kontrovers diskutiert. Man konzentrierte sich dabei auf die beiden Hauptmittel, die zur Unterstützung der industriellen Entwicklung seit dem späten 19. Jahrhundert angewandt wurden: die Schutzzollpolitik und die Begünstigung von Unternehmen mit einer bestimmten Mindestzahl von Mitarbeitern und einem Mindestgrad an Mechanisierung mittels Steuererleichterungen und Zollbefreiungen bei der Einfuhr von Rohstoffen, Baumaterial und Maschinen. Die Kritiker dieses Setzens fiskalischer Anreize argumentierten, dass auf diese Weise, wie die Erfahrung zeige, nur eine begrenzte Gruppe „größerer" Unternehmen privilegiert würde, dass diese Politik aber ansonsten ihr Ziel einer Industrialisierung der nationalen Volkswirtschaft verfehle. Denn sie ersetze nicht die dafür notwendigen Grundvoraussetzungen.[223] Diese Argumentation erscheint plausibel, denn im Endeffekt nahmen sowohl steuerliche Begünstigung als auch Schutzzölle in erster Linie den Modernisierungs- und Innovationsdruck von den bulgarischen Industrieunternehmen. Die einschlägige Gesetzgebung wirkte sich zumindest nach dem Ersten Weltkrieg so aus, da sie den förderungswürdigen Unternehmen zwar die Einfuhr moderner Gerätschaften erleichterte, zugleich den Anreiz dazu aber wieder wegnahm, da sie durch steuerliche Benachteiligung von vornherein verhinderte, dass nachdrängende kleinere Betriebe zu einer Konkurrenz für die größeren werden konnten. Die Schutzzollpolitik hielt ihr außerdem die internationale Konkurrenz weitgehend vom Leib, so dass, wie es scheint, wirklich eine privilegierte Gruppe von für bulgarische Maßstäbe großen Unternehmen entstehen konnte, die sich keinem ernsthaften Wettbewerb zu stellen hatte. Diese staatlichen Lenkungsversuche der Industrialisierung wirkten sich darüber hinaus auch negativ auf die vielfach geforderte Effizienzsteigerung und Intensivierung der Produktion in kleineren Betrieben und vor allem auch in der Landwirtschaft aus. Denn da diese Bereiche die Kriterien der Industriefördergesetze nicht erfüllten, blieb ihnen auch die zollfreie Einfuhr westlicher technischer Errungenschaften verwehrt. Auf diese Weise wurde der Modernisierung des Agrarsektors, die allgemein als essentiell für jede soziökonomische Entwicklung Bulgariens angesehen wurde, ein weiterer Stein in den Weg gelegt.

In ausführlicher Form findet sich diese Argumentation bereits zur Mitte der 20er Jahre in der Fachpublizistik. Als Beispiel sei hier Chr. St. Chinkov angeführt, der in einem 1925 erschienenen Beitrag in der Zeitschrift der BID klarmachte, dass er die bisherige

223 Chr. St. Chinkov, [ohne Titel], *Spisanie na BID* 24 (1925), Nr. 9-10, 368-379.

Gesetzgebung zur Förderung der Industrie für eine Sackgasse hielt. Den traditionellen Protektionismus und die industrielle „Anregungspolitik" hielt er nur im Anfangsstadium der industriellen Entwicklung für richtig:

> *„Zweifellos hatten solche speziellen Gesetze zur Verstärkung der nationalen Industrie ihre Berechtigung in einem Land wie Bulgarien, als es sich in einem niedrigen Entwicklungsstadium befand; jetzt befindet es sich im Übergang von der Natural- zur Geldwirtschaft und hat eine kleine Industrie, die noch sehr jung ist und bestrebt, auf gesunden eigenen Füßen zu stehen."*[224]

Zwar lehnte Chinkov eine gewisse gesetzliche Unterstützung der Industrie nicht ab, hinterfragte aber ihr bisheriges Ausmaß. Dabei hob er besonders hervor, dass die bestehende Gesetzgebung den Zugang von Kleinunternehmern, Handwerkern und Landwirten zu ausländischen Importen erschwert habe.[225] Die bisherige Gesetzgebung biete also der heimischen Industrie weniger Schutz vor übermächtiger fremder als vielmehr vor inländischer Konkurrenz und erhalte auf diese Weise Industriezweige am Leben, die nicht rentabel geschweige denn wettbewerbsfähig auf den internationalen Märkten seien und somit auch nichts zur Steigerung des Exportvolumens beitrügen. Darüber hinaus wies Chinkov auf einen Aspekt hin, der zu Beginn der 30er Jahre für Bulgarien an Bedeutung gewinnen sollte: das Problem möglicher Gegenreaktionen anderer Länder in Form von Einfuhrzöllen für bulgarische Produkte.[226] Der Autor trat dementsprechend nicht nur dafür ein, die Steuervergünstigungspolitik für größere Industriebetriebe abzubauen, sondern im gleichen Zuge damit auch die Schutzzölle. Sein Hauptmotiv für diese Forderungen war das, was er als „Emanzipation" der bulgarischen Wirtschaft bezeichnete.[227] Hierunter verstand er den verbesserten Zugang kleiner, aufstrebender Betriebe zu modernen Produktionsmitteln sowie mehr Wettbewerbsdruck für die bisher begünstigten großen Unternehmen. Grundsätzlich betrachtete er den verstärkten wirtschaftlichen Austausch mit den Industrienationen als gewinnbringend im Sinne von Effizienzsteigerung und ökonomischem Wachstum in Bulgarien. Wie es scheint, zeichnet sich hier bereits die Motivlage ab, die ab den frühen 30er Jahren zu einer zunehmenden Bilateralisierung der bulgarischen Außenhandelsbeziehungen führen sollte.

Die Debatte über das seit 1895 in Bulgarien angewandte System der fiskalischen Begünstigung der Industrie, an der sich Chinkov wiederholt in ausführlicher Form und an exponierter Stelle beteiligte, wurde in den Jahren 1928 und 1929 noch einmal in besonders kontroverser Form geführt, da nun das 1909 zuletzt novellierte Industrieförderungsgesetz auslief und neue Bestimmungen zu verabschieden waren.[228] Zwar gab es prominente Fürsprecher einer Beibehaltung der bisherigen Praxis, die, wie beispielsweise K. Bobčev ebenfalls in der Zeitschrift der BID, keinen Interessengegensatz zwischen großen Industriebetrieben und dem Handwerk bzw. der Landwirtschaft anerkennen wollten und für einen mehrfachen

[224] A. a. O., 371.
[225] A. a. O., 372.
[226] A. a. O., 373.
[227] Ebd.
[228] Vgl. Kapitel 2.2 und 2.3.

Schutz der heimischen Industrie, d. h. sowohl durch Steuererleichterungen als auch durch Protektion, eintraten.[229] Ihre Position setzte sich jedoch nicht durch, denn 1929 rückte die bulgarische Regierung unter Ministerpräsident Ljapčev vom bisherigen Kurs in der Industrieförderungspolitik ab und führte das Prinzip der „Übersättigung" ein, das bestimmten Industriebranchen, von denen man in Bulgarien genügend zu haben glaubte, staatliche Unterstützung entzog und auf noch unterentwickelte Zweige, die man voranbringen wollte, umlenkte.[230] Das bisherige Prinzip der Steuererleichterungen für Unternehmen, die bereits eine Schwellengröße überschritten hatten, wurde also praktisch umgekehrt, indem man nun innovative Aufsteiger besonders förderte. Auf diese Weise sollte ein breitgefächertes Spektrum an industrieller Produktion entstehen, das der bulgarischen Wirtschaft eine höhere Krisenfestigkeit verschaffen sollte. Zugleich aber machte diese Gesetzgebung die ganze Problematik der Vermarktbarkeit bulgarischer Erzeugnisse deutlich: Wenn sich bereits das geringe Volumen an industrieller Produktion „übersättigter" Zweige weder durch Export noch im Inland absetzen ließ, dann zeigte dies zum einen die geringe Kaufkraft der bulgarischen Bevölkerung, d. h. die schwache Entwicklung des Binnenmarktes, und zum anderen die geringen Chancen dieser Erzeugnisse auf den internationalen Märkten. Da auch nach 1929 der Protektionismus in der Außenhandelspolitik weiterbetrieben wurde, konnte keine Rede davon sein, dass die Absatzschwierigkeiten der bulgarischen Industrie allein durch ausländische Konkurrenz bedingt gewesen wären. Da kurzfristig eine Steigerung der inländischen Kaufkraft nicht zu erwarten war, kam es für den bulgarischen Export also in erster Linie darauf an, sich im Ausland neue Absatzmöglichkeiten zu erschließen.

Dass diese Möglichkeiten allerdings begrenzt waren, registrierte auch der bulgarische ökonomische Fachdiskurs. Unter anderem lag dies an einer Einengung der internationalen Warenströme im Gefolge der Weltwirtschaftskrise. Sie hatte den Zusammenbruch des freien Welthandels auf der Basis des Goldstandards gebracht, da insbesondere die Investoren der Gläubigernation USA ihr Vertrauen in die Sicherheit der in Schuldnerländern wie Deutschland und Bulgarien angelegten Kapitalien verloren und ihre Anlagen abzogen. Hierdurch wurden dem devisenbasierten Welthandel weitgehend die Grundlagen entzogen. Kolonialmächte wie Großbritannien und Frankreich schotteten ihre Märkte ab, und die Weltmarktpreise für Agrarprodukte verfielen.[231] Dass hierdurch ein Land wie Bulgarien, dessen ohnehin bescheidene Exporte praktisch vollständig durch landwirtschaftliche Produkte bestimmt waren, durch diese Entwicklung in seinen Außenhandelsmöglichkeiten besonders hart getroffen wurde, bedarf keiner weiteren Erörterung. Ebenso unbestritten war die Notwendigkeit, sich durch der kritischen Lage angepasste Maßnahmen neue Absatzmärkte für die inländische Produktion zu erschließen. Gedanken zu dieser Problematik wurden regelmäßig in der Zeitschrift der BID geäußert. An dieser Stelle soll jedoch ein Beitrag in der Zeitschrift „Nova Misǎl" (Neues Denken) aus dem Jahre 1933 beispielhaft

229 K. Bobčev, Prokrovitelstvo i nasărdčenie na industrijata v Bălgarija, *Spisanie na BID* 28 (1929), Nr. 7-8, 346-357.

230 Vgl. Kapitel 2.3.

231 Ivanov, 207-209.

erwähnt werden, der sich mit den langfristig für Bulgarien aus der Weltwirtschaftskrise zu ziehenden Konsequenzen befasste. Sein Autor war der Ökonom Christo Peev, sein Titel lautete: „Über die heimische Industrie und das Fehlen einer preislichen Harmonie zwischen ihren Produkten und denen der Landwirtschaft.“[232]

Als Ausgangspunkt der gegenwärtigen problematischen Entwicklungen innerhalb der bulgarischen Volkswirtschaft betrachtete Peev die unmittelbar auf den Ersten Weltkrieg folgende Depression, deren Auswirkungen jedoch in den Jahren 1925–1929 weitgehend überwunden worden seien. In diesen Jahren habe sich, so Peev, die bulgarische Wirtschaft harmonisch entwickelt. Erneut seien diese Schwierigkeiten aber dann mit dem Einsetzen der Weltwirtschaftskrise im Oktober 1929 aufgetreten. Sie dauerten bis heute, d. h. bis 1933 an.[233] In erster Linie bestünden sie in einer Zerrüttung der internationalen Handelsbeziehungen. Der Niedergang der wirtschaftlichen Bedeutung Europas aufgrund des Krieges habe dazu geführt, dass die USA praktisch nach eigenem Gutdünken die Preise auf den Weltmärkten hätten bestimmen können. Daraufhin habe sich auch ein Großteil des Kapitals in den Banken New Yorks und Londons konzentriert, und die Industrien eines Landes wie Bulgarien hätten nur noch mit hochverzinsten Mitteln arbeiten können.[234] Folge davon, so fuhr Peev fort, sei gewesen, dass sich eine Preisschere zwischen landwirtschaftlichen und industriellen Produkten aufgetan habe; für Bulgarien habe sich dies so ausgewirkt, dass die Preise seiner Agrarprodukte aufgrund fehlender Absatzmöglichkeiten gefallen seien, während die Einfuhr industrieller Erzeugnisse und industriewichtiger Rohstoffe zunehmend schwierig geworden sei, was bei ihnen einen Preisanstieg verursacht habe. Hierdurch und durch das gleichbleibende Niveau der inländischen Kosten für Rohstoffe und Arbeit, d. h. der Löhne, sei eine der Landwirtschaft vergleichbare Abnahme der Preise in der Industrie unmöglich geworden.[235]

Angesichts der solchermaßen von ihm eingeschätzten Lage hielt es der Autor für unverzichtbar, in Bulgarien auf eine verstärkte industrielle Entwicklung hinzuwirken. Das Land müsse von einem Agrarland in ein harmonisch ausgeglichenes „Agrar-Handels-Industrieland“ verwandelt werden.[236] Nur so könne, so Peev, ein weiteres Ansteigen der Importe zuungunsten der schwankenden Agrarexporte verhindert werden. Die Zunahme der Einfuhren habe mit dem verstärkten Bedarf an industriellen Konsumgütern zu tun, der wiederum auf den rasanten Bevölkerungsanstieg in Bulgarien zurückzuführen sei.[237] Worauf es im Lande also ankomme, so schloss Peev, sei eine Entwicklung der inländischen Märkte, die nur unter der Voraussetzung einer Industrialisierung denkbar sei, die auch die Kon-

232 Christo Peev, Za rodnata industrija i nesăotvetstvieto na cenite meždu nejnite produkti i tezi na zemledelskoto proizvodstvo, *Nova Misăl* 2 (1933), Nr. 3-4, 145-152.
233 A. a. O., 145.
234 A. a. O., 145-147.
235 A. a. O., 147-150.
236 A. a. O., 152.
237 A. a. O., 150f.

sumgüterbranchen mit einschließe.[238] Dies würde dem Land sowohl eine größere außenwirtschaftliche Unabhängigkeit verschaffen als auch die Versorgung der Bevölkerung mit Verbrauchsgütern verbessern.

Insgesamt machte der Beitrag Peevs in der Zeitschrift „Nova Misăl" die Grundzüge der bulgarischen ökonomischen Interessenlage der frühen 1930er Jahre, so wie sie der Tenor des zeitgenössischen Fachdiskurses sah, recht deutlich. Zusätzlich zur allgemein geäußerten Überzeugung, dass eine Produktivitätssteigerung im Agrarsektor zur Erhöhung der Exportkapazitäten notwendig sei, rückte Peev den Zusammenhang zwischen Weltwirtschaftskrise, Marktentwicklung und Industrialisierung ins Blickfeld. Zwar ging er nicht explizit auf die Frage ein, wie Bulgarien industrialisiert werden sollte, er betrachtete dies aber als eine notwendige Voraussetzung zur Entwicklung der Inlandsmärkte, die er wiederum als unerlässlich ansah, um der Problematik des Bevölkerungsanstiegs zu begegnen. Im Zentrum seiner Überlegungen standen somit die Suche nach Absatzmärkten für bulgarische Produkte verbunden mit durchgreifenden Modernisierungsanstrengungen zur Ausweitung des industriellen Sektors. Die Einbindung in einen größeren wirtschaftlichen Zusammenhang erfuhr bei Peev bestenfalls eine implizite Berücksichtigung, etwa durch Hinweise auf die demografische und wirtschaftliche Entwicklung in westlichen Ländern, wie etwa Deutschland und der Tschechoslowakei. Ausdrücklich reflektiert wurden die bulgarischen Außenwirtschaftsbeziehungen in erster Linie in Bezug auf die Folgen der Weltwirtschaftkrise, die für Peev zuallererst im Wegbrechen der bulgarischen Auslandsmärkte wie auch dem Verfall der Getreidepreise bei gleichzeitigem Anstieg der Industriepreise bestanden. Dass Bulgarien zu seiner Industrialisierung auf ausländische Hilfe angewiesen sein würde, dürfte zwar auch Peev nicht unbekannt geblieben sein, worauf es ihm aber ankam, war die Erschließung sicherer Märkte für die bulgarische Produktion. Obwohl er hierbei vor allem auf die Inlandsmärkte abzielte, machte er doch klar, dass es ihm um größere Unabhängigkeit vom wirtschaftlichen Weltgeschehen ging durch die Einführung effizienterer Produktionsmethoden und die Entwicklung aufnahmefähiger Märkte.[239] Ansätze eines Autarkiegedankens sind also bei ihm erkennbar.

Diese Interessenlage, der Bulgarien in den frühen 1930er Jahren vor allem in technologischer Hinsicht nicht aus eigener Kraft gerecht werden konnte, bot allem Anschein nach genügend Ansatzpunkte für die spätestens mit der NS-Machtübernahme voll einsetzende, autarkistisch motivierte wirtschaftliche Großraumpolitik Deutschlands.[240] Sie erwuchs nicht allein aus dem Bedürfnis einer gesteigerten Agrarproduktivität und der Erschließung bzw. Sicherung von Absatzmärkten, sondern ebenso aus dem Interesse an einer grundlegenden Restrukturierung der bulgarischen Volkswirtschaft. Dabei ist es nicht unbedingt notwendig, diese Zielsetzungen nur aus dem Blickwinkel der Überwindung einer wirtschaftlich-historischen „Rückständigkeit" und der Nachahmung westlicher Entwicklungs-

[238] A. a. O., 152.
[239] Ebd.
[240] Vgl. Kapitel 3.2.

modelle durch Bulgarien und andere südosteuropäische Länder zu interpretieren. Vielmehr kann hier mit den härteren Begriffen „Effizienz“ und „Wachstum“ operiert werden. Beide sind sowohl für den landwirtschaftlichen als auch für den industriellen Sektor der Volkswirtschaft anwendbar, wobei der zeitgenössische Fachdiskurs den engen Zusammenhang zwischen beiden anzuerkennen bereit war. Denn zur Erzielung wirtschaftlichen Wachstums im Agrarsektor war eine Effizienzsteigerung erforderlich, die nach Lage der Dinge nur durch technologische (und soziale) Verbesserungen der Produktionsmethoden zu erreichen waren, die wiederum nur in einem industriellen Umfeld zu bewerkstelligen waren.

An diesem Zusammenhang richtete sich der industriebezogene Diskurs der wirtschaftlichen Facheliten Bulgariens aus. Sein Tenor war, dass es nicht um die Verwandlung des Landes in ein Industrieland nach westlichem Vorbild ging, sondern um eine rationale Ausnutzung des heimischen Potentials. In der Anfangsphase dieser anvisierten Entwicklung war die Ausschöpfung der bestehenden Exportkapazitäten durch die Sicherung von Absatzmärkten, die durch die Weltwirtschaftskrise eingeschränkt waren, von vorrangiger Bedeutung. Die damit einhergehende Bilateralisierung des Außenhandels bot zugleich die Möglichkeit zum Technologieimport, der zur Befriedigung der allseits mit großem Nachdruck geäußerten Notwendigkeit von Wachstum und Effizienzsteigerung unerlässlich war. Insofern zeigte der bulgarische Fachdiskurs trotz aller Betonung der Priorität des Agrarsektors und aller Zurückhaltung bei den Forderungen nach Industrialisierung, die zumeist in Verbindung mit der Landwirtschaft betrachtet wurde, und nach einem Engagement ausländischer Fachwissen und Finanzmittel keine echte Alternative zur sozioökonomischen Entwicklung West- und Mitteleuropas auf. Vielmehr sah man diese Länder durchaus als wirtschaftliche Vorbilder an, deren Standards allerdings noch in weiter Ferne lagen. Der Weg, den Bulgarien nach der überwiegenden Meinung der ökonomischen Facheliten zu gehen hatte, konnte zwar nur langsam zurückgelegt werden, führte aber eindeutig nach Westen. Abgesehen davon, dass man in Bulgarien keine Alternative dazu sah, stellt sich die Frage, ob es solche in der Zwischenkriegszeit auch objektiv überhaupt gab. Angesichts der damaligen finanziellen Abhängigkeit Bulgariens von den großen Industrienationen und seiner handelspolitischen Ausrichtung scheint diese Frage klar verneint werden zu können. Aufschluss hierüber kann, ähnlich wie der agrar- und industriebezogene, so auch der im folgenden Abschnitt behandelte handelspolitische Diskurs im Bulgarien der Zwischenkriegszeit geben.

4.3 Außenwirtschaftsbeziehungen

Unverzichtbarer Bestandteil einer Betrachtung über die Motiv- und Interessenlage, die die Gestaltung der Wirtschaftsbeziehungen Bulgariens zu Deutschland in der Zwischenkriegszeit und insbesondere während der 1930er Jahre bestimmte, sind naturgemäß die auf die Außenwirtschaftbeziehungen des Landes im Ganzen gerichteten Überlegungen und Debatten der damaligen bulgarischen Facheliten. Innerhalb des thematischen Rahmens dieses

Diskurses lässt sich, so ist wenigstens zu vermuten, am ehesten rekonstruieren, welches Gewicht man den Beziehungen zu Deutschland in den bulgarischen wirtschaftspolitischen Konzepten einräumte und welchen Einfluss die zeitgenössische Beurteilung der Weltwirtschaftslage in diesem Zusammenhang hatte.

Besonders letztere, d. h. die Weltwirtschaftslage zu Beginn der 1930er Jahre, muss neben der deutschen Politik sowie den in den vorigen Abschnitten behandelten strukturellen Problemen der bulgarischen Volkswirtschaft als entscheidende Grundlage für die Neugestaltung der Wirtschafts- und vor allem der Handelsbeziehungen zwischen beiden Ländern betrachtet werden. Denn die Tatsache, dass am Ende dieses Jahrzehnts der bulgarische Außenhandel zu mehr als zwei Dritteln – sowohl der Gütermenge als auch dem Umsatz nach – mit Deutschland abgewickelt wurde, wirft die Frage nach den anderen möglichen Handelspartnern auf. Durch diese Perspektive kann außerdem erhellt werden, inwieweit die zunehmende Bilateralisierung der deutschen und ebenso der bulgarischen Außenwirtschaftsbeziehungen als Ergebnis einer allgemeinen, d. h. weltweit wirksamen Tendenz angesehen wurde oder als deutsch-bulgarisches Spezifikum. Der Kern dieser Problematik liegt in dem Grad, in dem die Bilateralisierung der internationalen Handelsbeziehungen zu jener Zeit als unvermeidliche Konsequenz des jüngsten weltwirtschaftlichen Geschehens, d. h. konkret der Weltwirtschaftskrise, betrachtet wurde oder zumindest als ernsthafte Alternative zum bisherigen System des freien Welthandels. Diese Frage muss beantwortet werden, bevor über eine Interpretation der deutsch-bulgarischen Wirtschaftsbeziehungen im Sinne einer Rolle Bulgariens als Opfer eines deutschen Wirtschaftsexpansionismus in Südosteuropa diskutiert werden kann.

In Anbetracht der deutschen Autarkiebestrebungen, die mit der Machtübernahme der Nationalsozialisten zu einer Grundprämisse deutscher Außenwirtschaftspolitik wurden, spitzte sich der zeitgenössische Diskurs indes auf die Frage zu, welche Rolle Bulgarien in den deutschen Plänen, die stets auf eine Großraumautarkie abzielten, einnehmen sollte. Daher ging es in den Debatten nicht mehr allein um die Alternative von Bilateralisierung versus Freihandel, sondern vor allem um den Autarkiegedanken im Gegensatz zu einer liberalen Weltwirtschaftsordnung. Dies bedeutet allerdings nicht, dass solche Überlegungen in Bulgarien allein als Reaktion auf deutsche Konzepte angestellt worden wären; vielmehr hat es den Anschein, dass bereits während der Weltwirtschaftskrise alternative Vorstellungen bezüglich des Welthandelssystems an Popularität gewannen. Sollte sich dieser Eindruck im weiteren Verlauf der vorliegenden Betrachtung bestätigen, so wäre eine weitere Ebene, auf der deutsche und bulgarische Wirtschaftsinteressen in den frühen 30er Jahren miteinander korrespondierten, gefunden.

Als Hauptquelle zur Erschließung dieses Diskurses dient auch hier die Zeitschrift der BID, die als zentrale Plattform für wirtschaftspolitische Debatten im vorsozialistischen Bulgarien gelten darf.[241] Beim Gesamtüberblick fallen für die Zeit zwischen den späten 20er und frühen 40er Jahren einige allgemeine Tendenzen und Entwicklungen auf. Hierbei ist

[241] Vgl. TODOROVA, Germanskoto „Goljamo ikonomičesko prostranstvo".

eine Häufung von Beiträgen zu nennen, die sich mit dem internationalen Handelssystem auseinandersetzten. Zumeist wurde in ihnen auf die Schwächen des bis 1929 bestehenden Systems des freien, auf dem Goldstandard basierenden Welthandels verwiesen. Skeptisch äußerte man sich auch vor allem zu Beginn der 30er Jahre zu französischen Plänen einer Europäischen Zollunion sowie zur Idee einer wirtschaftlichen Donauföderation, da diese meist den Ausschluss Deutschlands und Bulgariens implizierte. Die Alternativen hierzu, die unter anderem in der Erhebung von Schutzzöllen, Kontingentierungen, Clearingabkommen, bilateralen Handelsverträgen sowie schließlich in der Einbindung Bulgariens in autarke Wirtschaftsblöcke, die nach dem Prinzip der Ergänzungswirtschaft funktionieren sollten, bestanden, erfuhren eine zunehmend wohlwollende Beachtung. Weiterhin von Bedeutung im handelspolitischen Diskurs jener Jahre war die Beurteilung der potentiellen Märkte für die Ausfuhr bulgarischer Agrargüter; in diesem Zusammenhang richtete sich der Blick der Facheliten zunehmend auf die Märkte „Mitteleuropas", worunter man in erster Linie Deutschland, Österreich und die Tschechoslowakei verstand. Ihnen schrieb man indes nicht nur eine wichtige Rolle beim Absatz eigener Exportartikel zu, sondern auch eine Bedeutung für die Modernisierung der bulgarischen Landwirtschaft im Sinne größerer Marktorientierung und Flexibilität wie auch im Sinne einer Erweiterung des Ausfuhrspektrums um Industriepflanzen, tierische Produkte und klimatisch bedingt hochwertiges Obst und Gemüse, sei es in roher oder weiterverarbeiteter Form. Außerdem sind in den Ausgaben der Zeitschrift der BID ab der Mitte der 30er Jahre eine Reihe von Beiträgen zu finden, die sich mit der Entwicklung der bulgarischen Handelspolitik seit dem Ersten Weltkrieg befassen, also eine Art Bilanz ziehen. In ihnen kann insbesondere nachvollzogen werden, wie die ökonomischen Fachkreise des Landes die zunehmende Kanalisierung des Außenhandels Richtung Mitteleuropa, d. h. in erster Linie Deutschland, und die Abkehr vom devisenbasierten Handel hin zu devisenfreien Formen vor dem Hintergrund der Weltwirtschaftskrise beurteilten. Eine weitere Tendenz im handelspolitischen Diskurs in Bulgarien während der Zwischenkriegszeit ist die steigende Aufmerksamkeit für die wirtschaftliche Entwicklung innerhalb Deutschlands. Insbesondere in den 1930er Jahren wurde in Bulgarien genau registriert, dass die Beschaffung von Rohstoffen und Agrarprodukten in der deutschen Außenhandelspolitik bald eine absolute Vorrangstellung einnahm, wofür unter anderem die Rüstungs- und Infrastrukturpolitik der Nationalsozialisten verantwortlich gemacht wurde. Der erhöhte deutsche Bedarf wurde in Bulgarien als Chance für eine verstärkte Ausfuhrtätigkeit, aber auch als Herausforderung zur Anpassung des eigenen Exportes an deutsche Bedürfnisse begriffen.

Die Thematik der internationalen Handelsordnung wurde in Bulgarien während der 30er Jahre mit unterschiedlicher Akzentsetzung diskutiert. Dabei verschob sich der Schwerpunkt von der Abwägung verschiedener Alternativen zum freien Welthandel in den frühen 30er Jahren zur Akzeptanz einer vermeintlich unabwendbaren und endgültigen wirtschaftlichen Umgestaltung Europas unter deutscher (und italienischer) Führung im Sinne einer Großraumautarkie während der späten 30er und frühen 40er Jahre. Eine Rückkehr zum bis 1929 allgemein angewandten Freihandelssystem schien allseits ausgeschlossen und auch wenig wünschenswert, wenngleich es unterschiedliche Nuancen in der Bewertung dieses Sachverhaltes gab. Einige hielten die neue Wirtschaftsordnung für zukunftsweisend und geeignet, einen allgemeinen Wohlstand zu sichern, für andere war sie eine temporäre Notlösung, geboren aus den Verwerfungen der Weltwirtschaftkrise. Beispielhaft für diese Strömungen sollen hier einige in der Zeitschrift der BID erschienene Artikel untersucht werden.

Unter dem unmittelbaren Eindruck der Weltwirtschaftskrise und ihren Ausläufern während der ersten Hälfte der 30er Jahre legten die Autoren der Zeitschrift ihr Augenmerk vorwiegend auf grundsätzliche Erwägungen bezüglich einer künftigen weltweiten oder auch regionalen Wirtschaftsordnung. Die Krise hatte offenbar auch in der bulgarischen Fachöffentlichkeit das Vertrauen in die bisherige freihändlerisch geprägte Weltwirtschaftsordnung zutiefst erschüttert, und so erschienen in jenen Jahren sowohl Publikationen, die sich in Eigeninitiative mit den aus bulgarischer Sicht relevanten Implikationen alternativer Handelssysteme befassten als auch solche, die aktuelle Entwicklungen zum Anlass für grundsätzliche Betrachtungen nahmen.

Zur erstgenannten Kategorie zählt der Aufsatz „Weltwirtschaft oder Autarkie“ von Dr. Christo Peev, der im Jahre 1932 in der Zeitschrift der BID erschien.[242] Dieser Beitrag soll hier herausgegriffen werden, da er in seiner Struktur und Argumentation als repräsentativ und beinahe paradigmatisch für den damaligen Diskurs angesehen werden kann. Dies gilt bereits für den einleitenden Gedanken Peevs, in dem dieser auf die beiden entscheidenden Störmomente für die Weltwirtschaft in der jüngeren Vergangenheit hinwies. Hierbei handelte es sich um den Ersten Weltkrieg und um die Ende der 20er Jahre einsetzende Weltwirtschaftskrise. Während der Krieg nach Peevs Auffassung zum ersten Mal den Autarkiegedanken ins Zentrum der handelspolitischen Aufmerksamkeit gerückt hatte, diese Tendenzen jedoch aufgrund der weltwirtschaftlichen Gesundung ab Mitte der 20er Jahre überwunden zu sein schienen, führten, so der Autor, bestimmte strukturelle Entwicklungen des Kapitalismus Ende der 20er Jahre zu einem Zusammenbruch des goldbasierten Welthandelssystems, der in einem Rückfall auf das Niveau des naturalienbasierten Tauschhandels resultierte.[243] Bei diesen Entwicklungen handelte es sich um eine zunehmende Konzentration und Monopolisierung der Produktion in den großen Industrieländern, verbunden mit dem Auftreten von Kartellen und Trusts. Nach Peev erfuhren diese Tendenzen besonders nach dem Krieg erhebliche Verstärkungen und führten zu einem zunehmenden Eindringen planerischer Elemente in die kapitalistische Marktwirtschaft. Durch den Verfall der Weltmarktpreise für Getreide seien zudem die Beziehungen zwischen Industrie- und Agrarstaaten zerrüttet worden, da durch die Kaufkraftschwächung der Landbevölkerung der Absatz von Industrieprodukten eingebrochen sei.[244] Die daraus resultierende Situation im internationalen Warenverkehr und ihre Folgen für die nationalen Volkswirtschaften charakterisierte der Autor wie folgt:

[242] Christo Peev, Svetovno stopanstvo ili avtarkija, *Spisanie na BID* 31 (1932), Nr. 10, 629-637. Vgl. für andere Beiträge von Peev: Kapitel 4.2.

[243] A. a. O., 630f.

[244] A. a. O., 631.

„*Dieser Faktor* [der Preisverfall, M. W.] *zwang den internationalen Beziehungen eine Reglementierung auf, die sich allerdings mehr und mehr verschärfte und am Ende im primitiven System des Naturalientausches resultierte. Heute sind die internationalen Beziehungen dergestalt, als ob wir uns im Übergang zur vollkommenen Planwirtschaft befänden. Diese Abschließung* [der Volkswirtschaften, M. W.] *brachte das Streben nach einer Reagrarisierung der Industrieländer und ein erhöhtes Industrialisierungstempo in den Agrarländern. Innerhalb kurzer Zeit brachte diese Entwicklung vielfach beeindruckende Ergebnisse, heute indes sprechen die offiziellen Statistiken von einer großen Verengung des internationalen Handels, der staatlichen Einkünfte und der Bruttosozialprodukte.*“[245]

Diese allgemeinen Tendenzen zur Autarkie sah Peev als zwangsläufige Reaktionen auf die jüngste Verschlechterung der internationalen Handelsbedingungen an. Für erstrebenswert hielt er die Isolation der nationalen Volkswirtschaften indes nicht. Den Zustand vollständiger Autarkie betrachtete er als utopische Vorstellung.[246] Für ihn hing vielmehr der Reichtum eines Landes von den Ausmaßen seines Handels mit anderen Ländern ab. Die Autarkie, so Peev, führe zu nichts anderem als einer Verarmung der Völker. Dabei liege es gerade im Interesse der Länder mit schwacher Massenkaufkraft, sich zusätzliche Märkte zu erschließen, um so den weiter fortgeschrittenen Ländern in ihrer Entwicklung zu folgen.[247] Wenn nun aber trotzdem aufgrund des Verfalls der Weltmarktpreise autarkistische Tendenzen, d. h. also die Schließung der nationalen Grenzen für den Handel, die Oberhand gewonnen hätten, so fuhr Peev fort, dann sei das amerikanische Preisdumping während des Krieges und danach dafür verantwortlich. Länder wie Großbritannien oder Deutschland hätten dies am schmerzhaftesten zu spüren bekommen. Das Vereinigte Königreich habe sich daraufhin im Jahre 1931 vom Goldstandard verabschiedet und verlege sich nun ganz auf den Handel innerhalb des Commonwealth.[248] In Deutschland hätten mit Beginn der 30er Jahre ebenfalls die Isolationisten die Meinungsführerschaft übernommen.[249]

Aus diesem kurzen Überblick über die jüngsten Entwicklungen im internationalen Handel zog Peev seine Schlüsse für Bulgarien. Er lehnte den Gedanken der Autarkie als „Ideal“ zwar ab, erklärte sich aber bereit, ihn als volkswirtschaftliche Strategie zur vorübergehenden Anwendung unter den gegebenen besonderen Bedingungen zu akzeptieren. Denn an eine Rückkehr zu den alten Verhältnissen sei nicht zu denken:

„*Beim Blick auf die bisherige historische Entwicklung und die Gegenwart müssen wir in aller Ruhe zu dem Schluss kommen, dass wir keine vollständige Rückkehr zur freien Weltwirtschaft erwarten können, da die konjunkturellen Veränderungen zu fundamentalen Neubewertungen geführt haben – sei es in Bezug auf Produktion und Standortfragen, sei es in Bezug auf Produktionsweisen und Verbrauch. Es ist unbestritten, dass sich die Bedingungen des Liberalismus in vielfacher Hinsicht verändert haben.*“[250]

245 Ebd.
246 A. a. O., 632.
247 A. a. O., 633.
248 Vgl. Ivanov, 207-209.
249 Peev, Svetovno stopanstvo, 632 u. 635.
250 A. a. O., 635.

Peev vertrat die Ansicht, dass Bulgarien sich diesen Realitäten zu stellen habe und als kleines Land in keinem Fall Vorreiter neuer Entwicklungen sein oder sich gegen die gegebenen Verhältnisse stellen könne. Für die Zukunft sah der Autor eine Weltwirtschaftsordnung voraus, die eine Mischform zwischen liberalem Freihandel und Planwirtschaft darstellen werde. Voraussetzung hierfür war nach Peev eine „Normalisierung" der internationalen Wirtschaftsbeziehungen; als den richtigen Weg hierzu betrachtete er den Abschluss bilateraler Handelsverträge. Die Autarkie konnte seiner Meinung nach also nur ein Übergangszustand sein, der künftig in einer gelenkten Weltwirtschaft münden würde.[251]

Auch wenn diese Vision Peevs recht vage anmuten mag, umso deutlicher nahm seine Interpretation der gegenwärtigen weltwirtschaftlichen Lage und der kurz- bis mittelfristig zu ergreifenden Maßnahmen den Weg Bulgariens vorweg, der bis Ende der 30er Jahre in die wirtschaftliche Abhängigkeit von Deutschland führen sollte. Akzeptierte man wie er das Ende des freien Welthandels auf der Basis der Goldstandards, die Notwendigkeit der Erschließung neuer Märkte für die kleinen Agrarstaaten sowie den Abschluss bilateraler Handelsabkommen als erfolgversprechende Option unter den gegebenen Umständen, so blieb angesichts der wirtschaftlichen Lage, in der sich Bulgarien zu Beginn der 30er Jahre befand, kaum ein anderer Weg als die Orientierung auf den deutschen Markt. Er blieb aufgrund der auch von Peev angeführten Abschließung der Kolonialmärkte, aber auch, was Peev freilich nicht berücksichtigte, aufgrund der geringen Wettbewerbsfähigkeit bulgarischer Agrarprodukte auf den überseeischen Märkten der vielversprechendste europäische Kandidat. Die Bilateralisierung der bulgarischen Wirtschaftsbeziehungen und ihre Einengung auf Deutschland war also in Peevs Überlegungen angelegt. Die Autarkie jedoch war, wie der Autor selbst feststellte, eine utopische Vorstellung – wenigstens für ein Land wie Bulgarien. Bestenfalls konnte es Teil eines ergänzungswirtschaftlichen Zusammenschlusses sein, als einer Art Regionalautarkie im Verbund mit Industrieländern.

Derartige Überlegungen waren zu Beginn der 1930er Jahre durchaus auf der Agenda der europäischen Wirtschaftspolitik. Für Bulgarien von besonderer Bedeutung waren dabei die Pläne zur Schaffung einer europäischen Zollunion, wie sie von Frankreich betrieben wurden, und die Idee einer wirtschaftlichen Donauföderation, die vor allem in Ungarn favorisiert wurden.[252] Beiden Konzepten standen die bulgarischen ökonomischen Facheliten skeptisch bis ablehnend gegenüber. Diese Haltung kam auch in einer Reihe von Veröffentlichungen in der Zeitschrift der BID zum Ausdruck. Die beiden Beiträge, die hier stellvertretend für diese Meinung vorgestellt werden sollen, stammen aus dem Jahr 1931, dem Jahr, in dem sich Frankreich von seinen Zollunionsplänen abwandte und die Verständigungspolitik mit Deutschland an ihr Ende gelangte.[253]

Mit dem von Paris betriebenen Plan einer gesamteuropäischen Zollunion setzte sich Dr. G. K. Svrakov ausführlich auseinander, wobei er ausdrücklich die Perspektive der Agrar-

[251] A. a. O., 636f.
[252] Vgl. Kapitel 3.1.
[253] Wie eben.

staaten einnahm.[254] Eingangs jedoch verwies er auf die Voraussetzungen, die der Popularität dieser Idee zu Beginn der 1930er Jahre seiner Meinung nach zugrunde lagen. Er sah sie vorwiegend in der Zersplitterung vormals großer Volkswirtschaften als Folge des Ersten Weltkriegs; in diesem Zusammenhang sprach er von einer „Balkanisierung Europas", durch die der Kontinent mit neuen Staatsgrenzen in einer Gesamtlänge von 12000 Kilometern durchzogen worden sei.[255] Dies habe für die gesamte Güterproduktion in Europa zu einem weitgehenden Verlust bisheriger Märkte geführt. Ziel einer europäischen Zollunion müsse es demnach sein, einen neuen großen Markt zu schaffen.[256] Hiermit erschöpften sich allerdings bereits die positiven Aspekte, die Svrakov der paneuropäischen Zollunionsidee abgewinnen konnte. Die lange Reihe seiner Bedenken gegen dieses Konzept leitete er mit den politischen Implikationen ein, die seiner Ansicht nach damit verbunden waren.

An erster Stelle standen für Svrakov in diesem Zusammenhang die außenpolitischen Unsicherheiten auf europäischer Ebene. Durch seine Argumentation zeigte er, dass er die Interdependenz von Wirtschafts- und Außenpolitik für eine sehr einseitige Angelegenheit hielt, d.h. er war der Ansicht, dass außenpolitische (einschließlich militärischer bzw. kriegerischer) Entscheidungen Auswirkungen auf die Entwicklung der internationalen Wirtschaftslage hatten, dass dies umgekehrt aber nicht der Fall war. Deutlich wurde dies durch seinen Gedanken, dass eine zu starke wirtschaftliche Verflechtung der europäischen Staaten im Fall eines künftigen Krieges besonders schädlich wäre. Dies habe der voraufgegangene Weltkrieg gezeigt. Hieraus müsse die Lehre gezogen werden, dass ein Staat im Kriegsfall in der Lage sein müsse, alle lebensnotwendigen Güter selbst zu produzieren. Svrakov plädierte also für ein Maß an nationaler Autarkie, das zumindest im Notfall wirtschaftliche Unabhängigkeit garantierte.[257] Den Umkehrschluss, dass eine wirtschaftliche Verflechtung in Form eines gesamteuropäischen Marktes ihrerseits Auswirkungen auf außenpolitische Entwicklungen haben könnte, etwa indem sie die Wahrscheinlichkeit eines Krieges aufgrund einer Verlagerung ökonomischer Interessen reduzierte, zog Svrakov nicht. Vielmehr war er der Meinung, dass der wirtschaftlichen Einheit Europas die politische vorausgehen müsse.[258] Dieses Ziel betrachtete er jedoch als utopisch unter den gegebenen Bedingungen. Eine wirtschaftliche Einheit Europas sei nur möglich bei einer völligen Übereinstimmung aller Länder in politischen Fragen und bei vollkommener Gleichberechtigung. Bestehe eine solche nicht, so sei in erster Linie eine Dominanz der finanziell starken über die schwachen Länder zu erwarten. Zu einer europaweiten Harmonisierung in diesem Bereich könne man nur über eine einheitliche Steuerpolitik in Verbindung mit einer einheitlichen Währung gelangen. Eine vorausgehende politische Einigung des Kontinents sei hierfür jedoch unab-

[254] G.K. Svrakov, Panevropejskijat mitničeski săjuz i interesite na agrarnite dăržavi, *Spisanie na BID* 30 (1931), Nr. 10, 607-627.
[255] A.a.O., 608.
[256] A.a.O.
[257] A.a.O., 609f.
[258] A.a.O., 610.

dingbar.[259] Denn, so argumentierte Svrakov, eine bloße Zollunion Europas sei gegenwärtig unmöglich und würde zu nichts Gutem führen. Dies zeigte sich nach Ansicht des Autors im derzeit weitverbreiteten Protektionismus, den sogar erklärte Befürworter des Freihandels, wie etwa Großbritannien, betrieben, indem sie sich handelspolitisch auf ihr Kolonialreich fokussierten. Noch wichtiger sei der Protektionismus für die vornehmlich agrarisch geprägten Staaten, da diese ohne den Schutz der Zölle keine Industrien entwickeln könnten. Eine europäische Zollunion würde hingegen nur den größeren Industrieländern nutzen; sie könnten ihre Fabriken unter voller Auslastung betreiben und billige Fertigwaren in die Agrarstaaten ausführen. Für diese wäre eine europäische Zollunion demzufolge eine Entwicklungshemmnis.[260] Den westeuropäischen Befürwortern einer Zollunion unterstellte Svrakov die Absicht, die sich entwickelnden Industrien der osteuropäischen Agrarländer vernichten und ihnen als minderwertige Kompensation einen verbesserten Absatz ihrer landwirtschaftlichen Ausfuhrprodukte anbieten zu wollen; in anderen Worten – er vermutete kolonialistische Motive hinter den Zollunionsplänen.[261] Wären nach Svrakov die Absichten der westlichen Industrienationen ehrenwert, so hätten sie längst ihren eigenen Agrarprotektionismus aufgeben, d. h. den Agrarländern Absatzmärkte eröffnen müssen.

Als konstruktive Form eines zollpolitischen Zusammenschlusses unterschiedlicher Länder betrachtete der Autor indes diejenige, in der industriell bzw. landwirtschaftlich geprägte Volkswirtschaften einander ergänzten, wobei er dieser Idee allerdings nur unter bestimmten Einschränkungen zustimmte. Denn er lehnte prinzipiell die Vorstellung ab, dass Volkswirtschaften für immer auf einen bestimmten Charakter, sei er industriell oder agrarisch, festgelegt sein sollten. Seiner Meinung nach durfte es keine endgültige Rollenfestlegung innerhalb eines ökonomischen Zusammenschlusses geben. Die Möglichkeit einer Entwicklung und Umstrukturierung einer nationalen Volkswirtschaft musste nicht nur erhalten bleiben, sie musste sogar durch den Zusammenschluss gefördert werden.[262]

Mit dieser Argumentation, die die außenwirtschaftspolitische Interessenlage eines osteuropäischen Agrarlandes, d. h. also auch Bulgariens, zu Beginn der 1930er Jahre erläuterte, eröffnen sich weitere Möglichkeiten zum Verständnis der wirtschaftspolitischen Weichenstellungen in Bulgarien zu jener Zeit. Geht man von der Annahme aus, dass die Svrakov'sche Einschätzung der von Frankreich protegierten Zollunionspläne wie auch seine Sicht der bulgarischen Interessenlage – Erschließung von Absatzmärkten und sozioökonomische Modernisierung bzw. Industrialisierung – von der Masse der wirtschaftlichen Entscheidungsträger in seinem Land geteilt wurde, wofür der bisher hier betrachtete Diskurs spricht, so wird deutlich, wie sehr diese Faktoren sowohl in ihrer objektiven Wirkung wie auch aus der subjektiven bulgarischen Perspektive einer außenwirtschaftlichen Annäherung des Landes an Deutschland in die Hände gespielt haben. Ähnlich wie in deutschen Wirtschaftskreisen und in der Reichsregierung in Berlin, so sah man offenbar auch in Sofia, hier repräsen-

[259] A. a. O., 611f.
[260] A. a. O., 614-618.
[261] A. a. O., 616-620.
[262] A. a. O., 625f.

tiert durch das zentrale Diskussionsforum, die Zeitschrift der BID, die französischen Pläne allein als durch westliche industrielle Interessen motiviert an. Zugleich betrachtete man sie als Mittel zur Sicherung der französischen Vormachtstellung in Europa im Sinne der Versailler Friedensordnung. Die Erschließung neuer Absatzmärkte sowie Impulse zu einer weiteren Industrialisierung versprach man sich in Bulgarien davon nicht. Stattdessen hielt man, zumindest Svrakov zufolge, engere wirtschaftliche Zusammenschlüsse in Europa nur dann für attraktiv für ein Land wie Bulgarien, wenn sich dadurch die Ausfuhrchancen steigern und die Produktion modernisieren ließen. Hieraus folgt, dass eine solche Kooperation für Bulgarien offenbar nur dann denkbar war, wenn der Partner zur Abnahme bestimmte Mengen bulgarischer landwirtschaftlicher Ausfuhrgüter zu attraktiven Preisen bereit war und die industrielle Entwicklung des Landes wenn nicht direkt förderte, so doch zumindest nicht hemmte. Deutlich wurde bei Svrakov außerdem, dass eine möglichst weitgehende Übereinstimmung politischer Ziele zwischen potentiellen wirtschaftlichen Partnerländern für notwendig erachtet wurde. Die Gefahr eines Krieges zwischen wirtschaftlich voneinander abhängigen Partnern war nach der Svrakov'schen Logik mit so hohen ökonomischen Risiken verbunden, dass Zusammenschlüsse zwischen derartigen Partnern bei einer mangelnden politischen Vertrauensbasis von vornherein zum Scheitern verurteilt waren.

Der Kreis der Länder, der diesen Überlegungen gemäß für die Anbahnung enger Wirtschaftsbeziehungen zu Bulgarien am Beginn der 1930er Jahre übrig blieb, erweist sich somit als verhältnismäßig eng. Die Initiatoren des in Bulgarien unpopulären Zollunionsplanes, die westeuropäischen Industrieländer – vor allem Frankreich –, die Svrakov am schärfsten kritisiert hatte, kamen nicht in Betracht, da sie ihre Märkte für osteuropäische und damit auch bulgarische Agrarprodukte aus seiner Sicht unnötigerweise blockiert hatten. Diese Kritik bezog sich auch auf erklärte Freihandelsnationen wie Großbritannien, die ihre Märkte ebenfalls durch Schutzzölle abschlossen. Die übrigen osteuropäischen Nationen waren Bulgarien in ihrem Produktionsspektrum zu ähnlich, als dass sie ernsthaft als Abnehmer bulgarischer Exportwaren auftreten konnten. Folgt man den Betrachtungen Svrakovs, so kamen im Grunde nur industrialisierte Staaten in Frage, die ihre Märkte öffneten und deren Außenpolitik mit der bulgarischen vereinbar war. Das heißt, es mussten Länder sein, die an einer Revision der Versailler Friedensordnung interessiert waren. Unter den europäischen Industrienationen konnte dies zu Beginn der 1930er Jahre nur Deutschland sein, allerdings nur, wenn, wie Svrakov forderte, die Vertreter der gemeinhin protektionistisch eingestellten deutschen Landwirtschaft ihren Einfluss auf die Außenwirtschaftspolitik des Reiches verloren – eine Voraussetzung, die 1932, im Erscheinungsjahr des Aufsatzes, noch nicht endgültig erfüllt war. Trat dieser Fall jedoch ein, so gewann Deutschland nach der von Svrakov skizzierten Logik der bulgarischen Interessenlage erheblich an Attraktivität als Wirtschaftspartner.

Paneuropäische Zollvereinigungen oder auch die Idee eines wirtschaftlichen Donaublockes wurden in Bulgarien hingegen mit großer Skepsis betrachtet. In diesem Sinne äußerte sich beispielsweise auch Dr. Chr. Šišmanov im Jahre 1932 ebenfalls in der Zeitschrift der BID. Der von ihm veröffentlichte Artikel war mit „Ein Wirtschaftsblock der Donaustaaten“

überschrieben.[263] Nach Ansicht des Autors stand diese Idee in unmittelbarem Zusammenhang mit dem voraufgegangenen Scheitern des deutsch-österreichischen Zollunionsprojektes. Österreich strebte daraufhin nach Alternativen zur Erweiterung seiner Handelsaktivitäten und sah diese am ehesten in einem Netzwerk zweiseitiger Clearing-Abkommen unter den Staaten „Mitteleuropas", d.h. Österreich, Ungarn, Tschechoslowakei, Jugoslawien, Rumänien und Polen.[264] Hinter dieser Initiative Österreichs sah Šišmanov allerdings Interessen Frankreichs, Großbritanniens und Italiens, die im Tardieu-Plan zum Ausdruck kamen. Deutlichstes Indiz dafür war, so der Autor, der Gedanke einer mitteleuropäischen Wirtschaftsunion unter Ausschluss Deutschlands bei gleichzeitigem Einschluss Österreichs. Šišmanov erkannte, dass solche Pläne für Deutschland unter den damaligen Bedingungen inakzeptabel waren.[265] Aber auch den Interessen der potentiellen Mitglieder eines solchen Zusammenschlusses liefen solche Ideen nach Ansicht des Autors zuwider. Dazu waren besonders die deutsch-österreichischen Handelsbeziehungen in den frühen 30er Jahren zu intensiv. Ähnlich beurteilte er die Lage Ungarns und Jugoslawiens.[266]

Zwar war Deutschland, wie Šišmanov ausführte, nicht prinzipiell gegen den Tardieu-Plan, bestand aber unbedingt auf einer deutschen und auch bulgarischen Teilnahme.[267] Es ergab sich also auch hier ein Gleichklang der Interessen beider Länder. Für Šišmanov war der Plan ein französischer Versuch zur Isolation Deutschlands in erster Linie von Österreich, im Allgemeinen aber auch von ganz Ostmittel- und Südosteuropa. Seine Verwirklichung stand nach Ansicht des Autors aber auch bulgarischen Interessen insoweit entgegen, als vermehrte Absatzschwierigkeiten für bulgarische Agrarprodukte auf den mitteleuropäischen Märkten zu erwarten waren.[268] Negative Folgen im gesamteuropäischen Maßstab erwartete Šišmanov darüber hinaus auch durch Gegenreaktionen der ausgeschlossenen Länder. Für ihn ergaben sich daraus folgende Konsequenzen in der bulgarischen Interessenlage:

> *„Bulgarien hat kein Interesse an einer Unterstützung der Idee zur Schaffung dieses Donaublocks, wenn es selbst außen vor bleiben soll.* [...] *Wir haben allerdings auch kein Interesse an diesem Block, selbst wenn ihm Bulgarien unter den von Tardieu skizzierten Bedingungen angehören sollte. Ein Block jedoch, begründet auf breiterer Basis, an dem an erster Stelle auch Deutschland und Italien beteiligt wären, wäre von großer Bedeutung für Bulgarien, weil er den Hauptteil der bulgarischen Ausfuhrmärkte einschlösse, den Absatz unserer Produkte garantierte und eine ausreichende Sicherheit für wirtschaftlichen Einfluss und Unabhängigkeit böte."*[269]

Äußerungen wie diese machen deutlich, wie sehr man in der bulgarischen ökonomischen Fachöffentlichkeit das wirtschaftliche Schicksal des Landes bereits im Jahre 1932 mit

263 Chr. Šišmanov, Stopanski blok na dunavskite dăržavi, *Spisanie na BID* 31 (1932), Nr. 3, 158-172.
264 A.a.O., 158f.
265 A.a.O., 160f.
266 Ebd., 162, 164, 166.
267 A.a.O., 162.
268 A.a.O., 168f.
269 A.a.O., 172.

Deutschland verknüpfte. Ihm maß man eine so große Bedeutung als Absatzmarkt und Handelspartner bei, dass man offenbar an keinem handelspolitischen Abkommen mehr teilnehmen wollte, an dem nicht auch Deutschland beteiligt war. Offenbar kam es Bulgarien in erster Linie auf enge Wirtschaftsbeziehungen zu Deutschland an, unabhängig von der Beteiligung an anderen Wirtschaftszusammenschlüssen.

Diese Auffassung kam auch in einem Beitrag von Ž. Burilkov zum Ausdruck, den dieser im Jahre 1931 in der Zeitschrift der BID veröffentlichte: „Die Handelspolitik nach dem Krieg und die Präferenzzölle."[270] In diesem Artikel konstatierte der Autor eine abnehmende Bedeutung der Meistbegünstigung als Grundlage des internationalen Handels, wie sie es besonders seit den 1860er Jahren gewesen sei. Nach dem Weltkrieg jedoch hätten sowohl die neu gegründeten ostmitteleuropäischen Staaten als auch die Westmächte einschließlich der USA zunehmend auf ein System von Präferenzzöllen im Sinne einer protektionistischen Politik gesetzt. Lediglich ein Verliererstaat wie Bulgarien, so fuhr Burilkov fort, sei durch den Vertrag von Neuilly gezwungen gewesen, den Siegermächten Meistbegünstigung zu gewähren.[271] Unter diesen Umständen betrachtete Burilkov dieses Handelsprinzip als kaum mehr anwendbar – zu sehr war Europa seiner Meinung nach wirtschaftlich zerrissen. Dies galt indes auch in politischer Hinsicht, so dass Burilkov, ähnlich wie Svrakov, die Idee regionaler oder europaweiter Zollvereinigungen für unpraktikabel hielt. Für Länder wie Bulgarien kam es deshalb seiner Ansicht nach zuallererst darauf an, vorteilhafte bilaterale Handelsabkommen auf der Basis von Vorzugszöllen zu schließen.[272]

In diesem Zusammenhang wandte sich Burilkov interessiert den jüngsten Entwicklungen in der deutschen Außenhandelspolitik zu. Unter Hinweis darauf, dass die europäischen Industrieländer die „natürlichen" Absatzmärkte für die südosteuropäischen Agrarprodukte seien und dass es umgekehrt im Interesse der Industriestaaten liege, eigene Erzeugnisse in die Agrarländer zu exportieren, ging der Autor näher auf den am 27. Juni 1931 unterzeichneten deutsch-rumänischen Handelsvertrag ein – wohl um diesen als Maßstab für die anstehenden deutsch-bulgarischen Verhandlungen zu nehmen.[273] Am bemerkenswertesten am deutsch-rumänischen Vertrag erschien Burilkov neben den Zollnachlässen für rumänische landwirtschaftliche Produkte, die gegenüber den Standardtarifen bis zu 60 Prozent etwa beim Mais ausmachten, dass sich Deutschland das Recht vorbehalten hatte, ähnliche Präferenzen auch Ungarn, Jugoslawien und Bulgarien zu gewähren.[274] Der Autor erkannte hier klar, dass Südosteuropa auf diese Weise aus deutscher Perspektive die Gestalt eines einheitlichen größeren Wirtschaftsblocks annehmen sollte, innerhalb dessen allen Ländern die gleichen Handelsvorzüge zuteil werden sollten.[275]

[270] Ž. Burilkov, Tărgovskata politika sled vojnata i preferencialnite mita, *Spisanie na BID* 30 (1931), Nr. 9, 550-557.

[271] A. a. O., 550-552.

[272] A. a. O., 553.

[273] A. a. O., 551, 554-556.

[274] A. a. O., 555.

[275] Ebd.

Offenbar löste die Vorstellung, dass Bulgarien Teil eines von Deutschland dominierten Wirtschaftblockes werden könnte, keine ernsten Bedenken bei Burilkov aus. Vielmehr stellte er besonders die Vorteile heraus, die sich für Rumänien und, wie er erwartete, auch für Bulgarien aus bilateralen Handelsverträgen mit Deutschland ergaben. Hierzu gehörte in erster Linie der deutsche Verzicht auf die Gewährung von Präferenzzöllen seitens der südosteuropäischen Länder für deutsche Industrieprodukte. Zwar betonte Burilkov, dass es, allein aufgrund der Interessen etwa der amerikanischen oder skandinavischen Länder, nicht zu einer allgemeinen Aufhebung des Meistbegünstigungsprinzips kommen werde; er betrachtete ein System bilateraler Handelsabkommen auf Präferenzzollbasis aber als am besten geeignet, solange der Zustand der politischen Zerrissenheit Südosteuropas andauere.[276] Seiner Meinung nach lag es daher, im Ganzen gesehen, im bulgarischen Interesse, mit den potentiellen Abnehmerstaaten, darunter in erster Linie Deutschland und seine mitteleuropäischen Nachbarn, zweiseitige Handelverträge abzuschließen, die einen tariflich günstigen Export eigener Landwirtschaftsprodukte ermöglichten.[277]

Entsprechend wurde der Abschluss des ersten deutsch-bulgarischen Handelsvertrages am 24. Juni 1932 von der bulgarischen wirtschaftlichen Fachöffentlichkeit geradezu mit Erleichterung begrüßt. Chr. Šišmanov etwa veröffentlichte eine erste Stellungnahme dazu in der Zeitschrift der BID noch bevor der Vertrag in seinem gesamten Wortlaut bekannt gemacht wurde.[278] In ihr beklagte er den bisherigen Zustand des bulgarischen Außenhandels als beinahe „vertragslos". Rückblickend verwies er auf die Jahre nach dem Ende des Weltkriegs bis 1926, als es Bulgarien verboten war, überhaupt Handelsverträge abzuschließen und das Land zugleich gezwungen war, den Siegermächten Meistbegünstigung zu gewähren, ohne selbst in den Genuss dieser Behandlung zu kommen. Für die Zeit danach räumte Šišmanov zwar ein, dass zwei Handelsverträge mit der Türkei geschlossen wurden – einer 1928, der andere 1931 –, zugleich betonte er aber, dass es bulgarische Außenwirtschaftspolitik gewesen sei, lediglich befristete Handelsabkommen einzugehen. Zudem erläuterte er, dass im Vertrag mit der Türkei nur die Einfuhr einiger weniger bulgarischer Güter, wie etwa von Holzkohle, Käse (*kaškaval*) und frischem wie auch eingelegtem Fisch, zu ermäßigten Zöllen geregelt war.[279]

Šišmanov verdeutlichte, wie sehr unter diesen Umständen der deutsch-bulgarische Handelsvertrag in seinem Lande allseits mit großem Interesse erwartet worden war:

> *„Aus diesem Grunde wurde dem Handelsvertrag mit Deutschland von allen Wirtschaftskreisen im Lande mit großem Interesse entgegengesehen. Der Abschluss eines solchen Vertrages gerade mit Deutschland, das sowohl an unserer Einfuhr als auch an unserer Ausfuhr zu circa 25 Prozent*

[276] A. a. O., 556.
[277] A. a. O., 557.
[278] Chr. Šišmanov, Tărgovskijat dogovor na Bălgarija s Germanija, *Spisanie na BID* 31 (1932), Nr. 7, 436-438.
[279] A. a. O., 436.

beteiligt ist, weckte den Eindruck, einen Anfangspunkt für eine aktivere Außenhandelspolitik zu markieren [...]."[280]

Entscheidend für die hohen Erwartungen und die herausgehobene Bedeutung, die man in Bulgarien diesem Vertrag beimaß, war, nach Šišmanovs Äußerung zu urteilen, die Tatsache, dass Deutschland ohnehin, d. h. also auch zur Zeit der „Vertragslosigkeit", wichtigster bulgarischer Handelspartner war. Somit wird ein weiteres Motiv deutlich, das erklärt, warum sich Bulgarien in der ersten Hälfte der 1930er Jahre wirtschaftlich so stark an Deutschland band, warum es sich also den meisten Profit von der Zusammenarbeit mit der mitteleuropäischen Großmacht versprach, d. h. seine eigenen Interessen in einem intensiven wirtschaftlichen und technologischen Austausch mit Deutschland am ehesten verwirklicht glaubte. Bei diesem Motiv handelt es sich schlicht um die Tatsache, dass bereits in jenen Jahren die Basis für eine solche Kooperation mit Deutschland breiter war als mit anderen Ländern und dass daher bessere Startbedingungen gegeben waren.

Die bulgarischen Erwartungen, soweit sie bei Šišmanov zum Ausdruck kamen, an den Handel mit Deutschland bezogen sich sowohl auf die Ein- als auch auf die Ausfuhr. Befriedigt stellte der Autor fest, dass es bereits über 200 Artikel in den Zollbestimmungen gebe, die sich auf deutsche Importwaren bezögen.[281] Im Vordergrund standen aber für ihn die verbesserten Bedingungen für den Export bulgarischer Waren nach Deutschland:

> „*Andererseits nährten die erschwerten Bedingungen, unter denen sich über mehrere Jahre hinweg die bulgarische Ausfuhr entwickelte, deutliche Hoffnungen auf Verbesserungen im Rahmen eines regulären Handelsvertrages. Dies bezog sich besonders auf den Export landwirtschaftlicher Erzeugnisse, die einen wesentlichen Teil unserer Ausfuhr darstellen.* [...] *Der wichtigste Teil, der in der Tat Interesse am neuen Handelsvertrag mit Deutschland weckt, sind die ausgehandelten Präferenzzölle für die Einfuhr von bulgarischem Weizen, Gerste und Mais nach Deutschland.*"[282]

Akut war für Bulgarien also zuallererst die Frage der Erschließung neuer Märkte. Die entsprechenden Äußerungen Šišmanovs korrespondieren mit dem gesamten sozioökonomischen Diskurs, den die bulgarische Fachöffentlichkeit seit den 20er Jahren führte. Stets kreiste er um die Frage, wie der bulgarische Außenhandel intensiviert werden könne, um die drückende Finanzlage des Landes zu lindern und den allgemeinen Lebensstandard zu verbessern. Die modernisierungs- und handelspolitischen Debatten jener Jahre behandelten im Grunde nichts anderes als Teilaspekte und Facetten dieser Kernfrage. Mit dem Abschluss des deutsch-bulgarischen Handelsvertrags bot sich Bulgarien zum ersten Mal nach dem Ersten Weltkrieg die Chance, auf dem Gebiet des Außenhandels substantielle Fortschritte zu erzielen. Inwieweit diese Erwartungen erfüllbar waren, ob es tatsächlich zu einer Steigerung der bulgarischen Ausfuhr kommen sollte und ob von deutschen Importen und deutschem Technologietransfer wirklich ein Modernisierungsschub ausgehen würde, konnte im Jahre 1932 lediglich Gegenstand von Spekulationen sein. Im letzten Drittel des Jahrzehnts be-

[280] Ebd.
[281] Ebd.
[282] A. a. O., 436f.

stand indes zum ersten Mal die Gelegenheit zu einer Zwischenbilanz und einer Neubewertung der Bedeutung Deutschlands für die soziökonomische Entwicklung Bulgariens.

Eine rückblickende Analyse der bulgarischen Handelspolitik während der Weltwirtschaftskrise und der grundlegenden Weichenstellungen, die zu Beginn der 30er Jahre getroffen worden waren, versuchte im Jahre 1937 der bulgarische Wirtschaftswissenschaftler Ivan Piperov in einem in der Zeitschrift der BID erschienenen Beitrag. Darin befasste er sich mit der hauptsächlichen Zahlungsweise im bulgarischen Außenhandel, die das neue Jahrzehnt gebracht hatte: dem Übergang vom devisenbasierten Handel zum Clearing: „Die Clearingabkommen Bulgariens mit dem Ausland".[283] Als Hauptursache dafür, dass Bulgarien diesen handelspolitischen Weg einschlagen musste, benannte Piperov den eklatanten Rückgang des Geldwertes der nationalen Ausfuhr ab 1930 in Relation zur Einfuhr und der bestehenden finanziellen Verpflichtungen gegenüber dem Ausland. Dieser Umstand zwang Bulgarien der Erläuterung Piperovs zufolge zu einer Kontingentierung der Importe und, in Ermangelung ausreichender Devisenvorräte, zu einer teilweisen Begleichung der Auslandsschulden mittels Bezahlung in Form von Naturalien, d. h. im Rahmen von Kompensationsgeschäften. Besonders diejenigen Länder, mit denen Bulgarien eine aktive Handelsbilanz gehabt hätte, hätten hierauf mit einer Blockade der von Bulgarien durch seinen Export eingenommenen Devisen reagiert, so dass diese auf den Auslandskonten festlagen und Bulgarien somit nicht zur Verfügung standen.[284] Um dem hierdurch bedingten deutlichen Rückgang der bulgarischen Außenhandelsumsätze entgegenzuwirken, sei man gezwungen gewesen, Clearingabkommen zu schließen, obwohl man daran eigentlich überhaupt keine Interesse gehabt hätte:

> *„Die Initiative zum Abschluss von Clearingabkommen ging folglich nicht von Bulgarien aus, das nicht das geringste Interesse an einer Beschränkung seiner Exporte hatte. Es war erst dann gezwungen, den Weg der Clearingabkommen einzuschlagen, als es der eigenen blockierten Konten gewahr wurde, die aus den abgewickelten Exportgeschäften resultierten, und als Maßnahmen zur Kontingentierung seiner Ausfuhr getroffen wurden."*[285]

Laut Piperov war es also das Bedürfnis Bulgariens, auch unter krisenhaften weltwirtschaftlichen Bedingungen den Außenhandel aufrechtzuerhalten, was die Entscheidung zum Clearing notwendig machte. Diese krisenhaften Bedingungen bestanden im Wesentlichen in den verringerten Ausfuhreinnahmen, die durch den Preisverfall für Agrarprodukte im Gefolge der Weltwirtschaftskrise bedingt waren und durch die Blockade der im Ausland befindlichen Devisenkonten noch weiter verringert wurden. Wie auch in anderen, bereits betrachteten Beiträgen deutlich geworden ist, wurde die Entscheidung zum devisenfreien Handel und damit zwangsläufig zu einer Bilateralisierung der bulgarischen Außenwirtschaftsbeziehungen, die die Gefahr barg, in handelspolitische Abhängigkeiten zu geraten und damit den

[283] I. Piperov, Kliringovite spogodbi na Bălgarija s čušbina, *Spisanie na BID* 36 (1937), Nr. 2, 113-121.
[284] A. a. O., 113.
[285] Ebd.

eigenen Entscheidungsspielraum zu begrenzen, unter dem Druck der Umstände, d. h. also als Notlösung getroffen. Jedenfalls erweckt der Artikel Piperovs den Eindruck, dass man sich der Risiken dieses Kurses wohl bewusst war. Die Tatsache, dass derartige Befürchtungen nicht unberechtigt waren, war aus der Perspektive des Jahres 1937 bereits zu erkennen, als Deutschland der bei Weitem wichtigste Handelspartner Bulgariens war – und dies mit steigender Tendenz.[286] Piperov nahm dies indes scheinbar ungerührt zur Kenntnis, als er die Handelsbeziehungen zu den einzelnen Clearingpartnern einer genaueren Betrachtung unterzog. Hierbei beschränkte er sich im Wesentlichen auf die technischen Aspekte der Zahlungsabwicklung im Rahmen der Clearingabkommen mit den 16 Staaten, mit denen Bulgarien im Jahre 1937 Handelsbeziehungen auf dieser Basis unterhielt.[287] Dass Deutschland in dieser Liste an erster und herausgehobener Stelle erschien, hatte sicherlich nicht nur mit seiner Position als wichtigster Handelspartner Bulgariens zu tun, sondern auch mit dem bei Piperov explizit erwähnten Umstand, dass das bulgarische Clearing mit Deutschland umfassend war, das heißt, fast der gesamte bulgarische Handel mit dem Deutschen Reich wurde auf dem Clearingwege abgewickelt. Außerdem war Deutschland gemäß der Liste Piperovs das erste Land, mit dem Bulgarien ein dauerhaftes Clearingabkommen geschlossen hatte. Die Übereinkunft zwischen Bulgarischer Nationalbank und Reichsbank war am 1. September 1932 in Kraft getreten und am 1. Januar 1934 durch ein Zusatzabkommen ergänzt worden.[288]

Der Position Deutschlands im Ringen der Großmächte um wirtschaftlichen Einfluss auf dem Balkan wurde von der bulgarischen Fachöffentlichkeit indes nicht nur in Bezug auf das Clearing, sondern auch in allgemeinem ökonomischem Zusammenhang Beachtung geschenkt. „Wirtschaftliche Interessen der Großmächte in Mittel- und Südosteuropa" war der Titel eines wenn auch kurzen, so doch aufschlussreichen Artikels, den Vladimir Nerjazov im August 1938 aus Berlin für die Zeitschrift der BID schrieb.[289] Der Autor ging in seinem Beitrag, für den er als Anlass einen Besuch des ungarischen Reichsverwesers Admiral Horthy in Berlin nahm, auf die politische Bedeutung des Konkurrenzkampfes Deutschlands mit den Westmächten um die wirtschaftliche Vorherrschaft in Südosteuropa ein:

> *„In der Tat ist es schwierig, die Grenze festzulegen, an der die rein politischen Bestrebungen enden und die ökonomischen beginnen; ähnlich schwierig ist es zu bestimmen, ob ein stärkeres wirtschaftliches Engagement Deutschlands in den Donaustaaten eine ernsthafte Gefahr für die wirtschaftliche Entwicklung derselben darstellt."*[290]

[286] Vgl. hierzu Kapitel 6.

[287] Dabei handelte es sich um: Deutschland, die Tschechoslowakei, Frankreich, Polen, Ungarn, die Türkei, Belgien und Luxemburg, Italien, Jugoslawien, die Schweiz, Österreich, die Niederlande, Rumänien, Spanien, Finnland und Schweden.

[288] PIPEROV, 113f.

[289] Vladimir NERJAZOV, Stopanski interesi na Velikite sili v Centralna i Jugoistočna Evropa, *Spisanie na BID* 37 (1938), Nr. 7, 435-436.

[290] A. a. O., 435.

Im Weiteren zeigte Nerjazov bemerkenswert viel Verständnis für das deutsche wirtschaftliche Vorgehen in Südosteuropa. Zwar verneinte er nicht die Gefahren, die Ländern wie Bulgarien aus einer zu einseitigen Anbindung an Deutschland erwachsen konnten und konstatierte jüngste intensivierte Aktivitäten Großbritanniens und Frankreichs auf dem Balkan, die als Reaktion auf die deutsche ökonomische Hegemonialpolitik gerechtfertigt worden seien, im Ganzen aber übernahm er die deutsche Argumentation. Ausführlich zitierte er die „Deutsche Allgemeine Zeitung" vom 25. August 1938, in der nach seiner Lesart die Unvermeidbarkeit der deutschen Wirtschaftsstrategie hervorgehoben worden war. Insbesondere zum devisenfreien Handel gebe es keine Alternative. Die Gesamtstrategie zur Schaffung eines „Großwirtschaftsraumes" sich gegenseitig ergänzender Volkswirtschaften sei für die Zukunft am vielversprechendsten:

> *„Eine neue internationale wirtschaftliche Zusammenarbeit* [...] *kann allein auf der Grundlage unabhängiger, gestärkter Volkswirtschaften entstehen, die jedoch ihrerseits größere Wirtschaftsgruppen bilden, um sich gegenseitig zu ergänzen."*[291]

Zwar blieb Nerjazov in seinem Grundton neutral, indem er im Wesentlichen die Standpunkte, die in der auf Südosteuropa bezogenen Kontroverse um die Wirtschaftspolitik Deutschlands und der Westmächte einander gegenüberstanden, referierte und verglich; klar ist aber, dass er der deutschen Argumentation soviel Platz einräumte, dass er den Eindruck erweckt, sie sei seine eigene. Vor dem Hintergrund, dass, wie durch seinen Artikel deutlich wird, die bulgarische Fachöffentlichkeit sich der Bulgarien zugedachten Rolle als Teil eines von Deutschland dominierten Wirtschaftsblockes bewusst war, und durch die hohe Aufmerksamkeit, die er den deutsch-ungarischen Beziehungen schenkte, zeigt sich, dass die Entwicklung, die die deutsch-bulgarischen Wirtschaftsbeziehungen bis 1937 genommen hatten, von bulgarischer Seite mit Wohlwollen betrachtet wurde.

Andere Beiträge in der Zeitschrift der BID machten diesen Sachverhalt noch klarer. Direkt ging darauf ein längerer Beitrag ein, der im Jahre 1937 unter dem Titel „Die Bedeutung des deutschen Marktes für die bulgarische Volkswirtschaft" erschien. Bedauerlicherweise ist seine Autorenschaft nur mit den Initialen „S. S." angegeben, so dass eine Interpretation des Textes unter dem Gesichtspunkt seiner Identität nicht möglich ist.[292]

Zu Beginn seiner Ausführungen präsentierte der Autor eine allgemein anerkannte, zugleich aber auch grundlegend wichtige Feststellung, die seiner Auffassung nach in engem Zusammenhang mit den bulgarisch-deutschen Handelsbeziehungen und ihrer Entwicklung nach dem Ersten Weltkrieg stand: den Strukturwandel im bulgarischen Export. Dieser Vorgang habe dazu geführt, dass die Ausfuhr von Getreide, die vor den Balkankriegen und dem Ersten Weltkrieg an erster Stelle gestanden habe, nach den Kriegen schrittweise vom Tabak abgelöst worden und zuletzt praktisch ganz verschwunden sei, so dass gegenwärtig

[291] A. a. O., 436.

[292] S. S., Značenieto na germanskija pazar za bălgarskoto narodno stopanstvo, *Spisanie na BID* 36 (1937), Nr. 5-6, 344-355.

völlig neue und bis vor kurzem in Bulgarien unbekannte Artikel exportiert würden.[293] Nach einer kurzen Erläuterung des von ihm verwendeten statistischen Arbeitsmaterials und der methodischen Grundlagen leitete der Autor zu einer Betrachtung der Entwicklung des bulgarischen Exportes nach Deutschland über. Dabei betonte er die außerordentliche Dynamik, mit der die einschlägigen Werte ab dem Betrachtungszeitraum 1925–1929 nach oben geschnellt waren. Der Ausfuhrwert, in Millionen Leva gemessen, hatte sich gegenüber der Periode 1907–1911 mehr als verdoppelt. Das gleiche gilt seinen Angaben zufolge für das Jahr 1935 im Vergleich zum Zeitraum 1925–1929. Dieser Unterschied war seiner Meinung nach mit der Weltwirtschaftskrise zu erklären.[294] An dieser Stelle ging er auf die Gefahren ein, die mit dieser zunehmenden außenwirtschaftlichen Anbindung Bulgariens an Deutschland und dem Verrechnungsabkommen zwischen beiden Ländern verbunden waren. Er fragte, ob sich die bulgarische Position auf dem deutschen Markt auch dann halten ließe, wenn es dem Deutschen Reich gelänge, seine Finanz- und Devisenprobleme zu lösen und sich wieder stärker den westlichen Handelspartnern zuzuwenden. Da über 50 Prozent der Ausfuhr im Jahre 1937 nach Deutschland gingen, würde der bulgarische Außenhandel unter solchen Umständen in eine akute Existenzkrise geraten.[295] Allerdings schätzte der Autor diese Gefahr als nicht sehr real ein:

> *„Deutschland wird auch in der Zukunft seine Vorrangstellung in unserem Export behalten und müsste sie auch behalten, denn seine und unsere volkswirtschaftlichen Strukturen verhalten sich zueinander dergestalt, dass sie sich gegenseitig ergänzen.“*[296]

Wie bei anderen Autoren, die in der Zeitschrift der BID veröffentlichten, so tauchte auch bei diesem der Gedanke der gegenseitigen Ergänzung zweier oder mehrerer Volkswirtschaften auf. Somit entsteht der Eindruck, dass diese Idee als Alternative zum freien Welthandel zunehmende Verbreitung in Bulgarien erfuhr und damit der Art und Weise, in der sich die deutsch-bulgarischen Handelsbeziehungen seit 1932, dem Jahr des ersten Clearingabkommens, gestalteten, einen wachsenden Rückhalt in der interessierten Öffentlichkeit verschaffte. Das offenbar große bulgarische Interesse an dieser Form des wirtschaftlichen Austausches ist bei der Debatte über eine etwaige wirtschaftliche Ausbeutung Bulgariens und Südosteuropas von deutscher Seite zu berücksichtigen. Zwar müssen in diesem Zusammenhang auch die deutschen Motive und Konzepte mit einbezogen werden, und außerdem kann angesichts der Tatsache, dass sich Deutschland als einziger großer industrialisierter Absatzmarkt (außer Italien) bulgarischen Exporten öffnete, und der damit verbundenen Alternativlosigkeit vielleicht nicht von einem echten bulgarischen „Interesse“ an engen wirtschaftlichen Beziehungen mit Deutschland gesprochen werden, wie es beispielweise in dem oben erwähnten Artikel Piperovs anklingt. Zumindest aber war zu Beginn der 30er aus der Sicht Bulgariens, das dringend Absatzmärkte für seine Agrarprodukte brauchte, bzw. aus der

293 A. a. O., 344.
294 A. a. O., 345.
295 A. a. O., 345f.
296 A. a. O., 346.

Sicht der am entsprechenden Fachdiskurs Beteiligten die handelspolitische Orientierung auf Deutschland eine der Lage angemessene Reaktion.

Der wirtschaftliche Austausch mit Deutschland hatte indes, wie auch beim Autor „S. S." deutlich wird, nicht nur eine zentrale Funktion für Bulgarien im Sinne der Sicherung von Absatzmärkten, sondern auch im Sinne eines Strukturwandels in der eigenen Volkswirtschaft. Die Breite des Einfuhrbedarfs des Deutschen Reiches, das nicht nur als direkter Abnehmer bulgarischer Güter in Erscheinung trat, sondern auch als Zwischenhändler, eröffnete, wie der Autor ausführte, eine mit diesem Bedarf korrelierte Erweiterung des bulgarischen Produktions- und Ausfuhrspektrums. In dem hier betrachteten Beitrag wurde dies mittels einer überblicksmäßigen Analyse der wichtigsten nach Deutschland gelieferten bulgarischen Waren veranschaulicht. Wie bereits erwähnt, hatte der Autor eingangs auf die zunehmende Verdrängung des Getreides durch neue Erzeugnisse im bulgarischen Export seit dem Ende des Weltkrieges hingewiesen. Im weiteren Verlauf seines Artikels ging er genauer auf die neu dominierenden Waren ein. An erster Stelle nannte er hier den Tabak, d. h. konkret die orientalischen Tabaksorten, für deren Anbau in Bulgarien besonders gute klimatische Bedingungen herrschten und mit denen das Land demzufolge international konkurrenzfähig war. Im Vergleich zu den beiden Konkurrenten Griechenland und Türkei, deren Tabakexport nach Deutschland annähernd gleichgeblieben war, hatte es Bulgarien seinen Angaben zufolge sogar geschafft, seine Ausfuhr zwischen 1929 und 1934 nahezu zu verdoppeln.[297] Im Jahre 1936 lieferte es zwei Drittel seines gesamten Tabakexportes nach Deutschland – ein Wert, der nach Auffassung des Autors die „gewaltige" Bedeutung des deutschen Marktes für Bulgarien verdeutlichte.[298] Den zweiten Platz im bulgarischen Ausfuhrspektrum nahmen Hühnereier ein, die auf dem deutschen Markt trotz erschwerter Bedingungen die dritte Position nach den niederländischen und den dänischen belegten. Bei diesen Hemmnissen handelte es sich, so der Autor, in erster Linie um die große Entfernung Bulgariens von Deutschland, die bei einer so leicht verderblichen Ware wie Eiern eine erhebliche Rolle spielte, sowie um die relativ geringe Größe der bulgarischen Eier. Trotz dieser Schwierigkeiten konstatierte der Beitrag nicht nur eine Konsolidierung der bulgarischen Position seit 1934, sondern sogar eine Verbesserung, da der Abstand zu den beiden führenden Lieferländern abnehme und ein baldiges Vorrücken Bulgariens auf den zweiten Platz erwartet werden dürfe.[299] Auch bei den vergleichsweise neuen bulgarischen Produkten auf dem deutschen Markt beurteilte der Autor die künftigen Entwicklungschancen günstig. Besonders galt dies für Trauben, die vor 1929 praktisch gar nicht nach Deutschland ausgeführt worden waren, die aber in der Folgezeit aufgrund ihrer herausragenden Qualität bis 1936, wie er schrieb, „die gesamte Konkurrenz" mit Ausnahme der italienischen vom deutschen Markt verdrängten.[300] Noch neuer war nach Angaben des Beitrags die Ausfuhr lebender Hühner nach Deutschland, die in nennenswertem Maße erst im Jahre 1935 begonnen und

[297] A. a. O., 348f.
[298] Ebd.
[299] A. a. O., 350.
[300] A. a. O., 351f.

sich innerhalb eines Jahres annähernd verdoppelt hatte. Ein noch rasanterer Anstieg hatte sich beim Export lebender Schweine ergeben, die ebenfalls 1935 erstmals auf dem deutschen Markt erschienen waren; ihre Anzahl schnellte von 3 Millionen im ersten Jahr auf 96 Millionen im Jahre 1936 hoch.[301] Eine vergleichsweise geringe, wenn auch zunehmende Rolle bescheinigte der Autor hingegen dem bulgarischen Export von Leder und Häuten; zugleich aber sah er hier ein Entwicklungspotential aufgrund des steigenden Bedarfs der deutschen Rüstungsindustrie.[302]

Neben dieser günstigen Bewertung der Entwicklung des bulgarischen Exportes nach Deutschland bot der Beitrag indes auch eine Interpretation der sich daraus ergebenden Chancen für eine Modernisierung der bulgarischen Volkswirtschaft und hier in erster Linie des Agrarsektors. In diesem Zusammenhang bezog er sich zuallererst auf die größere Vielfalt an hochwertigem heimischem Obst und Gemüse:

> *„Eine immer größere Rolle in unserem Export nach Deutschland beginnen die frischen und getrockneten Obstsorten sowie Fruchtkonserven (Pulpen) und Marmeladen zu spielen. Die hervorragenden Klima- und Bodenbedingungen zum Anbau dieser Kulturen bei uns und das Bestreben des bulgarischen Bauern, sein Produktspektrum zu erweitern, führten zu einer starken Zunahme ihrer Herstellung. Die Rolle, die Deutschland bei der Transformation unserer Landwirtschaft spielt, ist groß. Die erweiterten Märkte, die es unserem Obst bietet, sind einer der wichtigsten Stimuli zur Entwicklung unserer Obst- und Gemüsezucht. Dieser Export steckt noch in seinen Anfängen; es ist aber zu erwarten, dass er zunimmt und sich entwickelt. Deutschland bietet uns indes jetzt und in der Zukunft große Erfolgschancen.“*[303]

Darüber hinaus stellte der Autor fest, dass eine Reihe von Kulturen überhaupt erst durch deutsche Initiative zum Anbau in Bulgarien gelangt waren:

> *„Es genügt allein daran zu erinnern, dass die Soja-Pflanze auf deutsche Initiative zu uns gekommen ist und nun fast ausschließlich nach Deutschland exportiert wird; dasselbe gilt für die Rizinus-Pflanze. Außerdem zeigte sich zuletzt ein lebhaftes Interesse an einer Reihe medizinischer Pflanzen, die, wenn sie bis jetzt auch bedeutungslos waren,* [...] *von großer Wichtigkeit für die bulgarische Landwirtschaft sein werden.“*[304]

Zusammenfassend und abschließend versuchte sich der Autor an einer allgemeinen Charakteristik und zugleich Rechtfertigung der starken bulgarischen Orientierung auf Deutschland, wie sie im Jahre 1937 auf wirtschaftlichem Gebiet bereits bestand. Der größte Nutzen, den Bulgarien seiner Meinung nach daraus ziehen konnte, war die Erweiterung der landwirtschaftlichen Produktvielfalt wie auch die Rationalisierung der Produktionsmethoden. Letzteres sah er als ein wirksames Mittel zur Bekämpfung der ländlichen Arbeitslosigkeit. Dass sich die Landwirtschaft seines Landes zu einseitig auf einen einzigen nationalen Markt ausrichten könnte, betrachtete er offenbar nicht als Gefahr; vielmehr begrüßte er sogar ihre möglichen politischen Implikationen:

[301] A. a. O., 352.
[302] A. a. O., 352f.
[303] A. a. O., 353.
[304] A. a. O., 354. Vgl. Kapitel 5.3.

„Es ist eine unbestreitbare Tatsache, dass die Anstrengungen unserer Landwirtschaftspolitik sich in völliger Harmonie mit den Bedürfnissen der deutschen Volkswirtschaft befinden, und auf diese Weise ergibt sich ein sehr enger Kontakt zwischen beiden Staaten. [...] *All dies zeigt, je enger unser Kontakt mit Deutschland wird und je aufmerksamer wir seine Bedarfslage studieren, desto größer sind die Chancen einer quantitativen wie qualitativen Erweiterung unseres Exportes und damit auch für die so sehr erwünschte Intensivierung unserer Landwirtschaft.* “[305]

Diese Ausführungen des mit „S.S." bezeichneten Autors erwecken den Eindruck, dass die überaus engen wirtschaftlichen Beziehungen, die Bulgarien in den 30er Jahren mit Deutschland einging, genau das waren, was das Land zu jener Zeit brauchte, dass dort geradezu ein unstillbares Verlangen nach der Anbindung an die große mitteleuropäische Industrienation geherrscht hätte. Dabei darf angenommen werden, dass den Zeitgenossen klar war, dass allein schon wegen der ausgeprägten Asymmetrie, die diese Beziehungen zwischen zwei so unterschiedlich großen Volkswirtschaften kennzeichnete, Bulgarien früher oder später in ein Abhängigkeitsverhältnis geraten, also nicht mehr Herr seines eigenen wirtschaftspolitischen – und auch außenpolitischen – Kurses sein würde. Dieser Hintergrund lässt den Verdacht aufkommen, es handele sich bei diesem Aufsatz in der Zeitschrift der BID um eine Rechtfertigungs- oder gar Propagandaschrift zugunsten der zu Beginn der 30er Jahre in Bulgarien begonnenen neuen Außenwirtschaftspolitik. Dabei ist klar, dass es tatsächlich in der Absicht des Autors lag, den Nutzen, den Bulgarien aus diesen Beziehungen zog und noch ziehen konnte, in den Vordergrund zu stellen. Fraglich ist jedoch, ob diesem Ansinnen eine – etwa von staatlichen Stellen geforderte – propagandistische Zielsetzung zugrunde lag. Hierfür war, wie es den Anschein hat, die Zeitschrift der BID, die sich an ein enges Fachpublikum, d. h. konkret an den eigenen Mitgliederkreis wandte, keine geeignete Plattform. Auch würde es wohl zu weit führen, redaktionelle Richtlinien bzw. eine bestimmte politische Tendenz bei der Leitung der Zeitschrift für das Erscheinen eines solchen Artikels verantwortlich zu machen. Vielmehr lässt sich dieser als das Ergebnis längerfristig wirksamer Tendenzen innerhalb des im Jahre 1937 bereits über Jahre andauernden auf sozioökonomische Modernisierungsfragen bezogenen Fachdiskurses in Bulgarien interpretieren. Denn immerhin schloss sich hier gewissermaßen der Diskussionskreis, der bereits in den 20er Jahren mit der Frage begonnen hatte, wie man die Produktivität der bulgarischen Landwirtschaft so steigern könnte, dass größere Überschüsse für den Export zu erzielen waren. Damit verbunden war die Problematik einer möglichen Industrialisierung Bulgariens, wobei es hier in erster Linie darum ging, inwieweit diese dem Hauptziel der Intensivierung der Landwirtschaft dienlich sein konnte. Vor dem Einsetzen der Weltwirtschaftskrise strebte man prinzipiell noch eine allgemeine Verbesserung des bulgarischen Exportes auf den Weltmärkten an – einmal, indem man das Volumen der Ausfuhr erhöhte, zum anderen aber auch durch eine Verlagerung des Exportes auf Güter vornehmlich des westeuropäischen Bedarfs und solche, die aufgrund der klimatischen Bedingungen in Bulgarien in wettbewerbsfähiger Qualität hergestellt werden konnten. Grund für dieses Bestreben war der hohe

[305] A. a. O., 354f.

Devisenbedarf Bulgariens, das wegen einer Reihe von Gründen in einer tiefen Finanzkrise steckte.

Der Bezug auf Deutschland erstreckte sich in den diesbezüglichen Überlegungen in erster Linie auf dessen Vorbildfunktion, d. h. auf die Möglichkeit, deutsche Technologie und Expertise für die bulgarische Modernisierung nutzbar zu machen. Die Perspektive einer beinahe vollständigen wirtschaftlichen Anbindung an Deutschland war in den 20er Jahren noch nicht so präsent wie im folgenden Jahrzehnt, da der Weltmarkt noch Chancen zu bieten schien. Sie zeigte sich bestenfalls in der bereits damals führenden Position Deutschlands als Handelspartner Bulgariens. Eine bestimmende Rolle erhielt sie erst, als die Weltwirtschaftskrise dazu führte, dass für Bulgarien zum Problem der geringen Absetzbarkeit seiner Agrarprodukte auf den Weltmärkten ein weiteres kam: das Wegbrechen der Weltmärkte. Hierdurch wurde ein Paradigmenwechsel im außenwirtschaftspolitischen Denken im Lande begünstigt. Er brachte die Dominanz des Autarkiegedankens sowie der Ergänzungs- bzw. Großraumwirtschaft. Vor diesem Hintergrund konnte, wie es beispielsweise in dem oben besprochenen Artikel des anonymen Autors der Fall war, Deutschland bzw. der deutsche Markt als der Ort erscheinen, der die Lösung der bulgarischen Wirtschaftsprobleme bot.

Jedenfalls ist dieser Paradigmenwechsel im bulgarischen Fachdiskurs, so wie er sich in der Zeitschrift der BID präsentiert, nachvollziehbar. Gegen Ende der 30er Jahre schien die Bedeutung des deutschen Marktes und Deutschlands insgesamt als Handelspartner kaum umstritten zu sein. Zusätzlich zur Rolle als Absatzmarkt übernahm Deutschland auch die Funktion des Modernisierers der bulgarischen Volkswirtschaft. Indessen scheint es, dass im Kontext dieses Diskurses die anderen Industrienationen zunehmend aus dem Blickfeld verschwanden. Für die späten 30er Jahre mag dies zunächst nicht weiter verwundern, da man hierin die schlichte Reflektion der bestehenden außenwirtschaftlichen Lage erblicken mag, die für Bulgarien zu dieser Zeit in ganz überwiegendem Maße durch die Beziehungen zu Deutschland bestimmt war. Jedoch fehlen auch jegliche zukunftsbezogenen bzw. konzeptionellen Überlegungen zu einer möglichen erneuten Intensivierung der Handelsbeziehungen mit den westeuropäischen Industrieländern. Unter diesen war Großbritannien das Land, das in der Zeitschrift der BID noch die meiste Beachtung in Form von ihm eigens gewidmeten Beiträgen erfuhr. Ansonsten kamen die westlichen Industrienationen vorwiegend in überblicksartigen Darstellungen der bulgarischen Außenhandelsentwicklung vor.

Interessant erscheint in diesem Zusammenhang ein, wenn auch kurzer, Artikel aus dem Jahre 1937 von Ljubomir A. Jankov über die bulgarisch-britischen Handelsbeziehungen.[306] Er enthält im Wesentlichen eine Zusammenfassung und Bilanzierung der Entwicklung während der vorangegangenen 15 Jahre. Bei seiner Lektüre wird deutlich, dass es dem Autor in erster Linie darum ging, darzulegen, warum die wirtschaftlichen Beziehungen zu Großbritannien während dieser Zeit im Allgemeinen eine abnehmende Tendenz aufwiesen. Demnach war auf einen ununterbrochenen Anstieg der britischen Einfuhr nach Bulgarien

[306] 579 Ljuben A. Jankov, Bălgaro-britanskite tărgovski otnošenija, *Spisanie na BID* 36 (1937), Nr. 9, 548-550.

zwischen 1919 und 1925 eine Zeit des Rückgangs gefolgt. Die Gründe hierfür lagen, so Jankov, im stabilen hohen Wert des Pfund Sterling sowie in der wachsenden Konkurrenz sowohl durch die tschechische als auch durch die heimische Textilindustrie. Hinzu seien die steigenden bulgarischen Einfuhrzölle gekommen. Einen bulgarischen Export nach England habe es zu dieser Zeit praktisch nicht gegeben.[307] Im Zusammenhang mit der Kanalisierung des bulgarischen Außenhandels ab den frühen 30er Jahren in Richtung Deutschland ist es indes aufschlussreich, wie Jankov die bulgarischen Hoffnungen und Versuche bewertet, einen substantiellen Export nach Großbritannien zustande zu bekommen. Hierbei fällt auf, dass die Weltwirtschaftskrise und ihre Folgen alle politischen Bemühungen und Erwartungen ins Leere laufen ließen. So habe sich, wie Jankov ausführte, die Hoffnung nicht erfüllt, dass die Abwertung des Pfund im Jahre 1931 eine Belebung der bulgarischen Ausfuhr nach Großbritannien ermöglichen würde. Hingegen sei es zu einem allgemeinen krisenbedingten Einbruch des internationalen Handels gekommen.[308] Auch das 1932 neu gegründete bulgarische Exportinstitut habe dieser Entwicklung nicht entgegenwirken können, was aber auch an der gemeinhin inkonsistenten Handelspolitik gelegen habe. Dass aber ab Mitte der 30er Jahre, d. h. also infolge der allgemeinen Belebung des Welthandels, die Chance für die Etablierung eines intensiven bulgarisch-britischen Warenverkehrs bestanden haben könnte, sah Jankov in der Tatsache bestätigt, dass es ab 1936 zum ersten Mal überhaupt zu einem signifikanten Anstieg der bulgarischen Ausfuhr nach England gekommen sei. Im Folgejahr sei sogar ein Überschuss von 350 Millionen Leva erwirtschaftet worden. Zugleich aber wies Jankov auf die seiner Ansicht nach von britischer Seite aufgebauten Hindernisse hin, die einer weiteren Entwicklung der Handelsbeziehungen im Wege standen. Hierbei handelte es sich um die fast vollständige Blockade der britischen Märkte gerade für die wertvollsten bulgarischen Exportartikel: Eier, Geflügel, Furnierhölzer, Obst und um den bereits seit den 20er Jahren wichtigsten und populärsten bulgarischen Artikel – den Tabak. Nach Großbritannien konnten im Wesentlichen, d. h. nach Jankovs Angaben zu 76 Prozent, nur die traditionellen bulgarischen Ausfuhrgüter geliefert werden: Weizen und Mais.[309] Aus seiner Sicht konnte also der britische Markt bzw. konnten die Handelsbeziehungen zu England in der momentanen Situation, die im Übrigen durch das Fehlen eines Handelsvertrages zwischen beiden Ländern gekennzeichnet und durch die fortgeltenden Bestimmungen von Neuilly belastet war, keine wesentliche Funktion für die Modernisierung der bulgarischen Produktion und damit auch für die Steigerung seines Außenhandelsvolumens ausüben. Im Gegenteil – durch die überwiegende Abnahme gerade der traditionellen Erzeugnisse Weizen und Mais von britischer Seite und durch die gleichzeitige Blockade neuerer und hochwertigerer Artikel wirkte der britische Import bulgarischer Waren, wenn auch möglicherweise ohne direkte britische Absicht, im Sinne einer Stabilisierung der hergebrachten bulgarischen Agrarstrukturen, die sich insbesondere nach dem Ersten Weltkrieg als unzu-

[307] A. a. O., 548.
[308] A. a. O., 548f.
[309] A. a. O., 549f.

länglich zur Verringerung der öffentlichen Schulden und der Devisenknappheit wie auch zur Kapitalakkumulation für die Industrialisierung des Landes erwiesen hatten. Anreize zur Umstellung der bulgarischen Landwirtschaft auf innovative Produkte gingen, laut Jankov, zu dieser Zeit vom Handelspartner Großbritannien jedenfalls nicht aus. Vergleicht man diese Analyse des Autors mit der Sicht des erwähnten „S. S." auf die Bedeutung des deutschen Marktes für Bulgarien, so erhellt sich die Problematik des bulgarischen Außenhandels der 30er Jahre mit seiner wachsenden Abhängigkeit von Deutschland zunehmend, d. h. es verdeutlicht sich die außerordentliche Bedeutung, die dem deutschen Markt von bulgarischer Seite beigemessen wurde.

Eine Zunahme erfuhren gegen Ende der 30er Jahre, wie es scheint, allerdings auch ideologisch-opportunistische Elemente im außenwirtschaftlichen Diskurs der bulgarischen Fachöffentlichkeit. Besonders nach dem Beginn des Zweiten Weltkriegs, als sich eine imperiale Neuordnung Europas unter der Hegemonie des nationalsozialistischen Deutschland und seiner „Achsenpartner" abzuzeichnen schien, fand man sich in Bulgarien offenbar relativ schnell mit der in Verbindung damit erwarteten wirtschaftlichen Neuordnung des Kontinents ab. Diesen Eindruck erwecken zumindest eine Reihe von Veröffentlichungen in der Zeitschrift der BID aus dem Jahre 1940. Zur Veranschaulichung sei an dieser Stelle näher auf einen Beitrag von St. Stojanov eingegangen: „Der wirtschaftliche Umbau Europas".[310] In ihm bringt der Autor eine Darlegung der Grundzüge des unter deutscher und italienischer Führung angestrebten neuen Wirtschaftssystems. Als Referenzen nutzte er jüngste einschlägige Ausführungen der Wirtschafts- bzw. Handelsminister Funk und Ricardi, wobei er eine kritische Bewertung ihrer Konzepte vermissen ließ. Vielmehr beschränkte er sich vorwiegend auf ein bloßes Referieren ihrer in gegenseitiger Übereinstimmung befindlichen Standpunkte, trennte aber nicht deutlich zwischen ihnen und seinen eigenen Gedanken; dadurch erweckte er den Eindruck, die Sichtweise der beiden Minister vollständig zu teilen.

Als Grundprämisse einer nationalsozialistischen bzw. faschistischen Wirtschaftsordnung sah er die völlige Unterwerfung der Wirtschaft unter die Erfordernisse der Politik. An dieser Stelle zitierte er Ricardi:

> *„Daraus folgern wir, dass die Auffassung von einer natürlichen, unabhängigen und nur ihren eigenen Gesetzen unterworfenen Wirtschaft – d. h. mit anderen Worten getrennt von allem, was sie in der Welt umgibt, in der sie stattfindet, und manchmal auch im Gegensatz zu ihr – rücksichtslos beseitigt werden muss."*[311]

Stattdessen, so zitierte Stojanov Ricardi weiter, sollten Deutschland und Italien sich nach dem Krieg um die ökonomische Neugestaltung Europas auf Grundlage des „korporativen" Prinzips kümmern, womit, wie im weiteren Verlauf des Artikels deutlich werden sollte, das

[310] St. STOJANOV, Stopanskoto preustrojstvo na Evropa, *Spisanie na BID* 39 (1940), Nr. 9, 610-615.

[311] A. a. O., 611.

Konzept der ergänzungswirtschaftlichen Regional- bzw. Kontinentalautarkie gemeint war. Stojanov formulierte dies folgendermaßen:

> *„Die Autarkie, wie sie die Faschisten und Nationalsozialisten verstehen, wird weiter leitendes Prinzip bleiben. Die europäische Autarkiepolitik hat die deutsch-italienische Autarkie als Grundlage; um diese Autarkie herum werden sich auch andere Länder mit ihrer Autarkiepolitik scharen, die ergänzenden Charakter haben und auf diese Weise die Verwirklichung einer umfassenden Kontinentalautarkie beschleunigen wird. Alle Volkswirtschaften werden eine individuelle, von der Achse bestimmte Orientierung erhalten.“*[312]

Die kommende Wirtschaftsordnung Europas sah Stojanov gekennzeichnet sowohl durch ein Klima von Kollektivismus und Solidarität als auch durch eine unangefochtene Führungsrolle der beiden „Achsenmächte“ Deutschland und Italien. Deren Stellung war seiner Ansicht nach dadurch legitimiert, dass beide Länder die Hauptlast bei der Errichtung dieser Ordnung trugen. Ihnen oblag es außerdem, ihre Interessensphären voneinander abzugrenzen. Den kollektiv-solidarischen Charakter der neuen Ordnung sah Stojanov durch die beide Staaten tragenden Ideologien, den Faschismus und den Nationalsozialismus, gerechtfertigt. So wie innerhalb der jeweiligen Gesellschaften der Einzelne für das Allgemeinwohl zu arbeiten habe, so hätten die dem Autarkieblock angehörenden Volkswirtschaften ihre Tätigkeit ganz an den übergeordneten Interessen des Gesamtblocks auszurichten; ihre Grenzen sollten im Übrigen nicht mehr nach nationalen Kriterien, sondern unter wirtschaftlichen Gesichtspunkten gezogen werden. Der Warenverkehr innerhalb dieses Wirtschaftsraumes sollte indes, so schloss Stojanov diese von den beiden Ministern übernommene Vision, allein mit der Methode des Clearings abgewickelt werden. Das Gold als internationale Handelswährung werde in den Hintergrund treten und bestenfalls im Handel mit Nordamerika noch eine Rolle spielen, ansonsten aber durch die Währung „Arbeit“ ersetzt werden. Das heißt, das Handelssystem sollte nach Stojanov auf der Grundlage des Tausches von Ware gegen Ware fußen. Das Zeitalter des Liberalismus und Freihandels betrachtete der Autor als endgültig abgelaufen.[313]

Durch die Tatsache, dass Beiträge wie dieser von St. Stojanov an exponierter Stelle der bulgarischen wirtschaftlichen Fachöffentlichkeit am Beginn der 40er Jahre zur Kenntnis gebracht werden konnten, wird deutlich, dass der Gedanke einer autarken europäischen Großraumwirtschaft zu jener Zeit in diesen Kreisen bereits als ernst zu nehmendes Konzept etabliert war. Berücksichtigt man die damalige wirtschaftspolitische Meinungsführerschaft der Zeitschrift der BID in Bulgarien, so erhält dieses Konzept darüber hinaus richtungsweisende Bedeutung für die Volkswirtschaft des Landes. Führende ökonomische Fachkreise hatten sich zu dieser Zeit also offenbar nicht nur damit abgefunden, dass der kontinentaleuropäische Warenverkehr in absehbarer Zukunft nicht mehr auf der Basis von Devisen und Freihandel abgewickelt würde – eine Vorstellung, die den bulgarischen Modernisierungskonzepten in ihrer ursprünglichen Form zuwiderlief, da es in ihnen auch und

312 A. a. O., 612.
313 A. a. O., 612-614.

gerade um die Frage der Devisenerwirtschaftung gegangen war –, sondern auch damit, dass Bulgarien Teil eines autarken Großwirtschaftsraumes sein sollte, und dass ihm darin in der Hierarchie der Nationen noch nicht einmal eine besonders vorteilhafte Position zugedacht war. Diese Fachkreise betätigten sich nun sogar als aktive Unterstützer der neuen Ordnung. Als Notlösung, wie noch bei einigen Autoren zu Beginn der 30er Jahre, wurde die Idee der autarken Großraumwirtschaft und des Clearinghandels jetzt offenbar nicht mehr betrachtet. Beiträge, die in diese Richtung gegangen wären oder die neue Wirtschaftsordnung sogar abgelehnt hätten, waren um 1940 jedenfalls nicht mehr in der Zeitschrift der BID zu finden. Allerdings war ein Standpunkt, wie der von Stojanov, der sogar für die Opferung nationaler Interessen zugunsten des Gesamtblocks plädierte, in dieser Radikalität nicht allein tonangebend. Vielmehr stand auch zu Beginn der 40er Jahre noch die Frage im Vordergrund, welchen Nutzen die neue Ordnung für Bulgarien haben könnte. Der Bezug zur ursprünglichen Motivation des bulgarischen Modernisierungsdiskurses blieb also weitgehend erhalten; es ging darum, die Volkswirtschaft des Landes in die Lage zu versetzen, letztlich ein wettbewerbsfähiger Teilnehmer am Welthandel zu werden, damit die Finanznot zu mindern und den Lebensstandard zu heben.

Beispielhaft für dieses Motiv ist ein Beitrag des bereits erwähnten Vladimir Nerjazov in der Zeitschrift der BID vom Dezember 1940.[314] Er ist überschrieben mit dem Titel: „Die deutsch-bulgarischen Wirtschaftsbeziehungen". Gleich zu Beginn machte der Autor deutlich, dass er den wirtschaftlichen Entwicklungsunterschied zwischen beiden Ländern als die entscheidende Triebfeder für ihre Handelsbeziehungen betrachtete:

> *„Die Entwicklung des deutsch-bulgarischen Handels zeigt trotz des Krieges einen stetigen und unaufhaltsamen Anstieg. Dies erklärt sich durch die Tatsache, dass sich hinter den Grundlagen des deutsch-bulgarischen Warenaustausches vor allem der Unterschied in den wirtschaftlichen Strukturen Deutschlands und Bulgariens verbirgt. Die bulgarischen Landwirtschaftsprodukte finden in Deutschland bekanntermaßen einen stabilen Markt vor, die deutschen Industrieerzeugnisse hingegen sind bei unseren Produzenten ebenso begehrt. Folglich haben wir eine natürliche Ergänzung der Volkswirtschaften des Reiches und Bulgariens."*[315]

Den spezifischen Nutzen für sein Land sah Nerjazov in eben den Entwicklungen, die sich auch der Mitteleuropäische Wirtschaftstag von den Beziehungen zwischen Deutschland und den südosteuropäischen Agrarstaaten erhoffte.[316] An erster Stelle standen in diesem Zusammenhang für ihn das Wecken neuer Konsumbedürfnisse sowie das Steigern der Massenkaufkraft in Bulgarien. Dies sah er als ein gemeinsames deutsch-bulgarisches Interesse an, das zu einer weiteren Belebung sowohl des bilateralen Handels zwischen beiden Ländern als auch der bulgarischen Volkswirtschaft für sich genommen führen würde. Ein besonderes Augenmerk legte Nerjazov indes auf die Problematik einer strukturell modernisierenden Wirkung, die man sich in Bulgarien vom wirtschaftlichen Austausch mit Deutschland er-

314 Vladimir Nerjazov, Germano-bălgarskite stopanski otošenija, *Spisanie na BID* 39 (1940), Nr. 10, 680-682.
315 A. a. O., 680.
316 Vgl. hierzu im folgenden Kapitel 5.1.

hoffte. Seinen Ausführungen zufolge gaben die bisherigen Ergebnisse Anlass zu Optimismus:

> *„Die großen und schnellen Erfolge bei der Einführung einer Reihe neuer Kulturen bei uns wurden von den führenden Wirtschaftskreisen in Deutschland begrüßt. Fast unsere gesamte Ausfuhr an Industriepflanzen sowie an Gemüse und Obst geht nach Deutschland. Konnte man vor zwei Jahren von einem Weinexport bei uns überhaupt nicht sprechen, so werden im vergangenen und in diesem Jahr über 50 Millionen Liter bulgarischen Weins ins Reich geliefert.* [...] *Heute arbeiten ganze Gebiete in Bulgarien ausschließlich für die Ausfuhr nach Deutschland.* [...] *Dies ist nicht auf den Krieg zurückzuführen, sondern* [...] *auf eine vollkommen natürliche Entwicklung.*“[317]

Hinzu komme, so fuhr Nerjazov fort, dass für die nähere Zukunft eine weitere Intensivierung des deutsch-bulgarischen Handels geplant sei. So sei ab 1941 eine weitere Aufstockung der Kontingente für nach Deutschland zu liefernde bulgarische Agrarprodukte zu erwarten, und hier besonders der Trauben, wie auch für deutsche Maschinen, hierunter insbesondere Kühlgeräte, die sowohl in der Landwirtschaft als auch der Industrie Bulgariens zum Einsatz kommen würden.[318]

Bilanziert man den hier schlaglichtartig beleuchteten handelspolitischen Diskurs der 30er Jahre in Bulgarien, so kann festgestellt werden, dass der allgemeine Tenor bei der Bewertung der deutsch-bulgarischen Handelsbeziehungen wohlwollend war. Im Zuge der außenwirtschaftlichen und der außenpolitischen Entwicklungen während dieses Jahrzehnts ist dabei freilich eine deutliche Schwerpunktverlagerung festzustellen. Zu Beginn der 30er Jahre war, so scheint es, die Debatte noch wesentlich offener und grundsätzlicher als am Ende des Jahrzehnts bzw. am Anfang des nächsten. Ging es zunächst noch um grundlegende Erwägungen bezüglich des europäischen Wirtschafts- und Handelssystems und der Rolle Bulgariens darin, so wurde diese Problematik einige Jahre später offenbar als erledigt betrachtet. Jedenfalls gewannen die einschlägigen Beiträge in der Zeitschrift der BID nun einen zunehmend kategorischen und „eindeutigen“ Charakter, der kaum mehr Unsicherheiten in der Beurteilung der außenwirtschaftlichen Lage zeigte und insbesondere bezüglich der sich unter deutscher Führung neu abzeichnenden kontinentalen Wirtschaftsordnung eine affirmative Haltung einnahm. Dies mag einerseits damit erklärt werden, dass NS-Deutschland durch seine militärischen Erfolge während der ersten beiden Kriegsjahre weite Teile Europas unter seine Kontrolle gebracht und damit Fakten geschaffen hatte – auch wirtschaftspolitische –, an denen die bulgarischen Fachleute nicht mehr vorbeikamen, andererseits aber auch damit, dass sich der internationale Handel ab Mitte der 30er Jahre allgemein wieder belebt hatte, wovon auch Bulgarien profitierte. Da Deutschland zu dieser Zeit der bei Weitem wichtigste Handelspartner des Balkanlandes war, kann es kaum verwundern, wenn diese Verbesserungen hauptsächlich den Beziehungen zum Reich zugeschrieben wurden, auch wenn die Belebung des Warenverkehrs mit anderen Ländern, wie etwa Großbritannien, nicht unerwähnt blieb. Darüber hinaus aber schien die Entwicklung

317 Nerjazov, 680f.
318 A. a. O., 681.

der vorangegangenen Jahre den Einschätzungen recht zu geben, die zu Beginn des Jahrzehnts getroffen worden waren. Unter dem Eindruck der Weltwirtschaftskrise war damals das System des freien Welthandels und des Liberalismus grundsätzlich in Frage gestellt worden, der Autarkiegedanke hatte zunehmende Unterstützung erfahren, wenn auch anfangs bei einigen Diskutanten nur als vorübergehende Notlösung.

In den Augen der bulgarischen Wirtschaftsfachleute schienen sich indes nicht nur die Hoffnungen auf eine Intensivierung des bulgarischen Außenhandels durch die verstärkte Anbindung an Deutschland zu erfüllen, sondern auch die Erwartung von damit verbundenen Innovationsschüben und strukturellen Veränderungen im bulgarischen Agrarsektor. Überaus positiv, stellenweise gar euphorisch wurde herausgestellt, dass sich durch die zuverlässige Rolle Deutschlands als Abnehmer für bulgarische Erzeugnisse das Produkt- wie auch das Exportspektrum des Landes beträchtlich erweitert habe und umgekehrt der Zufluss moderner Technologien aus Deutschland angestiegen sei. Und wie es den Anschein hatte, hatte sich durch den devisenfreien Clearinghandel das Devisenproblem Bulgariens wie von selbst gelöst.

Kritisch betrachtet und beim Blick auf die Hintergründe muten allerdings die Erwartungen, die man in Bulgarien zu Beginn der 30er Jahre an das System der autarken Wirtschaftsblöcke gerichtet hatte, wie auch die Hervorhebung seiner scheinbaren Erfolge am Ende des Jahrzehnts so naiv an, dass man versucht ist, agitatorische Motive hinter den einschlägigen Beiträgen in der Zeitschrift der BID zu vermuten. Denn die Gefahren, die sich hinter einer derart engen wirtschaftlichen Anbindung Bulgariens an Deutschland verbargen, dass man im Jahre 1940 bereits von einem weitgehenden Abhängigkeitsverhältnis sprechen konnte, erhielten, wenn überhaupt, nur eine äußerst marginale Beachtung. Wenn, wie Nerjazov feststellte, ganze bulgarische Regionen bereits nur noch für die Ausfuhr nach Deutschland arbeiteten, dann waren die damit verbundenen Risiken kaum zu übersehen. Im Falle eines Rückgangs der deutschen Einfuhrkapazitäten oder einer bloßen Verlagerung der deutschen Einfuhrinteressen konnte dies den vollständigen Ruin dieser Gegenden bedeuten. Autoren wie Nerjazov jedoch schienen dies entweder einfach hinzunehmen oder zu ignorieren.

Neben der geringen Problematisierung der wirtschaftlichen Abhängigkeitsgefahr wies die Diskussion über die bulgarischen Handelsbeziehungen freilich noch weitere Schwächen auf. So blieb zum Beispiel unklar, ob es bei den Teilnehmern dieses Dialogs konkrete Ziel- und Zeitvorstellungen gab. Besonders galt dies bezüglich der Erwartung, dass die Einbindung Bulgariens in einen autarken Großwirtschaftsraum unter deutscher Führung und die damit verbundene Intensivierung des devisenfreien Handels mit Deutschland sowohl eine strukturelle und technische Modernisierung der bulgarischen Volkswirtschaft als auch eine Hebung des allgemeinen Lebensstandards durch eine Steigerung der Massenkaufkraft herbeiführen würden. Zwar ist richtig, dass Ende der 30er Jahre Tendenzen erkennbar waren, die in diese Richtung wiesen – vor allem was die Erweiterung des Produkt- und Ausfuhrspektrums wie auch die Intensivierung des Handels betraf –, der Diskurs machte aber weder deutlich, ob man sich von dem eingeschlagenen handelspolitischen Weg eine

Umwandlung Bulgariens in eine Industrienation erhoffte, noch wie die Hebung des allgemeinen Lebensstandards konkret zu erreichen sei. Gerade zum letzten Punkt blieb man bemerkenswert allgemein. Genaue Ergebnisse, wie sie etwa in Bezug auf die quantitative und qualitative Entwicklung des Außenhandels in der Zeitschrift der BID regelmäßig präsentiert wurden, sucht man für Parameter wie etwa Massenkaufkraft, Konsumentwicklung oder Pro-Kopf-Einkommen vergebens. Zwar mögen die Mittel zur Erhebung solcher Daten damals begrenzt gewesen sein, es fehlt jedoch selbst die Frage danach in den Beiträgen zur BID-Zeitschrift. Angesichts dessen, dass es bei der Einfuhr deutscher Industrieerzeugnisse zu dieser Zeit in erster Linie um Investitionsgüter gehen konnte, d. h. beispielsweise um Landmaschinen oder Bergbaugerät, war die Frage nach den zeitlichen Perspektiven für eine Verbesserung der allgemeinen Lebensverhältnisse relevant.[319] Denn wenn, zumindest zunächst, der überwiegende Teil aller Neuerungen dem Export nach Deutschland zugute kommen sollte, wie es bei Nerjazov in der Tat anklang, so bestand die Gefahr, dass sich die bulgarische Volkswirtschaft zwar in makroökonomischer Hinsicht erholen würde, für den „einfachen Bürger" aber wenig dabei heraussprang. Im Sinne eines in Bulgarien breitenwirksamen Erfolges des Konzeptes der Großraumautarkie war es also notwendig, dass in den für Bulgarien bestimmten deutschen Ausfuhrkontingenten Investitionsgüter zum Aufbau eigener Industrien wie auch Konsumgüter zumindest auf längere Sicht ein zunehmendes Gewicht bekamen. Von der grundsätzlichen Bereitschaft der deutschen Wirtschaft, dies zu ermöglichen, sowie von der Bereitschaft der deutschen Regierungsstellen, es zuzulassen, wovon angesichts des deutschen Eigenbedarfs im Rahmen der Rüstungsanstrengungen nicht ohne Weiteres ausgegangen werden konnte,[320] hängt ihn hohem Maße die Bewertung der deutschen auf Südosteuropa bezogenen Wirtschaftspolitik ab, d. h. im Kern die Beantwortung der Frage, inwieweit sie hegemonialen und ausbeuterischen Motiven entsprang oder ob und in welchem Maße sie ihr eigenes Interesse auch im Aufbau moderner Strukturen vor Ort erblickte.

Die bulgarischen Facheliten jedenfalls waren, wie dargestellt, diesbezüglich gegen Ende der 30er Jahre offenbar optimistisch. Dabei hatte sich im Laufe des Jahrzehnts ein Wechsel in der allgemeinen Zielsetzung vollzogen. Zwar ging es nach wie vor um eine Intensivierung des Außenhandels und im selben Zuge um eine Modernisierung der eigenen Volkswirtschaft; im Gegensatz zu den 20er und teilweise auch den frühen 30er Jahren hatten sich aber sowohl der Rahmen als auch die Modalitäten der bulgarischen Außenhandelsaktivitäten verlagert bzw. verengt. Galt zunächst eine bessere Positionierung bulgarischer Produkte auf den internationalen Märkten als erstrebenswert, so wich diese Zielsetzung im Zuge der Weltwirtschaftskrise der Überzeugung, dass der bulgarische Außenhandel am besten auf dem devisenfreien Weg des Clearings und innerhalb einer Großraumautarkie abzuwickeln sei. Wurde dies zu Beginn der 30er Jahre noch weitgehend als Notlösung betrachtet, so kam man am Ende des Jahrzehnts zu der Auffassung, dass dieses System sich nun auf Dauer

319 Vgl. Kapitel 3.2.
320 Vgl. Kapitel 6.

etablieren würde – als Folge der unter deutscher Führung sich vollziehenden wirtschaftlichen Neuordnung des gesamten Kontinents. Mit Deutschland – davon darf ausgegangen werden – war in den Augen der damaligen ökonomischen Facheliten und auch, wie die wirtschafts- und außenpolitischen Entscheidungen der 30er Jahre zeigten, der bulgarischen Regierungen die wirtschaftliche Zukunft Bulgariens untrennbar verknüpft.[321]

[321] Vgl. Kapitel 3.3.

5 Deutsche Akteure und ihre Strategien in Bulgarien

Die Erschließung des Betätigungsfeldes, das sich der deutschen Wirtschaft in erweitertem Maß ab den frühen 30er Jahren in Südosteuropa und speziell in Bulgarien bot, hing in ihrer Verwirklichung naturgemäß von der Bereitschaft und der Kompetenz der in Frage kommenden Akteure ab. Bei ihnen musste es sich angesichts der Strukturen der deutschen Volkswirtschaft und der Führungsrolle des zumindest nominell privat organisierten Mitteleuropäischen Wirtschaftstages (MWT) vorwiegend um Vertreter der Privatwirtschaft handeln. Der Staat konnte für ihre Aktivitäten lediglich die Rahmenbedingungen schaffen, wobei seine Politik insbesondere nach 1933 zunehmend dirigistische Züge annahm, den Handlungsspielraum der Privatwirtschaft also einengte. Neben den wirtschafts- und außenpolitischen Weichenstellungen, die durch die Politik der Reichsregierungen im Wesentlichen ab der zweiten Hälfte der 20er Jahre wie auch durch die weltwirtschaftlichen Entwicklungen der jüngeren Vergangenheit vorgenommen worden waren, prägten auch die in Bulgarien vorzufindenden sozioökonomischen Bedingungen sowie die dort vorherrschenden wirtschaftspolitischen Vorstellungen und Entscheidungen die Entfaltungsmöglichkeiten der Handelsbeziehungen sowie deutscher Aktivitäten vor Ort.[1]

Wie in den vorherigen Kapiteln dargestellt, hatten sich diese Rahmenbedingungen sowohl auf deutscher als auch auf bulgarischer Seite günstig im Sinne einer zunehmend engen Ausgestaltung der bilateralen Wirtschafts- und hier insbesondere der Handelsbeziehungen ausgewirkt. Dabei kann vor allem aus dem bulgarischen wirtschaftspolitischen Diskurs der Zwischenkriegszeit der Schluss gezogen werden, dass es nicht nur deutsche wirtschaftliche Expansions- und Großraumautarkiepläne waren, die die Belebung der Beziehungen in Gang brachten und innerhalb derer Bulgarien, nach dieser Lesart, willig die ihm zugedachte Rolle übernahm, sondern dass das Land selbst als seine Interessen verfolgender, wenn auch relativ kleiner Akteur auftrat und die Vertiefung seiner Wirtschaftsbeziehungen zu Deutschland gezielt anstrebte. Bei diesen Interessen handelte es sich neben einer direkten Intensivierung des Außenhandels durch Erschließung neuer Märkte auch um die Vorstellung der Modernisierung der eigenen Volkswirtschaft – eine Zielsetzung aller sozioökonomischen Bemühungen der bulgarischen Politik seit dem späten 19. Jahrhundert. Die Interpretation der außerordentlich engen wirtschaftlichen Anbindung Bulgariens an Deutschland im Laufe

[1] Vgl. Kapitel 3.2 und 3.3.

der 30er Jahre allein vor dem Hintergrund der Weltwirtschaftskrise oder expansionistischer Leitlinien der deutschen Außenpolitik greift also zu kurz.

Dementsprechend können auch Beurteilungen der deutschen Außenwirtschaftspolitik der Zwischenkriegszeit, die in erster Linie mit Konzepten wie „Imperialismus", „Ausbeutung" oder „wirtschaftliche Durchdringung" operieren, stets nur einen Teil der Gesamtproblematik beleuchten. Um weiteren Aufschluss zu erhalten, sind neben der Anerkennung Bulgariens als Akteur mit eigenen Interessen in diesem Kontext auch konkret Konzepte und die Praxis des privatwirtschaftlichen deutschen Engagements im Rahmen der bilateralen Beziehungen in die Betrachtung mit einzubeziehen.

Den, wie es scheint, besten Einblick in diese Zusammenhänge kann die Auseinandersetzung mit dem MWT geben. Denn ihm als zentralem privat organisiertem Koordinator der deutschen ökonomischen Aktivitäten in Südosteuropa oblag gerade die eingangs erwähnte Erschließung dieses Betätigungsfeldes. Durch Kompetenzvermittlung hatte er die Bereitschaft der deutschen Wirtschaft, sich in Südosteuropa zu engagieren, zu fördern. Zudem fungierte er durch seine Verbindungen zur Reichsregierung als Schnittstelle zwischen Politik und Wirtschaft, konnte also am ehesten die Kompatibilität von privatwirtschaftlichen Aktivitäten und wirtschafts- respektive außenpolitischen Vorgaben gewährleisten.

Angesichts dieser herausgehobenen Position des MWT[2] soll daher im Folgenden untersucht werden, wie die Organisation diese Stellung, die sie seit 1931 innehatte, ausfüllte. Das heißt, es sollen sowohl die beim MWT erarbeiteten Konzepte zur wirtschaftlichen Erschließung Südosteuropas und Bulgariens für Deutschland mit den ihnen zugrunde liegenden Motiven als auch deren Umsetzung in konkrete Projekte betrachtet werden.

Eine weitere Perspektive bieten zudem die Erfahrungen und Einblicke deutscher, in Bulgarien präsenter Firmen in das Wirtschaftsleben des Landes wie auch die von ihnen unter den gegebenen Bedingungen vor Ort entfalteten Aktivitäten. Als zentrale Quelle hierfür dienen die im Bulgarischen Zentralen Staatsarchiv gelagerten Firmenakten. Durch ihre Untersuchung soll in erster Linie eine Einschätzung ermöglicht werden, inwieweit deutsches Engagement in Bulgarien den im Lande selbst dringend gewünschten Modernisierungseffekt hatte, wobei hier nicht nur technologische und infrastrukturelle, sondern auch sozioökonomische Gesichtspunkte berücksichtigt werden sollen.

Insgesamt soll auf diese Weise der außen- und wirtschaftspolitischen Dimension deutscher Einflussnahme in Bulgarien und Südosteuropa während der Zwischenkriegszeit eine praxisbezogene beigefügt werden, die unseres Erachtens notwendig ist, um zu einer ausgewogenen Bewertung der deutsch-bulgarischen Wirtschaftsbeziehungen zwischen 1918 und 1944 zu kommen.

[2] Vgl. Kapitel 3.1.

5.1 Bulgarien und Südosteuropa aus der Sicht des MWT

Für eine Beurteilung der Politik gegenüber Südosteuropa und Bulgarien, die der MWT als zentrale deutsche Koordinationsinstanz, die er seit 1931 war, betrieb, ist es unerlässlich, zu untersuchen, wie der Verein selbst sein Betätigungsfeld sah. Hieraus lassen sich wichtige Schlüsse ziehen bezüglich der Motive und Zielsetzungen der im weiteren Verlauf zu behandelnden Konzepte und Projekte, die der MWT in der Region umsetzte oder zumindest in Ansätzen verwirklichte. Aufschluss hierüber können naheliegenderweise am besten beim MWT selbst erstellte Dokumente geben, wie etwa Niederschriften über Sitzungen, Rundschreiben und vor allem die ab 1935 regelmäßig an die Mitglieder herausgegebenen *Mitteilungen des Mitteleuropäischen Wirtschaftstages* (*MMWT*).[3] Umfassend vorhanden sind diese Quellen in den Akten der Deutschen Bank im Bundesarchiv in Berlin. Seine Bestände bieten eine anschauliche Dokumentation der Entwicklung und der Aktivitäten des Vereins von der Bildung der deutschen Gruppe im Jahre 1926 bis zum Ende des Zweiten Weltkriegs.

Die Dokumente, die zur Beurteilung von Zielsetzungen und Motiven der MWT-Politik in Südosteuropa hilfreich sind, unterscheiden sich voneinander in ihrem Grad an Konkretheit. Programmatische Schriften, die in erster Linie strategisch argumentieren, d. h. also die Zielvorgaben diskutieren, beziehen sich zumeist auf die Region als ganze, während Bulgarien betreffende Texte vorwiegend konkrete wirtschaftliche Lage- und Tätigkeitsberichte enthalten und etwa in Form von Reiseberichten oder Übermittlungen der bulgarischen Gruppe des MWT oder deutscher Wirtschaftsstellen im Lande vorliegen. Da diese Papiere nicht für die breite Öffentlichkeit bestimmt waren, sondern lediglich im Kreis der Mitglieder kursierten, kann davon ausgegangen werden, dass sie bezüglich der in ihnen geäußerten wirtschaftlichen und politischen Meinungen und Absichten einen hohen Grad an Authentizität aufweisen. Propagandistische Motive gegenüber dem breiten Publikum können jedenfalls weitgehend ausgeschlossen werden. Dies hätte auch dem Selbstverständnis des MWT, der darauf Wert legte, möglichst diskret zu agieren,[4] nicht entsprochen. Problematischer erscheint hingegen die Frage, inwieweit derartige Absichten gegenüber den MWT-Mitgliedern selbst verfolgt wurden. Denn der Vorstand des Vereins war, so darf angenommen werden, sicherlich an einer möglichst positiven Darstellung seiner Aktivitäten im internen Kreis interessiert. Sein Bestreben musste darin bestehen, Südosteuropa seinen Mitgliedern als ein überaus vielversprechendes potentielles Betätigungsfeld zu präsentieren und zugleich seine eigene Kompetenz zu dessen Erschließung besonders zu unterstreichen, um die Mitglieder zu einem verstärkten Engagement zu ermutigen. Daher kann zwar bei den im MWT formulierten Zielvorgaben Authentizität unterstellt werden, bei der Untersu-

3 BA, R 8119F, P 6142, Bl. 20. Da die *MMWT* bei den Recherchen zur vorliegenden Arbeit nur in den genannten Archivbeständen gefunden werden konnten, wird die Zeitschrift hier unter ihrer Archivsignatur zitiert.

4 Sohn-Rethel, 66f.

chung der Prognosen und Zeitvorstellungen bezüglich der Erreichung dieser Ziele scheint jedoch Vorsicht geboten.

Programmatische Schriften des MWT bzw. seiner deutschen Gruppe finden sich in den Akten der Deutschen Bank, aber auch in denen des Auswärtigen Amtes verteilt von den späten 20er Jahren über den Beginn und die Mitte der 30er Jahre bis in die zweite Hälfte des Zweiten Weltkriegs. Zu Beginn blieben diese bezüglich eines mitteleuropäischen wirtschaftlichen Zusammenschlusses und der deutschen Rolle darin noch recht vage und zurückhaltend. Im Wesentlichen wurde hier noch die schlichte Notwendigkeit eines solchen Zusammenschlusses betont, ohne jedoch genauere Vorstellungen über seine praktische Ausgestaltung zu äußern. Deutlich wird dies etwa in einem kurzen, mit „Programm“ betitelten Text der deutschen Gruppe des MWT vom Oktober 1929. Es bezweckte offensichtlich die Werbung neuer Mitglieder, da ihm eine Beitrittserklärung beigeheftet war. Die Zielvorstellungen der Gruppe sind darin knapp aufgeführt; sie bestehen in der Schaffung eines einheitlichen „mitteleuropäischen“ Wirtschaftsgebietes mit gemeinsamem Verkehrsrecht, einheitlichen Postgebühren, einer Harmonisierung des Eisenbahnwesens sowie „Freizügigkeit“. Territorial sollte dieses Gebiet Deutschland, die Nachfolgestaaten der Donaumonarchie sowie das übrige Südosteuropa umfassen, wobei die Türkei, Griechenland und Polen wie auch die baltischen Staaten unerwähnt blieben. Zur Unterstützung dieser Bemühungen wurde die Schaffung wissenschaftlicher Institute gefordert.[5]

Bemerkenswert an dieser Programmschrift ist zum einen, dass auch bereits vor der Übernahme der deutschen Gruppe durch die Schwerindustrie, d.h. den Langnam-Verein, die Zielvorstellungen auf eine, wenn auch hier nicht explizit geforderte, Schaffung eines deutsch dominierten Wirtschaftsgebietes in Mittel- und Südosteuropa hinausliefen, freihändlerische Ideale also bereits in den Hintergrund gerückt waren. Dies geht hervor aus dem Konzept der Mitteleuropa-Institute, denen eindeutig die Aufgabe zugewiesen wurde, „die deutsche Kultur und deutsches Wissen den mitteleuropäischen Völkern näher [zu] bringen und dem deutschen Industriellen und Kaufmann dadurch den Absatz seiner Ware [zu] erleichtern“.[6] Zwar sollten umgekehrt auch in Deutschland die Kenntnisse über „Mitteleuropa“ vermehrt werden, unbestritten war allerdings, dass Deutschland den Mittelpunkt des gemeinsamen Wirtschaftsgebietes bilden würde. Dessen Bildung war, wie sich vor allem aus den einleitenden Absätzen der Programmschrift ergibt, nun nicht mehr durch die Freihandelsidee motiviert, sondern vielmehr als Gegenstück zu den Kolonialreichen der Westmächte gedacht, die sich, so wurde argumentiert, immer stärker nach außen hin abschlössen.[7] Nach Auffassung der deutschen Gruppe des MWT ergab sich hierdurch ebenfalls ein Interesse der kleinen südosteuropäischen Staaten an einem Wirtschaftszusammenschluss.

Ob dieser wirklich den Charakter eines Kolonialreiches annehmen sollte, wurde an dieser Stelle freilich nicht ausdrücklich verdeutlicht. Weiteren Aufschluss hierüber kann

5 BA, R 901, 42995, Bl. 131f.
6 A. a. O., Bl. 131v-132.
7 A. a. O., Bl. 131.

aber ein „Vortrags-Tee" der deutschen MWT-Gruppe geben, der am 19. Februar 1929 in Berlin stattfand. Bei dieser Gelegenheit wurden vor Vertretern der Wirtschaft drei Vorträge gehalten, die die Notwendigkeit eines mitteleuropäischen Wirtschaftszusammenschlusses betonten und grundsätzliche Leitlinien dafür vorgaben. Die Vortragenden waren der Vorsitzende Grothein, der sich mit der Frage einer deutschen Dominanz in Südosteuropa auseinandersetzte, der Wirtschaftsprofessor Walter Hoffmann, der die kulturellen Aspekte betrachtete, und der ehemalige Reichsminister Schiffer zu rechtlichen Fragen. Gemeinsam war allen dreien das Anliegen, das Gefühl einer deutschen Dominanz oder Übervorteilung bei den Völkern Südosteuropas nicht aufkommen zu lassen, sondern vielmehr eine Atmosphäre von Zusammenarbeit und Gleichberechtigung zu schaffen. Die dortigen Staaten sollten den Eindruck haben, ihre Interessen in der Kooperation mit Deutschland verwirklichen zu können. Hoffmann dazu:

> *„Dieser Brückenschlag wird m. E. am besten und erfolgreichsten gelöst werden können auf dem Wege kultureller Verständigung. Wir möchten uns dabei nicht den anderen Nationen in der Rolle des Lehrmeisters nähern, in dem Sinne, dass wir ihnen unsere deutsche Kultur aufzwingen wollen. Wir wollen ihnen die Möglichkeit geben, sich in deutsche Kultur, in deutsche Mentalität, in deutsche Gewohnheiten einzuführen und einzuleben. Wir unsererseits sollten und möchten bestrebt sein, die anderen Nationen kennen zu lernen in ihrem Wesen, in ihrer Eigenart, in ihrer Mentalität."*[8]

Im Mittelpunkt stand bei ihm also der Gedanke, dass eine Förderung des Verständnisses der deutschen Kultur im Ausland der deutschen Wirtschaft Türen öffnen und den Abschluss von Geschäften erleichtern würde. Umgekehrt müssten auch in Deutschland die Kenntnisse fremder Kulturen vertieft werden.[9] Hierzu gelte es, so fuhr Hoffmann fort, eine dezentrale Kulturarbeit zu leisten, d. h. Institute als Kulturmittler zu schaffen, die auf die Interaktion mit den jeweiligen Regionen und Ländern der Welt, d. h. in diesem Fall auf „Mitteleuropa", spezialisiert seien – sei es in Deutschland oder bzw. und vor Ort. Dies könne man durch spezielle Steuern auf Handelsware finanzieren.[10] Hauptaufgabe solcher Institute sollte nach Hoffmanns Ansicht „Kulturpropaganda" für Deutschland sein. Er trat dem Streben nach einer deutschen Dominanz oder Vereinnahmung anderer Länder durch Deutschland entgegen. Seiner Ansicht nach sollte „kulturelle Propaganda [...] im Sinne kultureller Verständigung getrieben werden".[11] Statt Angst vor einer etwaigen informell-imperialistischen, d. h. wirtschaftlichen Hegemonie Deutschlands sah Hoffmann in Südosteuropa eher Aufgeschlossenheit für eine Kooperation mit dem Reich:

> *„Auf meinen wiederholten Studienreisen nach Südosteuropa durfte ich sowohl in wirtschaftlichen als auch in politischen und nicht zuletzt in wissenschaftlichen Kreisen feststellen, dass man einer engeren Zusammenarbeit mit Deutschland entgegensieht, sie erwartet und ersehnt."*[12]

8 Ebd.
9 A. a. O., Bl. 136f., 139.
10 A. a. O., Bl. 137.
11 Ebd.
12 A. a. O., Bl. 139.

Auch Grothein trat dem Kolonialismus-Verdacht mit einer unmissverständlichen Klarstellung entgegen:

> *„Politische Führerambitionen sind dabei auszuschalten. Die Nachfolgestaaten dürfen nicht von der Sorge bedrückt werden, dass sich ein mitteleuropäisches Wirtschaftsbündnis zu einem Bundesstaat unter deutscher Führung auswächst.“*[13]

Vielmehr meinte er, dass eine wirtschaftliche Vereinigung der Region im eigenen Interesse der dortigen Staaten liege. Diese würden sich, etwa nach Art des Domino-Prinzips, einer deutsch-österreichischen Wirtschaftsunion selbständig und aus freien Stücken bald ebenfalls anschließen.[14] So gesehen, konnte von einer Kolonisierung im Sinne einer aktiven Vereinnahmung durch ein „Mutterland“ keine Rede sein. Grothein blieb in seinem Vortrag allerdings den Beleg für seine Annahme schuldig, dass die gesamte mitteleuropäische Region allein durch das österreichische Beispiel zu einer Aufgabe ihres bisherigen Protektionismus bewegt werden könne. Vielmehr ließ er durchblicken, dass die Interessenlage in einigen dieser Länder nicht so eindeutig war, wie er es zunächst behauptet hatte. Denn er hielt es offenbar für nötig, nachdrücklich vor der Gefahr einer Wirtschaftsunion unter Ausschluss Deutschlands zu warnen:

> *„Wir selbst müssen jedoch eine Donaukonföderation mit Ausschluss Deutschlands verhindern. Einflussreiche Kräfte in der Tschecho-Slowakei, in Ungarn, z. T. auch in anderen Ländern erstreben das. Wir haben es bisher glücklich unterbunden. Deutschland ist nun einmal der integrierendste Teil Mitteleuropas.“*[15]

Das anschließende Plädoyer des ehemaligen Reichsministers Schiffer für ein einheitliches mitteleuropäisches Wirtschaftsrecht sowie ein Schlusswort des Geschäftsführers der deutschen MWT-Gruppe, Strencioch, brachten die Veranstaltung zum Abschluss.[16]

Die Bedeutung der hier betrachteten programmatischen Äußerungen für die langfristige Entwicklung des MWT kann freilich erst in der Zusammenschau mit Dokumenten aus späteren Jahren beurteilt werden. Dies ist umso wichtiger, als die Veranstaltung vom Februar 1929 durch einige Faktoren charakterisiert ist, die sie von Äußerungen aus MWT-Kreisen, die späteren Datums sind, unterscheiden. Hierzu zählt vor allem das Datum selbst, das noch über zwei Jahre vor der deutschen „Umgründung“ des MWT lag. Diese vollzog sich, wie bereits erwähnt, unter einer eindeutigen Abkehr vom Freihandelsprinzip und, zumindest zunächst, der Verpflichtung des „MWT – Deutsche Gruppe“ auf die Interessen der deutschen Schwerindustrie, die sich mit der Landwirtschaft zuvor bereits arrangiert hatte. Verbunden war die Umgründung auch mit personellen Konsequenzen, d. h. einer allmählichen Zurückdrängung der Vertreter der Freihandelsidee aus dem Vorstand, die im Falle Grotheins schließlich im Ausschluss aus dem Verein endete.[17]

[13] Ebd.
[14] A. a. O., Bl. 135.
[15] Ebd.
[16] A. a. O., Bl. 140-142.
[17] Vgl. Kapitel 3.2.

Zur Zeit des hier betrachteten Vortrags-Tees war der ehemalige Minister allerdings noch Vorsitzender der deutschen Gruppe des MWT – eine Tatsache, die dem Verein Skepsis vonseiten der Reichsregierung und schwerindustriellen Kreisen einbrachte. Als eine Absage an den Freihandel lassen sich die auf der Veranstaltung gemachten Äußerungen demnach kaum interpretieren. Insofern kann zumindest diesbezüglich eine Kontinuität mit den Entwicklungen der 30er Jahre weitgehend ausgeschlossen werden. Immerhin aber machte das Treffen ebenso deutlich, dass sich die deutsche Gruppe des MWT auch vor 1931 bereits in erster Linie als Agent deutscher Wirtschaftsinteressen in Südosteuropa verstand, die Freihandelsidee also bereits nicht mehr die einzige Triebfeder des Vereins war. Vielmehr sah man sich nun, d. h. unter dem Eindruck der beginnenden Weltwirtschaftskrise, in die Situation versetzt, auf den anwachsenden Protektionismus der Kolonialmächte reagieren zu müssen. Insofern hatte man sich von den ursprünglichen Idealen der Meinl'schen Initiative des Jahres 1925 bereits nicht unerheblich entfernt. Ihre Hauptaufgabe sah die deutsche MWT-Gruppe der späten 20er Jahre darin, zu gewährleisten, dass Deutschland einem „mitteleuropäischen" Wirtschaftszusammenschluss unbedingt angehören würde, darüber hinausgehend aber vor allem auch, dass eine solche Union ihren Ausgangspunkt in Deutschland und in einem, zumindest wirtschaftlichen, Anschluss Österreichs an das Reich haben sollte. Eine Rolle Deutschlands als Führungsnation und Mittelpunkt in diesem Kontext betrachtete man – auch in kultureller Hinsicht – als natürlich gegeben.

Dies sollte jedoch nicht zu der Annahme verleiten, der MWT habe in seiner Programmatik eine aggressive Kolonialisierungsstrategie gegenüber Südosteuropa vor Augen gehabt. Wie bereits gezeigt, beabsichtigte man die wirtschaftliche Annäherung innerhalb der Region durchaus auf dem Wege der gegenseitigen Verständigung zu betreiben. Es ist kein Grund erkennbar, die entsprechenden Äußerungen als bloße Lippenbekenntnisse abzutun. Zu solchen bestand in dem engen und internen Kreis von Wirtschaftsspitzen, für die diese programmatischen Äußerungen lediglich gedacht waren, kein Anlass. Vielmehr zeugen die gehaltenen Vorträge vom Februar 1929 von Realismus bezüglich der Umsetzbarkeit mitteleuropäischer Unionspläne. Die Kontinuität dieses Realismus über die Jahre 1931 und 1933 hinaus soll im weiteren Verlauf überprüft werden.

Insgesamt präsentierte sich die deutsche Gruppe des MWT im Jahre 1929 als Vorreiterin und als Kompetenzzentrum für die wirtschaftliche Erschließung Südosteuropas für Deutschland. Es galt, dem Reich, aber auch den anderen mitteleuropäischen Staaten Absatzmärkte zu erschließen, nachdem andere durch die jüngsten Entwicklungen verloren gegangen schienen. Der Anspruch des MWT, der Hauptkoordinator in diesem Kontext zu sein, war bereits zu dieser Zeit erkennbar – durchgesetzt wurde er erst nach 1931.

Die Rolle Südosteuropas in diesem Konzept war zwar noch nicht klar definiert, auch wenn zum Ausdruck gebracht wurde, dass seine Länder als eigene Interessen verfolgende und zu respektierende Akteure anerkannt wurden. Aufgrund der demografischen, geografischen und wirtschaftlichen Gewichtsverteilung wurde Deutschland zwar als Führungsmacht betrachtet, wie diese Rolle ausgefüllt werden sollte, blieb jedoch noch weitgehend offen – besonders auch in Bezug auf den Fall eines etwaigen Beitritts einer weiteren großen

Industrienation. Diese Möglichkeit hatte Grothein ausdrücklich gefordert.[18] Im Zentrum standen die Überlegungen bezüglich der Absatzmärkte; die etwaige Notwendigkeit struktureller Abstimmung der verschiedenen Volkswirtschaften aufeinander oder von Maßnahmen zur ihrer Modernisierung wurde hier in erster Linie in infrastrukturell-verkehrstechnischer und juristischer Hinsicht besprochen. Der Ansatz zu den später entwickelten Modernisierungskonzepten des MWT scheint hier allerdings bereits gegeben.

Es bleiben also die Frageen, wie sich die Programmatik des MWT bzw. seiner deutschen Gruppe über den Bruchpunkt des Jahres 1931 hinaus entwickelte und welche Rolle Südosteuropa zugedacht wurde. Die vor allem nach der nationalsozialistischen Machtergreifung weiter zunehmende Aufmerksamkeit der deutschen Außenwirtschaftspolitik für Südosteuropa, die naturgemäß ganz im Sinne des MWT war, weckte zu dieser Zeit noch einmal wachsende Bedenken und Sorgen der deutschen Landwirtschaft vor einer, wie es hieß, Überschwemmung des deutschen Marktes mit „mitteleuropäischen", d.h. südosteuropäischen Agrarprodukten. Vertreter des MWT wie auch des Deutschen Landwirtschaftsrates sahen sich daraufhin veranlasst, die Bedenken der Landwirtschaft zu zerstreuen bzw. die Politik einer handelspolitischen Annäherung an Südosteuropa zu rechtfertigen. Naturgemäß wurden bei solchen Gelegenheiten konzeptionelle Äußerungen zur Ausgestaltung der Beziehungen getan. Hierbei wurde deutlich, welche Rolle Südosteuropa in den deutschen Außenwirtschaftsbeziehungen spielen sollte und welche politische Interessenlage hierfür den Hintergrund bildete.

Auf einer Sitzung des Deutschen Landwirtschaftsrates im Sommer 1932, die beim MWT lebhaftes Interesse weckte,[19] erläuterte der Geheime Regierungsrat Professor Max Sering, warum die handelspolitische Annäherung Deutschlands an die südosteuropäischen Agrarstaaten notwendig sei. Ähnlich, wie dies auch bereits Ende der 20er Jahre bei der deutschen Gruppe des MWT betrachtet worden war, sah Sering Südosteuropa als Gegenstück zu den großen Kolonialreichen der europäischen Westmächte, zum wirtschaftlichen Großraum der USA sowie dem der Sowjetunion, die gegen deutsche Produkte abgeschlossen[20] und im Begriff seien, Deutschland wirtschaftlich einzukreisen. Eine Verwirklichung des von Frankreich nach wie vor verfolgten Tardieu-Planes würde diese Einkreisung vollenden.[21]

[18] BA, R 901, 42995, Bl. 135.

[19] BA, R 8119F, P 6140, Bl. 142.

[20] Sering hatte sich seit dem späten 19. Jahrhundert durch eine Reihe von Veröffentlichungen zur wirtschaftlichen Entwicklung Ost- und Südosteuropas sowie zu den ökonomischen Folgen der Pariser Vorortverträge profiliert. Hervorzuheben ist in diesem Zusammenhang folgendes Werk: Die agrarischen Umwälzungen im außerrussischen Osteuropa. Ein Sammelwerk. Mit e. Kartogramm. Hg. Max Sering. Berlin 1930. Auf der oben genannten Sitzung des Landwirtschaftsrates erweckte er den durchaus falschen Eindruck, als habe es zu dieser Zeit keinerlei Handel mehr zwischen Deutschland und den westlichen Industrienationen gegeben. Vielmehr übertraf dieser bis 1939 den deutschen Südosthandel an Warenwert bei Weitem. Vgl. hierzu Willi A. Boelcke, Deutschland als Welthandelsmacht 1930–1945. Stuttgart, Berlin, Köln 1994, 49f. u. 56-58. Außerdem: Krüger, 298.

[21] BA, R 8119 F, P 6140, Bl. 143.

Gegen dieses „französische“ stellte Sering das „deutsche Projekt“ einer engen gegenseitigen wirtschaftlichen Anbindung der Südost-Staaten und Deutschlands, die seiner Ansicht nach für beide Seiten vorteilhaft sein werde bzw. vorteilhaft gestaltet werden müsse. Für Deutschland lag nach Sering der Nutzen sowohl auf wirtschaftlichem als auch auf politischem Gebiet. Ökonomisch sinnvoll sei die Anbindung, da sie eine Förderung der Exporte deutscher Fertigwaren bringen werde, die wiederum eine Kaufkraftsteigerung der in der Industrie beschäftigten Bevölkerung nach sich ziehen werde. Hiervon könne die deutsche Landwirtschaft nur profitieren. Eine Bedrohung für sie durch südosteuropäische Agrarprodukte sah Sering nicht; vielmehr ging er davon aus, dass Deutschland nach wie vor weiteren Einfuhrbedarf auch an landwirtschaftlichen Erzeugnissen habe. Worauf es ihm offenbar vor allem ankam, war die Verhinderung der seiner Meinung nach in erster Linie von Frankreich gewollten wirtschaftlichen Isolation Deutschlands.[22] Sie konnte weder im politischen noch im wirtschaftlichen und insbesondere nicht im landwirtschaftlichen Interesse Deutschlands liegen.

Um dies zu erreichen, galt es nach Sering, den Schwerpunkt der deutschen Agrarimporte weg von Übersee nach Südosteuropa zu verlagern – freilich ohne dabei deutsche Agrarinteressen zu missachten.[23] In diesem Zusammenhang kam Sering auf den möglichen Nutzen der Zusammenarbeit für die Länder Südosteuropas zu sprechen. Sie betrachtete er als weitgehend verelendet, wobei er ihre herrschende Agrarverfassung hauptsächlich dafür verantwortlich machte, d. h. die Zerstückelung des Landbesitzes infolge der nach der Zurückdrängung der osmanischen Herrschaft eingeführten Erbteilung.[24] Eine Intensivierung des Außenhandels der südosteuropäischen Agrarstaaten, für die die Anbindung an Deutschland die Voraussetzung böte, sah Sering als Möglichkeit zur Überwindung ihrer Verelendung an.

Charakterisiert waren seine Vorstellungen, die er vor allem präsentierte, um die Skepsis der Landwirtschaft zu überwinden, durch Überlegungen zur Gestaltung des deutschen Außenhandels und der Wahl der Handelspartner. Was die Struktur des Handels betraf, so folgte Sering dem traditionellen Bild von Deutschland als Exporteur industrieller Fertigwaren und den Südostländern als Exporteure von Agrarprodukten, d. h. in erster Linie Getreide und hier wiederum vor allem Weizen. Eigentlich handelte es sich hier um das übliche Handelsschema, das auch die verbreiteten Vorstellungen vom Warenverkehr innerhalb der großen Kolonialimperien prägte. Konzeptionelle Vorschläge zu einer Optimierung bzw. überhaupt zur praktischen Ausgestaltung des deutsch-südosteuropäischen Handels machte Sering nicht.[25] Zwar erkannte er wenigstens in groben Zügen die strukturellen Schwächen der Volkswirtschaften des Donauraumes, ging aber nicht weiter darauf ein, wie dort unter

[22] A. a. O., Bl. 144-146.
[23] A. a. O., Bl. 144f.
[24] A. a. O., Bl. 144. Dies traf indes nicht auf alle südosteuropäischen Länder zu. In Rumänien etwa und in den vormals habsburgischen Gebieten blieb der Großgrundbesitz weitgehend unangetastet. Vgl. Kapitel 2.1.
[25] Vgl. hierzu die weiter oben behandelte einschlägige Debatte in Bulgarien.

diesen Umständen ein nennenswerter ausführbarer Agrarüberschuss erzeugt werden und, parallel dazu, die dortige Kaufkraft die zu einer erhöhten Aufnahme deutscher Erzeugnisse notwendige Steigerung erfahren sollte. Ebenso fehlten bei ihm Reflexionen über das aus der Kooperation resultierende Verhältnis zwischen Deutschland und den Ländern Südosteuropas. Dass er es sich in Form einer informell-kolonialen deutschen Hegemonie ausmalte, kann aus der von ihm implizierten Rollenverteilung zwischen dem industrialisierten Deutschland und dem agrarischen Südosten allerdings kaum zwingend geschlossen werden.

Wesentlich konkreter wurde diese Problematik im nächsten Jahr, d. h. am 19. Dezember 1933 auf einer Präsidialsitzung der Deutschen Gruppe des MWT in Berlin erörtert. Auf ihr ergriffen der ehemalige ungarische Ministerpräsident Graf Teleki, der deutsche Staatssekretär Posse sowie der Geschäftsführer des MWT, Max Hahn, das Wort zu ausführlichen Redebeiträgen.[26] Die Frage der Interessen der deutschen Landwirtschaft, auf die Sering noch besondere Rücksicht hatte nehmen müssen, war nun, knapp elf Monate nach der Machtübernahme Hitlers, nicht mehr Gegenstand der Diskussion.[27] Der MWT-Vorsitzende Tilo Freiherr v. Wilmowsky erwähnte in seiner Begrüßungsansprache lediglich, dass

> *„in absehbarer Zeit der gesamte deutsche Agrarbedarf wohl kaum aus eigener Kraft gedeckt werden kann, und dass es sich deshalb empfiehlt, den verbleibenden Zuschussbedarf soweit als irgend möglich aus denjenigen Ländern zu beziehen, die die Hauptabnehmer unserer Industrieausfuhr sind. Dies sind aber vor allen Dingen die europäischen und für die Zukunft in besonderem Maße die mitteleuropäischen Länder.“*[28]

Mit diesen einleitenden allgemeinen Ausführungen lag Wilmowsky auf derselben Linie wie Sering, konnte nun aber zusätzlich darauf verweisen, dass sich der außenwirtschaftspolitische Kurs des MWT offenbar auf breiter Front durchgesetzt hatte und praktisch eine völlige Übereinstimmung mit der Politik der Regierung Hitler bestand. Auf der Präsidialsitzung

> *„drückte Freiherr v. Wilmowsky seine Befriedigung über das wachsende Interesse aus, auf das in letzter Zeit die Bestrebungen des Mitteleuropäischen Wirtschaftstages in Deutschland stoßen. Er hob auch die Tatsache hervor, dass sich die Reichsregierung in voller Offenheit für diese gleichen Ziele einsetzt. Der Führer selbst hat sie wiederholt in öffentlichen Kundgebungen gebilligt.“*[29]

Interessanterweise nahm mit dem Ungarn Teleki auch ein Vertreter jener „Agrarstaaten“ an der Sitzung teil, die dem von deutscher Seite beabsichtigten Wirtschaftszusammenschluss angehören sollten. Er äußerte Vorstellungen über die künftige Zusammenarbeit, die über ein allgemeines Rollenverständnis von Agrar- versus Industriestaaten im Rahmen des Beziehungsgeflechtes hinausgingen. Naturgemäß legte er besonderen Wert auf die Betonung der Hoffnungen und Interessen, die Ungarn mit den angestrebten Beziehungen verband. Prinzipiell waren sie, wie sich auch aus den vorangegangenen Kapiteln ergibt, ähnlich ge-

[26] Teilnehmerliste: BA, R 901, 42998, Bl. 31-38.
[27] Vgl. Kapitel 3.2. Dazu auch: BA, R 8119F, P 6140, Bl. 237.
[28] A. a. O., Bl. 262.
[29] A. a. O., Bl. 261.

lagert wie bei Bulgarien, d. h. es ging Teleki nicht nur um einen intensivierten Warenverkehr zwischen einem Industrie- und einem Agrarland, sondern darüber hinaus gerade um die Überwindung dieser Rollenverteilung. Diese Vorstellung bedeutete, dass sich durch die Intensivierung dieses Handels sowohl die Strukturen des Warenverkehrs als auch die Binnenstrukturen der beteiligten Volkswirtschaften verändern, sprich modernisieren sollten. Konkret meinte Teleki damit eine Entwicklung derjenigen Produktionszweige, für die die Länder des Donauraumes aufgrund ihrer klimatischen Bedingungen besonders prädestiniert waren, sowie den Ausbau der weiterverarbeitenden Industrien:

> *„In einem solchen System der mitteleuropäischen Handels- und Produktionsgemeinschaft würden Ungarn und das Donautal eine spezielle Stellung einnehmen, weil hier das einzige kontinentale Gebiet im ozeanischen Europa liegt und daher Europa mit all dem versorgen kann, was es infolge seines einzigartigen Klimas hervorzubringen vermag. Dabei wäre eine enge Zusammenarbeit mit seinen Konsumenten, also auch mit Deutschland notwendig, indem beide, Produzent und Konsument, sich planmäßig aufeinander einstellen. Freilich möchte Ungarn neben seiner Landwirtschaft auch seine landwirtschaftliche Industrie entwickeln und nicht nur Rohprodukte, sondern schon verarbeitete agrarische Produkte liefern.“*[30]

Die Tatsache, dass ein prominenter Vertreter Ungarns auf einer Präsidialsitzung des „MWT – Deutsche Gruppe“ die Erwartung äußern konnte, das sein Land – und dementsprechend auch die anderen Länder Südosteuropas – in Form einer strukturellen Modernisierung ihrer Volkswirtschaften von der handelspolitischen Integration mit Deutschland profitieren sollten, deutet darauf hin, dass auch der deutschen Seite diese Hoffnung als zumindest legitim erschien, wenn sie nicht gar auch als im eigenen Interesse liegend erkannt wurde.

Bezüglich der Frage, inwieweit Teleki als ehemaliger ungarischer Ministerpräsident auf der Sitzung wirklich offizielle „nationale“ Interessen Ungarns vertrat, ist freilich Vorsicht geboten. In den Dokumenten des MWT deutet jedenfalls nichts darauf hin, dass er in offiziellem Regierungsauftrag an der Zusammenkunft teilnahm. Zudem darf nicht vergessen werden, dass es zu dieser Zeit in Ungarn auch andere gewichtige Stimmen gab, die gegen eine enge wirtschaftliche Zusammenarbeit mit Deutschland eintraten. In diesem Zusammenhang sei hier lediglich der Name des ungarischen Staatssekretärs Elemér Hantos erwähnt, der sich im Rahmen des „alten“ MWT seit den 20er Jahren stets für eine Donaukonföderation ohne deutsche Beteiligung eingesetzt hatte.[31] Teleki hingegen brachte auf der Sitzung vom 19. Dezember 1933 Ansichten vor, von denen angenommen werden darf, dass man sie beim deutschen MWT gerne hörte:

> *„Würde z. B. Deutschland* [...] *sich gegen seine Nachbarn abschließen, so würden in der zwangsläufigen Rückwirkung auch die Donauländer zum Versuche der Autarkie gezwungen, sei es für sich allein oder durch ihren Zusammenschluss untereinander. Dennoch würde eine solche Entwicklung, die bekanntlich aus politischen Gründen den Absichten Frankreichs und der Kleinen Entente entspricht, aller wirtschaftlichen Vernunft widersprechen.“*[32]

[30] A. a. O., Bl. 264.
[31] Vgl. Kapitel 3.1.
[32] BA, R 8119F, P 6140, Bl. 263.

Unabhängig davon, inwieweit der ehemalige Ministerpräsident hier die Linie der ungarischen Regierung vertrat oder zumindest repräsentativ für die Auffassungen der führenden Wirtschaftskreise Ungarns sprach, darf doch angenommen werden, dass die Aussicht auf eine Erfüllung der von ihm geäußerten Modernisierungserwartung die allgemeine ungarische Bereitschaft zu einer engen wirtschaftlichen Anbindung an Deutschland positiv zu beeinflussen geeignet war.

Offenbar in dieser Erkenntnis ging auch MWT-Geschäftsführer Max Hahn auf den Zusammenhang zwischen der Schaffung eines handelspolitischen Zusammenschlusses im Donauraum und der Modernisierungsproblematik ein. In Ergänzung seiner Vorredner, die im Wesentlichen die strategische Zielsetzung eines großen mitteleuropäischen Wirtschaftsraumes skizziert und begründet hatten, wandte sich Hahn der praktischen Ausgestaltung eines solchen Projektes zu und zeigte Perspektiven für eine erfolgreiche Umsetzung auf. Laut der Niederschrift der Präsidialsitzung war dies

> *„gewiss auch eine Frage der Politik, aber die Konstruktion von Wirtschaftsräumen, sei es in Europa, sei es außerhalb Europas, hat doch nur dann Aussicht auf Erfolg, wenn es möglich ist, derartige Konstruktionen im Rahmen des wirtschaftlich Tragbaren zu halten, d. h. wenn die Dinge so gruppiert und gestaltet werden, dass für die beteiligten Völker ein wirtschaftliches Plus herausspringt.“*[33]

Hahn betrachtete, wie aus dieser Aussage hervorgeht, die wirtschaftlichen Profitinteressen aller potentiellen Teilnehmer am anvisierten Großwirtschaftsraum als grundsätzlich legitim und sah in ihrer gegenseitigen Anerkennung darüber hinaus eine wesentliche Voraussetzung für das Funktionieren eines mittel- bzw. südosteuropäischen Wirtschaftszusammenschlusses. Die Idee einer einseitigen Rollenverteilung innerhalb einer solchen Union nach kolonialem Muster, d. h. einen einfachen Gütertausch deutscher industrieller Fertigwaren gegen osteuropäische Agrargüter und Rohstoffe, hielt Hahn für überholt. Hierfür sah er zwei Gründe: zum einen in globaler Perspektive den fehlenden Zugang Deutschlands zu den Kolonialmärkten, der verursacht sei durch

> *„mächtige Monopolisierungsbestrebungen der großen Wirtschaftsstaaten wie England, Amerika, Japan, auch Frankreich, die sich ihre Bezugs- und Absatzgebiete kommerziell und politisch ausschließlich vorzubehalten suchen und die wir an diesem Bestreben nicht zu hindern vermögen.“*[34]

Zum anderen sah Hahn Osteuropa bereits in einem Industrialisierungsprozess begriffen, der dem Aufbau eines kolonial geprägten Verhältnisses zu Deutschland ohnehin den Boden entzogen hätte.[35]

Die Schlussfolgerungen, die Hahn aus dieser einleitenden Analyse zog, zielten auf die Entwicklung eines umfassenden und integrierten Kooperationskonzepts zur Schaffung eines Großwirtschaftsraumes in Mittel- bzw. Südosteuropa ab. Dabei ließ der Geschäfts-

33 A. a. O., Bl. 265.
34 A. a. O., Bl. 266.
35 Ebd.

führer allerdings durchblicken, dass er zwar kein deutsches Kolonialreich im Sinn hatte, dass die südöstlichen Länder aber eine ähnliche Funktion für Deutschland erfüllen sollten, die es diesem, wie er ausdrücklich betonte, erlauben würde, den übrigen Großmächten in Augenhöhe gegenüberzutreten. Dieses Konzept beinhaltete nach Hahn

> *„die Verlagerung des Schwergewichts unserer wirtschaftlichen Intensität, unseres wirtschaftlichen Austausches auf europäische Länder, damit wir als handelspolitischer Faktor in den Auseinandersetzungen mit den großen Weltmächten einen besseren Stand haben, als wir ihn jetzt haben können.“*[36]

Ähnlich wie bei Sering war auch bei Hahn diese Problematik für Deutschland doppelt gelagert. Zum einen ging es um eine Verschiebung der deutschen Importschwerpunkte, die sich nach Hahn nach dem Weltkrieg immer mehr nach Übersee verlagert hatten, zurück nach Europa und hier vor allem nach Mittel- und Südosteuropa. Zum anderen galt es, wie Hahn unter Berufung auf seinen Vorredner Posse unterstrich und wie auch Sering angedeutet hatte, im Interesse profitabler Beziehungen den Lebensstandard in der Region, d. h. die allgemeine Kaufkraft zu steigern.[37]

Die Anhebung des Lebensstandards in den Agrarstaaten der Donauregion stand also für Hahn weit vorne in seinem Konzept; er betrachtete sie als Grundvoraussetzung, um den erwünschten intensiven Warenverkehr in Gang zu bringen. Zur praktischen Umsetzung dieser Intensivierung war nach Hahn nicht nur eine geografische Verlagerung der deutschen Importe von Übersee nach Südosteuropa notwendig. Sie erforderte auch eine qualitative Verlagerung, d. h. eine Umstrukturierung der landwirtschaftlichen Produktion in den Partnerländern, die sich am deutschen Einfuhrbedarf zu orientieren hatte. In diesem Zusammenhang nannte Hahn eine Reihe von Erzeugnissen und Rohstoffen, deren Produktion in den betreffenden Ländern gezielt zu fördern sei, wobei zu deren Steuerung auf staatliche Formen der Bewirtschaftung zu setzen sei.[38] Er teilte die für den deutschen Import interessanten Produkte in drei Gruppen ein: erstens landwirtschaftliche Erzeugnisse, zweitens Rohstoffe aus Holz und sonstiger pflanzlicher Art und drittens Obst und andere Nahrungsmittel. Besonders in der ersten Gruppe sah Hahn ein großes Potential zur Verlagerung der deutschen Einfuhren von Übersee nach Südosteuropa, da hierzu auch traditionelle Produkte dieser Region, wie etwa Weizen und Mais gehörten. Hinzu kamen hier aber auch Produkte, deren Kultivierung es dort erst einzuführen galt, wie zum Beispiel Sojabohnen, Leinsaat und Ölkuchen. Die zweite Gruppe betreffend nannte Hahn zuvörderst metallische Rohstoffe wie Kupfer, Chromerz, Bleierz und Zink, daneben auch Erdöl, Stoffe also, für deren profitable Gewinnung die strukturellen und technologischen Voraussetzungen vor Ort freilich zumeist erst noch geschaffen werden mussten. Ähnliches galt auch für die dritte Gruppe, d. h. vor allem für das Obst.[39] Zwar waren hierfür in weiten Teilen Südosteuropas

[36] Ebd.
[37] Ebd.
[38] A. a. O., Bl. 267.
[39] Ebd.

zumindest für bestimmte Sorten, wie beispielsweise Trauben, hervorragende klimatische Bedingungen gegeben, doch war es notwendig, zur Steigerung ihrer Produktion kompetenzfördernde Maßnahmen in der Bauernschaft zu ergreifen sowie die Produktion durch das Angebot attraktiver Absatzmöglichkeiten in Deutschland zu stimulieren.

Im Allgemeinen waren also nach Hahn Reformen bei den Produktionsstrukturen der Agrarländer des Donauraums notwendig, um die gewünschte Importverlagerung im deutschen Außenhandel zu erreichen. Als zuverlässigsten Akteur auf diesem Gebiet betrachtete er den Staat, er gewährleistete seiner Meinung nach am ehesten die Abstimmung der inländischen Produktion mit den Einfuhrerfordernissen Deutschlands. Das heißt, Hahn kam es darauf an, dass Deutschland bzw. die deutsche Wirtschaft zur Anpassung der südosteuropäischen Produktionsstrukturen an den deutschen Bedarf sich nicht in vielfältigen Verhandlungen mit den jeweiligen Produzenten verzetteln, sondern dass Gespräche auf Regierungsebene genügen sollten, um die gewünschten Maßnahmen in die Wege zu leiten. Welcher Art solche Maßnahmen zu sein hatten und wie tiefgreifend, darüber äußerte sich Hahn nur vage:

> *„Überhaupt braucht es sich keineswegs überall um umwälzende Maßnahmen zu handeln, wenn man die Einzelbedingungen des Imports studiert und sich die Mittel genau überlegt, mit denen man die Importverlagerung praktisch erzielen kann.“*[40]

Insgesamt aber wurde klar, dass Südosteuropa für Hahn zwar im Allgemeinen die Funktion eines Lieferanten von landwirtschaftlichen Erzeugnissen und Rohstoffen hatte, dass aber im Interesse einer effizienten Ausübung dieser Funktion und im Interesse des Absatzes deutscher Fertigwaren struktur- und kaufkraftfördernde Maßnahmen in der Region zu ergreifen waren.

Mit diesem Entwicklungsaspekt des Projektes eines integrierten Großwirtschafts- und Handelsgebietes in Mittel- und Südosteuropa befassten sich besonders in den Jahren 1939–1941 eine Reihe von Denkschriften und Vorträgen, die beim MWT verfasst bzw. gehalten wurden. Die Tatsache, dass diese Problematik nach dem Beginn des Zweiten Weltkriegs offenbar verstärkte Aufmerksamkeit erfuhr, kann verschiedenen Gründen geschuldet sein. Abgesehen von der schlichten Überlieferungslage kann es sein, dass man am Ende der 30er Jahre und nach den ersten Erfahrungen mit der verstärkten bilateralen Kooperation mit den Ländern Südosteuropas beim MWT den Zeitpunkt für gekommen hielt, die eigenen Konzepte neu zu überdenken und zu präzisieren. Zudem darf nicht vergessen werden, dass der MWT sein Projekt für so langfristig angelegt hielt, dass man sich um 1940 immer noch in einer Anfangs- und Planungsphase wähnte, die noch durch einen grundlegenden konzeptionellen Gedankenaustausch gekennzeichnet sein sollte. Außerdem aber kann vermutet werden, dass innerhalb des MWT gerade die Kontinuität der eigenen Arbeit unterstrichen werden sollte, d. h. es sollte klargestellt werden, dass Aktivitäten und Konzept durch den Kriegsbeginn keine wesentlichen Änderungen erfahren hätten.

[40] A. a. O., Bl. 267.

Für letztere Annahme spricht zum Beispiel ein im Jahre 1940 vom Geschäftsführer des MWT, Max Ilgner, vor Mitgliedern des Vereins gehaltener Vortrag. Sein Thema war: „Deutschland und die wirtschaftliche Intensivierung der südosteuropäischen Länder". In ihm betonte der Redner einleitend, dass sich seit dem Beginn des Krieges die Beziehungen Deutschlands zu Südosteuropa wirtschaftspolitisch nicht geändert hätten:

> *„Bei der Ausarbeitung des heutigen Vortrages* [...] *konnte ich feststellen, dass die Grundgedanken des damals in Friedenszeiten ausgearbeiteten Vortrages auch heute noch ihre Gültigkeit besitzen. Ich glaube, dass diese Feststellung deshalb besonders interessant ist, weil sich daraus ergibt, dass die heutige Einstellung zu den Ländern des Südostens nicht etwa kriegsbedingt ist, sondern lediglich eine logische Fortsetzung unserer bisherigen wirtschaftspolitischen Einstellung zum Südosten darstellt;* [...]."[41]

Beim Blick auf den historischen Hintergrund des Ilgner'schen Vortrages kommen zwei Sorgen in Betracht, die die Länder Südosteuropas seit Kriegsbeginn haben konnten und die Ilgner nun zu zerstreuen versuchte. Zum einen konnte man im Donauraum, der zu dieser Zeit für Deutschland noch kein Kriegsschauplatz war, befürchten, dass die deutsche Seite angesichts der erreichten Eroberungen das wirtschaftliche Interesse an Südosteuropa verlieren könnte, da es sich nun aus den besetzten Gebieten versorgen konnte.[42] Zum anderen war es möglich, dass Deutschland seine erweiterte Machtposition dazu nutzen konnte, die Wirtschaftsbeziehungen zu Südosteuropa auf eine vollkommen neue, die eigenen Interessen stärker betonende Grundlage zu stellen.

Derartigen Befürchtungen trat Ilgner deutlich entgegen und betonte das deutsche Interesse an einer weiteren wirtschaftlichen Entwicklung Südosteuropas. Er hob hervor

> *„dass es eine der Hauptaufgaben des Mitteleuropäischen Wirtschaftstages bisher schon war und vor allem auch in Zukunft sein wird, alles zu tun, um eine Einschaltung der deutschen Wirtschaft in die Entwicklung des Südostens zu fördern,* [...]."[43]

Im weiteren Verlauf seines Vortrages war Ilgner noch nachdrücklicher bestrebt, Bedenken der südosteuropäischen Länder bezüglich einer deutschen Dominanz die Grundlage zu entziehen. Das Argumentationsmuster, das er dabei verwendete, bestand im Wesentlichen aus zwei Hauptmotiven: dem deutschen Eigeninteresse an einer gedeihlichen wirtschaftlichen Entwicklung Südosteuropas sowie, naheliegenderweise, den für die Region selbst attraktiven Aspekten seines Konzeptes – kurz, aus der Komplementärstellung der wirtschaftlichen Interessen beider Seiten. Die Angst der Südosteuropäer, unter eine deutsche Vorherrschaft zu geraten, sprach er explizit an:

41 BA, R 8119F, P 6135, Bl. 396.

42 Buchheim hat hingegen darauf hingewiesen, dass „der größte ausländische Beitrag zur deutschen Kriegswirtschaft aus den besetzten Ländern Westeuropas gekommen ist". Vgl. Christoph BUCHHEIM, Die besetzten Länder im Dienste der deutschen Kriegswirtschaft während des Zweiten Weltkriegs, *Vierteljahrshefte für Zeitgeschichte* 34 (1986), Nr. 1, 117-145, hier: 119. Vgl. auch ALY.

43 BA, R 8119F, P 6135, Bl. 396.

„[Es] *kann festgestellt werden, dass die Einstellung Deutschlands gegenüber dem Südosten seit Erkenntnis der Bedeutung der Länder dieses Raumes, das heißt also eigentlich schon seit der Jahrhundertwende, konstant ist. Deshalb ist die im Südosten gelegentlich gehörte Befürchtung, dass Deutschland seine politische Vormachtstellung missbrauchen könne, unberechtigt; es kann schließlich für die Länder des Südostens keine günstigere Situation geben, als die, dass sie mit derjenigen Großmacht auf das Engste befreundet sind, die* [...] *in der Lage ist, durch die Stärke ihrer Kaufkraft und ihres hohen Standes der Wissenschaft und Technik diesen Ländern praktisch alles zu bieten, was zu einer wirtschaftlichen Intensivierung und Höherentwicklung insbesondere auch auf sozialem Gebiet notwendig ist.*“[44]

Gleichwohl ließ Ilgner keinen Zweifel daran, dass Deutschland in einem wirtschaftlichen Zusammenschluss mit Südosteuropa eine Führungsposition einnehmen würde. Um diesen Gedanken aber nicht in einem zu starken Widerspruch zu den oben zitierten Ausführungen erscheinen zu lassen, betonte er im gleichen Atemzug, dass eine solche Stellung Deutschlands gleichzeitig eine besondere Verantwortung bedeute. Grundsätzlich betrachte man das Projekt als „eine Zusammenarbeit mit den Wirtschaften der Agrar- und Rohstoffländer als eine Gemeinschaftsarbeit mit Partnern, deren nationalwirtschaftliche Interessen ebenso anerkannt werden wie die eigenen“.[45] Bemerkenswert an diesen Passagen seines Vortrages ist, dass Ilgner diese Anerkennung der wirtschaftlichen Interessen der Donauländer als gleichberechtigt mit den deutschen ausgerechnet unter Berufung auf die nationalsozialistische Ideologie aussprach. Diese beruhte, wie er meinte, „auf der Achtung vor dem völkischen Moment“.[46] In diesem Kontext verwendete der Geschäftsführer des MWT außerdem einen Begriff, der aus heutiger Sicht nicht weniger mit der NS-Ideologie verbunden wird und deshalb nicht weniger belastet ist, als das Adjektiv „völkisch“: der Terminus „Lebensraum“. Dieser wurde bekanntermaßen von den Nationalsozialisten in erster Linie im Zusammenhang mit militärischen Eroberungen im Osten gebraucht. Ilgner schien indes ein wesentlich harmonischeres Verständnis von diesem Konzept zu haben:

„*Deutschland und die Länder des Südostens bilden zusammen einen Lebensraum,* [...] *der bei einer verständnisvollen Bereitschaft aller Länder, zusammenzuarbeiten, in der Lage ist, die notwendigsten Bedürfnisse gegenseitig und weitgehendst zu decken. Wer die Verhältnisse der Länder des Südostens kennt* [...] *weiß, dass es sich bei dem Begriff Lebensraum nicht um einen Raum handeln kann, in dem Deutschland siedeln oder leben will, sondern mit dem Deutschland zusammenleben und Wirtschaft treiben will* [...].“[47]

Dem Vortragenden war allerdings offenbar klar, dass es unterschiedliche Interpretationen des Begriffes „Lebensraum“ gab, dies führte er jedoch auf zum Teil absichtliche Missverständnisse im ausländischen Diskurs zurück. Wenn, so erklärte er, eine imperialistische Auffassung von Lebensraum hätte aufkommen können, so liege dies daran, dass es die wirtschaftlichen Ausbeutungsmethoden des Kolonialismus der Westmächte gewesen seien, die

[44] A. a. O., Bl. 403.
[45] A. a. O., Bl. 400.
[46] Ebd.
[47] Ebd.

diese Definition nahegelegt hätten.[48] Aus Ilgners Sicht war Lebensraum also ein ursprünglich von den westlichen Industrienationen geprägtes Konzept, dem es nun, im Rahmen der deutsch-südosteuropäischen Wirtschaftsbeziehungen, eine neue, konstruktivere und vor allem auch nachhaltigere Bedeutung zu verleihen galt. Die Methoden des westlichen Kolonialismus hatten seiner Meinung nach „kurze Beine".[49]

Hier drängt sich die Frage auf, wie Ilgner zu dieser Interpretation von Kernbegriffen der NS-Ideologie gelangen konnte. Dies ist in zweierlei Hinsicht relevant: zum einen in Bezug auf die Textinterpretation seines Vortrages, zum anderen in Bezug auf das Verhältnis des MWT zum Nationalsozialismus in ideologischer wie auch politischer Beziehung. Den ersteren Punkt betreffend darf einerseits angenommen werden, dass Ilgner wirklich meinte, was er sagte, d. h. er sprach in Unkenntnis der wahren Absichten des NS-Regimes, andererseits kann diesen Passagen, in denen er einen Bezug zum Nationalsozialismus herstellte, auch ein taktisches Motiv unterstellt werden. Dies würde bedeuten, dass Ilgner, um den MWT beim Regime nicht in Ungnade geraten zu lassen, versuchte, die herrschende Ideologie in den Konzepten des MWT unterzubringen bzw. beide miteinander in Einklang zu bringen. Hier ergibt sich bereits ein Berührungspunkt zur Frage nach dem Verhältnis des MWT zum Nationalsozialismus. Bei Ilgner erhielt dieses Verhältnis indes eine tragisch-ironische Note, verwendete er doch mit den Begriffen „Lebensraum" und „völkisch" gerade solche, die das Regime am direktesten auf Krieg hinführten und damit in Widerspruch zu den von einer friedlichen Entwicklung abhängigen Konzepten des MWT standen. Beim Blick auf die Person Ilgners entsteht jedoch in der Tat der Eindruck einer tiefen Verstrickung des MWT in die Verbrechen des NS-Regimes. In seinem Fall scheint sie weit über den Gleichklang der außenwirtschaftlichen Ziele von MWT und Nationalsozialismus hinauszugehen, der 1933 vom Vorstand des Vereins festgestellt worden war.[50] Denn Ilgner bekleidete seit Beginn der 30er Jahre eine führende Position in einer Unterorganisation der IG Farben, die aufgrund ihrer nicht eindeutig definierten Funktion im Rahmen des Konzerns schlicht nach ihrer Adresse benannt wurde: „Berlin NW7". Sie war die Hauptkontaktstelle des Konzerns zur Reichsregierung. Dementsprechend gehörten zu ihr die Volkswirtschaftliche und die Wirtschaftspolitische Abteilung der IG Farben. Ilgner hatte in seiner Funktion erheblichen Einfluss auf die Gestaltung der Beziehungen des Konzerns zum Regime. Dies mag ihm dadurch erleichtert worden sein, dass er als Schüler der Preußischen Kadettenanstalt Berlin-Lichterfelde vor 1918 und später als Freikorps-Kämpfer das Milieu bereits kennengelernt hatte, aus dem eine Reihe führender Nationalsozialisten hervorgegangen war.[51] Die Verstrickung der IG Farben in die NS-Verbrechen bestand in erster Linie in der Expansion des

48 Ebd.

49 Ebd.

50 Vgl. Kapitel 3.2.

51 Peter Hayes, Industry and Ideology. IG Farben in the Nazi era. Cambridge 1987, 30. Vgl. außerdem: Volker Schröter, The IG Farbenindustrie in Central and South-East Europe, 1926–38, in: International Business and Central Europe, 1918–1939. Hgg. Alice Teichova u. a. Leicester, New York 1983, 139-172, hier: 143.

Konzerns nach Osteuropa, die mit den militärischen Eroberungen einherging, sowie der Versorgung staatlicher und parteigebundener Organisationen mit chemischen Produkten. Am bekanntesten ist in diesem Zusammenhang die Lieferung von Zyklon B für die Vernichtungslager. Allerdings hat Hayes betont, dass die Rolle des Konzerns zur NS-Zeit weniger darin bestand, eine treibende Kraft beim kriegerischen und wirtschaftspolitischen Kurs des Regimes zu sein, als vielmehr darin, den größtmöglichen Profit daraus zu ziehen.[52] Von ihren ideologischen Wurzeln her gesehen, scheint die IG Farben vom Nationalsozialismus weiter entfernt gewesen zu sein als der MWT. Denn die IG Farben verfolgte ursprünglich eher exportorientierte und freihändlerische Interessen und befand sich damit im Gegensatz zur Schwerindustrie, die eigentlich hinter dem MWT stand und mit ihren rüstungspolitischen und autarkieorientierten Interessen eher den kriegerischen Kurs des NS-Regimes unterstützte.[53] Ihr Repräsentant beim MWT war Max Hahn vom Langnam-Verein.[54] Die Tatsache, dass es der Schwerindustrie noch vor Hitlers Machtübernahme gelungen war, sich in Bezug auf ihre „Mitteleuropa"-Politik mit der deutschen Landwirtschaft zu arrangieren und dass Mitte der 30er Jahre mit Ilgner auch die chemische Industrie beteiligt wurde, verleiht der Führung des MWT ein sehr heterogenes Aussehen.[55] Zudem saßen mit Wilmowsky und Hassell, dem ehemaligen deutschen Botschafter in Rom und Belgrad, zwei Männer im Vorstand, die gegen Ende des Krieges zu Verfolgten des NS-Regimes im Zusammenhang mit dem 20. Juli werden sollten.[56] Es scheint daher schwierig, aus der personellen Zusammensetzung der MWT-Führung oder der Beteiligung von Unternehmen und Interessenverbänden Rückschlüsse auf eine Nähe des Vereins zum Nationalsozialismus zu ziehen. Diese ergab sich wohl vielmehr aus der zumindest noch während der 30er Jahre bestehenden strukturellen Vereinbarkeit der außenwirtschaftlichen Ziele von MWT und NS-Regime, die, wie bereits gezeigt, von der Führung des Vereins auch ausdrücklich gewürdigt wurde.[57]

Aus der Sicht Ilgners im Jahr 1940 war die kriegerische Entwicklung in Bezug auf Südosteuropa noch nicht notwendigerweise abzusehen. Er konnte nicht wissen, dass im folgenden Jahr ein Regimewechsel in Jugoslawien und italienische militärische Abenteuer in Südosteuropa einen deutschen Balkanfeldzug nach sich ziehen würden. Die deutsche

52 Hierzu ausführlicher: Hayes, 213-218.
53 Ebd.
54 Vgl. Kapitel 3.2.
55 Ebd.
56 Vgl. Schönfeld, Kooperation.
57 Vgl. Kapitel 3.2. Offen bleiben muss an dieser Stelle die Frage nach dem Verhältnis des MWT zur „Südosteuropa-Gesellschaft" (SOEG), die eindeutig eine Gründung des NS-Regimes war und ebenfalls Konzepte zur deutschen Südosteuropa-Politik erarbeitete. Nach Orlow erlangte die SOEG im Laufe des Krieges eine Funktion als Ersatz-Wirtschaftsministerium für Südosteuropa unter Verdrängung des Reichswirtschaftsministeriums. Vgl. Dietrich Otto Orlow, The Nazis in the Balkan. A Case Study of Totalitarian Politics. Pittsburgh 1968, 179f. Erschwert werden dürfte eine noch zu leistende Erforschung des Verhältnisses MWT-SOEG durch den Umstand, dass in den MWT-Akten praktisch keine Hinweise auf die SOEG zu finden sind.

Entwicklungsarbeit in der Region, die er als im eigenen Interesse der deutschen Wirtschaft gelegen darstellte und die nur langfristig angelegt sein konnte, war im Gegenteil auf die Erhaltung des Friedens im Donauraum angewiesen – ein Interesse, das der MWT im Übrigen zumindest zu diesem Zeitpunkt mit dem NS-Regime teilte, das sich ohne Gefahr für die Südflanke ganz auf den Angriff auf die Sowjetunion konzentrieren wollte.

Ausgehend von einer friedlichen Entwicklung auf der Balkanhalbinsel und einem gleichbleibenden deutschen Interesse an dieser Wirtschaftsregion präsentierte Ilgner dementsprechend seine Vorstellungen von der Gestaltung der deutsch-südosteuropäischen Wirtschaftsbeziehungen. Er betonte dabei wiederholt, wie sehr die Modernisierung der dortigen Länder im deutschen Interesse liege. Die Langfristigkeit der angestrebten Entwicklung benutzte er dabei gerade als Argument zur Beruhigung deutscher Exporteure, die befürchteten, sie würden die Abnehmer in der Region verlieren, wenn diese die bisher in Deutschland erzeugten und von dort eingeführten Waren künftig selbst herstellen könnten:

> *„Die Gefahr, dass die Entwicklung der jungen Agrar- und Rohstoffländer eine allzu stürmische und damit ungesunde ist, wird dadurch verringert, dass die Heranbildung von Qualitätsarbeitern und die Entwicklung der Verkehrs- und Transportverhältnisse lange Zeiträume beanspruchen, so dass hierdurch schon das Tempo der Entwicklung reguliert wird.“*[58]

Darüber hinaus betonte er, dass auch eine Industrialisierung der südosteuropäischen Länder strukturell bedingt in eine ganz andere Richtung als etwa die Deutschlands verlaufen würde und dass daher auch später immer noch Möglichkeiten zur gegenseitigen wirtschaftlichen Ergänzung aufgrund der Verschiedenheit des Produktspektrums zu erwarten seien:

> *„Ein Land mit reichen Bodenschätzen wird kaum den Wunsch haben, eine Industrie zur synthetischen Erzeugung von Werkstoffen zu entwickeln, ebensowenig wie ein kleines Land mit geringen Entfernungen eine führende Stellung in der Entwicklung des Verkehrswesens einnehmen wird.“*[59]

In diesem Zusammenhang stellte Ilgner auch klar, was er unter dem Begriff „Industrialisierung“ verstand – nicht einen bloßen Nachvollzug der Entwicklung einer Industrienation wie Deutschland, sondern, allgemeiner gefasst, eine Intensivierung der Wirtschaft und Wachstum.[60]

War also nach Ilgner deutlich geworden, dass die deutsche Wirtschaft und der deutsche Export keine ernsthaften Beeinträchtigungen durch eine Modernisierung der Südostländer zu befürchten hatten, so ging der MWT-Geschäftsführer im Folgenden noch weiter und betonte, dass dies für die Steigerung der deutschen Ausfuhr sogar notwendig sei, um dort die Kaufkraft anzuheben und damit die Absatzchancen deutscher Produkte zu erhöhen. Er sagte

> *„dass die Industrieländer nur so lange die Möglichkeit haben, ihren Export in die Agrar- und Rohstoffländer fortzusetzen bzw. zu steigern, als dort genügend Kaufkraft für Import zur Verfügung*

58 BA, R 8119F, P 6135, Bl. 397.
59 Ebd.
60 A. a. O., Bl. 396.

steht. Und hierin liegt meines Erachtens die entscheidende Begründung für die Richtigkeit einer Einschaltung in die wirtschaftliche Entwicklung der Agrar- und Rohstoffländer.“[61]

Hatte demnach Deutschland also ein starkes Interesse an einer nachhaltigen Modernisierung der südosteuropäischen Volkswirtschaften, so war hierbei auch, wie sich aus Ilgners weiteren Ausführungen ergibt, eine allmähliche Rollenverschiebung innerhalb des Systems des agrar-industriellen Austauschs ins Kalkül mit einzubeziehen. In diesem Kontext fand Ilgner offenbar nichts Besorgniserregendes an der Erwartung, dass eine von Deutschland angeregte Entwicklung der südöstlichen Agrarstaaten dazu führen konnte, „dass mit der Zeit viele der bisher exportierten Waren nunmehr im Land des Beziehers selbst hergestellt werden [...]“.[62] Dem stellte Ilgner die Hoffnung entgegen, dass sich mit einer solchen Entwicklung die Exportchancen für deutsche Waren nicht verschlechtern, sondern vielmehr noch weiter verbessern würden. Zwar würde, wie er erwartete, der Anteil der importierten Güter am gesamten Warenumsatz jener Länder abnehmen, sein absoluter Wert würde sich jedoch erhöhen. Er berief sich hier auf Erfahrungswerte:

„*Im Allgemeinen kann man sagen, dass diejenigen Agrarländer, die sich im Lauf der letzten Jahrzehnte besonders stark wirtschaftlich entwickelt haben, zwar häufig eine Senkung des Anteils des Imports* [...] *erfuhren, während aber gleichzeitig* [...] *der absolute Einfuhrwert gewachsen ist.*“[63]

Stand es also für Ilgner fest, dass eine wirtschaftliche Entwicklung der südosteuropäischen Länder in jedem Fall deutschen Interessen auch dann dienen würde, wenn sie dazu führte, dass der Anteil der deutschen Ausfuhr an ihrem gesamten Warenumsatz zurückginge, mit anderen Worten, dass sie wirtschaftlich von Deutschland zunehmend unabhängig würden, so forderte er entsprechend,

„*dass Deutschland bei seiner Mitwirkung an der Erschließung der Länder des Südostens neben seinem eigenen auch den Vorteil der südosteuropäischen Länder im Auge behalten muss*“.[64]

Dabei legte er Wert auf die Feststellung, dass „die Richtlinien dieser Betätigung durch die amtliche Politik anerkannt und bestätigt sind“.[65] Hierdurch wollte er die Führungsrolle des MWT in der deutschen Wirtschaftspolitik gegenüber Südosteuropa erneut unterstreichen.

Über diese strategischen Erwägungen hinaus stellte Ilgner in seinem Vortrag auch wirtschaftstaktische Überlegungen an, d. h. er diskutierte die Schritte, die seiner Meinung nach für eine gedeihliche Entwicklung der deutsch-südosteuropäischen Wirtschaftsbeziehungen notwendig waren. Zu einer Anhebung des Lebensstandards auf ein Niveau, das nicht nur die grundlegende Bedarfsdeckung der Bevölkerung aus der einheimischen Produktion ermöglichte, sondern auch die Abnahme einzuführender Waren, war nach Ilgner „in erster Linie eine Intensivierung der Landwirtschaft erforderlich“.[66] Hier sah der Vortragende die

61 A. a. O., Bl. 398.
62 Ebd.
63 A. a. O., Bl. 399.
64 A. a. O., Bl. 401.
65 A. a. O., Bl. 402. Vgl. Kapitel 3.2.
66 A. a. O., Bl. 403.

eigentliche und zuerst in Angriff zu nehmende Aufgabe der deutschen wirtschaftlichen Südostpolitik, namentlich also des MWT. Als Hauptproblem benannte er in diesem Zusammenhang insbesondere die Stärkung der bäuerlichen Kaufkraft. Die Schwierigkeit hierbei lag ihm zufolge in den Warenströmen: Die Ausfuhr der südöstlichen Agrarländer komme vom Lande, während die Einfuhr vornehmlich in die Städte gehe.[67] Es gelte daher, die Anhebung der ländlichen Kaufkraft auf dem Weg einer Steigerung der landwirtschaftlichen Produktivität anzustreben.[68] Hiermit sprach Ilgner die zentrale Problematik an, um die sich auch die bulgarische Modernisierungsdebatte der 20er und 30er Jahre gedreht hatte. Auch sie hatte die Steigerung der Hektarerträge in der Landwirtschaft als Ansatzpunkt für jegliche Verbesserung und Intensivierung der gesamtwirtschaftlichen Verhältnisse in Bulgarien betrachtet.[69] In ähnlicher, wenngleich etwas großzügigerer Weise argumentierte Ilgner, dass eine Erreichung dieses Zieles eine gesamtwirtschaftliche Entwicklung anstoßen könnte, durch die eine weitere Diversifizierung und Industrialisierung der südosteuropäischen Volkswirtschaften angeregt werden könnte:

> *„Durch die Intensivierung der Anbaumethoden wird gleichzeitig auch ein zweites sehr wichtiges Resultat erzielt werden können, nämlich die jetzt noch nur halbwegs in der Landwirtschaft beschäftigten Arbeitskräfte endgültig für andere Wirtschaftsbetätigung freizumachen.“*[70]

So werde sich, wie er weiter erläuterte, die Kaufkraft der einzelnen im Agrarsektor verbleibenden Arbeitskräfte erhöhen – ein Effekt, der durch die Verbesserung der Anbaumethoden und die damit verbundenen höheren Erträge noch zusätzlich gesteigert würde.[71] Im Zusammenhang mit der Freisetzung von Arbeitskräften als Folge der landwirtschaftlichen Intensivierung forderte Ilgner zudem eine besondere Aufmerksamkeit für den Ausbau der Verbrauchsgüterindustrien, den zu bewerkstelligen er allerdings ohne allzu großen Kapitalaufwand für möglich hielt:

> *„Besonders auch die Entwicklung der letzteren ist wegen des großen Bevölkerungsüberschusses und der infolgedessen latent vorhandenen Arbeitslosigkeit wichtig; gerade dadurch, dass zu der Entwicklung dieses Wirtschaftszweiges relativ wenig Kapital und viele Arbeitskräfte benötigt werden, wird gleichzeitig die Möglichkeit geschaffen, den vorhandenen* [...] *Bevölkerungsüberschuss in den Produktionsprozess einzuschalten* [...].“[72]

Neben diesen Überlegungen zu einer Modernisierung der südosteuropäischen Volkswirtschaften und ihrer damit verbundenen Restrukturierung ging Ilgner auch darauf ein, welche Bedeutung diese Entwicklungen für Deutschland haben konnten. Zum einen meinte der MWT-Geschäftsführer, dass die erwähnte Freisetzung von ländlichen Arbeitskräften auch dem deutschen Arbeitsmarkt zugute kommen und für diesen eine „willkommene Entlas-

67 A. a. O., Bl. 404.
68 Ebd.
69 Vgl. Kapitel 4.1.
70 BA, R 8119F, P 6135, Bl. 404.
71 Ebd.
72 A. a. O., Bl. 403.

tung", wohl in Form von Wanderarbeitern, sein könnte. Auch die zu erwartende Steigerung der südosteuropäischen Agrarexporte betrachtete Ilgner als unproblematisch für den deutschen Markt, der ohne Weiteres in der Lage sei, die erzielten Überschüsse aufzunehmen. Außerdem rechnete er bei einer optimalen Ausnutzung des landwirtschaftlichen Produktionspotentials in der Donauregion mit einer Steigerung des dortigen Volkseinkommens um rund ein Drittel unter Zugrundelegung von Weltmarktpreisen; bei den von deutscher Seite seit den frühen 30er Jahren gewährten erhöhten Preisen steigere sich die Kaufkraft im Südosten entsprechend noch weiter.[73]

Neben diesen für Deutschland profitablen Effekten, die sich Ilgner von einer deutschen Entwicklungspolitik im Donauraum erwartete, trat der Redner indes auch für Maßnahmen ein, die sich naturgemäß nicht sofort in diesem Sinne auswirken würden:

> *„Wenn auch viele dieser von der deutschen Wirtschaft zu ergreifenden Maßnahmen sich nicht unmittelbar auch gleichzeitig zugunsten Deutschlands auswirken können, so ist dies für die in Frage kommenden deutschen Partner doch kein Grund, sich an der Durchführung dieser Maßnahmen nicht zu beteiligen. Zweifelsohne gehört eine erhebliche Großzügigkeit dazu, auf so lange Sicht zu arbeiten,* [...]. *Wir wollen nicht vergessen, welch glückliche Auswirkung die bereits vor zehn Jahren erfolgte besondere Interessennahme Deutschlands an der Entwicklung des Südostens und vor allem die während der letzten sieben Jahre durchgeführte Intensivierung der deutsch-südosteuropäischen Wirtschaftsbeziehungen für die wirtschaftliche Unabhängigkeit Deutschlands während des gegenwärtigen Krieges zur Folge hatte. Solch eine Entwicklung verpflichtet, und es sollte deshalb meines Erachtens eine aus Überzeugung und freudig übernommene Aufgabe der deutschen Wirtschaft sein, unsere südosteuropäischen Nachbarn bei der wirtschaftlichen Entwicklung ihrer Länder tatkräftig zu unterstützen."*[74]

Abgesehen davon, dass Ilgner an dieser Stelle das stets beeindruckende Argument der kriegswirtschaftlichen Bedeutung eines südosteuropäischen Großwirtschaftsraumes brachte, ist bemerkenswert, wie sehr er auf die langfristige Anlage der Entwicklungskonzepte des MWT hinwies. In diesem Kontext ging er auch auf die Problematik eines Ausbaus der Infrastruktur in Südosteuropa ein. Dies bedeutete in erster Linie einen Ausbau der Verkehrswege, wobei Ilgner hier neben den Straßen sein Hauptaugenmerk auf den zweigleisigen Ausbau des Schienennetzes legte. Außerdem sei eine Verbesserung der Binnenschifffahrtswege vor allem auf der Donau dringend geboten. Als weitere Möglichkeiten zum Gütertransport nannte er Ölpipelines, die von Rumänien nach Deutschland verlegt werden sollten und für die sich der MWT nachdrücklich einsetzte.[75] Ein zentrales Motiv dieser Forderung nach einem Ausbau der Infrastruktur und besonders der Transportwege war für Ilgner zweifellos die Steigerung der Rohstoffgewinnung, da gerade der Reichtum der südosteuropäischen Länder an derartigen Ressourcen eines der Hauptmomente war, die die Region für Deutschland wirtschaftlich interessant machten. Ihm ging es dabei allerdings nicht nur darum, diese Rohstoffe für Deutschland verfügbar zu machen, wie der Hinweis auf die Öl-

73 A. a. O., Bl. 404.
74 A. a. O., Bl. 405f.
75 Ebd.

pipeline vermuten lassen könnte; er bezog durchaus auch die Verwertung vor Ort in seine Überlegungen mit ein:

> *„Nächst der Intensivierung der Landwirtschaft wird eine bessere Ausnutzung der Möglichkeiten der Rohstoffgewinnung, und zwar sowohl für die Ausfuhr als auch für den Binnenverbrauch von Bedeutung sein.“*[76]

Diese Überlegung Ilgners stand indes im Einklang mit seinen Vorstellungen einer allgemeinen Modernisierung der südosteuropäischen Volkswirtschaften. Denn der Aufbau der nötigen Infrastrukturen zur Gewinnung von Rohstoffen wie auch der von ihm skizzierten Verbrauchsgüterindustrien war zwangsläufig auch mit einem höheren Rohstoffverbrauch in der Region verbunden. Gleiches galt für die angestrebte Intensivierung der Landwirtschaft, die bei einem verstärkten Einsatz von Maschinen ebenfalls einen erhöhten Rohstoffverbrauch nach sich gezogen hätte. Im Interesse der Umsetzbarkeit seiner Modernisierungskonzepte für Südosteuropa hatte Ilgner demnach gar keine andere Wahl, als den Donauraum nicht nur als Rohstofflieferanten zu betrachten, sondern auch, im deutschen Interesse, als Rohstoffverbraucher.

Neben den „klassischen“ Bereichen wie Bergbau und Erdölgewinnung hatte Ilgner in diesem Zusammenhang vor allem auch landwirtschaftlich zu erzeugende Rohstoffe im Blick, womit er die Verbindung zu seinem Ausgangspunkt, der Intensivierung des Agrarwesens, herstellte. Er nannte an dieser Stelle ausdrücklich Wolle, Baumwolle, Häute, Felle sowie den Anbau von Industrie- und Faserpflanzen. Letzteren räumte er dabei besondere Erfolgschancen ein, da ihre Weiterverarbeitung sich auf die vor Ort bereits relativ gut entwickelte Textilindustrie stützen konnte.[77]

Insgesamt scheint kaum ein Zweifel daran möglich, dass die Vorstellungen des MWT bezüglich einer wirtschaftlichen Nutzung des Donauraumes, wie sie hier vom Geschäftsführer Max Ilgner im Jahr 1940 vorgetragen wurden, eine tiefgreifende und demzufolge langfristig angelegte strukturelle Modernisierung der südosteuropäischen Volkswirtschaften und eine substantielle Steigerung des allgemeinen Lebensstandards als grundlegende Notwendigkeit für die Erreichung der eigenen Ziele annahmen. Vergleicht man sie mit den in der bulgarischen Modernisierungsdebatte formulierten Zielen, so wird eine weitgehende Komplementärstellung der deutschen und der bulgarischen Interessen deutlich. Berücksichtigt man zudem, dass die Konzepte des MWT spätestens ab 1933 und wenigstens bis zum Beginn der Balkanfeldzüge im Frühjahr 1941 bestimmend für die deutsche Wirtschaftspolitik gegenüber Südosteuropa waren,[78] so gewinnt insbesondere die bulgarische Politik einer fortschreitenden wirtschaftlichen (und politischen) Anbindung an Deutschland während der 30er Jahre zunehmend an Plausibilität.

Ein Gesichtspunkt, der in Ilgners Äußerungen, wie auch den anderen bisher betrachteten fehlt, ist indes die Frage der Fortführung des mittel- und südosteuropäischen Großwirt-

[76] A. a. O., Bl. 405.
[77] Ebd.
[78] Vgl. Kapitel 3.2.

schaftsraumes nach dem Erreichen einer sozioökonomischen Entwicklungsstufe der Donauländer, die es diesen möglicherweise erlaubt hätte, wirtschaftlich eigene Wege zu gehen, d. h. ihren Warenverkehr wieder mehr nach den Grundsätzen des freien Welthandels als den der deutsch dominierten Großraumautarkie zu gestalten. Allerdings ist anzunehmen, dass Ilgner und mit ihm der MWT davon ausgingen, dass eine nach ihren Vorstellungen verlaufende Entwicklung eine derartige wirtschaftliche Verflechtung Deutschlands mit dem Donauraum herbeiführen würde, sodass eine Lösung dieser Bindungen auf absehbare Zeit ausgeschlossen werden konnte.

Als eine weitere bindende Kraft und zugleich als Voraussetzung für den Erfolg des MWT-Planes betrachtete Ilgner außerdem die „Notwendigkeit gleichlaufender politischer und wirtschaftspolitischer Interessen".[79] Sie schien ihm die größte Gewähr für den dauerhaften Bestand eines mittel- und südosteuropäischen Wirtschaftsbündnisses zu bieten. Hier erging sich der Vortragende in einem Optimismus, der in der rückblickenden Kenntnis der Ereignisse der folgenden Jahre, aber auch angesichts des seit dem Ende des Ersten Weltkriegs bestehenden Konfliktpotentials zwischen den Balkanstaaten befremden mag. Für Ilgner boten indes allein die naturgegebenen Bedingungen Südosteuropas, d. h. die geopolitischen Voraussetzungen, und die sich seiner Meinung nach daraus ergebenden gemeinsamen wirtschaftlichen Interessen der Balkanländer bereits hinreichend Aussicht auf ein gedeihliches Miteinander. Er setzte auf den Effekt, dass man in der Region aus den Folgen der wirtschaftlichen Zersplitterung nach 1918 die richtigen Lehren gezogen habe. Wie er sich ausdrückte, war die Zusammenarbeit

> *„aber nur dann möglich, wenn die geopolitischen Voraussetzungen bei allen Partnern etwa die gleichen sind, das heißt, wenn zufolge der benachbarten Lage aller Länder auch gleichzeitig die wesentlichen politischen und wirtschaftspolitischen Interessen in der gleichen Richtung laufen und dadurch erst tatsächlich ein solcher Großraum geschaffen wird."*[80]

Für Ilgner war also die geografische Nachbarschaft von Staaten eine gute Voraussetzung für die Parallelität ihrer Interessen. Dass aber auf dem Balkan während der Zwischenkriegszeit gerade benachbarte Länder die größten politischen Gegensätze miteinander haben konnten, fand bei ihm keine Erwähnung. Stellvertretend sei hier an die Grenzkonflikte Bulgariens erinnert, wie etwa den um die Dobrudscha mit Rumänien, den um Makedonien mit Jugoslawien oder den mit Griechenland um einen Zugang zur Ägäis. Durch das in der Region vorherrschende Prinzip des ethnischen Nationalismus und durch die in den Pariser Vorortverträgen neu gezogenen Grenzen ergab sich gerade zwischen benachbarten Ländern die größte Konfliktwahrscheinlichkeit. Dessenungeachtet bleibt an den Ausführungen Ilgners richtig, dass eine auf lange Sicht friedliche Entwicklung Südosteuropas unabdingbar für die Verwirklichung jeglicher MWT-Projekte war.

Dies wird auch bei der Betrachtung weiterer Programmschriften des Vereins deutlich. Hierunter fällt etwa eine Denkschrift von grundlegender Bedeutung, die der Botschafter

[79] BA, R 8119F, P 6135, Bl. 400.
[80] A. a. O., Bl. 401.

z. V. (zur Verfügung) Ulrich v. Hassell im Jahr 1941 – leider ist sie nicht genauer datiert – für den MWT erstellte. Sie trägt den Titel: „Leitgedanken für den künftigen wirtschaftlichen Austausch Deutschlands mit Südosteuropa und die deutsche Mitarbeit an der Entwicklung dieser Länder".[81] Aus ihrem Inhalt lässt sich aber insoweit mit einiger Wahrscheinlichkeit auf das Datum schließen, als es nach dem Beginn des deutschen Überfalls auf die Sowjetunion im Juni 1941 gelegen haben muss. Denn in der einleitenden Eingrenzung dessen, was unter Südosteuropa zu verstehen sei, nannte Hassell die Länder Ungarn, Kroatien, Serbien, Montenegro, Rumänien, Bulgarien und Griechenland. Von Jugoslawien war nicht mehr die Rede.[82] Dass die Erstellung der Denkschrift indes auf einen noch späteren Zeitpunkt als den Zusammenbruch Jugoslawiens datiert werden muss, lässt sich mit recht hoher Eindeutigkeit feststellen. Zwar werden in ihr auch „Russland" und Nordafrika als mögliche Getreideversorgungsgebiete für Deutschland genannt,[83] was aber noch nicht zwingend auf eine deutsche militärische Präsenz in diesen Gebieten schließen lässt. Allerdings ist im weiteren Verlauf des Textes von der „Tatsache eines Zusammenbruchs des Bolschewismus in Russland"[84] die Rede, was mit hoher Wahrscheinlichkeit keine hypothetische Erwägung war, sondern auf einen bereits erfolgten Beginn des „Unternehmens Barbarossa" hindeutet.

Zugleich erweckte Hassell in seinen „Leitgedanken" den Eindruck, dass eine Verwirklichung der MWT-Pläne für Südosteuropa erst nach dem Krieg entscheidend vorangebracht werden könnte. Insofern lag er hier auf einer Linie mit Ilgner, der ebenfalls eine friedliche politische Lage in der Region als Grundvoraussetzung für jeglichen Erfolg der Arbeit des MWT betrachtet hatte. Perspektivisch kam also für Hassell ebenfalls nur die Nachkriegszeit für ein gestalterisches wirtschaftliches Wirken im Südosten Europas in Frage:

> *„Nach einem siegreichen Kriegsende fällt Deutschland gemeinsam mit seinem* [gemeint ist wohl „seinen", M. W.] *Verbündeten die Aufgabe zu, die Ordnung wesentlicher Teile des europäischen Kontinents auch wirtschaftlich führend in die Hand zu nehmen."*[85]

Konnte also Ilgner noch von einer kontinuierlichen Arbeit des MWT in Südosteuropa ausgehen, so musste Hassell, zumindest was große Teile des ehemaligen Königreichs Jugoslawien anging, seine Hoffnungen auf spätere Jahre setzen.

Ansonsten jedoch vertrat Hassell im wesentlichen das gleiche Anliegen wie Ilgner. Im Unterschied zu diesem gestaltete er seine Denkschrift allerdings noch deutlicher, noch nachdrücklicher und noch konkreter zu einem Plädoyer für die Anerkennung einer wirtschaftlichen Modernisierung, einschließlich Industrialisierung, der südöstlichen Länder als im deutschen Interesse liegend. Hierbei ging er offenbar davon aus, dass die Völker des Balkans auch selbst eine solche, von deutscher Seite initiierte Entwicklung ohne Weiteres als für sie vorteilhaft erkennen würden. Ein etwaiges Misstrauen bzw. aus einem starken

[81] BA, R 8119F, P 6137, Bl. 55-69.
[82] A. a. O., Bl. 56.
[83] A. a. O., Bl. 59.
[84] BA, R 8119F, P 6137, Bl. 64.
[85] A. a. O., Bl. 57.

Traditionsbewusstsein gespeiste Abwehrreaktionen gegen neue Produktionsmethoden vonseiten der südosteuropäischen Bauern[86] befürchtete Hassel offenbar nicht. Dieser Eindruck entsteht zumindest aus der Tatsache, dass er das Konzept der „wirtschaftlichen Interessen" der Balkanvölker ohne weitere Problematisierung einfach verwendete, wobei er dabei vermutlich an die von den örtlichen ökonomischen Eliten artikulierten Interessen dachte. Was die breiten ländlichen Bevölkerungsschichten betraf, so fehlte bei Hassell der Versuch, deren wirtschaftliche Interessen zu ermitteln oder zu definieren. Dieses Manko mag man indes akzeptieren angesichts der auch von Ilgner geforderten langfristig angelegten und behutsamen Vorgehensweise der deutschen Wirtschaft unter Koordination des MWT. In gewissem Sinne entzog sich Hassell in ähnlicher Weise wie Ilgner der Problematik einer wirtschaftlichen Interessendefinition der südosteuropäischen Völker. Bei einer grundsätzlichen Abwägung der deutschen gegen die südöstlichen Wirtschaftsinteressen betonte er ihren jeweiligen subjektiven Charakter, auf den es Rücksicht zu nehmen gelte:

> *„Für jede deutsche Politik sind selbstverständlich die eigenen deutschen Interessen der absolute Maßstab. Es entspricht aber diesen Interessen selbst, die Begriffe ‚Führung' und ‚Ordnung' so aufzufassen, dass alle beteiligten Völker das Gefühl bekommen, in dieser Ordnung seien sie selbst am besten aufgehoben und in ihrer Freiheit nur soweit beschränkt, wie es die Notwendigkeiten des Zusammenlebens unbedingt erfordern. Aus diesem Gedanken heraus muss die deutsche Führung die wirtschaftlichen Interessen der anderen Völker des geordneten Kreises als eigene erkennen und behandeln."*[87]

Blieb also die Frage nach der richtigen Erkennung dieser Wirtschaftsinteressen an dieser Stelle unbeantwortet, so ließ Hassell doch an einem wesentlichen Punkt keine Zweifel aufkommen:

> *„Vertrauen gewinnt und Erfolg verspricht nur eine Wirtschaftspolitik, die nicht kurzsichtig den Standpunkt des fremden kapitalistischen Ausbeuters einnimmt, sondern im Fördern der natürlichen Entwicklung von Südosteuropa das eigene Interesse erblickt."*[88]

Unabhängig von den tatsächlichen wirtschaftlichen Interessen der Bevölkerung der Balkanländer ging es Hassell also darum, die Zusammenarbeit mit ihnen auf die Grundlage des gegenseitigen Respekts zu stellen. In seiner Denkschrift ging er ausführlich darauf ein, wie dies zu bewerkstelligen sei, wobei er eine Intensivierung der Produktion in der Region als unabdingbar darstellte. Auch wenn er hierin ebenfalls ein Interesse der südöstlichen Länder erblickte, argumentierte er im Wesentlichen doch aus der Perspektive der deutschen Ziele und des deutschen Interesses an einem Erfolg der angestrebten wirtschaftlichen Integration Mittel- und Südosteuropas.

Hierbei kam es ihm zuallererst darauf an, deutsche Befürchtungen gegenüber einer wirtschaftlich erstarkenden Donauregion zu entkräften. Die von Hassell gezogenen Argumentationslinien waren dabei weitgehend die gleichen wie bei Ilgner. Wie dieser ging er auf

[86] Vgl. Kapitel 2.1.

[87] BA, R 8119F, P 6137, Bl. 57f.

[88] A. a. O., Bl. 69.

die Frage nach einer möglichen Konkurrenz südosteuropäischer Hersteller für die deutsche Wirtschaft ein:

> *„Häufig wird heute geltend gemacht, dass ein Heben des Lebensstandards und vor allem der industriellen Kapazität uns einen lästigen, die Einfuhrmöglichkeiten nach Südosteuropa verkürzenden Wettbewerb großziehen und zugleich die landwirtschaftlichen Ausfuhrmengen verringern werde."*[89]

Diesem Argument sprach Hassell zwar nicht jegliche Plausibilität ab, entgegnete aber, dass unter diesen Umständen alles daran gesetzt werden müsse, die landwirtschaftliche Produktion so zu steigern, dass sie nicht nur einen erhöhten Inlandsbedarf der Südoststaaten, sondern auch den Einfuhrbedarf der anderen Länder, d. h. insbesondere Deutschlands, zu decken vermochte.[90] Auf lange Sicht, d. h. nach einer Normalisierung der deutschen Beziehungen zu Übersee nach dem Krieg, aber erwartete Hassell, dass dieser Teil der Welt wieder an Bedeutung als Getreidelieferant für Deutschland gewinnen werde, wodurch er allerdings das allgemeine Ziel der Autarkie, das den deutschen Südost-Plänen zugrunde lag, relativierte. Vielmehr schien es, dass, wie auch an anderer Stelle deutlich wurde, der MWT eher an eine Spezialisierung der Region auf bestimmte Einfuhrwaren dachte als an eine umfassende Rolle als Einfuhrgebiet für Deutschland. Konkret meinte Hassell damit, dass dort besonders die Kultivierung von Öl- und Industriepflanzen, von Obst und Gemüse sowie die Viehzucht in den Vordergrund treten sollten.[91]

Eigentlich aber war Hassell daran gelegen, das deutsche Interesse an einer wirtschaftlichen Modernisierung Südosteuropas weiter zu definieren als allein nach den Maßstäben des Handels:

> *„Es wird oft allzu eng nur die unmittelbare Wirkung wirtschaftlicher Vorgänge und Maßnahmen auf die deutsche Aus- und Einfuhr in Betracht gezogen und die Wichtigkeit vernachlässigt, die dem wirtschaftlichen und sozialen Zustande Südosteuropas als solchem beizulegen ist."*[92]

Diese Wichtigkeit ergab sich den Hassell'schen Leitgedanken zufolge in erster Linie aus dem „Gebietszusammenhange" zwischen Deutschland und Südosteuropa, der sich insbesondere durch die Annexion Österreichs im Jahre 1938 verstärkt hatte. Der geografischen Nachbarschaft maß der Autor Bedeutung in mehrfacher, darunter auch außenpolitischer Hinsicht bei:

> *„Krisenhafte Entwicklungen oder soziale Unruhen in Südosteuropa müssen nicht nur den normalen Wirtschaftsaustausch stören, sondern können auch trotz aller Verschiedenheit von Standard und Lebensart ansteckend wirken. Sie können ferner dritten Mächten Möglichkeiten oder Vorwände zu Vorstößen bieten, die für uns in gewissen Augenblicken lästig oder sogar gefährlich werden."*[93]

89 A. a. O., Bl. 58.
90 Ebd.
91 A. a. O., Bl. 59.
92 A. a. O., Bl. 57.
93 A. a. O., Bl. 64.

In diesem Zusammenhang machte Hassell auch deutlich, wie sich die Umstände, die das deutsche wirtschaftspolitische Interesse an Südosteuropa bedingten, verändert hätten. Hierbei verwies er auf die Intensivierung der Handelsbeziehungen während der ersten Hälfte der 30er Jahre, als im Gefolge der Weltwirtschaftskrise und des Zusammenbruchs des freien Welthandels Deutschland eine Importverlagerung für Agrarprodukte auf den Donauraum vornahm und sich die dortigen Länder als Handelspartner sicherte, indem es sie durch hohe Abnahmepreise und die Bilateralisierung des Handels mittels Clearing an sich band. In Hassells Sicht wurde nun, im Jahre 1941, die damalige vorwiegend handelspolitische Bedeutung der Region ergänzt durch die Wirksamkeit weiterer Faktoren, die sich, wie er es formulierte, aus geografischen Gründen „als durchaus naturgegeben entwickelten".[94] Einer dieser Faktoren war historischer Natur und stand mit dem verstärkten „Gebietszusammenhang" Deutschlands zu Südosteuropa seit dem „Anschluss" Österreichs und der Errichtung des „Protektorates Böhmen und Mähren" in Verbindung: Es handelte sich um die zu Zeiten der Habsburger Monarchie erfolgte Verbreitung des Deutschen als Verkehrs- und Handelssprache in der Region, die nach Hassells Meinung die Wiederherstellung enger deutsch-südosteuropäischer Wirtschaftsbeziehungen nach 1919 wesentlich gefördert hatte.[95] Des Weiteren betrachtete Hassell Südosteuropa als Rückversicherung in „wehrwirtschaftlicher" Hinsicht, die auch bei einem deutschen Sieg im gegenwärtigen Krieg unverzichtbar bleiben werde:

> *„Wie auch immer die Welt nach dem Kriege aussehen, wie überwältigend auch etwa die militärische Macht Deutschlands sein mag, unter allen Umständen bleibt eine fruchtbare* [...] *Wirtschaftsbeziehung zu Südosteuropa ein unentbehrlicher Sicherheitsfaktor* [...]. [...] *Die deutsche politische und wirtschaftliche Lage wird auch im Falle eines noch so erweiterten Lebensraumes das intensive Auswerten wirtschaftlicher Möglichkeiten in einem Raum gebieten, der, 800000 Quadratkilometer groß und von gegen 60 Millionen Menschen bevölkert,* [...] *imstande ist, für den Absatz seiner für uns wichtigen Erzeugnisse Bezahlung in Waren anzunehmen, die Deutschland bieten kann."*[96]

Nach diesen Äußerungen zu urteilen, kam es Hassell also darauf an, die Bedeutung Südosteuropas für Deutschland zu unterstreichen, die seiner Meinung nach auch dann nicht abnehmen würde, wenn Deutschland über andere weitreichende Versorgungsgebiete verfügen sollte, wobei hier der Begriff „Lebensraum" bemerkenswerterweise und im Unterschied zu Ilgner wohl durchaus im Zusammenhang mit Eroberungen gebraucht wurde. Interessant ist an dieser Stelle aber vor allem ein Paradigmenwechsel, der sich in der hier im Rahmen des MWT geäußerten deutschen Einschätzung der Bedeutung Südosteuropas für die Großmachtstellung Deutschlands im Vergleich zu den 20er Jahren offenbar vollzogen hatte und der wohl im Zusammenhang mit dem bis dahin für das NS-Regime erfolgreichen Kriegsverlauf gesehen werden muss. Sollte Südosteuropa in den deutschen Konzepten der 20er und frühen 30er Jahre ursprünglich die Funktion eines deutsch dominierten Großwirtschafts-

[94] A. a. O., Bl. 60.
[95] A. a. O., Bl. 60f.
[96] A. a. O., Bl. 61.

raumes, mithin also einer ökonomischen Machtbasis haben, auf die gestützt das Reich den westlichen Kolonialmächten gleichberechtigt entgegentreten konnte, so ging es nun darum, seine Rolle in einem ohnehin von Deutschland beherrschten und neu zu „ordnenden" Europa zu definieren. Dementsprechend mussten ihm neue Funktionen zugewiesen werden, die, wie Hassell forderte, eher im gesamteuropäischen Rahmen zu sehen waren:

> *„Südosteuropa wird sehr oft nur in seiner Beziehung zu Deutschland betrachtet, nicht aber im Gesamtzusammenhang des europäischen Raumes und der deutschen Wirtschaftsbeziehungen überhaupt."*[97]

Hassell versuchte also, einem etwaigen Bedeutungsverlust der Region entgegenzuwirken. Hierzu unterstrich er neben seiner Bedeutung aufgrund sprachlicher Verbindungen, des kriegswirtschaftlichen Rückversicherungsaspekts und der sowohl demografischen als auch territorialen Größe des Gebietes zudem noch seine verkehrstechnische Wichtigkeit. Durch einen Ausbau der Verkehrs- und Kommunikationswege in der Donauregion ließen sich, wie er argumentierte, vor allem auch wichtige Verbindungen nach Asien erschließen. In erster Linie aber betrachtete er den verkehrstechnischen Ausbau Südosteuropas als Voraussetzung für eine stabile und friedliche Entwicklung dieses Teils des Kontinents.[98] So gesehen lassen sich seine Ausführungen eher im Rahmen allgemeiner Überlegungen zur Gestaltung einer europäischen Nachkriegsordnung unter deutscher Oberherrschaft interpretieren und weniger im herkömmlichen Sinne einer wirtschaftlichen Anbindung des Donauraumes an Deutschland als Gegenstück zu den Kolonialreichen der Westmächte.

Hatte sich demnach die Bedeutung Südosteuropas aus deutscher Sicht infolge der kriegerischen Geschehnisse zwar nicht vermindert, aber doch in ihrem Schwerpunkt verlagert, und zwar von seiner Wahrnehmung als potentielle ökonomische Machtbasis hin zu eher spezifischen Funktionen, die es aufgrund geografischer Gegebenheiten übernehmen konnte, so blieb die Entwicklungsproblematik nichtsdestotrotz ein zentraler Aspekt in den beim MWT angestellten Überlegungen. Abgesehen vom deutschen Interesse an einer wirtschaftlichen Modernisierung Südosteuropas sah Hassell gar keine Möglichkeit, einen solchen Prozess zu verhindern. Er hielt ihn für unvermeidlich:

> *„Auf die Frage, ob es richtig ist, die Industrialisierung in Südosteuropa zu fördern und den Lebensstandard dort zu heben, wird gelegentlich geantwortet, es sei falsch, ganz allgemein auf eine Entwicklung der südosteuropäischen Wirtschaft hinzuarbeiten und daran mitzuwirken, dass der Lebensstandard sich dort erhöhe [...]. Hierbei liegt [...] ein Überschätzen der Möglichkeit vor, Entwicklungen herbeizuführen oder zu verhindern [...]. Es ist grundsätzlich festzuhalten, dass alle Versuche, sich von außen einer auf einen erhöhten Lebensstandard gerichteten Entwicklung und damit auch einer verstärkten industriellen Betätigung zu widersetzen, als falsch und hoffnungslos betrachtet werden müssen. Solche Entwicklung ist unvermeidlich."*[99]

97 A. a. O., Bl. 56.
98 A. a. O., Bl. 61.
99 A. a. O., Bl. 62.

Im gleichen Zuge lehnte Hassell auch eine dauerhafte Rollenfestlegung der südosteuropäischen Länder als Agrar- und Rohstofflieferanten ab:

„[...] *und es ist wichtig, bei den Südostländern* [...] *jeden Eindruck zu vermeiden, als wolle man deutscherseits den reinen Agrarcharakter dieser Gebiete künstlich konservieren.*"[100]

Unter Bezugnahme auf den Vortrag Ilgners vom Vorjahr trat Hassell vielmehr dafür ein, die nicht zu verhindernde Entwicklung von deutscher Seite zu begleiten und zu steuern. Dies sei zum einen notwendig, um die Entstehung von Strukturen zu begünstigen, die den deutschen Handelsinteressen entgegenkämen, zum anderen aber auch, um allgemein Entwicklungen zu vermeiden, „die nach dem Charakter und dem Zustande des betreffenden Südostlandes nicht als gesund und erfolgversprechend angesehen werden können [...]."[101] Mit letzteren meinte Hassell vor allem „Fehlinvestitionen" wie etwa kurzfristige Kredite zur Finanzierung langfristiger Anlagen oder Kreditvergaben ohne ausreichende Sicherheiten.[102] Zur Beurteilung, ob eine Maßnahme sinnvoll sei, schlug Hassell vor, sie direkt daran zu messen, inwieweit sie dem Export des betreffenden südosteuropäischen Landes nach Deutschland zugute komme:

„*Dagegen kann als ein zweckmäßiges Einschalten in die industrielle Entwicklung eines Südostlandes jedes Verfahren betrachtet werden, das darauf hinausläuft, für eine gelieferte industrielle Anlage zur Ermöglichung der Barzahlung die Ausfuhr aus dem Südostlande nach Deutschland um den gleichen Betrag zu steigern; oder ein Verfahren, bei dem die Anlage durch Aktien der Industrieunternehmung des Südostlandes abgegolten wird, während gleichzeitig ein jährlicher Mehrexport von Erzeugnissen des Südostlandes in der Höhe des Betrages der zu transferierenden Dividenden usw. stattfindet.*"[103]

An dieser Stelle tat sich ein gewisser Widerspruch auf zu dem, was Hassell und auch Ilgner über das allgemeine Entwicklungsinteresse Deutschlands an Südosteuropa gesagt hatten. Denn hier war nun nicht mehr die Rede davon, dass die Entwicklung der Region auch dort zu fördern sei, wo sie deutschen Interessen nicht unmittelbar dienlich war. Zwar sprach Hassell hier speziell von der Industrialisierung Südosteuropas und nicht von allgemeinen Maßnahmen etwa zur Verbesserung von Infrastruktur und Verkehrsverbindungen; dennoch lässt sich seine Aussage nicht vereinbaren mit anderen Äußerungen, beispielsweise von Ilgner, in denen ausdrücklich auch der Ausbau der Konsumgüterindustrien in der Region gefordert worden war. Auch Hassell selbst hatte in seinen „Leitgedanken" darauf hingewiesen, dass deutsche Entwicklungsarbeit und deutsches wirtschaftliches Engagement in Südosteuropa nicht allein im Hinblick auf kurzfristige Umsatzsteigerungen im Handel betrieben werden könnten. Unterstellt man jedoch, dass das von Hassell stellvertretende für den MWT formulierte Interesse der deutschen Wirtschaft an einer wirtschaftlichen, d.h. auch industriellen Entwicklung Südosteuropas echt war, wofür die Plausibilität ihrer aus

[100] Ebd.
[101] A.a.O., Bl. 63.
[102] Daskalov, Bd. 1, 343-349.
[103] BA, R 8119 F, P 6137, Bl. 63.

deutscher Interessenperspektive vorgetragenen Argumentation spricht, so kann zugunsten Hassells angenommen werden, dass er hier wirklich nur den engen Bereich der Förderung südosteuropäischer Industrieunternehmen meinte und möglicherweise seine Hoffnungen auf Erträge aus getätigten Investitionen eher längerfristiger Natur waren.

Ganz im Einklang mit den Ilgner'schen Ausführungen befand sich Hassell indes, was die Schwerpunktsetzungen in der deutschen Entwicklungsarbeit betreffen sollte. Auch er betrachtete die Landwirtschaft als den Wirtschaftssektor, der die meiste Beachtung bei der deutschen Entwicklungsarbeit finden sollte, „weil sie auf absehbare Zeit das Rückgrat dieser Länder bleibt".[104] In diesem Zusammenhang ging er auch kurz auf die Rüstungsproblematik in der Region ein. Den Gedanken „wehrpolitischer" Autarkie dieser Länder, d.h. also den Aufbau einer eigenen Rüstungsindustrie lehnte Hassell rundweg ab und bezeichnete ihn als Irrweg. Vielmehr müssten die Industrien der Südostländer andere spezifische und auf ihre Fähigkeiten zugeschnittene Aufgaben innerhalb der gesamteuropäischen Wirtschaft übernehmen. Diese sollten, wie er ausführte, in engem Zusammenhang mit der Landwirtschaft stehen:

> *„Hierher gehört besonders auch die Möglichkeit, einfachere Verarbeitung in den Ländern Südosteuropas gewonnener landwirtschaftlicher Erzeugnisse und Rohstoffe mit den inländischen Arbeitskräften, sei es unter deutscher, sei es unter gemischter, sei es unter nationaler Leitung in Südosteuropa für Deutschland vorzunehmen, wobei die so erzielten Halbfabrikate usw. in Deutschland in Fertigfabrikate umgewandelt werden würden. Das erscheint als die gesündeste Verwendung überschüssiger Arbeitskräfte in Südosteuropa."*[105]

Klar wird durch diese Ausführungen Hassells, dass der Botschafter bei aller Betonung eines deutschen Interesses an einer, auch industriellen, wirtschaftlichen Entwicklung Südosteuropas hervorhob, dass diese fest in deutscher Hand bleiben müsse. Wie selbstverständlich ging er dabei davon aus, dass man auf deutscher Seite genau wisse, was für die Entwicklung der Region „gesund" sei und was nicht. Zwar wies er wiederholt auf ihre „Unvermeidbarkeit" hin und lehnte es ab, die Länder auf ihre Rolle als Agrarstaaten für alle Zeit festzulegen, ihrem eigenen Gutdünken wollte er die Modernisierung aber keineswegs überlassen. Vielmehr ging es ihm darum, dass diese sich in die deutschen ökonomischen „Ordnungsvorstellungen" für Europa einfügten:

> *„Notwendig ist vielmehr* [...] *ein Lenken der Industrialisierung* [...]. *Das Ziel ist also, die industrielle wie die landwirtschaftliche Erzeugung Südosteuropas auf die Funktion dieses Raumes innerhalb der europäischen Ordnung auszurichten. Auf landwirtschaftlichem wie auf industriellem Gebiet bedarf es, um diesen Zweck zu erreichen, einer systematischen, zwischen den beteiligten Stellen Deutschlands und des betreffenden südosteuropäischen Landes vereinbarten Planung, die je nach den besonderen Verhältnissen sehr verschiedene Formen ins Auge fassen kann."*[106]

Hassell vertrat demnach ausdrücklich die Vorstellung einer deutschen „Einmischung" in die inneren wirtschaftlichen Angelegenheiten der Südostländer. Diese hatten sich dem

[104] A.a.O., Bl. 65.
[105] A.a.O., Bl. 67.
[106] A.a.O., Bl. 68.

deutschen Bedarf gerecht zu entwickeln. Insgesamt allerdings entsprach dies durchaus der Logik der Entwicklungskonzepte, die beim MWT während der 30er und 40er Jahre erstellt wurden. Sie ließen nie einen Zweifel daran, sich an deutschen Interessen als ihrer obersten Maxime zu orientieren. In diesem Zusammenhang darf freilich angenommen werden, dass auch den führenden südosteuropäischen Wirtschaftsvertretern klar war, dass das deutsche Engagement nicht vollkommen uneigennützig war. Für sie kam es an erster Stelle darauf an, welche für sie positiven Aspekte die Tätigkeit des MWT bzw. die Umsetzung seiner Konzepte haben konnte.

Unterdessen schien der MWT auch in den folgenden Jahren, d. h. in der zweiten Kriegshälfte, als die deutsche Wirtschaft aufgrund der sich verschlechternden Lage zunehmend in den Dienst der militärischen Erfordernisse gestellt wurde, an seinen grundsätzlichen Vorstellungen zur Gestaltung der deutsch-südosteuropäischen Wirtschaftsbeziehungen festzuhalten. Allerdings zeigte sich in den programmatischen Äußerungen von führenden Repräsentanten des Vereins das wachsende Bestreben, Probleme, die besonders während des Krieges in den Beziehungen aufgetreten waren, in ihrer Bedeutung zu relativieren und im Zusammenhang damit bestehende Bedenken zu zerstreuen. Denn in der Tat hatten die verstärkten kriegswirtschaftlichen Anstrengungen von deutscher Seite zu nicht unerheblichen Belastungen der deutsch-südosteuropäischen Wirtschaftsbeziehungen geführt.[107]

Vor diesem Hintergrund ist ein Vortrag zu sehen, den der deutsche Wirtschaftswissenschaftler und Südosteuropaexperte Hermann Gross, seinerzeit Professor an der Hochschule für Welthandel in Wien und nach dem Krieg an der Volkswirtschaftlichen Fakultät der Universität München, Ende Oktober 1943 im Rahmen einer in Belgrad veranstalteten Hochschulwoche der Deutschen Wehrmacht hielt, die vom Oberkommando der Wehrmacht organisiert worden war.[108] Er behandelte „Die deutschen Handelsbeziehungen zum Südosten" in ihren Grundzügen und ging dabei schwerpunktmäßig auf die Entwicklungsproblematik und die Rolle des MWT in diesem Zusammenhang ein. Beim Blick auf seine aus Wehrmachtsangehörigen bestehende Zuhörerschaft ist zu berücksichtigen, dass Gross Äußerungen zu unterlassen hatte, die politisch inopportun gewesen wären, wie etwa kritische Einschätzungen zum Kriegsverlauf, zur deutschen Besatzungspolitik in Südosteuropa oder zur Wirtschaftspolitik. Zudem hatte er auf Grundlagen einzugehen, deren Erwähnung vor einem wirtschaftlichen Fachpublikum bzw. in engeren MWT-Kreisen überflüssig gewesen wäre. So brachte er einleitend einen historischen Überblick über die Entwicklung der deutsch-südosteuropäischen Wirtschaftsbeziehungen, in dem er erklärte, dass Deutschland nach dem Zerfall der Donaumonarchie und noch mehr nach dem Anschluss Österreichs praktisch zwangsläufig die Rolle einer wirtschaftlichen Ordnungsmacht in der Region zugefallen sei, was sich auch bald nach dem Ersten Weltkrieg durch die Intensivierung des Handels gezeigt habe.[109] Im Abschnitt „Die wirtschaftsstrukturellen Ergänzungsmöglich-

[107] Vgl. Kapitel 6.
[108] BA, R 8119F, P 6145, Bl. 31-49.
[109] A. a. O., Bl. 31-33.

keiten", in dem er die bekannte Grundidee vom wirtschaftlichen Austausch zwischen dem industrialisierten Deutschland und den agrarisch geprägten Ländern Südosteuropas skizzierte, betonte er besonders das deutsche Interesse an einer Intensivierung und Umstrukturierung der dortigen Landwirtschaften in Richtung auf Industriekulturen wie auch an einer gesamtwirtschaftlichen Intensivierung – einer „Industrialisierung" – zur Verbesserung der Absatzmöglichkeiten für deutsche Fertigwaren.[110] Offenbar zum besseren Verständnis des Publikums übersetzte Gross diesen Zusammenhang zusätzlich in die Sprache der NS-Ideologie:

> *„Deutschland* [...] *exportiert hochwertiges Sachkapital und Können, d. h. ‚Arbeit' und importiert Produkte der Urproduktion, also sozusagen ‚Boden', an dem wir als ‚Volk ohne Raum' großen Mangel leiden."*[111]

Im Kern aber ging es in Gross' Vortrag, wie auch in den programmatischen Schriften der zurückliegenden Jahre, um die von deutscher Seite zu leistende Entwicklungsarbeit in Südosteuropa. In diesem Zusammenhang legte er Wert auf die Betonung der zentralen Rolle des MWT:

> *„Dabei erfolgte die deutschen Mitarbeit, soweit es sich um langfristige und kostspielige Maßnahmen handelte* [...] *über den Mitteleuropäischen Wirtschaftstag Berlin (MWT). Der Mitteleuropäische Wirtschaftstag umfasst als private Organisation die Spitzen der deutschen Industrie und Großbanken und betrachtet es als seine Hauptaufgabe, an der Erschließung der südosteuropäischen Volkswirtschaften und dem Ausbau der deutsch-südosteuropäischen Wirtschaftsbeziehungen tatkräftig mitzuwirken."*[112]

Zur Illustration der Wichtigkeit des MWT und seiner konstruktiven Rolle innerhalb der südosteuropäischen Volkswirtschaften gab Gross im Anschluss einen Überblick über die bereits erfolgten bzw. begonnenen Projekte des MWT, die der Modernisierung der Landwirtschaft dienen sollten und an anderer Stelle ausführlicher behandelt werden sollen. Es handelte sich dabei um Programme zur Einführung von Industriepflanzen, wie etwa der Sojabohne, zur Aufzucht von Schafen und Rindern, zur Einführung moderner Landmaschinen sowie um Ausbildungsprogramme für südosteuropäische Landwirte wie auch für deutsche Wirtschaftsfachleute, deren Arbeitsgebiet der Südosten Europas war.[113]

Im Mittelpunkt der Ausführungen von Hermann Gross stand aber offenbar das Motiv, seiner militärischen Zuhörerschaft zu zeigen, welches Wohlwollen gegenüber den Ländern der Donauregion dem deutschen Engagement zugrunde lag. Hierzu ging er im Wesentlichen auf vier Problembereiche ein: das bereits erwähnte deutsche Interesse an einer soziökonomischen Entwicklung Südosteuropas, die deutsche Handelspolitik gegenüber der Region, in diesem Rahmen die Clearingfrage, sowie auf die „psychologischen" Voraussetzungen für die Zusammenarbeit.

[110] A. a. O., Bl. 33-35.
[111] A. a. O., Bl. 36.
[112] A. a. O., Bl. 37.
[113] A. a. O., Bl. 38-41.

Die Argumentation Ilgners, Hahns und Hassells aufgreifend, aber auch weiter ausführend, bestand Gross auf einer prinzipiellen Anerkennung und Respektierung der soziokulturellen wie auch der sozioökonomischen Eigenheiten der südosteuropäischen Völker als gleichberechtigt im Verhältnis zu Deutschland:

> „*Es mag vielleicht banal klingen, kann aber nicht oft genug gesagt werden, dass es unmöglich, ja direkter Unfug ist, mittel- und westeuropäische Maßstäbe auf Südosteuropa einfach zu übertragen, die südosteuropäischen Verhältnisse mit ihnen zu messen, zu beurteilen, und dann zumeist auch zu verurteilen. Wie wir verlangen, dass unsere Eigenheiten von Amerikanern und jedem Ausländer respektiert werden, so müssen auch die südosteuropäischen Probleme aus ihrer Umgebung* [...] *heraus untersucht und erfasst werden.*“[114]

Als eine hervorstechende Eigenart der Südosteuropäer betrachtete Gross ein besonderes Misstrauen gegenüber Ausländern und ausländischen Einflüssen. Im Unterschied zu den MWT-Repräsentanten Ilgner und Hassell ging er also auf die Frage ein, ob deutsches wirtschaftliches und entwicklungspolitisches Engagement in der Region überhaupt auf die uneingeschränkte Zustimmung in der breiten Bevölkerung stoßen würde, die in den Äußerungen seiner Vereinskollegen unreflektiert als gegeben vorausgesetzt worden war. Zunächst warb er um Verständnis für den südosteuropäischen Argwohn, indem er ihn auf die geschichtliche Entwicklung der Region zurückführte. Zu lange seien die Bewohner durch fremde Mächte unterdrückt und ausgebeutet worden, sei es in Form direkter imperialer Herrschaft oder kapitalistischer Ausplünderung. Ihr Problem bestehe in der noch sehr kurzen Zeit eigenständiger nationaler Entwicklung, worauf Rücksicht zu nehmen sei:

> „*Tatsächlich leiden sie als junge Völker, die nicht ein tausendjähriges organisches, nationales Wachstum hinter sich haben, an dem Komplex, entweder nicht für voll genommen oder ausgenutzt und vergewaltigt zu werden. Das sind Tatsachen, auf die ebenso wie auf wirtschaftliche Belange Rücksicht genommen werden sollte.*“[115]

Im Interesse eines erfolgreichen Vorgehens der deutschen Wirtschaft in Südosteuropa plädierte Gross, offenbar eingedenk der deutschen Besatzungspolitik in den bisher eroberten Ländern wie auch der zunehmend an kurzfristigen kriegswirtschaftlichen Erfordernissen orientierten deutschen Handelspolitik und außerdem unter Anspielung auf seine durch militärische Verhaltensmuster geprägte Zuhörerschaft, für Verständnis und Sensibilität im Umgang mit den Balkanvölkern:

> „*Bei einem zweckmäßigen taktischen Vorgehen ist auch sachlich bedeutend mehr zu erreichen, indem man den nun einmal auf Grund ihrer geschichtlichen Entwicklungen in nationaler wie persönlicher Hinsicht besonders empfindlichen südosteuropäischen Völkern auch das Gefühl der Selbständigkeit und Selbstbestimmung lässt* [...]. *Dagegen wären Ruckzuckmethoden wie auch Parademarsch in Südosteuropa keine geeigneten Mittel für eine friedliche Durchdringung und vor allem für eine Gewinnung der Herzen der Bevölkerung.* [...] *Gerade bei einer sehr engen und planvollen* [...] *Zusammenarbeit ergeben sich notwendigerweise eine ganze Anzahl von Problemen, die nur mit sehr viel Takt und bei verständnisvollem Eingehen auf die Eigenarten* [...] *der*

[114] A. a. O., Bl. 47.
[115] A. a. O., Bl. 48.

südosteuropäischen Völker und ihrer Staaten für beide Teile auf die Dauer befriedigend gelöst werden können. Ausdrücke wie ‚parieren', ‚Ordnung beibringen' und ‚primitiv' sollten Südosteuropäern gegenüber überhaupt nicht gebraucht werden. Was man ‚primitiv' zu nennen beliebt, ist in Wirklichkeit jung und zumeist entwicklungsfähig."[116]

Gross ging an dieser Stelle seines Vortrages in auffallender Ausführlichkeit und Direktheit auf mögliche Fehler ein, die in der wirtschaftlichen Zusammenarbeit mit Südosteuropäern gemacht werden konnten. Im Lichte seines zeitgeschichtlichen Hintergrundes betrachtet, liegt die Vermutung nahe, dass Anlass zu diesen Ermahnungen bestand.

Dass Gross seinen Vortrag nicht allein als Veranstaltung zur bloßen akademischen Weiterbildung und Information von Wehrmachtsoffizieren über die deutsch-südosteuropäischen Wirtschaftsbeziehungen verstand, geht aus der Art hervor, wie er die Wehrmacht direkt ansprach. Offensichtlich ging es ihm darum, sie in den Zusammenhang der Wirtschaftsbeziehungen einzubinden bzw. ihr ihre Bedeutung darin aufzuzeigen. Die Tatsache, dass er traditionell als militärisch erachtete Verhaltensweisen als ungeeignet für den Aufbau fruchtbarer Beziehungen bezeichnete, darf auch als indirekte Kritik an der zumeist geübten Praxis deutscher Besatzungspolitik verstanden werden. Direkte Kritik freilich vermied Gross. Stattdessen umwarb er die Wehrmacht, indem er die positiven Aspekte ihrer Präsenz in Südosteuropa deutlich hervorhob:

„*In den letzten Jahren ist nunmehr dem Deutschen Reich in seiner Wehrmacht der beste Propagandist in Südosteuropa erwachsen. Dabei denke ich in diesem Zusammenhang weniger an die unmittelbar kriegerischen Handlungen, als vielmehr an die Leistungen der Truppe auf allen den Gebieten, die besonders sinnfällig für die Landbevölkerung sind* [...]. *Überhaupt haben die Hilfsbereitschaft und das kameradschaftliche Verhalten der deutschen Soldaten nicht nur untereinander, sondern auch gegen die einheimische Bevölkerung* [...] *ein großes Vertrauenskapital für Deutschland geschaffen* [...]."[117]

Insgesamt sind diese Äußerungen von Gross vor dem Hintergrund des Verhältnisses zwischen dem vom MWT koordinierten deutschen wirtschaftlichen Engagement in Südosteuropa und der nationalsozialistischen Expansionspolitik zu sehen. Neben der Möglichkeit, dass Gross tatsächlich von der konstruktiven Rolle und der Beliebtheit der deutschen Truppen in Südosteuropa, die sowohl als Besatzer, so etwa in Serbien, als auch als Verbündete, so in Bulgarien, auftraten, überzeugt war, liegt auch die Vermutung nahe, dass seine Äußerungen eher Ausdruck seiner Wünsche als der Wirklichkeit waren. So betrachtet, kann man diese Passage seines Vortrages auch eher als Aufforderung an die deutschen Streitkräfte verstehen, weniger auf die Demonstration und Ausübung militärischer Macht zu setzen als vielmehr auf eine Funktion als Werbeträger „für deutsches Können und deutsche Tüchtigkeit" und auf einen konstruktiven Beitrag zum Aufbau der Infrastruktur in der Region.[118]

Auf die Anerkennung eines derartigen konstruktiven Charakters des deutschen Wirtschaftsengagements in Südosteuropa legte Gross offenbar erheblichen Wert. Dementspre-

[116] Ebd.
[117] BA, R 8119F, P 6145, Bl. 49.
[118] Ebd.

chend trat er Faktoren oder Ansichten entgegen, die diese Wahrnehmung stören konnten. Abgesehen von den unmittelbaren Folgen der deutschen Besatzungs- und Kriegswirtschaftspolitik handelte es sich dabei um allgemeinere Auswirkungen des deutsch-südosteuropäischen Handels. Hierzu gehörte zum einen die auch bereits bei Ilgner behandelte Befürchtung einer Vernachlässigung der südosteuropäischen Märkte durch Deutschland nach einer siegreichen Beendigung des Krieges, da dieses dann auf viel ausgedehntere Versorgungsgebiete in Osteuropa und in eventuellen überseeischen Kolonien zurückgreifen könnte. Dies versuchte Gross ebenso wie Ilgner zu entkräften unter Hinweis auf das Wesen der nationalsozialistischen Wirtschaftspolitik, die, wie er betonte,

> „*nicht von kapitalistischen Krämergrundsätzen, sondern von den höheren politischen und wirtschaftlichen Gesichtspunkten einer möglichst leistungsfähigen und sich gegenseitig harmonisch ergänzenden europäischen Wirtschaftsgemeinschaft bestimmt* [werde]."[119]

Voraussetzung dafür sei allerdings, dass Südosteuropa, wie er es formulierte, seine Chance nicht verpasse, d. h. Gross erwartete, dass sich die Länder der Region, wollten sie von der Zusammenarbeit mit Deutschland profitieren, sich den deutschen Wünschen konform verhalten mussten.

Zum anderen ging Gross auf Probleme in der Handelsbilanz ein, die sich seit den 30er Jahren zwischen Deutschland und Südosteuropa ergeben hatten. Von besonderer Bedeutung war in diesem Zusammenhang die erhebliche Passivität der deutschen Bilanz seit 1933, die in der Nachkriegsliteratur vielfach kritisiert worden ist.[120] Ihre Brisanz bestand darin, dass durch deutsche Lieferverzögerungen immer größere Clearing-Guthaben der südosteuropäischen Länder bei der Deutschen Reichsbank aufliefen, wodurch diese dann gezwungen waren, im Interesse der Stabilität ihrer eigenen Währung – denn die Nationalbanken mussten die eigenen Exporteure mit Geldern bezahlen, die ihnen in diesem Moment eigentlich noch gar nicht zur Verfügung standen – weiterhin Waren aus Deutschland zu beziehen. Hierdurch ergab sich ein handelspolitisches Abhängigkeitsverhältnis von Deutschland, das von diesem im Sinne des angestrebten Großwirtschaftsraumes freilich politisch gewollt war. Gross indes stellte diesen Zusammenhang so dar, als habe Deutschland mit seinen passiven Handelsbilanzen ein Opfer zugunsten der Kaufkraftsteigerung der Südostländer gebracht:

> „*Deutschland hat seit 1933 durch seine großen Bezüge aus Südosteuropa zunächst sogar eine beachtliche Passivität seiner Handelsbilanz mit dem Südosten in Kauf genommen und dadurch zur Stärkung der Kaufkraft der südosteuropäischen Agrarländer und zur Reaktivierung ihres Wirtschaftslebens ganz wesentlich beigetragen. Denn nunmehr konnten die Südoststaaten als Gegenwert* [...] *zu günstigen Bedingungen die für den Aufbau und die Intensivierung ihrer Volkswirtschaften notwendigen Produktionsmittel sowie hochwertige Konsumgüter aus Deutschland beziehen.*"[121]

[119] A. a. O., Bl. 43.
[120] So zum Beispiel bei Boelcke, 49-56 u. 161-168.
[121] BA, R 8119F, P 6145, Bl. 43.

Dass sie dies nicht nur konnten, sondern nach Lage der Dinge – die allerdings auch durch die protektionistische Politik der anderen Industriestaaten entstanden war – sogar mussten, war eine Schlussfolgerung, die Gross seiner Zuhörerschaft überließ.

Gleichwohl erkannte er die damit verbundenen Schwierigkeiten, d.h. in erster Linie das Problem der deutschen Clearingverschuldung gegenüber Südosteuropa. Die erhebliche Bedeutung, die er ihm beimaß, verdeutlichte sich in der Ausführlichkeit, mit der er die deutsche Verschuldung zu rechtfertigen versuchte.[122] Zumindest einen Teil der Verantwortung dafür schrieb er der Preispolitik der südosteuropäischen Staaten zu:

> *„Auf Grund der unverhältnismäßig starken Erhöhung des Preisniveaus in den südosteuropäischen Ländern und ihrer Exportprodukte hat sich gegenüber den im Wesentlichen stabil gehaltenen niedrigen deutschen Exportpreisen eine große Differenz ergeben, die eine der wichtigsten Ursachen für die Entstehung der großen deutschen Clearingschuld gegenüber Südosteuropa ist.“*[123]

Im Gegensatz dazu wies Gross darauf hin, dass Deutschland am Warenvolumen gemessen seine Ausfuhr Richtung Südosten eigentlich gesteigert habe und dass eine der südosteuropäischen Entwicklung vergleichbare Preissteigerung bei den deutschen Waren zu ausgeglichenen Clearingkonten geführt hätte. Darüber hinaus, so fuhr Gross fort, sei bei Einbeziehung langfristiger, den Südostländern gewährter deutscher Kredite in die Gesamtbilanz eigentlich Deutschland Gläubiger anstatt Schuldner. Er gab allerdings zu, dass aus diesen Krediten auch Probleme für die jeweiligen Notenbanken erwuchsen, da diese aufgrund der Kredite und auch langer Zahlungsfristen für deutsche Fertigwaren die übrigen Zahlungen an ihre Exporteure bevorschussen müssten, was inflationäre Auswirkungen habe und demzufolge auch die Preispolitik beeinflusse. Dies jedoch, so betonte Gross, sei ein Opfer, dass die südosteuropäischen Länder Deutschland gegenüber zu bringen hätten, da dieses die Hauptlast im „gemeinsamen Freiheitskampf“ trage. Es sei davon auszugehen, dass nach dem Krieg alle Forderungen anstandslos beglichen würden.[124]

Anhand der betrachteten in MWT-Kreisen angestellten grundlegenden Überlegungen zur Gestaltung der deutsch-südosteuropäischen Wirtschaftsbeziehungen scheinen über den Zeitraum von den frühen 30er Jahren bis weit in den Zweiten Weltkrieg hinein die Elemente der Kontinuität zu überwiegen. In besonderem Maße gilt dies für die Entwicklungsperspektive, die der MWT als Hauptagent der wirtschaftlichen deutschen Südostpolitik den Ländern der Region im deutschen Eigeninteresse bieten zu müssen glaubte. Zur Steigerung der deutschen Einfuhrmöglichkeiten ging es darum, die dortigen Produktionsstrukturen dergestalt zu verändern bzw. zu modernisieren, dass zum einen die allgemeine landwirtschaftliche Produktivität deutlich erhöht und zum anderen das Produktspektrum so verschoben würde, dass es dem deutschen Importbedarf entsprach. In diesem Zusammenhang war außerdem die Rede von einer „Industrialisierung“ der südosteuropäischen Volkswirtschaften, die ers-

[122] Vgl. u.a. zum selben Thema: Schönfeld, Clearingverschuldung. Popisakov, Charakter i săšnost.

[123] BA, R 8119F, P 6145, Bl. 45.

[124] A.a.O., Bl. 45f. Vgl. hierzu auch im Folgenden: Kapitel 6.

tens dazu dienen sollte, eine erste Verarbeitung einheimischer Agrarprodukte, die Herstellung von Halbfertigwaren wie auch die Intensivierung des Bergbaus sicherzustellen; zweitens sollte sie die Beschäftigung in der Landwirtschaft redundanter Arbeitskräfte ermöglichen. Eine Industrialisierung etwa nach deutschem Vorbild war also nicht das Ziel des MWT. Vielmehr wurde klargestellt, dass dieser Begriff weiter aufzufassen sei – eher im Sinne einer allgemeinen Intensivierung der gesamtwirtschaftlichen Produktion. Dies lag freilich in der Logik des MWT-Konzeptes begründet, das auf die Schaffung ergänzungswirtschaftlicher Strukturen im deutsch geführten mittel- und südosteuropäischen Großwirtschaftsraum abzielte. Eine Errichtung von Industrien in Südosteuropa für Produkte, die Deutschland eigentlich dorthin exportieren wollte, hätte den Ideen des MWT widersprochen. Ohnehin aber hielt man beim MWT die Möglichkeit einer solchen Entwicklung zumindest mittelfristig für unrealistisch. Dennoch räumte man ein, dass im Zuge der angestrebten sozioökonomischen Modernisierung Südosteuropas das Potential der dortigen Länder wachsen würde, selbst Waren zu produzieren, die bisher eingeführt werden mussten. Dies aber, so glaubte man, würde deutsche Interessen nicht berühren, da die Modernisierung in einer absoluten Zunahme des Handelsvolumens der Südostländer resultieren würde.

Demnach konnte das vom MWT postulierte Entwicklungsziel für Südosteuropa nicht nur im Lichte deutscher Einfuhr-, sondern auch deutscher Ausfuhrinteressen betrachtet werden. Der Zusammenhang mit der Modernisierungsproblematik ergab sich hier aus der Notwendigkeit, die Absatzchancen für deutsche Erzeugnisse im Südosten Europas zu verbessern. Dementsprechend lag es, so die Argumentation des MWT, im deutschen Interesse, die südosteuropäischen Marktstrukturen so auszubauen, dass deutsche industrielle Fertigwaren dort in zunehmendem Maße Abnehmer finden konnten. Hierzu gehörte indes nicht nur die Förderung der Infrastruktur und eventueller unternehmerischer oder staatlicher Geschäftskunden, sondern, wie beim MWT ausdrücklich betont wurde, auch die der breiten Masse der Konsumenten. Der MWT schrieb sich, wie er nicht müde wurde zu unterstreichen, die Hebung der Massenkaufkraft sowie des allgemeinen Lebensstandards auf die Fahnen.

Dieser angestrebte „Wohlfahrtseffekt" der Tätigkeit des MWT in Südosteuropa ist von zentraler Bedeutung für die Beurteilung des Großwirtschaftsraum-Projektes, da von ihm die Bereitschaft weiter Teile der Bevölkerung jener Länder zur Zusammenarbeit mit Deutschland sicherlich in wesentlichem Maße abhing. Zunächst stellt sich in diesem Zusammenhang die Frage nach der Glaubwürdigkeit dieser Zielsetzung auf deutscher Seite, d. h. ob es sich hierbei nur um ein Lippenbekenntnis oder um ein ehrliches Bestreben handelte. Die zuerst genannte Annahme, die dem MWT wenig Glaubwürdigkeit zubilligen würde, ließe sich dann begründen, wenn das Ziel einer Steigerung des Lebensstandards in Südosteuropa vor allem in der Region selbst in agitatorischer Weise publik gemacht worden wäre. Eine solche Absicht lässt sich indes allenfalls beim Vortrag von Hermann Gross unterstellen, da dieser in der Tat für ein, wenn auch deutsches militärisches, so doch auch breiteres Publikum gedacht war. Allerdings ist speziell bei dieser Zuhörerschaft kaum anzunehmen, dass sie sich gerade durch die Aussicht auf einen höheren Lebensstandard der südosteuropäischen Bevölkerung für die Ziele des MWT begeistern ließ. Werbender Charakter kann also diesen Passagen des Vortrags kaum zugeschrieben werden. Vielmehr ging es bei einer deutschen Zuhörerschaft eher darum, Skepsis gegenüber dieser Zielsetzung zu überwinden. Dies galt auch für die Adressaten der anderen programmatischen Äußerung, die seit den frühen 30er Jahren beim MWT erarbeitet wurden. Hier handelte es sich in erster Linie um interne Papiere, deren geringer Leserkreis ein propagandistisches Motiv beinahe ausschließt. Doch auch in diesen Fällen bildete die Problematik von Entwicklung und Lebensstandard in der Donauregion ein zentrales Motiv, und auch hier ging es zuallererst darum, vermutete Skepsis zu überwinden, indem man erläuterte, dass eine konstruktive Modernisierungsarbeit und Hebung der Massenkaufkraft in deutschem Interesse liege. Dies erschien den Autoren dieser Schriften gegenüber einem deutschen Publikum als notwendig; diese Aspekte zum Zwecke von Propaganda und Werbung zu verwenden, wäre eher einem südosteuropäischen Publikum gegenüber angebracht gewesen. Es kann daher bezüglich der Fragen von Modernisierung und Kaufkraft von einer hohen Glaubwürdigkeit der MWT-Argumentation ausgegangen werden. Der Begründungszwang gegenüber den deutschen Adressaten führte außerdem dazu, dass die Zusammenhänge, aufgrund derer der MWT in seinem Entwicklungskonzept ein deutsches Interesse sah, ausführlich dargestellt wurden und dadurch die Glaubwürdigkeit weiter erhöhten. Somit lag also der erwähnte Wohlfahrtseffekt tatsächlich im Kalkül des MWT-Konzeptes zur wirtschaftlichen Erschließung Südosteuropas für Deutschland.

Dabei vermitteln die Akten des Vereins durchaus den Eindruck eines paternalistischen Rollenverständnisses der deutschen Wirtschaft gegenüber Südosteuropa. Die Region, so hieß es, bestehe „aus lauter verhältnismäßig jungen und erst am Anfang ihrer volkswirtschaftlichen Entwicklung stehenden Staaten [...].“[125] Dementsprechend sah der MWT die Rolle der deutschen Wirtschaft als die leitende, die den südosteuropäischen Wirtschaften den Weg ihrer Entwicklung vorzugeben hatte. Ihr paternalistischer Charakter bestand in der auf deutscher Seite vorherrschenden Auffassung, selbst am besten zu wissen, was für die Länder der Region das beste sei. Formulierungen wie die von Gross, der in einem warnenden Unterton die Südosteuropäer dazu aufrief, ihre „Chance“ nicht zu verpassen, deuten darauf hin, dass ihnen aus deutscher Sicht keine alternativen Entwicklungsmöglichkeiten oder -ziele offen standen als der Weg der Einordnung in die deutsche Konzeption. Dieser Ansicht lag ein weitgehend teleologisches Verständnis von sozioökonomischem Fortschritt zugrunde. Es offenbarte sich in Äußerungen, die von den Staaten Südosteuropas im Wesentlichen als „jungen“, „noch“ wenig entwickelten bzw. „am Anfang“ der Entwicklung stehenden Ländern sprachen. Zwar waren sie, gemessen an der Zeit seit der Staatsgründung im späten 19. oder frühen 20. Jahrhundert, in der Tat noch relativ jung; sie aber auch entwicklungsmäßig als jung zu bezeichnen, bedeutete zum einen, die Zeit unter osmanischer bzw. habsburgischer Herrschaft diesbezüglich als kompletten Ausfall zu werten, und zum anderen, sich selbst als „fortgeschrittener“ oder „erfahrener“ zu betrachten, mithin also als Leitbild, dem die Südoststaaten wenn nicht direkt zu folgen, so doch sich ihm unterzuordnen hätten.

[125] A. a. O., Bl. 31.

Insgesamt also wurde Südosteuropa als Betätigungsfeld für deutsche Entwicklungsarbeit betrachtet, wobei diese durchaus wohlmeinenden Charakter haben sollte, wie in den programmatischen Äußerungen führender Vertreter des MWT wiederholt betont wurde. Dies fand seinen Ausdruck in den vielfachen Hinweisen auf die zu respektierenden Interessen der südosteuropäischen Staaten und Menschen, ihre Mentalitäten und nationalen Empfindlichkeiten wie auch auf das historisch begründete Misstrauen gegenüber Fremden. Hinzu kam die ebenfalls an mehreren Stellen zu findende Distanzierung von den Methoden der westlichen Kolonialmächte, die man im Allgemeinen mit dem Etikett „Ausbeutung" versah. Dem westlichen „liberalen Kapitalismus" setzte der MWT „organische" Entwicklungsarbeit und Nutzung der gegebenen Ressourcen im Interesse des Gemeinwohls, d. h. der am Großwirtschaftsraum beteiligten Länder, entgegen.

In diesem Zusammenhang versuchten die Vertreter des MWT außerdem, sich im Verhältnis zum Nationalsozialismus zu positionieren. Wie bereits erörtert, hatte sich der Verein bereits in den frühen 30er Jahren, vollständig aber erst nach der Machtübernahme Hitlers, eine unangefochtene Führungsposition in der Organisation deutschen wirtschaftlichen Engagements in Südosteuropa gesichert. Im gleichen Zuge beeilte man sich, die völlige Übereinstimmung der wirtschaftspolitischen Ziele von MWT und NS-Regierung festzustellen. Auch in den Programmschriften des Vereins – besonders in denjenigen, die nach Kriegsbeginn erstellt wurden – ist das Bemühen erkennbar, die Strategien zur wirtschaftlichen Erschließung Südosteuropas als mit der NS-Ideologie in Einklang stehend darzustellen, wenn nicht gar als ihren Ausfluss. Diese Bestrebungen wirken indes eher wie eine pflichtgemäße Referenz an den Nationalsozialismus, d. h. gewissermaßen eine „Beschwichtigung" des Regimes oder eine förmliche Loyalitätserklärung ihm gegenüber. Dass diesen Passagen eine echte Überzeugung zugrunde lag – zumindest im Sinne einer tragenden Funktion der NS-Ideologie für die MWT-Konzeption in Südosteuropa – scheint unwahrscheinlich angesichts der eigentümlich anmutenden Anwendung des NS-Wortschatzes in den Schriften des MWT. Dies gilt insbesondere für den Begriff „Lebensraum", der entgegen der Hitler'schen Zielsetzung einer rassistisch motivierten Unterwerfung osteuropäischer Völker und ihrer Versklavung beim MWT die Gestalt einer beinahe symbiotischen Lebensgemeinschaft verschiedener Völker zum gegenseitigen wirtschaftlichen Nutzen annahm. Zwar darf als sicher angenommen werden, dass der MWT bei der Gestaltung der deutsch-südosteuropäischen Wirtschaftsbeziehungen tatsächlich anderes im Sinne hatte als die NS-Regierung bei der „Eroberung von Lebensraum im Osten", das Vorliegen eines bloßen Missverständnisses kann jedoch auch weitgehend ausgeschlossen werden. Freilich bedeutet diese „eigenwillige" Interpretation der Lebensraum-Ideologie durch den MWT allerdings auch nicht automatisch eine etwaige Distanz des Vereins zum Regime. Vielmehr darf angenommen werden, dass durch die bemüht wirkenden Stellen, an denen die führenden Repräsentanten des MWT auf den Nationalsozialismus Bezug nahmen, schlicht zum Ausdruck kam, dass die während des Krieges zentralen Aktionsfelder der NS-Ideologie und des MWT – hier „Lebensraum im Osten", dort „Südosteuropa als wirtschaftlicher Ergänzungsraum" – sich kaum überschnitten und daher die beiden unterschiedlichen Ansätze nebeneinander existieren konnten, der MWT also nicht zwangsläufig in Konflikt mit dem Regime geraten musste. Diese Möglichkeit ergab sich erst, als Hitler sich entgegen seinen ursprünglichen Absichten im Frühjahr 1941 gezwungen sah, einen Balkanfeldzug zu unternehmen. Dadurch wurde die vom MWT wiederholt geäußerte Hoffnung auf eine friedliche Entwicklung in Südosteuropa als Voraussetzung für den Erfolg seines Modernisierungskonzeptes zerstört. Die Problematik dieser neuen Lage klang beispielsweise beim Vortrag von Hermann Gross an, der die Wehrmacht als Werbeträger für deutsche Tüchtigkeit und Hilfsbereitschaft lobte, damit aber zugleich unterschwellig deutlich machte, dass er sich von ihr weniger ein Auftreten als militärische Besatzungsmacht denn vielmehr eine konstruktive Rolle beim Aufbau der deutsch-südosteuropäischen Wirtschaftsbeziehungen erhoffte.

Beim Blick auf das sich durch den Krieg offensichtlich verstärkende Spannungsverhältnis zwischen MWT und Nationalsozialismus wird indes auch deutlich, dass in jenen Jahren über einen Wandel in der wirtschaftlichen Bedeutung Südosteuropas für Deutschland nachgedacht wurde. Denn die Eroberungspolitik des NS-Regimes hatte eine Lage geschaffen, die während der ersten Hälfte der 30er Jahre in den konzeptionellen Überlegungen des Vereins noch nicht ins Kalkül gezogen worden war. Während der späten 20er und frühen 30er Jahre sowie auch noch während der ersten Jahre des Nazi-Regimes hatte Südosteuropa in den Plänen des MWT noch die Rolle eines wirtschaftlichen „Hinterlandes“[126] für Deutschland gespielt, das, wie etwa beim erwähnten „Vortrags-Tee“ deutlich geworden war, vorwiegend als Gegenstück zu den Kolonialimperien der Westmächte gedacht war, wenn man auch deren Methoden nicht kopieren wollte. Vielmehr ging es darum, Deutschland durch Südosteuropa wirtschaftlich, d. h. auch kriegswirtschaftlich als Großmacht auf eine Ebene mit den Westmächten zu heben, um sich so eine Machtbasis zur Überwindung der Versailler Nachkriegsordnung zu schaffen. Aus dieser außenpolitischen Perspektive lässt sich das Südosteuropa-Konzept des MWT über seine rein wirtschaftliche Bedeutung hinaus durchaus auch in die Traditionen europäischer Gleichgewichtspolitik einordnen. Dies änderte sich grundlegend, als sich unter dem Eindruck deutscher Waffenerfolge während der ersten Kriegsjahre eine deutsche Hegemonie über den ganzen Kontinent abzuzeichnen schien. Damit nahm das wirtschaftliche Gewicht Südosteuropas innerhalb der deutsch dominierten bzw. besetzten Teile Europas automatisch ab. Es entstand die naheliegende Befürchtung, das deutsche Interesse am Südosten könne nachlassen, zumal der deutsche wirtschaftliche Zugriff auf die besetzten Länder wesentlich direkter und leichter möglich schien als auf die handelspolitisch zwar abhängigen, formell aber souveränen Verbündeten der Donauregion.

In diesem Zusammenhang ist es bezeichnend, dass der MWT diese Befürchtung offenbar ernst nahm und aufgriff, indem er versuchte, sie zu entkräften. Dabei kann mit einem gewissen Recht vermutet werden, dass er sie durchaus teilte und einem möglichen Nachlassen des regierungsseitigen Interesses oder wenigstens Wohlwollens entgegenwirken wollte. Zugleich aber machen diese Befürchtungen, die offenbar vor allem von Vertretern

[126] Vgl. THÖRNER.

südosteuropäischer Länder an den MWT herangetragen wurden, deutlich, wie groß das dortige Interesse am deutschen Wirtschaftsengagement war.

Die Reaktion des MWT bestand darin, die Beteiligten der ungebrochenen Kontinuität seines wie des allgemeinen deutschen ökonomischen Interesses an Südosteuropa zu versichern. Besonders stellte man dabei die Fortführung der Entwicklungs- und Modernisierungsarbeit heraus – sowohl an die Adresse der Südostländer wie auch an die der deutschen Wirtschaft und an die staatlicher Stellen gerichtet. Das Modernisierungskonzept für Südosteuropa war indes wohl der zentrale Aspekt der Arbeit des MWT, mit dem die Länder der Region für die Zusammenarbeit mit der deutschen Wirtschaft gewonnen werden konnten. Beim Blick auf die wirtschaftspolitischen Diskussionen, die in Bulgarien seit den frühen 20er Jahren geführt wurden, zeigt sich eine hohe Kompatibilität der deutschen und der südosteuropäischen, respektive bulgarischen Zielsetzungen. Dort war in extensiver Weise erörtert worden, wie die Produktivität der Landwirtschaft gesteigert werden könne, um wieder auf den internationalen Märkten Fuß zu fassen.[127] Dies begriff auch der MWT als erste Notwendigkeit, freilich weniger mit dem Ziel einer Weltmarktpositionierung der südosteuropäischen Landwirtschaften, als vielmehr zur Steigerung der Deutschland zur Verfügung stehenden Exportkapazitäten. Ähnlich gelagert war die Problematik einer Veränderung des Produktspektrums der bulgarischen Landwirtschaft. Auch hier ging es den bulgarischen Wirtschaftsfachleuten zunächst um die Förderung von Kulturen, die aufgrund der klimatischen Bedingungen in Bulgarien in besonders hoher Qualität hergestellt werden konnten und somit die internationale Wettbewerbsfähigkeit der nationalen Landwirtschaft erhöhen konnten. Für Deutschland wiederum kam es auf den Anbau speziell solcher Industriekulturen an, für die im Reich ein besonderer Bedarf bestand. Das gemeinsame Interesse an einer Umstrukturierung des bulgarischen Agrarsektors stellte, wenn es auch ursprünglich unterschiedlichen Motiven entsprang, die Grundlage für die Zusammenarbeit dar. Auf eine Bilateralisierung verbunden mit einer sich verstärkenden Kanalisierung der eigenen Handelsströme in Richtung auf Deutschland hatte es die bulgarische Seite im Unterschied zur deutschen nicht von vornherein abgesehen, wenn sich auch ihre Modernisierungswünsche stets am deutschen Vorbild orientiert hatten. Den entscheidenden Stoß in diese Richtung erhielt die Wirtschaftspolitik Bulgariens durch die Abschließung der westlichen Märkte gegenüber bulgarischen Produkten, die im Grunde nichts anderes bedeutete als die faktische Überlassung Südosteuropas als wirtschaftliches Betätigungsfeld an deutsche Interessen. Diese Kanalisierung der bulgarischen Außenwirtschaftsbeziehungen hatte jedoch auch Vorteile, da sie das Interesse Deutschlands, das selbst unter den Bedingungen des internationalen Handels während der Weltwirtschaftskrise litt, an den Produktionsverhältnissen in Bulgarien steigerte. In diesen Zusammenhängen liegt der Hintergrund für die Parallelität der Modernisierungsinteressen in Deutschland wie auch in Südosteuropa bzw. Bulgarien, ohne die die wachsende handelspolitische Verflechtung beider Länder während der 30er Jahre nicht erklärt werden kann. Sie fand ihren Ausdruck in den Konzepten des MWT, die durch

[127] Vgl. Kapitel 4.

ihre starke Akzentsetzung auf den Entwicklungsaspekt erheblich an Attraktivität für die Vertreter der südosteuropäischen Volkswirtschaften gewannen.

5.2 Bulgarien als Betätigungsfeld des MWT

Zur Umsetzung seiner Konzepte musste der MWT ein möglichst genaues Bild von den Verhältnissen haben, die sich ihm in den einzelnen Ländern vor Ort boten. Außerdem war es naturgemäß notwendig, dieses Bild den Mitgliedern, d.h. den deutschen Wirtschaftsakteuren, die sich in Südosteuropa engagieren wollten oder dort bereits tätig waren, zu vermitteln. Diesen Zweck verfolgten ab Februar 1935 die „Mitteilungen des MWT" (*MMWT*), eine vereinsinterne Zeitschrift, die die Mitglieder sowohl über aktuelle wirtschaftliche Entwicklungen in der Region als auch grundsätzlich über langfristige strukturelle Gegebenheiten informierte. Auch die Leitlinien und konzeptionellen Überlegungen der Tätigkeit des MWT wurden in den Mitteilungen präsentiert.

Der zentralen Bedeutung des Entwicklungsaspektes in der Arbeit des MWT entsprechend, konzentrierten sich die Mitteilungen in erster Linie auf die Darstellung derjenigen Bereiche, in denen nach Ansicht des Vereins besonderer Handlungsbedarf bestand bzw. in denen deutsche Entwicklungsarbeit anzusetzen hatte. Gleichwohl ergibt sich aus den *MMWT* nicht allein etwa ein in düsteren Farben gezeichnetes Bild struktureller sozioökonomischer Mängel in den südöstlichen Volkswirtschaften. Vielmehr kam es den Herausgebern auch darauf an, zum einen die Entwicklungsfähigkeit Südosteuropas anhand dortiger positiver Reaktionen und erkennbarer Fortschritte, und zum anderen die Erfolge der eigenen Arbeit deutlich herauszustellen.

Bulgarien nahm in diesem Kontext weder eine herausgehobene noch eine unterprivilegierte Position ein. Allenfalls ist in den *MMWT* eine etwas wohlwollendere Haltung gegenüber dem Balkanland aufgrund der traditionellen außenpolitischen und wirtschaftlichen Verbundenheit mit Deutschland spürbar. In jedem Falle aber machte die Zeitschrift klar, dass Bulgarien aus verschiedenen Gründen auf seine Weise eine unverzichtbare Stellung in den deutschen wirtschaftlichen Südosteuropaplänen innehatte. Deutlich wurde dies nicht nur durch die regelmäßigen Berichte über die aktuellen wirtschaftlichen Entwicklungen, sondern auch durch eingehende Analysen der gegebenen strukturellen Probleme und der daraus zu ziehenden Schlussfolgerungen für einzuleitende Modernisierungsmaßnahmen. Diese konzentrierten sich im Wesentlichen auf die Bereiche, die auch bereits in den programmatischen Darlegungen des MWT als vordringlich bezeichnet worden waren, weil sie entweder kurzfristig Erfolg versprachen oder als grundlegend für jede weitere Entwicklung galten. Hierbei handelte es sich um die Produktivität der Landwirtschaft, den Bergbau sowie um das Verkehrswesen. Bemerkenswert ist bei diesen Darstellungen, die ebenso wie die grundlegenden Leitgedanken um 1940/41 erstellt wurden, dass der Krieg keinen erkennbaren Einfluss auf ihren Inhalt hatte. Zwar blieb er nicht unerwähnt, insbesondere in

Bezug auf die in eine Nachkriegsordnung gesetzten Erwartungen, es gab jedoch keinerlei Erwägungen, die Aktivitäten des MWT in irgendeiner Weise auf das gegenwärtige Kriegsgeschehen auszurichten, geschweige denn unmittelbaren militärischen Erfordernissen anzupassen. Dass manche Projekte des MWT, vor allem auf verkehrstechnischem Gebiet, auch von strategischer Bedeutung waren, ändert an diesem Befund nichts. Die Frage, warum besonders zu dieser Zeit, d. h. um 1940/41, umfassendere wirtschaftliche Lageanalysen erstellt wurden, lässt sich nur spekulativ beantworten. In bestimmten Bereichen, wie etwa der Erschließung von Bodenschätzen, mag in Betracht gezogen werden, dass dieser Prozess in Bulgarien damals bei Weitem noch nicht abgeschlossen war und demzufolge konkrete Ergebnisse erst schrittweise eintrafen. Zudem ist zu berücksichtigen, dass die in den *MMWT* gebotenen Informationen einen hohen Grad an Konkretheit besaßen, d. h. etwa einzelne Bahn- und Straßenverbindungen oder einzelne abbauwürdige Vorkommen direkt ansprachen. Einen analytischen Wert schienen diese Beobachtungen offenbar erst um 1940 zu erhalten. In diesem Zusammenhang muss beachtet werden, dass die meisten und wichtigsten der zuständigen Ost- und Südostinstitute, die die Masse der einschlägigen wirtschaftswissenschaftlichen Kenntnisse und Fähigkeiten versammelten,[128] erst in der zweiten Hälfte der 30er Jahre gegründet worden waren.

Festzuhalten bleibt an dieser Stelle, dass der MWT auch unter dem Eindruck des Krieges bei den Grundlinien seiner Südostpolitik blieb und diese zwar nicht mehr unter den Bedingungen eines europäischen Friedens, aber immerhin unter Ausrichtung auf eine künftige europäische Friedenswirtschaft weiterverfolgte.

Dies galt auch für das Hauptanliegen des MWT, die Modernisierung der Landwirtschaft. Aus Sicht des Vereins handelte es sich hier um ein mehrschichtiges Problem, das in Bulgarien durchaus seinen eigenen Charakter hatte. Dabei ging es vor allem um die Gliederung des bulgarischen Ackerlandes, den Einsatz von Maschinen sowie um die Fruchtwahl und die Weiterverarbeitung landwirtschaftlicher Produkte – Themenbereiche also, die auch in den Beiträgen der Zeitschrift der BID im Mittelpunkt gestanden hatten.[129]

Das erstgenannte Teilproblem des Agrarsektors, die Verteilung des bewirtschafteten Bodens, wurde etwa in einem Vortrag von Dr. Nikola Kondov vom bulgarischen Institut für landwirtschaftliche Betriebsforschung im Jahre 1941 vor MWT-Mitgliedern erörtert.[130] Einleitend unterstrich er die Bedeutung der Landwirtschaft für Bulgarien durch die Erwähnung der bekannten Tatsache, dass damals über drei Viertel, d. h. 79 Prozent der Bevölkerung im Agrarsektor beschäftigt waren. Als problematisch schätzte er zudem den Anteil der nicht anbaufähigen Fläche am Gesamtterritorium Bulgariens ein, den er mit 22,5 Prozent angab und auf die gebirgige Struktur der Landschaft zurückführte.[131] Wie er weiter ausführte, wurde von den verbleibenden 77,5 Prozent nur gut die Hälfte für den Ackerbau genutzt, was rund 40 Prozent der Gesamtfläche ausmachte. Indem Kondov diese

[128] Vgl. Kapitel 3.1.
[129] Vgl. Kapitel 4.1.
[130] BA, R 8119F, P 6143, Bl. 280a-290.
[131] A. a. O., Bl. 281.

Quote mit den 79 Prozent landwirtschaftlich tätiger Bulgaren in Bezug setzte, verdeutlichte er das Missverhältnis zwischen Boden und Bevölkerung, das seiner Ansicht nach „für jene grausame Zersplitterung des für landwirtschaftliche Zwecke geeigneten Bodens in Bulgarien" verantwortlich war.[132] Als Hauptgründe hierfür nannte er zum einen den niedrigen Entwicklungsstand bzw. die geringe Ausdifferenzierung der bulgarischen Volkswirtschaft, die der heranwachsenden Bevölkerung kaum ein anderes Berufsfeld bieten konnte als den Agrarsektor, sowie zum anderen das geltende Erbschaftsgesetz, das, wie bereits erwähnt, eine gleichmäßige Erbteilung von Landbesitz unter allen Nachkommen vorsah, wobei männlichen Erben ein doppelt so großer Anteil zustand wie weiblichen.[133] Darüber hinaus war nach Kondov unter den bulgarischen Landwirten offenbar stets ein gewisses Misstrauen bezüglich der Qualität des geerbten Bodens vorhanden, so dass man den Grund nach Qualitätsgesichtspunkten untereinander aufteilte und nicht mit dem Ziel, kompakte Wirtschaftseinheiten zu schaffen. Ergebnis dieser Gepflogenheiten war eine große Zersplitterung der ohnehin im Verlauf der Erbfolge immer kleiner werdenden Grundbesitze. Kondov errechnete, dass selbst Kleinstbetriebe mit einer Fläche von weniger als fünf Hektar in Bulgarien durchschnittlich aus neun voneinander getrennt liegenden Parzellen bestanden.[134]

Der Handlungsbedarf, der sich aus dieser Situation ergab, war in erster Linie administrativer Art, d. h. es mussten die gesetzlichen Grundlagen für eine Flurbereinigung geschaffen werden. Zunächst setzte man bei den Weideflächen an, da diese sowohl durch die Erbteilung als auch durch den kriegsbedingten Flüchtlingszustrom[135] bei gleichzeitig dominierender Subsistenzwirtschaft eine stetige Verkleinerung erfahren und damit der Viehzucht im Allgemeinen ernsthaft geschadet hatten.[136] Im Folgenden sollten die Ackerflächen in die Arrondierungsmaßnahmen mit einbezogen werden. Kondov sah sich indes veranlasst, an der Effizienz der Flurbereinigungspolitik heftige Kritik zu üben, hatte diese doch, wie er ausführte, im Jahre 1940, d. h. zehn Jahre nach ihrem Beginn, erst 3,51 Prozent der landwirtschaftlich genutzten Fläche erfasst.[137] Auch bei Bewertung nur des als Ackerland nutzbaren Bodens, d. h. ohne die Weideflächen, kam lediglich ein Quote von zehn Prozent heraus, wobei Bulgarien hier ein steiles Nord-Süd-Gefälle aufwies; im Norden wurden an die 20 Prozent erreicht, also ein Fünftel, im Süden dagegen weniger als ein Sechzigstel.[138]

Als Gründe für den schleppenden Fortschritt führte Kondov vor allem finanzielle Engpässe an, da die Flurbereinigung mit staatlichen Mitteln finanziert wurde, sowie gelegentliches Desinteresse vonseiten des Landwirtschaftsministeriums. Speziell Südbulgarien betreffend, erklärte Kondov außerdem, dass bei der stärkeren Verbreitung intensiver Kulturen wie Tabak, Weintrauben oder Baumwolle (im Gegensatz zum Vorherrschen des Getreides

132 A. a. O., Bl. 282.
133 A. a. O., Bl. 283.
134 A. a. O., Bl. 282f.
135 Vgl. Kapitel 2.3.
136 BA, R 8119F, P 6143, Bl. 284.
137 A. a. O., Bl. 285.
138 A. a. O., Bl. 286.

im Norden), die in höherem Maße von der Beschaffenheit des Bodens und den klimatischen Bedingungen abhängig seien, die Akzeptanz der Flurbereinigung in den gebirgigen südlichen Regionen gering geblieben sei.[139]

Ein weiteres Mittel zur Schaffung kompakterer und damit leistungsfähigerer landwirtschaftlicher Einheiten erblickte Kondov in der kooperativen Organisationsform, die in der bulgarischen Öffentlichkeit vor allem ab Mitte der 30er Jahre teils als in der Tradition der alten Zadruga stehend, teils als Abwandlung des sowjetischen Kolchos- und Sowchos-Systems propagiert worden sei. Laut Kondov blieb der Erfolg des Kooperativgedankens in Bulgarien gleichwohl gering; bis Ende 1940 hätten sich lediglich 20 kooperative landwirtschaftliche Betriebe organisiert.[140] Darüber hinaus wies Kondov darauf hin, dass der eigentliche Zweck der Schaffung von Kooperativbetrieben – Effizienzsteigerung und damit verbunden die Möglichkeit zur Freisetzung von Arbeitskräften für andere Wirtschaftszweige –, in Bulgarien unter den gegebenen Bedingungen, d. h. dem praktischen Fehlen alternativer Beschäftigungsbereiche, nicht erfüllt werden könne:

> *„Das Ziel, das man mittels der kooperativen landwirtschaftlichen Unternehmungen verfolgt – Vergrößerung der landwirtschaftlichen Betriebe in Bulgarien, ihre Maschinisierung und die Verbilligung der Erzeugnisse – wird bei der bestehenden wirtschaftlichen und demografischen Struktur Bulgariens nicht erreicht werden können.“*[141]

In Gestalt der Ausführungen Kondovs lag den Mitgliedern des MWT demnach ein Bericht vor, der in vergleichsweise knapper Form und auch nur schlaglichtartig die Grundproblematik der bulgarischen Landwirtschaft und im Grunde der gesamten Volkswirtschaft des Landes verdeutlichte. Die grundlegenden Folgerungen, die daraus zu ziehen waren, zielten auf die Notwendigkeit, die Landwirtschaft effizienter zu gestalten und zugleich alternative Beschäftigungsmöglichkeiten zu schaffen. Dieser Zielsetzung entsprechend, richteten die *MMWT* gegen Ende der 30er und zu Beginn der 40er Jahre ihr Augenmerk auf die Entwicklungen in Bulgarien, die mit dieser Problematik verbunden waren. So finden sich in der Mitgliederzeitschrift etwa Beiträge und Analysen zur Veredelungswirtschaft, zur Viehwirtschaft, der Konservenindustrie, zum Einsatz von Kunstdünger und Maschinen oder auch zum Kreditwesen in der Landwirtschaft.

Zum letztgenannten Punkt etwa äußerte sich beispielsweise ein Beitrag in den *MMWT* vom 25. Juni 1942 ausführlich. Er stellte einleitend fest, dass eine „Erhöhung der Kapitalkonzentration“ der „sicherste und schnellste Weg“ sei, die bulgarische Landwirtschaft zu modernisieren und ihre Produktivität zu steigern, was angesichts des nach wie vor bestehenden großen Entwicklungsabstandes zu Mittel- und Westeuropa unverzichtbar sei.[142] Im Folgenden versuchte der Beitrag zu zeigen, warum zum einen ein verstärkter Kapitaleinsatz

139 A. a. O., Bl. 286f.
140 A. a. O., Bl. 288f.
141 A. a. O., Bl. 290.
142 BA, R 8119F, P 6144, Bl. 173.

in der bulgarischen Landwirtschaft Erfolg versprechen würde und zum anderen, warum deutsches Kapital hier besonders gefordert war.

Zum ersten Punkt präsentierte der Beitrag eine Reihe statistischer Werte, die den Zusammenhang zwischen in einem Agrarbetrieb angelegten aktiven Kapital, dem Betriebsaufwand und dem „Rohertrag" des Betriebes zeigten. Auch eine Korrelation zwischen der Inanspruchnahme von Krediten und dem Hektarertrag zeigten die statistischen Aufstellungen in den *MMWT*. Demnach erbrachten etwa Betriebe mit einem Kreditanteil von drei Prozent am Gesamtkapital durchschnittlich einen Bruttoertrag von rund 6000 bulgarischen Leva pro Hektar, Betriebe mit über 12 Prozent Kreditanteil gar über 9300 Leva.[143] Dieser vermeintliche Beweis eines positiven Zusammenhangs von Krediteinsatz und Profitabilität in der Landwirtschaft hätte allein freilich wenig motivierende Wirkung im Sinne eines deutschen finanziellen Engagements in Bulgarien gehabt. Ergänzend dazu musste der Kapitalbedarf besonders herausgestellt werden, d.h. es wurden die bestehenden Mängel des bulgarischen landwirtschaftlichen Kreditwesens analysiert. Im Endeffekt resultierte diese Analyse indes in einer generellen Darstellung der Strukturproblematik im bulgarischen Agrarsektor.

Hierzu gehörte zunächst eine abrisshafte Erläuterung der innerbetrieblichen Kapitalverteilung. Nach den Angaben des *MMWT*-Beitrages bestanden im Durchschnitt rund 75 Prozent des Kapitals eines Betriebes aus Immobilien, also aus Grund und Gebäuden, und waren mithin nicht flexibel, etwa für Modernisierungsmaßnahmen und Maschinenbeschaffung, einsetzbar. Für derartige Neuerungen fehlte das Geld. Dies trug sehr „zu dem betont konservativen Charakter und der Schwerfälligkeit des bulgarischen landwirtschaftlichen Betriebes" bei.[144] Durch solch fehlende Möglichkeiten der künstlichen Einflussnahme auf den landwirtschaftlichen Produktionsprozess stieg, wie der Bericht folgerte, die Abhängigkeit der Erträge von den Ungewissheiten der Naturgewalten.[145]

Zur Erklärung dieser ungünstigen Kapitalverteilung zog der *MMWT*-Bericht eine Reihe von Gründen heran. An erster Stelle nannte er den historischen Hintergrund, d.h. die Tatsache, dass es sich bei der bulgarischen Landwirtschaft in ihrer nach der Abschüttelung der türkischen Feudalherrschaft bestehenden Gestalt um einen sehr jungen Wirtschaftssektor handelte, der unter den finanziellen Folgen des Loskaufs von den Feudalherren sowie einer Reihe von Kriegen ebenso zu leiden hatte wie unter dem niedrigen Niveau, von dem die Entwicklung 1878 ihren Ausgang genommen hatte.[146] Es fehlten also die nötigen finanziellen Grundlagen für eine neue Ausrüstung und Schulung der Landwirte. Diese konnten, wie der Beitrag in den *MMWT* betonte, durch die laufenden Einnahmen des landwirtschaftlichen Sektors, die durchschnittlich 3600 Leva pro Betrieb und Jahr betrugen, nicht gedeckt werden.[147] Daher brauchten die Bauern Kredite. Nach Auffassung der *MMWT* machte die Notwendigkeit umfassender und grundlegender Reformmaßnahmen in der bul-

[143] A.a.O., Bl. 174.
[144] A.a.O., Bl. 175.
[145] Ebd.
[146] Vgl. Kapitel 2.1.
[147] BA, R 8119 F, P 6144, Bl. 176f.

garischen Landwirtschaft ebenso wie die geringe Größe der Betriebe indes eine kollektive Organisation der Kreditvergabe unerlässlich. Als Beispiele für solche Maßnahmen wurden Ausbildungsprogramme, Be- und Entwässerungen, Flurbereinigungsmaßnahmen sowie die Anschaffung größerer Anlagen wie etwa zur Saatgutreinigung genannt.[148] Hierfür waren indes naturgemäß langfristige Kredite nötig, die aber, wie der Bericht weiter ausführte, unter den gegebenen Umständen in Bulgarien praktisch nicht zu bekommen waren. Die einzigen Kredite, die von den Landwirten bei der Landwirtschafts- und Genossenschaftsbank bzw. ihren Tochtergründungen regelmäßig in Anspruch genommen wurden, waren kurzfristige persönliche Kredite, die bis zu einer Höhe von 5 000 Leva relativ problemlos zu erhalten waren. Sie waren zumeist rein konsumtiver Art, d. h. für außerordentliche Ausgaben, wie medizinische Behandlungen oder Familienfeste, gedacht.[149] Die für das Jahr 1940 ermittelten Quoten von 95,27 Prozent individueller Kredite versus 4,73 Prozent kollektiver verdeutlichen, wie wenig das Kreditwesen damals zur Modernisierung bzw. Intensivierung der bulgarischen Landwirtschaft beitrug. Die *MMWT* resümierten:

> „*Wie aus den angeführten Zahlen ersichtlich ist, arbeitet die bulgarische Landwirtschaft nur in sehr beschränktem Maße mit fremden Mitteln, und man könnte sagen, dass sie fast den ganzen Erzeugungsprozess und die Organisation des Betriebes aus eigenen Mitteln bestreitet.*“[150]

Unter diesen Umständen befand sich die Landwirtschaft in einem kreditwirtschaftlichen Teufelskreis; denn aufgrund ihrer schwachen Produktivität hatte sie zwar großen Bedarf an Krediten, deren Rentabilität verhielt sich jedoch umgekehrt proportional zu diesem Bedarf. Wie die *MMWT* ausführten, war bereits die fristgerechte Deckung der kurzfristigen Kredite die Ausnahme in Bulgarien. Durchschnittliche Betriebe, die ihre Schulden rechtzeitig tilgen wollten, mussten dafür ein Drittel ihres Rohertrages aufbringen bzw. die Hälfte der durch vermarktete Erzeugnisse, die im Mittel ohnehin nicht mehr als 33 Prozent der Gesamterträge ausmachten, erzielten Einnahmen.[151]

Aufgrund dieser Daten und aufgrund der allgemein als niedrig eingeschätzten Produktivität der gesamten bulgarischen Volkswirtschaft kam der Beitrag in den *MMWT* zu dem Schluss, dass das Land aus eigener Kraft nicht genügend Mittel für eine ausreichende Kreditversorgung der Landwirtschaft aufbringen konnte. Die naheliegende Folgerung, die der MWT aus dieser Lage zog, bestand in der Aufforderung an die deutsche Wirtschaft, hier im eigenen Interesse Abhilfe zu schaffen.

> „[Es mussten] *billige und langfristige Kredite aus solchen fremden Ländern in Anspruch genommen werden, die ein Interesse an der Intensivierung der bulgarischen Landwirtschaft haben, weil diese Absatzgebiet und Lieferant dieser fremden Volkswirtschaften ist. Hierfür kommt nur die deutsche Wirtschaft in Frage, da sie ein Interesse an der Entwicklung der bulgarischen Volkswirtschaft im Allgemeinen und der bulgarischen Landwirtschaft im Besonderen hat.*“[152]

[148] A. a. O., Bl. 177f.
[149] A. a. O., Bl. 178f.
[150] A. a. O., Bl. 180.
[151] A. a. O., Bl. 181.
[152] Ebd.

Dieses Entwicklungsinteresse spiegelte sich inhaltlich in den *MMWT* wieder, die die verschiedenen bulgarischen Wirtschaftszweige kontinuierlich beobachteten und neben der Landwirtschaft besonders die damit verbundenen weiterverarbeitenden Branchen in ihr Blickfeld nahmen. In engem Zusammenhang damit stand beispielsweise die Veredelungswirtschaft. Mit ihr setzte sich etwa ein Beitrag in Heft 7 des 7. Jahrgangs der *MMWT* vom 10. Juni 1941 auseinander: „Die Veredlungswirtschaft Bulgariens".[153] Unter dem Begriff „Veredlungswirtschaft" verstand er in erster Linie die Verarbeitung tierischer Rohprodukte, d. h. von Rindern, Schweinen und Geflügel, mit dem Ziel der massenhaften Konsumierbarkeit, was bedeutete, „dass die Veredlungswirtschaft einen viehzüchterischen Charakter" hatte.[154]

Hauptanliegen des Beitrages war es, die Bedeutung dieses Wirtschaftszweiges innerhalb der landwirtschaftlichen Modernisierungsproblematik in Bulgarien aufzuzeigen und somit das deutsche Interesse an seinem Auf- und Ausbau klarzumachen. Dies wurde bereits im einleitenden Abschnitt deutlich, in dem die hauptsächlichen Schwierigkeiten genannt wurden, denen sich ein solches Ansinnen zu stellen hatte. Denn mit dem „viehzüchterischen" Charakter einer erfolgreichen Veredelungswirtschaft war ein gewisser Bedarf an Weideflächen verbunden. Nach den Informationen der *MMWT* herrschte jedoch gerade daran ein erheblicher Mangel in Bulgarien. Die Gründe dafür waren demografischer und klimatischer Art. Demnach waren

> *„die klimatischen und bevölkerungswirtschaftlichen Voraussetzungen in Bulgarien – die verhältnismäßig geringe jährliche Niederschlagsmenge von ungefähr 600 mm, der große Prozentsatz der Landbevölkerung, gerechnet auf die Gesamtbevölkerung, und schließlich die Dichte dieser Landbevölkerung – ein fast unüberbrückbares Hindernis für das Schaffen von großen Wiesenflächen und Grünland."*[155]

In Bulgarien, so rechnete der Beitrag vor, würden nur 11,8 Prozent der landwirtschaftlichen Nutzfläche als Weideland verwendet, im Gegensatz zu 42,7 Prozent in Deutschland, 60,8 Prozent in den Niederlanden oder gar über 91 Prozent in der Schweiz. Entsprechend niedrig waren auch die bulgarischen Stückzahlen an Vieh pro Fläche bzw. pro Kopf Bevölkerung. Lediglich beim Geflügel konnte Bulgarien mit den mittel- und westeuropäischen Ländern mithalten und übertraf mit seinen 300 Stück Geflügel pro 100 Hektar Nutzfläche bzw. 2 107,56 pro 1 000 „Seelen" etwa Deutschland und die Schweiz.[156]

Gleichwohl sahen die *MMWT* die bulgarische Veredelungswirtschaft als ausbaufähig an, d. h. es gab ihrer Meinung nach in diesem Bereich ungenutztes Potential. Dieses erkannten sie zum Beispiel in den großen Mengen an Futtermitteln, die jährlich aus Bulgarien ausgeführt würden und dann im Ausland Verwendung fänden. Umgerechnet in Stärkeeinheiten entsprachen sie über 500 Millionen Litern Milch. Darüber hinaus ging dem Beitrag zufol-

153 BA, R 8119F, P 6143, Bl. 330-335.
154 A. a. O., Bl. 330.
155 Ebd.
156 A. a. O., Bl. 330f.

ge aufgrund organisatorischer Mängel, d.h. ungenutzter Weideflächen in den Hochlagen, auch Grobfutter in großem Maßstab verloren.[157] Wie der Beitrag erläuterte, konnte man allerdings gerade an den Hochgebirgsweiden erkennen, dass die bulgarische Veredelungswirtschaft durchaus ausbaufähig war bzw. dass das Fehlen aufnahmefähiger Märkte ihren Aufstieg verhinderte. Denn dieser Aufstieg wäre im Grunde genommen ein Wiederaufstieg gewesen, hatten dem Bericht zufolge doch zu osmanischer Zeit die Hochlagen als Weiden für eine umfangreiche Rinder- und Schafsmast gedient, die die Märkte des Nahen Ostens bediente. Erst die nationale Zergliederung Südosteuropas und der schwierige Zugang zu den Märkten „Mitteleuropas" hätten, so die *MMWT*, diesen Viehhandel fast vollständig zum Erliegen gebracht.[158] Hinzugekommen seien außerdem administrative Maßnahmen, die von den Forstbehörden angeregt worden seien. Diese hätten die Viehzucht als schädlich für die Wälder betrachtet und ihre weitere Zurückdrängung durchgesetzt.[159]

Dennoch betrachteten die *MMWT* die natürlichen Voraussetzungen für einen Ausbau der Veredelungswirtschaft als gut – und dies umso mehr, als die durch den deutschen Balkanfeldzug neu zu Bulgarien gekommenen Gebiete Makedonien und West-Thrakien sowie die bereits 1940 von Rumänien rückgegliederte Süd-Dobrudscha die Ausdehnung der potentiellen Weideflächen erheblich vergrößert hatten.[160]

Die Hindernisse, die einer rationellen Organisation der Viehwirtschaft entgegenstanden, sah der *MMWT*-Bericht in der bereits mehrfach erwähnten niedrigen Produktivität der bulgarischen Landwirtschaft. Hierzu gehörte zum einen die hohe Konzentration der Landbevölkerung pro Flächeneinheit, die, so der Beitrag, 3,5mal größer war als in Deutschland. Folge davon war eine demografisch bedingte geringe Produktivität der Landbevölkerung, die neben der technisch bedingten dazu führte, dass etwa 37 Prozent, d.h. rund 650 000 „erwachsene Männer" als Arbeitskräfte im Agrarsektor redundant, aber dennoch am Konsum beteiligt waren. Hiermit in Zusammenhang stand die Tatsache, dass nur etwa ein Drittel der landwirtschaftlichen Produktion vermarktet wurde, während der Rest dem Eigenverbrauch, d.h. der Subsistenzwirtschaft diente. Nach Meinung des *MMWT*-Beitrages hatte sie auch Auswirkungen auf die Mentalität; sie machte die bulgarischen Bauern „nicht besonders unternehmungslustig und in bedeutendem Maße konservativ".[161]

Aus diesem Zusammenhang, der sich in der Sicht des MWT vor allem negativ auf die Kaufkraft der bulgarischen Landbevölkerung und damit auf ihre Bedeutung als Abnehmer von Industrieprodukten auswirkte, leitete der Bericht eine mehrfache Funktion einer Förderung der Veredelungswirtschaft ab. An erster Stelle ging es um die

> *„Nutzbarmachung des sich in dieser Wirtschaft in reichem Maße befindlichen besonderen Rohproduktes: der menschlichen Arbeitskraft. Damit wird erreicht werden 1. die Erhöhung des Ertrages der bulgarischen nationalen Wirtschaft überhaupt, 2. eine Verbesserung des Lebens-Standards des*

[157] A.a.O., Bl. 332.
[158] Ebd.
[159] A.a.O., Bl. 332f.
[160] A.a.O., Bl. 333.
[161] A.a.O., Bl. 334.

bulgarischen Volkes und 3. eine Erhöhung seiner Kaufkraft und im Zusammenhang damit seines Bedürfnisses, fremde Produkte – d. s. Industrie-Produkte zu konsumieren.“[162]

Worum es dem MWT im Zusammenhang der Veredelungswirtschaft also letztlich ging und was durch sie im Grunde nur verdeutlicht wurde, war nichts anderes als die Grundproblematik der sozioökonomischen Modernisierung Bulgariens: die Entwicklung einer ausdifferenzierten Volkswirtschaft, in der die Landwirtschaft so produktiv war, dass sie auch den deutschen Einfuhrbedarf befriedigen konnte, und in der die übrigen Wirtschaftszweige so weit entwickelt waren, dass sie redundante Arbeitskräfte aus dem Agrarbereich übernehmen und zugleich die Abnahme deutscher Industrieprodukte sicherstellen konnten.[163]

Neben dem Aufzeigen der mit der Veredelungs- und damit mit der Viehwirtschaft verbundenen Probleme konnte der MWT allerdings auch auf schon gemachte Fortschritte verweisen. So erläuterte etwa Kondov im Jahre 1941,[164] dass zwischen Anfang der 20er Jahre und Ende der 30er die Produktivität der bulgarischen Viehwirtschaft deutlich zugenommen habe. Seinen Angaben zufolge erreichte ihr Geldwert zwischen 1936 und 1940 gar eine Verdoppelung. Damit im Zusammenhang stand ihm zufolge der mit der Abnahme der Weideflächen verbundene Übergang von der Weidezucht zur Stallzucht, der wiederum von einem zahlenmäßigen Rückgang des Viehs insgesamt begleitet war. Die gleichzeitig angestiegene Produktivität der bulgarischen Viehwirtschaft belegte Kondov mit einem erheblichen Rückgang der Einfuhr tierischer Erzeugnisse seit Mitte der 20er Jahre[165] sowie mit einer teilweise mehrfachen Zunahme des Schlachtgewichts, die allerdings vor allem die Rinder betraf; bei den Schafen, die den Großteil des Nutzviehs ausmachten, fiel die Zunahme des Schlachtgewichts geringer aus.[166] Insgesamt also konnte nach Kondov der zahlenmäßige Rückgang des Tierbestandes durch die Produktivitätssteigerungen mehr als wettgemacht werden, was freilich nichts an dem an anderer Stelle beim MWT aufgezeigten Ausbaupotential der Viehwirtschaft änderte.

In Bezug auf den Außenhandel spielte nach Kondov Deutschland die größte Rolle. Im Jahre 1939 etwa gingen über drei Viertel, konkret 76,03 Prozent aller bulgarischen tierischen Produkte nach Deutschland. An erster Stelle standen hierbei die Hühnereier, gefolgt von Fleischprodukten und lebenden Tieren. Als Mangel wurde das Fehlen von Molkereiprodukten in der bulgarischen Ausfuhr genannt. Ohne diese konnte, so Kondov, der Export tierischer Erzeugnisse keine hohen Erträge erzielen.[167]

162 A. a. O., Bl. 335.
163 Vgl. Kapitel 2.3.
164 BA, R 8119F, P 6143, Bl. 300-306.
165 A. a. O., Bl. 304. Den Angaben zufolge ging zwischen 1925 und 1934 die Einfuhr von Fleisch auf ein Drittel, die von Käse auf ein Achtel zurück. Der Import von Butter und Fett wurde auf Null zurückgeführt.
166 A. a. O., Bl. 305. So konnte etwa bei Ochsen zwischen 1920 und 1938 das gesamte Schlachtgewicht von 98 200 kg auf 219 000 kg gesteigert werden, bei Schafen hingegen nur von 13 300 kg auf 15 100 kg.
167 A. a. O., Bl. 306.

Neben der Vieh- bzw. der Veredelungswirtschaft, die der MWT nach den oben dargestellten Überlegungen offenbar für ein lohnendes Feld für seine Entwicklungsarbeit betrachtete, bezog der Verein auch andere mit der Landwirtschaft in Verbindung stehende Wirtschaftszweige in seine Erwägungen mit ein. Hierunter fiel zum Beispiel die Konservenindustrie. Ihre Bedeutung bestand darin, landwirtschaftliche Produkte haltbar und damit transportfähig für den Handel zu machen, was der Wettbewerbsfähigkeit der bulgarischen Agrarwirtschaft auf den internationalen Märkten, dabei vor allem dem deutschen, zugute kommen sollte. Dieser Zusammenhang wurde auch in den Berichten des MWT klar hergestellt, wobei man für sich in Anspruch nahm, selbst der eigentliche Motor der Entwicklung in der Konservenbranche wie auch in der Landwirtschaft zu sein. Dabei formulierte der MWT das Ziel, Bulgarien zum „Gemüse- und Obstgarten" Europas zu machen, wobei die Konservenindustrie von entscheidender Bedeutung war. Sie sollte die Umgestaltung der Landwirtschaft begleiten, die unter anderem auf eine Verlagerung des Produktspektrums vom Getreide zu intensiven und in Bulgarien klimatisch begünstigten Kulturen abzielte. Funktion der Konservenindustrie war die bessere Vermarktbarkeit der neuen Produkte. Wörtlich hieß es:

> *„Die letzten Jahre, in denen Bulgarien sein wirtschaftliches Schicksal eng mit dem Reich verbunden hat, zeigen eine deutliche Umgestaltung der bulgarischen Agrarwirtschaft. Man kann sagen, dass Bulgarien auf dem Weg ist, der Gemüse- und Obstgarten von Europa zu werden. Der bulgarischen Konservenindustrie fällt hier eine wesentliche Rolle zu."*[168]

Für den MWT war die Förderung der Konservenindustrien nicht nur eine Begleitmaßnahme, sondern ein wesentliches Instrument zur Umgestaltung der bulgarischen Landwirtschaft. Denn die bessere Vermarktbarkeit von Erzeugnissen durch ihre Haltbarmachung setzte naturgemäß auch zusätzliche Anreize für ihre verstärkte Kultivierung. In diesem Zusammenhang konnte der MWT auf die Entwicklung der Pulpenproduktion verweisen, die sich in der zweiten Hälfte der 30er Jahre erheblich beschleunigt hatte:

> *„Hier ist besonders die Pulpenproduktion hervorzuheben, die sich vor allem für die Ausfuhr als eine sehr wichtige Industrie erwiesen hat und den Anbau von Erdbeeren, Aprikosen u. a. Obstkulturen stark gefördert hat. So betrug die Anbaufläche von Erdbeeren im Jahre 1936 400 Hektar, dagegen wurden im Jahre 1940 7000 Hektar mit Erdbeeren angebaut."*[169]

Begleitet war diese Ausdehnung des Obstanbaus von einer, nach MWT-Angaben, erheblichen Zunahme der Konservenwirtschaft insgesamt. Ein wesentliches auslösendes Moment war hierbei der Abessinien-Krieg von 1935/36, in dessen Folge Italien Handelssanktionen vonseiten des Völkerbundes auferlegt wurden. Dadurch, d. h. durch die gestiegene Nachfrage nach Tomatenkonserven, erfuhr die bulgarische Konservenindustrie einen ungeahnten Aufschwung, der in einer Verdoppelung des in ihr angelegten Kapitals innerhalb eines Jahres seinen Ausdruck fand.[170] Zwischen 1934 und 1938 stieg die Zahl der bulgarischen

[168] BA, R 8119F, P 6143, Bl. 300.
[169] A. a. O., Bl. 298.
[170] A. a. O., Bl. 297f.

Konservenfabriken von 18 auf 48, die Gesamtproduktionskapazität verdreifachte sich und die tatsächliche Produktion vervierfachte sich in diesem Zeitraum.[171]

Den Quellen nach zu urteilen, versuchte der MWT, seinen Mitgliedern nachdrücklich zu verdeutlichen, dass die Konservenindustrie in Bulgarien ein förderungswürdiger Wirtschaftszweig sei – und dies aufgrund seines Entwicklungspotentials und seiner Bedeutung sowohl für die heimische Landwirtschaft als auch für die Versorgung Deutschlands mit bulgarischen Agrarprodukten, d. h. in erster Linie Obst. Dementsprechend ging es um „eine rationelle Verwertung aller landwirtschaftlichen Güter", durch die Bulgarien in eine eigene unverzichtbare Funktion im deutsch dominierten mittel- und südosteuropäischen Großwirtschaftsraum hineinwachsen sollte.[172]

Neben dem Ziel, die Strukturen zur Weiterverarbeitung landwirtschaftlicher Produkte bzw. zu ihrer Haltbarmachung auszubauen, kam es freilich auch darauf an, den Ertrag pro Flächeneinheit zu steigern. Dies war indes nicht nur ein Problem des Einsatzes mechanischer Mittel, wie etwa von Landmaschinen, sondern auch der Erhöhung der Fruchtbarkeit des Bodens. Hierzu äußerten sich die *MMWT* ausführlich in Heft 10 des 7. Jahrganges vom 21. November 1941.[173] Demnach war aus Sicht des MWT die Frage der Erhaltung bzw. Wiederherstellung der Bodenfruchtbarkeit in Bulgarien „von brennender Wichtigkeit". Hierzu boten sich aus Sicht des MWT drei Methoden an: rationelle Fruchtfolgen, künstliche Düngung und eine Kombination aus beiden, welche als die wirkungsvollste erachtet wurde.[174]

An dieser Stelle zeigte der MWT-Bericht den Handlungsbedarf auf, der nach Ansicht des Vereins in der Problematik der Fruchtbarkeit des bulgarischen Ackerlandes bestand. Denn keine der drei erwähnten Methoden wurde, so die Analyse, in einer effizienten Weise angewandt. Was die Fruchtfolge betraf, so überwog den statistischen Angaben des Berichtes zufolge die Zweifelderwirtschaft mit über 71 Prozent in der Anwendung alle anderen Fruchtfolgeschemata bei Weitem; die Dreifelderwirtschaft beispielsweise brachte es nur auf 17,5 Prozent. Die dabei zum Anbau gelangenden Früchte waren in erster Linie Winterkorn wie etwa Weizen oder Roggen und Mais. Dazu führte der Bericht aus:

> *„Mais und Winterkorn entnehmen aber dem Boden ungefähr die gleichen Nährstoffe. Hackfrüchte und Schmetterlingsblütler, die für die Fruchtfolge sehr wichtig sind, spielen hingegen in der bulgarischen Landwirtschaft nur erst eine geringe Rolle."*[175]

Immerhin aber konnte der MWT für die Jahre von 1920 bis 1937 eine Zunahme des Anteils an Hackfrüchten und Schmetterlingsblütlern am Gesamtanbau von 8,6 Prozent auf

[171] A. a. O., Bl. 298.
[172] A. a. O., Bl. 299.
[173] A. a. O., Bl. 400-404. Vgl. Kapitel 4.1.
[174] A. a. O., Bl. 401. Vgl. dazu auch bulgarische Betrachtungen im Kapitel 4.
[175] Ebd.

14,2 Prozent feststellen. Insgesamt jedoch konstatierte er für den Bereich der Fruchtfolgen noch einen erheblichen Verbesserungsbedarf in Bulgarien.[176]

Auch der Einsatz von Dünger war nach Angaben des MWT in Bulgarien noch unzureichend. War die sogenannte Gründüngung, d. h. die Anwendung von Pflanzendünger im Land „noch völlig unbekannt", so kam pro Jahr und Hektar die nach MWT-Erläuterung ungenügende Menge von 3 000 Kilogramm Tierdünger zum Einsatz. Eine Steigerung dieser Menge schien indes unmöglich, da hierzu ein Ausbau der Viehzucht mit einer Erweiterung des Weidelandes nötig gewesen wäre, die, wie erwähnt, unter den gegebenen Umständen für nicht machbar erachtet wurde.[177] Demzufolge kam zunächst nur die Anwendung von Kunst- bzw. „Handelsdünger" in Frage. Dies war eine Stelle in den Strukturen der bulgarischen Landwirtschaft, an der Deutschland bzw. der MWT direkt ansetzen konnten, um die Produktivität des Agrarsektors zu steigern. Das Ergebnis war, wie der MWT selbst bilanzierte, eine praktisch ausschließliche Abhängigkeit der bulgarischen Einfuhr künstlicher Düngemittel von Deutschland. Mit Ausnahme des Jahres 1935 bezog Bulgarien seinen Handelsdünger ab 1934 annähernd zu 100 Prozent aus dem Reich. Möglich war dies aufgrund der ab 1935 weitgehend konstant bleibenden Preise. Zum Erfolg der Einführung von Kunstdünger in Bulgarien hieß es beim MWT:

> *„Der aus Deutschland stammende Handelsdünger wird hauptsächlich von der Bulgarischen Landwirtschaftlichen Gesellschaft – die das Deutsche Stickstoffsyndikat vertritt – eingeführt und im Land verteilt. Dank der gut organisierten und durchgeführten Propaganda dieser Gesellschaft ist es im Laufe von nur zehn Jahren gelungen, die Anwendung von Handelsdünger aus dem Versuchsstadium herauszuführen und die bulgarischen Landwirte von deren Bedeutung für die richtige Entwicklung ihrer Landwirtschaft zu überzeugen."*[178]

Im Ganzen war man beim MWT demnach optimistisch gestimmt, was die Verbesserung der Bodenfruchtbarkeit in der bulgarischen Landwirtschaft betraf. War die Anwendung sinnvoller Fruchtfolgen in erster Linie eine Frage der Ausbildung der Landwirte und der Einführung der richtigen Kulturen, so war der Einsatz von Kunstdünger, der im Land selbst nicht hergestellt wurde, abhängig von der Einfuhr aus Deutschland, wobei freilich auch hier Ausbildungsmaßnahmen zur sachgerechten Anwendung vonnöten waren. Davon, dass die Entwicklung hier in die richtige Richtung ging, wenn auch noch viel zu tun blieb, war man beim MWT überzeugt. Handlungsbedarf bestand vor allem in den Anbaugebieten von Getreide und Mais – den Kulturen also, die zum traditionellen Produktspektrum der bulgarischen Landwirtschaft gehörten und dementsprechend vorwiegend in den schwächer entwickelten Gebieten des Landes angebaut wurden. Die Tendenz deutete jedoch auf eine zunehmende Verbreitung von Kunstdünger hin:

> *„Die* [...] *mitgeteilten Zahlen für die Ertragssteigerung, die bei Handelsdüngerverwendung im Weizenanbau möglich ist* [...]*, lassen hoffen, dass die Verwendung des Handelsdüngers in den*

[176] Ebd.
[177] A. a. O., Bl. 401f.
[178] A. a. O., Bl. 403.

Getreide- und Maisgebieten, wo dieser [...] bisher noch kaum anzutreffen ist, schnelle Fortschritte machen wird."[179]

Woran der MWT indes keine Zweifel ließ, war der größere außenwirtschaftliche Zusammenhang, in dem derartige Modernisierungsmaßnahmen zu sehen waren. Auch im Rahmen der hier betrachteten Erörterungen zur Erhöhung der Bodenfruchtbarkeit wurde, wie etwa auch bei der Konservenindustrie, ausdrücklich darauf hingewiesen, dass der bulgarischen Landwirtschaft eine eigene Funktion zum allgemeinen Nutzen innerhalb des gemeinsamen Wirtschaftsgroßraumes zugedacht war:

„*Um einerseits die günstige Beziehung zwischen den Getreidepreisen und den Preisen für Handelsdünger und damit die Entwicklung der bulgarischen Landwirtschaft zu sichern und um andererseits zur Sicherung des Bedarfs des europäischen Wirtschaftsraumes dauernd beitragen zu können, ist also vom Standpunkt der Raumwirtschaft eine enge Zusammenarbeit der bulgarischen mit der deutschen Volkswirtschaft nötig.*"[180]

Was die Landwirtschaft insgesamt betraf, so machen diese Beispiele – Kreditwesen, Viehwirtschaft, Konservenindustrie, Bodendüngung, Bodenverteilung – deutlich, in welchen Bereichen die Entwicklungsarbeit des MWT vordringlich ansetzen wollte, d. h. wo sie unmittelbaren Handlungsbedarf, aber auch kurzfristige Erfolgschancen sah. Im industriellen Sektor hingegen ging es offenbar weniger um die Modernisierung der traditionell dominierenden Zweige als vielmehr um den Ausbau eines noch recht schwach entwickelten Bereiches – des Bergbaus. Diesen Eindruck jedenfalls vermitteln die Analysen der *MMWT*. Der traditionell stärksten bulgarischen Industrie, der Textilherstellung, wurde vergleichsweise wenig Beachtung geschenkt, und wenn, dann in erster Linie im Zusammenhang mit landwirtschaftlichen Aspekten, d. h. etwa dem Baumwollanbau oder der Schafzucht. Dies mag daran gelegen haben, dass die bulgarische Textilindustrie als etablierter Wirtschaftszweig die am weitesten entwickelte Industrie in Bulgarien war und dass demzufolge im Bereich der bulgarischen Textilherstellung vergleichsweise wenig Handlungsbedarf für deutsche Entwicklungsarbeit, wie etwa vonseiten des MWT, gesehen wurde. Dementsprechend waren Modernisierungsbestrebungen in der Textilfertigung nach dem Ersten Weltkrieg kontinuierlich vorangetrieben worden. Wie es schien, war dies einer der wenigen Bereiche, in denen Ende der 30er Jahre vergleichsweise hohe Standards bezüglich des Fachwissens und der technischen Ausstattung herrschten, die großenteils aus Mittel- und Westeuropa, aber beispielsweise auch aus Italien geliefert wurden.[181] Daher erscheint es folgerichtig, dass ausführlichere Erörterungen zur Modernisierung der bulgarischen Textilindustrie in den *MMWT* während der 30er Jahre nicht aufzufinden sind. Die Mitteilungen beschränkten sich in erster Linie auf die laufende Berichterstattung über aktuelle Ergebnisse der Ernten

[179] A. a. O., Bl. 404.
[180] Ebd.
[181] BA, R 8119F, P 6141, Bl. 117.

und der Förderung von Textilrohstoffen[182], wie etwa Baumwolle oder Seidenkokons,[183] die vor allem in den Bereich der Landwirtschaft fielen, oder Schafwolle, die im Zusammenhang mit der Viehzucht zu sehen war.

Allerdings schien sich diese Lage im Jahre 1941, d.h. nach dem Eintritt Bulgariens in den Krieg, zu ändern. Freilich ging es auch dann nicht in erster Linie um die Textilherstellung, sondern vielmehr um die Versorgung der bulgarischen Textilindustrie mit Rohstoffen, sprich vor allem mit Faserpflanzen. Auch hier wird deutlich, dass diese Problematik die deutsche Seite insbesondere in ihrer landwirtschaftlichen Dimension interessierte, die nun durch den Krieg eine neue Bedeutung erhielt. Denn bis dahin war die bulgarische Textilindustrie in hohem Maße von ausländischen Lieferungen abhängig gewesen. Einem Verbrauch von rund 10 000 Tonnen einheimischer Pflanzentextilien pro Jahr standen in der zweiten Hälfte der 30er Jahre rund 12 000 Tonnen eingeführter Pflanzentextilien gegenüber.[184] Bulgarien musste also daran interessiert sein, seine einheimische Produktion an Faserpflanzen zu intensivieren. Wie die *MMWT* mitteilten, wurden diesbezüglich vonseiten der bulgarischen Regierung Maßnahmen agrartechnischer, agrarökonomischer und agrarpolitischer Art ergriffen. Dabei handelte es sich zum einen um eine Verbesserung des Saatgutes, indem Hanf- und Flachssorten vor allem aus Italien und den baltischen Staaten eingekauft und chemisch behandelt wurden, zum anderen um eine verstärkte staatliche Rolle im Handel mit Faserpflanzen in Form von Preisfestsetzungen und der Einführung eines staatlichen Handelsmonopols verbunden mit einer Abnahmegarantie für die Bauern und zum dritten um zinslose Kredite zur Beschaffung der benötigten Ausrüstung. Nach Angaben des MWT hatten diese Maßnahmen ab Mitte der 30er Jahre Erfolge gezeigt und bei Baumwolle, Hanf und Flachs eine Zunahme sowohl der bebauten Fläche als auch der Hektarerträge gebracht.[185] Auch wenn der MWT in diesem Bereich keine konkreten Tätigkeitsfelder für seine Entwicklungsarbeit nannte, so bekundete er doch das deutsche Interesse an einem erfolgreichen Ausbau der bulgarischen Faserproduktion:

> *„Bei intensiven und systematischen Bemühungen* [...] *können auch Überschüsse, besonders an Hanf, Lein und Leinsamen erzielt werden, die der Versorgung Europas zur Verfügung stehen.“*[186]

Auch bei der Schafzucht war die Berichterstattung in den *MMWT* nicht besonders ausführlich. Gelegentlich tauchten kurze Notizen auf, in denen von der „Hebung der Schafzucht“ die Rede war, was zumeist gleichbedeutend war mit der Einfuhr von Schafrassen aus anderen Ländern, darunter auch aus Deutschland, zur Umkreuzung und damit zur Anhebung des Zuchtniveaus der bulgarischen Schafe.[187] Dies bedeutete indes nicht, dass es in Deutschland und speziell beim MWT nur ein untergeordnetes Interesse an der bulgarischen

[182] A. a. O., Bl. 278.
[183] A. a. O., Bl. 130, 158f, 170.
[184] BA, R 8119F, P 6137, Bl. 384.
[185] A. a. O., Bl. 386-388.
[186] A. a. O., Bl. 390.
[187] Vgl. z. B. BA, R 8119F, P 6144, Bl. 278.

Schafzucht gegeben habe. Vielmehr sind besonders zu Beginn der 40er Jahre ernsthafte Bemühungen um die Aufzucht der bulgarischen Schafe nachweisbar; diese fallen allerdings im Organisationsschema des MWT in den Bereich der Landwirtschaft und hier speziell der Viehzucht, so dass sie in den konzeptionellen Schriften nicht an herausgehobener eigener Stelle auftauchen. Dies ist vielmehr der Fall in den Tätigkeitsberichten des Vereins, auf die an anderer Stelle noch einzugehen ist.[188]

Bereiche, die in Bulgarien um 1940 noch in den Anfängen ihrer Entwicklung steckten, waren der Bergbau und das Verkehrswesen. Dementsprechend ausführlich äußerte sich der MWT in seinen internen Schriften über sie.

Was den Bergbau betrifft, so setzte auch hier, ähnlich wie bei der Textilherstellung, eine regelmäßige und genauere Betrachtung durch den MWT erst zu Beginn der 40er Jahre ein. Hier liegt es nahe, einen Zusammenhang mit der schlechter werdenden Rohstofflage Deutschlands und der „Achsenmächte" während des Zweiten Weltkriegs zu sehen. Von Interesse ist in diesem Zusammenhang etwa eine Schrift des Geologen Richard Stappenbeck von der Technischen Hochschule Berlin, die ab Juli 1942 in MWT-Kreisen verteilt wurde: „Südosteuropa. Materialien zur Bergwirtschaft. Die Erdölhöffigkeit und Erdölwirtschaft in Ungarn, den Balkanländern und der Türkei". Eingangs stellte Stappenbeck freilich sogleich fest, dass es in Bulgarien weder eine Erdölförderung gab noch nennenswerte Vorkommen bekannt seien. Im Gegensatz dazu hielt er allerdings die Ölschiefervorkommen im Lande für erwähnenswert, da sie, wie er anführte, bis zu 13 Prozent Öl ergeben konnten, das sich vorwiegend für Benzin, Schmieröl und Paraffinwachs verwenden lasse. Die Erzeugung von Rohöl aus den Schiefern hingegen, die unter den gegenwärtigen Umständen einen, wie er fand, zu großen Kapitalaufwand erforderte und eine zu geringe Qualität erbrachte, sei nur unter dem Gesichtspunkt der Unabhängigkeit von Ölimporten zu rechtfertigen.[189] An dieser Stelle wird deutlich, welche Position der MWT, d.h. hier der Autor Richard Stappenbeck, für Bulgarien im Rahmen des gemeinsamen Wirtschaftsgroßraumes bezüglich der Ölwirtschaft erwartete. Auch wenn er betonte, dass die laufenden Untersuchungen zur Erdölhöffigkeit Bulgariens noch nicht abgeschlossen seien und insbesondere im neu gewonnenen West-Thrakien förderungswürdige Vorkommen vermutet werden könnten,[190] so ließ er doch keinen Zweifel daran, dass Bulgarien angesichts seines derzeitigen Bedarfs ein Ölimportland war. Dies jedenfalls geht aus den von ihm vorgelegten Statistiken hervor, die einen stetigen Anstieg der Ölimporte seit Beginn der 20er Jahre anzeigen, die vorwiegend aus Rumänien stammten. Hinzu kam, dass die Kapazitäten Bulgariens zur Erzeugung und Verarbeitung von Ölen recht gering waren. Im Jahre 1940 gab es im Land fünf Fabriken mit insgesamt 63 Arbeitern, die Erdöl förderten sowie Industrieöl und Holzdestillate herstellten, wobei, am Geldwert gemessen, die dabei verwendeten eingeführten Rohstoffe ungefähr das Fünffache der einheimischen ausmachten. Es gab eine Raffinerie in Bulgarien

188 Vgl. z.B. BA, R 8119F, P 6143, Bl. 232-251, hier: Bl. 243.
189 BA, R 8119F, P 6144, Bl. 327f.
190 A.a.O., Bl. 326f.

mit einer Kapazität von 3500 Tonnen pro Jahr, der ein Gesamtbedarf an Mineralölen von 100 000 Tonnen gegenüberstand.[191]

Sah man demnach beim MWT keine hervorragenden Perspektiven für eine Entwicklung Bulgariens als Erdölförderland, so maß der Verein dem eigentlichen Bergbau, d. h. dem Abbau von Kohle, Metallen und Erzen, eine, wie es scheint, wesentlich größere Bedeutung bei. In den *MMWT* vom 20. Mai 1941 ging man ausführlich auf die verschiedenen bekannten bulgarischen Vorkommen und ihre Abbauwürdigkeit ein.[192] Im Vordergrund standen dabei eindeutig Braunkohle und Erze. Die Steinkohlevorkommen wurden aufgrund ihrer Verstreutheit als wirtschaftlich unbedeutend angesehen. Beim Braunkohleabbau hingegen war von „großen ausgedehnten Vorkommen" die Rede. Wie aus den Darlegungen der *MMWT* deutlich wird, betrachtete man auf deutscher Seite die Braunkohleförderung bereits als gut entwickelt. Dementsprechend waren in der Tat ausländische Investoren bereits seit mehreren Jahrzehnten im bulgarischen Bergbau tätig, darunter auch an vorderer Position deutsche Unternehmen. Ein prominentes Beispiel hierfür war die Granitoid AG, welche die Grube „Pirin" ausbeutete und auch an der Grube Pernik beteiligt war.[193] Beiden Gruben war auch je eine Brikettfabrik zugeordnet, welche die Weiterverarbeitung der geförderten Kohle übernahm. Die deutsch geleitete „Kreditbank A.G.", Sofia, fungierte zu wesentlichen Teilen als Geldgeber für diese Unternehmungen.[194]

Noch eingehender als den Kohlebergbau behandelten die *MMWT* den Erzbergbau. Hier schien noch eine intensivere Informations- wie auch Entwicklungsarbeit vonnöten zu sein, denn der „Erzbergbau steht noch am Anfang seiner Entwicklung".[195] Besondere Beachtung unter den Erzen fanden seitens des MWT zum einen die Kupfererze. Hier stellte man einen sehr geringen Abbau im Bezirk Panagjurište in Zentralbulgarien fest, der wenige 1 000 Tonnen pro Monat erbrachte. Geleitet wurde er von einem französischen Investor. Wichtige, vom Staat übernommene Gruben befanden sich außerdem in der Nähe von Burgas am Schwarzen Meer. Ihr verstärkter Abbau sollte, laut den *MMWT*-Angaben, nach Regierungsplänen zur Herstellung von Kupfersulfat verwendet werden.[196] Zum anderen konzentrierte man sich beim MWT auf die Blei- und Zinkerze, die 1941 allerdings nur in geringen Mengen abgebaut wurden. Hier jedoch hatte sich zu dieser Zeit bereits ein neu gebildetes deutsches Konsortium eingeschaltet. In diesem Rahmen hatte die Granitoid reichhaltige Vorkommen erschlossen und die deutschen Investoren Felten-Guilleaume und Otto Wolf für die Mitarbeit gewonnen.[197] Auch südlich von Plovdiv war die deutsche Privatwirtschaft bereits tätig: Die „Erzgesellschaft zur Erschließung von Nichteisenmetall-

[191] A. a. O., Bl. 331.
[192] BA, R 8119F, P 6143, Bl. 316-319.
[193] A. a. O., Bl. 317. Vgl. auch Kapitel 5.4.
[194] Ebd.
[195] A. a. O., Bl. 316.
[196] A. a. O., Bl. 317.
[197] A. a. O., Bl. 318.

lagerstätten mbH", Berlin, untersuchte dortige Bleierzvorkommen.[198] Beachtenswert waren aus Sicht des MWT außerdem Eisen, Manganerze und Chromerze sowie Molybdän, deren Vorkommen zum Teil von deutschen Gesellschaften überprüft wurden.[199]

Insgesamt jedoch schien für den MWT eine Schwerpunktsetzung für deutsches Engagement bei der Braunkohle und bei den Blei- und Zinkerzen am lohnendsten zu sein. Was letztere betraf, eröffnete sich der deutschen Wirtschaft aufgrund der reichhaltigen Vorkommen ein weites Betätigungsfeld, zumal eine Infrastruktur für den Abbau erst rudimentär vorhanden war. Bei der Braunkohle traf der MWT in Bulgarien bereits auf recht gut ausgebaute Förderstrukturen,[200] wobei allerdings auch hier noch weitere Untersuchungs- und Erschließungsprojekte bevorstanden. Das deutsche Interesse am bulgarischen Braunkohlebergbau erstreckte sich dabei auf zwei Bereiche: zum einen auf den Bergbau selbst, an dem deutsche Unternehmen, wie erwähnt, direkt oder indirekt beteiligt waren, wenn auch mit etwa 80 Prozent der Hauptteil der Kohlenförderung in staatlicher Hand lag, und zum anderen auf seine gesamtwirtschaftliche Bedeutung:

> *„Die bulgarischen Kohlenbergwerke spielen, soweit sie sich im staatlichen Besitz befinden, eine außergewöhnlich große Rolle in der bulgarischen Wirtschaft. Die Entwicklung der Industrie und des Eisenbahnverkehrs in Bulgarien erfolgte Schritt für Schritt mit der Steigerung der Kohlenproduktion des Landes."*[201]

Im Zusammenhang mit dem Kohlebergbau wurden also an dieser Stelle zwei Bereiche des wirtschaftlichen (und sozialen) Lebens erwähnt, die von grundlegender Bedeutung für die Entwicklung der Gesamtwirtschaft in Bulgarien waren: Industrie und Eisenbahn. Sie wurden in *MMWT* wiederholt zum Gegenstand eingehender Erörterungen gemacht. Was die einzelnen Teilbereiche des industriellen Sektors betraf, so ging die Zeitschrift nicht nur, wie bereits gezeigt, auf solche Branchen ein, die in direkter Verbindung zur Landwirtschaft standen, d. h. auf die Weiterverarbeitung oder Haltbarmachung von Agrarprodukten spezialisiert waren, sondern auch besonders auf einen Industriezweig, der weitgehend unabhängig von der Landwirtschaft zu existieren hatte: die metallverarbeitende Industrie. Nicht weniger wichtig war für den MWT das bulgarische Verkehrswesen, da die Intensivierung des bulgarischen Handels, also des Warenverkehrs, einer der zentralen Punkte in den deutschen Südosteuropaplänen war.

Im Rahmen dieser Erörertungen kam der MWT in seiner Zeitschrift zu der Erkenntnis, dass die gesamte bulgarische Industrie in Ermangelung eines nennenswerten eigenen metallverarbeitenden Zweiges von Anfang an vom Ausland abhängig war. Die Bemühungen, diesem Zustand abzuhelfen, resultierten zwar in der Errichtung einer bulgarischen Metallindustrie, diese erreichte jedoch bis Ende der 30er Jahre nicht die notwendigen Kapazitäten, um den Bedarf im Land zu decken. Nach wie vor mussten Maschinen sowie Maschinener-

198 Ebd.
199 A. a. O., Bl. 318f.
200 Vgl. Kapitel 2.1.
201 A. a. O., Bl. 83.

satzteile im Wesentlichen importiert werden, was, wie die *MMWT* betonten, „sehr nachteilig und kostspielig für die Produktion war".[202] Nach den vom MWT herangezogenen Statistiken aus den Jahren 1938 und 1939 hatten sich in der bulgarischen Metallindustrie insgesamt vier Zweige etabliert. Den größten bildeten die Bereiche der metallverarbeitenden Industrie, die sich der Produktion von Werkzeugen, Blechen, Röhren, Nägeln und ähnlichem widmete. Sie bestanden aus insgesamt neun Betrieben mit knapp 5 000 Mitarbeitern und einer mechanischen Antriebskraft von knapp 9 000 Pferdestärken. Darauf folgte der Maschinenbau, der vor allem Agrar- und Industriemaschinen, aber auch elektrische Geräte produzierte, mit 34 Betrieben, knapp 1 500 Mitarbeitern und 1 700 PS. Von wesentlich geringerer Bedeutung waren hingegen der Fahrzeugbau, der sich in erster Linie dem Bau von Nutzfahrzeugen und Reparaturarbeiten widmete, mit fünf Betrieben, sowie die Feinmechanik mit acht Betrieben.[203] Aus MWT-Sicht entscheidend war allerdings weniger die absolute Größe der bulgarischen Metallindustrie als vielmehr ihr prozentualer Anteil am gesamten industriellen Sektor des Landes. Laut den vom MWT verwendeten statistischen Informationen von 1938 machte die Metallindustrie sowohl was die Zahl der Betriebe, als auch die der Mitarbeiter wie auch den Geldwert der Produktion und des Inlandsabsatzes betraf, rund fünf Prozent der gesamten Industrie aus. Demgegenüber verbrauchte sie aber über 15 Prozent der eingeführten Rohstoffe, „mit anderen Worten", so folgerten die *MMWT*, „Bulgarien fehlen Rohstoffe für die Metallindustrie."[204] Aus der Perspektive des MWT verfügte die bulgarische Metallindustrie demnach nicht über die im Land benötigten Kapazitäten, auch wenn in den erwähnten Zahlenwerken weder die staatlichen Eisenbahnwerkstätten noch die Rüstungsbetriebe berücksichtigt waren. Die Diskrepanz zwischen Bedarf und Produktionskapazität veranschaulichten die *MMWT* jedenfalls noch mit der Angabe, dass die Einfuhr von Metallen und Metallerzeugnissen über 54 Prozent der bulgarischen Gesamtimporte ausmachte.[205] Die Möglichkeit, diese Zustände entscheidend zu ändern, sah man beim MWT indes offenbar nicht. Daran änderten auch die oben skizzierten Erwartungen nichts, den Erzbergbau zu intensivieren und damit der Metallindustrie ein neues Rohstoffpotential zu erschließen. Zwar konstatierte man, dass auch dieser Wirtschaftszweig von der bulgarischen Gesetzgebung zur Förderung der Industrien[206] profitiert habe, auf lange Sicht glaubte man aber nicht, dass sich das Gewicht der bulgarischen Metallindustrie innerhalb der Gesamtwirtschaft signifikant erhöhen würde:

> *„Es darf nicht unerwähnt bleiben, dass eine Metallindustrie in Bulgarien nicht die wirtschaftlichen Gegebenheiten und Möglichkeiten des Landes überbieten kann. Sie wird stets nur eine ergänzende Industrie sein."*[207]

[202] A. a. O., Bl. 319f.
[203] A. a. O., Bl. 320f.
[204] A. a. O., Bl. 321.
[205] A. a. O., Bl. 321f.
[206] Vgl. Kapitel 2.2 und 2.3.
[207] BA, R 8119F, P 6143, Bl. 322.

Diese Meinung entsprach freilich nicht nur dem Bild, das der MWT vom Entwicklungspotential der bulgarischen Industrie hatte, sondern auch den deutschen Interessen, die mit der Idee von der gemeinsamen Großraumwirtschaft verknüpft waren. In diesen Plänen war die Rolle des Lieferanten von industriellen Fertigwaren, wie zum Beispiel auch von Maschinen und anderen Metallprodukten, vor allem Deutschland vorbehalten, während Bulgarien eher hochwertige Agrarprodukte beisteuern sollte. Zwar war die Möglichkeit einer Industrialisierung Bulgariens, wie auch der anderen Südostländer, von deutscher Seite auch dann akzeptiert worden, wenn sie zu einer Substitution bisher aus Deutschland gelieferter Erzeugnisse führen sollte, eine gezielte Förderung einer solchen Entwicklung war aber, wie es den Anschein hat, kein Anliegen und somit auch kein Betätigungsfeld des MWT.

Anders lagen die Dinge beim Verkehrswesen. Es musste in jedem Falle eine zentrale Stellung in den deutschen Konzepten haben, sollte der anvisierte Großwirtschaftsraum Wirklichkeit werden. Diese Tatsache schlug sich in mehreren ausführlichen Erörterungen des MWT über das bulgarische Verkehrswesen nieder, die vor allem ab Beginn der 40er Jahre erstellt wurden. Hierbei handelte es sich beispielsweise um den „Sonderbericht 1" vom Juli 1940[208] sowie um einen Reisebericht des Botschafters z. V. v. Hassell vom März/April 1941, in dem speziell die Verkehrsverhältnisse thematisiert wurden.[209] Hinzu kamen Lageberichte und verschiedenerlei Korrespondenz bezüglich laufender Ausbauarbeiten am Verkehrsnetz.

Den besten Einblick in die deutsche Sicht auf das bulgarische Verkehrswesen gewähren in jedem Falle der Sonderbericht und der Reisebericht. Mit ihrem Umfang von immerhin jeweils zwölf maschinengeschriebenen Seiten weisen sie eine hohe Ausführlichkeit auf und behandeln verschiedene Teilbereiche der Thematik in ihrer historischen Dimension, der gegenwärtigen Lage, den Ausbauplänen für die Zukunft und der Relevanz für die deutschen Wirtschaftsinteressen. Zunächst fällt dabei auf, dass sich das Interesse des MWT vorrangig auf die Eisenbahnen und die Schifffahrt richtete. Der Straßenbau, d.h der motorisierte Individualverkehr, blieb im Sonderbericht vollkommen unerwähnt, lediglich im Reisebericht fand er marginale Beachtung. Erklären lässt sich dieser Sachverhalt wohl am ehesten mit der auch den Quellen zu entnehmenden Auffassung auf deutscher Seite, dass es in erster Linie Eisenbahn und Schifffahrt waren, die Bulgarien an das internationale Verkehrsnetz anbanden und somit auch von hoher Bedeutung für seinen Außenhandel und damit für die Großraumpläne waren. Der Straßenverkehr hingegen war demnach nur von lokaler Wichtigkeit. So schrieb etwa Hassell in seinem Reisebericht über eine Besprechung mit Generaldirektor Mitov von der Bauabteilung der deutschen Speditionsfirma Schenker, die im deutsch-bulgarischen Handel eine wichtige Rolle spielte:[210]

> „[...] *er war sehr erfreut und stimmte lebhaft zu, als ich die Wichtigkeit des kleineren Zubringerverkehrs gegenüber internationalen Straßen und Bahnen voranstellte. Nach seiner Ansicht sind*

[208] A. a. O., Bl. 47-59.
[209] BA, R 8119F, P 6136, Bl. 317-329.
[210] Vgl. Kapitel 5.4.

> *für Bulgarien unter diesem Gesichtspunkt Bahnen wichtiger als Straßen, während Wasserwege (abgesehen von der Donau) kaum in Frage kommen.*“[211]

Mit dem bestehenden Netz solcher kleineren Zubringerstraßen war Hassell indes offenbar recht zufrieden und hielt es nicht für notwendig, es zum Gegenstand ausführlicher Erörterungen zu machen. Er ließ es bei folgender Feststellung bewenden:

> „*Auch das Straßennetz ist nicht ganz unbefriedigend, wenn auch der Verstärkung, und vor allem der Verbesserung der Qualität bedürftig.*“[212]

Wie in Hassells Reisebericht, so lag stattdessen auch im Sonderbericht der Schwerpunkt eindeutig auf dem Schiffs- und Bahnverkehr. Zu letzterem bot der Sonderbericht eingangs einen kurzen historischen Überblick. Er verdeutlichte, dass in den Anfängen im 19. Jahrhundert Eisenbahnen Bulgarien ausschließlich als Transitland für den Handel zwischen West- bzw. Mitteleuropa und dem Nahen Osten nutzten – ein Zweck, der auch gegenwärtig noch zentrale Bedeutung besaß.[213] Dies galt sowohl für die noch zu osmanischer Zeit unter britischer bzw. österreichisch-ungarischer Leitung gebauten Linien Ruse – Varna und Belovo – Svilengrad als auch für die erste, vollständig unter Leitung des bulgarischen Staates angelegte Linie Caribrod – Sofia – Belovo, die im Jahre 1888 eröffnet wurde und „einen Teil des internationalen Eisenbahnwegs von West- und Zentraleuropa nach Konstantinopel und dem Nahen Osten“ bildete.[214] Ermöglicht worden war der Bau dieser Linie nach der Errichtung eines staatlichen Monopols für das Eisenbahnwesen im Jahre 1885. Ihr folgte auch die schrittweise Verstaatlichung der vormals privaten Linien, so dass die Eisenbahnen zum größten maschinell geprägten Unternehmen des Landes aufstiegen.[215]

Neben dem historischen Überblick bot der Bericht eine Bestandsaufnahme des gegenwärtigen Zustandes des bulgarischen Eisenbahnnetzes. Es umfasste im Jahre 1940 eine Länge von rund 3 500 Kilometern, nachdem ab Mitte der 20er Jahre die Erweiterung beschleunigt vorangetrieben worden war und ungefähr 100 Kilometer pro Jahr betrug, so dass der MWT einen baldigen Ausbau auf über 5 000 Kilometer erwartete.[216] Aus seiner Sicht gab es in Bulgarien neben der Transitlinie von 1888 fünf Linien von größerer Bedeutung, d. h. von Wichtigkeit für den Warenverkehr. An erster Stelle stand die Verbindung Sofia – Varna, die sowohl von Personen als auch von Waren am stärksten frequentiert war. Daneben gab es die Linie Sofia – Plovdiv – Burgas, die die kürzeste Verbindung zwischen der Hauptstadt und dem Schwarzen Meer bildete. Eine Verbindung zwischen Rumänien und Istanbul sollte in Kürze der Ausbau der Linie Ruse – Stara Zagora – Momčilovgrad herstellen. Außerdem war die Line Sofia – Kulata von Bedeutung für die Verbindung zwischen Nord- und Südbulgarien. Geplant war zudem die baldige Fertigstellung der Unteren Balkanlinie, die Sofia noch

211 BA, R 8119F, P 6136, Bl. 317.
212 A. a. O., Bl. 320.
213 BA, R 8119F, P 6136, Bl. 318.
214 BA, R 8119F, P 6143, Bl. 48.
215 A. a. O., Bl. 48f.
216 A. a. O., Bl. 49.

schneller als bisher mit Burgas verbinden und damit den Transport leicht verderblicher Waren erleichtern sollte, die auf dem Seeweg nach Bulgarien eingeführt wurden.[217] Außerdem geplant war für das laufende Jahr der Bau von Linien an die Grenzen der vier Nachbarländer Rumänien, Jugoslawien, Griechenland und Türkei – Vorhaben also, die der Verwirklichung der deutschen wirtschaftlichen Großraumpläne zusätzlich entgegenkamen.[218]

Der Ausbau, vor allem aber auch die Verbesserung der bulgarischen Eisenbahnlinien stießen indes auf das besondere Interesse des MWT. Dies lag zum einen daran, dass um 1940 das nötige Material, das ohnehin vorwiegend aus dem Ausland beschafft werden musste, nun zumeist aus Deutschland geliefert wurde. Hierzu gehörten beispielsweise deutsche Lokomotiven, die eine größere Zugkraft und Geschwindigkeit hatten, zugleich aber auch schwerer waren als die bisher verwendeten, so dass der Unterbau des bulgarischen Streckennetzes verstärkt werden musste.[219] Zum anderen aber und eigentlich in erster Line waren die Verbesserungen am bulgarischen Eisenbahnmaterial insoweit von Interesse für die deutsche Wirtschaft, als es um den effizienten Transport derjenigen Güter ging, die nach Deutschland exportiert werden sollten. Dementsprechend legte der MWT sein besonderes Augenmerk auf den Bestand an Waggons in Relation zum Verkehrsaufkommen. Vor allem vermisste man Kühlwagen, wobei dies eng mit den deutschen Handelsinteressen zusammenhing. Gerade der Transport von Obst und Gemüse sowie tierischen Produkten, wie etwa Geflügelfleisch oder Eiern, leicht verderblichen Waren also, erforderte Kühlwagen in großer Zahl – und dies umso mehr angesichts der klimatischen Verhältnisse in Bulgarien. Die Anzahl von 500 Kühlwagen bei insgesamt 10 000 Güterwagen schien den Fachleuten des MWT eindeutig zu gering. (An sogenannten „ausgesprochenen" Kühlwagen wurden sogar nur 62 gezählt, die in der Hochsaison einem Bedarf von 400 gegenüberstanden.[220]) Aber auch generell waren die Transportkapazitäten ungenügend. Dies wurde hauptsächlich deutlich angesichts der großen saisonbedingten Schwankungen beim Güteraufkommen, das durch den agrarischen Charakter der bulgarischen Volkswirtschaft bedingt war. Nach Angaben des MWT führte das dazu, dass zum Beispiel im Oktober durchschnittlich 45 000 Güterwaggons beladen wurden, im März dagegen nur 15 000, also nur ein Drittel.[221] Diese Kapazitätsauslastung wurde jedoch nicht nur durch die Ausfuhr bulgarischer Agrarprodukte erreicht, sondern auch durch die gestiegene bulgarische Einfuhr von Spezialgütern, die ebenfalls im Lichte der bilateralen Beziehungen zu Deutschland zu betrachten ist. Hierzu gehörten unter anderem industrielle Fertigwaren und Maschinen, aber auch lebende Tiere und andere organische Waren, wie etwa Saatgut oder Schafe, die beispielsweise zur Aufzucht bzw. zur Einführung neuer Sorten benötigt wurden.[222] Die Zunahme des Güterverkehrs bei den bulgarischen Eisenbahnen vermittelt einen Eindruck davon, in welchem Maße wäh-

[217] A. a. O., Bl. 50.
[218] A. a. O., Bl. 52.
[219] A. a. O., Bl. 49 u. 52.
[220] A. a. O., Bl. 53.
[221] A. a. O., Bl. 51.
[222] A. a. O., Bl. 52.

rend der zweiten Hälfte der 30er Jahre die Intensität des bulgarischen Handels wuchs und wie sich dies auf den Bedarf an Transportkapazitäten auswirkte. Zwischen 1935 und 1939 stieg der Güterverkehr nach MWT-Angaben um 41 Prozent, die Beförderung von Postpaketen gar um 135. Auch der Personenverkehr erlebte einen rasanten Aufschwung: Im selben Zeitraum betrug er 62 Prozent.[223]

Wie sehr indes dieser Kapazitätsmangel der bulgarischen Eisenbahnen – es war bereits die Rede von einer „Waggonkrise" – in Zusammenhang mit den deutsch-bulgarischen Handelsbeziehungen gesehen werden muss, zeigt der Ausblick, den der MWT am Ende des Abschnittes über das Bahnwesen in seinem Sonderbericht brachte: Er verwies auf die Impulse, die dieser Mangel auf anderen Gebieten setzte. So resultierte dies insbesondere im Hinblick auf den Transport verderblicher Waren in verstärkten Bemühungen, neue Verfahren zur Haltbarmachung von Obst und Gemüse einzuführen.[224]

Der Reisebericht von 1941 bestätigte im Wesentlichen diese Bestandsaufnahme durch den ein Jahr zuvor verfassten Sonderbericht, ging jedoch stärker auf Betätigungsmöglichkeiten für deutsche Firmen beim Ausbau des bulgarischen Verkehrsnetzes ein. Ferner verwies er auf organisatorische Hemmnisse bei der Verbesserung des Eisenbahnnetzes wie etwa die Tatsache, dass der Aufgabenbereich der Eisenbahnbauten nicht in die Zuständigkeit des Eisenbahnministeriums fiel.[225] Die Möglichkeiten der deutschen Mitwirkung beim Ausbau sah der Verfasser des Berichtes, Botschafter z. V. v. Hassell, vorwiegend in der Bereitstellung von Maschinen und Material, wohingegen ihm bulgarische Mitglieder des MWT signalisiert hätten, dass eine direkte deutsche Beteiligung bei der Durchführung der Baumaßnahmen auf Widerstand stoßen würde. Man sagte ihm,

> *„in Bezug auf Eisenbahnen, Häfen usw. würden die Bulgaren sehr eifersüchtig sein und alles nach Möglichkeit allein machen wollen."*[226]

Dennoch stellte Hassell auf seiner Reise offenbar eine große Aufgeschlossenheit und Zustimmung von bulgarischer Regierungsseite gegenüber den Plänen des MWT fest. Von Finanzminister Božilov hatte er die Zusage eines Exposés über „die deutsche Mitarbeitsmöglichkeit an dringenden, realisierbaren Projekten" erhalten. Auch seine Besprechung mit Bauminister Vasilev war offenbar harmonisch verlaufen:

> *„Ich habe mit ihm nacheinander an der Hand von Karten das Straßennetz und Eisenbahnnetz, die Elektrifizierung des Landes und die Donaufrage durchgesprochen. Meinem erläuternden Vortrag über die Ziele des MWT stimmte er lebhaft zu, besonders den Bestrebungen, ein wildes Rennen deutscher Firmen [...] möglichst einzudämmen."*[227]

Die Projekte, die in diesem Zusammenhang in Angriff zu nehmen waren, sollten Hassell zufolge neben der Erweiterung des Eisenbahnnetzes und den Waggons vor allem auch Ver-

223 Ebd.
224 BA, R 8119F, P 6143, Bl. 53.
225 BA, R 8119F, P 6136, Bl. 317.
226 A. a. O., Bl. 319.
227 A. a. O.

besserungen der bestehenden Strecken zum Ziel haben. Hierzu gehörten unter anderem „eine Verminderung der Steigungen, Vergrößerung der Krümmungen, Erweiterung und Vergrößerung einiger Bahnhöfe usw.“[228] Als weiteres Problem kam nach Hassell bzw. den von ihm kontaktierten bulgarischen Stellen die Eingleisigkeit der meisten Strecken hinzu. Hauptbetätigungsfeld für Deutschland war seiner Meinung nach aber die Lieferung von Eisenbahnmaterialien:

> *„Hinsichtlich des Bahnmaterials wird Bulgarien sehr stark auf Deutschland angewiesen sein. Stark fühlbar ist z. Zt. das Bedürfnis nach Schienen. Nötig sind besonders auch Ausweichstellen und verlängerte Gleisanlagen auf Bahnhöfen. Ein vom Verkehrsminister stark betonter Artikel sind Signalapparate. Lokomotiven werden in Bulgarien nicht hergestellt, Waggons in sehr bescheidenem Umfang.“*[229]

Der zweite große Bereich des bulgarischen Verkehrswesens, der für den Handel mit Deutschland von großer Bedeutung war, war die Schifffahrt. Auch hier war man, ähnlich wie beim Bahnwesen, in erster Linie besorgt über den Mangel an Transportkapazitäten. Diesen führte man jedoch, wie der Sonderbericht betonte, gerade auf die Intensivierung des bulgarischen Außenhandels nach der Weltwirtschaftskrise unter dem Vorzeichen der Bilateralisierung der bulgarischen Wirtschaftsbeziehungen zu Deutschland zurück.[230] Ein konsequenter Ausbau der Donau- und Schwarzmeerhäfen sei daher erst 1935 eingeleitet worden. Die wichtigsten dieser Häfen waren aus der Sicht des MWT Varna und der vorwiegend militärisch genutzte Hafen Burgas am Schwarzen Meer sowie Ruse, Vidin und Lom an der Donau. Auf dem Meer wurden im Wesentlichen drei Linien befahren: die Küstenlinie, die Ägypten-Palästina-Linie, die vor allem die Levante bediente, und die Mittelmeer- und Kontinental-Linie, die westeuropäische Häfen ansteuerte.[231] Die Wichtigkeit der Handelsschifffahrt für die deutsch-bulgarischen Wirtschaftsbeziehungen ergab sich nach MWT-Angaben aus dem Anteil des Schiffstransportes am gesamten Warenverkehr zwischen beiden Ländern: Er betrug 64,5 Prozent, also knapp zwei Drittel, wobei der Transport auf dem Meer ein leichtes Übergewicht gegenüber dem auf der Donau hatte.[232]

Die Aufgaben, die sich aus Sicht des MWT und Hassells nach Absprache mit den bulgarischen Behörden für die Verbesserung der bulgarischen Schifffahrt ergaben, erstreckten sich sowohl auf den Ausbau der Häfen als auch auf den Schiffsbau. Bei den Wasserwegen selbst sah man kaum Möglichkeiten für einen sinnvollen Ausbau; lediglich eine Regulierung der Flüsse zur effektiveren Bewässerung der landwirtschaftlichen Nutzflächen wurde in Betracht gezogen.[233] An den Häfen indes sah man mehrere Ansatzpunkte für eine rationellere Gestaltung des Warenumschlags. Hierbei war unter anderem an technische „Einrichtungen für die schnelle Beförderung von Stück- und Massengütern“ gedacht, wie etwa

[228] Ebd., Bl. 322.
[229] A. a. O., Bl 324.
[230] BA, R 8119F, P 6143, Bl. 53.
[231] A. a. O., Bl. 54f.
[232] A. a. O., Bl. 56.
[233] BA, R 8119F, P 6136, Bl. 320.

elektrischen Kränen, deren Installation in Varna, Burgas und Ruse bereits begonnen hatte. Zudem forderte man laut MWT die Einrichtung von modernen Lagerräumen an den Häfen für landwirtschaftliche Produkte, d. h. speziell für Getreide. Diesbezüglich bilanzierte der Hassell'sche Reisebericht:

> *„In erster Linie ist es erforderlich, dass in den Häfen Warna, Burgas und Russe die benötigten Silos mit Rauminhalt von je 25 000, 15 000 und 10 000 Tonnen, mit Trocknungsinstallationen und den nötigen Umschlagselevatoren errichtet werden. Die Vorbereitungsarbeiten zum Bau von Silos in Warna, Burgas und Ruse befinden sich im Endstadium, und die Verwirklichung dieser Bauten hängt nur von der Sicherung der nötigen Finanzmittel ab.“*[234]

Ebenso wurde die Erweiterung anderer technischer Einrichtungen, wie etwa Eisenbahnverschiebelinien, Hafenwerkstätten oder Signalanlagen, d. h. Leuchttürmen und Kurzwellensendern, gefordert. Außerdem hielten MWT und bulgarische Behörden administrative Verbesserungen für notwendig, worunter man in erster Linie den Abbau von Zollformalitäten durch die Einrichtung von Freihafenzonen verstand.[235] Die wiederholte Erwähnung des Donauhafens Ruse in diesem Kontext durch den Reisebericht hing indes damit zusammen, dass der Gütertransport über den Fluss seit Beginn des Zweiten Weltkriegs erheblich zugenommen hatte. Der Grund dafür lag in der nunmehr praktisch ausschließlichen Ausrichtung des bulgarischen Außenhandels nach Zentraleuropa.[236] Die geforderten technischen Verbesserungen an den Donauhäfen waren im Wesentlichen die gleichen wie an den Seehäfen, lediglich mit dem Unterschied, dass die Anlage bestimmter flussspezifischer Einrichtungen, wie etwa Schiffsaufschleppen, als notwendig erachtet wurde. Vor allem ging es dabei um den Hafen Ruse, dem nunmehr eine zentrale Rolle als Verbindung im Handel zwischen Mitteleuropa und dem Nahen Osten zugeschrieben wurde:

> *„Durch seine Lage ist der Hafen Ruse unser Haupttransithafen als Verbindungspunkt auf dem Weg von Zentraleuropa nach dem nahen Osten. Die Errichtung von entsprechenden Quaimauern, Hallen und technischen Vorrichtungen für den Umschlag von Stück- und Massengütern sowie von Getreide erscheint als eine dringende Voraussetzung für die günstige Entwicklung des Verkehrs in diesem Hafen, wofür die erforderlichen wirtschaftlichen Voraussetzungen vorhanden sind.“*[237]

Wie erwähnt, wurde zur der Zeit, als Hassell seinen Reisebericht erstellte, zwar noch ein geringerer Teil des bulgarischen Außenhandels über die Donau als über die See abgewickelt, es waren aber immerhin schon über 35 Prozent. Diese Entwicklung hatte neben den beschriebenen infrastrukturellen Aspekten auch Auswirkungen auf die Anforderungen an den Bau von Schiffen, die speziell auf der Donau einsetzbar waren. Im Bericht hießt es hierzu:

> *„Die Vergrößerung des Schiffsbestandes auf der Donau ist von besonderer Bedeutung für eine Steigerung des Transits vom nahen Osten nach Deutschland.“*[238]

[234] A. a. O., Bl. 326.
[235] A. a. O., Bl. 327.
[236] Ebd.
[237] A. a. O., Bl. 327a.
[238] A. a. O., Bl. 328.

Die Bedeutung der Donauschifffahrt war indes nicht nur handelspolitischer Art, sondern es ergab sich hier vielmehr ein Betätigungsfeld für deutsche Fachleute:

> *„Eine wichtige Bedingung für die einwandfreie Durchführung der projektierten Schiffsbauobjekte erscheint die fachmännische Ausbildung des technischen Personals auf der Werft, was mit der Anwesenheit von deutschen Schiffsbaufachleuten dortselbst verbunden sein wird.“*[239]

Darüber hinaus wies der Bericht auf die Schwierigkeiten bei der Beschaffung der nötigen Materialien aus Deutschland hin.[240]

Neben der Schifffahrt und dem Eisenbahnwesen war der Straßenbau ein weiterer Bereich des Verkehrswesens, der für die deutschen Modernisierungspläne der bulgarischen Volkswirtschaft relevant war. Zwar erfuhr er, wie oben erwähnt, nicht die gleiche Aufmerksamkeit wie die beiden anderen Bereiche, dennoch wurde aber anerkannt, dass ein Ausbau des Streckennetzes notwendig war. Wie aus dem Reisebericht v. Hassells hervorgeht, bestand das deutsche Interesse daran allerdings nicht allein an seinen handelspolitischen Aspekten, sondern vielmehr auch an den deutschen Mitwirkungsmöglichkeiten beim Straßenbau selbst: „Zweifellos bestehen auf diesem Gebiet große deutsche Liefer- und Arbeitsmöglichkeiten“, meinte Hassell.[241] Oder an anderer Stelle:

> *„Die Lieferungsmöglichkeiten für die deutsche Industrie sind umfangreich. Das gilt besonders vom Straßenbau, bei dem auch die unmittelbare technische und organisatorische Mitarbeit in Frage kommt.“*[242]

Ansonsten ging Hassells Reisebericht – der Sonderbericht hatte, wie erwähnt, diese Problematik überhaupt nicht berührt – nicht detailliert auf den Straßenbau ein. Das bestehende Straßennetz bezeichnete er als „nicht ganz unbefriedigend, wenn auch der Verstärkung, und vor allem der Verbesserung der Qualität bedürftig“.[243] Im Ganzen aber war, wie die geführten Besprechungen Hassells ergaben, das bulgarische Interesse an einer direkten deutschen Mitwirkung auf technischem und organisatorischem Gebiet beim Straßenbau offenbar am größten – im Gegensatz etwa zum Eisenbahnwesen, wo die Bulgaren auf mehr Selbständigkeit setzten.

Anhand der hier behandelten Dokumente lässt sich, wie es scheint, mit einer verhältnismäßig hohen Genauigkeit beurteilen, wie der MWT als Agent deutscher Wirtschaftsinteressen in Südosteuropa Bulgarien als Betätigungsfeld sah und die ihm dort lohnend erscheinenden Aufgabenbereiche absteckte. An erster Stelle stand hierbei naheliegenderweise die Landwirtschaft, denn sie war der größte und wichtigste bulgarische Wirtschaftszweig und damit auch der Bereich, der in den bulgarischen Fachdebatten die größte Aufmerksamkeit erfahren hatte. Hier ging es dem MWT, ähnlich wie den bulgarischen Wirtschaftseliten, vor allem um eine Intensivierung der Produktion, wobei der Verein hier zunächst administra-

[239] Ebd.
[240] A. a. O., Bl. 329.
[241] A. a. O., Bl. 325.
[242] A. a. O., Bl. 321.
[243] A. a. O., Bl. 320.

tive Maßnahmen einforderte, wie etwa eine Flurbereinigung sowie eine Verbesserung des Kreditwesens mit deutscher Hilfe anregte. Zudem – und dies war im Grunde die anspruchsvollste Aufgabe – strebte der MWT die Einführung moderner Produktionsmethoden an, um die Effizienz der Erzeugung zu steigern. In diesen Aufgabenbereich fielen etwa die Einführung von Kunstdünger, die Einhaltung sinnvoller Fruchtfolgen sowie der Einsatz von Maschinen, der wiederum die Verbesserung des Kreditwesens zur Voraussetzung hatte. Vor allem aber waren entsprechende Bildungs- und Ausbildungsmaßnahmen zur Einweisung der Landbevölkerung in diese Neuerungen erforderlich.

In engem Zusammenhang mit diesen Rationalisierungsbestrebungen stand die Zielsetzung einer weiteren Ausdifferenzierung der bulgarischen Volkswirtschaft. Dies galt sowohl für die Landwirtschaft selbst, in deren Rahmen der MWT die Viehzucht und die Kultivierung von Industriepflanzen voranbringen wollte, als auch für die Industriezweige, die eng mit der Landwirtschaft verbunden waren, da sie deren Produkte weiterverarbeiteten. Ihre Bedeutung reichte freilich weit über die volkswirtschaftliche Problematik hinaus in den Bereich demografischer und sozioökonomischer wie -kultureller Entwicklungen. Auch die Problemfelder von Arbeitslosigkeit und Lebensstandard wurden hier berührt. Hierunter fielen beispielweise Überlegungen zur Konservenindustrie oder zur Textilindustrie. Letztere hatte in Bulgarien die längste Tradition und war am weitesten entwickelt, so dass der MWT über diesen Aspekt nur wenig diskutierte. Anzusetzen war hier nach Ansicht des MWT in erster Linie bei den Grundstoffen, die die Textilindustrie zu verarbeiten hatte, d. h. also bei der Schafzucht, der Baumwolle und der Seidenherstellung, mithin also wieder bei der Ausdifferenzierung des Agrarsektors. Der Aufbau einer Konservenindustrie war hingegen eine umfangreichere Aufgabe. In ihrem Rahmen ging es sowohl um die Einführung des nötigen Fachwissens, die Versorgung mit Metallwaren sowie um die Umstrukturierung der landwirtschaftlichen Produktion in Richtung auf in Deutschland gewünschte Obst- und Gemüsesorten, deren Anbau in Bulgarien günstige klimatische Bedingungen vorfand. Bulgarien sollte der „Obst- und Gemüsegarten Europas“ werden.

Hierdurch wurde das deutsche Handels- bzw. Einfuhrinteresse gegenüber Bulgarien ebenso deutlich, wie bei den Bereichen Bergbau und Verkehr. Letzterer hatte in diesem Zusammenhang eine grundlegende Bedeutung, bot darüber hinaus aber auch Einsatzmöglichkeiten für deutsche Firmen. Dies galt für den gesamten Bereich der Infrastruktur, also zum Beispiel auch für die Elektrifizierung und den Ausbau des Fernsprechnetzes, in den deutsche Firmen zu Beginn der 40er Jahre bereits tief involviert waren.[244] Beim Bergbau ergaben sich ebenfalls Möglichkeiten für eine unmittelbare Mitwirkung deutscher Firmen, wobei einerseits zwar der Einsatz von deutschem Kapital wie auch von deutschem Fachwissen bereits Traditionen besaß, die an den Beginn des 20. Jahrhunderts zurückreichten,[245] andererseits aber die allgemeine Entwicklung gleichwohl noch in den Anfängen steckte. Viele Vorkommen waren noch kaum erschlossen. Neben den für deutsche Firmen zu erwar-

[244] Vgl. Kapitel 5.4.
[245] Vgl. Kapitel 5.4.

tenden Aufträgen spielte naturgemäß auch das direkte deutsche Interesse an den abzubauenden Rohstoffen eine tragende Rolle bei der Förderung des Bergbaus.

5.3 Projekte des MWT in Bulgarien

Im Rahmen des im vorigen Abschnitt umrissenen Aufgabenfeldes setzte der MWT eindeutig den Schwerpunkt auf die Landwirtschaft. Dies scheint nicht weiter verwunderlich, da es sich beinahe automatisch aus dem großen Übergewicht ergab, das der Agrarsektor in der bulgarischen Volkswirtschaft hatte. In den anderen Bereichen, d. h. im Bergbau und im Verkehrswesen, ging es zunächst noch um vorbereitende Arbeiten bzw. um die Möglichkeit einer direkten Mitwirkung deutscher Unternehmen. Beim Bergbau bedeutete dies in erster Linie die Erschließung und Untersuchung neu entdeckter Vorkommen, bevor an deren Abbau gedacht werden konnte. Im Verkehrswesen erstreckten sich die Möglichkeiten für deutsches Engagement auf die Lieferung von Materialien – vor allem Eisenbahnmaterial –, den Einsatz von Arbeitsgerät und Ingenieuren sowie die Beteiligung an der Planung und die Übernahme der Leitung der Bautätigkeiten. Eingriffe in die Strukturen dieser Wirtschaftszweige waren zumindest zunächst nicht vorgesehen. Bei der Landwirtschaft hingegen war das Engagement der deutschen Wirtschaft von vornherein viel umfassender und tiefgreifender geplant. Die Pläne des MWT, die im Lauf der 30er Jahre heranreiften, sahen nichts weniger vor als eine zügige Modernisierung der Produktionsmethoden und eine weitgehende Verlagerung des Produktspektrums.

Diese deutschen Absichten einer Umstrukturierung der bulgarischen Landwirtschaft, im Grunde aber der ganzen Volkswirtschaft, ergaben sich aus den deutschen handelspolitischen Interessen, so wie sie in der ersten Hälfte der 30er Jahre gesehen wurden. Dabei ging es dem MWT zunächst offenbar einfach darum, mit Hilfe rein pragmatischer Maßnahmen die bulgarische Produktion schrittweise so umzustellen, dass sich auf dem deutschen Markt für sie Absatzchancen eröffneten und damit der deutsch-bulgarische Handel belebt werden konnte. Dies war wiederum im Hinblick auf die Absatzmöglichkeiten deutscher Produkte in Bulgarien erwünscht.[246]

Es kam also darauf an, über rein handelspolitische Maßnahmen, wie etwa die Bilateralisierung der Wirtschaftsbeziehungen durch Handelsverträge oder Kompensationsgeschäfte, hinaus den Boden für eine langfristige und ertragreiche Zusammenarbeit zu bereiten. Für Bulgarien bedeutete dies in erster Linie, dort den Produktionsschwerpunkt der Landwirtschaft weg vom Getreide, gegen dessen uneingeschränkte Einfuhr die Schutzinteressen der deutschen Landwirtschaft standen, hin zu Industriepflanzen und klimatisch begünstigten

[246] Vgl. hierzu: Hermann GROSS, Die deutsch-südosteuropäischen Wirtschaftsbeziehungen. Ihre historische Entwicklung und deren maßgebliche Faktoren, *Südosteuropa-Mitteilungen* 3 (1977), 79-90, hier: 85f u. 89f.

Kulturen zu verlagern.[247] Das erste nennenswerte Projekt, das im Rahmen dieser Strategie vom MWT in Bulgarien initiiert wurde, war der Versuch, in dem Balkanland den Anbau von Sojabohnen einzuführen. Es wurde im Jahre 1934 begonnen.[248] Diese direkte Initiative bedeutete eine neue Qualität der Politik des MWT. Bisher hatte der Verein seine Aufgabe hauptsächlich in der Vermittlung von Information und Wirtschaftskompetenz bezüglich Südosteuropas gesehen wie auch darin, die deutsche Wirtschaft zu verstärktem Engagement in der Region zu motivieren und umgekehrt dort Werbung für Deutschland zu machen. Nun unternahm er zum ersten Mal den Versuch, durch ein aktives Eingreifen in die wirtschaftlichen, d. h. konkret die landwirtschaftlichen Strukturen Südosteuropas, die Voraussetzungen für eine Intensivierung des Handels zu schaffen. Diese neue Richtung der Politik des MWT wurde beispielsweise Anfang 1935 auf einer Präsidialsitzung in Berlin vom Vorsitzenden Frhr. v. Wilmowsky ausdrücklich bestätigt. Im Sitzungsprotokoll heißt es:

> *„Die heutige Sitzung gelte, so führte Herr von Wilmowsky aus, dem Problem der Sojabohne. Bei der Behandlung dieses Problems tritt in der Arbeit des Mitteleuropäischen Wirtschaftstages eine Wendung ein, indem über die ursprünglich vorgesehene propagandistische Tätigkeit hinaus der Mitteleuropäische Wirtschaftstag nunmehr auch selbst die Initiative ergreifen wird, um den deutschen Industrieexport und Agrarimport zu aktivieren. Diese neue Richtung ist klar vorgezeichnet: Bei den Arbeiten zur Stützung des Warenaustausches zwischen Deutschland und den südosteuropäischen Staaten wird der Mitteleuropäische Wirtschaftstag für alle infrage kommenden Firmen zur Verfügung stehen* [...]. *In dankenswerter Weise haben die zuständigen Behörden diese Arbeit bisher namhaft unterstützt.“*[249]

Zu Beginn des Soja-Projektes entsandte der MWT in Zusammenarbeit mit der IG Farbenindustrie AG einen Fachmann nach Südosteuropa zur Untersuchung der Anbaumöglichkeiten für Kulturen, an denen ein deutsches Einfuhrinteresse bestand. Neben den Sojabohnen ging es dabei auch um Leinsaat zur Ölgewinnung, um Faserpflanzen, Schmalz sowie um Möglichkeiten der Konservierung von Eiern.[250] Was den Sojaanbau betraf, so wurde in Bulgarien zunächst ein Gebiet im Umfang von 2000 Hektar ausgesucht, wobei den in das Projekt einbezogenen Landwirten die Abnahme der Sojabohnen zu festen Preisen garantiert wurde. Die Garantieleistung wurde vom Deutschen Reich, den deutschen Ölmühlen und der deutschen Exportindustrie getragen.[251] Als organisatorische Grundlage wurde im weiteren Verlauf eine Soja-Gesellschaft gegründet, deren Grund in neun Bezirke zu je 2000 Hektar zu gliedern war und außerdem in Genossenschaften unterteilt werden sollte. Das Saatgut hierfür konnte der Ernte des anfänglichen Anbaus entnommen werden. Verteilt wurde es durch Agronomen, die die einzelnen Bezirke leiteten, den Sojaanbau dort propagierten, Verträge abschlossen, Impfstoffe verteilten und den Anbau überwachten. Ih-

[247] BA, R 8119F, P 6140, Bl. 335. Vgl. außerdem Kapitel 3.2.
[248] BA, R 8119F, P 6140, Bl. 337.
[249] A. a. O., Bl. 334f.
[250] A. a. O., Bl. 335.
[251] Ebd.

nen unterstanden Dorfagenten, die den Anbau vor Ort kontrollierten und den Aufkauf der Ernte abwickelten.[252]

Die wissenschaftliche Betreuung der Anbauversuche des Jahres 1934 oblag einem in den MWT-Akten nicht näher bezeichneten „Fräulein" Dr. Müller, die bereits in den 20er Jahren im Auftrag der IG Farben die Anbaumöglichkeiten für Soja in Osteuropa untersucht hatte. Von den Anbauversuchen berichtete sie, dass die Sojabohne eine weitgehende klimatische Anpassungsfähigkeit gezeigt habe und somit in Bulgarien kultiviert werden könne. Als entscheidend für den Erfolg betrachtete sie die Frage, ob man den Anbau für die Bauern rentabel gestalten und diese zugleich adäquat für den Umgang mit den Sojakulturen ausbilden könne. Zu den Ausbildungsinhalten sollten etwa die sortengerechte Durchführung der Aussaat, die Impfung, die Düngung sowie die sachgemäße Ernte gehören.[253]

Insgesamt bescheinigte Müller den Anfängen des Soja-Projektes in Bulgarien einen vollen Erfolg und prognostizierte einen solchen auch für die kommenden Jahre. Offenbar wurde das Projekt auch von bulgarischen Fachkreisen interessiert verfolgt, und die Regierung hatte dort zu erkennen gegeben, dass sie mit dem Ziel einer Umstrukturierung der Agrarproduktion übereinstimmte:

> *„Diese Umstellung soll erfolgen durch einen erweiterten Anbau sogenannter Industrieprodukte, zu denen auch die Soja zähle, für die im Ausland, vor allem aber in Deutschland, ein sicherer Absatzmarkt vorhanden sei."*[254]

Am Ende des Jahres 1935 schienen sich die Erfolgsaussichten des Sojaanbaus zu bestätigen. Der Geschäftsführer des MWT, Max Hahn, berichtete dem Verein über den ersten Großanbauversuch in Bulgarien und Rumänien. Dieser habe eine Fläche von 40 000 Hektar umfasst und einen Ertrag von 20 000 Tonnen erbracht. Der Hektarertrag sei zwar recht unterschiedlich ausgefallen, aber immer noch besser als der der traditionellen bulgarischen Kulturen Mais und Weizen.[255] Indem Hahn zudem die weiteren Entwicklungsperspektiven des Soja-Projektes aufzeigte, machte er zugleich deutlich, welchen über die ursprünglichen engeren Ziele – Sojagewinnung, Umstellung und Modernisierung der bulgarischen Agrarproduktion – hinausgehenden Nutzen die Initiative haben konnte. Seinen Ausführungen gemäß gab es

> *„keine ähnliche weitverzweigte landwirtschaftliche Organisation im Osten wie die für den Sojaanbau, weshalb sie auch für den künftigen Großexport deutscher Landmaschinen noch eine große Rolle spielen könne."*[256]

Für das Jahr 1936 waren in Rumänien und Bulgarien eine Erweiterung der Anbaufläche auf „100 000 bis 120 000 Hektar" und eine Beteiligung von circa 60 000 Bauern vorgesehen. Ziel sei es dabei, die Bauern dahin zu bringen, aus freien Stücken zu Weltmarktpreisen zu

[252] A. a. O., Bl. 336.
[253] A. a. O., Bl. 338f.
[254] A. a. O., Bl. 339.
[255] BA, R 8119F, P 6141, Bl. 75.
[256] Ebd.

produzieren.[257] Abschließend betonte Hahn noch einmal die große Bedeutung des Soja-Projektes für die deutschen Außenhandelsinteressen:

> *„Das Ganze stellt einen wesentlichen Beitrag zur Steigerung der Kaufkraft im europäischen Südosten und zur Belebung der dortigen Volkswirtschaften und zum Handelsverkehr mit Deutschland dar."*[258]

Zugleich war durch das Soja-Projekt aber auch ein weiterer Aufgabenbereich sichtbar geworden, dem sich der MWT zu stellen hatte, wollte er zu einer erfolgreichen Modernisierung der bulgarischen Landwirtschaft beitragen. Es handelte sich dabei um die Frage von Bildung und Ausbildung, die Dr. Müller in ihrem Bericht bereits berührt hatte. Wilmowsky wies in diesem Zusammenhang ergänzend zu Hahn darauf hin, dass es zu diesem Zweck „erforderlich sei, den Besuch junger Studenten aus dem europäischen Südosten in Deutschland zu fördern".[259] Gemeint waren damit in erster Linie Studenten wirtschaftlicher und technischer Fachrichtungen. Als ersten konkreten Schritt hatte der MWT im Jahre 1935 zusammen mit dem Deutschen Akademischen Austauschdienst (DAAD) beschlossen, Drei-Jahres-Stipendien für etwa 100 Studenten bereitzustellen, die von den deutschen Gesandtschaften in den jeweiligen südosteuropäischen Ländern auszuwählen waren. Die weitere Leitung dieses Projektes oblag dem Präsidenten und dem Geschäftsführer des MWT, Wilmowsky und Hahn.[260]

Mit dieser aktiven, ab Mitte der 30er Jahre einsetzenden Fördertätigkeit für die Ausbildung von wirtschaftlich tätigen Südosteuropäern setzte der MWT einen Aktionsschwerpunkt, durch den er sich in den folgenden Jahren in besonderer Weise profilieren sollte. Der Verein erzielte hierdurch einen unmittelbaren Werbeeffekt in der Region für die Zusammenarbeit mit Deutschland, der die Wirkungen der ursprünglichen wissenschaftlich unterfütterten Propagandatätigkeit weit übertreffen sollte. Die Ausbildungsprojekte des MWT umfassten im Wesentlichen zwei Felder. Zum einen setzte man direkt beim Handel an, indem man südosteuropäischen Stipendiaten eine kaufmännische Aus- bzw. Weiterbildung unter anderem nach 1938 an der Hochschule für Welthandel in Wien ermöglichte, zugleich aber auch deutsche Studenten in speziellen Südost-Kursen in die Besonderheiten der Region einwies. Zum anderen war der MWT bestrebt, südosteuropäischen Bauern sowohl in Deutschland als auch in ihrer Heimat die Anwendung moderner landwirtschaftlicher Produktionsmethoden beizubringen.

Innerhalb dieses Rahmens leitete der MWT die Stipendienvergabeaktionen indes wesentlich früher ein als die landwirtschaftlichen Ausbildungsprojekte. Dies mag damit erklärt werden, dass die Gewährung von Stipendien vorwiegend eine finanzielle Angelegenheit war, während die eher praxisbezogenen Ausbildungsmaßnahmen vor allem dann einen erheb-

257 Ebd.
258 Ebd.
259 Ebd.
260 Ebd.

lichen organisatorischen und bürokratischen Aufwand erforderten, wenn sie vor Ort, also in Südosteuropa, stattfinden sollten.

Die Grundlagen zu den von Wilmowsky angesprochenen Stipendienaktionen wurden Anfang November 1935 auf einer vom MWT-Vorsitzenden selbst angeregten Besprechung gelegt, die beim Präsidenten des Werberates der Deutschen Wirtschaft, Ministerialdirektor Reichard, stattfand. Außer den beiden nahmen an ihr unter anderem MWT-Geschäftsführer Hahn, ein Vertreter des Staatssekretärs Clodius vom Auswärtigen Amt, Direktor Weigelt von der Deutschen Bank sowie ein Repräsentant des DAAD namens Burmeister teil. Auf der Besprechung wurde deutlich, dass die Vergabe von Stipendien an südosteuropäische Studenten unter den Anwesenden in hohem Maße auch im Zusammenhang mit der deutschen Einflussgewinnung in der Region gesehen wurde, mithin als ein Instrument in der Auseinandersetzung mit den Westmächten. Dies geht zumindest aus der erhaltenen Niederschrift des Treffens hervor, in der vor allem von französischen Stipendieninitiativen die Rede ist:

> *„Es wird beklagt, dass in den letzten Jahren zunehmend Studenten, hauptsächlich der wirtschaftlichen und technischen Fächer nach Frankreich statt nach Deutschland gehen. Die französischen Stipendien umfassen mehrere Millionen Francs jährlich,* [...] *und man findet in den Balkanländern unter den jungen Leuten immer stärker den auffälligen Mangel an deutschen Kenntnissen und deutscher Sprache.*"[261]

Offenbar genügte diese Erkenntnis der Gefahr eines zunehmenden französischen Einflusses, der geeignet schien, die deutschen Wirtschaftspläne für Südosteuropa zu bedrohen, um die Teilnehmer der Besprechung sogleich zu konkreten Beschlüssen zu veranlassen. Vorgesehen war zunächst die Vergabe von 100 Stipendien zu je 150 Reichsmark monatlich mit einer Dauer von neun Monaten. Hieraus ergab sich eine Gesamtsumme von 135 000 Mark jährlich, wobei an eine Laufzeit des Projektes von mindestens drei Jahren gedacht war. Von der Jahressumme sollten 100 000 Mark vom Werberat aufgebracht werden, der Rest von der freien Wirtschaft. Einzubeziehen waren die Länder Bulgarien, Jugoslawien, Rumänien, Ungarn und Griechenland.[262] Innerhalb der nächsten Wochen, d. h. bis in den Januar 1936 hinein, gelang es dem MWT, dem die Verwaltung der Mittel oblag, namhafte deutsche Unternehmen für eine Beteiligung an der von der Wirtschaft bereitzustellenden Summe von 35 000 Mark zu gewinnen. So stellte beispielsweise Siemens 5 000 Reichsmark zur Verfügung, die Dresdener Bank 2000 Mark und die Deutsche Bank 3 000.[263] Wenn diese Summen auch nicht besonders hoch anmuteten, so machten sie doch deutlich, dass diese Firmen bei dem Stipendienprojekt des MWT nicht abseitsstehen wollten.

Noch Anfang des Jahres 1936 erließ der MWT zusammen mit dem DAAD allgemeine Richtlinien für die nun sogenannten „Deutschland-Stipendien des Mitteleuropäischen Wirtschaftstages für Studierende der wirtschaftlichen, technischen und medizinischen Be-

[261] BA, R 8119F, P 6142, Bl. 52.
[262] A. a. O., Bl. 52f.
[263] A. a. O., Bl. 92.

rufe". Sie machten zum einen deutlich, dass es hier nicht nur um die Ermöglichung eines Aufenthaltes zum Erwerb „deutscher Kenntnisse" ging, sondern durchaus um eine konsequente Förderung des akademischen Nachwuchses und dessen Qualifizierung. Dies ergab sich aus der Regelung, dass die Stipendien verlängert werden konnten, falls Aussicht bestand, dass ein Kandidat eine Hochschulprüfung in Deutschland ablegen oder eine wissenschaftliche Arbeit fertigstellen konnte.[264] Zugleich ließ sich an den Richtlinien erkennen, dass sie über die akademische und die erwähnte außenpolitische Motivation hinaus auch an den konkreten deutschen Wirtschaftsinteressen in Südosteuropa orientiert waren. Dies ergab sich aus der Wahl der zulässigen Fachdisziplinen, die sämtlich mit den Aufgabenfeldern in Zusammenhang standen, die der MWT in der Region für sich als relevant erkannt hatte: Bei den Ingenieurswissenschaften fand der Bergbau besondere Erwähnung, bei den medizinischen Disziplinen die Tierheilkunde. Außerdem wurden die Studenten der Land- und Forstwirtschaft ausdrücklich zur Bewerbung aufgerufen.[265]

Im August 1936 nahm Hahn in einem Rundschreiben an das Präsidium des MWT eine erste Bewertung der Stipendienaktion vor. Aus ihr geht hervor, dass man sie beim MWT offenbar als vollen Erfolg ansah. Sie sei in den südosteuropäischen Ländern mit größtem Interesse und Wohlwollen aufgenommen worden. Dies hätten jedenfalls die dortigen deutschen Botschaften, denen die Vorauswahl der Stipendiaten übertragen worden war, wie auch die betreffenden Botschaften in Deutschland mitgeteilt. Den Erfolg sah Hahn in erster Linie in der hohen Anzahl von Bewerbern, die die Zahl der zu vergebenden Plätze bei Weitem überstieg. Als Reaktion darauf setzte man den ursprünglich vorgesehenen monatlichen Betrag von 130 auf 110 Reichsmark herab und ermöglichte hierdurch die Aufnahme von 136 Stipendiaten anstelle von nur 100. Bemerkenswert ist in diesem Zusammenhang die hohe Anzahl an Bewerbern aus Bulgarien. Für das nächste Semester wurde daraufhin eine Beschränkung bereits bei der Annahme von Bewerbungen verhängt.[266]

Der erste Geschäftsbericht über die Stipendienaktion, der den Zeitraum von April 1936 bis Oktober 1937 umfasste, machte bereits deutlich, dass die Initiative eine Institutionalisierung erfahren hatte. Seit dem 1. April 1936, dem Tag ihres offiziellen Tätigkeitsbeginns, trug sie die Bezeichnung „Deutschland-Stiftung des Mitteleuropäischen Wirtschaftstages".[267] Zugleich erläuterte der Bericht noch einmal ausführlich die Arbeitsgrundlagen der Stiftung. Diese bestanden zum einen aus Verbindungen zur Alexander-von-Humboldt-Stiftung, die bereits seit Mitte der 20er Jahre auch in Südosteuropa aktiv war und von deren Erfahrungen die Koordinatoren der Deutschland-Stiftung profitieren wollten. Deren Schwerpunkt lag auf der Förderung von Geistes- und Naturwissenschaftlern, während der MWT gezielt technische, wirtschaftliche und medizinische Fachrichtungen unterstützen wollte.[268] Wichtig war den Initiatoren außerdem, den Eindruck zu vermeiden, dass mit den

264 A. a. O., Bl. 96.
265 Ebd.
266 A. a. O., Bl. 135f.
267 A. a. O., Bl. 161.
268 A. a. O., Bl. 164v.

Stipendien wirtschaftliche oder propagandistische Zwecke verfolgt würden; vielmehr sollte man in den umworbenen Ländern den Akzent auf den geistigen und kulturellen Austausch legen. Von den Bewerbern wurde verlangt, entweder bereits über einen Hochschulabschluss mit Auszeichnung zu verfügen oder zumindest eine „besonders hohe Begabung und persönliche Eignung für ein Stipendium" erkennen zu lassen. Darüber hinaus sollten sie auch als Multiplikatoren an der Intensivierung der Beziehungen ihrer Länder zu Deutschland mitwirken.[269] Hierzu unternahm man mit den Stipendiaten Bildungsreisen in verschiedene Gegenden des Deutschen Reiches, um sie mit den „deutschen Verhältnissen" vertraut zu machen. Ein besonderes Anliegen war es der Stiftung dabei, ab 1938 neu annektierte Gebiete zu bereisen, um ihre zügige Integration in den deutschen Staatsverband, aber auch um ihr ausgeprägtes „Deutschtum" zu demonstrieren. Außerdem gehörte zu solchen Reiseunternehmungen stets auch die Besichtigung von Betrieben.[270]

Allerdings machte der MWT auch klar, dass er sich bei der Berücksichtigung von Bewerbern auch an der NS-Ideologie orientieren würde. Von den Kandidaten wurde erwartet, dass sie ihren Aufenthalt dazu nutzten, „das neue Deutschland kennen und verstehen zu lernen".[271] Darüber hinaus betonte der Bericht unmissverständlich, dass jüdische Bewerber unerwünscht waren:

> *„Es wird gebeten, Bewerber jüdischen Blutes in geeigneter Form, etwa unter Hinweis auf eine bereits vorliegende große Zahl von Bewerbungen, von der Einreichung des Stipendiengesuches abzuhalten* [...]."[272]

Gewährleistet wurde die Einhaltung dieser Richtlinie durch die Beteiligung der jeweiligen Vertreter der NSDAP bei den Botschaften an der Auswahl der Stipendiaten. In Sofia war dies Ortsgruppenleiter Drechsel.[273] Auch im Auswahlausschuss in Berlin, dem 280 Anträge zur endgültigen Entscheidung vorlagen, war das nationalsozialistische Element präsent, und zwar in Gestalt von SS-Brigadeführer v. Massow, zugleich Präsident des DAAD. Der Ausschuss bestand außerdem aus Hahn vom MWT sowie weiteren Vertretern des DAAD, des Reichserziehungsministeriums, des Auswärtigen Amtes, der Reichszentralstelle für das Studium der Ausländer und des Werberates der Deutschen Wirtschaft.[274]

Der Erfolg der Stiftung des MWT im Sinne langfristiger Wirkungen und Bindungen der Beteiligten an Deutschland war in den ersten Jahren naturgemäß noch kaum einzuschätzen, auch wenn die hohen Bewerberzahlen Anlass zu Optimismus gaben. Gleichwohl versuchte man, durch Erfahrungs- und Arbeitsberichte der Stipendiaten einen ersten Eindruck davon zu bekommen, wie diese ihren Studienaufenthalt bewerteten. Einige derartige Berichte von Bulgaren waren auszugsweise dem Geschäftsbericht beigefügt. Sie schilderten

[269] A. a. O., Bl. 165.
[270] BA, R 8119F, P 6143, Bl. 247.
[271] BA, R 8119F, P 6142, Bl. 165.
[272] Ebd.
[273] Ebd.
[274] A. a. O., Bl. 122.

ihren jeweiligen Aufenthalt in Deutschland in den leuchtendsten Farben, wodurch sich der Erkenntniswert dieser Aussagen relativiert. Bisweilen entsteht auch der Eindruck, als sei es den Studenten darum gegangen, sich bei MWT und DAAD besonders dankbar zu geben und sich beliebt zu machen. So hieß es beispielsweise bei einem bulgarischen Stipendiaten:

> „*Als zweiter Vorsitzender des Nat. bulg. Studentenvereins ‚Rodina' habe ich mich immer bemüht,* [...] *meinen Landsleuten, die zum Studium in Berlin weilten, die Gelegenheit zu geben, sich über die von dem deutschen Volk geleistete Arbeit einen Überblick zu verschaffen sowie sich von der Größe der deutschen Wissenschaft und Kultur zu überzeugen. Diese unerreichbare Kultur, gute Erziehung und Disziplin des deutschen Volkes haben einen unvergesslichen Eindruck in meiner Seele hinterlassen* [...]."[275]

Um später die langfristigen Wirkungen und damit den eigentlichen Erfolg der Stipendienaktion beurteilen zu können, beabsichtigte der MWT, den Kontakt zu den „Alumni" aufrechtzuerhalten. Hiermit wurde freilich auch der Zweck verfolgt, Verbindungen zu halten, die für künftige deutsche Wirtschaftsprojekte in Südosteuropa nützlich sein konnten.[276] Man legte „Wert darauf, den beruflichen Werdegang der einzelnen Stipendiaten zu verfolgen, um gegebenenfalls ihre Mithilfe bei der Durchführung unserer Aufgaben in Anspruch zu nehmen."[277] Zu diesem Zweck betrieb der MWT die Gründung von Vereinigungen der ehemaligen Deutschland-Stipendiaten, wobei man sie nach beruflichen Kriterien untergliederte. Bulgarien, das im Allgemeinen unter den Stipendienempfängern der Stiftung am stärksten vertreten war, spielte auch hier eine Vorreiterrolle. Bis zum Beginn der 40er Jahre wurden im Land Arbeitsgemeinschaften für Techniker und Naturwissenschaftler, für Ökonomen, Landwirte und Mediziner, die Deutschland-Stipendiaten gewesen waren, gegründet. Ihre Hauptaufgabe war es, den Zusammenhalt unter den Stipendiaten und die Verbindungen zum MWT zu pflegen. Anreize dazu setzte der Verein durch die Vermittlung nützlicher beruflicher Kontakte und durch agitatorische Tätigkeit in Form von Alumni-Zeitschriften.[278]

Als Erfolg konnte der Verein aber auf jeden Fall die, wie er zumindest in seinen internen Schriften betonte, allseitige und uneingeschränkte Zustimmung werten, die dem Projekt staatlicherseits sowohl in Deutschland als auch in Südosteuropa entgegengebracht wurde. Voraussetzung dafür war die Beteiligung der maßgeblichen staatlichen und akademischen Stellen, aber auch die Einhaltung der ideologischen Vorgaben des Nationalsozialismus. Die Zahl der Bewerber und der letztlich angenommenen Stipendiaten blieb bis Ende der 30er Jahre im Wesentlichen auf konstant hohem Niveau, was auf eine anhaltende Popularität des Programms in den südosteuropäischen akademischen Kreisen schließen lässt.[279] Auch nach Beginn des Krieges wurde die Aktion in vollem Umfang weitergeführt, da die Kooperation der Geldgeber sichergestellt werden konnte. Infolge militärischer Mobilisierungs-

[275] A. a. O., Bl. 135.
[276] A. a. O., Bl. 270f.
[277] BA, R 8119F, P 6143, Bl. 247.
[278] A. a. O., Bl. 248.
[279] BA, R 8119F, P 6142, Bl. 270.

maßnahmen der südosteuropäischen Länder konnten allerdings nicht alle Stipendiaten ihr Studium in Deutschland aufnehmen bzw. mussten es zum Teil unterbrechen. Aufgrund der zwischenzeitlichen Beruhigung der Kriegslage nach dem deutschen Frankreichfeldzug konnten einige angenommene Bewerber ihren Studienaufenthalt aber nachholen, so dass zusammen mit den regulären Teilnehmern die Zahl der Stipendiaten zwischenzeitlich auf etwa 165 anstieg.[280]

Der Erfolg der Deutschland-Stiftung ermutigte den MWT dazu, im Jahre 1940 eine weitere Stipendienstiftung einzurichten – die „Südoststiftung". Ihr Tätigkeitsbereich bestand in der „Heranbildung junger Kaufleute im Südosten an der Hochschule für Welthandel in Wien".[281] Im Unterschied zur Deutschland-Stiftung, deren Aufgabe in der Förderung der wirtschaftlich-technischen Ausbildung südosteuropäischer Studenten und ihrer Bindung an Deutschland bestand, mithin also in einer Beeinflussung der ökonomischen und technischen Verhältnisse in der Region durch die Stipendiaten, erstrebte die Südoststiftung die Vermittlung der Kompetenzen, die für eine fruchtbare Gestaltung der deutsch-südosteuropäischen Handelsbeziehungen als notwendig erachtet wurden. Ein weiterer wichtiger Unterschied war, dass bei der Deutschland-Stiftung die Stipendiaten ihren Studienaufenthalt verhältnismäßig frei gestalten und beispielweise Studienort und -fach frei wählen konnten, während mit einem Stipendium der Südoststiftung die obligatorische Teilnahme an einem sogenannten Lehrgang an der Wiener Handelshochschule verbunden war. Außerdem stand die Bewerbung Kaufleuten sowohl aus dem Reich als auch aus Südosteuropa offen.[282]

Auch in finanzieller Hinsicht gab es einen grundlegenden Unterschied zur Deutschland-Stiftung. Deren Mittel dienten allein dem Lebensunterhalt der Stipendiaten, während dies bei der Südoststiftung nur einem Teil der Teilnehmer, 15 von insgesamt 80 im ersten Lehrgang, 35 im zweiten, zugute kam. In erster Linie hatte die Stiftung mit ihren Mitteln für den eigentlichen Lehrbetrieb aufzukommen. Dies schloss auch Weiterbildungsmaßnahmen für die Dozenten ein – etwa in Form von Bildungsreisen in den Donauraum.[283]

In einem Rundschreiben an die Mitglieder des MWT bescheinigte sich der Verein auch hier bereits zu Beginn wieder einen vollen Erfolg. Um die 80 von der Stiftung getragenen Plätze im ersten Lehrgang, der am 15. April 1940 begonnen hatte, hätten sich über 200 Kandidaten beworben. Zudem hätten an den Kursen der Südoststiftung auch viele ohnehin an der Hochschule immatrikulierte Studenten teilgenommen, so dass eine Gesamtzahl von 160 zustande kam. Bei der Auswahl der Bewerber, die in Zusammenarbeit mit der Hochschulleitung vorgenommen wurde, zeigte sich erneut der Hauptzweck der Stiftung – die Förderung der deutsch-südosteuropäischen Handelsbeziehungen. Denn bei der Annahme legte man besonderen Wert auf eine vorhandene praktische Berufserfahrung auf dem Gebiet des Exports.[284] Über die Fachgebiete der viersemestrigen Südost-Lehrgänge

280 BA, R 8119F, P 6143, Bl. 246.
281 BA, R 8119F, P 6135, Bl. 182.
282 Ebd.
283 BA, R 8119F, P 6143, Bl. 250.
284 BA, R 8119F, P 6135, Bl. 182.

gibt in erster Linie die Auflistung der für das Projekt gewonnenen Lehrkräfte Aufschluss. Es handelte sich um Professoren bzw. Dozenten der Fachgebiete Technologie und Warenkunde, der Rechtswissenschaft, der Wirtschaftsgeografie, der Wirtschaftspolitik, die vom bereits erwähnten Hermann Groß unterrichtet wurde, sowie des Faches „Pressewesen und Propaganda". Schwerpunktmäßig wurde in den Kursen auf wirtschafts- und kulturgeografische Fragen eingegangen, auf Rohstoffe und die Fertigwarenproduktion sowie auf handelsrechtliche und wirtschaftspolitische Probleme. Zusätzlich fanden Kurse in allen damals anerkannten südosteuropäischen Standardsprachen statt, außer Slowenisch und Albanisch. Hinzu kamen noch Tschechisch und Slowakisch.[285]

Die Notwendigkeit der Südoststiftung begründete der MWT mit dem bisherigen Fehlen einer speziellen auf Südosteuropa ausgerichteten kaufmännischen Ausbildung. Der Nachwuchs, so hieß es im Zwischenbericht von 1941, sei zu sehr auf Westeuropa und Übersee orientiert. Als weitere „Zielgruppe" hatte der MWT, wie bereits erwähnt, auch den Nachwuchs aus der Donauregion selbst im Auge; ihn galt es entsprechend für den Handel mit Deutschland zu schulen. In diesem Zusammenhang machte der Verein wiederum deutlich, dass er bereit war, der nationalsozialistischen Ideologie zu folgen. Denn als Begründung für die Förderung südosteuropäischer Kaufleute führte der MWT den Nachwuchsmangel an, der infolge der dortigen „Fortschritte" bei der „Entjudung" der Wirtschaft entstanden sei.[286]

Das Erfolgskriterium für den MWT war, wie auch bei der Deutschland-Stiftung, die hohe Teilnehmerzahl. Sie habe, so der Zwischenbericht, die Notwendigkeit der Südost-Lehrgänge erwiesen. Durch diese Einsicht sei auch die Finanzierung, die durch die Mitglieder des MWT geleistet wurde, ermöglicht worden. Dieser Aspekt der Kooperationsbereitschaft der Mitglieder wurde von der Leitung des Vereins wiederholt hervorgehoben. Er sollte das breite Interesse der deutschen Wirtschaft an der Gestaltung der deutsch-südosteuropäischen Wirtschaftsbeziehungen verdeutlichen. In die gleiche Richtung ging auch die Betonung der Bereitschaft der Mitglieder, Lehrgangsteilnehmer während der Semesterferien in ihren Firmen zu beschäftigen und der Ausbildung somit einen zusätzlichen praktischen Akzent zu verleihen.[287]

Zusätzlich zu diesen akademischen Aus- und Weiterbildungsmaßnahmen führte der MWT auch rein praxisbezogene Unterweisungsprojekte bei den bulgarischen und südosteuropäischen Landwirten durch. Diese Maßnahmen wurden als Ergänzung verstanden zur Umstrukturierung des Produktionsspektrums der bulgarischen Landwirtschaft, in deren Rahmen Mitte der 30er Jahre bereits das Soja-Projekt gestartet worden war. Da es jedoch das Ziel der deutschen Wirtschaft war, nicht nur den Anbau von Kulturen zu fördern, an deren Einfuhr Deutschland interessiert war, sondern diesen Anbau auch rationell und effizient gestaltet zu wissen, begann der MWT zu Beginn der 40er Jahre, die Förderung eines

[285] A. a. O., Bl. 182f.
[286] BA, R 8119F, P 6143, Bl. 249.
[287] A. a. O., Bl. 250f.

verstärkten Einsatzes von Landmaschinen in Südosteuropa in Erwägung zu ziehen. Im Zwischenbericht des Jahres 1941 stellte man zwar bereits eine zunehmende Verwendung von Landmaschinen in der Region fest, beklagte aber ihren oftmals unsachgemäßen Gebrauch. Insbesondere im Falle einer notwendigen Reparatur zeigten sich die südosteuropäischen Bauern häufig hilflos.[288] Daher reifte beim MWT der Plan, Landmaschinenschulen in der Region zur Ausbildung der Landwirte zu gründen. Auch hier übernahm Bulgarien wieder die Vorreiterrolle.

Bei dem Projekt handelte es sich um eine Landmaschinenschule in Gorna Banja bei Sofia. Angeregt worden war ihre Einrichtung anlässlich eines viermonatigen (nicht mehr genau zu datierenden) Ausbildungsaufenthaltes, zu dem der MWT 25 bulgarische „Agronomen", d. h. akademisch ausgebildete Landwirte, an die Deutsche Landkraft-Führerschule (Deulakraft) in Berlin eingeladen hatte. Hierbei wurden sie in den Gebrauch von Landmaschinen eingewiesen und mit dem Beratungswesen des Reichskuratoriums für Technik in der Landwirtschaft (RKTL) bekannt gemacht.[289] Wie der Zwischenbericht des MWT ausführt, wurde der bulgarische Landwirtschaftsminister Bagrjanov auf diesen Besuch aufmerksam und schickte eine Reihe von Fachleuten nach Berlin, um näheres über diese Ausbildungsmaßnahme zu erfahren. Diese waren offenbar von der Deulakraft so beeindruckt, dass sie ihren deutschen Gesprächspartnern in Berlin den Vorschlag machten, eine entsprechende Schule in Bulgarien einzurichten.

Das Hauptproblem dabei war die Beschaffung der nötigen Landmaschinen. Da die bulgarische Regierung zwar die Kosten für Grundstücke, Gebäude und Unterhalt aufzubringen bereit war, nicht aber für die Maschinen, blieb deren Bereitstellung dem MWT und seinen Mitgliedern überlassen. Zur „großen Freude" der Leitung des MWT löste sich dieses Problem nach Angaben des Zwischenberichts jedoch offenbar wie von selbst, da sich die wichtigsten deutschen Landmaschinenhersteller bereit erklärten, der Schule einen Maschinenpark kostenlos leihweise zur Verfügung zu stellen, wobei sie sich deren Modernisierung nach eigenem Gutdünken vorbehielten.[290] Erklären lässt sich diese Bereitschaft sicherlich mit dem Werbeeffekt, den sich die Hersteller davon versprachen. Sollte die Ausbildungsinitiative des MWT zu einer Verbreitung des Landmaschineneinsatzes in Bulgarien führen, so das Kalkül, dann konnte damit gerechnet werden, dass der dann wachsende Bedarf an Maschinen aus Deutschland, d. h. von den an der Schule beteiligten Firmen, gedeckt werden würde – zum einen aufgrund der in der Ausbildung demonstrierten Qualität, zum anderen aber auch aufgrund der dort gewonnenen Vertrautheit im Umgang speziell mit diesen Maschinentypen. Da es in Bulgarien keine voll entwickelte Landmaschinenindustrie gab,[291] eröffnete sich den deutschen Herstellern somit die Chance, sich auf dem Markt des Landes eine führende Position zu sichern.

[288] A. a. O., Bl. 240.
[289] Ebd.
[290] A. a. O., Bl 241.
[291] Vgl. Kapitel 2.1.

Um der Landmaschinenschule eine flächendeckende Wirkung zu gewährleisten, war außerdem geplant, Wanderkurse anzubieten, die in verschiedenen Teilen Bulgariens stattfinden sollten. Nach einem ähnlichen Muster sollte sie mit einer „Musterlehrwerkstatt" versehen werden, die Mechaniker zur Wartung und Reparatur der Landmaschinen (aber auch von Automobilen) ausbilden sollte mit dem Ziel, allmählich ein flächendeckendes Netz von Reparaturwerkstätten in ganz Bulgarien zu schaffen.[292]

Dies war die ursprüngliche Planung von Anfang 1941. Die Eröffnung der Landmaschinenschule war zunächst für das Frühjahr 1941 in Aussicht gestellt.[293] Allerdings schienen sich die Arbeiten zu ihrer Errichtung zu verzögern, denn im Februar 1941 stellte eine Beiratssitzung des MWT fest, dass sich die „BUSEMA" (Bălgarsko učilište za zemedelski mašini – Bulgarische Landmaschinenschule), so der Name der Schule, erst „im Bau" befinde. Die Landmaschinenhalle war bereits fertig, die übrigen Gebäude sollten „in den nächsten Monaten" errichtet werden.[294] Ein Bericht des Geschäftsführers Dr. Dietrich über eine Ende April des Jahres stattgefundene Reise nach Bulgarien zeigt indes, dass eine weitere Verzögerung eingetreten war, die mit der zwischenzeitlichen Ernennung des Landwirtschaftsministers KuševansteIle Bagrjanovs, aber auch mit militärischen Mobilisierungsmaßnahmen zusammenhing. Dennoch erregte die Verspätung den Unwillen des MWT, da, wie Dietrich betonte, von deutscher Seite alle Vorbereitungsmaßnahmen bereits abgeschlossen worden seien, d. h. die Lehrkräfte seien an der Deulakraft ausgebildet und die Landmaschinen geliefert worden. Man befürchtete, dass die ursprünglich für Mai vorgesehene Eröffnung der Schule erst im Herbst stattfinden könnte.[295] Tatsächlich wurde sie jedoch erst im April 1942, also fast ein Jahr nach dem geplanten Termin in Betrieb genommen. Der Landwirtschaftsminister hatte inzwischen erneut gewechselt; er hieß nun Petrov.[296]

Nach der Beendigung des ersten Lehrgangs mit einer Abschlussprüfung, die im Juni 1942 abgehalten worden war, zogen alle Beteiligten, wie sich aus einem internen Rundschreiben des MWT ergibt, eine positive Bilanz. Dem Rundschreiben lag ein Bericht von Asen Kacarov, einem Mitarbeiter des Landwirtschaftsministers, der der Prüfung beigewohnt hatte, über den Lehrgang bei. Dieser war, wie die MWT-Leitung selbst feststellte, in einer „etwas überschwänglichen Sprache" gehalten,[297] die nichtsdestoweniger deutlich macht, dass die bulgarische Regierung einem derartigen Engagement der deutschen Wirtschaft in ihrem Land äußerst wohlwollend gegenüberstand.

Beeindruckt zeigte sich Kacarov vor allem von den Prüfungsleistungen und dem Eifer der insgesamt 44 Schüler. Den dreimonatigen Lehrgang, der aufgrund einer Reihe von Feiertagen aus netto 60 Unterrichtstagen bestanden hätte, hätten die Schüler „mehr als befriedigend" absolviert. Von ihnen hätten 17 mit der Note „sehr gut", 21 mit „gut" und

292 BA, R 8119F, P 6143, Bl. 241.
293 Ebd.
294 BA, R 8119F, P 6136, Bl. 106f.
295 A. a. O., Bl. 278f.
296 BA, R 8119F, P 6144, Bl. 250.
297 BA, R 8119F, P 6137, Bl. 362.

sechs mit „genügend" abgeschlossen. Kacarov bewertete dieses Ergebnis umso höher, als fast alle Absolventen der BUSEMA dörflicher Herkunft waren und nur eine dreijährige Schulbildung genossen hatten. Seinen Angaben zufolge beantworteten sie die Fragen im theoretischen Teil der Prüfung „verständig und selbstbewusst" und führten im praktischen Teil „die ihnen gestellten Aufgaben [...] geschickt und fehlerfrei aus".[298] Auch „die Unterrichtenden [...] haben sich der ihnen zugeteilten Aufgabe mit Hingebung gewidmet und verdienen alles Lob".[299]

Die Absolventen der BUSEMA betrachtete Kacarov als Multiplikatoren für die Modernisierung der bulgarischen Landwirtschaft:

> *„Der Zustrom von Schülern ist außerordentlich groß.* [...] *Man muss den Prüfungen der bis vor Kurzem ganz unwissenden Dorfburschen beigewohnt haben und unsere Lebensbedingungen kennen, um die Bedeutung der ‚Busema' zu würdigen und einzusehen, wie richtig und einsichtsvoll der Mitteleuropäische Wirtschaftstag gehandelt hat* [...]. *Die Anzahl dieser eifrigen Vorkämpfer für die Landwirtschaftstechnik wird von Jahr zu Jahr zunehmen, und dies dank der vom Mitteleuropäischen Wirtschaftstag geschaffenen ‚Busema'."*[300]

Für die Zukunft forderte Kacarov für die Schule einen Ausstoß von jährlich mindestens 200 Lehrgangsabsolventen.[301] Diesen Erwartungen und seinen Eindrücken entsprechend, sah er in ihr eine zentrale Einrichtung für die Modernisierung der bulgarischen Landwirtschaft und prophezeite ihr eine große Zukunft:

> *„Die Zukunft der Schule ‚Busema' liegt im hellsten Lichte vor uns, und für ihre Einrichtung ist das landwirtschaftliche Bulgarien dem Mitteleuropäischen Wirtschaftstag ganz besonderen Dank schuldig."*[302]

Auch wenn der Ton dieses „Berichtes" Kacarovs überschwänglich sein mag und wenn hier ein einseitig positives Bild des ersten Lehrganges gezeichnet wie auch übertriebene Erwartungen an die zukünftige Wirkung der BUSEMA geäußert worden sein mögen, so ist dieser Text doch nicht ohne Erkenntniswert. Zum einen enthält er durchaus „hartes" Zahlenmaterial, das auf eine hohe Motivation von Lehrern und Schülern hindeutet. Hierfür sprechen jedenfalls die positiven Prüfungsresultate. Was der Bericht freilich verschweigt, sind die Kriterien, nach denen die Schüler zur Aufnahme in die BUSEMA ausgewählt wurden. Zwar wurde betont, dass sie durchweg dörflicher Herkunft gewesen seien und keinerlei Vorkenntnisse besessen hätten; diese Angaben sind jedoch zu vage, als dass man hieraus schließen könnte, dass die Schüler einen repräsentativen Querschnitt der bäuerlichen Bevölkerung geboten hätten. Zweifel daran kann zum Beispiel die Tatsache wecken, dass sie immerhin eine dreijährige Schulbildung genossen hatten. Angesichts der zu dieser Zeit hohen Anal-

[298] A. a. O., Bl 363.
[299] A. a. O., Bl. 364.
[300] Ebd.
[301] Ebd.
[302] A. a. O., Bl. 366.

phabetenrate von nahezu zwei Dritteln der bulgarischen Landbevölkerung[303] ragten die Schüler demnach sogar durch diese geringe Schulbildung aus der Masse heraus.

Bestehen also trotz der enthaltenen konkreten Fakten Zweifel an der Glaubwürdigkeit des Berichts hinsichtlich des in leuchtenden Farben gemalten Bildes vom Erfolg der BUSEMA, so scheint indes ein Merkmal des Textes authentisch zu sein: die überaus positive Einstellung der bulgarischen Regierung zur Arbeit des MWT. Gerade der beinahe schwärmerische Ton des Berichtes, den Kacarov speziell für die Geschäftsführung des MWT verfasst hatte, deutet darauf hin, dass man in Sofia den Wert derartiger Einrichtungen nicht hoch genug bewerten zu können glaubte. Dem Verfasser des Berichtes, der ein enger Mitarbeiter des Landwirtschaftsministers war, darf wohl zu Recht das Motiv unterstellt werden, den MWT zu weiteren Aktionen dieser Art ermutigen zu wollen.

Hierzu kamen während einer Bulgarien-Reise der Geschäftsführung des MWT im Juli 1942 bereits entsprechende Vorschläge vom bulgarischen Landwirtschaftsminister Petrov. Er regte an, zwei weitere Landmaschinenschulen zu gründen, und zwar eine in der 1940 von Rumänien zurückerhaltenen südlichen Dobrudscha und eine in der Nähe von Plovdiv, um von dort aus Südbulgarien zu bedienen. Was die Einrichtung der Maschinenparks betraf, so wurde beim MWT überlegt, Teile des offenbar übergroßen Parks der BUSEMA in die Dobrudscha zu verlegen, während in Plovdiv ein neuer, der speziellen Garten-, Wein- und Obstkultur angepasster Park zu schaffen gewesen wäre. Insgesamt stimmte die MWT-Geschäftsführung den Vorschlägen Petrovs zu, konkrete Vereinbarungen wurden allerdings erst für spätere Treffen in Aussicht gestellt.[304]

Bevor jedoch an eine Erweiterung des Landmaschinenschulprojektes herangegangen werden konnte, setzte der MWT im Tätigkeitsbereich Ausbildung noch einen weiteren Schwerpunkt: die Einrichtung von „Beispieldörfern" in Bulgarien, d. h. von modernen, deutschen Maßstäben entsprechenden landwirtschaftlichen Musterbetrieben, die Demonstrationszwecken dienen sollten. Dieses Konzept befand sich zu dieser Zeit in Deutschland bereits in Anwendung im Rahmen des Beratungswesens des RKTL.[305] Der Anstoß, solche Beispielwirtschaften auch in Bulgarien einzurichten, wurde im Zusammenhang mit dem BUSEMA-Projekt gegeben, und zwar im Rahmen des bereits erwähnten Ausbildungsaufenthaltes bulgarischer Landwirte an der Deulakraft in Berlin. Die Erfahrungen, die diese Agronomen mit dem Beratungswesen des RKTL machten, regten das bulgarische Landwirtschaftministerium dazu an, die Initiative zur Gründung einer solchen Institution auch im eigenen Land zu ergreifen.[306] Dabei war es bezeichnend, dass im Ministerium offenbar gar nicht erst erwogen wurde, ein solches Beratungswesen selbst zu organisieren – diesen Eindruck erwecken jedenfalls die Quellen –, sondern dass man Modernisierungsimpulse für die Landwirtschaft, wie sie etwa von Beispieldörfern ausgehen konnten, von vornherein von der deutschen Wirtschaft empfangen wollte. Auf jeden Fall war es der bulgarische Land-

[303] Vgl. Kapitel 2.1.
[304] BA, R 8119F, P 6144, Bl. 250.
[305] BA, R 8119F, P 6143, Bl. 244.
[306] A. a. O., Bl. 245.

wirtschaftsminister, der dem MWT ein Versuchsgut zur Pacht anbot und zugleich anregte, deutsches „Know-How" in einem breiten Ansatz zur Geltung zu bringen, d. h. unter Einbeziehung möglichst aller Gebiete der Landwirtschaft.[307]

Vonseiten des MWT wurde dieser Vorschlag positiv aufgegriffen, und man zog zunächst eine Schwerpunktsetzung in den Bereichen der Vieh- und Geflügelzucht, der Futterwirtschaft, der Bewässerung und des Maschineneinsatzes in Erwägung. Eine direkte Beratung für die Betriebe der Umgebung sollte ebenso eingeschlossen sein wie eine Einflussnahme im Sinne einer Beschleunigung und rationellen Organisation der Flurbereinigung, die infolge der bulgarischen Erbgesetzgebung und der damit verbundenen Zersplitterung der Nutzflächen nach wie vor ein ungelöstes Problem war. Die Beispieldörfer sollten die Funktion von Stützpunkten einnehmen, von denen die Modernisierung der Landwirtschaft ausgehen sollte. Für die nächsten Monate war die Prüfung des bulgarischen Angebotes vorgesehen.[308]

Entscheidende Fortschritte aber machte das Projekt erst ab dem Frühjahr 1942. Wie der Vorsitzende des MWT, v. Wilmowsky, dem Präsidium des Vereins mitteilte, hatten Besprechungen, die er anlässlich der Eröffnung der BUSEMA im April des Jahres mit dem Landwirtschaftsminister geführt hatte, ergeben, „dass bulgarischerseits wesentliche Voraussetzungen für eine sachgemäße Durchführung des Gedankens geschaffen" waren.[309] „Der seit längerer Zeit schwebende Gedanke der Entwicklung von Beispieldörfern in Bulgarien" sollte nun, im Mai 1942, näher erörtert werden.[310]

Auf dieser Besprechung wurden die Möglichkeiten, aber auch die Schwierigkeiten diskutiert, die mit der Errichtung einer solchen Beispielwirtschaft verbunden waren. Hier wurde erneut deutlich, dass es eigentlich die bulgarische Seite war, die diesem Plan mit großem Interesse gegenüberstand und ihn vorantrieb. Ihr Ziel war es, „durch zweckmäßige Organisation und sinnvollen Einsatz der Technik Erträge und Kaufkraft nachhaltig zu heben".[311] Da man auf deutscher Seite im Rahmen des RKTL schon Erfahrungen auf dem Gebiet der Beispielwirtschaften vorweisen konnte, hatte der MWT auf der erwähnten Eröffnung der BUSEMA bereits erreicht, dass der ursprüngliche Plan des bulgarischen Landwirtschaftsministers, einen größeren Betrieb zu gründen und um ihn herum ein Beispieldorf zu entwickeln, aufgegeben wurde. Dem MWT erschien es vielmehr sinnvoll, in einem ausgewählten Dorf zunächst einen Beispielbetrieb einzurichten, der in seinen Eigenschaften typisch für das Land sein sollte. Man hatte allerdings keine Hoffnung, einen Hof zu finden, der bereit sein würde, sich auf eigenes Risiko auf die Anforderungen des MWT umzustellen. Denn die Voraussetzung war, dass der Betrieb vollständig nach den Anweisungen und Planungen des vom MWT bestellten Beraters arbeiten würde. Da auch die Pacht eines Hofes nicht in Frage kam, blieb nichts anderes übrig, als einen neuen Betrieb nach landestypischem Muster zu errichten, der dann mit einer bäuerlichen Familie zu besetzen war, die an seinem

[307] Ebd.
[308] Ebd. Zur Flurbereinigung vgl. Kapitel 2.3., 4.1 und 5.1.
[309] BA, R 8119F, P 6144, Bl. 101.
[310] Ebd.
[311] A. a. O., Bl. 102.

Erfolg interessiert sein sollte. Insgesamt kam es darauf an, den „Charakter einer bäuerlichen Familienwirtschaft“ zu erhalten.[312]

Gemäß diesen Vorgaben schlug das bulgarische Landwirtschaftsministerium schließlich das im Norden des Landes, 20 Kilometer östlich von Pleven gelegene Dorf Dolni Lukovit vor, das eine für Bulgarien durchschnittliche Struktur aufwies. In erster Linie wurden dort Getreide und Mais angebaut; die Betriebe hatten zu 40 Prozent eine Größe von unter fünf Hektar und zu 30 Prozent von unter 10 Hektar. Einzelne Betriebe erreichten 20 und mehr Hektar. Dem MWT stellte das Landwirtschaftsministerium eine Fläche von ca. 20 Hektar für den Beispielbetrieb zur Verfügung.[313]

Nach Ansicht des Vereins lagen die Vorteile von Dolni Lukovit gerade in seiner Durchschnittlichkeit, zugleich aber auch in der „aufgeschlossenen“ und „fortschrittlichen“ Einstellung der dortigen Bauern. Den Verabredungen mit dem Ministerium zufolge sollte der MWT das Inventar inklusive Maschinen beschaffen und außerdem eine „tüchtige“ bulgarische Bauernfamilie sowie einen bulgarischen Berater auf den Betrieb setzen. Letzterer sollte zuvor in Deutschland ausgebildet werden. Der Arbeitsplan des Betriebes sollte auf fünf bis sechs Jahre angesetzt werden. Ein deutscher Verbindungsmann in Sofia sollte die Oberaufsicht führen.[314]

Als weiterer Punkt wurde in der Besprechung die bulgarische Anregung genannt, ein weiteres Beispieldorf in Südbulgarien einzurichten, dessen Landwirtschaft sich von der nordbulgarischen in wichtigen Merkmalen unterschied.[315]

Zwei Monate nach dieser Besprechung wurde auf der erwähnten Reise der MWT-Geschäftsführung nach Bulgarien bereits der endgültige Beschluss über die Einrichtung Dolni Lukovits als Beispieldorf gefasst. Der Beginn des Projektes wurde auf den 1. Oktober 1942 terminiert. Ab diesem Datum sollte darüber hinaus auch in Mramor, einem 15 Kilometer von Sofia entfernt gelegenen Dorf, ein weiteres Beispieldorf angelegt werden. Den Plan, einen Standort in Südbulgarien zu wählen, hatte man aufgegeben, da die bulgarische Seite die Lage in der Nähe der Hauptstadt vorzog, um den Studenten der Landwirtschaft einen besseren Zugang zu ermöglichen.

Der eigentliche Aufbau der Beispielwirtschaften sollte nach der aktuellen Planung erst nach einem Jahr erfolgen, da man das erste Jahr für die Ausbildung der Berater sowie für eine präzise Erkundung der örtlichen Verhältnisse und weitere Vorbereitungsarbeiten veranschlagte.[316]

Über die in den Beispielwirtschaften ab Oktober 1942 ergriffenen Maßnahmen liegt ein Bericht vor, der allerdings nur das Dorf Mramor betrifft. Er wurde vom dortigen Leiter der Beratungsstelle des MWT, Dimităr Šterbanov, verfasst. Der Autor listete 20 Punkte auf, die bis Ende des Jahres 1943 in Angriff genommen worden waren. Hierunter fielen

[312] Ebd.
[313] Ebd.
[314] A. a. O., Bl. 103.
[315] A. a. O., Bl. 104.
[316] A. a. O., Bl. 249.

zum Beispiel die erstmalige Anwendung der vom MWT gelieferten Drillmaschinen zur Bestellung von 60 Hektar Land mit Weizen. Außerdem, so der Bericht, sei ebenfalls zum ersten Mal Kunstdünger zum Einsatz gekommen, und zwar schwefelsaures Ammoniak zur Ertragssteigerung beim Winterweizen. In den umliegenden Dörfern, so betonte Šterbanov, sei unterdessen weiterhin ohne Kunstdünger gearbeitet worden. Über diese rein landwirtschaftlichen Einweisungen hinaus habe er Winterkurse in Korbflechterei und Tischlerei organisiert, um die Bauern in die Lage zu versetzen, entsprechende Ausbesserungsarbeiten selbständig auszuführen.[317] Weitere Beispiele für von den MWT-Vertretern ergriffene Initiativen waren etwa die Anschaffung einer Dreschmaschine mit Mitteln der ortsansässigen Genossenschaft, der Anbau von Mais als Grünfutter, die Aussaat von Gerste und Weizen als Herbstkulturen sowie die Einführung einer neuen Kartoffelsorte.[318] Hinzu kam die Beschaffung weiterer, in Mramor bis dahin unbekannter Geräte, wie etwa von Pferdehacken, die die zuvor verwendeten Handhacken zur Bearbeitung von Hackfrüchten überflüssig machten, von Kartoffelrodemaschinen sowie von Mähmaschinen. Wie Šterbanov hervorhob, regten diese Maßnahmen auch die Genossenschaften der umliegenden Dörfer dazu an, sich derartige Maschinen zu beschaffen und damit ihre Erträge deutlich zu steigern.[319] Als letzten Punkt erwähnt der Bericht eine Aufkreuzungsaktion der in Mramor vorhandenen Landschafe mit aus Deutschland eingeführten Astrachan-Böcken, die 56 Lämmer mit dem begehrten Persianer Fell hervorgebracht habe.[320]

Letztlich schloss Šterbanov seinen Bericht über das erste Tätigkeitsjahr des Beispieldorfes Mramor mit dem Resümee, dass die Aktion ein voller Erfolg gewesen sei. Zu dieser Auffassung kam er vor allem aufgrund der Wirkung, die die Arbeit des Dorfes seinen Angaben zufolge über seine eigenen Grenzen hinaus entfaltete. Wie er ausführte, waren die Bauern der umliegenden Dörfer wiederholt nach Mramor gekommen, um Anregungen für ihre eigenen Betriebe aufzunehmen. Auch das Landwirtschaftsministerium habe das Beispieldorf mit häufigen Besuchen beehrt.[321]

Bei aller Sympathie, auf die das Projekt offenbar bei der bulgarischen Landbevölkerung gestoßen war, und bei allem Erfolg, den die eingeleiteten Maßnahmen erbracht hatten, muss jedoch auch hier, ähnlich wie im Fall der Landmaschinenschule, der überschwängliche Ton des Berichtes berücksichtigt werden. Dies tat indes offensichtlich auch die Leitung des MWT, denn sie fügte dem Bericht, den sie unter den Mitgliedern zirkulieren ließ, Vorbemerkungen bei, in denen sie das von Šterbanov Gesagte relativierte. Im Wesentlichen stammten diese Bemerkungen von Dr. Helmerking, der von Sofia aus die Oberaufsicht über das Projekt führte. Offensichtlich war der Bericht über seinen Tisch gegangen, bevor er die MWT-Zentrale in Berlin erreichte. Helmerking zufolge waren Šterbanovs Angaben mit Vorsicht zu genießen. So erschien ihm zum Beispiel die Einführung neuer Geräte wie

[317] BA, R 8119F, P 6138, Bl. 189.
[318] A. a. O., Bl. 190.
[319] A. a. O., Bl. 191.
[320] A. a. O., Bl. 192.
[321] Ebd.

des Drills oder der Egge bzw. ihre Durchsetzung im allgemeinen Gebrauch als so große Erneuerungsleistung, dass er an ihrer tatsächlichen Durchführung Zweifel anmeldete:

> *„Ich hoffe in diesem Monat einmal für einen Tag nach Mramor herausfahren zu können, um festzustellen, wieweit die Angaben von Schterbanoff über seine Einflussnahme auf die landwirtschaftlichen Arbeiten des Dorfes zutreffen.“*[322]

Auch die Aufkreuzungsversuche mit den Astrachan-Böcken betrachtete Helmerking mit Skepsis. In den vergangenen Jahrzehnten seien derartige Versuche in Bulgarien mehrfach gescheitert, und generell könnten sie nur „von einem erstklassigen Fachmann und vor allem von Kennern der Persianerfelle“ durchgeführt werden. Im Übrigen sei angesichts der Erfolgsmeldungen Šterbanovs zu bedenken, dass der ehemalige Landwirtschaftsminister Professor Atanasov bereits seit längerer Zeit in privater Initiative einen Aufkreuzungsbetrieb in Mramor führte, also schon Vorarbeiten geleistet hätte. Auch die Aufgeschlossenheit der dortigen Bevölkerung gegenüber den von Šterbanov eingeführten Neuerungen sei damit zumindest teilweise zu erklären.[323]

Ähnlich wie bei der Landmaschinenschule bieten auch hier der Bericht eines bulgarischen Mitarbeiters bei einem Projekt des MWT und die Reaktion seiner deutschen Kollegen ein charakteristisches Bild. Wieder neigte der bulgarische Beteiligte zu einer Überbewertung der Erfolge, wobei bei Šterbanov, der selbst Verantwortung in einem Beispieldorf trug, die Entwicklung sicherlich nicht allein aus agrarpolitischen Motiven heraus überaus positiv erscheinen ließ, etwa um den MWT zu weiteren Aktionen dieser Art zu ermutigen, sondern auch um sich selbst bzw. seine Arbeit in ein günstiges Licht zu rücken. Interessanter als die Motivlage Šterbanovs erscheint indes die Reaktion des MWT. Die relativierenden Bemerkungen Helmerdings, die dem Rundschreiben an die Mitglieder beigelegt wurden, zeigen, dass der MWT zumindest intern auf die Glaubwürdigkeit der zirkulierenden Mitteilungen und Berichte großen Wert legte. Eine propagandistische Absicht kann daher diesen Texten kaum zugeschrieben werden. Sie hatten eher einen Mitteilungscharakter, ähnlich wie er in Vereinen häufig anzutreffen ist; zumindest aber kann ihnen die Bereitschaft nicht abgesprochen werden, auch die eigenen Projekte einer kritischen Betrachtung zu unterziehen, was die Glaubwürdigkeit der hier betrachteten Dokumente untermauert.

Zugleich wird dabei aber ebenfalls deutlich, dass der MWT seine Modernisierungsarbeit in der bulgarischen und der südosteuropäischen Landwirtschaft als eine langfristige Aufgabe betrachtete, bei der schnelle Erfolge nicht ohne Weiteres zu erwarten waren. Gleichwohl ließen speziell die Vorbereitungen und Verhandlungen zu den beiden Projekten, d. h. der Landmaschinenschule und den Beispieldörfern, erkennen, dass von bulgarischer Seite ein großes Interesse an deren Einrichtung bestand. Auf jeden Fall korrespondiert dieser Eindruck mit der Modernisierungsdebatte, die im Land selbst seit den 20er Jahren geführt worden war. Auch hier war bereits über die Notwendigkeit etwa des Einsatzes moderner Maschinen oder von Kunstdüngern diskutiert worden. Zu Beginn der 30er Jahre wurde dann

[322] A. a. O., Bl. 187.
[323] A. a. O., Bl. 188.

auch die Möglichkeit erwogen, über den Tabakanbau hinaus das Produktionsspektrum der bulgarischen Landwirtschaft westlichen Einfuhrinteressen, aber auch den klimatischen Bedingungen im Land anzupassen und auf diese Weise international wettbewerbsfähig zu werden.[324] Die Möglichkeit, diese Ziele zu erreichen, schien sich auf dem Weg der Ausbildungsmaßnahmen des MWT zu eröffnen. Der Leitung des Vereins war es dabei klar, dass strukturelle Veränderungen nur langfristig verwirklicht werden konnten. Eine endgültige Bewertung der deutschen Initiativen kann daher nicht erfolgen, denn der Verlauf des Zweiten Weltkriegs verhinderte ihre volle Entfaltung. Dies gilt besonders für die Ausbildungseinrichtungen der Landmaschinenschule und der Beispieldörfer, die ihre Tätigkeit allesamt erst aufnahmen, als sich das Kriegsglück bereits gegen Deutschland und seine Verbündeten gewendet hatte. Der Bericht Šterbanovs beispielsweise erreichte die Mitglieder des MWT erst wenig mehr als ein halbes Jahr vor der Machtübernahme durch die Kommunisten in Bulgarien und dem Abfall des Landes als deutscher Bundesgenosse.

Dennoch machten diese Projekte des MWT, auch wenn sie in ihrer Verwirklichung zumeist nicht über Ansätze hinauskamen, deutlich, dass der Verein alle Ebenen der bulgarischen Landwirtschaft mit einbeziehen wollte. Akademikern ermöglichte er durch Stipendien, ihre Kenntnisse in Deutschland zu vertiefen, den „einfachen" Bauern demonstrierte er vor Ort moderne Produktionsmethoden. Zudem setzte er beim Problem der Produktionsumstellung direkt an, indem er neue Kulturen einführte und zum Anbau anbot. Die Soja-Aktion ist hierfür das bekannteste Beispiel.

Ein weiteres Beispiel dieser Art aus der Viehzucht soll hier noch erwähnt werden. Es handelt sich dabei um die Bulgarische Schafzucht AG (Buschag). Die Firma war eine Gründung der Berliner Wolle und Tierhaar AG (Wotirag). Mit der Gründung verfolgte sie den Zweck, eine großangelegte Umkreuzungsaktion in der bulgarischen Schafzucht durchzuführen. Hierzu führte sie Anfang der 40er Jahre mit Zustimmung der bulgarischen Regierung eine Herde von 800 Merino-Schafen nach Bulgarien ein. Standort der Aktion war das staatliche Gestüt Clementina. Ergänzt wurde die Aktion durch eine Studienreise bulgarischer Landwirte und Schäfer durch Deutschland im Jahre 1940, die auf Einladung der Wotirag stattfand und die Gäste mit den in Deutschland angewandten Methoden in der Schafzucht bekannt machte.[325]

Diese aktive Politik zur Intensivierung der Landwirtschaft, die der MWT seit Mitte der 30er Jahre in Bulgarien betrieb, war, so scheint es zumindest, durchaus geeignet, in dem Balkanland berechtigte Hoffnungen auf eine Überwindung der an anderer Stelle bereits erörterten und im bulgarischen Fachdiskurs beklagten Unzulänglichkeiten in diesem Wirtschaftssektor zu wecken. Worauf es dem MWT jedoch eigentlich ankam, war, nach eigener Bekundung, die Verfolgung deutscher Wirtschaftsinteressen in Südosteuropa. Es mussten also Wege gefunden werden, die im wahrsten Sinne des Wortes zu erntenden Früchte dieser Politik Deutschland zugutekommen zu lassen. Hierzu gehörte naturgemäß die Verbes-

324 Vgl. Kapitel 4.1.
325 BA, R 8119F, P 6143, Bl. 243.

serung bzw. die Einführung neuartiger Konservierungstechniken, um den Transport der für den deutschen Markt bestimmten landwirtschaftlichen Erzeugnisse zu ermöglichen. In diesem Zusammenhang zeigte sich, wie langfristig die Pläne des MWT angelegt waren. Denn eine signifikante Zunahme der Wichtigkeit der Konservierung im Zuge steigender Agrarausfuhren Bulgariens und Südosteuropas erwartete man erst im Lauf der folgenden fünf bis zwanzig Jahre.[326] Zu Beginn der 40er Jahre sah man sich allerdings noch ganz am Anfang dieser Entwicklung, konnte also noch nicht auf konkrete Modernisierungserfolge verweisen. Wie im vorigen Abschnitt bereits erwähnt, blickte der MWT allerdings bereits mit einer gewissen Zufriedenheit auf die bestehende bulgarische Konservenindustrie und hegte die Erwartung, dass diese im Zuge der Intensivierung der Landwirtschaft und der deutsch-bulgarischen Handelsbeziehungen einen weiteren Aufschwung erleben werde.

Ähnlich verhielt es sich mit dem Bergbau. Obwohl dieser bereits seit dem späten 19. Jahrhundert unter bulgarischer Regie betrieben wurde, vermutete man aufseiten des MWT, dass dieser Wirtschaftszweig erheblich ausbaufähig war. Wollte Deutschland hier eine führende Position innehaben, so war ein direkter Einsatz von Kapital notwendig, der sicherlich den in der Landwirtschaft übersteigen würde. Allerdings schien auch das deutsche Interesse an den Bodenschätzen Bulgariens und Südosteuropas zeitlich unmittelbarer zu sein – nicht zuletzt aus kriegswirtschaftlichen Gründen. Im Gegensatz dazu hatte es bezüglich der Importe von Agrarprodukten aus Südosteuropa ursprünglich, d. h. bis 1933, erhebliche Widerstände gegen deren Zulassung gegeben; der MWT musste sie erst überwinden. Ein wichtiges Motiv, das hinter der Förderung der Agrarexporte der südöstlichen Staaten steckte, war die Steigerung der dortigen Kaufkraft und damit der Aufnahmefähigkeit für deutsche Fertigwaren. Beim Bergbau bestand hingegen ein originäres deutsches Einfuhrinteresse, d. h. hier ging es vor allem um eine Steigerung der bulgarischen Exportkapazitäten. Allerdings muss auch berücksichtigt werden, dass die deutsche Wirtschaft im Rahmen des vom MWT verfolgten Gesamtkonzeptes auch ein Interesse an einem gesteigerten Verbrauch bergbaulicher Rohstoffe in den Ländern Südosteuropas selbst hatte. Denn diese Rohstoffe bildeten die Grundlage zum einen für den gewünschten Ausbau der Infrastruktur, d. h. zum Beispiel Verkehrswege und Elektrizität, und zum anderen für die ebenso gewünschte Ausdifferenzierung der bulgarischen Volkswirtschaft durch den Abzug redundanter Arbeitskräfte aus der Landwirtschaft hin zur Industrie.

Bei der Untersuchung und dem Abbau von Vorkommen konnte sich der MWT in Bulgarien auf deutsche Unternehmen stützen, die dort zum Teil schon vor dem Ersten Weltkrieg tätig gewesen waren, und diesen im Gegenzug durch die Vermittlung von Fachwissen und Fachleuten hilfreich sein. Prominentestes Beispiel in diesem Zusammenhang war die Granitoid AG, die die Konzession für Blei-Zinkvorkommen im Rhodopengebirge besaß und diese Gegend im Jahre 1937 von Fachleuten des MWT untersuchen ließ. Als Folge davon wurde der Abbau der Vorkommen in großem Maßstab in die Wege geleitet. Hierbei arbeitete die Granitoid mit ihrer Tochterfirma Pirin AG zusammen, die Anfang 1941 ihren

[326] BA, R 8119F, P 6143, Bl. 244.

Betrieb in den Rhodopen aufnahm. Die Untersuchungen des MWT hatten erbracht, dass eine jährliche Förderung von Roherz im Umfang von bis zu 120 000 Tonnen erwartet wurde.[327] In Simitli zeichnete der MWT in gleicher Weise für die Untersuchung von Vorkommen verantwortlich. Hier handelte es sich um Kupfererz, das die Firma Mansfeld ebenfalls ab 1941 abzubauen begann. Fachleute des MWT hatten sie in geologischen, bergbaulichen und regionsspezifischen Fragen beraten.[328]

Dies waren die wichtigsten Vorkommen, die bis 1941 untersucht worden waren und deren Abbauwürdigkeit man festgestellt hatte. Zugleich legte man beim MWT aber Wert darauf, in Bulgarien weitere Vorkommen zu erkunden und auch Aus- und Weiterbildungsmaßnahmen auf dem Gebiet des Bergbaus einzuleiten. Hierzu ergriff man die Initiative gegenüber den Universitäten und der Reichsregierung, d. h. speziell dem Amt für den Vierjahres-Plan unter Herrmann Göring. Man beabsichtigte, deutschen Geologen und Bergbau-Fachleuten Stipendien zur wissenschaftlichen Untersuchung von Lagerstätten in Bulgarien zu gewähren.[329] Darüber hinaus sollte, ähnlich wie in der Landwirtschaft, dem Nachwuchs aus den südosteuropäischen Ländern die Möglichkeit gegeben werden, moderne Methoden des Bergbaus an entsprechenden Ausbildungseinrichtungen in Deutschland kennen zu lernen. Am bekanntesten in diesem Zusammenhang war die Montanistische Hochschule im österreichischen Leoben, die nach Meinung des MWT sowohl im Deutschen Reich als auch in der Donauregion ein hohes Ansehen genoss. Dort studierten zeitweise bis zu 200 ausländische Studenten, die zu einem großen Teil aus Südosteuropa stammten.[330] Nach der Weltwirtschaftskrise ging der Anteil der ausländischen Studenten allerdings offenbar deutlich zurück, was der MWT in erster Linie auf fehlende finanzielle Mittel bei den südosteuropäischen Kandidaten zurückführte. Dieser Entwicklung abzuhelfen fühlte sich der Verein bemüßigt, zumal

> *„mit dem steigenden deutschen Interesse an der Erforschung und Erschließung bergmännischer Vorkommen in Südosteuropa der Mangel an fachmännisch ausgebildeten Kräften in den Ländern selbst immer fühlbarer* [wurde]. “[331]

Um die finanzielle Situation potentieller südosteuropäischer Studenten zu erleichtern, startete der MWT Anfang der 40er Jahre auch hier eine, wenn auch sehr bescheidene Stipendienaktion, die es fünf Kandidaten ermöglichte, ihr Studium in Leoben aufzunehmen. Außerdem war man bestrebt, die Unterkunftslage für die Studenten zu verbessern. Zu diesem Zweck errichtete der MWT in Zusammenarbeit mit der Alpine Montan Gesellschaft und dem Verein der Eisenhüttenleute ein der Montanistischen Hochschule zugeordnetes Studentenwohnheim, das 1941 bezogen werden konnte.[332] Im Ganzen war dem MWT

[327] BA, R 8119F, P 6143, Bl. 237.
[328] A. a. O., Bl. 238.
[329] BA, R 8119F, P 6136, Bl. 110f.
[330] BA, R 8119F, P 6143, Bl. 238.
[331] A. a. O., Bl. 239.
[332] Ebd.

daran gelegen, die Leobener Institution zu einer zentralen Ausbildungseinrichtung für den Bergbau in Südosteuropa zu machen.

Damit war diese Initiative charakteristisch für das wirtschaftliche Engagement des MWT in Bulgarien und Südosteuropa. Denn insgesamt sah der Verein seine Aufgabe darin, Südosteuropäern und in der Region tätigen Deutschen Zugang zum nötigen Fachwissen für eine Intensivierung der Landwirtschaft und eine Ausdifferenzierung der Volkswirtschaften im Ganzen zu verschaffen. Hierzu gehörten sowohl die Einrichtung von Ausbildungsstätten vor Ort als auch die Einladung des ökonomischen Nachwuchses nach Deutschland. Außerdem gab der MWT direkte Anregungen zur Umstrukturierung der landwirtschaftlichen Produktion – etwa durch die Soja-Aktion und das Umkreuzungsprojekt bei Schafen. Zwar führte der MWT derartige Projekte in mehreren Ländern Südosteuropas durch, nicht nur in Bulgarien, sondern auch in Rumänien, Ungarn und Jugoslawien bzw. nach 1941 vor allem in Kroatien, doch es war eindeutig und wurde beim Verein auch registriert, dass Bulgarien bei diesen Aktionen zumeist an erster Stelle stand. Dies galt für die Zahl der Teilnehmer an den Stipendienprogrammen des MWT, aber auch für die vor Ort eröffneten Ausbildungseinrichtungen, sei es die Landmaschinenschule oder seien es die Beispieldörfer, die in Bulgarien eher als in den anderen Ländern ihren Betrieb aufnahmen, wenn dies in den letzteren überhaupt geschah.

Über die Gründe hierfür gibt es in den Akten keine direkten Aussagen. Allerdings spielen wohl eine Reihe von Faktoren eine Rolle, die weiter in die Vergangenheit zurückreichen und zum Teil außenpolitischer, zum Teil wirtschaftlicher Natur sind. Was die erstgenannten Faktoren betrifft, so kann in diesem Fall, d. h. bei den deutsch-bulgarischen Beziehungen, sicher von einer größeren Kontinuität ausgegangen werden als bei den anderen Ländern Südosteuropas. In diesem Zusammenhang sei hier lediglich auf die bereits erwähnte Gleichlagerung der revisionistischen außenpolitischen Interessen beider Länder als Verlierer des Ersten Weltkriegs verwiesen.[333] Ähnliches galt außerdem nur für Ungarn. In den anderen Staaten der Balkanregion war der Einfluss der Westmächte stets größer gewesen. Bulgarien hingegen war in seiner außenwirtschaftlichen bzw. handelspolitischen Orientierung bereits in den 20er Jahren (aber eigentlich auch schon vor dem Ersten Weltkrieg) vorwiegend auf Deutschland ausgerichtet gewesen. Ebenso verhielt es sich mit dem Fachdiskurs um die Modernisierung der bulgarischen Volkswirtschaft. Wie es scheint, war dementsprechend das Interesse an den Aktionen des MWT in dem Balkanland überaus groß und positiv. Diese Faktoren können, wenn nicht als Erklärung, so doch zumindest als gute Voraussetzungen für die wohlwollende Annahme der Projekte des MWT in Bulgarien gewertet werden. Offenbar wogen sie im Hinblick auf die deutschorientierte Wirtschaftspolitik Bulgariens schwerer als das zumindest bis in die zweite Hälfte der 30er Jahre hinein bestehende Übergewicht westlicher Staaten beim Einsatz ausländischen Kapitals.

Um einen verstärkten Kapitaleinsatz kam jedoch auch die deutsche Wirtschaft auf die Dauer nicht herum. Dies lag jedoch außerhalb des eigentlichen Aufgabenbereiches des

[333] Vgl. Kapitel 3.2 und 3.3.

MWT, der in erster Linie ausbildend und beratend tätig war. Neben den oben genannten Ausbildungsmaßnahmen hatte er bereits ab der ersten Hälfte der 30er Jahre die Gründung von „Mitteleuropa"-Instituten zur wissenschaftlichen Erforschung der Region betrieben. Insofern konnte er ein Gerüst bzw. ein Orientierungssystem für die deutsche Wirtschaft in Bulgarien und Südosteuropa bieten, auf die Zufuhr von Kapital von deutschen Unternehmen konnte allerdings nicht verzichtet werden, sollten die vom MWT angeregten Entwicklungen verwirklicht werden. Deutlich wurde dies bei der Bereitstellung von Maschinen für die BUSEMA, aber auch beim Bergbau, der in besonderem Maße von ausländischer Kapitalzufuhr und Technologie abhängig war. Hier konnte der MWT lediglich beratend bei der Untersuchung der Vorkommen zur Seite stehen.

5.4 Überlegungen zum deutschen Kapital in Bulgarien – neue Akzentsetzungen nach Kriegsbeginn

Die Notwendigkeit von Kapital zur Umsetzung der Modernisierungs- und Umstrukturierungspolitik der deutschen Wirtschaft in Bulgarien erforderte das Engagement deutscher Unternehmen vor Ort. Daher wurden auch zu diesem Punkt beim MWT konzeptionelle Vorstellungen ausgearbeitet. Die Leitung des Vereins stellte sie zusammengefasst in dem 22-seitigen Sondergutachten „Südosteuropa. Vorschläge für eine neue deutsche Kapitalpolitik" im Februar 1940 den Mitgliedern vor.

Hintergrund für die Erstellung dieses neuen grundlegenden Gutachtens waren die Entwicklungen des deutschen Außenhandels, wie sie sich aus der Perspektive des MWT seit Kriegsbeginn ergeben hatten. Zwar hielt der MWT an seinen langfristigen Zielsetzungen bezüglich Südosteuropas weiterhin fest, erachtete nun aber einen Politikwechsel zu ihrer Erreichung für notwendig. Bisher, d. h. bis Ende der 30er Jahre hatte die Entwicklung der deutsch-bulgarischen Wirtschaftsbeziehungen auf der Praxisebene im Wesentlichen in einer Intensivierung des Handels auf dem Wege der Bilateralisierung bestanden. Begleitend dazu hatte der MWT Initiativen zur Modernisierung der Landwirtschaft und zur Steigerung der bulgarischen Exportpotentiale ergriffen, zu denen sowohl langfristig angelegte Maßnahmen gehörten, wie etwa die Ausbildungsförderung und -organisation, als auch solche, die schnelleren Erfolg verhießen, worunter auch die Einführung neuer Kulturen fiel, wie zum Beispiel der Sojabohne. Zweck dieses Konzepts war unter anderem die Steigerung der Massenkaufkraft in Bulgarien im Rahmen zunehmend enger zu gestaltender Handelsbeziehungen.

Um 1940 schien dieser Plan an seine Grenzen gestoßen zu sein. Beim MWT meinte man, die Handelsbeziehungen Deutschlands zu Südosteuropa nicht weiter intensivieren zu können, da unter den gegebenen Bedingungen die Ausfuhrkapazitäten der dortigen Länder nicht mehr zu steigern seien. Man wies darauf hin,

> *„dass Deutschland seit 1938 seine Bezüge aus Südosteuropa nicht noch weiter ausdehnen konnte, weil die südosteuropäische Wirtschaft auf Grund ihres damaligen menschlichen, technischen und*

kapitalmäßigen Leistungsstandes die obere Grenze dessen erreicht hatte, was sie für den inneren Verbrauch wie für die Ausfuhr überhaupt laufend zu erzeugen vermochte."[334]

Nach Ansicht des MWT war es deswegen notwendig, die südosteuropäischen Exportkapazitäten durch die Zufuhr deutschen Kapitals in Form von Produktionsmitteln zu erhöhen, die etwa Maschinen, Transportmittel, Verkehrsanlagen, aber auch Patente umfassen konnten. Man empfahl „eine Beteiligung deutschen Kapitals vor allem an den südosteuropäischen Exportindustrien, die ihre Erzeugung ganz oder zum überwiegenden Teil in Deutschland absetzen sollen".[335]

Angesichts der bestehenden Lage sah der MWT „die Notwendigkeit sofortiger außerordentlicher Maßnahmen für die nächste Entwicklung des deutsch-südosteuropäischen Handels".[336] Als Hauptgrund gab man den Kriegsausbruch an. Zwar sei die Grenze der südosteuropäischen Exportkapazitäten bereits ein Jahr zuvor erreicht worden, der Krieg habe dann aber neue Voraussetzungen geschaffen, da zum einen der Eigenverbrauch der bisher ausgeführten Güter in den jeweiligen Ländern unter anderem aufgrund des militärischen Bedarfs gestiegen sei, und da zum anderen dadurch die Weltmarktpreise dieser Waren ebenfalls gestiegen seien. Es sei daher für die südosteuropäischen Länder zunehmend lohnend gewesen, ihre landwirtschaftlichen Exportprodukte in Freidevisenländern abzusetzen. Dies habe umso mehr gegolten, als Deutschland nach Kriegsausbruch seine Lieferungen an Fertigwaren wie auch an Rohstoffen nicht mehr wie bisher habe aufrechterhalten können, so dass die Südostländer auch hier neue Bezugsquellen erschließen mussten.[337]

Insgesamt bot diese Analyse einen guten Überblick über die Strukturen und Mechanismen des bilateralen Handels zwischen dem Reich und der Donauregion. Sie zeigte die Abhängigkeiten, die seit den frühen 30er Jahren entstanden waren und aus denen Deutschland seine Handelspartner nicht mehr zu entlassen bereit war. In diesem Zusammenhang verwies das MWT-Gutachten auf das große Interesse der südosteuropäischen Regierungen an deutschen Industrie- und Rüstungsgütern, die man als Druckmittel einsetzen könne, indem man ihre Lieferung von der Aufrechterhaltung landwirtschaftlicher Gegenlieferungen abhängig machte.[338]

Darüber hinaus wies der MWT darauf hin, dass nicht nur für die südosteuropäischen Agrarausfuhrprodukte die Weltmarktpreise gestiegen seien, sondern auch für die Einfuhrprodukte dieser Länder, was auch mit der kriegsbedingt erschwerten Transportlage zu tun habe. Als Folge davon seien auch die Staaten des Donauraumes zunehmend auf die Technologien der synthetischen Rohstoffgewinnung angewiesen, die sie nur aus Deutschland erhalten könnten.[339]

[334] BA, 8119F, P 6135, Bl. 146.
[335] Ebd.
[336] Ebd.
[337] A. a. O., Bl. 147f.
[338] A. a. O., Bl. 149. Vgl. hierzu auch Kapitel 6.
[339] A. a. O., Bl. 150.

Demnach sah also der MWT zwar gewisse Störfaktoren in den deutsch-südosteuropäischen Handelsbeziehungen seit Kriegsbeginn, meinte aber zugleich, dass die bestehenden gegenseitigen Verflechtungen dieses Problem nicht so weit anwachsen lassen würden, dass es unlösbar würde. Gleichwohl plädierte der Verein für umgehendes Handeln und einen „Methodenwechsel".[340] Dieser sollte, so ging aus dem Gutachten letztlich hervor, in einem verstärkten Einsatz deutschen Kapitals in Südosteuropa bestehen, wobei die Ziele gleich blieben: Hebung der Massenkaufkraft durch Industrialisierung.

Andere Methoden als der Einsatz deutschen Kapitals wurden durch das Sondergutachten des MWT verworfen. Es nannte in diesem Kontext beispielsweise die Methode einer „wirtschaftlichen Besetzung" der Donauregion. Davon sei allein aus kriegswirtschaftlichen Gründen abzuraten – abgesehen von möglichen politischen Folgen. Im Kern vermutete man beim MWT, dass ein solches Vorgehen der deutschen Wirtschaft mehr Lasten aufbürden als ihr nützen würde:

> *„Wir würden nämlich mit einer solchen Einbeziehung der Südostländer in den deutschen Kriegswirtschaftsraum die Feindblockade auf sie ausdehnen und damit die volle Last und Verantwortung für ihre Versorgung mit den unentbehrlichen Industrierohstoffen und allen anderen lebenswichtigen Waren auf uns nehmen, während der Südosten diese Waren zur Zeit wenigstens zum Teil noch gegen Devisen, und zwar meist vom Feind, erwerben kann. Die Einbeziehung würde also den Zusammenbruch der Konjunktur in den Südostländern bedeuten und damit die Produktion und die deutschen Bezugsmöglichkeiten drastisch verringern.*"[341]

Demnach lag es also gar nicht im deutschen Interesse, die Länder Südosteuropas in einem zu starken Abhängigkeitsverhältnis zu halten, da ein solches immer auch ein Versorgungsproblem nach sich zog – zumal im Krieg unter den Bedingungen eines allseitig hohen Inlandsbedarfs und konjunktureller Einbrüche. In der Lage des Jahres 1940 war den Südoststaaten vielmehr die Rolle eines Tores zu den „Freidevisen-Ländern" zugedacht, durch das sie sich selbst in erster Linie mit wichtigen Rohstoffen versorgen, die deutsche Kriegswirtschaft damit entlasten und Deutschland zugleich eine Möglichkeit zur Umgehung der feindlichen Blockade bieten sollten. Eine wirtschaftliche Besetzung hätte hingegen nach Auffassung des MWT einen „deutschen Kapital- und Leistungseinschuss etwa im Stile einer halbmilitärisch durchgeführten Regieproduktion" erforderlich gemacht, die die deutsche Wirtschaftskraft überfordert und somit mehr Nach- als Vorteile gebracht hätte. Zudem wäre ein solches Vorgehen auch insoweit kontraproduktiv gewesen, als man „mit dem passiven Widerstand der Südostvölker" hätte rechnen müssen.[342]

Bekanntermaßen gerieten Deutschland und Südosteuropa ein Jahr später freilich in eben diese nachteilige Lage, vor der der MWT noch 1940 gewarnt hatte. Durch den Balkanfeldzug vom April 1941 und durch den Beitritt Bulgariens und Rumäniens zum Drei-Mächte-Pakt sowie ihren Eintritt in den Krieg geriet die Region in den deutschen Einflussbereich

[340] Ebd.
[341] A. a. O., Bl. 151.
[342] A. a. O., Bl. 152f.

und unterlag damit auch der Blockade durch die Westmächte.[343] In diesem Sinne nahm das Sondergutachten zumindest teilweise die tatsächlich eingetretene Entwicklung vorweg, und in der Rückschau lässt sich urteilen, dass der MWT die Gefahren wenigstens erahnte, die für seine Arbeit vom kriegerischen Fortgang der Dinge und der damit verbundenen nicht nur wirtschaftlichen, sondern militärischen Besetzung weiter Teile Südosteuropas ausgingen. Auch Bulgarien, wenngleich als Verbündeter des Reiches nicht besetzt, wurde ab 1941 unweigerlich Teil des „deutschen Kriegswirtschaftsraumes“ mit der Folge, dass mit der Verschärfung der Versorgungslage für Deutschland im weiteren Kriegsverlauf auch der deutsche Druck zunahm, Rohstoffe und Agrarprodukte zu liefern ohne Rücksicht auf die wirtschaftliche Lage Bulgariens selbst und ohne entsprechende Gegenlieferungen, die man nach dem Krieg nachzuholen versprach.[344]

Das Sondergutachten lieferte außerdem eine überblicksmäßige Darstellung der Grundsätze, nach denen der MWT die deutsch-südosteuropäischen Wirtschaftsbeziehungen zu gestalten gedachte. Als einzigen Weg zu einer Intensivierung des Handels über die Ende der 30er Jahre erreichten Grenzen hinaus sah er eine Anhebung des Lebensstandards in der Region durch „Industrialisierung“. Wie sehr eine Verwirklichung dieses Konzeptes von einer friedlichen Entwicklung des Donauraumes abhing, zeigte die Forderung des Vereins, den Raum aus der deutschen Kriegswirtschaft herauszuhalten. Zwangsmaßnahmen lehnte der MWT ab und kritisierte entsprechend auch eine in jüngster Zeit ergriffene „Südostexportinitiative“ von Teilen der deutschen Wirtschaft.[345]

An dieser war in erster Linie die norddeutsche, „hanseatische“ Exportwirtschaft beteiligt, die nach dem kriegsbedingten Ausfall des Überseehandels neue Absatzmärkte in Südosteuropa erblickt hatte und nun versuchte, die dortigen Länder „durch Werbung und Vertreterbearbeitung zu größeren Abnahmen besonders derjenigen industriellen Fertigwaren zu bewegen, die wir augenblicklich noch gut liefern können“.[346] Die negativen Folgen, die sich nach Ansicht der MWT daraus ergaben, bestanden zum einen darin, dass für Südosteuropa unangemessenes Geschäftsgebaren der Hanseaten die Position der dort schon länger tätigen deutschen Firmen verschlechterte, und zum anderen darin, dass häufig das nötige Hintergrundwissen über den Handel mit Südosteuropa fehlte. So wurden oft Angebote gemacht ohne Berücksichtigung der vertraglichen Kontingente oder ohne Kenntnis des Ablaufs der Handelsgeschäfte, der in vielen Fällen nur über staatliche Monopolgesellschaften führte, wie beispielsweise „Chranoiznos“ zur Ausfuhr bulgarischer Agrarprodukte.[347] Eine Erweiterung des Handelsvolumens versprachen derartige Initiativen nach Meinung des MWT nicht – und dies umso weniger, als „der Industriegüterbedarf an sich nicht so elastisch ist,

[343] Zu den deutsch-bulgarischen politischen Beziehungen vgl.: Hans-Joachim Hoppe, Bulgarien – Hitlers eigenwilliger Verbündeter. Eine Fallstudie zur nationalsozialistischen Südosteuropapolitik. Stuttgart 1979.
[344] Vgl. Kapitel 6.
[345] BA, 8119F, P 6135, Bl. 153.
[346] Ebd.
[347] A. a. O., Bl. 154.

als dass er ohne Weiteres durch eine noch so geschickt aufgezogene werberische Bedarfsweckung ausgedehnt werden könnte".[348] Es musste daher

> *„unseres Erachtens einer solchen Exportoffensive unbedingt eine Steigerung der Lebenshaltung der breiten Massen der Südostbevölkerung vorangehen."*[349]

Wie der MWT an anderer Stelle bereits wiederholt betont hatte, betrachtete er als einzig gangbaren Weg zur Erreichung dieses Zieles die „Industrialisierung" der südosteuropäischen Volkswirtschaften. Dass hiermit keine Entwicklung gemeint war, die etwa analog der deutschen verlaufen sollte, ist schon erläutert worden. Vielmehr ging es dem MWT darum, redundante Arbeitskräfte der Landwirtschaft zu entziehen und „zu Industriearbeitern zu machen". So werde, wie das Sondergutachten ausführte, die Kaufkraft sowohl der verbleibenden Landbevölkerung wie auch der neuen Industriearbeiterschaft um ein Vielfaches gesteigert, wodurch auch ein stabiler Absatzmarkt für Industrieprodukte entstehe.[350] Die staatlichen Stellen der südosteuropäischen Länder sah der MWT in dieser Zielsetzung mit sich einig. Es ging ihm um nichts weniger als „die Lösung der sozialen Frage".[351]

Deutschland war laut MWT „allein in der Lage, für diese Industrialisierung die technische Ausstattung zu liefern" und konnte aus diesem und einem künftigen Export „nur Nutzen ziehen". „Aus diesem Grund", so folgerte das Sondergutachten, „haben wir [...] stärksten Nachdruck auf die Notwendigkeit der Beteiligung deutschen Kapitals an der Südostindustrialisierung gelegt".[352]

Zu dieser Kapitalbeteiligung machte der MWT eine Reihe von Vorschlägen. An erster Stelle nannte er eine verstärkte staatliche Förderung der Bildung gemischter deutsch-südosteuropäischer Gesellschaften. Dabei sollte man auch Unternehmen fördern, die nicht nur wie bisher im Handel mit Deutschland tätig waren.[353] Vielmehr sollten deutsche Beteiligungen auch an Firmen möglich sein, die für „die eigentlichen südosteuropäischen Binnenindustrien" arbeiteten. Derartige Investitionen, so forderte der MWT, sollten indes nicht nur erlaubt, sondern auch durch steuerliche Anreize von deutscher Seite vorangetrieben werden. Den Vorteil deutscher Beteiligungen an für die Binnenmärkte produzierenden Unternehmen gegenüber der Exportbranche sah man beim MWT darin, dass letztere zumindest in der gegenwärtigen Lage nicht den Zwängen des Clearing-Systems im bilateralen Handel mit Deutschland unterlägen. In diesem Zusammenhang forderte der MWT, Firmen mit bereits bestehender deutscher Kapitalbeteiligung, wie etwa im Bergbau, von der Verpflichtung zu befreien, ihre Erzeugnisse nach Deutschland auszuführen.[354]

[348] Ebd.
[349] A. a. O., Bl. 155.
[350] A. a. O., Bl. 156.
[351] Ebd.
[352] A. a. O., Bl. 157.
[353] A. a. O., Bl. 158.
[354] A. a. O., Bl. 164.

Steigerte man hingegen mit Hilfe deutschen Kapitals die Produktion der Exportwirtschaft in Bulgarien und dem übrigen Südosteuropa, so ergab sich das Problem, dass sich die gesteigerte Ausfuhr negativ auf die Clearing-Bilanzen auswirken würde, da die deutschen Gegenlieferungen nicht im gleichen Maße angehoben werden konnten. Um dies zu überwinden, war zunächst eine Anhebung des Einfuhrbedarfs der südosteuropäischen Länder notwendig, der durch ihre Binnenindustrialisierung gesteigert werden sollte. Hierdurch sollte daraufhin nicht nur die Einfuhr an Rohstoffen aus Deutschland zunehmen, sondern auch an deutschen Verbrauchsartikeln aufgrund des höheren allgemeinen Lebensstandards.[355] Auf diese Weise strebte der MWT eine Veränderung des bisher gültigen Schemas im deutsch-bulgarischen bzw. deutsch-südosteuropäischen Handel an. Ging es bisher im Wesentlichen darum, deutsche Investitionsgüter, d. h. zum Beispiel Maschinen, im Tausch gegen bulgarische Agrarprodukte, Halbfabrikate und Rohstoffe zu liefern, sollte dieses Spektrum im Zuge einer erfolgreichen Binnenindustrialisierung Bulgariens und Südosteuropas um deutsche Konsumwaren erweitert werden. Zudem stellte sich der MWT vor, dass dann auch Deutschland zum Rohstofflieferanten werden könnte, da der bulgarische und südosteuropäische Bedarf zwangsläufig steigen würde. Hierbei aber, so das Sondergutachten, sei darauf zu achten, von deutscher Seite solche Industrien zu fördern, die als Verbraucher deutscher natürlicher und synthetischer Rohstoffe in Betracht kämen. An dieser Stelle sei ein besonders gezielter deutscher Kapitaleinsatz vonnöten, da man die südosteuropäischen Industrien sonst kaum dazu bringen würde, die bisher verwendeten Rohstoffe durch die wesentlich teureren deutschen zu ersetzen.[356]

Von der Politik, d. h. von der nationalsozialistischen Reichsregierung erwartete der MWT die Schaffung der notwendigen Rahmenbedingungen. Hierzu gehörte unter anderem die Möglichkeit, neue Gesellschaften in den südosteuropäischen Ländern auch mit deutscher Kapitalmehrheit zu gründen, wobei hier in erster Linie Sachkapital gemeint war, d. h. etwa Produktionsanlagen und Rohstoffe.[357]

Im Ganzen ist die Forderung nach einem verstärkten Kapitaleinsatz der deutschen Wirtschaft, die der MWT im Februar 1940 erhob, im Gesamtkontext seiner Zielsetzung zu sehen, die Volkswirtschaften Bulgariens und Südosteuropas zu modernisieren und zu intensivieren, um den Handel mit Deutschland zu beleben. Dieser hatte, nachdem seine Bilateralisierung auf dem Weg des Clearings durchgesetzt worden und, zumindest im Fall Bulgariens, weitgehende handelspolitische Abhängigkeiten von Deutschland entstanden waren, Ende der 30er nach Meinung der Leitung des MWT seine Potentiale ausgeschöpft. Eine Steigerung schien unter den Bedingungen des Krieges nicht mehr möglich, wollte man nicht neue Wege beschreiten.

Beim MWT hielt man daraufhin offenbar ein mehrdimensionales Vorgehen für angebracht. Zum einen verfolgte man weiterhin das Ziel einer Intensivierung der Landwirt-

355 A. a. O., Bl. 160.
356 A. a. O., Bl. 160f.
357 A. a. O., Bl. 161. Beispiele hierfür siehe im folgenden Abschnitt 5.4.

schaft mit Hilfe von Ausbildungsmaßnahmen. Zu Beginn der 40er Jahre erfolgte auf diesem Gebiet eine Offensive des MWT, indem, wie im vorigen Abschnitt erwähnt, die bereits laufenden akademischen Stipendienprogramme um stärker praxisbezogene Maßnahmen vor Ort ergänzt wurden. Zum anderen schien es nun, wie aus dem Sondergutachten hervorgeht, darum zu gehen, die Ausdifferenzierung, d. h. die Industrialisierung der südosteuropäischen Länder zu forcieren, indem man sie durch verstärkte Anlage deutschen Kapitals direkt förderte. In diesem Zusammenhang sollte es nicht mehr allein um die Exportindustrien gehen, deren Produktion Deutschland zugutekommen sollte, wie etwa der Bergbau oder die Halbfertigwarenproduktion, und auch nicht nur um den Ausbau der Infrastruktur zur Verbesserung der Handelswege. Vielmehr war eine allgemeine wirtschaftliche Belebung der Südostländer das Ziel, da sie allein eine Aussicht auf eine nachhaltige Ausdehnung des Handels mit Deutschland bot. Die Verwirklichung dieses Planes war vor allem auch deswegen von großer Bedeutung, da der Krieg die deutschen Handelswege nach Westen unterbrochen hatte. Ungeachtet der deutschen Anstrengungen während der 30er Jahre, einen „Großwirtschaftsraum" in Südosteuropa zu schaffen, waren die westlichen Industrienationen, die wirtschaftlich im Wesentlichen auf dem gleichen Entwicklungsstand wie Deutschland standen, bis 1939 stets die wichtigsten Handelspartner des Reiches geblieben. Im Gegensatz dazu stand der überragenden Bedeutung Deutschlands für den Außenhandel Südosteuropas und insbesondere Bulgariens ein geringerer Anteil dieser Länder am deutschen Außenhandel gegenüber.[358]

In Erkenntnis dieses strukturellen Zusammenhangs versuchte der MWT, durch einen grundlegenden Umbau der Südostwirtschaften die Region zu einem zumindest teilweisen Ersatz für den Westhandel zu machen, indem er den bisherigen Ansatz durch eine stärkere Betonung der Entwicklungspolitik ergänzen wollte. Der Verein hielt dies für „den einzigen Weg, den wir in der jetzigen Lage noch für gangbar halten".[359] Dabei war er sich des Risikos bewusst, dem seine Pläne durch die kriegerischen Ereignisse in Europa ausgesetzt waren. Dies zeigte sich nicht nur in der Befürchtung, dass die Investitionen ausbleiben würden, sondern auch in der Hoffnung, dass Südosteuropa, vorausgesetzt, es hielt sich aus dem Krieg heraus, weiterhin Handel mit Freidevisenländern treiben und somit eine Möglichkeit bieten würde, die feindliche Blockade zu umgehen. Bemerkenswert ist an diesem Konzept, dass es eine größere wirtschaftliche Unabhängigkeit der Donauregion enthielt, als sie bisher angestrebt worden war. Offensichtlich wollte man einen nennenswerten Teil ihres Handelsvolumens für den devisenbasierten Handel mit anderen Ländern reserviert wissen und zugleich auch den Binnenverbrauch in der Region erhöhen. Man erwartete sich hiervon eine allgemeine Steigerung des Bedarfs an deutschen Einfuhrgütern.

In diesem Sinne verfolgte der MWT nunmehr offenbar ein umfassendes Entwicklungsziel für die Region Südosteuropa. Grundlage hierfür war die Erkenntnis, dass die Voraussetzung für einen weiteren Ausbau des Handels mit Deutschland in einer wirtschaftlichen

[358] Vgl. Boelcke, 63.

[359] BA, 8119F, P 6135, Bl. 164.

Modernisierung bestand, die nicht mehr allein an den kurzfristigen und vordergründigen deutschen Einfuhrbedürfnissen orientiert sein sollte. Den Hintergrund dieser Einsicht bildete die Tatsache, dass zumindest vor Beginn des Krieges Südosteuropa nur einen eher bescheidenen Anteil am deutschen Außenhandel hatte. Dominiert wurde dieser stets durch den Warenverkehr mit den westeuropäischen und überseeischen Industrienationen.[360] Die bisherigen Konzepte, die hier mit Schlagwörtern, wie zum Beispiel „Großwirtschaftsraum", „Ergänzungswirtschaft" oder, speziell im Hinblick auf Bulgarien, „Obst- und Gemüsegarten Europas" umrissen sein mögen, erfuhren durch die Forderung des MWT nach einem verstärkten deutschen Kapitaleinsatz eine gewisse Aufweichung, die freilich keineswegs mit ihrer Aufhebung gleichgesetzt werden darf. Dies ergab sich allein schon aus den volkswirtschaftlichen Strukturen eines Landes wie Bulgarien, die zunächst als gegeben hinzunehmen waren. Demnach schienen Konzepte, die auf eine Spezialisierung des Landes als Exporteur hochwertiger, weil klimatisch begünstigter, Agrarprodukte hinausliefen, zumindest zunächst am erfolgversprechendsten, da sie am ehesten geeignet waren, in Deutschland einen Absatzmarkt zu finden. Die vom MWT ab den späten 30er Jahren für Bulgarien ins Leben gerufenen Projekte entsprachen dieser Strategie einer auf die Landwirtschaft konzentrierten Intensivierungspolitik. Damit verbunden war die Erwartung, deutsche Industrieprodukte nach Bulgarien und Südosteuropa ausführen zu können, was zugleich bedeutete, dass man eine Industrialisierung Bulgariens nach westlichem Muster nicht anstrebte. Insgesamt zielten diese ergänzungswirtschaftlichen Konzepte des MWT darauf ab, die volkswirtschaftlichen Strukturen Bulgariens wie der ganzen Region derart umzugestalten, dass sie zunehmend auf Deutschland bezogen sein würden. Seit Ende der 30er Jahre und besonders nach Kriegsbeginn hatte sich dem MWT aber offenbar die Beschränktheit dieser Idee gezeigt. Daher diskutierte man nun die Möglichkeit, eine zumindest in begrenztem Maße autonome Entwicklung in Südosteuropa aktiv zu fördern. Offen blieb in diesem Zusammenhang freilich, ob man dabei auch die Gefahr eines „Ausscherens" einzelner Südostländer aus dem gemeinsamen „Großwirtschaftsraum" in Betracht zog und, andererseits, welche Rolle man sich ökonomisch für Südosteuropa nach einem siegreich beendeten Krieg im Rahmen eines um die Sowjetunion – und damit um schier endlose Ressourcen – erweiterten deutschen Machtbereiches vorstellte.

Wie es scheint, hatten die Überlegungen des Sondergutachtens indes keine unmittelbaren Auswirkungen auf die Bulgarienpolitik des MWT in der nahen Zukunft. Die Schwerpunktsetzung der Modernisierungspolitik auf die Landwirtschaft und die mit ihr unmittelbar verbundenen Wirtschaftszweige blieb ebenso erhalten wie die Beratertätigkeit auf den Gebieten von Landeskunde, Verkehr bzw. Infrastruktur und Bodenschätzen. Was den Einsatz deutschen Kapitals in Bulgarien betraf, so ergaben sich in den 40er Jahren keine grundlegenden Neuerungen gegenüber der Vergangenheit.[361]

[360] Boelcke, dort Anm. 114.
[361] Vgl. Kapitel 5.5.

5.5 Deutsches Unternehmertum in Bulgarien

War im vorigen Abschnitt die Rede von Überlegungen des MWT zu einem verstärkten deutschen Kapitaleinsatz in Bulgarien und Südosteuropa, der einer forcierten und umfassenden Modernisierung der Volkswirtschaft dienen sollte, so soll an dieser Stelle anhand beispielhaft ausgewählter Firmen eine kurze Charakteristik der tatsächlich in Bulgarien entfalteten deutschen unternehmerischen Aktivitäten versucht werden. Im Zentrum steht dabei die Frage, welche Rolle deutsche Unternehmen bei der strukturellen Modernisierung der bulgarischen Volkswirtschaft spielten, die ein wichtiges Anliegen im Rahmen der durch den MWT repräsentierten deutschen Handelsinteressen war. Es muss allerdings in diesem Zusammenhang betont werden, dass es eben diese deutschen Handelsinteressen waren, die den Ausgangspunkt aller konzeptionellen Überlegungen des MWT bildeten. Alle Pläne zur Intensivierung der Landwirtschaft, zur Ausdifferenzierung der Volkswirtschaft, zum Ausbau der Infrastruktur und zur Erschließung von Bodenschätzen hatten letztlich zum Ziel, den deutsch-bulgarischen Handel in neue, bisher unerreichte Dimensionen zu führen. Dies war Teil einer spätestens seit Beginn der 30er Jahre verfolgten deutschen Strategie, sich in Südosteuropa einen ergänzungswirtschaftlich funktionierenden „Großwirtschaftsraum" zu schaffen, der Deutschland eine größere Unabhängigkeit von den Unwägbarkeiten des freien Welthandels sichern sollte. Dieses auch „Mitteleuropa" genannte Gebilde sollte für das Reich eine ähnliche handelspolitische Funktion haben wie die Kolonialimperien für die Westmächte. Direktinvestitionen in Südosteuropa waren demnach nicht das primäre Ziel des MWT. Wenn sie propagiert wurden, so wie im Sondergutachten vom Februar 1940, dann nur zu dem eigentlichen Zweck, den Handel der Region mit Deutschland zu beleben.

Dementsprechend war Deutschland als Investor bzw. Kapitalanleger in Bulgarien traditionell schwächer vertreten als andere europäische Industriestaaten. Dies war nicht erst seit dem Versailler Vertrag der Fall, sondern galt auch bereits vor dem Ersten Weltkrieg.[362] Das Überwiegen des Handels in den deutsch-bulgarischen Wirtschaftsbeziehungen bedingte bestimmte Formen der Präsenz deutscher Firmen in Bulgarien. Beeinflusst wurden diese außerdem durch die Strukturen der bulgarischen Volkswirtschaft.

Aus diesen Gründen waren deutsche Firmen im Land in erster Linie als Repräsentanzen mit wenigen Mitarbeitern anzutreffen, die im Wesentlichen für das Hereinholen von Aufträgen und die Gewinnung von Kunden arbeiteten. Das Gerät und die Fachleute zur Ausführung der Aufträge wurden dann zumeist von der deutschen Mutterfirma bereitgestellt. Größere deutsche Investitionen gab es lediglich in Bereichen, in denen der Produktionsort naturgemäß in Bulgarien war, d. h. vor allem beim Bergbau oder bei der direkten Unterstützung und Abwicklung von Handelsgeschäften. Ab Mitte der 20er Jahre zeigte sich allerdings auch in anderen Branchen, wie etwa der Elektroindustrie, die Tendenz, die Vertretungen in vollwertige Gesellschaften umzuwandeln – zumeist in die Rechtsform der sogenannten

[362] Dazu ausführlich z. B. Gutsche.

„Bulgarischen Aktiengesellschaft". Dies mag als Begleiterscheinung der sich zu dieser Zeit wieder intensivierenden bilateralen deutsch-bulgarischen Handelsbeziehungen gelten.

Den Grundstrukturen der bulgarischen Volkswirtschaft, die unter anderem durch den vorwiegend landwirtschaftlichen Charakter sowie einen eklatanten Kapitalmangel geprägt waren, entsprachen sowohl die Tätigkeitsfelder, in denen deutsche Unternehmen bzw. deutsches Kapital aktiv waren, als auch ihr Kundenkreis. Dabei handelte es sich hauptsächlich um Firmen der Elektro- und der Baubranche sowie Firmen aus dem Bergbau und Speditionsfirmen. Hinzu kam das Kreditwesen. Deutsche Unternehmen waren also in erster Linie in Bereichen tätig, die für die Aufrechterhaltung des Handels Bulgariens mit Deutschland sowie für den Ausbau und die Modernisierung der Infrastruktur von Bedeutung waren, was wiederum dem Handel zugute kam. Konsequenterweise war ihr wichtigster Kunde der Staat. Angesichts der Kapitalstrukturen in Bulgarien war dieser ohnehin praktisch als einziger in der Lage, größere Aufträge zu erteilen.

Innerhalb dieses Musters operierte deutsches unternehmerisches Engagement in Bulgarien zunächst unter den gegebenen sozioökonomischen Bedingungen. Eine gezielte Politik zur Änderung dieser Verhältnisse, etwa in der Landwirtschaft im Hinblick auf eine Intensivierung des Handels, wurde von deutscher Seite ursprünglich nicht betrieben. Dies trat erst ein, als der MWT die konzeptionelle Führerschaft in der deutschen wirtschaftlichen Südosteuropa-Politik übernahm.

Eine zentrale Rolle beim Einsatz deutschen Unternehmertums in Bulgarien spielte zum Beispiel die Firma „Granitoid". Sie war bereits im Jahre 1908 von dem deutschen Ingenieur Eduard Naudascher als Kommanditgesellschaft gegründet und 1912 in eine Aktiengesellschaft umgewandelt worden. Bis 1944 entwickelte sich die Granitoid zum größten bulgarischen Konzern; das Grundkapital von anfänglich zwei Millionen Leva wuchs bis 1930 auf 750 Millionen, um 1938 allerdings wieder auf 600 Millionen verringert zu werden. Hauptaktionäre waren Ende der 30er Jahre Naudascher, nun Generaldirektor, der bulgarische Unternehmer Georg Atanasov sowie die schweizerische Orient AG Zürich, die Anfang der 20er Jahre 50 Prozent der Aktien erworben hatte.[363] Die wichtigsten Tätigkeitsfelder des Unternehmens waren der Bergbau, die Herstellung von Baumaterial, d.h. vor allem Zement, und die Erzeugung von Energie. Ein Eindruck von den Aktivitäten der Granitoid soll an dieser Stelle durch eine schlaglichtartige Betrachtung des Geschäftsverlaufs der Firma im Jahre 1938 vermittelt werden.

Zu dieser Zeit befand sich die Firma offenbar in einer Phase der Expansion und erfolgreicher Geschäfte. Diesen Eindruck erwecken jedenfalls die Protokolle der Verwaltungsratssitzungen. Aufschlussreich an ihnen sind vor allem die Berichte des Kaufmännischen Direktors Eduard Naudascher junior, des Sohnes des Firmengründers. Aus seinem Bericht über den laufenden Geschäftsgang, den er am 31. August 1938 auf der Verwaltungsratssitzung vortrug, ergibt sich ein guter Überblick über die seinerzeitigen Aktivitäten der Firma in Bulgarien.

[363] CDA, F. 692K, op. 1, a.e. 48, l. 25.

An erster Stelle befasste sich Naudascher jun. mit der Zement- und Klinkerherstellung. Seinen Ausführungen zufolge konnte die Granitoid im Jahre 1938 die Produktion in dem Sinne optimieren, dass ab März des Jahres die Anlagen unter voller Auslastung betrieben werden konnten, so dass die Herstellungskosten auf einem niedrigen Niveau gehalten werden konnten. Grundlage dafür war der erhöhte Bedarf, der durch öffentlich betriebene Projekte, wie etwa eine im Bau befindliche Talsperre bei Beli Iskăr, entstanden war. Zahlenmäßig schlug sich diese Bedarfssteigerung in einem Anwachsen der Produktion nieder: In den ersten sieben Monaten des Jahres 1938 wurden 123.063 Tonnen Zement erzeugt gegenüber 87.370 Tonnen im Vergleichzeitraum des Jahres 1936. Eine ähnliche Steigerungsrate hatte der Klinker aufzuweisen. Dementsprechend erhöhte sich auch der Zementabsatz von 81.582 Tonnen in den ersten acht Monaten des Jahres 1937 auf 109.264 Tonnen im gleichen Zeitraum des Folgejahres.[364]

Im Gegensatz zu diesen Erfolgsmeldungen standen jedoch, wie Naudascher einräumen musste, Absatzschwierigkeiten für die eigenen Produkte, die auf die mangelhafte Infrastruktur zurückzuführen waren. Konkret waren damit die zu geringen Transportkapazitäten der Eisenbahnen gemeint, die sich vor allem im Herbst bemerkbar machten. Denn zu dieser Jahreszeit wurde eine große Anzahl von Waggons von den Obst- und Gemüseexporten beansprucht. Hinzu kamen vermehrte Truppentransporte im Zuge der alljährlichen Herbstmanöver. Naudascher beklagte, dass hierdurch über 6000 Bestellungen momentan unerledigt seien.[365] Prinzipiell galt diese Problematik auch für den Gips, dessen Absatz 1938 gleichwohl um 25 Prozent im Vergleich zum Vorjahr gesteigert werden konnte.[366]

Was den Absatz von Energie betraf, so wurde sie großenteils aus der in den Minen im Pirin-Gebirge und in der staatseigenen Mine Pernik abgebauten Kohle gewonnen. Abgesetzt wurde sie im Jahre 1938 zu ungefähr drei Fünfteln an Kunden der Granitoid, der Rest aber wurde vom Unternehmen selbst verbraucht, und zwar in der Zementfabrik Batanovci. Auch hier konnte Naudascher eine Zunahme gegenüber dem Vorjahr vermelden, die er allerdings selbst mit der 1937 verminderten Produktion begründete, die auf die vorübergehende Schließung der Mine Pernik infolge eines Grubenunglücks zurückzuführen gewesen war. Insgesamt aber schien die Granitoid im Jahre 1938 Überschüsse an Kohle in den eigenen Minen erzeugt zu haben, da man die Produktion von Briketts erwog, nach welchen ab den Herbstmonaten erhöhter Bedarf bestehen würde. Außerdem befand man sich bereits in Verhandlungen über einen Export von Briketts nach Griechenland und Jugoslawien. Dies erachtete man als notwendig, um weiterhin die volle Auslastung der Produktionskapazitäten und damit ihre Wirtschaftlichkeit sicherzustellen.[367] Im Gegensatz zum Handel mit dem Energieträger Kohle wiesen die Erzeugung von Energie, d. h. elektrischem Strom, und der Handel mit ihr leicht von der Kohle abweichende Strukturen auf. Insgesamt wurden bis August 1938 über 32 Millionen Kilowattstunden produziert, von denen über 17 Millio-

364 A. a. O., l. 71f.
365 A. a. O., l. 72.
366 Ebd.
367 A. a. O., l. 74.

nen an verschiedene Abnehmer, über 14 Millionen an eigene Betriebe abgesetzt wurden. Letzteres traf in erster Linie auf Batanovci zu, wobei ein kleiner Teil des Stromes, d. h. etwa 200 000 Kilowattstunden aus selbst erzeugter Dampfkraft und 120 000 von Fremdanbietern bezogen werden mussten. Insgesamt änderte dies jedoch nichts daran, dass Naudascher die Zwischenbilanz der elektrischen Abteilung vom August 1938 positiv bewertete, da die Einnahmen gegenüber dem Vorjahr signifikant gestiegen waren.[368]

Insgesamt verschafft dieser Geschäftsbericht einen recht guten Überblick über die Tätigkeitsbereiche der Granitoid AG. Aufschlussreich an ihm sind zwei Aspekte, die deutlich machen, in welchem Umfeld die Gesellschaft im vorsozialistischen Bulgarien arbeitete, wie sie darauf reagierte und wie sie infolgedessen dieses Umfeld beeinflusste. Zusätzlich verdeutlichen lässt sich dies außerdem beim Blick auf die Geschichte des Unternehmens seit 1908.

Bei den beiden auffälligen Aspekten handelt es sich zum einen um die mangelnden Transportkapazitäten der bulgarischen Eisenbahnen, die nach Aussage des Kaufmännischen Direktors, Naudascher jr., den Absatz von Zement, Gips und Kohle ernsthaft gefährdeten. Zum anderen fällt auf, dass die Granitoid einen erheblichen Teil der von ihr erzeugten bzw. gewonnenen Energie und Energieträger in ihren Zementfabriken selbst verbrauchte. Diese Punkte sind charakteristisch für die Probleme, mit denen sich die Granitoid seit Beginn ihres Bestehens auseinanderzusetzen hatte, die ihr zugleich aber auch neue Geschäftsmöglichkeiten eröffneten. Denn ursprünglich lag der offiziell definierte Zweck des Unternehmens in der Herstellung von Baumaterialien, d. h. in erster Linie Zement, die für den Ausbau der Verkehrswege in Bulgarien benötigt wurden.[369] Dementsprechend war die Granitoid am Bau von Eisenbahnlinien, Straßen, Brücken, Tunnels, Hafenanlagen und anderem beteiligt.[370] Auf diese Weise wirkte sie an der Lösung des auch für den internationalen Handel bedeutsamen Verkehrsproblems in Bulgarien mit – eines Problems, das ihr gleichwohl selbst auch Ende der 30er Jahre noch Schwierigkeiten bei der Abwicklung der eigenen Geschäfte bereitete. Darüber hinaus aber war es gerade die Tatsache, dass sich die Problematik der Infrastruktur wie ein roter Faden durch die Geschichte der Granitoid zog und eigentlich für die Ausdehnung der Tätigkeitsbereiche der Firma ursächlich war. Denn im Grunde musste sich die Gesellschaft die Infrastruktur für ihre Aktivitäten zu einem großen Teil selbst schaffen. Dies fing beispielsweise noch vor dem Ersten Balkankrieg mit der Entscheidung an, Zement in Bulgarien selbst herzustellen. Ursprünglich nämlich war der Hauptteil des benötigten Zements aus dem Ausland, d. h. vor allem aus Deutschland, importiert worden. Im Jahre 1911 wurde die Initiative zum Bau einer eigenen Zementfabrik ergriffen, die im Dorf Batanovci im Kreis Radomir ihren Standort haben sollte.[371] Um den damit erhöhten

[368] A. a. O., l. 72.

[369] Vgl. die Statuten der Granitoid: CDA, F. 692K, op. 1, a.e. 2, l. 97.

[370] Ebd. Vgl. außerdem: Panto Kolev, Übersicht über die Dokumentation der deutschen oder mit deutschem Anteil gegründeten Firmen in Bulgarien in den Beständen des Zentralen Staatsarchivs in Sofia, *Collegium Germania* 3 (2000), 99-105, hier: 100.

[371] Kolev, 100.

Kapitalbedarf zu decken, wurde die Kommanditgesellschaft Granitoid im Jahre 1912 in eine Aktiengesellschaft umgewandelt. Bis zum Ende des Zweiten Weltkriegs wuchs die Zahl der Aktionäre auf knapp 400, worunter sich zwölf Deutsche befanden. Den Ton in der Gesellschaft gab bis zu ihrer Liquidierung nach dem Zweiten Weltkrieg Eduard Naudascher, der Firmengründer, an. [372]

In den folgenden Jahren wurde die Tätigkeit der Granitoid zwar durch die Balkankriege vorübergehend behindert, erreichte aber zur Zeit der bulgarischen Teilnahme am Ersten Weltkrieg (1915–1918) neue Höhen. Während dieser Jahre erweiterte die Granitoid ihr Tätigkeitsfeld um die Erzeugung von Gips. Hierzu beutete man die Gipskarriere im Kreis Nova Zagora aus und errichtete in derselben Gegend eine Gipsbrennerei. Außerdem wurden Werkstätten zur Eisenbearbeitung eingerichtet.[373] Zum besseren Absatz der Produkte, d. h. von Zement und Gips, war es notwendig, Lagerstätten in Sofia zu schaffen. An diese Aufgabe ging man ab 1924 heran. Man baute in Sofia Lagersilos mit einer Kapazität von 500 Tonnen und beschaffte 30 Spezialwaggons für den Transport des Zements von Batanovci nach Sofia.[374]

Diese Erweiterung der Aktivitäten von Granitoid erhöhte zwangsläufig den Energiebedarf der Firma. Um diesem Problem zu begegnen, gründete sie im Jahre 1922 die Elektrizitäts-Aktiengesellschaft „Orion“, in deren Verwaltungsrat Eduard Naudascher und Georgi Atanasov saßen. Drei Jahre später fusionierte die Orion mit der Granitoid, die daraufhin ihren Geschäftsbereich, der bis dahin nur die Herstellung von Baumaterialien umfasst hatte, offiziell um die Elektrizität ergänzte. Der Name des Unternehmens lautete von nun an „Bulgarische Aktiengesellschaft Granitoid für elektrische und industrielle Betriebe“. Unter seiner Leitung wurden bis 1929 zwei Wasserkraftwerke – mit Namen „Pastra“ und „Rila“, die auf ihren Standort hindeuten – gebaut, Ende der 30er Jahre folgte noch das Kraftwerk „KameniCDA“.[375]

Die schrittweise Ausdehnung der unternehmerischen Aktivitäten der Granitoid, einer genuin industriell tätigen Gesellschaft in Bulgarien, die auf die Initiative eines deutschen Geschäftsmannes – Naudascher – zurückging und teilweise mit deutschem Kapital betrieben wurde, stellte eine Entwicklung dar, die vom Gründer und seinen Partnern ursprünglich nicht in dieser Weise vorgesehen war. Sie ergab sich jedoch beinahe zwangsläufig aus dem Zusammenwirken zweier Faktoren: zum einen aus dem dauerhaften Erfolg des Unternehmens, der zu weiteren Investitionen anregte, zum anderen aber auch aus den für Bulgarien charakteristischen Unzulänglichkeiten der Infrastruktur. Aus letzteren folgte, dass sich die Granitoid die Grundlagen für ihre erweiterten Aktivitäten selbst schaffen musste, da keine Strukturen vorhanden waren, auf die sie hätte zurückgreifen können. Am augenfälligsten zeigte sich dieser Sachverhalt bei der Energieversorgung des Unternehmens. Sie musste durch die Granitoid selbst gewährleistet werden, da es bis auf die staatlichen Mi-

[372] Ebd.
[373] Ebd.
[374] Ebd.
[375] Ebd., 101. Außerdem CDA, F 692K, op. 1, a.e. 2, l. 97-97v.

nen in Pernik in Bulgarien keine größeren Anbieter von Energie bzw. Energieträgern gab. Das Unternehmen dehnte daraufhin seinen Tätigkeitsbereich auf die Energieversorgung aus, baute die erwähnten Wasserkraftwerke und begann außerdem, den Abbau von Kohle zu betreiben, die für den Betrieb der Zementfabrik in Batanovci benötigt wurde. Hierzu gründeten Atanasov, Naudascher und andere Partner in den 20er Jahren die Aktiengesellschaft „Pirin", die 1930 mit der Granitoid vereint, vier Jahre später aber wieder abgetrennt wurde. Im Jahre 1939 traten als Investoren die Kölner Baumaterialfirmen „Otto Wolf" sowie „Felten & Guilleaume" hinzu. Die erfolgreiche Entwicklung des Kohlebergbaus der Firmen Granitoid und Pirin erlaubte zudem die Eröffnung einer Fabrik zur Herstellung von Kohlebriketts, für die sich nicht nur in Bulgarien, sondern auch im Ausland ein Markt bot. Allerdings zeigte sich das eigentliche Motiv für den Übergang des Unternehmens zur Energieerzeugung darin, dass noch Ende der 30er Jahre fast die Hälfte der hergestellten Energie von der Granitoid selbst verbraucht wurde.

Die Problematik der Energieversorgung der Produktionsstätten und des Transports ihrer Erzeugnisse zwang also die Granitoid, selbst Maßnahmen zur Errichtung der dafür nötigen Infrastruktur zu ergreifen. Sie drang damit in Tätigkeitsbereiche vor, in denen sie ursprünglich nicht aktiv gewesen war, die im Lauf der Zeit aber eine eigene Dynamik und damit eine eigene Profitabilität gewannen, da sie vermarktbare Überschüsse hervorbrachten. Dadurch setzte die Granitoid vielfache Modernisierungsimpulse für die bulgarische Infrastruktur. Der ursprüngliche Zweck des Unternehmens, die Zementherstellung, hatte Begleitmaßnahmen erforderlich gemacht, die letztlich nicht nur der Effizienz der Arbeitsabläufe in der Produktion dienten, sondern auch Anstöße für den allgemeinen Ausbau der Infrastruktur im Land gaben.

Dem eingangs skizzierten Muster deutschen unternehmerischen Engagements in Bulgarien noch näher als Granitoid kam die Firma Siemens. Im Jahre 2003 feierte sie ihr 80-jähriges Bestehen als Aktiengesellschaft in Bulgarien, wobei von dieser Zeitspanne freilich die Jahre der kommunistischen Herrschaft abzuziehen sind. Vor ihrer Gründung als „Bulgarische Aktiengesellschaft Siemens" im Jahre 1923 war sie sechs Jahre lang mit einer Handelsvertretung präsent gewesen, die in die Hauptfirma organisatorisch als „Abteilung Bulgarien" der Siemens-Schuckert-Werke Wien eingebunden gewesen war.[376] Das Grundkapital erreichte im Jahre 1942 mit 25 Millionen Lewa seine größte Ausdehnung; zuvor hatten sich die Geschäftsaktivitäten der Firma in Bulgarien stetig erweitert.[377]

Den Verhältnissen im vorsozialistischen Bulgarien entsprechend, lag das Hauptaufgabenfeld für Siemens zunächst vorwiegend im Bereich des Ausbaus der Infrastruktur. Für eine Firma der Elektrizitätsbranche bedeutete dies in erster Linie eine Beteiligung an der Erweiterung und Modernisierung der Strom- und Fernmeldenetze im Land. Hinzu kamen die Belieferung größerer Kunden, wie etwa auch der Granitoid, mit Maschinen und elek-

[376] CDA, F. 686K, op. 1, a.e. 383, l. 50f. Zur Geschichte der Firma Siemens in Südosteuropa vgl. H. Schröter, Siemens and Central and South-East Europe between the World War, in: Teichova, International Business, 172-206.

[377] Vgl. CDA, F. 686K, op. 1, Inhaltsangabe.

trischen Installationen und der Verkauf an Zwischenhändler und Installateure. Privatkunden waren nur für einen sehr kleinen Teil des Auftragsvolumens verantwortlich.

Deutlich wird dieser Sachverhalt zum Beispiel anhand einer Liste der 20 größten Kunden der Schwachstromabteilung von Siemens Bulgarien aus dem Jahre 1943. Am Gesamtumsatz der Firma hatten sie zusammen einen Anteil von 54,2 Prozent. Der mit weitem Abstand größte Auftraggeber war die Generaldirektion der Bulgarischen Staatsbahnen in Sofia mit einem Volumen von über 17 Millionen Leva. Mit nur etwas mehr als der Hälfte, d. h. gut 9 Millionen Leva, folgte das Kriegsministerium. Unter den Behörden, die zu den 20 größten Kunden von Siemens zählten, waren außerdem das Bautenministerium, die königliche Schlossintendantur sowie das Justizministerium. Mit der Mine Pernik war ein weiterer staatlicher Kunde vertreten. Hinzu kamen kriegsbedingt die in Bulgarien zu jener Zeit stationierten Truppenteile der Deutschen Wehrmacht, die Siemens im Jahre 1943 einen Umsatz von gut einer Million Lewa einbrachten. Bei den restlichen Kunden in der Gruppe der größten 20 handelte es sich um Zwischenhändler.[378] Bestätigt wird dieses Bild der Kundschaft von Siemens auch durch eine Liste größerer offener Forderungen aus demselben Jahr. Auch hier standen mit der Eisenbahndirektion und dem Bautenministerium zwei Behörden an der Spitze vor dem Justizministerium, der Wehrmacht sowie der Sofioter „Militärfabrik“ und der Granitoid.[379]

Neben der Struktur der Hauptkundschaft der bulgarischen Siemens AG lässt sich auch die Struktur der von der Firma gelieferten Artikel zur Veranschaulichung ihrer Rolle in der Modernisierung der bulgarischen Infrastruktur verwenden. Hierüber existiert zum Beispiel eine „Aufstellung über Lieferungen mit einem Auftragswert von über Lw. 20 000“ vom Juni 1943. Sie zeigt, dass das Unternehmen den Hauptteil seiner Geschäfte im Fernmeldewesen machte, d. h. in erster Linie wurden Telefone, Telefonanlagen sowie die entsprechenden Ersatzteile verkauft. So wurden zu der betreffenden Zeit etwa eine automatische Telefonzentrale und Reserveteile im Wert von über 3 Millionen Leva an das Kriegsministerium geliefert. Das gleiche hatte die Außenstelle des Bautenministeriums in der Stadt Šumen bestellt, ebenso wie die Deutsch-Bulgarische Handelskammer, die königliche Hofintendantur und private Unternehmen.[380]

Infrastrukturell am wichtigsten scheint aber die Beteiligung der Firma Siemens am Ausbau des Telefonnetzes gewesen zu sein. Nach dem Eindruck, den die Quellen vermitteln, erlangte Siemens auf diesem Gebiet eine führende Stellung. Jedenfalls sind speziell für die Jahre 1940/41 Dokumente überliefert, die belegen, dass das Unternehmen der bulgarischen Generaldirektion des Post-, Telegrafen- und Telefonwesens (PTT) Angebote zur Einrichtung automatischer Orts- und Fernämter unterbreitet hatte, die die manuelle Vermittlung von Telefongesprächen ablösen sollten. Derartige Angebote wurden für Städte und kleinere Orte in ganz Bulgarien vorgelegt. Zwar lässt sich nicht in jedem Fall nachweisen, dass Sie-

378 CDA, F. 686K, op. 1, a.e. 407, l. 54.
379 A. a. O., l. 173.
380 A. a. O., l. 2.

mens den entsprechenden Auftrag auch erhielt; aktenmäßig belegt ist allerdings, dass die Firma den Zuschlag für die Ortstelefonzentralen und -netze von Sofia, Varna und Ruse erteilt bekam.[381] Da es sich hierbei mit um die größten Städte Bulgariens handelte, kann angenommen werden, dass Siemens von der Generaldirektion flächendeckend mit dem Ausbau und der Modernisierung des bulgarischen Telefonnetzes beauftragt wurde. Dafür sprechen jedenfalls verschiedene Gründe, wie etwa die offensichtliche Bewährung der von Siemens durchgeführten Installationen sowie die erhöhte Effizienz beim weiteren Ausbau und bei der Ersatzteilbeschaffung, die durch die Ausstattung des Netzes durch einen Hersteller eher gewährleistet war. Außerdem mag eine Rolle gespielt haben, dass Siemens sich verpflichtete, im Sinne einer sachgemäßen Bedienung und Wartung der gelieferten Anlagen bulgarische Ingenieure und Mechaniker in den Herstellungsbetrieben auszubilden und das bulgarische Betriebspersonal vor Ort einzuweisen. Die Firma teilte der PTT im März 1941 mit, dass sie für die vier Bereiche Trägerfrequenztelefonie, Radiotelegrafie- und Rundfunkanlagen, Fernschreibanlagen und Fernsprechzentralen Ingenieure und Mechaniker für eine Zeit von bis zu 39 Monaten in ihren Fabriken vor der Lieferung der Anlagen ausbilden würde. Die Unterhaltskosten wurden von Siemens übernommen.[382] Auch dieser Punkt war charakteristisch für die sozioökonomischen Verhältnisse, unter denen Siemens in Bulgarien tätig war. Bei einer Ausbildungsdauer von bis zu drei Jahren und drei Monaten, die speziell für die Fernsprechzentralen vorgesehen war, kann es sich nicht mehr allein um ingenieurtechnische Weiterbildungsmaßnahmen oder um eine bloße Unterweisung im Gebrauch der neuen Apparaturen gehandelt haben. Vielmehr deutet die Ausbildungsdauer darauf hin, dass es hier um eine Vermittlung technischer Grundlagen ging, wie sie in Bulgarien in den Hochschulen und sonstigen Ausbildungseinrichtungen nicht ausreichend zu leisten war. Um die Kundschaft zufriedenzustellen, war Siemens gezwungen, seine Angebote für Bulgarien im Bereich des Fernmeldewesens so umfassend zu gestalten, dass sie neben den eigentlich zu liefernden und zu installierenden Anlagen auch die Vermittlung von Grundlagen sowohl für ihren sachgemäßen Gebrauch als auch für das technische Verständnis ihrer Funktionsweise enthielten. Ähnlich wie bei der Granitoid führte also auch die Geschäftstätigkeit von Siemens in Bulgarien, die zunächst eigentlich nur im Verkauf elektrotechnischer Anlagen bestanden hatte, dazu, dass das Engagement des Unternehmens über die ursprünglichen Absichten hinaus auf den Ausbildungsbereich ausgedehnt wurde. Im Unterschied zur Granitoid jedoch, die sich anfänglich die infrastrukturellen Grundlagen im Land selbst schaffen musste, um die eigene Produktion aufrechterhalten zu können, ging es bei Siemens darum, Modernisierungsmaßnahmen in Form von Ausbildung zu ergreifen, um den bulgarischen Markt zu „pflegen" und damit seine Aufnahmefähigkeit für die elektrotechnischen Produkte des Unternehmens zu erhalten bzw. zu erhöhen. Dahinter stand die Erkenntnis, dass es einen engen Zusammenhang gab zwischen dem in Bulgarien vorhandenen technischen Wissen und Verständnis und den Absatzchancen. Dass das Interesse an diesen Maßnahmen

[381] CDA, F. 686K, op. 1, a.e. 438, l. 28.
[382] A. a. O., l. 41f.

beiderseitig war, geht aus der Tatsache hervor, dass sie ursprünglich einer Forderung der PTT entsprungen waren, die für die vertraglich vereinbarten Preise den „Lieferumfang" um die Ausbildung von Ingenieuren und Mechanikern ergänzen wollte. Insgesamt zeigt sich an diesem Beispiel in kleinerem Maßstab die praktische Anwendung des Grundkonzeptes des Mitteleuropäischen Wirtschaftstages. Wie bereits erläutert, stand auch beim MWT die Erkenntnis im Mittelpunkt, dass es galt, die Märkte Südosteuropas zu entwickeln, d. h. zu modernisieren, und die dortige Kaufkraft zu stärken, um sie für deutsche Industrieprodukte aufnahmefähig zu machen – sei es durch Einführung neuer Technologien, sei es durch eine Umstrukturierung der Volkswirtschaften oder sei es durch Ausbildung. Besonders der zuletzt genannte Punkt gehörte bei Siemens offenbar zur Geschäftsstrategie.

Im Ganzen scheint der Beitrag der Firma Siemens zur Modernisierung der bulgarischen Infrastruktur während der Zwischenkriegszeit nicht unerheblich gewesen zu sein. Hierfür spricht auf jeden Fall die umfassende Konzeption, nach der das Unternehmen beim landesweiten Ausbau des Telefonnetzes vorging. Aufschlussreich sind in diesem Kontext die „Systembetrachtungen zum weiteren Ausbau der automatischen Telefonie in Bulgarien", die Siemens der PTT im Februar 1941 unterbreitete. Demnach hatte die PTT die Initiative zur Einführung der automatischen Telefonie in Bulgarien ergriffen und sich dabei für das „Schrittschaltsystem" entschieden. Die Wahl fiel letztlich auf das System der Deutschen Reichspost, an dessen Entwicklung die Berliner Siemens & Halske AG maßgeblich beteiligt gewesen war. Diese Entscheidung war zukunftsweisend, band sie doch die PTT auf lange Zeit in vielen Bereichen an Siemens. Dementsprechend wurden in den folgenden Jahren die Fernsprechämter Sofia, Burgas, Varna, Ruse, Gabrovo, Stara Zagora und Plovdiv mit diesem System ausgestattet.[383] Die dauerhafte Bindung der PTT an Siemens wurde auch in den Systembetrachtungen thematisiert, die freilich auch als Werbeschreiben an den bulgarischen Kunden gedacht waren. Der Gedanke von Kontinuität und Einheitlichkeit beim Aufbau des bulgarischen Telefonnetzes spielte dabei eine wichtige Rolle; es ging darum, unter Hinweis auf die bisher installierten Siemens-Anlagen die PTT von der Anschaffung von Systemen anderer Hersteller abzuhalten:

> *„Bei der Bedeutung, die heutzutage in Wirtschaft, Administration und nationaler Verteidigung der Vereinheitlichung der Methoden, Systeme und Typen im Staatsinteresse beigemessen wird, ist es das Nächstliegende, auch auf dem Gebiet der automatischen Telefonie die geplanten Erweiterungs- und Neuanlagen nach dem gleichen System zu bauen, das in Bulgarien bereits seit mehreren Jahren mit ausgezeichneten Resultaten funktioniert und in einer Anzahl von über 13 000 Anschlüssen installiert ist."*[384]

Charakteristisch für diese Argumentation ist neben dem Hinweis auf die bisherige Bewährung der Siemens-Anlagen auch die Erwähnung der militärischen Bedeutung eines einheitlichen Telefonsystems. Berücksichtigt man die Datierung des Dokuments auf den 4. Februar 1941, einen Zeitpunkt, zu dem sich die Stationierung deutscher Truppen in Bulgarien

383 A. a. O., l. 125.
384 A. a. O., l. 126.

und die Gefahr eines Kriegsausbruchs auf dem Balkan bereits abzeichneten, so darf angenommen werden, dass diesem Argument ein großes Gewicht beigemessen wurde. Neben der technischen wurde ihm von der Firma Siemens auch eine personalpolitische Bedeutung zugeschrieben:

> *„Bisher besteht in Bulgarien die Möglichkeit, einen Austausch des technischen Personals zwischen allen bestehenden automatischen Ämtern durchzuführen bzw. bei Ausfällen durch Krankheit usw. in einem Amt sofort Ersatz aus anderen Ämtern herbeizuschaffen. Dieser Vorteil erscheint besonders vom strategischen Gesichtspunkt aus wichtig, würde aber der Generaldirektion bei zusätzlicher Verwendung eines Fremdsystems verloren gehen.“*[385]

Die dominierende Stellung des Unternehmens beim Ausbau des bulgarischen Telefonnetzes bedeutete freilich nicht, dass Siemens keine Konkurrenten mehr gehabt hätte. Im Rahmen des oben erläuterten Ausbaus der automatischen Telefonie boten neben Siemens auch andere Hersteller, wie etwa die Budapester Firma „Standard“ Hochfrequenz-Telefonieanlagen an. Als man bei Siemens Anfang Februar 1941 erfuhr, dass „Standard“ auf Empfehlung der bulgarischen Preisprüfungskommission den Zuschlag erhalten sollte, sandte man sogleich einen Protestbrief an den bulgarischen Verkehrsminister Goranov und rechtfertigte die eigenen Preise, bot zugleich aber auch einen Nachlass an.[386] Außerdem verwies die Firma Siemens darauf, dass zwischen den Regierungen Deutschlands und Bulgariens eine generelle Vereinbarung über die Lieferung deutscher Anlagen im Rahmen des Ausbaus der automatischen Telefonie getroffen worden sei.[387]

Auf diese Weise brachte sie ein politisches Moment in die Verhandlungen ein, das angesichts der drohenden Kriegsgefahr auf dem Balkan nicht ohne Bedeutung sein konnte. Diese wirtschaftspolitische Dimension war indes zu jener Zeit nicht mehr neu. Am bekanntesten in diesem Zusammenhang dürfte das große Kompensationsgeschäft sein, das im Jahre 1934 zwischen Bulgarien und einem Konsortium deutscher, österreichischer, tschechoslowakischer und ungarischer Firmen abgeschlossen worden war. Damals verpflichtete sich Bulgarien zur Lieferung älterer Tabakernten im Tausch gegen Industrieprodukte des Konsortiums.[388] Der Anteil von Siemens an den Umsätzen der deutschen Teilnehmer betrug ungefähr 25 Prozent.[389]

Dieses Kompensationsgeschäft war für die deutsche Exportwirtschaft und somit auch für Siemens ein entscheidender Impuls für die Belebung der Handelsbeziehungen mit Bulgarien, nachdem im Jahre 1932 der deutsch-bulgarische Handelsvertrag wichtige Grundlagen geschaffen hatte. Zuvor hatte der Export unter den schwachen Absatzmöglichkeiten gelitten, die während der 20er Jahre durch die Folgen des Ersten Weltkriegs, später dann

385 A. a. O., l. 138. Vgl. außerdem l. 187-190.
386 A. a. O., l. 18f.
387 A. a. O., l. 15.
388 Vgl. Kapitel 3.3.
389 Aleksandär Kostov, Siemens und Bulgarien. Der Beitrag eines deutschen Konzerns zur Modernisierung Bulgariens in der Zwischenkriegszeit, *Collegium Germania* 3 (2000), 106-115, hier: 109.

durch die Weltwirtschaftskrise zusätzlich beeinträchtigt wurden. Hiermit hing auch zusammen, dass die Österreichischen Siemens-Schuckert-Werke, die seit 1923 die Aktienmehrheit bei der bulgarischen Siemens AG hielten, keinen Fertigungsbetrieb in Bulgarien gründeten, so wie sie es in der Tschechoslowakei und Polen getan hatten.[390] Hierfür waren in Bulgarien die Voraussetzungen nicht gegeben, d. h. es fehlte an der nötigen Infrastruktur, ausgebildetem Fachpersonal und nicht zuletzt erfolgversprechenden Absatzmöglichkeiten. Dementsprechend blieb die bulgarische Siemens AG ein Zuschussbetrieb, obwohl sie im Grunde auch als eigenständige Aktiengesellschaft nichts anderes war als eine bloße Handelsvertretung des Siemens-Konzerns.[391] Als solche spielte sie allerdings eine wichtige Rolle sowohl für die Siemens-Schuckert-Werke als auch für Siemens & Halske Berlin, da sie auch als direkte Vermittlerin von Geschäften dieser beiden Firmen mit bulgarischen Kunden, d. h. in erster Linie dem Staat, wertvolle Dienste leistete.[392]

Unter diesen Bedingungen erlebte Siemens in Bulgarien eine intensive Handelsperiode in der zweiten Hälfte der 20er Jahre, als im Land der Bedarf an Anlagen im Starkstrombereich anstieg, der mit der Errichtung neuer Kraftwerke zur Stromerzeugung zusammenhing. In diesem Kontext sei an die zu dieser Zeit von der Granitoid errichteten Wasserkraftwerke erinnert. Das Unternehmen Eduard Naudaschers wurde damals, d. h. um 1930, zu einem der wichtigsten bulgarischen Kunden der Siemens AG.[393] Insgesamt aber war der Aufschwung für Siemens eher auf verstärkte Bemühungen des Staates zurückzuführen, eine allgemeine Elektrifizierung des Landes anzustreben. Hierzu war es notwendig, von der lokalen Stromversorgung einzelner Städte und Fabriken mit Hilfe von Dieselmotoren zu einer flächendeckenden überzugehen, die den Strom aus Kohle- und Wasserkraftwerken bezog. Hieraus ergab sich für Siemens die Gelegenheit, die neuen Kraftwerke mit Starkstromanlagen, wie etwa Wasserturbogeneratoren oder Dieselmotoren auszustatten. Bis 1939 wurden Anlagen von Siemens in insgesamt 16 bulgarischen Elektrizitätswerken installiert.[394]

Neben diesen größeren Aufträgen lieferte das Unternehmen ab den späten 20er Jahren auch kleinere Produkte, wie zum Beispiel Kabel, Leitungen und Schaltgeräte. Hinzu kamen ab den frühen 30er Jahren Geräte aus der Medizintechnik.[395]

Das zweite große Geschäft, das Siemens in Bulgarien machen konnte, lag im Bereich der Kommunikationstechnik. Auch hier hatten der Erste Weltkrieg und die Weltwirtschaftskrise dazu geführt, dass Modernisierungsmaßnahmen erst mit erheblicher Verzögerung eingeleitet werden konnten. Nachdem im Jahre 1925 die erste von Siemens hergestellte Handwählzentrale in Sofia installiert und 1927 erweitert worden war, musste man bis zum Abklingen der Weltwirtschaftskrise warten, bis ab Mitte der 30er Jahre der Ausbau des bulgarischen Telefonnetzes fortgesetzt werden konnte. Grundlage hierfür war das Kompen-

[390] A. a. O., 108.
[391] Ebd.
[392] Ebd.
[393] A. a. O., 109 u. 112 (dort: Anm. 19).
[394] A. a. O., 110.
[395] A. a. O., 109.

sationsgeschäft von 1934. Durch die oben bereits erwähnten Installationen Siemens'scher Telefonzentralen gelang es bis zum Beginn des Zweiten Weltkriegs die Zahl der Telefonanschlüsse von 13.800 im Jahre 1928 auf über 26 000 zu erhöhen, was fast eine Verdoppelung bedeutete.[396]

Neben der Telefonie war Siemens in Bulgarien auch in einem zweiten Bereich der Kommunikationstechnik präsent, und zwar in der Funktechnik, d. h. Rundfunk und drahtlose Telegrafie. Hier trat Siemens allerdings nicht direkt als Akteur auf, sondern lediglich mittelbar als Teilhaber an der Telefunken AG, die Siemens zusammen mit der „Allgemeinen Elektrizitätsgesellschaft" (AEG) führte. Wichtige von der Telefunken in Bulgarien realisierte Projekte waren die Errichtung des ersten größeren Rundfunksenders in Sofia 1937/38, wodurch die Absatzmöglichkeiten für Radioapparate gesteigert wurden, sowie 1942/43 die funktechnische Ausstattung des neuen Sofioter Militärflughafens „Vraždebna". Bei diesem Projekt bestand freilich auch großes militärisches Interesse von deutscher Seite, weshalb Offiziere der deutschen Luftwaffe von Anfang an in die Planungen mit einbezogen waren.[397]

Insgesamt wurde also der Hauptteil des bulgarischen Geschäfts des Siemens-Konzerns durch Installationen im Rahmen der Elektrifizierung sowie der Telefonvernetzung abgedeckt. Verglichen mit anderen osteuropäischen Staaten, d. h. vor allem Ostmitteleuropa, blieb Bulgarien indes ein für das Auslandsgeschäft des Konzerns eher unbedeutendes Land. Diese Einschätzung geht aus internen Betrachtungen der Siemens-Schuckert-Werke über die Elektrowirtschaft Bulgariens im Jahre 1939 hervor. Zwar betonte man den erheblichen Einfuhrbedarf des Landes an elektrischem Gerät, wobei man feststellte, dass dieser Import zu 84 Prozent aus Deutschland kam, und würdigte die Industrialisierungsbestrebungen. Zudem war man bei Siemens offenbar gut über den Stand der Elektrifizierung Bulgariens informiert, die seit der zweiten Hälfte der 20er Jahre planmäßig durchgeführt wurde. Es zeigte sich dabei aber, dass im Jahre 1937 lediglich 30 Prozent der Bevölkerung Zugang zur Stromversorgung hatten. Dabei klagten die Siemens-Schuckert-Werke, dass für die Einführung der Elektrizität in Bulgarien nicht konsequent genug geworben würde.[398]

Die weitere Entwicklung des Marktes für elektrische Geräte und Anlagen in Bulgarien wurde bei Siemens entsprechend skeptisch beurteilt. Gleichwohl war man der Meinung, dass die Entwicklung zumindest in die richtige Richtung ging. Als besonders wichtig schätzte das Unternehmen den Strommarkt ein, der Ende der 30er Jahre stark fragmentiert war. Dies hing damit zusammen, dass die Überland-Elektrifizierung Bulgariens noch in den Anfängen steckte. Damals waren die Wasserkraftwerke, die im vorherigen Jahrzehnt begonnen hatten, die Dieselzentralen abzulösen, noch nicht untereinander vernetzt. Erste Maßnahmen in diese Richtung wurden erst ab Mitte der 30er Jahre im Zuge der planmäßigen Elektrifizierung ergriffen. Eine flächendeckende Vereinheitlichung des Stromnetzes, von der man sich bei Siemens eine allgemeine Senkung der Strompreise erhoffte, erwartete

[396] A. a. O., 111. Vgl. außerdem: 60 godini bălgarski PTT (1879–1939g.). Sofia 1939.
[397] Vgl. CDA, F. 687K, op. 1, a.e. 67, l. 18-21 und 68-77.
[398] SA, Prov. ZA, Sig. 9343 (nicht paginiert).

der Konzern nicht für die absehbare Zeit. Zwar registrierte man die Bemühungen der bulgarischen Politik zur Schaffung eines staatlichen Elektrizitätsmonopols, erwartete aber, dass bei der Knappheit der öffentlichen Gelder die Stromerzeugung weiterhin größtenteils in privater Hand, wie etwa bei der Granitoid, bleiben würde. Die Pläne der Regierung liefen dementsprechend für die nähere Zukunft darauf hinaus, den Elektrizitätshandel vollständig zu verstaatlichen und die Erzeuger zu verpflichten, den Strom an die öffentliche Hand zu verkaufen.[399]

Trotz dieser Unzulänglichkeiten des bulgarischen Marktes bewertete Siemens die Entwicklung der eigenen Ausfuhr nach Bulgarien positiv. Diese sei im Zusammenhang mit der allgemeinen Belebung der bulgarischen Einfuhr nach dem Abklingen der Weltwirtschaftskrise und dem Abschluss bilateraler Verrechnungsabkommen mit Deutschland (und Italien) zu sehen. Zwischen 1934 und 1938 habe sich die Gesamteinfuhr elektrotechnischer Produkte mehr als verdoppelt. Im selben Zeitraum habe sich der deutsche Anteil daran von 52 auf 77 Prozent erhöht. Der Siemens-Konzern selbst hatte an der deutschen Elektroausfuhr nach Bulgarien nach dem Anschluss Österreichs einen Anteil von 26 Prozent. Die Annexion hatte dazu geführt, dass die Daten der Wiener Siemens-Schuckert-Werke und der Berliner Siemens & Halske AG nun zusammen in die Statistik einfließen konnten. Zuvor hatte der Wert bei 23 Prozent gelegen.[400]

Dieser Anteil des Siemens-Konzerns kam teilweise durch die vom bulgarischen Staat dem Unternehmen bewilligten Einfuhrkontingente im Rahmen der Gesamtkontingentierung im bilateralen Handel zustande. Darüber hinaus durfte Siemens elektrische Anlagen, Maschinen und Apparate liefern, die bei einem Einzelwert von über 5 000 Leva nicht unter die Kontingentierung fielen. Das Gleiche galt für Lieferungen an den Staat und an staatliche Betriebe, so dass die eigentlichen Liefermöglichkeiten wesentlich höher waren, als durch die Kontingente bestimmt war.[401]

Insgesamt wird am Beispiel Siemens deutlich, unter welchen gesamtwirtschaftlichen Bedingungen ein exportorientiertes deutsches Industrieunternehmen während der Zwischenkriegszeit in Bulgarien arbeiten konnte. Aufgrund der volkswirtschaftlichen Struktur konnten nur der Staat bzw. staatliche Unternehmen Hauptkunden der Firma sein. Hinzu kamen die Betreiber von Elektrizitätswerken, für die Siemens einen großen Teil der Anlagen lieferte. Die Rolle, die eine Firma wie Siemens demnach bei der sozioökonomischen Modernisierung Bulgariens spielen konnte, war im Wesentlichen durch die staatliche Modernisierungspolitik, d. h. vor allem beim Ausbau der Infrastruktur vorgegeben. Diesem Kurs hatte das Unternehmen zu folgen, indem es staatliche Aufträge ausführte. Hierin liegt ein wichtiger Unterschied zu den Aktivitäten anderer, in Bulgarien produzierender Unternehmen, wie Granitoid, die Infrastrukturmaßnahmen zur Erleichterung ihrer eigenen Tätigkeit ergriffen. Ein Unterschied bestand auch zu den Aktivitäten von Interessenvereinigungen wie

399 Ebd.
400 Ebd.
401 Ebd.

dem MWT, die durch die Propagierung konzeptioneller Entwürfe Einfluss auf die gesamte sozioökonomische Entwicklung zu nehmen versuchten. Siemens hingegen blieb darauf beschränkt, Aufträge zu akquirieren, soweit sie unter der gegebenen binnen- und außenwirtschaftlichen Lage Bulgariens zu erhalten waren, und Ausbildungsmaßnahmen im Zusammenhang mit diesen Aufträgen durchzuführen. Dabei wurde deutlich, wie sehr, zumindest im Fall der Firma Siemens, der bilaterale Verrechnungsverkehr das Geschäft beleben konnte. Denn nur dadurch wurde das devisenarme Bulgarien überhaupt in die Lage versetzt, nach der Weltwirtschaftskrise hochwertige Industriegüter einzuführen. Dementsprechend kann es auch nicht verwundern, dass Siemens maßgeblich am Kompensationsgeschäft von 1934 beteiligt war.

Auch wenn Siemens vorwiegend auf öffentliche Aufträge angewiesen und nicht direkt an der konzeptionellen Gestaltung der Modernisierung beteiligt war, so leistete die Firma doch einen nennenswerten Beitrag zum Ausbau einer modernen Infrastruktur in Bulgarien. Als Hauptgründe hierfür sind der Erfolg des Unternehmens im Wettbewerb mit seinen Konkurrenten sowie die Kontinuität seiner geschäftlichen Aktivitäten in Bulgarien zu nennen. Letztere bewirkte, wie etwa bei der Installation von automatischen Fernsprechämtern, aus Gründen der technischen Vereinheitlichung oft eine langfristige Bindung staatlicher Kunden an Siemens.

Von der Belebung des deutsch-bulgarischen Handels ab 1934 profitierten naturgemäß auch Unternehmen, deren Tätigkeitsbereich vorwiegend auf dem Gebiet des Warenverkehrs lag, d. h. Speditionsfirmen. Eine herausragende Position nahm hier die Firma Schenker ein. Als Spedition war sie direkt sowohl von den Besonderheiten der bulgarischen Volkswirtschaft als auch von den Entwicklungen im deutsch-bulgarischen Handel betroffen.

Die Geschichte der Firma Schenker & Co. in Bulgarien reichte allerdings viel weiter zurück als nur in die Zwischenkriegszeit. Schenker war unter den hier beispielhaft behandelten Unternehmen das traditionsreichste, wenn man die Eröffnung einer eigenen Filiale in Bulgarien als Anfangspunkt nimmt. Während Granitoid (1908) und Siemens (1917) erst im 20. Jahrhundert ihre Tätigkeit in Bulgarien aufnahmen, wurde die erste bulgarische Schenker-Filiale bereits im Jahre 1880 in Sofia gegründet, also nur zwei Jahre nach der Staatsgründung. Im Jahre 1913 hatte sie sechs Mitarbeiter.[402] Diese Eröffnung spricht für einen ungewöhnlichen Pioniergeist des Firmengründers Gottfried Schenker und ein beträchtliches Zutrauen in die Entwicklung des bulgarischen Außenhandels. Zugleich verrät es einen nicht unerheblichen Optimismus bezüglich des Entwicklungspotentials der eigenen Firma, die zum Zeitpunkt der Eröffnung der Sofioter Filiale nicht älter als acht Jahre war: Ihr Eintrag in das Wiener Handelsregister war am 16. Juli 1872 erfolgt.[403] In den folgenden Jahren, speziell ab 1880, erfolgte eine rasante Expansion des Unternehmens auf dem ganzen europäischen Kontinent. Dies hatte zum einen mit der innovativen Organisa-

[402] Herbert Matis / Dieter Stiefel, Das Haus Schenker. Geschichte der internationalen Spedition 1872–1931. Wien 1995, 51 u. 53.
[403] A. a. O., 31.

tion des Warentransports durch Schenker zu tun: Im Jahre 1873 führte Gottfried Schenker in seinem Unternehmen das Konzept des sogenannten Sammeltransportes ein, durch das er seine Konkurrenten an Schnelligkeit, Sicherheit und Billigkeit übertraf.[404] Zum anderen aber war mit diesem Konzept ein Effekt verbunden, der in einem wesentlichen Maße verantwortlich war für die weitverzweigte internationale Präsenz des Unternehmens. Denn der Sammelverkehr erwies sich als besonders kapitalintensiv, „weil man dafür ein dichtes Netz von Filialen, verbunden mit Magazinen und Lagerhäusern im Bahnhofsareal oder im Hafengebiet, benötigte".[405] Dieser Strategie entsprach die frühe Eröffnung der Sofioter Filiale, die mit dem Beginn der großen Auslandsexpansion zusammenfiel, ebenso wie die 1893 gegründete Filiale in Plovdiv sowie die Vertretung in der Hafenstadt Ruse an der Donau.[406]

Die bulgarischen Stützpunkte sind als Teil einer großangelegten Strategie zu betrachten, die seit den 1880er Jahren danach strebte, die Firma Schenker zur führenden Spedition im europäischen Orienthandel zu machen. Bis zum Anfang des 19. Jahrhunderts baute Schenker entsprechend sein Filialnetz so aus, dass das Unternehmen eine dominierende Stellung im Transithandel von Großbritannien bis in das Osmanische Reich erlangte. Die Hauptstationen Richtung Südosten waren Budapest, Belgrad, Bukarest, Sofia und Konstantinopel bzw. Smyrna/Izmir.[407]

Nach dem Ersten Weltkrieg ergab sich für Schenker in Südosteuropa eine grundlegend veränderte Situation, hatte doch der Zerfall der Donaumonarchie viele bisher inländische Filialen zu ausländischen gemacht, die sich durch die betont nationale Wirtschaftspolitik der Nachfolgestaaten zusätzlichen Schwierigkeiten ausgesetzt sahen. Auch die bulgarischen Filialen waren damit von der Wiener Zentrale gewissermaßen weiter weggerückt. Die Lage des Hauptsitzes der Firma in der Hauptstadt „Deutsch-Österreichs" erwies sich ebenfalls zunehmend als problematisch.[408] War diese zuvor als habsburgische Residenzstadt wirtschaftlicher Dreh- und Angelpunkt für ganz Südosteuropa gewesen, so verlor sie nun als Regierungssitz eines mitteleuropäischen Kleinstaates handelspolitisch erheblich an Bedeutung.

Diese Problematik sollte sich während der Zwischenkriegszeit als Ausgangspunkt für eine Entwicklung erweisen, die die Bedeutung der Spedition für den deutsch-bulgarischen Handel indes entscheidend vergrößerte. Denn hierdurch wurde Schenker eigentlich erst wirklich zu einem deutschen Unternehmen. Die zunehmende wirtschaftliche Bedeutung Deutschlands für Ostmittel- und Südosteuropa nach dem Ersten Weltkrieg[409] führte auch zu einer schrittweisen Verlagerung der Unternehmensführung nach Berlin und zur allgemeinen Expansion in Deutschland. Da Schenker von jeher ein vorwiegend eisenbahnorientiertes Speditionsunternehmen gewesen war, entwickelten sich trotz der zunehmenden

404 Näheres zur Funktionsweise des Sammeltransportes: a. a. O., 46-48.
405 A. a. O., 48.
406 A. a. O., 51.
407 A. a. O., 48 u. 52.
408 A. a. O., 159.
409 Vgl. Kapitel 3.1.

Bedeutung des LKW-Verkehrs enge Beziehungen zur Deutschen Reichsbahn. Die Verflechtung verstärkte sich, nachdem das Unternehmen durch die Inflation von 1923/24 in finanzielle Schwierigkeiten geraten war, aus denen es sich aus eigener Kraft nicht mehr befreien konnte. In dieser Situation sprang die Reichsbahn bei und vermittelte einen Kredit über 15 Millionen Mark, der mit der Verpflichtung Schenkers verbunden war, einen Informationsdienst über den europäischen Güterverkehr für die Bahn zu betreiben und zugleich für die Bahn als Transportmittel zu werben.[410] Im Jahre 1931 führten diese engen finanziellen Bindungen dazu, dass die Reichsbahn die Aufsicht über das Unternehmen erhielt und es schließlich auch förmlich übernahm.[411]

Für den deutsch-bulgarischen Handel ab den frühen 30er Jahren bedeutete dies, dass Schenker praktisch an allen in diesem Rahmen abgewickelten Transporten beteiligt war, da stets ein Großteil der Strecken auf Schienen zurückgelegt wurde. In der Zwischenkriegszeit besaß die Bahn die Vorherrschaft im Verkehrswesen zu Lande. Als deutsches Staatsunternehmen, das Schenker nach der Übernahme durch die Reichsbahn de facto geworden war, hatte es somit wenn nicht ein Monopol, so doch eine bei weitem dominierende Stellung auf diesem Gebiet inne.[412]

> *„Schenker hatte damit u. a. die Vertretung der Deutschen Reichsbahn für den Güterverkehr in Rumänien, Bulgarien, Jugoslawien, Griechenland, Türkei und England übernommen.“*[413]

Dies bedeutete indes nicht nur eine dominante Stellung für Schenker bei den Bahntransporten, sondern auch umgekehrt eine durch die historische Entwicklung des Unternehmens bedingte stärkere Orientierung im gesamten deutschen Gütertransport in südöstlicher Richtung. Aus dieser Perspektive gesehen verbesserte die neue Rolle Schenkers als Agent für den Warenverkehr der Reichsbahn die logistischen Grundlagen für den weitreichenden Ausbau der deutsch-bulgarischen bzw. insgesamt der deutsch-südosteuropäischen Handelsbeziehungen während der 30er Jahre. Matis/Stiefel meinen dazu:

> *„Dies stand durchaus im Einklang mit den Handelsinteressen des Deutschen Reiches, denn – wie Staatssekretär Vogt während einer Sitzung des Überwachungsausschusses* [für Schenker, M. W.] *ausführte – ‚die Handelszukunft Deutschlands liegt im Osten‘.“*[414]

Durch diese Entwicklung ermutigt, versuchte das Wiener Büro, das seit Beginn der 20er Jahre zunehmend aus seiner Rolle als Schenker-Zentrale verdrängt worden war, wieder mehr ins Spiel zu kommen. Man betonte dort die traditionell wichtige Stellung Wiens für den Südost-Handel und sah eine

> *„Gewohnheit der Balkanvölker, in Wien ihre Geschäfte abzuschließen, so dass recht eigentlich Wien als der Großhandelsplatz zwischen dem Westen und Osten Europas angesehen werden kann.*

410 Matis / Stiefel, Das Haus Schenker, 280.
411 Hierzu ausführlich: a. a. O., 315-336.
412 Vgl. CDA, F. 261K, op. 1.
413 Herbert Matis / Dieter Stiefel, Grenzenlos. Die Geschichte der internationalen Spedition Schenker von 1931 bis 1991. Frankfurt, Wien 2002, 19.
414 A. a. O., 37.

[...] *Der große Wert der Organisation Schenker besteht nach unserer Meinung doch für die DRG* [Deutsche Reichsbahn Gesellschaft, M. W.] *ausschließlich in dem äußerst schlagkräftigen, durchorganisierten Wiener Büro.*“[415]

Dieses wurde nach dem Anschluss Österreichs freilich auch formell als „Direktion Wien“ der Berliner Zentrale unterstellt.[416] Die traditionell starke Präsenz der Firma Schenker in Südosteuropa führte dazu, dass ihre Ost-Geschäfte während des Zweiten Weltkriegs im Zuge der Ausdehnung des deutschen Machtbereichs einen deutlichen Aufschwung nahmen. Ein wichtiger Posten des Handels mit Bulgarien wurde im Export speziell ab 1942 Munition, beim Import war es in erster Linie der Tabak, und im Zuge der Umstrukturierung der bulgarischen Agrarproduktion ab Mitte der 30er Jahre spielte auch Wein eine zunehmend wichtige Rolle.[417]

In Bulgarien selbst war die Arbeit der Spedition Schenker von den Besonderheiten der dortigen sozioökonomischen Verhältnisse beeinflusst. Anschaulich wird dieser Sachverhalt beispielsweise anhand des Prüfungsberichtes über die Wirtschaftsführung zum 31. Juli 1939, d. h. über das erste Halbjahr 1939. Der Verlust von gut einer halben Million Leva, den die Schenker & Co. AG Sofia in dieser Zeit gemacht hatte, wurde in dem Bericht durch saisonale Schwankungen des bulgarischen Exportgeschäfts erklärt.[418] Um den dennoch schlechten Eindruck des aufscheinenden Verlustes auszugleichen, fühlte sich die Sofioter Filiale bemüßigt, umgehend die Geschäftsschätzungen für die folgenden zwei Monate hinzuzufügen. Laut ihren Angaben konnte man für August und September mit einem Gewinn von ca. 340 000 Leva rechnen, wodurch der Verlust während der ersten sieben Monate des Jahres 1939 bis Dezember in einen Gewinn umgewandelt worden wäre.[419]

Zudem verwies man darauf, dass ein derartiger Verlust in der ersten Jahreshälfte nichts Ungewöhnliches sei, da die Filiale aufgrund des Charakters der bulgarischen Volkswirtschaft ihre Geschäfte in erster Linie mit der Ausfuhr von Agrarprodukten machte:

„*Diese Ausfuhren setzen naturgemäß erst nach der Ernte ein und da der Import-Verkehr allein die Regien nicht deckt, weisen die ersten Monate des Jahres regelmäßig Verluste auf, während immer die letzten 4-5 Monate den Ausfall wettmachen. Diese Erscheinung ist auch im Jahre 1939 zu verzeichnen, obzwar der Import in diesem Jahr gegenüber früher beachtlich gestiegen ist.*“[420]

Insgesamt prognostizierte der Prüfbericht einen günstigen Geschäftsverlauf für das Jahr 1939. Hierzu trug sicherlich der intensivierte deutsch-bulgarische Handel bei, der, wie bereits erwähnt, zu dieser Zeit bereits über zwei Drittel des gesamten bulgarischen Außenhandelsvolumens ausmachte. In diesem Zusammenhang verwies der Bericht nicht nur auf gesteigerte Importe aus Deutschland, die in erheblichem Maße durch deutsche Rüstungs-

415 A. a. O., 38.
416 A. a. O., 48.
417 A. a. O., 58.
418 CDA, F. 261K, op. 3, a.e. 3, l. 19.
419 A. a. O., l. 20.
420 Ebd.

lieferungen erzielt wurden,[421] sondern auch auf größere Gewinne, die man mit Obst- und Tabaktransporten speziell für die Firma Reemtsma gemacht hatte bzw. noch erwartete.[422] Schenker profitierte also eindeutig von den neuen Entwicklungen, die die Gestaltung der deutsch-bulgarischen Handelsbeziehungen und die begonnene Umstellung der bulgarischen Landwirtschaft mit sich brachten.

Neben der durch die bulgarischen Gegebenheiten bedingten saisonalen Abhängigkeit des jährlichen Geschäftsverlaufs der Spedition Schenker hatte sich das Unternehmen vor allem auch mit den finanziellen Besonderheiten des bulgarischen Marktes, d. h. den vorhandenen Kapitalstrukturen, auseinanderzusetzen. Dem Prüfbericht zufolge war das bulgarische Exportgeschäft in hohem Maße abhängig von Kreditfinanzierung. An dieser Stelle trat neben der andauernd beklagten geringen Produktivität der bulgarischen Landwirtschaft und der Einseitigkeit ihrer Produktion der eklatante Kapitalmangel als ein wichtiges Hindernis für die sozioökonomische Modernisierung Bulgariens in den Vordergrund. Es wirkte sich nicht nur negativ auf die internationale Wettbewerbsfähigkeit der bulgarischen Agrarprodukte aus, sondern auch auf die logistische Abwicklung der Ausfuhren selbst, da die Exporteure vielfach nicht die nötigen Mittel hierfür zur Verfügung hatten. Der Prüfbericht meinte dazu,

> „*dass das Exportgeschäft nur mit großen Krediten und Finanzierungen zu halten ist. Sowohl bei Obst als auch bei Schweinen, Tabaken und anderen Transporten sind Vorschüsse, die teilweise den Kunden zum Ankauf der Waren gegeben werden, notwendig. Ein gewisses Risiko ist bei diesen leicht verderblichen Waren immer vorhanden* [...].“[423]

Auch im Importgeschäft musste die Spedition Schenker in hohem Maße Zahlungsversprechen anstelle von direkten Zahlungen akzeptieren. Diese wickelten sich beim Import, wie es hieß, „viel zu sehr in Wechseln ab“, die oft noch dazu als schlechte Wechsel angesehen wurden. Um die Größenordnung des von der Geschäftsleitung als „ungemein hoch“ betrachteten Wechselbestandes zu veranschaulichen, soll hier der Wert aus dem Jahre 1938 dem auf der Ertragsseite der Bilanzrechnung aus demselben Jahr gegenübergestellt werden: Dem zum 31. Dezember 1938 festgestellten Wechselbestand von 1 831 828 Leva stand ein Gesamtjahresertrag von 4 626 925 Leva gegenüber, d. h. der Ertrag machte nur ungefähr das Zweieinhalbfache des Wechselbestandes aus.[424]

Einerseits akzeptierte die Firma das hohe Ausmaß an finanzierten Geschäften im Gesamtumsatz als unvermeidliche Folge der Kapitalarmut in der bulgarischen Privatwirtschaft, mithin als natürliche, durch die Umstände gegebene Begleiterscheinung ihrer Präsenz in Bulgarien. Andererseits hatte sie dabei aber auch mit dubiosen Geschäftspraktiken zu kämpfen, in die sich ihre Mitarbeiter verwickeln ließen. Hinzu kamen auch administrative Nachlässigkeiten. Solche wurden vor allem in der Buchführung der Verkehrsabteilung be-

421 Vgl. Kapitel 6.
422 CDA, F. 261K, op. 3, a.e. 3, l. 20.
423 A. a. O., l. 20f.
424 A. a. O., l. 13 u. 21.

anstandet, die nach Angaben des Prüfberichts nachlässig war. Demnach waren die Daten zu den transportierten Waren oft unvollständig und die Bücher beschädigt. Außerdem ließen sie oft den Nachweis der Kenntnisnahme durch den zuständigen Abteilungsleiter vermissen. Eine Qualitätskontrolle der Transporte durch den Leiter der Exportabteilung fehlte offenbar ebenfalls.[425] Beim Import wurden praktisch die gleichen Mängel beklagt.[426] Hinzu kam eine große Zahl von Spesen, die durch Außendienstmitarbeiter falsch abgerechnet worden waren. Diese schienen in den Büchern zumeist als Gebühren auf, die für die Stempelung von Urkunden, d. h. in erster Linie Zolldokumenten, angeblich aufgewendet worden waren. Die Prüfkommission stellte später fest, dass diese Beträge nicht für Stempelungen, sondern für andere Zwecke gezahlt worden waren.[427] Auch die Kredite und Wechsel waren, so der sich aus dem Prüfbericht ergebende Eindruck, teilweise leichtfertig oder aufgrund persönlicher Beziehungen, also als Freundschaftsdienst, vergeben worden. Sie schienen unter den offenen Forderungen der Firma als „dubios" auf, d. h. als kaum mehr zu begleichen.[428]

Die Missstände hatten offenbar zu personellen Konsequenzen in der Sofioter Filiale der Spedition Schenker geführt, denn im Jahre 1939 wurden bereits Verbesserungen festgestellt, freilich ohne dass alle Mängel beseitigt worden wären.[429] Diese dürfen allerdings nicht ohne Weiteres etwaigen „bulgarischen Zuständen" zugeschrieben werden. Die Veränderungen beim Personal betrafen nämlich in erster Linie deutsche Mitarbeiter auf der Führungsebene. Besonders auffallend ist in diesem Zusammenhang die wiederholte Nennung des Namens Heilborn in den Akten. Zwar bleibt dort seine Identität im Dunkeln, aus den Dokumenten geht aber hervor, dass er eine leitende Position in der Exportabteilung innegehabt haben muss, bevor er noch vor dem durch den Prüfbericht behandelten Zeitraum entlassen wurde. Sein Name taucht in erster Linie im Zusammenhang mit offenen Forderungen auf, für die Heilborn verantwortlich gemacht wurde, durch die er dem Unternehmen also Schaden zugefügt hatte. Auch anderen Firmen, so der Bericht, habe er geschadet:

> *„Dem Vernehmen nach war Heilborn mit Dr. Karl Freier* [dem Inhaber der Firma „Bulgarexport", M. W.] *sehr befreundet und hat demselben aus Firmenmitteln ungerechtfertigte Kredite eingeräumt, die letzten Endes zu einem empfindlichen Verlust für Schenker geworden sind. Inwieweit Heilborn persönlich an der Bulgarexport interessiert war, lässt sich nicht ermitteln.*
> *Die Firma Transportlloyd, deren Teilhaber Heilborn nach seinem Ausscheiden bei Schenker wurde, soll an der Bulgarexport ebenfalls Geld verloren haben, ohne dass Heilborn selbst zu Schaden gekommen ist."*[430]

Das Kreditgeschäft bereitete der Firma Schenker in Bulgarien also gewisse Schwierigkeiten. Diese beruhten aber nicht allein auf dem zweifelhaften Finanzgebaren leitender Mitarbeiter. Wie gezeigt, wurden Kredite bzw. Vorschüsse auf Transportgeschäfte von der Zentrale

[425] A. a. O., l. 21.
[426] A. a. O., l. 22.
[427] Ebd.
[428] Vgl. z. B.: a. a. O., l. 26f.
[429] A. a. O., l. 21.
[430] A. a. O., l. 27.

durchaus als notwendig angesehen, um den Export aus Bulgarien überhaupt aufrechtzuerhalten. Es kann allerdings davon ausgegangen werden, dass das Unternehmen Schenker dies nur notgedrungen tat und nicht aus eigener Initiative. Denn in den Grundsätzen der Firma, die 1923 in einem Merkblatt zusammengefasst wurden, galt die Gewährung von Krediten als ein soweit wie möglich einzuschränkendes Mittel des geschäftlichen Verkehrs. Schenker war es bewusst, dass Kreditgewährungen die Speditionsfirma in die mitunter unwägbaren Strukturen der Finanzmärkte in den jeweiligen Ländern verwickeln konnten, was als riskant angesehen wurde. Kreditgeschäfte wollte man daher möglichst den Banken überlassen.[431]

Dass diese Befürchtungen in Bulgarien nicht unberechtigt waren, zeigten der Fall Heilborn und die beklagten vielen „schlechten Wechsel". Insgesamt, also auch durch die als berechtigt akzeptierten Kreditgeschäfte, wurde Schenker auf diese Weise in die Strukturen des bulgarischen Finanzmarktes hineingezogen. Diese waren zum einen charakterisiert durch eine allgemeine Kapitalarmut und durch die agrarisch bedingten saisonalen Schwankungen bei der Verfügbarkeit von Kapital. Da dieses im Allgemeinen erst durch die Ausfuhr von Agrarprodukten erwirtschaftet wurde, musste der Export bevorschusst werden; vor der Erntezeit herrschte Kapitalmangel, und auch für Rückstellungen aus dem Vorjahr reichten die Einnahmen aus dem Handel zumeist nicht. Außerdem waren die Finanzstrukturen, aber auch die Geschäftsstrukturen in Bulgarien generell, stark durch klientelistische, bisweilen auch korrupte Beziehungen gekennzeichnet. Diese erhöhten sicherlich, wie auch im Fall Heilborn deutlich wurde, das mit der Kreditgewährung verbundene Risiko.[432]

Letztlich aber bleibt der Eindruck, dass die Rolle der Spedition Schenker im hier behandelten Gesamtzusammenhang von Handel und Modernisierung der bulgarischen Volkswirtschaft im Rahmen der deutsch-bulgarischen Wirtschaftsbeziehungen von erheblicher Bedeutung war. Das Unternehmen war der wichtigste Spediteur für den deutsch-bulgarischen Handel und damit sowohl Betroffener als auch Mitgestalter beim Ausbau der Wirtschaftsbeziehungen beider Länder. In dieser Funktion war Schenker im Sinne der Aufrechterhaltung des Handels gezwungen, in Form von Kreditvergabe Finanzpraktiken anzuwenden, die ansonsten unerwünscht waren. Sie wurde dadurch in die inneren Strukturen des bulgarischen Finanzwesens involviert. Charakteristisch für die Tätigkeit Schenkers in Bulgarien war außerdem das durch die landwirtschaftliche Prägung der Volkswirtschaft bedingte saisonale Schwanken des jährlichen Geschäfts.

Im bulgarischen Kreditwesen primär tätig war die „Kreditbank", ein Finanzhaus, das im Jahre 1905 hauptsächlich mit deutschem Kapital als Aktiengesellschaft in Sofia gegründet worden war. Die Bank war von Anfang an gewissermaßen Hauptvertretung des deutschen Kapitals in Bulgarien. Zwar war sie nach außen hin als bulgarische Gesellschaft gegründet worden – ähnlich wie die Granitoid, die allerdings im Wesentlichen unter der Leitung eines deutschen Ingenieurs stand, anders aber als Siemens und Schenker, die ganz offen Repräsentanzen deutscher Unternehmen in Bulgarien darstellten. Jedoch war in der Kreditbank, wie

[431] Matis / Stiefel, Das Haus Schenker, 163-165.
[432] Vgl. Ivanov, 98.

es angesichts des chronischen Mangels an privatem Kapital in Bulgarien auch zu erwarten war, bis auf verhältnismäßig geringe andere Beteiligungen allein deutsches Kapital angelegt. Im Gründungsjahr 1905 waren an der Kreditbank, die ihre Tätigkeit mit einem Grundkapital von 3 Millionen Goldleva begann, neben einer Reihe bulgarischer Geschäftsleute vor allem das Bankenkonsortium „Disconto-Gesellschaft", das Bankhaus Bleichröder, Berlin, sowie die Hamburger Norddeutsche Bank beteiligt.[433] Ende der 30er Jahre sah die Verteilung der Aktien, wie sie aus der Anwesenheitsliste der „XXXIII. ordentlichen Generalversammlung der Aktionäre der Kreditbank" im Juni 1939 hervorgeht, folgendermaßen aus: Von den nun insgesamt in Aktien angelegten 50 Millionen Leva entfielen 47,6 Millionen, also rund 95 Prozent, auf die Deutsche Bank. Außerdem waren einige deutsche Einzelpersonen beteiligt, die allerdings auf die eine oder andere Weise ebenfalls mit der Deutschen Bank verbunden waren. Hierzu gehörten Eduard Naudascher, der Gründer der Granitoid, gelegentlich Bevollmächtigter der Deutschen Bank auf den Aktionärsversammlungen, R. Häussler, Direktor der Deutschen Bank, Herrmann Abs, dort ebenfalls Direktoriumsmitglied und Verwaltungsratsvorsitzender der Kreditbank, K. Eble, Direktoriumsmitglied der Kreditbank, ebenso wie L. Glum. Als bulgarische Aktionäre waren die Direktoriumsmitglieder N. Gešov, Sohn des Mitbegründers Ivan Gešov, M. Riaskov sowie Stefan und Ivan Danev beteiligt. Den zweitgrößten Aktienposten mit 1 Million Leva besaß die Erbengemeinschaft Ivan Gešovs.[434] Das nunmehrige Aufscheinen der Deutschen Bank als Hauptaktionär der Kreditbank ist mit der Übernahme der Disconto-Gesellschaft Ende der 20er Jahre zu erklären.[435] Somit ist klar, dass die Kreditbank ein unter deutscher Leitung, d.h. unter Leitung der Deutschen Bank stehendes Unternehmen war, von dem anzunehmen ist, dass es als solches deutsche Finanzinteressen in Bulgarien verfolgte.

Die Funktion der Kreditbank als Außenposten des deutschen Kapitals in Bulgarien wurde in besonderer Weise während der 20er Jahre deutlich. Denn zu dieser Zeit, d. h. vor allem unmittelbar nach dem Ende des Ersten Weltkriegs, war ihre geschäftliche Tätigkeit stark eingeschränkt. Zwischen 1918 und 1920 kam sie sogar vollständig zum Erliegen, da nach Kriegsende das deutsche Personal die Bank verließ, die nun Gefahr lief, unter französische Aufsicht zu gelangen oder beschlagnahmt zu werden. Erst 1920 nahm die Disconto-Gesellschaft mit aller Zurückhaltung den Betrieb wieder auf.[436] Grund für diese Vorsicht war die Befürchtung, dass die Garantiemächte des Versailler Vertrages eine deutsche Finanzexpansion in Südosteuropa zum Anlass nehmen würden für eine restriktivere Politik gegenüber Deutschland in der Frage der Reparationen.[437]

Letztlich waren es jedoch die engen wirtschaftlichen Verbindungen zwischen Deutschland und Bulgarien aus der Vorkriegszeit, die das Geschäft der Kreditbank zu Beginn der

433 Maria Georgieva, Die Kreditbank, Sofia und das deutsche Kapital in Südosteuropa (1918–1939), *Collegium Germania* 3 (2000), 144-154, hier: 144.

434 CDA, F. 533K, op. 1, a.e. 6, l. 333.

435 Georgieva, 145.

436 A. a. O., 144.

437 A. a. O., 145.

20er Jahre wieder in Gang brachten. Eine Rolle spielten sowohl deutsche als auch bulgarische Interessen. Von deutscher Seite handelte es sich dabei vor allem um den Millionenkredit der Disconto-Gesellschaft aus dem Jahre 1916.[438] Der Kredit stand beispielhaft für die Dienstbarmachung der finanziellen Beziehungen zu Bulgarien für Zwecke der deutschen Außenpolitik, gewissermaßen also für den Kapital-Arm der deutsch-bulgarischen Wirtschaftsbeziehungen. Dieser Arm war zwar recht schwach ausgebildet im Vergleich zu denen anderer Länder, er bot jedoch die Möglichkeit, die deutsche Kapitalpräsenz bei Bedarf zu erhöhen. War der Kredit von 1916 ein wesentliches Mittel zur Neuanknüpfung der deutsch-bulgarischen Wirtschaftsbeziehungen nach dem Ersten Weltkrieg, so wollte die deutsche Wirtschaft parallel dazu auch auf eine institutionelle Verbindung nicht verzichten – dies zum einen, um die aus dem Kredit erwachsenen Ansprüche der Disconto-Gesellschaft, des Hauptaktionärs der Kreditbank weiter zu vertreten, zum anderen, um das Feld der Kapitalbeziehungen nicht vollständig den Westmächten zu überlassen, auch wenn die deutsche Finanzlage ein ihnen vergleichbares Engagement nicht erlaubte und daher der Schwerpunkt von Anfang an auf den Handel gelegt wurde.

Von bulgarischer Seite wurde erstmals zu Beginn der 20er Jahre wieder Interesse an der Kreditbank geäußert, da der Regierung Stambolijski an ausländischen Investitionen zur Modernisierung des Eisenbahnnetzes gelegen war.[439] Der Grund hierfür lag in der Tatsache, dass große Teile des Netzes vor dem Ersten Weltkrieg ebenfalls mit deutschen Teilen und Anlagen errichtet worden waren, für die nun Ersatzteile benötigt wurden.

Kennzeichnend für die schrittweise Reaktivierung der Kreditbank war die stetige Zunahme ihres Grundkapitals, das von 7,2 Millionen Leva im Jahre 1918 auf 30 Millionen im Jahre 1931 und schließlich auf 50 Millionen im Jahre 1939 erhöht wurde.[440] Im Jahre 1942 meinte die Leitung der Bank schließlich, das Gewicht des in ihr angelegten deutschen Kapitals nun auch im Namen zum Ausdruck bringen zu müssen. Das Institut wurde daher in „Deutsch-Bulgarische Kreditbank" umbenannt.[441]

Durch ihre Rolle als hauptsächlicher deutscher Kreditgeber war die Bank ein guter Gradmesser dafür, wie man auf deutscher Seite die Entwicklung der bulgarischen Volkswirtschaft einschätzte und wo man Investitionen für lohnend hielt. Dementsprechend war die Bank ein genauer Beobachter des wirtschaftlichen Geschehens im Lande, wie aus den jährlichen Berichten des Verwaltungsrates ersichtlich ist, die stets einen längeren Abschnitt mit einem Rückblick auf die wirtschaftliche Entwicklung in Bulgarien während des voraufgegangenen Jahres enthalten.

So registrierte beispielsweise der Bericht des Verwaltungsrates über das Jahr 1935 erste deutliche Anzeichen für eine Erholung Bulgariens von den Auswirkungen der Weltwirtschaftskrise. Dabei ließ man erkennen, an welchen Wirtschaftszweigen die Kreditbank besonders interessiert war. Die binnenwirtschaftlichen Aspekte der Erholung wurden ver-

[438] Vgl. Kapitel 3.4.
[439] Georgieva, 145.
[440] Ebd.
[441] CDA, F. 533K, op. 1, a.e. 9, l. 38.

gleichsweise knapp abgehandelt; in lediglich einem einzigen Satz war die Rede von einem Anstieg von Produktion und Verbrauch innerhalb Bulgariens. Im Gegensatz dazu ging der Bericht in aller Ausführlichkeit auf die außenwirtschaftlichen Folgen der Erholung ein, d.h. die sich daraus ergebenden Chancen für den bulgarischen Außenhandel. Hervorgehoben wurden sowohl die Zunahme des gesamten Handelsvolumens als auch die führende Stellung Deutschlands. Ein besonderes Augenmerk richtete der Bericht auf die den bulgarischen Außenhandel dominierenden Güter, wobei deutlich wurde, dass die zu jener Zeit eingeführten Neuerungen auf besonderes Interesse seitens der Kreditbank stießen und in ihrer Sicht offenbar in erster Linie für die Belebung des Außenhandels verantwortlich waren. Als einen Hauptfaktor in diesem Zusammenhang sah die Bank das berühmte Kompensationsgeschäft von 1934 an, das die Einfuhr von Maschinen vor allem für das Eisenbahnwesen sowie die Ausfuhr von Tabaken in Gang gebracht hatte. Ausdrücklich lobte sie außerdem die zu Beginn der 30er Jahre in Bulgarien eingeleitete Politik zur Umstrukturierung der landwirtschaftlichen Produktion im Sinne einer Anpassung an die westlichen Märkte unter Ausnutzung der eigenen klimatischen Bedingungen. Entscheidenden Anteil daran hatten die bereits erwähnten Initiativen des MWT; gefordert worden war sie von der bulgarischen Fachwelt seit den 20er Jahren.[442]

Dieser den Konzepten des MWT und dem bulgarischen Fachdiskurs entsprechenden Programmatik folgten auch weitere Jahresberichte des Verwaltungsrates der Kreditbank aus den 30er und frühen 40er Jahren. Aus ihnen wird deutlich, dass die Bank die Grundprobleme der Entwicklung der bulgarischen Volkswirtschaft erkannte und Maßnahmen zu ihrer Überwindung vorschlug. Ähnlich wie der MWT sah sie als Grundvoraussetzung die Sicherung des Friedens an. In Bulgarien wurde ihrer Analyse zufolge der Außenhandel des Landes überwiegend durch staatliche Aufträge in Gang gehalten, während sie im privaten Sektor zwar eine steigende Kaufkraft feststellte, diese aber noch für zu gering hielt, um einen anregenden Einfluss auf den Import zu entfalten. Zur Abhilfe forderte die Bank sowohl eine Fortsetzung der Modernisierung der Landwirtschaft zur Produktionssteigerung und variablen Gestaltung als auch die „Pflege" der ausländischen Absatzmärkte.[443] Diese Ausdifferenzierung des Außenhandels machte sich vor allem Ende der 30er Jahre, d.h. besonders 1938, bezahlt, als ertragreiche Obsternten einen durch Trockenheit bedingten Rückgang der Ernten bei Industriepflanzen auffangen konnten.[444] Insgesamt beurteilte die Kreditbank in den 30er Jahren die Entwicklung des bulgarischen Außenhandels positiv. In diesem Zusammenhang lobte sie nachdrücklich den Clearinghandel, den sie als ursächlich dafür ansah, dass das bulgarische Außenhandelsvolumen auch Ende der 30er Jahre unter dem Einfluss der allgemeinen Aufrüstung nicht zurückging.[445]

Nach dem Beginn des Zweiten Weltkriegs richtete die Kreditbank ihr Augenmerk zunehmend auf den Anstieg der bulgarischen Ausfuhrkapazitäten an Erzen und Kohlen, der

442 Vgl. CDA, F. 533K, op. 1, a.e. 4, l. 2-4.
443 A. a. O., l. 384f.
444 CDA, F. 533K, op. 1, a.e. 6, l. 9f.
445 A. a. O., l. 9.

unter kriegswirtschaftlichen Gesichtspunkten an Bedeutung gewann. Für die Bank von besonderer Relevanz war in diesem Zusammenhang die dominierende Rolle deutscher oder deutsch geleiteter Unternehmen, wie etwa der Granitoid, die zu den Kunden der Kreditbank zählte. Auch hier erfüllte die Kreditbank eine Funktion bei der Modernisierung der bulgarischen Volkswirtschaft, wie sie auch in den Konzepten des MWT gefordert worden war.[446] Zu den Umstellungen im Agrarexport trat nun die Ausfuhr von Erzeugnissen des Bergbaus hinzu, wodurch die Außenhandelsumsätze zwar teilweise einen mengenmäßigen Rückgang, wertmäßig aber eine deutliche Steigerung erfuhren.[447]

Die große Aufmerksamkeit, die die Jahresberichte den Entwicklungen im bulgarischen Außenhandel widmeten, zeigen deutlich, dass das Unternehmen auf diesem Gebiet seinen Hauptaufgabenbereich erblickte. Der Verwaltungsrat war dabei durchaus der Meinung, dass die Bank durch ihre Kreditvergabepolitik eine wesentliche Rolle bei der Intensivierung des bulgarischen Außenhandels während der 30er Jahre gespielt habe:

> *„Die erprobten [...] Arbeitsmethoden nie außer Acht lassend, hat unsere Bank den Kundenkreis sowohl der hiesigen kreditsuchenden Firmen, als auch derjenigen im In- und Ausland, die ihre Vermittlertätigkeit in Anspruch nahmen, erweitern können. Unsere intensive Tätigkeit, entscheidend an der Unterstützung des Außenhandels unseres Landes und dessen Belebung mitgewirkt zu haben, verdient besonders hervorgehoben zu werden.“*[448]

Ein detailliertes Bild von den Aktivitäten und Geschäftsinteressen, wie auch von der Position der Kreditbank in der bulgarischen Volkswirtschaft bieten außerdem die jährlichen Listen der protokollierten Kredite, die die Namen der Kreditnehmer enthalten. Zum einen zeigen sie die von der Bank schwerpunktmäßig geförderten Zweige der bulgarischen Wirtschaft, zum anderen aber auch die allgemeine Entwicklung deutscher Kapitalpräsenz in Bulgarien.

Was den ersten Punkt betrifft, so ist auch hier ein eindeutiges Überwiegen des Handels festzustellen, d. h. ein Großteil der Kredite wurde von Handelsunternehmen beansprucht. An der Stelle sei in diesem Zusammenhang beispielhaft auf die Kreditliste des Geschäftsjahres 1939/40 verwiesen. Aus ihr wird nicht nur das Überwiegen von Handelsunternehmen deutlich, sondern zugleich auch, welche Teile der bulgarischen Volkswirtschaft exportfähige Produkte herstellten. Trotz aller Umstrukturierungsmaßnahmen, die besonders in der Landwirtschaft seit den 30er Jahren ergriffen worden waren, machten Tabakexportunternehmen einen erheblichen Teil der Kundschaft der Kreditbank aus. Hierzu gehörten zum Beispiel die Firmen „Balkantabak“, „Austro-Bulgarische Tabak AG“, „Balkanexport“, „Asriel & Fikri“ oder auch selbständige Tabakhändler wie Leon Asseo.[449] Abgesehen davon hatten Firmen des bulgarischen Industriesektors einen nennenswerten Anteil an der Kundschaft der Kreditbank. Traditionell handelte es sich dabei vorwiegend um Unternehmen

[446] CDA, F. 533K, op. 1, a.e. 8, l. 22.
[447] CDA, F. 533K, op. 1, a.e. 9, l. 87.
[448] CDA, F. 533K, op.1, a.e. 4, l. 6.
[449] Vgl. CDA, F. 533K, op. 1, a.e. 6, l. 106-152.

der Textilbranche. Als Beispiele seien hier genannt die Baumwollspinnerei „Balkan AG" in Gabrovo, die Trikotagenfabrik „Bădăštnost", ebenfalls Gabrovo, die Fellexportfirma „Bamay", die in der Seidenverarbeitung tätige „Bălgarska Koprina AG" oder die Textilfärbefabrik „Coloriska" in Sofia. Bei der Finanzierung der Geschäfte dieser Unternehmen ging es sowohl um den Export als auch um den Import, wie etwa bei „Coloriska", die chemische Produkte einführte.[450]

Neben diesen bulgarischen Kreditnehmern zählten auch deutsche oder zumindest deutsch geleitete Unternehmen zu den Kunden der Kreditbank. Unter ihnen finden sich prominente Namen, wie etwa Siemens, AEG oder Schenker, welche zum Teil unter dem Namen ihrer niederländischen Vertretung „Maatschappij" in den Listen aufscheint, des Weiteren das Pharma-Unternehmen „Bayer" oder auch die unter Mitwirkung des MWT Mitte der 30er Jahre gegründete „Soja AG". Auch Bergbau und Energieunternehmen wie die Granitoid waren unter den Kunden der Kreditbank.[451]

Die Reihe deutscher Unternehmen, die Kreditnehmer der Bank waren, gibt Aufschluss über die allgemeine Entwicklung deutschen Kapitalengagements in Bulgarien vor 1944. Hier ist mit den späten 30er Jahren, spätestens aber mit der Jahrzehntwende zu den 40er Jahren eine signifikante Zunahme zu verzeichnen. Diese hing bereits mit der Expansionspolitik NS-Deutschlands zusammen, die etwa von österreichischen und tschechoslowakischen Unternehmen in Bulgarien getätigte Investitionen unter deutsche Kontrolle brachte.[452] Insgesamt nämlich war, wie an anderer Stelle bereits erwähnt, deutsches Finanzengagement während der ganzen Zwischenkriegszeit in Bulgarien eher bescheiden geblieben. Wie bei der Kreditbank, so war es auch im Allgemeinen eher darum gegangen, Positionen in Südosteuropa zu sichern, als eine führende Stellung einzunehmen. Deutsches Kapital war – besonders in den 30er Jahren – in solche bulgarischen Wirtschaftszweige geflossen, die als relativ risikoarm gelten konnten und zugleich meist einen Bezug zu deutschen Handelsinteressen aufwiesen. In schwach entwickelte Sektoren, wie vor allem die Landwirtschaft, wurden kaum Kredite abgegeben.[453] Doch auch unter diesen Umständen blieb die Kreditvergabepolitik der Bank betont risikoscheu, was sich in erster Linie in dem aus den Listen hervorgehenden Vorherrschen kurzfristiger Kredite und in den hohen gegebenen Sicherheiten ausdrückte.[454] Ende der 30er, Anfang der 40er Jahre schließlich spiegelte sich das steigende deutsche Interesse an den bulgarischen Bodenschätzen auch in der Kreditvergabe der Bank wieder.

Insgesamt jedoch scheint die Zunahme deutschen Kapitals in Bulgarien während der 30er Jahre nicht einem genuinen Investitionsinteresse entsprungen zu sein, sondern war vielmehr eine notwendige Nebenwirkung der Intensivierung des Handels. Hinter dessen Bedeutung, die sich im Jahre 1939 in einem deutschen Anteil von über zwei Dritteln am gesamten bulgarischen Außenhandel zeigte, blieben die deutschen Investitionen weit zurück.

450 A. a. O., besonders l. 112.
451 Ebd.
452 Georgieva, 151.
453 A. a. O., 148.
454 Vgl. CDA, F. 533K, op. 1, a.e. 6, l. 106-152.

Im Vergleich zu einem Anteil von 5,3 Prozent des deutschen am gesamten ausländischen Kapital in Bulgarien im Jahre 1928 steigerte man sich bis 1939 zwar auf knapp 10 Prozent, dies mag jedoch, wie bereits angedeutet, in erster Linie auf der Zunahme des Handels beruhen.[455] Hierfür spricht auch die Struktur des Kundenkreises der Kreditbank.

Ob der gleichwohl feststellbare Anstieg der deutschen Investitionen um 1940, der vor allem dem Bergbau galt, auf die Anregungen des MWT zurückzuführen ist, kann nur vermutet werden. Die oben betrachtete Tätigkeit der Kreditbank im Rahmen deutschen finanziellen Engagements in Bulgarien deutet darauf hin, dass der MWT hier keine unmittelbaren Effekte erzielen konnte. Worum es der deutschen Wirtschaft in Bulgarien in erster Linie ging, war die Intensivierung des Handels, wobei sie hierfür durchaus auch zur Unterstützung tiefgreifender Modernisierungsmaßnahmen bereit war. Direktinvestitionen kamen indes auch während des Krieges entgegen den Forderungen des MWT, wie bereits angedeutet, nicht über ein bescheidenes Maß hinaus. Als Erklärung hierfür mögen sowohl die kriegsbedingt verstärkte Beanspruchung der Ressourcen in Deutschland dienen, als auch die erwähnte und bei der Kreditbank beispielhaft zu beobachtende Scheu deutscher Investoren vor den Risiken, die nicht nur aufgrund der nationalen Gegebenheiten in Bulgarien, sondern auch wegen des Krieges sicherlich noch höher eingeschätzt wurden als zu Friedenszeiten.

Das bekannte Überwiegen des deutschen Interesses am Handel mit Bulgarien und dem übrigen Südosteuropa verdeutlicht sich auch beim Gesamtblick auf die oben betrachteten Firmen. Lediglich die Granitoid sah ihr ursprüngliches Hauptaufgabenfeld nicht im Handel, zumindest nicht im deutsch-bulgarischen. Ihre Verbindung dazu bestand vielmehr darin, dass sie durch ihren Beitrag zur Modernisierung der bulgarischen Infrastruktur half, die Voraussetzungen dafür zu verbessern. Dies galt nicht nur für den Ausbau der Verkehrswege und die Energieversorgung, sondern auch für die führende Rolle im bulgarischen Bergbau, mithin in einem Bereich, der gegen Ende der 30er Jahre aus kriegswirtschaftlichen Gründen zunehmendes Interesse von deutscher Seite weckte. Die deutsche Wirtschaft, die vor allem an der Einfuhr bulgarischer Erze und Kohlen interessiert war, konnte in der Granitoid auf bestehende traditionsreiche und auf Deutschland ausgerichtete Strukturen zurückgreifen.[456]

Ebenfalls nicht primär im deutsch-bulgarischen Handel tätig, doch von seinen Strukturen abhängig war die Bulgarische Aktiengesellschaft Siemens. Da sie keine Produktionsstätten in Bulgarien besaß, war ihr Geschäftserfolg vollständig auf das Funktionieren der Handelswege zur rechtzeitigen Lieferung der bestellten, in Deutschland produzierten Güter angewiesen. Am Aufbau der Infrastruktur Bulgariens war Siemens vor allem in den Bereichen Telekommunikation und Elektrifizierung beteiligt.

[455] Georgieva, 153.

[456] Einen wenn auch eher geringen Beitrag der deutschen Unternehmen zur Modernisierung der bulgarischen Wirtschaft konzedierte auch Berov, Germanskijat kapital, 243-303.

Primär am Handel interessiert und beteiligt waren die Unternehmen Schenker und Kreditbank – durch dessen logistische Abwicklung bzw. durch finanzielles Engagement.

Der Zusammenhang von Handel und Infrastruktur sowie die mehr oder weniger direkte Beteiligung aller vier hier betrachteten Firmen und damit zugleich ihre Bedeutung für die Entwicklung der deutsch-bulgarischen Wirtschaftsbeziehungen werden dadurch deutlich, dass alle Unternehmen in verschiedener Weise miteinander in geschäftlichen Beziehungen standen. Gewissermaßen als „Knotenpunkt" dieses Geflechtes kann die Kreditbank gelten, da die anderen drei Unternehmen bei ihr Kreditnehmer und damit Kunden waren. Besonders eng war die Beziehung außerdem zwischen Granitoid und der Kreditbank, da Eduard Naudascher, der Begründer der Granitoid, zugleich Aktionär und Verwaltungsratsmitglied des Bankhauses war. Zudem vertrat er bei den Aktionärsversammlungen meist als Bevollmächtigter den größten Teilhaber der Kreditbank, die Deutsche Bank. Die Firma Siemens stand indes mit beiden Unternehmen in geschäftlicher Beziehung: Der Granitoid lieferte sie Starkstromanlagen für ihre Kraftwerke, bei der Kreditbank war sie ebenfalls Kreditnehmer. Beide, d. h. sowohl Granitoid als auch Siemens, griffen bei ihren aus Deutschland bezogenen Lieferungen auf die Transportkapazitäten der Spedition Schenker zurück.

Insgesamt lässt sich zusammenfassend folgern, dass die Präsenz deutscher Firmen in der Zwischenkriegszeit stark durch die spezifischen Entwicklungsprobleme der bulgarischen Volkswirtschaft und ebenso durch die traditionell auf den Handel ausgerichteten deutsch-bulgarischen Wirtschaftsbeziehungen geprägt war. An ihr änderte sich bis 1944 nichts Grundlegendes. Die gegenseitige Verflechtung der führenden in Bulgarien tätigen deutschen bzw. unter deutscher Leitung stehenden Firmen verdeutlicht den komplementären Charakter ihrer Tätigkeit, d. h. dass die Aktivitäten eines Unternehmens, wie etwa der Granitoid, anderen, aber auch dem eigenen Unternehmen weitere Geschäftsfelder eröffneten. Noch bevor die Intensivierung des bilateralen deutsch-bulgarischen Handels ab den frühen 30er Jahren einsetzte, hatten sie durch ihre geschäftliche Aktivität in den Bereichen Infrastruktur und Handel Grundlagen geschaffen, auf denen im Laufe des Jahrzehnts – auch vom MWT – aufgebaut werden konnte. Die Grundprobleme der bulgarischen ökonomischen Entwicklung, die in erster Linie im Agrarsektor zu suchen waren, blieben freilich bis zuletzt weitgehend außerhalb ihres Blickfeldes, zumindest aber ihres Tätigkeitsbereiches.

6 Bulgarien vor 1944. Wirtschaftssatellit NS-Deutschlands?

In seinem Buch „The Bulgarian Economy in the Twentieth Century" hat John Lampe das dritte Kapitel mit dem Titel „Isolation in the 1930s" überschrieben. Ein Unterabschnitt heißt „Bilateral Trade in the German Orbit".[1] Dieser der Raumfahrt entlehnte Begriff – „Orbit" bzw. „Umlaufbahn" – unterstellt, dass Bulgarien wie ein Satellit um Deutschland „kreiste", d. h. wirtschaftlich vollständig auf das Reich orientiert war und jede eigene ökonomische Bewegungsfreiheit eingebüßt hatte. Darüber hinaus deutet der Begriff „Isolation" an, dass abgesehen von der Ausrichtung auf Deutschland die bulgarische Wirtschaft auch kaum mehr in Wechselbeziehungen zu anderen Volkswirtschaften gestanden habe.

Angesichts der deutlichen deutschen Spitzenposition im bulgarischen Außenhandel, die eine lange Tradition hatte, in den ersten Jahren nach dem Ersten Weltkrieg zwar unterbrochen war, seit 1924 aber wieder bestand und Mitte der 30er Jahre in ein absolutes Übergewicht gemündet war, ist man versucht, die Annahme der Satellitenrolle Bulgariens zu unterstützen, zumal auch das Bild von der Volksrepublik Bulgarien als Satellitenstaat der Sowjetunion hier manche Überlegung assoziativ beeinflussen mag. Hinzu kommt die zunehmende außenpolitische Anlehnung an das Deutsche Reich im Laufe der 30er und frühen 40er Jahre.[2]

Indes sind es nicht nur die Tatsache, dass Deutschland bis in die Zeit nach dem Beitritt Bulgariens zum Drei-Mächte-Pakt als Direktinvestor relativ schwach vertreten war sowie das von Hoppe geprägte Bild Bulgariens als „Hitlers eigenwilliger Verbündeter", die eine weitergehende Hinterfragung der Satellitenrolle erfordern. Fasst man die Vorstellung von Bulgarien als wirtschaftlichem Satelliten Deutschlands umfassend auf, so müsste man zugleich annehmen, dass dieses Verhältnis allein auf deutscher Initiative beruhte und die bulgarische Wirtschaft allein zum Nutzen Deutschlands arbeitete – ohne Berücksichtigung der eigenen Interessen. Abgesehen von der geringen Wahrscheinlichkeit, dass eine solch grobe Skizze der historischen Wirklichkeit entspricht, hat die in den vorherigen Kapiteln angestellte Betrachtung der konzeptionellen Überlegungen zu Motiven, Grundlagen und Ausgestaltung der deutsch-bulgarischen Wirtschaftsbeziehungen den Eindruck vermittelt, dass zwischen den Interessen beider Länder ein Komplementärverhältnis bestand, das die Einbindung Bulgariens in die deutsche ökonomische Einflusssphäre begünstigte. Um

1 Lampe, Bulgarian Economy, 78 u. 87.
2 Vgl. z. B. Hoppe, 46-52 u. 98.

im Bild zu bleiben: Es scheint, als sei der Satellit Bulgarien aktiv in die Umlaufbahn um Deutschland eingeschwenkt – freilich ohne dass er attraktive Alternativen zu diesem Schritt gehabt hätte.

Gleichwohl bleibt zu fragen, inwieweit es Bulgarien auch tatsächlich gelang, nach dem Abschluss des Handelsvertrages mit Deutschland im Jahre 1932, der die Grundlagen für die Entwicklung der bilateralen Wirtschaftsbeziehungen bildete, seine eigenen Interessen zu wahren. Studien über die Wirtschaftsbeziehungen Deutschlands zu anderen Ländern der Donauregion, etwa von Sundhaussen über Kroatien in der deutschen Kriegswirtschaft oder die Arbeiten von Tonch, Riemenschneider und Thörner betonen in erster Linie die Nachteile, die für die jeweiligen Länder die engen ökonomischen Beziehungen zu NS-Deutschland insbesondere während des Zweiten Weltkriegs hatten.[3] Auch Bohn und Lampe etwa legen ihr Augenmerk vorwiegend auf die Kosten, die für Bulgarien aus der engen wirtschaftlichen Anbindung an Deutschland entstanden, statt auf den Nutzen, den es daraus zog. Während jedoch Bohn immerhin einen anfänglichen Nutzen für Bulgarien aus der Bilateralisierung des Handels einräumt,[4] da diese eine spürbare Intensivierung des Außenhandels während der zweiten Hälfte der 30er Jahre begünstigt habe, so ist Lampe geneigt, auch diesen Effekt zu relativieren.

Die Gründe bzw. die Interessen, die Bulgarien bewogen, ab 1932 den Kurs des bilateralen Handels mit Deutschland zu verfolgen, nennt Lampe, jedoch ohne sie in Zusammenhang mit möglichen positiven Auswirkungen dieser Entscheidung zu setzen. Hierzu gehörte vor allem der Mangel an Absatzmärkten für die eigenen Agrarprodukte im Zusammenhang mit der Weltwirtschaftskrise, welche die westeuropäischen Länder dazu bewogen hatte, ihren Bedarf an landwirtschaftlichen Erzeugnissen vorwiegend aus den eigenen Kolonien zu decken. Vorausgegangen war eine stete Abnahme der bulgarischen Ausfuhren nach Westeuropa während der 20er Jahre. Die Exportwerte der Zeit vor dem Ersten Weltkrieg wurden bis 1944 nicht mehr erreicht. Handel mit den anderen ostmittel- und südosteuropäischen Staaten versprach nur geringe Umsätze aufgrund der ähnlich strukturierten Volkswirtschaften dieser Länder.[5] Ab 1930 reifte dann in Bulgarien im Verlauf einer Reihe von erfolglosen internationalen Handelskonferenzen und angesichts hoher Auslandsschulden der Entschluss, Handelsabkommen auf der Basis des devisenfreien Clearing anzustreben, u.a. um die bisherige starke Passivität der Handelsbilanz zu reduzieren und den Inflationsdruck von der Landeswährung zu nehmen. Hiermit stand Bulgarien in einer Reihe mit den anderen Ländern der Donauregion. Diese Motive führten spätestens mit dem Handelsvertrag von 1932 dazu, dass sich das Land im Lauf der folgenden Jahre stärker auf den bilateralen Verrechnungshandel einließ, und im Jahre 1939 erreichte der Clearinghandel die

3 Sundhaussen, Wirtschaftsgeschichte Kroatiens. Riemenschneider, Die deutsche Wirtschaftspolitik gegenüber Ungarn. Tonch, Wirtschaft und Politik. Ebenso: Aly, Hitlers Volksstaat, 258-263.

4 Bohn, 111-113. Eine weitgehend ausgewogene, allerdings auf ganz Südosteuropa bezogene Darstellung findet sich auch bei: Weber, 32f.

5 Lampe, Bulgarian Economy, 87f.

Marke von 88 Prozent des gesamten Außenhandels, der wiederum zu knapp 70 Prozent mit Deutschland abgewickelt wurde.[6]

Dieses zweifellos bestehende Abhängigkeitsverhältnis ist in seinen Folgen überwiegend negativ beurteilt worden. Dabei fällt allerdings auf, dass die zeitgenössischen Kommentare weit weniger skeptisch waren als die Jahrzehnte später aus historischer Perspektive abgegebenen Urteile. Dennoch wurde auch in der Zeitschrift der BID vor den Gefahren des bilateralen devisenfreien Handels und einer zu großen Abhängigkeit gewarnt. Derartige Modelle wurden weitgehend als Notlösung betrachtet, geboren aus den Bedingungen der Weltwirtschaftskrise.[7] Entsprechend wurden während der 30er Jahre von der bulgarischen Regierung Versuche unternommen, diese Abhängigkeit zu mildern[8] – und dies bezeichnenderweise auf dem Gebiet des Waffenhandels. Der langfristige Kredit über 30 Millionen Reichsmark, den Deutschland Bulgarien bei einem Rüstungsgeschäft im Jahre 1938 vor allem aus außenpolitischen Gründen gewährte – Zahlungsbedingungen, die Bulgarien bei anderen potentiellen Partnern, wie etwa Frankreich und Italien nicht erhalten hatte –, band das Balkanland allerdings entgegen seiner eigentlichen Absicht noch fester an das Reich. Es wurde zum Anlass für eine Neufestsetzung der vertraglichen Clearingkonditionen.[9]

Positiv verbuchte man jedoch die bereits merkliche strukturelle Modernisierung der bulgarischen Landwirtschaft in Form einer Erweiterung des Produktspektrums sowie die Belebung des Außenhandels etwa ab 1934 und betrachtete diese Veränderungen im Zusammenhang mit der Intensivierung der deutsch-bulgarischen Handelsbeziehungen.[10] In der Sekundärliteratur wird diese Frage hingegen kontrovers behandelt. Lampe etwa neigt dazu, den Zusammenhang zwischen der Intensivierung des deutsch-bulgarischen Handels und den Neuerungen in der bulgarischen Agrarproduktion während der 30er Jahre abzustreiten. Bohn konzediert zwar wie erwähnt einen anfänglichen Nutzen des deutsch-bulgarischen Clearings für Bulgarien, sieht allerdings auch keinen direkten modernisierenden Effekt für die Landwirtschaft.[11]

Selbst wenn man konzedieren könnte, dass die Thesen der beiden Autoren zutreffen – Lampe stützt sie immerhin statistisch[12] –, und wenn man die positiven Meldungen, die im Gegensatz dazu in der bulgarischen Fachpresse erschienen, als übertrieben ansieht, so erfasst diese Argumentation dennoch nicht den Gesamtzusammenhang zwischen den deutsch-bulgarischen Wirtschaftsbeziehungen und der bulgarischen Modernisierungsproblematik.

[6] Lampe, Bulgarian Economy, 88f. Vgl. auch Kapitel 3.3.

[7] Vgl. Kapitel 4.3.

[8] Im Jahre 1937 erzielte Bulgarien dabei vorübergehende Erfolge, als der deutsche Anteil am bulgarischen Gesamtexport auf 43,1 Prozent fiel, der Anteil der Freidevisenländer hingegen anstieg. Derjenige Großbritanniens erreichte 1937 13,8 Prozent. Vgl. Roland Schönfeld, Deutsch-bulgarische Wirtschaftsbeziehungen zwischen den Weltkriegen (1920–1940), *Collegium Germania* 2 (1997), 127-149, hier: 136.

[9] A. a. O., 136f. Lampe, Bulgarian Economy, 89.

[10] Vgl. Kapitel 4.3 und 5.4.

[11] Vgl. Bohn, 111-113.

[12] Lampe, Bulgarian Economy, 90f.

Dieser Gesamtkontext verlangt vielmehr eine Einbeziehung konzeptioneller Überlegungen in die Betrachtung, wie sie etwa beim MWT oder auch in der bulgarischen Fachwelt seit längerer Zeit angestellt worden waren. Dabei waren die Konzepte vor allem durch Langfristigkeit und durch einen umfassenden und grundsätzlichen Charakter gekennzeichnet. Hierdurch wird deutlich, dass weitreichende Umstrukturierungseffekte auch aus damaliger Sicht allein durch eine Intensivierung des Handels nicht in kurzer Zeit zu erreichen waren. Dies war den Beteiligten bewusst. Belegen lässt sich dies anhand der MWT-Gutachten der späten 30er und frühen 40er Jahre.[13] Aus ihnen geht, wie bereits gezeigt, hervor, dass man auf deutscher Seite die Errichtung eines bilateralen Handelssystems und die Intensivierung des Güterverkehrs auf der Grundlage gemeinsam ausgehandelter Kontingente ebenfalls nicht für ausreichend hielt, um Bulgarien langfristig und auf profitable Weise als Handelspartner an Deutschland zu binden. Zur Erreichung dieses Zieles erachtete man es darüber hinaus für notwendig, in den Strukturen der bulgarischen Volkswirtschaft die entsprechenden Grundlagen zu schaffen, indem man Aus- und Weiterbildungsmaßnahmen in der Landwirtschaft sowohl auf akademischem als auch auf praktischem Niveau ergriff, einen verstärkten Einsatz von deutschem Kapital zur industriellen Ausdifferenzierung der Wirtschaft forderte und interessierten deutschen Unternehmen das nötige landes- und regionsbezogene Fachwissen zur Verfügung stellte.

Durch diese Aktivitäten, die über die rein handelspolitische Gestaltung der Beziehungen hinausgingen, ergaben sich ein zusätzlicher deutscher Einfluss auf die innere Entwicklung der bulgarischen Wirtschaft und eine verstärkte Präsenz deutscher Unternehmer und Wirtschaftsfachleute – vor allem als Repräsentanten des MWT. Das große Interesse, das den Projekten des MWT in Bulgarien entgegengebracht wurde, zeigte die Bereitschaft, deutschen Konzepten weitgehend zu folgen. Insgesamt ist um 1940 in dem Balkanland die Tendenz erkennbar, die Bindungen an Deutschland weiter zu intensivieren, ungeachtet aller Bedenken wegen zu großer handelspolitischer Einseitigkeit.

Für Deutschland kann man daraus schließen, dass es ein echtes Interesse an Modernisierung und Produktivitätssteigerung in der bulgarischen Wirtschaft und vorwiegend im Agrarsektor gehabt haben muss. Diese Annahme wird jedoch vielfach nicht geteilt. Zeigt sich zwar zunächst noch kein direkter Widerspruch zwischen der These, ein Zusammenhang zwischen der Erholung und Umstellung der bulgarischen Landwirtschaft ab Mitte der 30er Jahre und der Intensivierung des deutsch-bulgarischen Handels sei nicht zu erkennen, und dem Bestehen langfristig angelegter deutscher Entwicklungskonzepte, die sich zu dieser Zeit noch nicht durchschlagend ausgewirkt hatten, so wird stellenweise auch das deutsche Interesse an einer nachhaltigen Modernisierung überhaupt in Zweifel gezogen. Bohn etwa misst den vom MWT ins Leben gerufenen Stipendienaktionen und den vor Ort in Bulgarien eingeleiteten landwirtschaftlichen Ausbildungsmaßnahmen lediglich „symbolische" Bedeutung bei.[14] Lampe wird noch deutlicher und bezeichnet die deutsche Rolle bei der

[13] Vgl. Kapitel 5.2 und 5.3.
[14] Bohn, 112f.

Modernisierung der bulgarischen Landwirtschaft als „minimal". Der einzig vorzeigbare Erfolg sei die Einführung der Sojabohne gewesen. Was die Ausbildungsprojekte des MWT angeht, so betont Lampe ihren rudimentären Charakter – nur wenige Bauern seinen in den Beispieldörfern ausgebildet worden, zu wenige deutsche Experten seien vor Ort gewesen – oder ihren Misserfolg, wie etwa bei der Aufzucht von Schafen durch die „Buschag".[15] Insgesamt sei die Zahl der gelieferten deutschen Landmaschinen zu gering gewesen, um eine nennenswerte Produktivitätssteigerung herbeizuführen. Zudem sei zumeist veraltetes Gerät aus Deutschland geliefert worden.[16]

Zu den konkreteren Aussagen Lampes bezüglich des geringen Ausmaßes der deutschen Aktionen, ihres mangelhaften Erfolges und der Lieferung zweitklassigen Materials ist zu sagen, dass der Autor hierfür keinen Quellenbeleg liefert, so dass sie sich der wissenschaftlichen Diskussion entziehen. Die Dokumente des MWT erwecken indes, bei aller Vorsicht, mit der sie behandelt werden müssen, den Eindruck, als hätten diese Maßnahmen Ergebnisse gezeitigt, die unter Berücksichtigung ihres zu diesem Zeitpunkt noch experimentellen Charakters die Initiatoren wie auch ihre bulgarischen Partner zufriedengestellt hätten.[17] Ob man den deutschen Beitrag unter dieser Voraussetzung als symbolisch oder minimal bezeichnen kann, ist nicht objektivierbar, bleibt also jedermanns eigener Einschätzung überlassen.

Es überwiegt allerdings nach wie vor der Eindruck, dass eine nachhaltige Effizienzsteigerung der bulgarischen Volkswirtschaft, ihre Ausdifferenzierung, mithin auch „Industrialisierung" einschließlich einer breiten Kaufkraftsteigerung im deutschen Eigeninteresse lag. Zwar bestätigt auch Lampe, dass die deutschen Landmaschinenlieferungen in der Frühphase des Zweiten Weltkriegs doppelt so umfangreich waren wie noch vor dem Krieg. Lediglich in der Zweiten Kriegshälfte seien sie dann hinter den deutschen Waffenlieferungen zurückgefallen.[18] Jedoch bestreitet der Autor, dass es jemals deutsche Konzepte zu einer Industrialisierung gegeben habe. Bei deutschen industriellen Lieferungen habe es sich lediglich um das gehandelt, was in Deutschland entbehrlich gewesen sei. In gewissem Widerspruch hierzu und zu der These, die deutschen Lieferungen hätten vorwiegend aus veraltetem Gerät bestanden, steht indes die Bemerkung desselben Autors, dass der durch deutsche Abwerbungen verursachte Mangel an qualifizierten Arbeitskräften geholfen habe, in Bulgarien moderne, die menschliche Arbeitskraft teilweise ersetzende Maschinen zu installieren.[19]

Es scheint, dass der Widersprüchlichkeit der Analyse Lampes nicht allein durch ihre Zurückweisung aufgrund teilweise fehlender Quellenbelege und schwer nachvollziehbarer

15 Lampe, Bulgarian Economy, 108. Vgl. Kapitel 5.2.

16 A. a. O., 109 u. 118. Vgl. außerdem Grenzebach, 216. Bezüglich der gelieferten Landmaschinen hat Poppetrov dem Verfasser der vorliegenden Arbeit gegenüber betont, dass von bulgarischer Seite aus Kostengründen oft bewusst gebrauchtes Gerät bestellt worden sei. Interview mit Nikolaj Poppetrov, Sofia 21.7.2004.

17 Vgl. Kapitel 5.2.

18 Lampe, Bulgarian Economy, 118.

19 Ebd.

Bewertungen zu begegnen ist, sondern dass sie sich möglicherweise auch auflösen lässt, indem bei der Betrachtung der Problematik nach Zeitabschnitten und Akteuren differenziert wird. Dabei ist Abstand zu nehmen von der bei Lampe wenigstens unterschwellig enthaltenen Vorstellung, die deutsche Seite habe in Bulgarien rein kolonialistisch-ausbeuterische Ziele verfolgt und die Bulgaren für die von ihnen gelieferten Rohstoffe, Halbfertigwaren und Agrarprodukte im übertragenen Sinne mit Glasperlen entschädigt. Lampe steht dabei nur stellvertretend für eine Richtung in der wirtschaftshistorischen Südosteuropaforschung, die im Ganzen dieselbe These vertreten hat und deren Einfluss auf Lampe im Apparat seines Buches sichtbar wird.[20]

Klar ist, dass der Fokus dieser Beiträge zumeist auf den Kriegsjahren liegt, die in der Tat den konstruktiven Ansätzen des MWT schweren Schaden zufügten. Dieser Zusammenhang klang, wie bereits gezeigt, wiederholt in den programmatischen Schriften des Vereins an, der stets betonte, wie wichtig die Erhaltung des Friedens für eine erfolgreiche Umsetzung seiner Projekte war.[21] Neben dem Unterschied, der zwischen den Kriegsjahren, und hier insbesondere der zweiten Kriegshälfte, einerseits und der Vorkriegszeit und zum Teil auch den Jahren 1939–1941 andererseits gemacht werden muss, ist auch zwischen den privatwirtschaftlich getragenen Initiativen des MWT einerseits und der deutschen regierungsseitigen Handelspolitik gegenüber Bulgarien im Rahmen des Clearings andererseits zu differenzieren.

In der Tat scheint es, als hätte die im Zuge des „Neuen Planes" von Hjalmar Schacht und des Vierjahresplanes Görings verfolgte Politik, die Länder Südosteuropas durch Verrechnungsabkommen an Deutschland zu binden,[22] die deutsche Seite in die Lage versetzt, den Handel mit Bulgarien zunehmend hinhaltend zu betreiben, d. h. zugesagte Waren verzögert, unvollständig oder überhaupt nicht zu liefern. Hierdurch häufte sich im Lauf der Jahre ein bulgarisches Guthaben bei der Deutschen Verrechnungskasse stetig an, das bis zum Ende des Krieges nicht mehr ausgeglichen werden konnte, auf dem Bulgarien also „sitzen blieb".[23] Was die angesprochene periodische Differenzierung betrifft, so ist diese gerade bezüglich des Clearings relevant, da besonders während der zweiten Kriegshälfte die zunehmenden deutschen Versorgungsschwierigkeiten, die Konzentration auf die Kriegsführung, aber auch bulgarische Missernten den bilateralen Handel ins Stocken brachten und damit der Ausgleich der Guthaben weiter erschwert wurde.[24]

[20] Zusätzlich zu den eingangs erwähnten Autoren hier stellvertretend: Koen, Ograbvaneto. Vorwiegend, allerdings nicht nur, handelt es sich dabei um die sozialistische Historiographie.

[21] Vgl. Kapitel 5.1.

[22] Eigentlich war die zunehmende Verlagerung des deutschen Außenhandels auf den Verrechnungsverkehr ein Zeichen dafür, dass ein Hauptziel des Vierjahresplanes – die Überwindung des Devisenmangels – nicht erreicht werden konnte. Dies zeigte sich vor allem ab 1938, nachdem in den beiden vorherigen Jahren ein Exportzuwachs hatte verzeichnet werden können. Ursache dafür war unter anderem der hohe Inlandsbedarf an Industrieprodukten und Rohstoffen als Folge der Kriegsvorbereitungen. Vgl. Petzina, 109-114.

[23] Vgl. hierzu ausführlich: Popisakov, Charakter i săšnost. Das Guthaben wurde kraft des Pariser Friedensvertrages von 1947 gelöscht, Bulgarien erhielt also keine Entschädigung dafür.

[24] Wie eben.

Tabelle 3: Bulgarische Handelsbilanz mit europäischen Staaten 1920–1944 (in Mio. US-Dollar)[25]

Jahr	Deutschland	Italien	Großbritannien	Frankreich
1920	1,3	-9,5	-7,2	-2,7
1921	-4,1	-5,3	-7,5	-3,0
1922	-1,8	0,3	-6,7	0,3
1923	-10,9	-4,8	-11,7	0,3
1924	-3,2	-3,7	-8,7	2,5
1925	-6,2	-3,1	-11,5	-2,2
1926	-0,9	-2,2	-7,9	-1,8
1927	2,9	-5,0	-8,2	-0,8
1928	3,0	-4,7	-7,5	-2,3
1929	0,8	-2,6	-7,8	-4,3
1930	6,8	-1,3	-3,0	-1,3
1931	8,1	-3,6	-6,8	-1,2
1932	-0,2	-1,4	-3,3	-1,7
1933	2,2	-0,3	-1,3	–
1934	2,6	0,7	-1,1	-0,4
1935	-1,1	2,3	–	0,2
1936	-1,8	1,5	3,4	0,5
1937	-6,6	-0,4	5,7	0,3
1938	8,1	0,6	-1,0	-1,2
1939	8,4	0,1	0,5	-0,1
1940	-8,8	2,0	-0,1	0,7
1941	-9,6	4,0		1,5
1942	19,8	-6,2		1,6
1943	32,1	-7,8		0,1
1944	63,1	-0,3		0,6

Zur Frage der deutschen Clearingverschuldung gibt es ebenfalls kontroverse Auffassungen, die im Wesentlichen um die Frage kreisen, ob diese Schulden einer gezielten deutschen Politik entsprangen, die auf ein kurzfristiges „Auspressen" der bulgarischen Ressourcen ausgerichtet gewesen sein könnte, oder ob sie durch widrige Umstände verursacht waren. Die erstgenannte Annahme ist zumeist im Kontext mit der oben genannten Ausbeutungsthese zu finden, die zweite eher bei Apologeten der deutschen wirtschaftlichen Südosteuropapolitik, wie etwa dem MWT-Vorsitzenden Wilmowsky, oder zumindest wohlwollenderen Betrachtern, wie beispielsweise Schönfeld. Sie legen freilich ihren Schwerpunkt auf die Vorkriegszeit, in der der deutsch-bulgarische Handel noch vergleichsweise reibungsarm vonstatten ging.[26]

Der Übergang von dieser Phase zu der Zeit der hinhaltenden, vorwiegend auf Einfuhrsicherung bedachten deutschen Handelspolitik sowie deren Taktik und Stil lassen sich anhand der Verhandlungen der Regierungsausschüsse beider Länder von 1940 bis 1944 veranschaulichen.[27] Während der 40er Jahre entwickelte sich der Güteraustausch zwischen bei-

[25] Drabek, 524.

[26] Schönfeld, Clearingverschuldung, 101.

[27] Zum deutschen Rohstoffbedarf und -import im Einzelnen vgl. Jörg-Johannes Jäger, Die wirtschaftliche Abhängigkeit des Dritten Reiches vom Ausland dargestellt am Beispiel der Stahlin-

den Ländern zunehmend nachteilig für Bulgarien, während der Handel in den 30er Jahren noch unter relativ günstigen Bedingungen abgelaufen war. Hierzu gehörte der im Handelsabkommen von 1932 festgelegte Kurs von 32,50 Lewa für eine Reichsmark, unter dem das Clearing abgewickelt wurde, wodurch Bulgarien für seine Waren höhere Preise bekam als auf dem Weltmarkt. Im Gegenzug hob die Bulgarische Nationalbank (BNB) im Jahre 1933 speziell für Deutschland einen Devisenerlass auf, der vorgeschrieben hatte, dass bestimmte Waren, darunter Getreide, nur gegen konvertierbare Devisen auszuführen waren. Der Handel sollte allerdings zu 30 Prozent weiterhin in konvertierbarer Währung durchgeführt werden.[28] Kennzeichnend für die 30er Jahre waren außerdem Kompensationsgeschäfte, wie etwa dasjenige von 1934.

Die Grundlinie der deutschen Handelspolitik während der 30er Jahre bestand demnach darin, Bulgarien durch vergleichsweise günstige Konditionen als Partner an sich zu binden, wobei dies besonders in der zweiten Hälfte des Jahrzehnts auch für den Waffenhandel galt. Hier gewährte das Reich Bulgarien langfristige Kredite zu besseren Bedingungen, als sie in anderen Ländern zu haben waren, oder setzte Waffenlieferungen gelegentlich auch als Zahlungsmittel im Rahmen von Kompensationsgeschäften oder als teilweisen Ersatz für die vereinbarten Devisenzahlungen ein, wenn in Deutschland selbst nicht ausreichend Devisen vorhanden waren.[29] Der hohe Stellenwert, den Waffenlieferungen für die bulgarische Politik hatten, veranlasste Sofia, auf solche Angebote einzugehen, wohl wissend, dass sich die wirtschaftliche Abhängigkeit von Deutschland dadurch noch steigern würde. Dass dies durchaus Besorgnis bei der bulgarischen Regierung auslöste, zeigt sich in der Tatsache, dass besonders 1938, als sich die Gefahr eines europäischen Krieges bereits abzeichnete, zunächst versucht wurde, Waffen in Großbritannien und Frankreich zu bekommen. In den Folgejahren fanden entsprechende Verhandlungen sogar auch mit der Sowjetunion statt.[30]

Auch politisch begünstigte die handelspolitische Abhängigkeit die Einbindung Bulgariens in den deutschen Einflussbereich. Jedoch agierte das von Zar Boris III. regierte Land auch hier zögernd gegenüber dem deutschen Werben. Erst am 1. März 1941, als die Gefahr eines deutschen Balkanfeldzuges bereits drohte und sich Bulgarien die Chance bot, den wirtschaftlichen Bindungen eine militärische Komponente hinzuzufügen und somit vom Feldzug territorial zu profitieren, trat das Land dem Drei-Mächte-Pakt bei.[31]

Die Handelsbeziehungen selbst hatten zu diesem Zeitpunkt bereits eine bedeutsame Wandlung erfahren. Praktisch mit Beginn des Zweiten Weltkriegs war die NS-Regierung von der Politik der wirtschaftlichen Anbindung Bulgariens zu einer Politik der Einfuhrsicherung und besonders auch der Einfuhrsteigerung übergegangen. Im Gegensatz zum MWT, der im Grunde dasselbe Ziel verfolgte, nur eben mit der langfristig angelegten Methode von Modernisierung, Produktivitätssteigerung und Umstrukturierung der bulgarischen Volks-

dustrie. Berlin 1969, 169f.

[28] Popisakov, Charakter i săštnost, 159, und Berov, Vănšnata tărgovija, 308f.

[29] Ebd.

[30] Hoppe, 52, 70-75 u. 84.

[31] A. a. O., 100.

wirtschaft sowie einem verstärkten Kapitaleinsatz, versuchte die Reichsregierung nun, in direkten Verhandlungen mit der bulgarischen Regierung möglichst günstige Bedingungen für Deutschland zu erreichen. Diese Verhandlungen begannen im Oktober 1939.[32] Sie bildeten den Ausgangspunkt für regelmäßige Zusammenkünfte, die ab April 1940 aufgrund eines deutsch-bulgarischen Regierungsbeschlusses in institutionalisierter Form, d. h. in gemeinsamen Regierungsausschüssen, fortgeführt wurden. Bis Mitte 1944 fanden insgesamt zehn Verhandlungsrunden statt, die zum Ziel hatten, die gegenseitigen Ausfuhrverpflichtungen festzusetzen und den Bedarfsentwicklungen anzupassen. Worum es eigentlich ging, war die Äußerung von Lieferungswünschen an den Verhandlungspartner und die Frage, inwieweit diese im Rahmen des bilateralen Clearings zu erfüllen waren bzw. ob und wie es gelingen konnte, die jeweiligen Verrechnungsguthaben auszugleichen.

Von deutscher Seite wurden die Gespräche vom Staatssekretär im Reichswirtschaftsministerium Hermann Landwehr geführt, von bulgarischer Seite von Finanzminister Dobri Božilov und dem Direktor der BNB Gunev.[33] Wie aus den Protokollen der Verhandlungen vom Oktober 1939 hervorgeht, scheinen die deutschen Forderungen sehr ausführlich und präzise vorgebracht worden zu sein, während Bulgarien nur recht allgemein die Beibehaltung der bisherigen Lieferungen forderte. Nach der ersten Verhandlungsrunde ergaben sich hieraus verpflichtende Lieferkontingente für Bulgarien an Deutschland von 10 000 Tonnen Mais, 15 000 Tonnen Tabak, 100 000 Schweinen sowie Eiern, Trauben und Wein. Verbunden hiermit war die Freigabe der Ausfuhr dieser Güter nach Deutschland auch, wie Landwehr erreichte, über die festgesetzten Kontingente hinaus.[34] Zudem wurde im Rahmen derselben Gespräche ein Kompensationsgeschäft abgeschlossen, in dem sich Deutschland verpflichtete, Landmaschinen gegen bulgarische Saisonwaren wie Sonnenblumenöl und -kerne, Seide, Pelze und Felle im Wert von 3,7 Millionen Reichsmark zu liefern. Bemerkenswert an dieser Vereinbarung war, dass die bulgarische Lieferung sofort für die Ausfuhr bereitzustellen war, während die deutschen Landmaschinen erst durch eine bulgarische Sachverständigenkommission bestellt werden sollten, wodurch sich deren tatsächliche Lieferung unbestimmt verzögern konnte.[35] Es wurde hier also bereits die hinhaltende Verhandlungstaktik von deutscher Seite sichtbar, die darauf abzielte, im Rahmen der kriegsbedingt erschwerten Versorgungslage die deutschen Ausfuhren auf ein notwendiges Minimum zu beschränken, die Einfuhren aber nach Möglichkeit zu steigern. Das durch den MWT verfolgte deutsche Interesse an einer Modernisierung der bulgarischen Wirtschaft, das in dem Landmaschinengeschäft noch zum Ausdruck kam, trat auf dieser Ebene, d. h. bei den Verhandlungen der Regierungsausschüsse, und gegenüber den kriegswirtschaftlichen Interessen Deutschlands in den Hintergrund.

Diese Tendenz setzte sich auch ab Mai 1940 in den neun folgenden, halbjährlich stattfindenden Sitzungen der Regierungsausschüsse fort. Den gemeinsamen Vorsitz in diesem

32 CDA, F. 316K, op. 1, a.e. 291, l. 155.
33 Ebd.
34 A. a. O., l. 156f.
35 A. a. O., l. 156.

Verhandlungsgremium übernahmen Staatssekretär Landwehr, der bereits die deutsche Delegation im Oktober 1939 geleitete hatte, und Ljubomir Conev, seit 1940 Leiter der staatlichen bulgarischen Direktion für den Außenhandel. Gegenstand der Tagungen der deutsch-bulgarischen Regierungsausschüsse waren unter anderem die Festsetzung der Ein- und Ausfuhrkontingente, die Preise der gehandelten Waren, Finanzierungsfragen für bestimmte Projekte und Fragen der Transportabwicklung. Auf diese Weise wurden die Protokolle der Sitzungen zur Grundlage für die generelle Entwicklung der deutsch-bulgarischen Wirtschaftsbeziehungen während der Kriegsjahre.[36]

Im Folgenden soll anhand der wichtigsten Beschlüsse der Ausschüsse eine Charakteristik der Wirtschaftsbeziehungen auf Regierungsebene versucht werden. Wie bereits angedeutet, war die deutsche Verhandlungstaktik stets durch das Bemühen gekennzeichnet, die bulgarische Seite auf sofortige Lieferungen festzulegen, selbst aber langfristige oder besonders große Projekte anzubieten, deren Erfüllung terminlich kaum präzise zu planen war. Hinzu kam die Methode, bulgarische Lieferungen mit älteren Finanzverpflichtungen Bulgariens gegenüber Deutschland zu verrechnen, so dass hieraus für das Reich keine direkte Lieferverpflichtung entstand. Dies war beispielweise Ergebnis der ersten Tagungsrunde der Regierungsausschüsse, die zwischen dem 16. und 24. Mai 1940 in Sofia stattfand.[37] Von dem bis zum September 1940 von Sofia zu liefernden Warenwert von 50 Millionen Reichsmark sollten 6 Millionen zur Verrechnung bulgarischer finanzieller Verbindlichkeiten verwendet werden, also nicht zum Abbau des bulgarischen Clearingguthabens, das zu dieser Zeit bereits bei rund 40 Millionen Reichsmark lag.[38]

Der Druck auf Bulgarien, auf derartige Bedingungen einzugehen, d. h. eine Vergrößerung des eigenen Guthabens bei der Deutschen Verrechnungskasse zuzulassen, zugleich aber die eigenen Lieferungen den deutschen Wünschen entsprechend weiter zu forcieren, wuchs im Laufe des Krieges mit dem Wegbrechen alternativer Handelspartner, wie etwa Frankreichs 1940, und der sich ausdehnenden deutschen Kontrolle über Europa. Diese mündete letztlich in einer Kontrolle Deutschlands über den gesamten europäischen Clearinghandel. Deutlich wurde dies in den Abschnitten der Ausschussprotokolle von 1940, die sich mit dem Clearinghandel zwischen Bulgarien und dem „Reichsprotektorat Böhmen und Mähren" befassten. Man vereinbarte einen Warenaustausch im Wert von jeweils 150 Millionen Kronen, wobei Bulgarien Walzeisenmaterial und Eisenhalbfabrikate erhalten und selbst Eisenschlacken und Tabak liefern sollte. Die Genehmigung der einzelnen Lieferungen blieb den zuständigen deutschen Behörden vorbehalten.[39] Ein anderes Beispiel

[36] CDA, F. 231K, op. 5, a.e. 118, 122, 126, 129; op. 1, a.e. 291. Zu den Ausschussprotokollen vgl. generell außerdem Vladimir Zlatarski, Die deutsch-bulgarischen Wirtschaftsbeziehungen während des Zweiten Weltkrieges im Spiegel der beiderseitigen Regierungsausschüsse zur Regelung der Wirtschaftsfragen (1940–1944). Teil I (April 1940-Mai 1942). Unveröff. Manuskript. Sofia 2001.

[37] CDA, F. 231K, op. 5, a.e. 118, l. 232.

[38] Ebd.

[39] CDA, F. 231K, op. 5, a.e. 122, l. 8-15.

in diesem Kontext war die Niederwerfung Frankreichs im Frühjahr 1940, die zum Anlass für Nachverhandlungen genommen wurde, die im Juli desselben Jahres zwischen Conev und Landwehr in Berlin stattfanden. Von deutscher Seite wurde dabei eine weitere Erhöhung der bulgarischen Lieferungen gefordert. Landwehr meinte, dass eine Umlenkung von Waren, die zunächst für andere Märkte bestimmt gewesen waren, nach Deutschland erforderlich sei. Ergebnis dieser Gespräche war eine weitere Intensivierung des bilateralen Warenverkehrs um 47 bis 52 Millionen Mark, wobei für die deutschen Lieferungen wesentlich längere Fristen festgesetzt wurden als für die bulgarischen.[40]

Von grundlegender Bedeutung für den Zahlungsverkehr zwischen Deutschland und Bulgarien bis zum Ende des gemeinsamen Bündnisses im September 1944 waren die Verhandlungen der Regierungsausschüsse im Oktober 1940 in Sofia. Sie führten zum Abschluss eines neuen Verrechnungsabkommens, das das alte von 1932 ablöste. Der Handelsvertrag selbst blieb in Kraft. Nun wurde der gesamte deutsch-bulgarische Zahlungsverkehr vollständig zentralisiert und damit der Vermittlung von Deutscher Verrechnungskasse (DVK) und Bulgarischer Nationalbank (BNB) unterstellt. Dies bedeutete, dass nicht mehr nur die Zahlungen im bilateralen Warenverkehr auf dem Verrechnungsweg zu tätigen waren, sondern auch solche im Versicherungswesen, im Transport, bei Gebühren für Patente und Lizenzen oder Honorare.[41] Hiermit wurde es für Bulgarien praktisch unmöglich, im Handel mit Deutschland Devisen zu erwirtschaften, zumal auch ältere Zahlungsverpflichtungen, die mitunter auf Fremddevisen lauteten, in Reichsmark umzurechnen waren. Zudem verbot das Abkommen den Abschluss privater Kompensationsgeschäfte, die eine zusätzliche Möglichkeit geboten hätten, auf dem Weg teilweiser Zahlungen in Fremdwährung Devisen nach Bulgarien zu bringen.[42] Devisen wären jedoch nötig gewesen, wenn Bulgarien sich wenigstens einen Rest an handelspolitischer Unabhängigkeit hätte bewahren wollen. Stattdessen wurde das Land nun vollständig in das Verrechnungssystem des deutsch kontrollierten Europa mit einbezogen. Dies wurde durch das Zentralclearing ermöglicht, d. h. dass die BNB nun auch im Clearing mit Jugoslawien, Rumänien, Griechenland, Ungarn und der Slowakei Überweisungen zwischen ihrem DVK-Konto und denjenigen der anderen Länder tätigen konnte, wodurch der Zahlungsverkehr dieser Länder untereinander für die deutsche Seite zumindest teilweise transparent wurde.[43] Zudem unterzeichnete Bulgarien im Oktober 1940 auch Clearingabkommen mit den deutsch besetzten Ländern Polen, den Niederlanden, Belgien und Norwegen, in denen bestimmt wurde, dass der Zahlungsverkehr mit diesen Ländern stets über die DVK zu laufen hatte.[44]

Angesichts dieser Entwicklung scheint es kaum noch fraglich zu sein, dass Bulgarien zu Beginn der 40er Jahre die Stellung eines deutschen Wirtschaftssatelliten einnahm. Bulgarien besaß zu dieser Zeit kaum mehr Entscheidungsfreiheit über die Ausrichtung sei-

[40] CDA, F. 231K, op. 5, a.e. 118, l. 219-223.
[41] CDA, F. 316K, op. 5, a.e. 291, l. 105.
[42] A. a. O., l. 106.
[43] A. a. O., l. 94.
[44] A. a. O., l. 95-103.

ner Warenströme und musste Bedingungen akzeptieren, die im freien Welthandel kaum denkbar waren. Die enge Anbindung an Deutschland durch das Clearing, die unter den Voraussetzungen der Weltwirtschaftskrise, also knapp ein Jahrzehnt zuvor, als praktikables, wenn auch nicht ideales Mittel zur Belebung des Außenhandels erschienen war, erwies sich nun als Zwangsjacke, da Bulgarien gezwungen war, seine Importe aus Deutschland zu beziehen, weil die Einnahmen aus den Exporten, die in Verrechnungsmark bestanden, nur in Deutschland eingelöst werden konnten. Dies bedeutete, dass mit der Intensität des deutsch-bulgarischen Handels auch die Abhängigkeit Bulgariens von Deutschland zunahm.

Der erwachsende bulgarische, nun fast ganz auf Deutschland ausgerichtete Außenhandel gab indes der landwirtschaftlichen Produktivität auch neue Impulse. Zwischen 1940 und 1942 konnte Bulgarien den Leva-Wert seiner Ausfuhr nach Deutschland von 4,2 Millionen auf 9,7 Millionen erhöhen, was mehr als eine Verdoppelung ausmachte.[45] Insgesamt zeigten die bulgarischen Warenlieferungen an Deutschland eine stetig steigende Tendenz. Im Protokoll zur zweiten Verhandlungsrunde der Regierungsausschüsse, die zwischen dem 15. Oktober und dem 14. November 1940 in Berlin stattfand, wurde eine Erhöhung der deutschen Importe aus Bulgarien auf einen Gesamtwert von 118 Millionen Mark festgesetzt, wovon 55 Millionen auf die Einfuhr von Nahrungsmitteln und 63 Millionen für Holz und industrielle Halbfertigwaren entfielen. Im Vergleich zum ersten Protokoll bedeutete dies eine Zunahme um mehr als das Zweieinhalbfache.[46] Teilweise überstiegen die deutschen Forderungen aber auch die Liefermöglichkeiten Bulgariens, wollte dessen Regierung nicht im eigenen Land eine Versorgungskrise heraufbeschwören. So lehnte Conev etwa in der zweiten Runde deutsche Forderungen nach Weizenlieferungen, die über die bereits vereinbarten 10 000 Tonnen hinausgingen, ab.[47]

Als besonders problematisch erwiesen sich die Vereinbarungen über die deutschen Gegenleistungen – eine Frage, die sich im Laufe des Krieges zunehmend verschärfen sollte. Hierbei ging es nicht nur um deutsche Warenlieferungen, für die von deutscher Seite charakteristischerweise lange Fristen ausgehandelt wurden, sondern auch um die deutsche Freigabe von Goldmark für das bulgarische Verrechnungskonto zum Zweck der Beschaffung von Rohstoffen, die in Deutschland nicht zu bekommen waren, wie etwa Erdöl. In der zweiten Verhandlungsrunde sagte Landwehr die Bereitstellung von 4 Millionen Reichsmark in Gold für das bulgarische Verrechnungsguthaben bei der Reichsbank zu.[48] Dabei ist bezeichnend, dass der deutsche Verhandlungsführer darauf bestand, die tatsächliche Freigabe des Geldes für jeden Einzelfall von den Nationalbanken beider Länder eigens aushandeln zu lassen, so dass hier genügend Spielraum für Deutschland blieb, Bulgarien in Fragen der Rohstoffversorgung unter Druck zu setzen oder zumindest hinzuhalten.[49]

[45] Vgl. Bohn, 122. Ab 1943 war der Wechselkurs von deutscher Seite auf 3,10 Reichsmark für 100 Leva festgesetzt. Vgl. Aly, 365.

[46] CDA, F. 231K, op. 5, a.e. 118, l. 55.

[47] Ebd.

[48] Ebd.

[49] CDA, F. 231K, op. 5, a.e. 10, l. 75.

Auch nach dem 1. März 1941, dem Tag des Beitritts Bulgariens zum Drei-Mächte-Pakt, setzte sich die Politik der Erhöhung der deutschen Lieferforderungen an Bulgarien bei gleichzeitiger fehlender Deckung des Clearingkontos fort. Deutlich wurde dies nach der Stationierung deutscher Truppen im Land, die nun auch zu versorgen waren. Immerhin führte dies zu einer erhöhten Lieferbereitschaft der deutschen Seite, die als Entschädigung für den Verbrauch durch die deutschen Truppen Zuschüsse für die bulgarische Tabakwirtschaft gewährte und die Preise für Landmaschinen und Eisen senkte. Außerdem sagte sie die Lieferung von 100 Lokomotiven, 1 500 Güterwagen und 30 Kilometer Schienenmaterial zu, um die Mobilität der deutschen und bulgarischen Truppen zu unterstützen.[50]

Demgegenüber vertrat Conev nachdrücklich die bulgarischen Einfuhrinteressen und beklagte die unzureichenden deutschen Lieferungen vor allem von Erzeugnissen der eisenverarbeitenden Industrie, von Schmierölen und von Zellwolle. Zudem forderte Bulgarien nach dem Abschluss des deutschen Balkanfeldzuges einen Anteil an den nun unter deutscher Kontrolle stehenden Rohstoffexporten besetzter Länder, wie etwa Serbien, Belgien oder Norwegen. Bezüglich Serbiens und Belgiens erreichte man die Lieferung von Kupfervitriol. Gleichzeitig konnte Conev auch einige deutsche Forderungen zurückweisen, darunter eine Zollermäßigung für die Einfuhr von Koks nach Bulgarien, die der bulgarischen Koksherstellung geschadet hätte.[51]

Die Zugeständnisse, die Bulgarien in dieser Verhandlungsrunde machen musste, betrafen in erster Linie die neu annektierten Gebiete in Makedonien und Thrakien. Allgemein wurde die Anwendung des Handelsvertrages von 1932 und des Verrechnungsabkommens von 1940 auf diese Territorien vereinbart. Die deutsche Seite benutzte dabei die bulgarische Absicht, die eigene Landeswährung in den besetzten Gebieten einzuführen, dazu, einen generellen Verzicht auf die Festsetzung von konkreten Wertobergrenzen für den bilateralen Warenverkehr auszuhandeln mit der Begründung, die Währungsumstellung mache derartige Festlegungen obsolet. Verbunden damit war auch die Abschaffung der bulgarischen Einfuhrkontingente.[52] Für Deutschland ergab sich daraus der Vorteil, seine Lieferungen nicht mehr primär an diesen Kontingenten und damit an konkreten bulgarischen Wünschen ausrichten zu müssen, sondern das liefern zu können, was im Reich entbehrlich war, unabhängig davon, ob es in Bulgarien gebraucht wurde.

Außerdem musste Bulgarien deutschen Firmen die Nutzungsrechte an den wichtigsten Bergwerken Makedoniens überlassen, d. h. die komplette Ausfuhr der dort abgebauten Rohstoffe nach Deutschland ebenso garantieren wie die zollfreie Einfuhr der notwendigen Geräte und Materialien.[53]

Insgesamt sind die Zugeständnisse, die die bulgarische Seite machte, und die weitere Erhöhung der Lieferquoten in kriegswirtschaftlichem Zusammenhang zu sehen. In Bulgarien wurden sie auch als notwendige Kompensation für die Nicht-Beteiligung am Feldzug

[50] Vgl. Zlatarski, Teil 1, 19. Außerdem Hoppe, 47f. u. 100.
[51] CDA, F. 316K, op. 1, a.e. 291, l. 108 u. 113.
[52] A. a. O., l. 114f.
[53] A. a. O., l. 115.

gegen die Sowjetunion betrachtet.[54] Die durch den Überfall auf die UdSSR im Jahre 1941 hervorgerufene „ungeklärte Versorgungslage“ klang jedenfalls wiederholt in den Protokollen zu den Verhandlungen der Regierungsausschüsse an. Dem entsprach die Festsetzung von Reservekontingenten für den Export nach Deutschland, die bei den Gesprächen im Herbst 1941 vereinbart wurde.[55] Deutlich wurde dieser Zusammenhang außerdem durch die hinhaltende deutsche Reaktion auf die bulgarische Forderung nach zusätzlichen deutschen Lieferungen von Eisenerzeugnissen, Koks und Autoreifen.[56]

Von Bedeutung für die Versorgung der deutschen Wehrmacht war außerdem der Tabakhandel. Der Tabakanbau hatte in Bulgarien durch die Annexion Makedoniens und Westthrakiens eine erhebliche Ausweitung erfahren, mit der allerdings auch die deutschen Lieferwünsche anstiegen. Bei den Verhandlungen im Herbst 1941 wurde vereinbart, von den erwarteten 65 000 Tonnen der Ernte desselben Jahres 44 000 Tonnen an Deutschland zu liefern.[57] Bei der Aushandlung der Lieferquoten kam zudem auch das Soja-Projekt wieder auf die Agenda.[58] Auch hier drang die deutsche Seite auf eine Stabilisierung der Lieferungen. Hierzu war es notwendig, die Anbauflächen der „Soja AG“ auf ca. 60 000 Hektar auszudehnen, um die 1941 erreichte Liefermenge von 47 000 Tonnen auch im Jahre 1942 zu erhalten.[59]

Neben den vereinbarten Kontingenten schlossen die Regierungsausschüsse auch Sondergeschäfte ab, bei denen es sich in erster Linie um Bestellungen der einzelnen bulgarischen staatlichen Behörden zur Deckung ihres eigenen Bedarfs handelte. Im Jahre 1941 etwa enthielt die bulgarische Bestellliste vorwiegend Industrieerzeugnisse, die dem Ausbau der Verkehrsinfrastruktur dienten. Hierzu gehörten Lokomotiven, Güterwaggons, Schienen bzw. Materialien zur Anlage von Eisenbahnstrecken sowie Straßenbaumaschinen. Hinzu kamen, was in Kriegszeiten nicht überraschen kann, Waffenlieferungen. Bei diesen meldete die bulgarische Regierung erhöhte Dringlichkeit an, so dass das Ende der Lieferfrist auf Ende September 1942 gesetzt wurde, während die übrigen Waren erst ein Jahr später zu liefern waren. Insgesamt machte der Umfang dieses Sondergeschäfts rund 112 Millionen Reichsmark aus, die aus dem Verrechnungskonto der BNB bei der Reichsbank zu bezahlen waren.[60]

Es waren in erster Linie die Sondergeschäfte, bei denen die Konfliktpunkte im deutsch-bulgarischen Handel sichtbar wurden. Zur Sprache kamen sie zum Beispiel in der fünften Verhandlungsrunde im Sommer 1942. Hier musste die deutsche Delegation unter der Leitung Landwehrs einräumen, dass die im Sondergeschäft 1941 vereinbarten Lieferungen

[54] Vgl. hierzu: Rumen Nikolov, Njakoi văprosi na bălgarsko-germanskite voenni otnošenija (mart 1941 – avgust 1944 g.), *Voennoistoričeski sbornik* 6 (1988), 40-43.
[55] CDA, F. 231K, op. 5, a.e. 122, l. 35.
[56] A. a. O., l. 36.
[57] Außerdem CDA, F. 231K, op. 5, a.e. 122, l. 42.
[58] Vgl. Kapitel 5.2.
[59] CDA, F. 231K, op. 5, a.e. 118, l. 171.
[60] A. a. O., l. 165-167.

deutscher Lokomotiven nicht fristgerecht erfolgen würden.[61] Derartige Verzögerungen, die praktisch in allen Bereichen der deutschen Ausfuhr nach Bulgarien auftraten, waren zwar zweifellos der kriegsbedingt schwierigen Versorgungslage Deutschlands geschuldet, gleichzeitig aber auch Ergebnis einer bewusst betriebenen Hinhaltepolitik. Deren grundlegende Richtlinie wird im Bericht Landwehrs über die Verhandlungen vom Sommer 1942 deutlich. Darin formulierte der Staatssekretär die Maxime, dass deutsche Lieferzusagen nur unter der Voraussetzung gegeben werden dürften, dass sich dadurch die deutsche Versorgungslage nicht verschlechterte.[62] Zudem nahm Landwehr die deutschen Lieferverzögerungen zum Anlass, auf Gesetzesänderungen in Bulgarien zu dringen. So forderte die deutsche Seite eine Aufhebung der seit Februar 1942 bestehenden sogenannten Kriegszeitsteuer, die Gewinne, die mit kriegswirtschaftlich relevanten Geschäften erzielt wurden, besonderen Abgaben unterwarf. Dieses Ansinnen wurde jedoch von der bulgarischen Seite ebensowenig akzeptiert wie die Forderung, deutsche Firmen bei öffentlichen Aufträgen in Bulgarien von Garantieverpflichtungen zu befreien.[63]

Das zunehmend fordernde Auftreten der deutschen Seite gegenüber Bulgarien zeigte sich auch im Vorfeld der ersten Verhandlungsrunde des Jahres 1942. Diese war zugleich charakteristisch für die Machtverteilung im deutsch-bulgarischen Handel jener Jahre. Veranschaulichen lässt sich dies anhand der Beschwerden, die Conev noch im Dezember 1941 bezüglich der bulgarischen Einfuhr von Öl und Ölderivaten an die deutsche Regierung richtete. Bemerkenswert daran ist, dass es hierbei eigentlich nicht um ein Problem des deutsch-bulgarischen Handels ging, sondern um eines des bulgarisch-rumänischen. Conev beklagte sich beim Reichswirtschaftsministerium über die seiner Meinung nach ungenügenden rumänischen Öllieferungen an Bulgarien und schlug zugleich vor, dass Deutschland hier als offizieller Besteller auftreten solle, indem man die bulgarischen Bestellungen als solche für die in Bulgarien stationierten Truppenteile der Wehrmacht deklarierte und ihnen auf diese Weise größeren Nachdruck verlieh. Das Reichswirtschaftsministerium ging auf diesen Vorschlag ein und äußerte zusätzlich die Idee, die deutsche Firma „Kontinentalöl" Benzinreservoire in dem westbulgarischen Ort Ichtiman errichten zu lassen.[64]

Anhand dieser Episode wird erneut der hohe Grad an Abhängigkeit von Deutschland sichtbar, in die Bulgarien außenwirtschaftlich geraten war. Es war darauf angewiesen, auch in Fragen des Handels mit anderen Partnern die deutsche Seite um Unterstützung oder wenigstens Vermittlung zu bitten. Deutlich geworden war dies bereits durch die erwähnte Möglichkeit, auch den Zahlungsverkehr in dem Clearinghandel, an dem Deutschland nicht beteiligt war, über die Deutsche Verrechnungskasse laufen zu lassen. Hierdurch und durch die deutsche Fähigkeit, in den bulgarisch-rumänischen Ölhandel einzugreifen, zeigt sich, dass Deutschland im Laufe der 30er und frühen 40er Jahre umfassenden Einfluss auf den bulgarischen Außenhandel gewonnen hatte. Dieser drückte sich in einer zunehmend for-

61 CDA, F. 231K, op. 5, a.e. 122, l. 95-97.
62 ADAP, Serie E, Bd. 2, Dok. 246, 420f.
63 CDA, F. 231K, op. 5, a.e. 122, l. 85 u. 88.
64 CDA, F. 316K, op. 1, a.e. 311, l. 73-75.

dernden Haltung gegenüber Bulgarien aus. Sie wurde zum Beispiel im Auswärtigen Amt im Vorfeld der ersten Verhandlungsrunde 1942 formuliert. Hier äußerte man sich zwar zufrieden über die Entwicklung des deutsch-bulgarischen Handels, erwartete aber zugleich von Bulgarien eine weitere volle Ausnutzung seiner Produktionskapazitäten zugunsten der Exporte nach Deutschland. Der stellvertretende Leiter der Handelspolitischen Abteilung im Auswärtigen Amt, Clodius, verlangte von Bulgarien, Lieferanstrengungen bis an die Grenzen seiner Möglichkeiten zu unternehmen und dabei auch den Verbrauch durch die eigene Bevölkerung „scharfen" Einschränkungen zu unterwerfen. Im Hinblick auf die anstehenden Verhandlungen empfahl das Auswärtige Amt, die eigenen Forderungen zu rechtfertigen, indem man auf die deutschen Anstrengungen zur Produktivitätssteigerung in der bulgarischen Landwirtschaft verwies. Darüber hinaus seien die Preiserhöhungen in Bulgarien zu kritisieren. Dem bulgarischen Argument, diese seien durch Ankäufe der Wehrmacht und eine allgemeine Verknappung der Waren bedingt, sei mit dem Einwand zu begegnen, dass diese Probleme in Bulgarien geringer seien als in anderen Ländern.[65] Auf politisch-ideologischer Ebene sollte darauf verwiesen werden, dass auch Bulgarien von dem Kampf um die „Neuordnung" Europas und gegen den „Bolschewismus" profitiere, in dem Deutschland die Hauptlast trage und daher zu Recht Unterstützung erwarten könne.[66]

Dennoch vermochte es auch maximaler Druck von deutscher Seite nicht, Lieferungen zu erzwingen, die schlicht über die Möglichkeiten Bulgariens hinausgingen. So konnte Landwehr bei den Verhandlungen im Frühjahr 1942 keine bulgarischen Getreidelieferungen erwirken aufgrund der bloßen Tatsache, dass Missernten, aber auch Misswirtschaft, keine exportierbaren Überschüsse erbracht hatten.[67]

Unter den gleichen Vorzeichen verliefen auch die Verhandlungen der Jahre 1943 und 1944. Im Endergebnis führte dies dazu, dass zwei Wochen nach der Unterzeichnung des neunten Verhandlungsprotokolls, am 9. September 1944, als die bulgarischen Kommunisten die Macht übernahmen und die Beziehungen zu Deutschland abbrachen, Bulgarien mit einem Clearingsaldo in Höhe von rund 900 Millionen Reichsmark dastand. Diese finanziellen Ansprüche gegenüber Deutschland wurden auf der Pariser Friedenskonferenz 1947 entschädigungslos niedergeschlagen.[68]

Hauptursache für diesen Saldo war der auch in den Jahren 1943 und 1944 fortgesetzte, zunehmend unausgeglichene Warenverkehr zwischen beiden Ländern. Einerseits stellten sowohl deutsche als auch bulgarische Repräsentanten übereinstimmend fest, dass der bulgarische Lieferumfang weiter zunehme, andererseits räumte die deutsche Seite auch ein, ihre Verpflichtungen weder in vollem Umfang noch zur rechten Zeit erfüllen zu können.[69] Diese Tendenz bestätigte sich in der sechsten Verhandlungsrunde im Herbst 1942. Hier zeigten

[65] ADAP, Serie E, Bd. 1, Dok. 298, 553f.
[66] ADAP, Serie D, Bd. 13, Dok. 504, 687.
[67] ADAP, Serie E, Bd. 1, Dok. 265, 498f.
[68] Zu den Friedensvertragsverhandlungen vgl. Emanuil Emanuilov, Bălgarija v politikata na velikite sili 1939–1947. Sofia 2000, 354-371.
[69] ADAP, Serie E, Bd. 3, Dok. 315, 557.

sich allerdings auch erstmals spürbare Erfolge des deutschen technischen und finanziellen Engagements im bulgarischen Bergbau. Für die Zeit bis März 1943 wurde die Ausfuhr von über 110 000 Tonnen Erzen nach Deutschland vereinbart, was darauf hindeutet, dass mit dem Ausbau der bulgarischen Bergwerkswirtschaft ein steter, wenn auch langsamer Strukturwandel vor sich ging.[70] Das deutsche Engagement war freilich auch mit weitgehender deutscher Kontrolle über die jeweiligen Gruben und mit dem Anspruch verbunden, die dort abgebauten Rohstoffe nach Deutschland geliefert zu bekommen. In diesem Zusammenhang begnügte sich Landwehr nicht mit dem bereits vereinbarten Zugriff auf die wichtigsten Bergwerke im bulgarisch besetzten Makedonien. Dies zeigte sich bei der Kupfererzgrube „Luda Jana" bei Panagjurište, die zu 40 Prozent Eigentum der vormaligen französischen Betreiber der jugoslawischen Gruben bei Bor gewesen war. Nach dem Balkanfeldzug hatte das Deutsche Reich sie sich angeeignet und erhob im Herbst 1942 Anspruch auf die damit verbundenen Anteile an „Luda Jana". Brisant war diese Forderung insofern, als die bulgarische Regierung zuvor alle Kupfererzgruben verstaatlicht hatte und sich nun, unter dem Druck Landwehrs, gezwungen sah, den deutschen Anteil anzuerkennen, d. h. die Verstaatlichung an dieser Stelle zurückzunehmen.[71]

Hatte also die deutsche Seite ihre Einfuhrinteressen gegenüber Bulgarien weitgehend wahren können, so vergrößerten sich in der zweiten Kriegshälfte die deutschen Lieferschwierigkeiten stetig. Bedeutsam war in diesem Zusammenhang der Einbruch der deutschen Eisen- und Stahllieferungen während des Jahres 1943. Er war eine Folge eines deutschen Erlasses vom 1. Oktober 1942, der eine Annahme ausländischer Eisen- und Stahlbestellungen aufgrund des kriegsbedingten Eigenbedarfs verbot und nur die Abwicklung bereits erteilter Aufträge erlaubte. Dies führte dazu, dass zwischen Oktober 1942 und September 1943 von 60 000 bestellten Tonnen nur knapp 4 000 geliefert wurden.[72] Generell geriet Bulgarien durch die ungenügenden deutschen Lieferungen zunehmend selbst in Versorgungsschwierigkeiten. Dies traf auch auf den Bezug von Öl und Ölderivaten zu, deren Lieferung Deutschland im Herbstprotokoll 1942 versprochen hatte. Als Ergebnis zeichnete sich noch Ende 1942 ein direktes bulgarisch-rumänisches Kompensationsgeschäft ab, das einen Tausch von Reis gegen Öl beinhaltet und damit auch den deutschen Einfluss in Frage gestellt hätte. Das Auswärtige Amt in Berlin registrierte diese Gefahr und drang darauf, die für November vereinbarte Liefermenge von 5 000 Tonnen Mineralöl sofort bereitzustellen, da der Ölmangel in Bulgarien auch die dortigen Lieferfähigkeiten einschränkte.[73] Bei den Verhandlungen im Frühjahr 1943 schließlich kam es sogar dazu, dass Bulgarien selbst um Getreidelieferungen bitten musste, da, wie erwähnt, die Ernte im Vorjahr schlecht ausgefallen war. Landwehr sagte daraufhin eine Lieferung von 35 000 Tonnen Roggen zu, die freilich mit kommenden Weizenlieferungen zu verrechnen waren.[74]

[70] CDA, F. 316K, op. 1, a.e. 309, l. 19f.
[71] Vgl. Zlatarski, Teil 2, 3.
[72] CDA, F. 231K, op. 5, a.e. 122, l. 104 u. a.e. 117, l. 8-10.
[73] ADAP, Serie E, Bd. 4, Dok. 292, 518f. Vgl. außerdem Zlatarski, Teil 2, 6f.
[74] CDA, F. 231K, op. 5, a.e. 122, l. 181.

Zum Abbau des bulgarischen Clearingsaldos unternahmen beide Seiten verschiedene Anstrengungen. Der deutsche Regierungsausschuss legte dabei einen Schwerpunkt auf die Frage der Preisentwicklung seit 1939, die bei den bulgarischen Ausfuhrwaren eine Verteuerung um CDA 82 Prozent, bei den deutschen Waren um über 90 Prozent gebracht hatte. Bei den Verhandlungen im Frühjahr 1943 gelang es Landwehr offenbar, die bulgarische Seite zu übervorteilen, indem diese dazu verpflichtet wurde, ihre Ausfuhrpreise nicht mehr über das Niveau vom Dezember 1942 steigen zu lassen, während die deutschen Preise auf einem „geschätzten" Durchschnittsniveau verbleiben sollten, für das die Preise vom Februar 1942 zugrunde gelegt wurden. Hierdurch erlangte die deutsche Seite einen erheblichen Spielraum bei der Preisgestaltung, da die Basisdaten für die Schätzungen nicht eindeutig festgelegt waren. Zudem verfügte niemand in Bulgarien über zuverlässige deutsche Statistiken zur Kontrolle der Preisfestsetzungen.[75] Ein weiterer, von bulgarischer Seite allerdings abgelehnter Vorschlag zum Abbau der bulgarischen Clearingspitzen bestand darin, deutsche in Bulgarien durchgeführte Projekte in das Clearing mit einzubeziehen. So erhob Landwehr im Mai 1943 Zahlungsforderungen an Bulgarien für die von der Wehrmacht seit 1941 durchgeführten Straßenbauten, die großenteils als Nachschubwege für den Balkanfeldzug gedacht waren, nun aber auch zivilen Transportzwecken dienten. Als Gesamtkosten wurden hierfür rund 7 Millionen Reichsmark angegeben, von denen zwei Drittel vom bulgarischen Staat übernommen werden sollten.[76] Mehr Erfolg bei den Bemühungen zum Abbau des Saldos hatte die deutsche Initiative der sogenannten Nachkriegsgeschäfte, die bei den Herbstverhandlungen 1943 vorgeschlagen wurden. Bei ihnen handelte es sich um nichts anderes als eine Fortsetzung der bereits seit Jahren angewandten Hinhaltetaktik, die im Wesentlichen in deutschen Versprechungen späterer Lieferungen bestand. Nun wurde diese Verfahrensweise offiziell propagiert. Bulgarische Stellen konnten nun mit deutschen Firmen Verträge über Lieferungen abschließen, die erst nach Kriegsende erfolgen sollten, wobei hier eine Frist von zwei Jahren nach Abschluss des Krieges vorgesehen war.[77]

Insgesamt wurde durch diese Maßnahmen keine nennenswerte Verringerung des bulgarischen Clearingsaldos bei der Deutschen Verrechnungskasse erreicht. Wie bereits angedeutet, stieg dieser Saldo bis September 1944 auf über 900 Millionen Reichsmark. Diese Summe war freilich nicht nur Ausdruck der Schulden, die Deutschland am Ende des Krieges bei Bulgarien hatte, sondern auch Ausdruck einer wirtschaftlichen Notlage, in die Bulgarien im Laufe der Jahre und speziell während des Krieges durch den bilateralen Handel geraten war. Die Symptome diese Notlage waren verschiedener Art. Zu ihnen gehörte eine fortschreitende Inflation, da die BNB die bulgarischen Lieferanten mit Geldern bezahlen musste, die nicht durch entsprechende deutsche Gegenlieferungen gedeckt waren. Dies bewirkte zwangsläufig einen Preisanstieg in Bulgarien, der wiederholt Gegenstand kontroverser Auseinandersetzungen in den Verhandlungen der Regierungsausschüsse war. Darüber hinaus

[75] A. a. O., l. 146f. Vgl. auch ZLATARSKI, Teil 2, 12f.
[76] CDA, F. 231K, op. 5, a.e. 122, l. 207.
[77] CDA, F. 231K, op. 5, a.e. 126, l. 70f.

erzeugten die Verzögerungen bzw. das Ausbleiben deutscher Lieferungen Versorgungsengpässe in Bulgarien, die das Land gelegentlich zwangen, um deutsche Unterstützung mit Agrarlieferungen nachzusuchen.

Die Unmöglichkeit für Bulgarien, sich während des Krieges aus dieser Lage zu befreien, lässt sich anhand der Entwicklung des prozentualen Anteils Deutschlands am Außenhandel des Balkanlandes veranschaulichen. Nach den knapp 70 Prozent, die der Handel mit dem Reich am gesamten Außenhandel Bulgariens im Jahre 1939 eingenommen hatte, stieg dieser Wert bei der Gesamtausfuhr bis 1944 auf knapp 88 Prozent, bei der Gesamteinfuhr allerdings nur auf 72 Prozent, nachdem er 1942 zwischenzeitlich auf knapp 63 Prozent gesunken war.[78] Diese Abhängigkeit Bulgariens hatte eine ihrer Hauptursachen in der kriegsbedingten Abschnürung von den Weltmärkten und den Freidevisenländern. Sie war nun politisch bedingt und daher stärker als die wirtschaftlich bedingte Isolation von den Weltmärkten zu Beginn der 30er Jahre. Darüber hinaus führte die gewaltsam herbeigeführte Hegemonialstellung Deutschlands in Europa während des Krieges dazu, dass Bulgarien auch seinen Handel mit einem Großteil der anderen europäischen Länder auf dem Wege des deutsch-bulgarischen Clearings abzuwickeln gezwungen und bei Handelsstreitigkeiten mit anderen Ländern auf deutsche Vermittlung angewiesen war.

Setzt man diese Lage Bulgariens während des Krieges in Beziehung zu den Modernisierungskonzepten, die die wirtschaftliche Annäherung an Deutschland begünstigt hatten, so fällt eine deutliche Diskrepanz auf, die für Bulgarien gravierender war als für Deutschland. Dieses hatte sich zwar ähnlich wie Bulgarien in eine große Abhängigkeit vom bilateralen Clearinghandel begeben, besaß aber allein aufgrund der Größen- und Machtverhältnisse einen weiteren handelspolitischen Spielraum als Bulgarien. Während Deutschland im Rahmen des Verrechnungsverkehrs mit einer Reihe von Agrarstaaten Handel treiben konnte, verengten sich die Möglichkeiten Bulgariens ab den frühen 30er Jahren schrittweise auf ein Land. Nach der Besetzung der Tschechoslowakei im Jahre 1939 und der Annexion des „Reichsprotektorats" geriet praktisch der letzte Industriestaat unter deutsche Kontrolle, mit dem Bulgarien noch einen nennenswerten Warenverkehr unterhielt, nachdem Briten und Franzosen bereits während der Weltwirtschaftskrise ihre Märkte für die bulgarische Ausfuhr weitgehend blockiert hatten. Die mit zuletzt über 80 Prozent fast vollständige Ausrichtung der bulgarischen Ausfuhr auf Deutschland stellte eine außenwirtschaftliche Abhängigkeit dar, in die das Land allerdings nicht erst unter den Bedingungen des Krieges geraten war. Klar ist jedoch, dass sie das Ergebnis einer Entwicklung darstellte, die man sich in Bulgarien ursprünglich anders vorgestellt hatte.

Denn in die weltwirtschaftliche Isolation, in der sich Bulgarien während des Zweiten Weltkriegs befand und die durch die außenpolitische Konstellation während des Krieges noch verstärkt wurde, war das Land nicht primär durch die 1932 vertraglich besiegelte und im Folgenden vertiefte Anbindung an Deutschland geraten. Vielmehr war es gerade diese Isolation bzw. die zu geringe Präsenz bulgarischer Exportartikel auf den internatio-

[78] Bohn, 122 und Berov, Vănšnata tărgovija, 299.

nalen Märkten, die das Land nach neuen Wegen zur Intensivierung seines Außenhandels suchen ließ. Zu gering war diese Präsenz zumindest in den Augen der zeitgenössischen bulgarischen Fachöffentlichkeit und der verantwortlichen staatlichen Stellen, die erkannten, dass das Außenhandelsvolumen nicht geeignet war, Devisen in ausreichender Menge ins Land zu holen. Diese wurden aus verschiedenen Gründen dringend gebraucht, d. h. unter anderem für den Abbau der hohen Auslandsverschuldung, für den Unterhalt einer schlagkräftigen Armee sowie für die Modernisierung der Volkswirtschaft und dabei besonders des Agrarsektors. Der zuletzt genannte Punkt verdeutlicht indes das Dilemma, in dem sich die bulgarische Wirtschaft um 1930 befand, denn die Modernisierung der Landwirtschaft war nicht nur ein Ziel, das mit Hilfe erwirtschafteter Mittel zu verfolgen war, sie war zugleich Voraussetzung für die Erwirtschaftung von Devisen. Dies bedeutet, dass, wie der zeitgenössische Fachdiskurs ebenfalls bestätigte, eine Effizienz- und Produktivitätssteigerung in der bulgarischen Landwirtschaft am Anfang des Weges in die internationalen Märkte zu stehen hatte. Das Ziel der Devisenerwirtschaftung bedeutet aber zugleich, dass es letztlich um eine Überwindung der außenwirtschaftlichen Isolation ging. Dementsprechend wurde das Einschwenken Bulgariens auf den Kurs des devisenfreien Clearinghandels mit Deutschland in der bulgarischen Fachwelt nicht als Ideal-, sondern vielmehr als eine aus der Not geborene Teillösung betrachtet. Eine solche war es insofern, als nun die in Wirklichkeit schon bestehende weitgehende Isolation der bulgarischen Wirtschaft wenigstens teilweise dadurch überwunden wurde, dass sich der Handel mit Deutschland (und auch mit anderen Ländern, mit denen Verrechnungsabkommen abgeschlossen wurden) nun tatsächlich intensivierte und sich das gesamte Außenhandelsvolumen vergrößerte. Freilich geschah dies um den Preis sich stetig lockernder Handelsbeziehungen zu den Freidevisenländern, die während der Weltwirtschaftskrise auch ihrerseits einen isolationistischen Kurs eingeschlagen hatten.

Neben diesem, wenn auch auf eine begrenzte Anzahl von Ländern beschränkten, verbesserten Zugang der bulgarischen Exporte zu ausländischen Märkten waren die Hoffnungen, die man im Land in diese Entwicklung setzte, in hohem Maße auch von der Erwartung geprägt, durch den devisenfreien Import von Industrieprodukten aus Deutschland die eigene Volkswirtschaft strukturell modernisieren zu können. Dass diese Modernisierung letztlich nur in Ansätzen erfolgte und dass das eigentliche Ziel einer verbesserten Position auf den Weltmärkten am Ende in sein Gegenteil verkehrt wurde, so dass die Etikettierung Bulgariens als Wirtschaftssatellit tatsächlich gerechtfertigt erscheint, mag man aus bulgarischer Sicht als tragisch bezeichnen.

Aus deutscher Sicht hingegen konnte diese Entwicklung durchaus als Erfolg einer seit den 20er Jahren diskutierten Südosteuropapolitik erscheinen. Mit der Schaffung einer Einflusszone musste jedoch ein deutsches Interesse an einer nachhaltigen Modernisierung der Region zusammen mit einer spürbaren Hebung des allgemeinen Lebensstandards notwendigerweise verbunden sein. Dieses Interesse wurde vom Hauptvertreter dieser Denkrichtung, dem MWT, nachdrücklich artikuliert, und es wurde zugleich verdeutlicht, wie wichtig die Erhaltung des europäischen Friedens für die Verwirklichung dieser Konzepte war.

Und tatsächlich kam der Krieg insofern zur Unzeit, als ein Land wie Bulgarien noch nicht in der Lage war, für Deutschland im südosteuropäischen Rahmen die Funktion zu übernehmen, die ihm von der Grundidee des Großwirtschaftsraum-Konzeptes her zugedacht war. Denn dieses Konzept war gerade aus dem Bedürfnis heraus entstanden, Deutschland auch für den Kriegsfall durch eine weitgehende Regionalautarkie immun gegen Blockaden zu machen. Die erst in den Anfängen steckende Umsetzung des Konzeptes, d. h. die noch ungenügende Produktivitätssteigerung und Modernisierung zeigte sich während des Krieges, als Deutschland versuchte, Bulgarien und Südosteuropa als Versorgungs- bzw. „wirtschaftlichen Ergänzungsraum" zu nutzen. Ergebnis war eine Überanstrengung der bulgarischen Produktivkräfte, die das Land bis an seine Grenzen belastete und dort vielfach zu wirtschaftlichen Notlagen führte. Die Tatsache, dass Deutschland die vertraglich vereinbarten Gegenleistungen nicht erbrachte, lässt Ausbeutungsvorwürfe zumindest verständlich erscheinen. Zugleich ist klar, dass diese Entwicklung im Hinblick auf die Idee eines südosteuropäischen Großwirtschaftsraumes und damit auch vor dem Hintergrund deutscher Interessen eigentlich kontraproduktiv war.[79]

[79] Ähnlich auch bei Orlow, 182-184.

7 Ergebnisse

Betrachtet man die deutsch-bulgarischen Wirtschaftsbeziehungen der Jahre 1918–1944 unter dem Aspekt des bilateralen Handels in der historischen Rückschau und dabei, was im Hinblick auf eine abschließende Bewertung sinnvoll erscheint, vor allem vom Ende her, so bleibt aus bulgarischer Sicht kaum eine andere Möglichkeit, als ein negatives Urteil zu fällen. Dies gilt zumindest dann, wenn man Ausgaben und Einnahmen Bulgariens im Handel mit Deutschland in einer Bilanz gegenüberstellt und sich hierbei vor allem auf die zweite Hälfte des Zweiten Weltkriegs konzentriert oder, unter Einnahme einer abschließenden Perspektive, auf die Pariser Friedenskonferenz von 1947, welche die aus dem Clearinghandel resultierenden Forderungen an Deutschland annullierte. Demnach hatte Bulgarien wirklich ein „schlechtes Geschäft" gemacht, denn es musste finanzielle Ansprüche in Höhe von 900 Millionen Reichsmark abschreiben.[1]

So legitim es auch sein mag, die deutsch-bulgarischen Wirtschaftsbeziehungen jener Zeit aus dieser Perspektive zu beleuchten, so birgt diese Herangehensweise doch nicht nur die Gefahr einer zu einseitigen negativen Bewertung, sondern auch eines voreiligen Rückgriffs auf Klischeevorstellungen. Bei solchen kann es sich beispielsweise um die Idee der sozioökonomischen „Rückständigkeit" Bulgariens gegenüber West- und Mitteleuropa handeln, um das Konzept der peripheren Lage des Landes, die Vorstellung eines quasikolonialen Verhältnisses zwischen Deutschland und Bulgarien und damit verbunden ein Ausbeutungsverhältnis. Hinzu kommt häufig eine ausgeprägte, vor allem in der deutschen Historiographie anzutreffende Neigung, Bulgarien in einen die nationalen Eigenheiten nivellierenden südosteuropäischen Regionalkontext einzuordnen. Auch wenn diese Konzepte zwar durchaus geeignet sind, bestimmte Aspekte im Rahmen der deutsch-bulgarischen Wirtschaftsbeziehungen zu erhellen, so weisen sie dem kleineren Partner doch eine zu passive Rolle zu und verstellen den Blick auf seine Interessen.

Diese sollten im Gegensatz dazu, so war das Anliegen dieser Arbeit, genauer betrachtet werden, um zu einem tieferen Verständnis der deutsch-bulgarischen Wirtschaftsbeziehungen zu gelangen. Um die Motive, die ihrer überaus engen Ausgestaltung zugrunde lagen, beleuchten zu können, war es notwendig, sich von der rein ergebnisorientierten Perspektive zu entfernen und stattdessen die konzeptionellen Grundlagen und Zielvorstellungen stärker ins Blickfeld zu rücken. Allerdings blieb dabei auch das Interesse an der tatsächlichen

[1] Vgl. Kapitel 6.

Entwicklung bestehen, d.h. an der Frage nach der Tauglichkeit und Beständigkeit dieser Konzepte unter den realen Gegebenheiten.

Auf der konzeptionellen Ebene zeigte sich hierbei eine weitgehende Kompatibilität der bulgarischen und der deutschen Interessen, die zwar erst unter den Bedingungen der Weltwirtschaftskrise voll zum Tragen kam, in den Debatten der wirtschaftlichen und politischen Eliten aber bereits seit den 20er Jahren erkennbar war. Das heißt, dass zwar die Krise ein auslösendes Moment für die Intensivierung und Bilateralisierung der deutsch-bulgarischen Handelsbeziehungen in den frühen 30er Jahren war, da beide Länder aufgrund ihres Devisenmangels Interesse an devisenfreien Formen des Warenverkehrs hatten, dass aber die Wurzeln dieser Kooperation bis zum Ende des Ersten Weltkriegs und im Grunde noch weiter zurückreichten.

Bulgarien befand sich infolge des Krieges in einer prekären Finanzlage – ein Umstand, der zwar nicht neu für das Land war, nun aber in besonderer Schärfe hervortrat. Ein Hauptziel für Bulgarien musste es daher sein, durch die Ausfuhr seiner agrarischen Exportartikel Devisen zu erwirtschaften. Hierfür war eine Restrukturierung und Modernisierung der gesamten Volkswirtschaft, vor allem aber der Landwirtschaft notwendig, die indes wiederum Devisen erforderte. Aus diesem Blickwinkel stellt sich die im Jahre 1931 getroffene bulgarische Entscheidung der Regierung des „Naroden Blok", die Handelsbeziehungen zu Deutschland auf eine neue Grundlage zu stellen, d.h. einen Handelsvertrag und ein Verrechnungsabkommen anzustreben, nicht allein als aus der Krise geboren dar. Vielmehr schien sich in dieser Situation die Perspektive zu bieten, auch ohne Devisen nicht nur den Außenhandel zu intensivieren, freilich um den Preis einer zunehmenden Verengung der Warenströme in Richtung auf Deutschland, sondern auch die notwendigen Sachmittel und das notwendige Fachwissen zur Modernisierung der eigenen Volkswirtschaft ins Land zu holen. „Markt" und „Modernisierung" – diese beiden Seiten derselben Medaille symbolisieren die durch den Ersten Weltkrieg verschärfte Grundproblematik der sozioökonomischen Entwicklung Bulgariens seit 1878. Durch die mit Deutschland geschlossenen Abkommen von 1932 schien sich die Aussicht zu bieten, bei beiden Aspekten dieser Grundproblematik einer Lösung näher zu kommen.

Dass sich während der 20er und 30er Jahre eine grundsätzliche Bereitschaft in Bulgarien entwickelt hatte, an die Modernisierungsproblematik in enger handelspolitischer Anbindung an eine große Industrienation heranzugehen, hat die Betrachtung der in den führenden Fachorganen dokumentierten Diskussionen gezeigt. Dieses Konzept setzte sich allerdings erst langsam durch und stieß anfangs noch auf erhebliche Skepsis. Besonders die Beiträge zur Zeitschrift der BID, die sich mit der Frage der Produktivität in der Landwirtschaft auseinandersetzten, zeichneten sich durch ein schrittweises Herantasten an die Inanspruchnahme ausländischer Sachkenntnis aus, wobei hier von vornherein der Blick, wenn auch nicht ausschließlich, so doch überwiegend auf Deutschland gerichtet war. Denn bei den über die zunächst geforderten Maßnahmen, wie etwa die Flurbereinigung, die Ausweitung des Genossenschaftswesens oder die Anwendung natürlicher Düngemittel, hinausgehenden Vorstellungen stieß man schnell an die Grenzen des in Bulgarien Machbaren. So wurde beispielsweise bei den Düngemitteln deutlich, dass die für Kunstdünger notwendige chemische Industrie in Bulgarien zu schwach ausgebildet war, um den einheimischen Bedarf zu decken. Aber auch bei anderen Maßnahmen zur Steigerung der landwirtschaftlichen Produktivität schien ausländische Hilfe oder zumindest die Orientierung am Vorbild westlicher Industrieländer geboten. Vor allem galt dies für die Einführung moderner Agrartechnik und die Vermittlung des nötigen Fachwissens. Die Verbindung zur Industrie wurde in den Diskussionsbeiträgen der bulgarischen Fachöffentlichkeit ebenfalls hergestellt, wobei allerdings die Landwirtschaft Ausgangspunkt aller Überlegungen blieb. Dies galt zum einen im Hinblick auf die Bedeutung der Industrie für der Landwirtschaft, wobei sie hier eine doppelte Funktion ausüben sollte: die Bereitstellung der nötigen Technologien zur Produktivitätssteigerung sowie eine soziale Funktion im Sinne einer Absorption im Agrarsektor überschüssiger Arbeitskräfte. Zum anderen sollte die Industrie bei der Weiterverarbeitung und Konservierung landwirtschaftlicher Produkte eine verstärkte Rolle spielen, um ihre Transportfähigkeit und damit internationale Vermarktbarkeit zu erhöhen. Von ausländischer bzw. deutscher Seite erhoffte man sich diesbezüglich technische Hilfestellung und teilweise auch Investitionen, das heißt also, um erneut auf Gerschenkron Bezug zu nehmen, die Substitution von Modernisierungsfaktoren, die im Lande selbst fehlten.[2]

In den Außenwirtschaftsbeziehungen stand Deutschland spätestens seit Mitte der 20er Jahre als größter Abnehmer von Exportartikeln im Mittelpunkt der Aufmerksamkeit der bulgarischen Fachöffentlichkeit. Aufgrund des generellen Interesses an einem intensiven Handel mit dem Reich, der auch dem Ziel der Agrarmodernisierung dienen sollte, wuchs in den Fachkreisen zunehmend das Bewusstsein für die Notwendigkeit einer Erweiterung des landwirtschaftlichen Produktspektrums. Dieses sollte sich sowohl an den klimatischen Bedingungen in Bulgarien orientieren als auch an den Strukturen der west- und mitteleuropäischen Märkte, besonders des deutschen. Auf diesem Feld hatten sich wichtige Umstellungen bereits in den 20er Jahren vollzogen, als der Tabak das Getreide als Hauptexportartikel ablöste. Ab den frühen 30er Jahren setzte dann eine allmähliche Steigerung der Obst- und Gemüseexporte, aber auch der Ausfuhren von Eiern ein. Der deutsche Einfluss, der sich durch die verstärkte Abnahme dieser Produkte geltend machte, wurde in der bulgarischen Fachpublizistik ebenso begrüßt wie die deutschen Initiativen zum Anbau neuer, bis dahin unbekannter Kulturen, wie etwa der Sojabohne.

Ein wesentlicher Aspekt der außenwirtschaftlichen Debatte trat mit Beginn der 30er Jahre hinzu: die Alternative von freiem Welthandel oder Autarkie im Sinne eines Anschlusses an einen regionalen Wirtschaftsraum, also von Regionalautarkie. Der Tenor der in der Zeitschrift der BID geäußerten Meinungen bestand darin, angesichts des krisenbedingten Zusammenbruchs des freien Welthandels an einem solchen Zusammenschluss notgedrungen teilnehmen zu sollen. Im Laufe der 30er Jahre trat die Auffassung, dass dies eine Notlösung sei, allerdings in den Hintergrund zugunsten einer zunehmend positiven Bewertung der im Clearinghandel zum Ausdruck kommenden Abkehr vom freien Welthandel. Die

2 Vgl. Einführung.

Bilateralisierung des Warenverkehrs mit Deutschland betrachtete man zu dieser Zeit als wichtige Voraussetzung für die Intensivierung des bulgarischen Außenhandels und die beginnende strukturelle Umstellung und Modernisierung der Agrarproduktion.

Deutlich wird anhand der von der bulgarischen Fachöffentlichkeit geführten Debatten und der handelspolitischen Weichenstellungen, die das Land 1931/32 vornahm, dass Bulgarien als ein seine Interessen verfolgender Akteur gegenüber dem Deutschen Reich auftrat. Diese Feststellung gilt unabhängig vom „Endergebnis" der Entwicklung der bilateralen Wirtschaftsbeziehungen, das sicherlich in einer beinahe ruinösen Abhängigkeit Bulgariens bestand. Interpretationsmuster, die Bulgarien von vornherein als Teil eines informellen deutschen Imperiums sehen, greifen also zumindest in Bezug auf die Mechanismen, die Bulgarien in dieses Verhältnis getrieben haben, zu kurz. Auch Modelle, die Deutschland als modernes Zentrum und Bulgarien als rückständige Peripherie sehen, sind zur Analyse des bulgarischen wirtschaftspolitischen Handelns wenig hilfreich. Zwar wurde aus dem bulgarischen Fachdiskurs bisweilen ein subjektives Bewusstsein von Rückständigkeit ersichtlich, bei näherer Betrachtung entpuppte es sich allerdings vielmehr als eine Formulierung von „harten" Interessen, die in erster Linie in einer Produktivitätssteigerung und strukturellen Ausdifferenzierung der Landwirtschaft bestanden. Dass hierbei der Blick auf die Industrieländer im Allgemeinen und Deutschland im Besonderen gerichtet wurde, lag an der hohen Bedeutung, die der Außenhandel angesichts der finanziellen Lage Bulgariens hatte und die es zwang, Konzepte zu seiner landwirtschaftlichen Umstrukturierung am industrialisierten Europa orientiert zu erarbeiten. Vor allem in diesem Zusammenhang, d.h. im Hinblick auf die Anforderungen, die sich aus diesen Konzepten ergaben, lässt sich der Begriff der Rückständigkeit operativ verwenden. Das heißt, bulgarische Rückständigkeit konnte es in erster Linie in Bezug auf die dort selbst gesteckten Ziele geben.

Dass die Hoffnungen, die man in Bulgarien in die vertragliche Regelung der Handelsbeziehungen mit Deutschland zu Beginn der 30er Jahre setzte, nicht ganz unberechtigt waren, zeigte sich nicht nur in der tatsächlichen Intensivierung des Außenhandels und den ersten Erfolgen der landwirtschaftlichen Umstrukturierung, sondern auch in den Konzepten, die der Mitteleuropäische Wirtschaftstag, der spätestens ab 1933 Hauptagent deutscher Wirtschaftsinteressen in Südosteuropa war, zur Modernisierung der bulgarischen Volkswirtschaft erarbeitete. Er stand in der Tradition deutscher Mitteleuropa-Konzepte, die bis in das 19. Jahrhundert zurückreichten und letztlich auf eine deutsch dominierte Regionalautarkie in Südosteuropa hinausliefen. Bis in die frühen 30er Jahre hinein standen diese Konzepte in Konkurrenz zu paneuropäischen Zollunionsprojekten und Ideen zu einem wirtschaftlichen Zusammenschluss der Donauregion unter Ausschluss Deutschlands und meist auch Bulgariens. Dieses Konzept war zu sehr von französischen Einflussinteressen in Südosteuropa bestimmt, als dass es für Deutschland akzeptabel gewesen wäre. Das Gleiche gilt umgekehrt allerdings auch für die deutschen Mitteleuropapläne, die die Region als Gegenstück zu den Kolonialimperien der Westmächte sahen, wenngleich sie nicht auf ein formelles Kolonialverhältnis abzielten.

Der MWT ließ sich von der naheliegenden Grundannahme leiten, dass Bulgarien und die ganze Region nur dann auf Dauer von ökonomischem Wert sein konnten, wenn es dort „gesunde“, d. h. effizient arbeitende, vermarktbare Überschüsse produzierende und ausdifferenzierte Volkswirtschaften gab, die zugleich genügend Massenkaufkraft erzeugten, um für deutsche Exportartikel aufnahmefähig zu sein. Um dieses Ziel zu erreichen, wurde der MWT in verschiedenen Bereichen aktiv. Zunächst entfaltete er vorwiegend eine Informationstätigkeit, um der deutschen Wirtschaft die Region und ihre Länder bekannt zu machen und um für ihr Engagement dort zu werben. Zugleich ging es darum, in Südosteuropa den Boden für deutsche Wirtschaftsaktivitäten zu bereiten, indem man dort, auch unter Einbeziehung der ansässigen deutschen Minderheiten, Informationen über Deutschland zu verbreiten und Sympathien zu wecken versuchte. Hierzu wurden unter Mitwirkung des Vereins eine Reihe wissenschaftlicher Südosteuropa-Institute in Deutschland gegründet und der akademische Austausch gefördert. In der zweiten Hälfte der 30er Jahre vollzog sich beim MWT eine Erweiterung des Aktionsspektrums um Projekte, die über den bisherigen agitatorischen und akademischen Charakter hinaus direkt in den Modernisierungsprozess der bulgarischen Wirtschaft einzugreifen versuchten. Zusätzlich zu den Stipendien, die südosteuropäischen Studenten für Aufenthalte in Deutschland gewährt wurden, ergriff der MWT auch Maßnahmen zur direkten praktischen Unterweisung der Landwirte vor Ort. In Bulgarien gründete man eine Landmaschinenschule und richtete Beispieldörfer ein, in denen moderne landwirtschaftliche Arbeitsmethoden demonstriert wurden. Außerdem rief der MWT Projekte zur Erweiterung des Produktspektrums, wie etwa die Soja AG, und zur Aufzucht von landwirtschaftlichem Nutzvieh ins Leben.

Zusätzlich zu diesen vorwiegend im Bereich der Ausbildung angesiedelten Maßnahmen forderte der MWT einen verstärkten Einsatz von deutschem Kapital in Bulgarien, womit auch Sachkapital gemeint war. In diesem Zusammenhang wurden die Grenzen deutlich, die der Wirkung der MWT-Aktionen gesetzt waren. Zwar hatte der Verein die Unterstützung der führenden Kreise der deutschen Wirtschaft gewonnen, die beispielsweise auch durch die unentgeltliche Bereitstellung von Gerät für die Landmaschinenschulen zum Ausdruck kam, es zeigte sich jedoch vor allem während des Zweiten Weltkriegs, dass deutsche Investitionen in erhöhtem Maße notwendig waren, wollte man die angestrebte Modernisierung der bulgarischen Wirtschaft beschleunigt voranbringen. Sichtbar wurde diese Problematik durch die vom MWT beklagte Stagnation der südosteuropäischen Ausfuhrzahlen, durch die Bedingungen, unter denen deutsche Firmen in Bulgarien tätig waren, und durch die Entwicklung des deutsch-bulgarischen Handels unter kriegswirtschaftlichen Vorzeichen.

Die Tätigkeit deutscher bzw. deutsch geleiteter Unternehmen in Bulgarien zeichnete sich dadurch aus, dass sie vor allem in den Bereichen der Infrastruktur und des Handels angesiedelt war, denn hier waren bis 1944 noch elementare Ausbauarbeiten vonnöten, wie etwa im Verkehrswesen, in der Elektrizität und im Fernmeldewesen. Durch ihre Beteiligung an Projekten in diesen Bereichen sowie an der Finanzierung und logistischen Durchführung des Außenhandels leisteten deutsche Unternehmen zwar einen nicht unerheblichen Beitrag zur Modernisierung der Infrastruktur und zur Ausdifferenzierung der Volkswirtschaft, indem sie etwa den vor allem kriegswirtschaftlich relevanten Bergbau in Zusammenarbeit mit dem MWT vorantrieben. Insgesamt aber war die Tätigkeit deutscher Unternehmen in Bulgarien vielfältigen Einschränkungen unterworfen, die unter anderem durch den agrarischen Charakter der Gesamtwirtschaft oder durch klientelistische Gesellschaftsstrukturen bedingt waren. Der Fall der Firma Granitoid verdeutlichte zudem, wie sich das Tätigkeitsprofil eines Unternehmens entlang der infrastrukturellen Gegebenheiten im Land entwickeln und damit erweitern konnte, da sich die Firma die notwendige Infrastruktur für ihren eigentlichen Tätigkeitsschwerpunkt selbst schaffen musste.

Insgesamt war deutsches Kapital in Bulgarien vor 1944 noch nicht stark genug vertreten, um einen nachhaltigen Einfluss auf die Modernisierung ausüben zu können. Zwar stieg sein Anteil an den gesamten ausländischen Investitionen nach dem weitgehenden Abzug westlichen Kapitals Ende der 30er Jahre und der Intensivierung des deutsch-bulgarischen Handels. Gemessen an der zunehmenden wirtschaftlichen Abhängigkeit Bulgariens vom Deutschen Reich war es aber in zu geringem Maße präsent, wie auch der MWT erkannte. Die Gründe hierfür reichen bis zum Ende des Ersten Weltkriegs zurück, als es Deutschland aufgrund seiner finanziell schwierigen Lage kaum möglich war, in größerem Stil in Südosteuropa zu investieren und daher der Schwerpunkt auf die Handelsbeziehungen gelegt werden musste. Wie der MWT plausibel darlegte, konnte diese einseitige Schwerpunktsetzung nicht auf Dauer fortbestehen, wollte man die Importe aus Bulgarien und der gesamten Donauregion weiter steigern. Daher forderte der Verein zusätzlich zu seinen eigenen Projekten einen verstärkten deutschen Kapitaleinsatz in Südosteuropa – eine Forderung, die in Kriegszeiten kaum erfüllbar war.

Dementsprechend wurden die langfristig angelegten Konzepte des MWT während des Zweiten Weltkriegs von der tatsächlichen Entwicklung überrollt. Als Teil der deutschen Kriegswirtschaft war Bulgarien, dessen Außenhandel zu dieser Zeit fast komplett mit Deutschland ablief, durch die deutschen Einfuhransprüche heillos überfordert. Bedingt durch die sich schon seit den 20er Jahren abzeichnende außenwirtschaftliche Abhängigkeit vom Reich geriet Bulgarien während des Krieges tatsächlich in eine Art Ausbeutungsverhältnis, da auch die deutschen Gegenlieferungen immer weniger den Vereinbarungen entsprechend eintrafen. Zum einen löste dies ein stetes Anwachsen des bulgarischen Clearingsaldos aus, zum anderen aber auch schmerzhafte Versorgungsengpässe im Land selbst, die sich sogar auf traditionelle bulgarische Waren wie Getreide erstreckten. Die angestrebte und auch von der deutschen Seite gewollte Modernisierung steckte noch in ihren Ansätzen und war daher in keinem Fall so weit fortgeschritten, dass sie den Anforderungen der deutschen Kriegswirtschaft genügt hätte.

Letztlich ergeben die hier behandelten Aspekte der deutsch-bulgarischen Wirtschaftsbeziehungen zwischen 1918 und 1944, dass ihre Dynamik in der Problematik für Bulgarien lag, nach der Erlangung der Unabhängigkeit von der osmanischen Herrschaft eine eigene Position in der Weltwirtschaft zu finden.[3] Diese Problematik wurde durch die Kriege, an

3 Vgl. hierzu auch: Gross, Die deutsch-südosteuropäischen Wirtschaftsbeziehungen, 82.

denen der 1878 gegründete Nationalstaat beteiligt war, wesentlich verschärft. Ungeachtet aller möglichen Interpretationsansätze zur bulgarischen Wirtschaftsgeschichte, die mit Begriffen wie „Rückständigkeit“ oder „Unterentwicklung“ arbeiten mögen, war Bulgarien schlicht gezwungen, sich an den westlichen Industrienationen zu orientieren, wenn es mit ihnen in wirtschaftlichen Austausch treten wollte. Demnach definierte es sich bzw. seine Volkswirtschaft beinahe automatisch in einer Gegenüberstellung mit West- und Mitteleuropa.[4] Die Schwierigkeiten, mit denen es im Verlauf dieser Auseinandersetzung konfrontiert wurde, führten zu einer Einengung des handelspolitischen Aktionsradius in Richtung auf Deutschland und einer faktischen Eingliederung des Landes in einen deutsch dominierten „Großwirtschaftsraum“. Dies war in gewissem Sinne gleichbedeutend mit einer schrittweisen Abnabelung von der Weltwirtschaft, in der man sich ursprünglich zu positionieren versucht hatte.

[4] Vgl. zur Integrationsproblematik der „Peripherie“ in die Weltwirtschaft überblicksmäßig Berend / Ránki, 73-109.

8 Ausblick

Die Notwendigkeit einer erneuten Positionierung ergab sich für Bulgarien sowohl im globalen als auch im europäischen Maßstab nach dem Ende der kommunistischen Herrschaft im Jahre 1989. In diesem Zusammenhang wurde vielfach die Frage aufgeworfen, ob Bulgarien ähnlich den anderen ehemaligen sozialistischen „Bruderländern" wieder auf den historischen Kurs einschwenken könne, den es am Ende des Zweiten Weltkriegs mit der Sowjetisierung verlassen hatte; mit anderen Worten, ob man die Periode des Sozialismus schlicht „annullieren" und die Entwicklung dort wieder aufnehmen konnte, wo sie 45 Jahre zuvor unterbrochen worden war.[1] Von besonderer Bedeutung war hierbei der Anspruch von Ländern wie Bulgarien, zur europäischen Nationenfamilie zu gehören bzw. nun, nach Jahrzehnten fremder Dominanz – ähnlich den Jahrhunderten osmanischer Herrschaft – in sie zurückzukehren. In einem gewissen Gegensatz zu diesem Anspruch steht eine in Bulgarien häufig anzutreffende Art, den Begriff „Europa" zu gebrauchen. Sie ist dadurch gekennzeichnet, dass sie Bulgarien in Opposition zu Europa stellt und den Eindruck erweckt, es gehöre nicht dazu. Deutlich wird dies vielfach im Bereich des Reisens, wenn etwa Reisebüros Tickets „nach Europa" anbieten, in den Bereichen von Wirtschaft und Kultur, wenn es darum geht, etwas „nach europäischer Art" zu tun, oder im Wort von der „Rückkehr nach Europa", das vor allem mit den Jahren 1878 und 1989 in Verbindung gebracht wird.[2] Lässt sich der Gebrauch des Begriffs „Europa" im erstgenannten Bereich mitunter noch als einfache Abkürzung für „Europäische Union" interpretieren – eine Form, die auch innerhalb der EU nicht selten verwendet wird –, so werden im zweiten Bereich „europäische" Maßstäbe eindeutig von bulgarischen unterschieden und zumeist auch höher eingeschätzt.[3]

Das Streben danach, Maßstäbe zu erfüllen, die als europäisch bezeichnet werden, wird im Fall Bulgariens am augenfälligsten im politischen Ziel eines Beitritts zur EU, der inzwischen am 1. Januar 2007 erfolgt ist.[4] Ausgehend von dieser Annahme lässt sich wohl am

1 Vgl. Giordano / Kostova, 18-25.

2 Vgl. Bulgarien. Handbuch für Geschäftspraxis und Investitionen. Hg. Bundesagentur für Außenwirtschaft. Sofia 2004, 7. Zum Verhältnis Bulgariens zu Europa außerdem: Wolfgang Höpken, Geschichte, Kultur, Mentalität, in: wie oben, 28-41, hier: 30-33.

3 A. a. O., 36.

4 Zu den ursprünglichen Zielsetzungen und grundsätzlichen Kosten-Nutzen-Analysen des EU-Beitritts von Bulgarien vgl.: Ivan Angelov, Costs and Benefits of Bulgaria's Integration into the European Union, *Südosteuropa* 50 (2001), 1-3, 17-64.

ehesten ein Bogen von den gegenwärtigen EU-Integrationsbemühungen Bulgariens zu den deutsch-bulgarischen Wirtschaftsbeziehungen der vorsozialistischen Zeit spannen. Denn in beiden Perioden war die wirtschaftliche Leistungskraft Bulgariens bzw. seine „Wettbewerbsfähigkeit" ein entscheidendes Kriterium für den Erfolg seiner Integrationsbestrebungen in das internationale Wirtschaftssystem. Diesbezüglich kann man durchaus von einer wiederkehrenden Problematik der Geschichte des modernen bulgarischen Nationalstaates sprechen, nachdem das Land zwischen 1944 und 1989 vorübergehend politisch und wirtschaftlich eindeutig im sowjetischen Einflussbereich verortet gewesen ist. Gleichwohl sind die Unterschiede zwischen der Lage, in der sich Bulgarien zu Beginn der 30er Jahre befand, und derjenigen zu Beginn der 90er Jahre groß, so dass sich kaum direkte Anknüpfungspunkte für eine Wiederbelebung der damaligen deutsch-bulgarischen Wirtschaftsbeziehungen finden lassen. Zwar sind einige der damals in Bulgarien tätigen deutschen Firmen heute wieder im Land präsent, wie etwa Siemens und Schenker, dies aber keinesfalls in Kontinuität aus der vorsozialistischen Zeit.[5]

Allerdings hat es Siemens Bulgarien verstanden, den 80. Jahrestag der Eröffnung seiner Vertretung im Land werbewirksam zu begehen und unter dem Motto „80 Jahre Siemens in Bulgarien" den Anschein einer ungebrochenen Tradition zu erwecken. Auch wenn von einer ununterbrochenen Präsenz von Siemens keine Rede sein kann, so sind die Verbindungen der Firma nach Bulgarien auch zur Zeit des Sozialismus nie ganz abgerissen. Grund dafür war die herausragende Rolle, die Siemens in den Bereichen Fernmeldewesen und Elektrifizierung Bulgariens, d. h. konkret bei der Ausrüstung von Kraftwerken sowie dem Ausbau flächendeckender Strom- und Telefonnetze, vor 1944 gespielt hatte. Da diese Einrichtungen auch nach dem Krieg großenteils weiterbetrieben und modernisiert werden mussten – so etwa das Sofioter Telefonnetz teilweise bis in unsere Tage –, war die Volksrepublik Bulgarien auf die Nachlieferung von Ersatzteilen bzw. neuen Anlagen von Siemens angewiesen. Als Vertriebsgesellschaft in Bulgarien fungierte dabei die Importfirma „Interpred", deren Personal bei der Wiederaufnahme der Geschäftstätigkeit im Jahre 1991 zum Teil in die neue Siemens-Vertretung übernommen wurde.[6]

Die Tatsache, dass Siemens auch nach dem Ende der kommunistischen Herrschaft wieder nur eine Vertretung zum Vertrieb seiner Produkte in Bulgarien errichtete, stellt nicht nur eine Gemeinsamkeit zur Zeit vor 1944 dar, sondern ist auch beispielhaft für eines der Hauptprobleme der bulgarischen Wirtschaftsentwicklung nach 1989. Dabei ist man beinahe versucht, dieses Problem als Ironie der Geschichte aufzufassen, denn wiederum bestand es in einem eklatanten Devisenmangel in Bulgarien. Allerdings waren nach 1989 die Gründe hierfür wesentlich anders gelagert als vor 1944, denn nun bestanden sie nicht mehr in den Misserfolgen beim Aufbau einer international wettbewerbsfähigen Volkswirtschaft, sondern zu einem großen Teil in der kriminellen Vernichtung von Werten und Produk-

[5] Vgl.: <http://www.siemenbg//index.php?fuseaction=about_us&mode=siemens_bg>. Zuletzt aufgerufen im Mai 2004.

[6] Ebd.

tionskapazitäten durch mafiöse, teils auf die alte Nomenklatura gestützte Strukturen.[7] Die ruinösen Folgen, die diese Entwicklung für die Wirtschaft hatte, wurden verstärkt durch eine bis 1997 durchgehende Verschleppung der Privatisierung von Unternehmen, so dass die Betriebe, die Ende der 80er Jahre zwar nicht westlichen technologischen Standards entsprochen hatten, aber möglicherweise eine Grundlage für einen Neuanfang hätten bilden können, zusehends verfielen und nur noch eine Belastung für den Staat darstellten.[8]

Vor diesem Hintergrund sind auch die deutsch-bulgarischen Wirtschaftsbeziehungen zu dieser Zeit zu sehen. Wie auch bei Siemens deutlich wird, so zeichnete sich die deutsche Wirtschaft durch eine zögerliche Haltung gegenüber Investitionen in Bulgarien aus, obwohl diese, so die einhellige Meinung, dringend gebraucht wurden. Zwar war Deutschland in den meisten Jahren seit 1990 der größte westeuropäische Investor, allgemein aber betrachtete man das „Investitionsklima" im Land als schlecht. Die Gründe hierfür lagen in erster Linie in gesetzlichen Hemmnissen, wie etwa das erst nach 1997 aufgehobene grundsätzliche Verbot des Immobilienbesitzes für Ausländer, sowie in dem durch Korruption und Klientelismus verursachten Mangel an Rechtssicherheit. Ging es in diesem Zusammenhang also erneut um den Aufbau unternehmerischer Strukturen in Bulgarien und damit von „Märkten", inklusive des Arbeitsmarktes und einer Konsumgesellschaft, so spielte der Aspekt der „Modernisierung" nicht dieselbe Rolle wie vor 1944; denn technisches „Know-how" und die erforderliche Ausdifferenzierung der Gesellschaft waren nach der unter den Kommunisten erfolgten schockartigen Industrialisierung des Landes vorhanden. Unter den gegebenen Bedingungen sah hochqualifiziertes Personal allerdings kaum Möglichkeiten, seine Fähigkeiten im eigenen Land einzusetzen, und es begann eine Abwanderung, ein „Brain drain", aus Bulgarien, der die Bevölkerung des Landes von ca. 9 Millionen zu Beginn der 90er Jahre auf knapp über 8 Millionen zur Jahrtausendwende absinken ließ und bis heute andauert.[9]

Ein weiterer Faktor, der die Entstehung einer funktionierenden Marktwirtschaft im postsozialistischen Bulgarien hemmte, war die schwach ausgebildete Unternehmerkultur. Sie war nicht nur eine Folge der zentralisierten sozialistischen Planwirtschaft, sondern auch der Tatsache, dass auch vor 1944 nur relativ schmale Bevölkerungsschichten mit markt- und profitorientiertem Wirtschaften in Berührung gekommen waren. Weite Teile der vorsozialistischen Landwirtschaft waren durch das Subsistenzprinzip geprägt gewesen. Insofern gehörte für die bulgarische Gesellschaft die kapitalistische Marktwirtschaft nur in sehr ge-

7 Christian GIORDANO / Dobrinka KOSTOVA, From Local *Nomenclaturists* to Capitalist Entrepreneurs. Transformation and Continuity in Rural Bulgaria, in: Arbeit im Sozialismus – Arbeit im Postsozialismus. Erkundungen zum Arbeitsleben im östlichen Europa. Hg. Klaus ROTH. Münster 2004 (Freiburger Sozialanthropologische Studien, 1), 379-396, hier: 386-393.

8 Werner GUMPEL, Die bulgarische Wirtschaft – Chaos ohne Ende? *Südosteuropa* 46 (1997), 1-2, 18-26, hier: 21.

9 Vgl. EUROSTAT, Pressemitteilung, 11.1.2002.

ringem Maße zum historischen Erfahrungsschatz. Von kapitalistischen und unternehmerischen Traditionen in Bulgarien konnte kaum die Rede sein.[10]

Die Liste von Faktoren, die einer wirtschaftlichen Gesundung Bulgariens während der 90er Jahre entgegenstanden, ließe sich fortsetzen. Immerhin aber scheint das Jahr 1997 eine entscheidende Wende gebracht zu haben, die sich auch auf die Wirtschaftsbeziehungen des Landes zu Westeuropa und Deutschland ausgewirkt hat. Als im Winter 1996/97 die von einer galoppierenden Inflation begleitete Wirtschaftskrise kulminierte, die Devisenreserven bis auf geringe Reste dahinschmolzen und die bis dahin regierende sozialistische Partei, die Nachfolgepartei der Kommunisten, durch den Druck anhaltender Massendemonstrationen von der Macht verdrängt wurde, ergab sich nach der Regierungsübernahme zum ersten Mal nach 1989 die Möglichkeit einer konsequenten Spar- und Privatisierungspolitik. Was die Außenwirtschaftsbeziehungen Bulgariens betraf, so wurden diese unter Leitung des Internationalen Währungsfonds (IWF) auf eine neue Grundlage gestellt, indem über die Landeswährung Lev ein sogenannter „Währungsrat" verhängt wurde, d. h. sein Wechselkurs zur Deutschen Mark wurde mit 1:1000 festgesetzt. Diese Regelung gilt bis heute, auch wenn der Euro inzwischen die D-Mark ersetzt hat. Damit hat die bulgarische Währung erneut ihre eigenständige Konvertibilität eingebüßt.[11] Grund dafür war die schwache Position Bulgariens in der internationalen Wirtschaft gewesen, die im Zuge der Abnahme der Devisenreserven mit einer zunehmenden außenwirtschaftlichen Isolation einherging. Was diesen Punkt betrifft, war die Situation der 90er Jahre in Bulgarien vergleichbar mit den frühen 30er Jahren. Ein Unterschied bestand jedoch in der Haltung Deutschlands. Dieses war in den 90er Jahren weder an einer Regionalautarkie interessiert noch an devisenfreiem Handel, so dass es ihm sicherlich weniger darum ging, Bulgarien als Agrarproduzenten und Absatzmarkt zu sichern, sondern vielmehr dort die gesellschaftliche und politische Stabilität zu erhalten, was angesichts der jugoslawischen Zerfallskriege zusätzlich an Bedeutung gewann.

Ausgehend von dieser währungspolitischen Bindung Bulgariens an Deutschland gelang es den Regierungen der Ministerpräsidenten Ivan Kostov und Simeon von Sachsen-Coburg-Gotha, des aus dem Exil heimgekehrten ehemaligen bulgarischen Zaren (1943–1946), durch eine häufig als schmerzhaft empfundene Spar- und Privatisierungspolitik zumindest makroökonomische Stabilität in Bulgarien einkehren zu lassen. Auch wenn über den Lebensstandard der breiten Bevölkerung nach wie vor vielfach Unzufriedenheit herrscht und die Korruption ein tagespolitisches Thema bleibt, so hatte Bulgarien als Ergebnis aber im-

[10] Vgl. Christo STOJANOV, Modernization and Economic Culture in Bulgaria. On the Actuality of Baj Ganju, in: GIORDANO / KOSTOVA, 73-92, hier: 75 u. 79. Vgl. außerdem Tanja ČAVDAROVA, Between Individualism and Collectivism: The Small Entrepreneurs in Sofia and Skopje, in: ROTH, 397-419.

[11] Ognjan HISHOW, Wirtschaftspolitik in Bulgarien nach Simeons Wahlsieg: Königsweg zum Wohlstand?, *Südosteuropa* 50 (2001), 7-9, 368-385, hier: 370.

merhin eine konkrete EU-Beitrittsperspektive für das Jahr 2007 erhalten.[12] Der Beitritt wurde mit dem 1. Januar 2007 vollzogen. Die endgültige Entscheidung über die Einhaltung des Termins war erst im September 2006 gefallen. Auf eine mögliche Verschiebung um ein Jahr ist verzichtet worden, obwohl es Bulgarien bis dahin nicht gelungen war, sein Justizwesen den Standards der EU anzupassen. Auf dem Gebiet der Wirtschaft wird dem Land inzwischen bescheinigt, insofern EU-reif zu sein, als es über eine „funktionierende Marktwirtschaft" verfügt. Man darf erwarten, dass die Mitgliedschaft eine weitere Intensivierung auch der deutsch-bulgarischen Wirtschaftsbeziehungen bedeuten wird. Ob sie der Bevölkerung auch einen signifikanten Anstieg des Lebensstandards bringen wird, bleibt abzuwarten. Hoffnung und Skepsis scheinen sich diesbezüglich die Waage zu halten.

Der Gesamtzusammenhang der sozioökonomischen Entwicklung Bulgariens und der Positionierung des Landes im europäischen Kontext eröffnet indes ein weites Forschungsfeld. Es reicht von Fragen der bulgarischen Gesellschaftsgeschichte, seiner Wirtschaftsgeschichte, des südosteuropäischen Zusammenhangs über die deutsche Südosteuropapolitik bis hin zur erwähnten aktuellen Problematik der EU-Mitgliedschaft. Deren Charakterisierung als „wiederkehrende Problematik" scheint hierbei von besonderem Interesse zu sein, da sie auf die historische Tiefendimension der Annäherung an die EU verweist. Zu ihr hat die vorliegende Arbeit einen Teilaspekt beleuchtet. Die strukturelle Anpassung Bulgariens an die Erwartungen westlicher Partner war dabei ein wesentlicher Faktor – und ist es bis heute. Er beeinflusst nicht allein wirtschaftspolitische Entscheidungen und Weichenstellungen in Bulgarien – auch andere Lebensbereiche, wie Wissenschaft, Kultur und das Rechtswesen sind davon betroffen. Besonders die Justiz regt in diesem Zusammenhang zu weiterführender Forschung an, denn sie gibt, so die laufende Berichterstattung in den Medien, Anlass zu großer Sorge. Die vielfach beklagten klientelistischen und paternalistischen Strukturen der bulgarischen Justiz und der damit verbundene Mangel an „Rechtssicherheit" nach westlichen Vorstellungen verdienen es, in ihrer historischen Dimension untersucht zu werden. Dabei kann die Betrachtung einzelner konkreter informeller Netzwerke lediglich die Funktion von Fallstudien haben, da Kontinuitäten über die Jahrzehnte des 20. Jahrhunderts hinweg kaum nachweisbar sein dürften. In erster Linie sollte es bei einer derartigen Untersuchung vielmehr um die Strukturen der Netzwerke gehen sowie um deren Eigenwahrnehmung. Das bedeutet, es könnten die Normen und Wertvorstellungen untersucht werden, die ihrer Existenz und Funktion zugrunde lagen.

Eine mögliche Arbeitshypothese für ein solches Projekt könnte darin bestehen, dass die bulgarischen Juristen ihre klientelistischen Strukturen durchaus nicht als eigentlich illegitim oder gar kriminell einstuften, sondern als notwendige Grundlage für das Funktionieren der Justiz im Rahmen der gesellschaftlichen und kulturellen Realitäten im Lande betrachteten. Auf diese Weise könnten den in dieser Arbeit berührten sozioökonomischen Aspekten der „Europäisierung" Bulgariens und Südosteuropas zusätzliche soziokulturelle oder anthropo-

12 Ruslan STEFANOV, Bulgaria – One Year After the Elections, *Südosteuropa* 51 (2002), 1-3, 21-42, hier: 30-33.

logische hinzugefügt werden, die zugleich Alternativen zu häufig überaus normativen westlichen Herangehensweisen an die EU-Erweiterungsproblematik aufzeigen könnten.

9 Summary

Viewing the German-Bulgarian economic relations during the years 1918–1944 from the perspective of bilateral trade and the final balance, a perspective which seems to be attractive for drawing final conclusions, and from a Bulgarian perspective, we will hardly come to anything but a negative judgment. This is legitimate as long as we focus on statistical data and compare the expenses and profits Bulgaria drew from its trade with Germany, i.e. make a balance. The negative character of this balance becomes even more striking, when we focus on the second half of World War II or, by taking the very final perspective, on the Paris peace conference in 1947, which annulled the Bulgarian claims resulting from the clearing trade with Germany. As a consequence, Bulgaria really had made a "bad deal", since it had to cancel financial claims equal to 900 million Reichsmark.

Even though this perspective is legitimate, it runs not only the risk of a too negative one-sided judgment, but also of an application of clichés. Even though these concepts are to some extend suitable for the study of certain aspects of the German-Bulgarian economic relations, they assign Bulgaria a too passive role and disregard its interests.

These interests were in the focus of the present work in order to come to a deeper understanding of the German-Bulgarian economic relations. On the conceptual level, a far reaching compatibility of the German and Bulgarian interests became evident; it became politically influential under the conditions of the world economic crisis, but it had been a crucial topic in the debates among the economic and political elites already during the 1920s. This means, that the crisis was a crucial momentum for the intensification and bilateralization of the German-Bulgarian trade relations during the early 1930s, since both countries suffered a serious lack of convertible currencies and, thus, were interested in a currency free exchange of goods. The roots of this cooperation, however, can be traced back to end of World War I and, probably, even further.

The analysis of the discourse in the leading Bulgarian economic journals has revealed that since the end of World War I there was an increasing readiness in the country to approach the modernization issue in cooperation and by establishing close commercial ties with a big industrial nation.

In terms of foreign economic relations, Germany was in the focus of the Bulgarian economic elites at least from the mid 1920s onwards, when it became – again after World War I – the biggest market for the Bulgarian exports. Corresponding to the general Bulgarian interest in intensive commercial relations with Germany, the economic elites increasingly recognized the necessity to widen the variety of the agricultural production.

The debates among the Bulgarian economic elites as well as the foreign economic political decisions, taken by the government in 1931 / 32, make evident that Bulgaria performed as a sovereign state pursuing its own interests. This is true in spite of the "final result" of the development of the German-Bulgarian economic relations, which certainly ended up in a an almost ruinous dependence of Bulgaria on Germany. A priori views on Bulgaria as part of an informal German empire are shortsighted at least in terms of the factors that drove the country into this relation to Germany. Concepts that view Germany as the advanced center and Bulgaria as the backward periphery are neither helpful for an analysis of Bulgaria's foreign economic policy. Even though the Bulgarian economic discourse sometimes reveals a subjective consciousness of being "backward", a closer look, however, revealed the debates as the formulation of concrete interests, such as an increased agricultural productivity and a structural differentiation of this sector of the national economy.

In the early 1930s, Bulgaria laid substantial hopes on the trade agreements with Germany. The fact that these hopes were not completely unrealistic, became evident not only through the intensification of the country's foreign trade and the initial success of the agricultural restructuring, but also through the concepts developed by the "Mitteleuropäischer Wirtschaftstag" (MWT, Central European Economic Conference) in order to modernize the Bulgarian economy. The MWT principally assumed, that Bulgaria and the whole region could be economically profitable for Germany in the long run only if their national economies were "healthy", i.e. worked efficiently, were differentiated and produced marketable surpluses and at the same time had a consumer potential, which would be high enough to create an attractive market for German export products. In order to approach these objectives, the MWT started initiatives in various fields. Within this conceptual framework, the MWT helped establishing a number of academic institutes for Southeast European studies in Germany and promoted academic exchange programs. In the second half of the 1930s the MWT extended its activities beyond the fields of agitation and academia by initiating projects which were supposed directly to support the modernization process of the Bulgarian economy. On top of the grants, awarded to Southeast European students in Germany, the MWT started practical instruction programs for the peasants in the region.

In addition to these educational measures the MWT required increasing investments from the German economy. This issue, however, made the limits of the MWT projects evident. Even though the MWT had the support by the German economic elites, who, for instance, provided the necessary machinery for the school, it became obvious during World War II that increased German investment was necessary to accelerate the modernization of the Bulgarian economy. This issue became visible through the stagnation of the Southeast European export rates in the previous years, through the conditions under which German firms worked in Bulgaria, and under the circumstances of war economy and its impact on German-Bulgarian trade.

In correspondence to these circumstances, the actual development during World War II proved to be fatal for the long term concepts of the MWT. Being an actual part of the German war economy, Bulgaria, whose foreign trade was almost exclusively conducted with Germany at that time, was by far unable to fulfill the German import requests. Due to this dependence on Germany, which had its roots in the 1920s, Bulgaria now really became victim of exploitation, since Germany delivered goods in accordance to the trade agreements very reluctantly and with serious delays. This development resulted in a continuous growth of the Bulgarian clearing balance as well as in serious shortages even of traditional Bulgarian products, such as grain. The economic modernization – wanted also by the Germans – was in its initial stage and, thus, insufficient to fulfill the requests of the German war economy.

To come to a conclusion, the aspects of the German-Bulgarian economic relations between 1918 and 1944, we addressed in this dissertation, demonstrate that their dynamism lied in the Bulgarian need to find its own position in the international economy after having achieved independence from Ottoman rule. Regardless many concepts for the interpretation of Bulgarian economic history, such as “backwardness” or “underdevelopment”, Bulgaria was forced to shape its modernization in correspondence to the western example as long as it interacted economically with the western industrialized nations. Therefore, it defined its own socio-economic development almost automatically in opposition to West and Central Europe. The problems Bulgaria was confronted with in this context resulted in an increasing canalization of its foreign commercial activities towards Germany and, finally, in a factual incorporation of the country into the German “Großwirtschaftsraum” (Greater Economic Region). In a sense, this was equivalent to an increasing isolation from the world economy, in which Bulgaria originally had tried to position itself.

Abkürzungen

ADAP	Akten zur deutschen auswärtigen Politik
BA	Bundesarchiv
BGOV	Bălgaro-Germanski otnošenija i vrăski
BID	Bălgarsko ikonomičesko družestvo (Bulgarische Ökonomische Gesellschaft)
BNB	Bălgarska narodna banka (Bulgarische Nationalbank)
BRP	Bălgarska rabotničeska partija (Bulgarische Arbeiterpartei)
BUSEMA	Bălgarsko učilište za zemedelski mašini (Bulgarische Landmaschinenschule, Abkürzung gemäß den Quellen; nach bulgarischer Schreibweise eigentlich: BUZEMA)
Buschag	Bulgarische Schafzucht AG
BZNS	Bălgarski zemedelski naroden săjuz (Bulgarischer Bauernvolksbund, Bauernpartei)
CDA	Centralen dăržaven archiv
DAAD	Deutscher Akademischer Austauschdienst
DDP	Deutsche Demokratische Partei
Deulakraft	Deutsche Landkraft-Führerschule
DIHT	Deutscher Industrie- und Handelskammertag
DÖAG	Deutsch-Österreichische Arbeitsgemeinschaft
DRG	Deutsche Reichsbahn Gesellschaft
DVK	Deutsche Verrechnungskasse
EZU	Europäische Zollunion
IWF	Internationaler Währungsfonds
MWT	Mitteleuropäischer Wirtschaftstag
MMWT	Mitteilungen des Mitteleuropäischen Wirtschaftstages
PTT	Bulgarische Generaldirektion des Post-, Telegrafen- und Telefonwesens
RDI	Reichsverband der Deutschen Industrie
RKTL	Reichskuratorium für Technik in der Landwirtschaft
WOTIRAG	Woll- und Tierhaar AG
z. V.	zur Verfügung

Quellen und Literatur

Die Nachnamen der Autoren sind in Kapitälchen angegeben, die Vornamen in der Regel ausgeschrieben. Bei abgekürzten Vornamen entspricht dies den Angaben im jeweiligen Original.

2.1 Unveröffentlichte Quellen

Zentrales Staatsarchiv, Sofia:

Die Bezeichnungen für die Dokumente sind wie folgt: CDA = Centralen dăržaven archiv (Zentrales Staatsarchiv, in der Literatur vielfach auch als „Centralen dăržaven istoričeski archiv", CDIA, bezeichnet), op. = opis (Verzeichnis), a.e. = archivna edinica (Aktenband), l. = list (Blatt).

„Granitoid":
CDA, F. 692K, op. 1, a.e. 48.
CDA, F. 692K, op. 1, a.e. 2.

„Siemens":
CDA, F. 686K, op. 1, a.e. 383.
CDA, F. 686K, op. 1, Inhaltsangabe.
CDA, F. 686K, op. 1, a.e. 407.
CDA, F. 686K, op. 1, a.e. 438.
CDA, F. 687K, op. 1, a.e. 67.
CDA, F. 316K, op. 1, a.e. 309.

„Schenker":
CDA, F. 261K, op. 1, Inhaltsangabe.
CDA, F. 261K, op. 3, a.e. 3.

„Kreditbank":
CDA, F. 533K, op. 1, a.e. 6.
CDA, F. 533K, op. 1, a.e. 9.
CDA, F. 533K, op. 1, a.e. 4.
CDA, F. 533K, op. 1, a.e. 8.

Bulgarische Gesandtschaft Berlin, Verhandlungen der deutsch-bulgarischen Regierungsausschüsse:
CDA, F. 316K, op. 1, a.e. 291.
CDA, F. 316K, op. 5, a.e. 291.
CDA, F. 316K, op. 1, a.e. 311.

Bulgarisches Ministerium für Handel, Arbeit und Industrie:
CDA, F. 231K, op. 5, a.e. 118.
CDA, F. 231K, op. 5, a.e. 122.
CDA, F. 231K, op. 5, a.e. 126.
CDA, F. 231K, op. 5, a.e. 129.
CDA, F. 231K, op. 1, a.e. 291.
CDA, F. 231K, op. 5, a.e. 10.
CDA, F. 231K, op. 5, a.e. 117.

Siemens-Archiv, München:

Die Bezeichnungen für die Dokumente sind wie folgt: SA = Siemens-Archiv, Prov. = Provenienz, Sig. = Signatur des Aktenbandes. Die einzelnen Blätter in den Aktenbänden sind nicht paginiert.

SA, Prov. ZA, Sig. 9343 (Gutachten zur bulgarischen Volkswirtschaft und ihrem Strommarkt).

Bundesarchiv, Berlin:

Die Bezeichnungen für die Dokumente sind wie folgt: BA = Bundesarchiv, Bestand (z. B. R), Signatur (z. B. 8119F), Aktenband (z. B. P 6136), Bl. = Blatt.

Akten der Deutschen Bank zum Mitteleuropäischen Wirtschaftstag:
BA, R 9119F, P 6135.
BA, R 8119F, P 6136.
BA, R 8119F, P 6137.
BA, R 8119F, P 6138.
BA, R 8119F, P 6139.
BA, R 8119F, P 6140.
BA, R 8119F, P 6141.
BA, R 8119F, P 6142.
BA, R 8119F, P 6143.
BA, R 8119F, P 6144.
BA, R 8119F, P 6145.

Reichswirtschaftsministerium:
BA, R 43 II, 368a.

Akten des Auswärtigen Amtes zum MWT:
BA, R 901, 42994.
BA, R 901, 42995.
BA, R 901, 42998.

Privatarchiv Dr. Petăr Aladžov (München), Aktenband: Stopanski materiali.

2.2 Veröffentlichte Quellen

Akten zur deutschen auswärtigen Politik 1918–1945. Serie A: 1918–1925. Bd. 3: 1. Januar bis 30. September 1920. Göttingen 1985.
Akten zur deutschen auswärtigen Politik 1918–1945. Serie B: 1925–1933. Bd. 3: Dezember 1925 bis Dezember 1926: Deutschlands Beziehungen zu Süd- und Südosteuropa, Skandinavien, den Niederlanden und den außereuropäischen Staaten. Göttingen 1968.

Akten zur deutschen auswärtigen Politik 1918–1945. Serie D: 1937–1941. Bd. 13: 23. Juni 1941 bis 11. Dezember 1941. Göttingen 1970.
Akten zur deutschen auswärtigen Politik 1918–1945. Serie E: 1941–1945. Bd. 1: 12. Dezember 1941 bis 28. Februar 1942. Bd. 2: 1. März bis 15. Juni 1942. Bd. 3: 16. Juni bis 30. September 1942. Bd. 4: 1. Oktober bis 31. Dezember 1942. Göttingen 1969–1975.
Aladžov, Petăr: Vărchoven komisar. Edin život v služba na stopanstvoto. Sofia 2000.
Peev, Christo: Za rodnata industrija i nesăotvetstvieto na cenite meždu nejnite produkti i tezi na zemledelskoto proizvodstvo, *Nova Misăl* 2 (1933), 3-4, 145-152.
Pelin, Elin: Na brazdata, in: ders.: Săčinenija. Bd. 1. Razkazi 1901–1906. Sofia 1972, 135-138.
Wilmowsky, Tilo v.: Rückblickend möchte ich sagen... Oldenburg, Hamburg 1961.

Als Quellen herangezogene Beiträge in den *Spisanie na Bălgarskoto ikonomičesko družestvo*, in chronologischer Reihenfolge:

Jaranov, A.: Našata zemledelska politika, *Spisanie na BID* 30 (1931), Nr. 1, 5-26.
Mollov, J.: Dnešnoto săstojanie na bălgarskoto zemledelie i meroprijatija za negovoto podobrenie, *Spisanie na BID* 29 (1930), Nr. 4, 181-212.
Abadžiev, P.: Našata zemledelska politika, *Spisanie na BID* 26 (1927), Nr. 3-4, 146-151.
Kašev, G.: Zadačite na našata zemledelska politika, *Spisanie na BID* 28 (1929), Nr. 3-4, 129-151.
Obreškov, T.: Mašinite v našeto zemledelie, *Spisanie na BID* 29 (1930), Nr. 8, 445-458.
Kalinov, D.: Zemledelskoto obrazovanie, *Spisanie na BID* 26 (1927), Nr. 5-6, 330-332.
Atanasov, V.: Kak da uveličim proizvodstvoto na zărneni chrani ot edinica plošt zemja, *Spisanie na BID* 31 (1932), Nr. 2, 345-358.
Dolinski, N. V.: Dochodnostta na bălgarskoto zemledelie, *Spisanie na BID* 27 (1928), Nr. 4, 165-193.
Obreškov, P. N.: Kăm văprosa na zemledelskata sistema v Bălgarija, *Spisanie na BID* 27 (1928-29), Nr. 1-2, 51-62.
Dolinski, N.V.: Kăm văprosa koja sistema za izpolzuvane na zemjata e naj-podchodna za Bălgarija, *Spisanie na BID* 28 (1929), Nr. 5-6, 219-231.
Jančulev, B.: Položenie na zemledelieto, *Spisanie na BID* 31 (1932), Nr. 7, 422-429.
Jančulev, B.: Položenie na zemledelieto, *Spisanie na BID* 36 (1937), Nr. 8, 475-480.
Zemedelskite stopanstva v Bălgarija, *Spisanie na BID* 28 (1929), Nr. 9-10, 483-486.
Totev, A.: Otnošenija meždu razvitieto na selskoto i indutrialnoto stopanstvo, *Spisanie na BID* 42 (1943), Nr. 9-10, 540-589.
Kosluški, G. N.: Kriza v našata zacharna industrija, *Spisanie na BID* 25 (1926-27), Nr. 1-3, 56-63.
Dančov, Ju.: Železnici ili šoseta? Neobchodimost ot obšta dăržavna programa za golemite obštestveni stroeži, *Spisanie na BID* 27 (1928), Nr. 6, 277-292.
Radev, B.: Problemata za elektrosnabdjavane na Bălgarija, *Spisanie na BID* 30 (1931), Nr. 4, 199-218.
Chinkov, Chr. St.: [ohne Titel], *Spisanie na BID* 24 (1925), Nr. 9-10, 368-379.
Bobčev, K.: Prokrovitelstvo i nacărdčenie na industrijata v Bălgarija, *Spisanie na BID* 28 (1929), Nr. 7-8, 346-357.
Peev, Christo: Svetovno stopanstvo ili avtarkija, *Spisanie na BID* 31 (1932), Nr. 10, 629-637.
Svrakov, G. K.: Panevropejskijat mitničeski săjuz i interesite na agrarnite dăržavi, *Spisanie na BID* 30 (1931), Nr. 10, 607-627.
Šišmanov, Chr.: Stopanski blok na dunavskite dăržavi, *Spisanie na BID* 31 (1932), Nr. 3, 158-172.

BURILKOV, Ž.: Tărgovskata politika sled vojnata i preferenzialnite mita, *Spisanie na BID* 30 (1931), Nr. 9, 550-557.

ŠIŠMANOV, Chr.: Tărgovskijat dogovor na Bălgarija s Germanija, *Spisanie na BID* 31 (1932), Nr. 7, 436-438.

PIPEROV, I.: Kliringovite spogodbi na Bălgarija s čušbina, *Spisanie na BID* 36 (1937), Nr. 2, 113-121.

NERJAZOV, Vladimir: Stopanski interesi na Velikite sili v Centralna i Jugoistočna Evropa, *Spisanie na BID* 37 (1938), Nr. 7, 435-436.

„S. S.": Značenieto na germanskija pazar za bălgarskoto narodno stopanstvo, *Spisanie na BID* 36 (1937), Nr. 5-6, 344-355.

JANKOV, Ljuben A.: Bălgaro-britanskite tărgovski otnošenija, *Spisanie na BID* 36 (1937), Nr. 9, 548-550.

STOJANOV, St.: Stopanskoto preustrojstvo na Evropa, *Spisanie na BID* 39 (1940), Nr. 9, 610-615.

NERJAZOV, Vladimir: Germano-bălgarskite stopanski otnošenija, *Spisanie na BID* 39 (1940), Nr. 10, 680-682.

2.3 Sekundärliteratur

ADANIR, Fikret: Tradition and Rural Change in Southeastern Europe During Ottoman Rule, in: CHIROT (Hg.), The Origins of Backwardness in Eastern Europe, 131-176.

Die agrarischen Umwälzungen im außerrussischen Osteuropa. Ein Sammelwerk. Mit e. Kartogramm. Hg. Max SERING. Berlin 1930.

ALY, Götz: Hitlers Volksstaat. Raub, Rassenkrieg und nationaler Sozialismus im Dritten Reich. Frankfurt a. M. 2005.

ANGELOV, Ivan: Costs and Benefits of Bulgaria's Integration into the European Union, *Südosteuropa* 50 (2001), Nr. 1-3, 17-64.

AVRAMOV, Rumen: Stopanskijat XX. vek na Bălgarija. Sofia 2001.

Bălgaro-germanski otnošenija i vrăski [BGOV]. 4 Bde. Hg. Bălgarska akademija na naukite. Institut za istorija. Sofia 1972–1989.

BARKAI, Avraham: Das Wirtschaftssystem des Nationalsozialismus. Ideologie, Theorie, Politik 1933–1945. Frankfurt a. M. 1988.

BELL, John W.: Peasants in Power. Alexander Stamboliski and the Bulgarian Agrarian National Union 1899–1923. Princeton 1977.

BEREND, Ivan T. / RÁNKI, György (Hgg.): The European Periphery and Industrialization 1780–1914. Budapest 1982.

BERNDT, Roswitha: Wirtschaftliche Mitteleuropapläne des deutschen Imperialismus (1926–1931). Zur Rolle des Mitteleuropäischen Wirtschaftstages und der Mitteleuropa-Institute in den imperialistischen deutschen Expansionsplänen, in: Grundfragen der deutschen Außenpolitik seit 1871. Hg. Gilbert ZIEBURA. Darmstadt 1975.

BEROV, Ljuben: Kăm văprosa za vănšnotărgovskata orientacija na bălgarskija fašizăm (1929–1944), o. O. 1954 (Trudove na Visš ikonomičeski institut „Karl Marks", 1), 121-222.

DERS.: Kăm văprosa za tempovete na kapitalističeskata industrializacija na Bălgarija, *Izvestija na Ikonomičeskija institut pri BAN* 3-4 (1954), 129-162.

DERS.: Vănšnata tărgovija meždu Bălgarija i Germanija meždu dvete svetovni vojni (1919–1939 g.), in: BGOV, Bd. 1, 295-322.

DERS.: The withdrawing of western capitals from Bulgaria on the eve of the Second World War, *Studia Balcanica* 4 (1971), 225-256.
DERS.: Bulgaria's Economic Development through the Ages. Sofia 1980.
DERS.: Le capital financier occidental et les pays balkaniques dans les anneés vingt, *Etudes balkaniques* 2-2 (1965), 139-169.
DERS.: Germanskijat kapital v Bălgarija prez godinite na Vtorata svetovna vojna, in: BGOV, Bd. 2, 243-303.
DERS.: Goljamata kompensacionna sdelka sreštu bălgarski tjutjun prez 1934 g. i bălgarsko-germanskata tărgovija v navečerieto na Vtorata svetovna vojna, in: BGOV, Bd. 3, 318-338.
DERS.: Položenieto na rabotničeskata klasa pri kapitalizm. Sofia 1968.
DERS.: Industrialisierungspolitik und soziale Veränderungen in Bulgarien zwischen den beiden Weltkriegen, in: Industrialisierung und gesellschaftlicher Wandel in Südosteuropa. Hg. Roland SCHÖNFELD. München 1989 (Südosteuropa-Studien, 42), 61-92.
BETTELHEIM, Charles: Die deutsche Wirtschaft unter dem Nationalsozialismus. München 1974.
BOELCKE, Willi A.: Deutschland als Welthandelsmacht 1930–1945. Stuttgart, Berlin, Köln 1994.
BOHN, Thomas M.: Bulgariens Rolle im „wirtschaftlichen" Ergänzungsraum Südosteuropa. Hintergründe für den Beitritt zum Drei-Mächte-Pakt am 1. März 1941, in: Besatzung und Bündnis. Deutsche Herrschaftsstrategien in Ost- und Südosteuropa. Hgg. Christoph DIECKMANN u. a. Berlin, Göttingen 1995 (Beiträge zur nationalsozialistischen Gesundheits- und Sozialpolitik, 12), 111-138.
BRUNNBAUER, Ulf: Abgebrochene Entwicklung? Die Rhodopen als regionale Fallstudie für die wirtschaftlichen Folgen des Zerfalls des Osmanischen Reiches, *Südost-Forschungen* 59/60 (2000/2001), 324-350.
BRĂŠLJANOV, C.: Profesionalnoto organisirane na rabotničestvoto, *Nova Bălgarija* 1 (1935), Nr. 7, 2-4.
BUCHHEIM, Christoph: Die besetzten Länder im Dienste der deutschen Kriegswirtschaft während des Zweiten Weltkriegs, *Vierteljahrshefte für Zeitgeschichte* 34 (1986), Nr. 1, 117-145.
Bulgarien. Handbuch für Geschäftspraxis und Investitionen. Hg. Bundesagentur für Außenwirtschaft. Sofia 2004.
ČAVDAROVA, Tanja: Between Individualism and Collectivism: The Small Entrepreneurs in Sofia and Skopje, in: Arbeit im Sozialismus – Arbeit im Postsozialismus. Erkundungen zum Arbeitsleben im östlichen Europa. Hg. Klaus ROTH. Münster 2004 (Freiburger Sozialanthropologische Studien, 1), 397-419.
CHIROT, Daniel: Causes and Consequences of Backwardness, in: DERS. (Hg.): The Origins of Backwardness, 1-15.
DERS. (Hg.): The Origins of Backwardness in Eastern Europe. Economics and Politics from the Middle Ages Until the Early Twentieth Century. Berkeley, Los Angeles, London 1989.
CONEV, D.: Dejnostta na tjutjunevite kooperacii i pričinite za technite neuspechi, *Stopanska misăl* 1 (1931), 115-121.
CRAMPTON, Richard J.: A Concise History of Bulgaria. Cambridge 1997.
DASKALOV, Rumen: Bălgarskoto obštestvo. 2 Bde. Sofia 2005.
DOERING, Dörte: Deutsche Außenwirtschaftspolitik 1933–35. Die Gleichschaltung der Außenwirtschaft in der Frühphase des nationalsozialistischen Regimes. Berlin 1969.
DRABEK, Zdenek: Foreign Trade Performance and Policy, in: The Economic History of Eastern Europe 1919–1975, Bd. 1: Economic Structure and Performance Between the Two Wars. Hgg. Michael KASER / E. A. RADICE. Oxford 1985, 379-531.
DRUMMOND, Ian M., The Gold Standard and the International Monetary System 1900–1939. London 1987.
ELVERT, Jürgen: Mitteleuropa! Deutsche Pläne zur europäischen Neuordnung. Stuttgart 1999.
EMANUILOV, Emanuil: Bălgarija v politikata na velikite sili 1939–1947. Sofia 2000.

Eurostat: Pressemitteilung, 11.1.2002.
FROMMELT, Reinhard: Paneuropa oder Mitteleuropa. Einigungsbestrebungen im Kalkül deutscher Wirtschaft und Politik 1925–1933. Stuttgart 1977 (Schriftenreihe der Vierteljahrshefte für Zeitgeschichte, 34).
GEORGIEV, Ž. G.: Kamenovăglennata promišlenost v Bălgarija prez 1925g., *Spisanie na Bălgarskoto ikonomičesko družestvo* 25 (1926–27), Nr. 5-6, 259-285.
GEORGIEVA, Maria: Die Kreditbank, Sofia und das deutsche Kapital in Südosteuropa (1918–1939), *Collegium Germania* 3 (2000), 144-154.
GERSCHENKRON, Alexander: Some Aspects of Industrialisation in Bulgaria 1878–1939, in: DERS.: Economic Backwardness in Historical Perspective. New York 1965, 233-298.
GIORDANO, Christian / KOSTOVA, Dobrinka: Bulgaria Spanning a Wretched Past, Present Uncertainties and a Future in the Making, in: Bulgaria. Social and Cultural Landscapes. Hgg. DIESS. Freiburg i. Ue. 2000, 9-40.
DIESS.: From Local Nomenclaturists to Capitalist Entrepreneurs. Transformation and Continuity in Rural Bulgaria, in: Arbeit im Sozialismus – Arbeit im Postsozialismus. Erkundungen zum Arbeitsleben im östlichen Europa. Hg. Klaus ROTH. Münster 2004 (Freiburger Sozialanthropologische Studien, 1), 379-396.
60 godini bălgarski PTT (1879–1939g.). Sofia 1939.
GRENZEBACH, William: Germany's Informal Empire in East-Central Europe. German Economic Policy Toward Yugoslavia and Rumania, 1933–1939. Stuttgart 1988.
GROSS, Hermann: Elemente der Agrarstruktur und Tendenzen der Agrarpolitik in Südosteuropa. München, Darmstadt 1970 (Von der Agrar- zur Industriegesellschaft. Sozialer Wandel auf dem Lande in Südosteuropa, 7 / III).
DERS.: Südosteuropa. Bau und Entwicklung der Wirtschaft. Leipzig 1937 (Leipziger Vierteljahrsschrift für Südosteuropa, Beiheft 1).
DERS.: Mitteleuropäische Handelspolitik 1890–1938 und der Donauraum, *Der Donauraum* 7 (1962), 100-114.
DERS.: Die deutsch-südosteuropäischen Wirtschaftsbeziehungen. Ihre historische Entwicklung und deren maßgebliche Faktoren, *Südosteuropa-Mitteilungen* 3 (1977), 79-90.
GUMPEL, Werner: Die bulgarische Wirtschaft – Chaos ohne Ende? *Südosteuropa* 46 (1997), Nr. 1-2, 18-26.
GUTSCHE, Willibald: Jugoistočnoevropejskata politika na germanskija imperializăm ot kraja na XIX v. do kraja na Părvata svetovna vojna, in: BGOV, Bd. 2, 67-90.
HÄRTEL, Hans-Joachim / SCHÖNFELD, Roland: Bulgarien. Vom Mittelalter bis zur Gegenwart. München, Regensburg 1998.
HAYES, Peter: Industry and Ideology. IG Farben in the Nazi era. Cambridge 1987.
HISHOW, Ognjan: Wirtschaftspolitik in Bulgarien nach Simeons Wahlsieg: Königsweg zum Wohlstand? *Südosteuropa* 50 (2001), 7-9, 368-385.
HÖPFNER, Hans-Peter: Deutsche Südosteuropapolitik in der Weimarer Republik. Frankfurt a. M. 1983.
HÖPKEN, Wolfgang: Zwischen Bürgertum und Bürokratie. ‚Bürgerliche Berufe' in Südosteuropa (19./20. Jahrhundert), in: Eliten in Südosteuropa. Hg. Holm SUNDHAUSSEN. München 1998, 69-104.
DERS.: Geschichte, Kultur, Mentalität, in: Bulgarien. Handbuch für Geschäftspraxis und Investitionen, 28-41.
HÖSCH, Edgar: Auf der Suche nach Gemeinsamkeit: Die deutsch-bulgarischen Beziehungen und ihre Bedeutung für die politische Kultur Bulgariens in der Zwischenkriegszeit, *Collegium Germania* 4 (2003), 108-115.

HOPPE, Hans-Joachim: Bulgarien – Hitlers eigenwilliger Verbündeter. Eine Fallstudie zur nationalsozialistischen Südosteuropapolitik. Stuttgart 1979.
IVANOV, Martin: Političeskite igri s vănšnija dălg. Bălgarski sjužeti na stopanski krizi i văzchod 1929–1934. Sofia 2001.
JÄGER, Jörg-Johannes: Die wirtschaftliche Abhängigkeit des Dritten Reiches vom Ausland dargestellt am Beispiel der Stahlindustrie. Berlin 1969.
JANULOV, Ilija: Pravata na truda v Bălgarija, *Spisanie na BID* 24 (1925), Nr. 1-2, 14-34.
KASER, Karl: Südosteuropäische Geschichte und Geschichtswissenschaft. Eine Einführung. Wien 1990 und [2]2002.
M. Ch. KASER / E. A. RADICE (Hgg.): The Economic History of Eastern Europe 1919–1975. 3 Bde. Oxford 1985–1986.
KEPOV, Ivan: Tjutjunevite rabotnici, *Spisanie na BID* 24 (1925), Nr. 9-10, 392-415.
KOEN, David: Ograbvaneto i razorjavaneto na bălgarskoto stopanstvo ot germanskite imperialisti prez Vtorata svetovna vojna. Sofia 1966.
DERS.: Voennovremennata ikonomika na Bălgarija (1939–1944). Sofia 2002.
DERS.: Bălgarskata industrija i imperialističeska Germanija prez Vtorata svetovna vojna, in: BGOV, Bd. 1. Sofia 1972, 497-545.
DERS.: Stopanska istorija na Bălgarija 681–1981 g. Sofia 1981.
KOLEV, Panto: Übersicht über die Dokumentation der deutschen oder mit deutschem Anteil gegründeten Firmen in Bulgarien in den Beständen des Zentralen Staatsarchivs in Sofia, *Collegium Germania* 3 (2000), 99-105.
KOSTOV, Aleksandăr: Siemens und Bulgarien. Der Beitrag eines deutschen Konzerns zur Modernisierung Bulgariens in der Zwischenkriegszeit, *Collegium Germania* 3 (2000), 106-115.
KOTSCH, Elisabeth: Aleksandăr Stambolijski und die Modernisierung Bulgariens – Promotor oder Konktator? *Collegium Germania* 2 (1997), 216-222.
KÜHL, Joachim [d. i. Hans HARTL]: Föderationspläne im Donauraum und in Ostmitteleuropa. München 1958 (Untersuchungen zur Gegenwartskunde Südosteuropas, 2).
KRÜGER, Peter: Wirtschaftliche Mitteleuropapläne in Deutschland zwischen den Weltkriegen, in: Mitteleuropa-Konzeptionen in der ersten Hälfte des 20. Jahrhunderts. Hgg. Richard Georg PLASCHKA u. a. Wien 1995, 283-303.
LAMPE, John R. / JACKSON, Marvin R.: Balkan Economic History 1550–1950: From Imperial Borderlands to Developing Nations. Bloomington 1982.
DIESS.: The Evidence of Industrial Growth in Southeastern Europe before the Second World War, *East European Quarterly* 14 (1983), Nr. 4, 385-415.
LAMPE, John R.: The Bulgarian Economy in the Twentieth Century. London, Sydney 1986.
DERS.: Imperial Borderlands or Capitalist Periphery? Redefining Balkan Backwardness, 1520–1914, in: CHIROT (Hg.), The Origins of Backwardness, 177-209.
MARKOV, Georgi: Bălgaro-germanskite otnošenija 1931–1939. Sofia 1984.
DERS.: Bălgaro-germanski diplomatičeski otnošenija (1919–1944), in: BGOV, Bd. 3, 222-244.
DERS.: Bălgarija i balkanskata politika na Tretija rajch (oktomvri 1936 – April 1937), *Istoričeski pregled* 3 (1977), 39-50.
DERS.: Bălgarija i Tretijat rajch prez „mirnata revizija“ (mart 1938 – fevruari 1939), in: Problemi na političeskata istorija na Bălgarija (1878–1944). Sofia 1979 (Izvestija na Instituta za istorija, 24), 167-202.
DERS.: Die Kulturpropaganda des Dritten Reiches in Bulgarien (1934–1939), *Etudes Historiques* 9 (1979), 225-245.
MATIS, Herbert / STIEFEL, Dieter: Das Haus Schenker. Geschichte der internationalen Spedition 1872–1931. Wien 1995.

DIESS.: Grenzenlos. Die Geschichte der internationalen Spedition Schenker von 1931 bis 1991. Frankfurt a. M., Wien 2002.

MATIS, Dieter: Wirtschaftliche Mitteleuropa-Konzeptionen in der Zwischenkriegszeit. Der Plan einer „Donauföderation", in: Mitteleuropa-Konzeptionen, 229-255.

MEYER, Henry Cord: Drang nach Osten: Fortunes of a Slogan Concept in German-Slavic Relations, 1849–1990. Bern 1996.

MILWARD, Alan S.: The Reichsmark Bloc and the International Economy, in: Der „Führerstaat": Mythos und Realität. Studien zur Struktur und Politik des Dritten Reiches. Hgg. Gerhard HIRSCHFELD / Ludwig KETTENACKER. Stuttgart 1981 (Veröffentlichungen des Deutschen Historischen Institutes London, 8), 377-413.

MÜLLER, Karl-Heinz: Die Unterwerfung Bulgariens unter den deutschen Imperialismus am Vorabend des ersten Weltkriegs, *Jahrbuch für Geschichte der UdSSR und der volksdemokratischen Länder Europas* 4 (1960), 265-292.

NAUMANN, Friedrich: Mitteleuropa. Berlin 1915.

DERS.: Werke IV. Politische Schriften. Hg. Theodor SCHIEDER. Köln 1974.

NIKOLOV, D.: Pogled vărchu socialnite otnošenija v Bălgarija, *Archiv za stopanska i socialna politika* 14 (1939), Nr. 4, 260-271.

NIKOLOV, R.: Njakoi văprosi na bălgarsko-germanskite voenni otnošenija (mart 1941 – avgust 1944 g.), *Voennoistoričeski sbornik* 6 (1988), 40-43.

NIKOVA, Gospodinka: Stopanskata integracija meždu Bălgarija i Germanija prez 30-te – 40-te godini na XX. v., *Collegium Germania* 3 (2000), 160-193.

OREN, Nissan: Revolution Administered. Agrarianism and Communism in Bulgaria. Baltimore, London 1973.

ORLOW, Dietrich Otto: The Nazis in the Balkan A Case Study of Totalitarian Politics. Pittsburgh 1968.

PALAIRET, Michael: The Balkan Economics 1800–1914. Evolution without Development. Cambridge 1997.

DERS.: Land, Labour and Industrial Progress in Bulgaria and Serbia before 1914, *The Journal of European Economic History* 12 (1983), Nr. 1, 163-185.

PĂRVANOVA, Rumjana: The Democratic Accord and the Stabilization Loan, *Bulgarian Historical Review* 1-2 (1998), 197-220.

PASVOLSKY, Leo: Bulgaria's Economic Position. With Special Reference to the Reparations Problem and the Work of the League of Nations. Washington 1930.

PETZINA, Dieter: Autarkiepolitik im Dritten Reich. Der nationalsozialistische Vierjahresplan. Stuttgart 1968 (Schriftenreihe der Vierteljahreshefte für Zeitgeschichte, 16).

PETZOLD, Joachim: Der deutsche Imperialismus und Bulgarien vom Ersten bis zum Zweiten Weltkrieg, in: BGOV, Bd. 3, 186-221.

POPISAKOV, Grigor: Charakter i săšnost na kliringovite săglašenija meždu Bălgarija i Germanija prez 1940–1944 g. Sofia 1961 (Trudove na Visš ikonomičeski institut „Karl Marks", 1).

POPPETROV, Nikolaj: Bălgaro-germanskite otnošenija v sledvoennite godini (1918–1923), in: BGOV, Bd. 4, 181-225.

DERS.: Der Übergang vom System der bürgerlichen Demokratie zum parteilosen autoritären Regime in Bulgarien nach dem 19. Mai 1934, *Jahrbücher für Geschichte Osteuropas* 36 (1988), Nr. 4, 530-551.

RADKOV, Mladen: Gabrovo v bălgarsko-germanskite ikonomičeski otnošenija, in: BGOV, Bd. 2, 99-120.

RÁNKI, György: „Unwilling Satellite" or „Last Satellite" – Some Problems of Hungarian-German Relations, in: Studies on Central and Eastern Europe in the Twentieth Century. Hgg. Ivan T. BEREND / György RÁNKI. Aldershot, Burlington 2002, I / IV / 261-288.

RAUPACH, Hans: Strukturelle und institutionelle Auswirkungen der Weltwirtschaftskrise in Ost-Mitteleuropa, *Vierteljahrshefte für Zeitgeschichte* 24 (1976), 38-57.

RIEMENSCHNEIDER, Michael: Die deutsche Wirtschaftspolitik gegenüber Ungarn 1933–1944. Ein Beitrag zur Interdependenz von Wirtschaft und Politik unter dem Nationalsozialismus. Frankfurt a.M. u.a. 1987 (Europäische Hochschulschriften, Reihe III. Geschichte und ihre Hilfswissenschaften, 316).

RONNEBERGER, Franz: Südosteuropa auf dem Weg zur Industriegesellschaft. Darmstadt 1970.

SAKĂZOV, Ivan: Bulgarische Wirtschaftsgeschichte. Berlin, Leipzig 1929 (Grundriß der slavischen Philologie und Kulturgeschichte, 5).

SCHELLENBERG, Jochen: Zu einigen Problemen der Disconto-Gesellschaft-Anleihe vom Juli 1914 an den bulgarischen Staat, in: BGOV, Bd. 3, 177-185.

SCHÖNFELD, Roland: Zur Entstehung der deutschen „Clearingverschuldung" gegenüber Südosteuropa in der Weltwirtschaftskrise, in: Südosteuropa im Entwicklungsprozeß der Welt. Festschrift Hermann Gross zum 75. Geburtstag. Hgg. Walter ALTHAMMER / Werner GUMPEL. München, Wien 1979, 99-118.

DERS.: Wirtschaftliche Kooperation der deutschen Industrie in Bulgarien: Der Mitteleuropäische Wirtschaftstag (1930–1944), *Collegium Germania* 3 (2000), 59-78.

DERS.: Die Balkanländer in der Weltwirtschaftskrise, *Vierteljahrsschrift für Sozial- und Wirtschaftsgeschichte* 62 (1975), 179-213.

DERS.: Deutsch-bulgarische Wirtschaftsbeziehungen zwischen den Weltkriegen (1920–1920), *Collegium Germania* 2 (1997), 127-149.

SCHRÖDER, Hans-Jürgen: Deutsche Südosteuropapolitik 1929–1936. Zur Kontinuität deutscher Außenpolitik in der Weltwirtschaftskrise, *Geschichte und Gesellschaft* 2 (1976), 5-32.

DERS.: Die deutsche Südosteuropapolitik und die Reaktion der angelsächsischen Mächte 1929–1933/34, in: Internationale Beziehungen in der Weltwirtschaftskrise 1929–1933. Referate und Diskussionsbeiträge eines Augsburger Symposions 29. März bis 1. April 1979. Hgg. Josef BECKER / Klaus HILDEBRAND. München 1980, 343-360.

SCHRÖTER, Verena: The IG Farbenindustrie in Central and South-East Europe, 1926–38, in: International Business and Central Europe, 1918–1939. Hgg. Alice TEICHOVA u.a. Leicester, New York 1983, 139-172.

SCHRÖTER, Harm: Siemens and Central and South-East Europe between the World War, in: International Business and Central Europe, 172-206.

SETON-WATSON, Hugh: Eastern Europe between the War 1918–1941. Cambridge 1945.

SEEWANN, Gerhard: Das Südost-Institut 1930–1960, in: Südostforschung im Schatten des Dritten Reiches. Institutionen – Inhalte – Personen. Hgg. Mathias BEER / Gerhard SEEWANN. München 2004 (Südosteuropäische Arbeiten, 119), 49-92.

SOHN-RETHEL, Alfred: Industrie und Nationalsozialismus. Aufzeichnungen aus dem „Mitteleuropäischen Wirtschaftstag". Berlin 1992.

STEGMANN, Dirk: Mitteleuropa 1925–1934. Zum Problem der Kontinuität deutscher Außenpolitik von Stresemann bis Hitler, in: Industrielle Gesellschaft und politisches System. Beiträge zur politischen Sozialgeschichte. Festschrift für Fritz Fischer zum 70. Geburtstag. Hgg. Dirk STEGMANN u.a. Bonn 1978, 203-221.

STEFANOV, Ruslan: Bulgaria – One Year After the Elections, *Südosteuropa* 51 (2002), Nr. 1-3, 21-42.

STOJANOV, Christo: Modernization and Economic Culture in Bulgaria. On the Actuality of Baj Ganju, in: Bulgaria. Social and Cultural Landscapes, 73-92.

SUNDHAUSSEN, Holm: Wirtschaftsgeschichte Kroatiens im nationalsozialistischen Großraum 1941–1945. Das Scheitern einer Ausbeutungsstrategie. Stuttgart 1983.

DERS.: Die verpaßte Agrarrevolution. Aspekte der Entwicklungsblockade in den Balkanländern vor 1945, in: Industrialisierung und gesellschaftlicher Wandel in Südosteuropa. Hg. Roland SCHÖNFELD. München 1989 (Südosteuropa-Studien, 42), 45-60.

DERS.: Südosteuropa in der nationalsozialistischen Kriegswirtschaft am Beispiel des „Unabhängigen Staates Kroatien", *Südost-Forschungen* 32 (1973), 233-266.

DERS.: Der Wandel der osteuropäischen Agrarverfassung während der frühen Neuzeit. Ein Beitrag zur Divergenz der Entwicklungswege von Ost- und Westeuropa, *Südost-Forschungen* 49 (1990), 15-56.

DERS.: Neue Literatur zu Problemen der Industrialisierung und der nachholenden Entwicklung in den Ländern der europäischen Peripherie, *Südost-Forschungen* 43 (1984), 287-303.

TANKOVA, Wassilka: Das System der wirtschaftlichen Verwaltung in Bulgarien zwischen den zwei Weltkriegen, *Bulgarian Historical Review* 3-4 (2000), 76-111.

TEICHOVA, Alice: Kleinstaaten im Spannungsfeld der Großmächte. Wirtschaft und Politik in Mittel- und Südosteuropa in der Zwischenkriegszeit. München 1988.

THÖRNER, Klaus: „Der ganze Südosten ist unser Hinterland". Deutsche Südosteuropapläne von 1840 bis 1945. Oldenburg 2000.

TOČEV, P.: Vrăski i otnošenija meždu Bălgarija i Germanija na teritorijata na dnešnija Gabrovski okrăg (1878–1944 g.), in: BGOV, Bd. 2, 121-137.

TODOROVA, Cvetana: Diplomatičeska istorija na vănšnite zaemi na Bălgarija 1878–1912. Sofia 1971.

DIES.: Industrialisierung und Strukturveränderungen in Bulgarien vor dem Ersten Weltkrieg aus wirtschaftsgeschichtlicher Sicht, *Collegium Germania* 2 (1997), 187-215.

DIES.: Aspekte der industriellen Entwicklung Bulgariens vom Ende des 19. Jh. bis zum Ersten Balkankrieg, *Etudes historiques* 5 (1970), 423-424.

TODOROVA, Cvetana / STATELOVA, Elena: Kăm načalnata istorija na Germansko-bălgarskoto družestvo (1916–1918), in: BGOV, Bd. 2, 159-207.

TODOROVA, Cvetana: Interesite na germanskija finansov kapital v Bălgarija prez 90-te godini na XIX v., in: BGOV, Bd. 2, 49-66.

DIES.: Germanskoto „Goljamo ikonomičesko prostranstvo" i Bălgarija meždu dvete svetovni vojni. Pozicijata na Bălgarskoto ikonomičesko družestvo, *Demokratičeski pregled* 10 (1996–97), 406-416.

TODOROVA, Maria: Die Erfindung des Balkans. Europas bequemes Vorurteil. Darmstadt 1999.

TONCH, Hartmut: Wirtschaft und Politik auf dem Balkan: Untersuchungen zu den deutsch-rumänischen Beziehungen in der Weimarer Republik unter besonderer Berücksichtigung der Weltwirtschaftskrise. Frankfurt a. M. u. a. 1984.

Upravlenie na tvorčestvo i dela [Propaganda-Broschüre der Regierung K'osseivanov]. Sofia 1939.

VAČKOV, Daniel: Problemăt za vănšnija dăržaven dălg i izpălnitelnata vlast, in: 120 godini izpălnitelna vlast v Bălgarija (Naučna konferencija, Sofija, 6-7 juli 1999 godina). Hg. Bălgarska akademija na naukite. Institut po istorija. Sofia 1999, 202-210.

VASILEV, Vasil A.: Bălgaro-britanskite finansovi i tărgovski otnošenija po vreme na svetovnata ikonomičeska kriza ot 1929–1933g., in: Bălgaro-anglijski otnošenija v novo i naj-novo vreme. Hg. Bălgarska akademija na naukite, Institut za istorija. Sofia 1987 (Izsledvanija po bălgarska istorija, 9), 45-98.

VOLKMANN, Hans-Erich: Außenhandel und Aufrüstung in Deutschland 1933 bis 1939, in: Wirtschaft und Rüstung am Vorabend des Zweiten Weltkriegs. Hgg. Friedrich FORSTMEIER / Hans-Erich VOLKMANN. Düsseldorf 1975, 81-131.

WEBER, Eckhard: Stadien der Außenhandelsverflechtung Ostmittel- und Südosteuropas. Stuttgart 1971 (Ökonomische Studien, 19).

WENDT, Bernd-Jürgen: Südosteuropa in der nationalsozialistischen Großraumwirtschaft. Eine Antwort auf Alan Milward, in: Der „Führerstaat": Mythos und Realität, 414-427.

DERS.: England und der deutsche „Drang nach Südosten". Kapitalbewegungen und Warenverkehr in Südosteuropa zwischen den Weltkriegen, in: Deutschland in der Weltpolitik des 19. und 20. Jahrhunderts. Festschrift für Fritz Fischer zum 65. Geburtstag. Hgg. Immanuel GEISS/ Bernd-Jürgen WENDT. Düsseldorf 1973, 482-512.

WIEN, Markus: Wirtschaftspolitische Kultur im Bulgarien der Zwischenkriegszeit. Grundtendenzen der Wirtschaftspolitik und ihre Wechselwirkungen mit unternehmerischer Tätigkeit, *Collegium Germania* 4 (2003), 86-97.

ZLATARSKI, Vladimir: Die deutsch-bulgarischen Wirtschaftsbeziehungen während des Zweiten Weltkriegs im Spiegel der beiderseitigen Regierungsausschüsse zur Regelung der Wirtschaftsfragen (1940–1944). Teil I (April 1940 – Mai 1942). Unveröff. Manuskript, Sofia 2001.

Internet:

<www.suedost-institut.de/hist-inst.html>. Zuletzt aufgerufen im Mai 2004.

<www.siemenbg//index.php?fuseaction=about_us&mode=siemens_bg>. Zuletzt aufgerufen im Mai 2004.

Register

Südosteuropäische Arbeiten

Für das Südost-Institut München herausgegeben von

Edgar Hösch und Konrad Clewing

110 *Oliver Jens Schmitt:* Das venezianische Albanien (1392-1479). 2001. 701 S. Leinen 74,80 €

111 *Mariana Hausleitner:* Die Rumänisierung der Bukowina. Die Durchsetzung des nationalstaatlichen Anspruchs Großrumäniens 1918-1944. 2001. 499 S. Leinen 64,80 €

112 *Hildrun Glass:* Minderheit zwischen zwei Diktaturen. Zur Geschichte der Juden in Rumänien 1944-1949. 2002. 337 S. Leinen 49,80 €

113 *Ioannis Zelepos:* Die Ethnisierung griechischer Identität 1870-1912. Staat und private Akteure vor dem Hintergrund der „Megali Idea". 2002. 303 S. Leinen 49,80 €

114 *Igor-Philip Matić:* Edmund Veesenmayer. Agent und Diplomat der nationalsozialistischen Expansionspolitik. 2002. 323 S. Leinen 49,80 €

115 *Joachim von Puttkamer:* Schulalltag und nationale Integration in Ungarn. Slowaken, Rumänen und Siebenbürger Sachsen in der Auseinandersetzung mit der ungarischen Staatsidee 1867-1914. 2003. 531 S. Leinen 64,80 €

116 *Mehmet Hacısalihoğlu:* Die Jungtürken und die Mazedonische Frage (1890-1918). 2003. 445 S. Leinen 59,80 €

117 *Árpád von Klimó:* Nation, Konfession, Geschichte. Zur nationalen Geschichtskultur Ungarns im europäischen Kontext (1860-1948). 2003. 453 S. Leinen 59,80 €

118 *Edda Binder-Iijima:* Die Institutionalisierung der rumänischen Monarchie unter Carol I. 1866-1881. 2003. 628 S. Leinen 69,80 €

119 Südostforschung im Schatten des Dritten Reiches. Institutionen – Inhalte – Personen. Herausgegeben von *Matthias Beer und Gerhard Seewann.* 2004. 288 S. Leinen 44,80 €

120 *Noyan Dinçkal:* Istanbul und das Wasser. Zur Geschichte der Wasserversorgung und Abwasserentsorgung von der Mitte des 19. Jahrhunderts bis 1966. 2004. 325 S. Leinen 49,80 €

121 *Markus Koller:* Bosnien an der Schwelle zur Neuzeit. Eine Kulturgeschichte der Gewalt (1747-1798). 2004. 244 S. Leinen 44,80 €

122 *Oliver Jens Schmitt:* Levantiner. Lebenswelten und Identitäten einer ethnokonfessionellen Gruppe im osmanischen Reich im „langen 19. Jahrhundert". 2005. 515 S. Leinen 64,80 €

123 *Daniel Bertsch:* Anton Prokesch von Osten (1795-1876). Ein Diplomat Österreichs in Athen und an der Hohen Pforte. 2005. 754 S. Leinen 84,80 €

124 *Maurus Reinkowski:* Die Dinge der Ordnung. Eine vergleichende Untersuchung über die osmanische Reformpolitik im 19. Jahrhundert. 2005. 365 S. Leinen 49,80 €

125 *Wissenschaftsbeziehungen und ihr Beitrag zur Modernisierung. Das deutsch-ungarische Beispiel.* Herausgegeben von *Holger Fischer.* 2005. 568 S. Leinen 64,80 €

126 *Joachim Hösler:* Von Krain zu Slowenien. Die Anfänge der nationalen Differenzierungsprozesse in Krain und der Untersteiermark von der Aufklärung bis zur Revolution, 1768 bis 1848. 2006. 414 S. Leinen 49,80 €

127 Südosteuropa. Von vormoderner Vielfalt und nationalstaatlicher Vereinheitlichung. Festschrift für Edgar Hösch. Herausgegeben von *Konrad Clewing* und *Oliver Jens Schmitt.* 2005. 518 S. Leinen 64,80 €

128 *Markus Wien:* Markt und Modernisierung. Deutsch-bulgarische Wirtschaftsbeziehungen 1918-1944 in ihren konzeptionellen Grundlagen. 2007. 356 S. Leinen 49,80 €

129 *Gottfried Schramm:* Slawisch im Gottesdienst. Kirchenwortschatz und neue Schriftsprachen auf dem Weg zu einem christlichen Südosteuropa. 2007. 208 S. Leinen 39,80 €

130 *Stefan Troebst:* Das makedonische Jahrhundert. Von den Anfängen der nationalrevolutionären Bewegung zum Abkommen von Ohrid 1893-2001. Ausgewählte Aufsätze. 2007. 461 S. Leinen 39,80 €

131 Croatia since Independence. War, Politics, Society, Foreign Relations. Herausgegeben von *Sabrina P. Ramet, Konrad Clewing* und *Renéo Lukic.* Erscheint 2007. ca. 470 S. Leinen 39,80 €

132 *Andreas Schmidt-Schweizer:* Politische Geschichte Ungarns von 1985 bis 2002. Von der liberalisierten Einparteienherrschaft zur Demokratie in der Konsolidierungsphase. 2007. ca. 484 S. Leinen 44,80 €

133 Schnittstellen. Gesellschaft, Nation, Konflikt und Erinnerung in Südosteuropa. Festschrift für Holm Sundhaussen zum 65. Geburtstag. Herausgegeben von *Ulf Brunnbauer, Andreas Helmedach* und *Stefan Troebst.* 2007. 639 S. Leinen 69,80 €